Peter Gorny (Hrsg.)

Informatik und Schule 1991

Informatik: Wege zur Vielfalt
beim Lehren und Lernen

GI-Fachtagung
Oldenburg, 7.-9. Oktober 1991

Proceedings

Springer-Verlag

Berlin Heidelberg New York London Paris
Tokyo Hong Kong Barcelona Budapest

Herausgeber

Peter Gorny
Carl von Ossietzky-Universität Oldenburg
FB 10 – Informatik
Postfach 2503, W-2900 Oldenburg

4. Fachtagung „Informatik und Schule",
veranstaltet vom Fachbereich 7 „Ausbildung und Beruf" der GI
und der Carl von Ossietzky-Universität Oldenburg

CR Subject Classification (1991): K.3.1, K.3.2

ISBN-13: 978-3-540-54619-1   e-ISBN-13: 978-3-642-76982-5
DOI:10.1007/ 978-3-642-76982-5

Satz: Reproduktionsfertige Vorlage vom Autor

33/3140-543210 – Gedruckt auf säurefreiem Papier

Vorwort

Zum vierten Male wird die Fachtagung "Informatik und Schule" vom Fachbereich 7 "Ausbildung und Schule" der Gesellschaft für Informatik durchgeführt, dieses Mal in Kooperation mit der Universität Oldenburg. Die früheren Tagungen trugen die Leitthemen "Informatik als Herausforderung an Schule und Ausbildung" (Berlin 1984), "Informatik-Grundbildung in Schule und Beruf" (Kaiserslautern 1986) und "Zukunftsperspektiven der Informatik für Schule und Beruf" (München 1989). Diese 4. Fachtagung steht unter dem Thema "Informatik: Wege zur Vielfalt beim Lehren und Lernen".

Mit dieser Zielsetzung will der Programmausschuß eine Öffnung der Diskussion über die engeren Fragestellungen zum Informatikunterricht und der DV-Ausbildung hinaus erreichen. Es soll zum einen die Aufmerksamkeit von Lehrern aller Fächer in den unterschiedlichen Bildungsinstitutionen von der Grundschule bis zur Universität auf die Möglichkeiten der Informatik als Grundlage für die Entwicklung von computerunterstützten Lernumgebungen gelenkt werden. Zum anderen wollen wir bei den Fachinformatikern und Software-Entwicklern das Bewußtsein schärfen für die Schwierigkeit, pädagogisch verantwortbare, didaktisch gute Lehr- und Lernsoftware zu entwickeln – ein Schwierigkeitsgrad, der um einiges über die Anforderungen der Software-Ergonomie an professionell einzusetzende Software hinausgeht: Erwachsene können sich – zumindest organisiert – gegen schlechte Arbeitsmittel wehren, wodurch deren Einsatz unökonomisch wird, aber unsere Kinder sind wehrlose Opfer von Lehr- und Lern-Programmen, die im schlimmsten Fall sogar deformierend wirken.

Der "Call for Papers" hat ein lebhaftes Echo hervorgerufen. Wir haben ein breites Spektrum von Beiträgen erhalten, von denen etwa ein Drittel in die Tagung aufgenommen wurde. Die aufgenommenen Referate umspannen

- die Fragen der Didaktik in verschiedenen Fächern der unterschiedlichen Schulstufen, -formen und -arten, wenn der Computer als Medium in den Unterricht eingeführt wird (Thematische Gruppe "Didaktik und Unterricht" und deren Spezialisierung "Kaufmännische Anwendungen", die insbesondere auch die betriebliche Ausbildung einschließt);
- Beispiele zu Fragen der "Fachdidaktik im Hochschulbereich";
- die Probleme der Nutzung von Software-Systemen als Werkzeuge im Unterricht (Thematische Gruppe "Werkzeuge"). Dazu gehört auch die Spezialgruppe "Modellbildung und Simulation", die Versuche mit einem neuen Programmsystem für das dynamische Modellieren diskutiert;
- die Möglichkeiten und Techniken zur Erstellung von Lernsoftware mit Hilfe von "Autorensystemen";
- allgemeine Fragen der politischen Bildung und der Schaffung einer vernunftbegründeten angemessenen Haltung zur Informationstechnik im Leben des Einzelnen – auch beim Lernen (Thematische Gruppe "Allgemeine Aspekte").

Mit den Hauptvorträgen und der Podiumsdiskussion sollen die wichtigsten Anliegen der Fachausschüsse der GI im Bereich Ausbildung und Schule markiert werden:

- *Jörg Nievergelt* und *Sigrid Schubert* rahmen die Tagung ein mit Referaten zur Fachdidaktik Informatik. (Leider lag bei Redaktionsschluß das Manuskript von Herrn Nievergelt noch nicht vor.)
- *Thomas Ottmann* umreißt das Problemfeld des computergestützten Lernens und der dazugehörenden Werkzeuge und
- *Rafael Capurro* ordnet aus der Sicht des Philosophen die Informationstechnik ein in unsere Lebenswelt.

Die (in diesem Band naturgemäß nicht dokumentierte) Podiumsdiskussion wird uns hoffentlich helfen, didaktische und methodische Fragen in der schulischen und betrieblichen Berufsausbildung mit Computerunterstützung zu klären.

In die Tagung integriert sind zwei Workshops, die kontrapunktisch zueinander stehen: "Personal Computer als Werkzeug und als Lehr-Lernmedium in der Sonderpädagogik und der Rehabilitation" und "Wissenserwerb mit kooperativen Systemen". Während der erste die praktischen Fragen von Lehrern und Sonderpädagogen diskutieren wird, ist der zweite eine grundlagenorientierte Auseinandersetzung mit den

Theorien der Kognitionswissenschaft und der Informatik zu dem Paradigma des "assistierenden Computers", der dem Benutzer bei schwierigen Situationen spezifische Hilfen anbieten soll.

Eine Fachtagung dieser Größenordnung ist nur mit vielen ehrenamtlichen Helfern zu organisieren, von denen hier nur einige wenige als Mitglieder des Organisationsausschusses sichtbar werden. Ihnen und den vielen unsichtbar Bleibenden sei für ihre Arbeit bei der Vorbereitung und Durchführung der Tagung gedankt.

Die finanzielle Unterstützung durch Spender aus der freien Wirtschaft, von denen hier insbesondere die Oldenburgische Landesbank und die Firma Siemens-Datenverarbeitungsschule München zu nennen sind, hat es uns ermöglicht, die Tagung angemessen zu gestalten.

Schließlich sei allen Referentinnen und Referenten und den Mitgliedern des Programmausschusses für die inhaltliche Ausgestaltung dieser Fachtagung gedankt.

Oldenburg, im Juli 1991

Programmausschuß

Peter Gorny, Oldenburg (Vorsitz)
Franz Stetter, Mannheim (Stellv. Vorsitz)
Wolfgang Arlt, Berlin
Volker Claus, Oldenburg
Peter Diepold, Göttingen
Gerhard Drah, München
Gunnar H. Göritz, Frankfurt (M)
Rul Gunzenhäuser, Stuttgart
Annemarie Hauf-Tulodziecki, Soest
Winfried Hosseus, Mainz
Kilian Keidel, Augsburg

Kurt Lautenbach, Koblenz
Ina Leiß, Oppenheim
Guntram Lemke, Leipzig
Jürgen Loff, Osnabrück
Ewald von Puttkamer, Kaiserslautern
Hans-Georg Rommel, Rheinbach
Alfred Schilling, Leipzig
Mario Spengler, Hermeskeil
Gerhard Spitta, Hannover
Gerhard Zimmer, Berlin

Organisationsausschuß

Volker Claus (Vorsitz)
Peter Gorny (Stellv. Vorsitz)
Ludger Bölke
Helmut Eirund
Andrea Göken
Ina Pitschke
Andreas Schwill
Axel Viereck
Olaf Wendt

Inhaltsverzeichnis

Workshop "Wissenserwerb mit kooperativen Systemen"

Workshop "Personal Computer als Werkzeug und als Lehr-Lern-Medium in Sonderpädagogik und Rehabilitation"

Elektronische Kurse — Kritische Bilanz und Konsequenzen für die Werkzeugentwicklung

Thomas Ottmann

1 Ein Blick zurück

Seit nahezu 40 Jahren wird versucht, Computer nicht nur zum Rechnen, sondern auch zur Unterstützung und teilweise sogar als Ersatz für menschliche Lehrer einzusetzen. Es gab Phasen der Euphorie, die geprägt wurden durch große Projekte wie z.B. das PLATO-Projekt an der University of Illinois Mitte der 70er Jahre, die Projekte Athena am MIT [3], Andrew an der CMU [17], das HECTOR-Projekt an der Universität Karlsruhe [12,13], sowie das COSTOC-Projekt, über das hier berichtet wird (COSTOC = Computer Supported Teaching of Computer-Science).

Auf diese inzwischen abgeschlossenen Projekte folgt heute eine Vielzahl von Einzelinitiativen begeisterter Enthusiasten, die die neuen Möglichkeiten von Hypertext-Systemen, Multimedia-Workstations und Fortschritten in der Künstlichen Intelligenz Forschung für die computergestützte Lehre nutzbar machen wollen. Es scheint, daß auf jeden Sprung in der technischen Entwicklung sogleich eine neue Welle computerunterstützten Lehrens und Lernens folgt. Ebenso regelmäßig sind auf die Phasen der Euphorie Phasen der Ernüchterung gefolgt, weil sich bisher jedesmal herausgestellt hat, daß die Erwartungen zu hoch, die Schwierigkeiten, die neuen technischen Möglichkeiten sinnvoll zu nutzen, zu groß und der Fortschritt in der Basistechnologie zu schnell war. So gibt es zwar Bereiche, in denen die computergestützte Lehre heute selbstverständlich geworden ist. Dazu gehören insbesondere die Bereiche der betrieblichen Aus- und Weiterbildung und der Softwareschulung. Abgesehen von einigen sehr orginellen und erfolgreichen Einzelversuchen hat sich aber die Nutzung von Rechnern für Unterrichtszwecke, also für die Lehre im engeren Sinne und nicht nur als Werkzeug zur Unterstützung von Routineaufgaben, wie Textverarbeitung, Programmierung usw., an den Hochschulen bis heute nicht durchsetzen können.

2 Einordnung

Um die abgeschlossenen und laufenden Versuche, Rechner für Unterrichtszwecke nutzbar zu machen, richtig einordnen zu können, wollen wir zunächst eine grobe Klassifikation nach dem zugrundeliegenden lerntheoretischen Ansatz einerseits bzw. nach der jeweils bestimmenden Technologie andererseits vornehmen: Das führt einerseits zur Einteilung von Lernprogrammen in die Kategorien Werkzeug, Tutorial, Simulation/Spiel und andererseits zur Unterscheidung zwischen traditionellen Systemen, Hypertext-/Multimedia-Systemen und intelligenten tutoriellen Systemen.

Mit *Systemen* ist dabei jeweils das ganze Bündel von Werkzeugen für Autoren, mit den Werkzeugen erstellte Unterrichtssoftware und Exekutionssysteme (Ablaufumgebungen, Lernumgebungen) und Distributionssysteme (für Autoren, Verlage, Hersteller) gemeint.

2.1   Lerntheoretische Sicht

Die Benutzung *universell* einsetzbarer *Werkzeuge* wie Editoren, Satz- und Formatiersysteme, Tabellenkalkulationsprogramme, Programmentwicklungsumgebungen u.v.a. ist heute weitgehend selbstverständlich. Alle diese Werkzeuge erleichtern auch die Lehre, obwohl sie in der Regel nicht als Lehrprogramme im engeren Sinne konzipiert wurden. Breite Einsatzmöglichkeiten und eine starke Verbreitung begründen ein kommerzielles Interesse und führen damit von selbst zu einer stetigen Verbesserung. Sobald jedoch die regulierende Kraft des Marktes wegfällt und ein Massengeschäft nicht zu erwarten ist, findet man überzeugende Beispiele nützlicher Werkzeuge für die Lehre kaum noch. So findet man z.B. weder ein kommerzielles Kursmanagementsystem zur Abwicklung stark belegter Programmier- und Softwareschulungskurse (vgl. [11]), noch wirklich überzeugende Autoren- und Hypertext-Systeme, die die Entwicklung von Lehr- und Lernsoftware ausreichend unterstützen, noch einen Fundus von guter Lehrsoftware der verschiedenen Kategorien, die in der universitären Lehre einsetzbar ist. Einige gute Beispiele für *Werkzeuge* mit *eingeschränktem* Einsatzbereich findet man im Bereich der Rahmenprogramme für Praktika und Prozedur-Bibliotheken für bestimmte Gebiete, z.B. LEDA [16], die XYZ-Geobench [18] und das als Unterstützung für „professionelle" Spieler konzipierte Smart Game Board [10].

Der weitaus überwiegende Teil der heute im Einsatz befindlichen kommerziellen Lernsoftware fällt in die Kategorie *Tutorial*. (Nach einer Schätzung von [8] sind das ca. 85 %.) Auf kurze Lernsequenzen folgen einige Fragen zum vorher vermittelten Stoff. In ihrer extremsten Form sind solche Programme als „Drillprogramme" in Verruf geraten. Daher versucht man besonders im akademischen Bereich das tutoriellen Programmen zugrundeliegende behavioristische Grundmodell des Lehrens und Lernens (als Reiz-Reaktionszyklus) zu vermeiden und schließlich durch die Entwicklung intelligenter tutorieller Systeme zu überwinden. Andererseits werden wir auch im Universitätsbereich besonders in der Informatik in zunehmendem Maße mit „Lehrsequenzen" tutoriellen Charakters konfrontiert ohne uns dessen bewußt zu sein. Dazu gehören nicht nur tutorielle Rahmenprogramme für Simulationen und von Softwareherstellern für ihre Produkte mitgelieferte Schulungsprogramme, sondern auch die umfangreichen on-line Manuale, die ihre Benutzung erklären. Da die extrem hohen Entwicklungskosten und viele ungelöste Forschungsprobleme für intelligente tutorielle Systeme einen Einsatz auf breiter Front bisher verhindern, werden wir wohl noch auf längere Sicht mit den wenig geliebten Tutorials leben müssen und sollten daher alles Mögliche versuchen, sie so gut und nützlich wie möglich zu machen.

Die größte Akzeptanz in der universitäten Ausbildung finden Lernprogramme, die etwa analog zu einem Computerspiel ein reales oder künstliches System *simulieren*. Der Lernende erhält die Möglichkeit, „Gedankenexperimente" durchzuführen, indem er einige das simulierte System beeinflussende Parameter verändert und die Reaktion des Systems auf die Veränderung beobachtet. Beispiele sind die Simulation physikalischer und technischer Systeme und die zum Teil sehr ausgefeilten ökonomischen Planspiele. Es gibt hier einen fließenden Übergang zu einem Bereich, der als *Animation* und *Visualisierung* zunehmend populärer wird: Bestimmte ein System oder einen Algorithmus charakterisierende Parameter werden optisch sichtbar gemacht, um so eine qualitative Beurteilung von Phänomenen (z.B. Zeit- und Platzbedarf eines Sortierverfahrens) zu ermöglichen. Ein prominentes Beispiel ist das Balsa System zur Algorithmenanimation, vgl. [4].

2.2 Technische Sicht

Die eher technische Betrachtung läßt die drei bereits genannten Hauptentwicklungslinien (traditionelle, Hypertext-/Multimedia und intelligente tutorielle Systeme) erkennen. Dazwischen gibt es fließende Übergänge und zahlreiche Überschneidungen. Wir stellen kurz die wichtigsten Merkmale dieser Systeme zusammen.

Hauptmerkmal *traditioneller* Systeme sind eine relativ starre Benutzerführung, das Überwiegen tutorieller Anteile in der Lehrsoftware und keine Möglichkeit zur Anpassung des Systems an den Wissensstand des Lernenden. Das bereits erwähnte PLATO-System kann als prägender Repräsentant dieser Klasse angesehen werden. Die Funktionalität traditioneller Systeme wurde in den letzten Jahren schrittweise beträchtlich erweitert. Durch Verbesserung der Graphikfunktionen einschließlich Animationen (Trickfilme) und die Einbindung von Sprache, von stehenden und bewegten Bildern sowie stark erweiterte Navigationsmöglichkeiten ist durchaus eine über PLATO hinausgehende, neue Qualität entstanden. Die Grenze zu Hypertext-Systemen ist kaum noch erkennbar, wenn man allein die Funktionalität der Systeme betrachtet. Allerdings bleibt das behaviorististe Grundmodell und das Prinzip „alle Intelligenz liegt beim Autor", auch bei modernen Systemen wie z.B. Course of Action [1] oder Coursebuilder [2] erhalten, wenn man die damit erstelle Lernsoftware nicht „zweckentfremdet", z.B. als Datenbasis in einer Hypertextumgebung nutzt. Zur Kurserstellung wird bei traditionellen Systemen in der Regel ein Autorensystem verwendet. Im COSTOC-Projekt war dies ein integrierter Text-, Graphik-, Animations- und Struktur-Editor, der die direkte Manipulation von Objekten (im WYSIWYG-Modus) erlaubt.

Charakteristisch für *Hypertext-/Multimedia-Systeme* sind die freien Navigationsmöglichkeiten in einem komplexen Netzwerk von Knoten mit Informationseinheiten. Ein Knoten dieses Netzwerkes kann Text, Graphiken u.a. Objekte enthalten. Das Anspringen eines Knotens kann auch die Ansteuerung einer Bildplatte, den Aufruf eines Fremdprogrammes o.ä. auslösen. Die vielfältigen Möglichkeiten zur Verknüpfung von Informationen aufgrund inhaltlicher Beziehungen erlauben daher ein „entdeckendes Lernen". Der Weg des Lernenden durch die verfügbare Information ist weniger stark eingeschränkt als bei traditionellen Systemen. Der bekannteste Repräsentant eines Hypertext-Systems ist Hypercard für Macintosh-Rechner.

Charakteristische Merkmale für *intelligente tutorielle Systeme* sind: Strukturierung der Informationsmenge als „Wissensbasis" wie bei Expertensystemen mit natürlichsprachlichem Zugang und der Aufbau eines Lernermodells, das die Auswahl der Lernsequenzen dem jeweiligen Wissensstand des Lernenden entsprechend steuert. Diese Fähigkeit geht über die im COSTOC-Projekt vorhandenen und auch in moderenen traditionellen Systemen verfügbaren Antwortanalysemöglichkeiten weit hinaus, erfordert andererseits aber auch einen ungleich höheren Entwicklungsaufwand.

3 Erfahrungen: COSTOC und die Folgen

Hauptziel des 1985 begonnenen COSTOC-Projekts war der Aufbau einer Bibliothek von Lehrsoftware für den Bereich Informatik. Das Projekt wurde von H. Maurer an der TU Graz initiiert, hat aber auch viele andere Hochschulen, vor allem die Universitäten Karlsruhe und Freiburg, die UTD in Dallas, Texas, U.S.A., vgl. [14], und viele Informatiker an Hochschulen aus 11 Ländern als Autoren von Kursen einbezogen. Neben der Kurserstellung hat die (Weiter-)Entwicklung von Werkzeugen für Autoren und von Ablaufumgebungen für Kurse auf verschiedenen Rechnern eine zunehmende Rolle im Verlauf des

Projektes gespielt. Das Projekt wurde 1990 im wesentlichen abgeschlossen, — mit welchem Erfolg? Die Antwort ist nicht ganz einfach und fällt je nach Beurteilungsstandpunkt unterschiedlich aus.

3.1 Die Kursbibliothek

Die im COSTOC-Projekt entwickelten Kurse sind „Präsentationsgraphik-Lektionen". Sie fallen also in die Kategorie der traditionellen Systeme; Lehrinhalte wurden mit Hilfe von Text, (animierter) Graphik und dazwischengestreuten Fragen (vom Multiple-choice, Freitext- oder Formulartyp) als „Tutorial" aufgearbeitet. COSTOC-Kurse können auf IBM-kompatiblen PCs (die mindestens über EGA-Graphik verfügen müssen), Amiga (Pal-Version) und MacintoshII-Rechnern (Farb-Version) abgearbeitet werden. Die Entwicklung einer Ablaufumgebung für Unix-basierte Arbeitsplatzrechner ist noch in Arbeit. Die Ablaufumgebungen auf den verschiedenen Rechnern erlauben einen durchaus unterschiedlichen und dem Rechnertyp angepaßten Umgang mit dem Kursmaterial. Die meisten Möglichkeiten bietet die PC-Variante. Sie schließt Annotationsmöglichkeiten für Lehrer und Studenten, graphisches „undo" und ausgefeilte Navigationsmöglichkeiten ein. Hinzu kommen ein separates Benutzer-Manual, die Möglichkeit, COSTOC-Kurse in Pascal Source-Code zu verwandeln, etwa um andere Programme in einen Kurs einzubinden, u.a.m. Es hängt damit weitgehend von der Intention des Benutzers ab, ob er einen Kurs im Sinne des traditionellen behavioristischen Lernmodells nutzen, auf die Kursbibliothek wie bei einem Hypertextsystem zugreifen, oder sie als Bestandteil einer integrierten Lehr- und Lernumgebung nutzen will, die nicht nur tutorielle Teile, sondern auch Simulationen, Animationen sowie „intelligente" Trainings- und Testteile enthält (vgl. hierzu das Projekt EULE an der FU Hagen, [22]). Zu jedem COSTOC-Kurs gehört eine schriftliche Dokumentation. So wird nicht nur Studenten erspart, wichtige Dinge vom Bildschirm abzuschreiben oder ausdrucken zu lassen. Man kann sich auch auf einfache Weise eine Übersicht über einen Kurs und evtl. besonders interessante Teile verschaffen. Demselben Zweck dient eine zu jedem Kurs gehörende „Lektion 0". Ein Kurs besteht aus in der Regel 10 einzelnen Lektionen. Das Durcharbeiten einer Lektion in der vom Autor vorgesehenen Reihenfolge (an die der Student allerdings nicht gebunden ist) erfordert zwischen 40 und 80 Minuten.

Die Bibliothek der COSTOC-Kurse umfaßt bis heute etwa 400 Lektionen insgesamt und besteht aus 42 ganzen Kursen (mit je 10 Lektionen) oder Halbkursen (mit je 5 Lektionen). Viele Kurse liegen sowohl in Deutsch als auch in Englisch vor, einige nur in jeweils einer dieser beiden Sprachen. Alle Kurse wurden von anerkannten Fachleuten im jeweils behandelten Gebiet verfaßt.

Die COSTOC-Bibliothek ist damit vermutlich die größte Bibliothek elektronischer Kurse zu einem einzelnen Gebiet, die je entstanden ist. Natürlich besagt die Größe der elektronischen Kursbibliothek allein noch nicht sehr viel. Mindestens so wichtig sind Inhalt, Qualität und Nutzbarkeit. Einige wichtige Folgerungen für ähnliche Versuche lassen sich aber dennoch aus den beim Aufbau der COSTOC-Bibliothek gesammelten organisatorischen Erfahrungen ableiten.

3.2 Kurserstellung: Erfahrungen

Der Aufwand für die Erstellung einer COSTOC-Lektion ist erheblich und lag bei 80 bis 150 Zeitstunden je Lektion für den Entwurf (das „Drehbuch") des Autors, die eigentliche Implementation und die Kontrolle und Korrektur durch Herausgeber und Autor. Damit kann sich jeder leicht ausrechnen, daß allein in die COSTOC-Bibliothek mehr als 30 Personenjahre Arbeit investiert worden sind. Wie war das möglich? Wie konnte es gelingen, mehr als 30 Autoren an Universitäten in aller Welt zu gewinnen und sie auf die Benutzung desselben, nach *heutigem* Standard geradezu archaischen Autorensystems zu verpflichten? Wie konnte sichergestellt werden, daß die ersten bereits vor 5 Jahren entstandenen Kurse auch heute noch nutzbar sind, obwohl inzwischen eine völlig veränderte Hard- und Softwarebasis verfügbar ist?

Sicher ist ein großer Teil des Erfolgs bei der Anwerbung von Autoren das ganz persönliche Verdienst von H. Maurer. Es hat sich jedoch gezeigt, daß es durchaus viele Hochschullehrer gibt, die statt ein (weiteres) Lehrbuch zu schreiben, gern einmal den Versuch wagen, an einem Thema aus Ihrem eigenen Fachgebiet die neuen Möglichkeiten, die die Computertechnik im Verbund mit anderen Medien (Bild/Ton) bietet, zur Aufbereitung von Lehrinhalten zu erproben. Dazu genügt es, die erforderliche Software bereitzustellen, die Autoren in ihre Benutzung einzuweisen, bei auftretenden Schwierigkeiten zu helfen und ihnen schließlich die Bürde der Pflege, Wartung und des Vertriebs des von ihnen verfaßten „elektronischen Buches" abzunehmen. Ein bescheidenes Autorenhonorar (wie bei wissenschaftlichen Büchern) oder die Aussicht, mit der Überlassung eines eigenen Lehrprogrammes zugleich den Zugriff und das Nutzungsrecht an vielen von anderen Autoren (mit demselben System erstellten, auf denselben Rechnern ablauffähigen) Lehrprogrammen zu erhalten, sind ein hinreichender Anreiz. Natürlich erwarten Autoren von Lehrsoftware zurecht, daß die von ihnen erstellten Programme billig und auf möglichst vielen Rechnern verfügbar sind und erst dann veralten, wenn ihr *Inhalt* überholt ist, aber nicht, wenn eine neue Rechnergeneration, ein Betriebssystem- oder Compilerwechsel stattfindet oder die Speichertechnologie sich ändert. Leider hat das COSTOC-Projekt sehr darunter gelitten, daß viele dieser Bedingungen erst in allerjüngster Zeit und auch nur teilweise erfüllt werden konnten.

Da das für COSTOC verwendete Autorensystem bereits 1984 festgelegt wurde, ist klar, daß die Kurse ein aus heutiger Sicht etwas „altmodisch" anmutendes Erscheinungsbild haben und zwar auch dann, wenn sie auf neuesten Rechnern ablaufen. Immerhin wurden aber durch Offenlegen des Objektcodes eine zumindest eingeschränkte Hardwareunabhängigkeit und die Möglichkeit zur Anpassung an veränderte Benutzerwünsche geschaffen. Allerdings ist der Objektcode zu „flach" und ohne erkennbare Struktur direkt auf der Ebene der Text- und Graphikprimitive angesiedelt. Das hat nicht nur einen unnötig hohen Entwicklungsaufwand zur Folge, sondern macht auch die unterschiedliche Nutzung durch verschiedene „Sichten" auf das Kursmaterial nahezu unmöglich.

3.3 Kurserstellung: Empfehlungen

Wie der Verfasser eines Lehrbuchs oder einer wissenschaftlichen Monographie nicht in erster Linie kommerzielle Interessen hat, sollten auch Autoren von Lehrsoftware einen vergleichbaren Reputationsgewinn erzielen können. Die Akademische Softwarekooperation und der Deutsche Hochschulsoftwarepreis sind ein richtiger Schritt in diese Richtung (vgl. [21]). Damit der beträchtliche Aufwand für Autoren sich lohnt und die langen Entwicklungszeiten ein Produkt nicht schon bei seinem Erscheinen als veraltet abqualifiziert erscheinen lassen, sollten Autoren möglichst an die Spitze der jeweils verfügbaren Technologie gehen und auf Hardwareunabhängigkeit und Unabhängigkeit von der Grundsoftware des von ihnen verwendeten Systems achten. Auch moderne Autorensysteme wie Coursebuilder, Course of Action und Hypertextsysteme erfüllen diese letzte Bedingung leider nicht.

Modernste Technik, Hardwareunabhängigkeit und großes Engagement von Autoren sind jedoch noch längst keine Garantie dafür, daß für den Unterricht an den Hochschulen brauchbare, gute Lehrsoftware entsteht. Autoren müssen nicht nur die Fähigkeit besitzen oder lernen, Sachverhalte für einen tutoriellen Dialog in kleine, in sich geschlossene, für die Präsentation geeignete Lehreinheiten ohne Lücken und

Sprünge zu zerlegen. Sie müssen auch die spezifischen Möglichkeiten des Mediums kennen und sinnvoll einsetzen können. Die Fachkompetenz eines Autors gibt zwar eine gewisse Garantie dafür, daß eine von ihm verfaßte und verantwortete Unterrichtslektion wie ein Lehrbuch keine groben inhaltlichen Fehler enthält. Dennoch kann ein Autor, viele formale Fehler machen und für sein Produkt das Kriterium der „mediengerechten Aufbereitung" nicht erfüllt sein. Dies gilt sicher auch für Teile der COSTOC-Bibliothek und ist zugleich ein Hinweis auf den m.E. wohl schwerwiegendsten Mangel: Das benutzte Autorensystem hat unerfahrenen Autoren zu wenig Hilfen angeboten. Wir gehen auf diesen Punkt und die daraus abgeleiteten Konsequenzen in den folgenden Abschnitten noch genauer ein.

3.4 Nutzung der Kursbibliothek

COSTOC-Kurse sind bisher in unterschiedlichem Umfang und mit wechselndem Erfolg an insgesamt 25 Universitäten eingesetzt worden. Wir haben über eigene, umfangreiche Erfahrungen an der Universität Karlsruhe mehrfach berichtet (vgl. [19,20]), so daß wir uns hier auf wenige Bemerkungen beschränken wollen. Entscheidend für die Akzeptanz einer Lektion ist ihre Qualität. Eine „gute" Lektion muß einen nicht geringen Anteil enthalten, der in einem Buch (oder in einer traditionellen Vorlesung) überhaupt nicht oder zumindest so nicht vermittelt werden könnte. Das gilt zwar für Simulationen meist generell, ist aber auch für tutorielle Teile entscheidend; d.h. die spezifischen Fähigkeiten von Rechnern, insbesondere bewegte Graphiken und Interaktionsmöglichkeiten, müssen zur Erläuterung und Visualisierung sonst schwer und nur umständlich darstellbarer dynamischer Vorgänge benutzt werden. Texte müssen knapp aber absolut unmißverständlich formuliert sein. (Lange Texte liest man lieber in einem Buch.) Neben solchen direkt durch den Inhalt gegebenen Qualitätsmerkmalen gibt es eine ganze Reihe formaler, wie z.B. einheitliches Erscheinungsbild, zurückhaltende Farbgestaltung, keine Spielereien, stets durchsichtige Navigationsmöglichkeiten („Wo bin ich, wo komme ich her, wohin kann ich gehen?") u.v.a. Viele dieser Kriterien sind nicht spezifisch für Lehrprogramme, sondern sind ganz allgemeine Grundsätze für die Gestaltung der Benutzungsschnittstelle interaktiver Software.

Neben der Qualität ist die Art der Einbindung der Lehrprogramme in die gesamte Unterrichtsorganisation für den Erfolg ausschlaggebend. Lektionen können und sollen den menschlichen Dozenten nicht ersetzen, können ihm aber helfen, den Unterricht für die Studenten abwechslungsreicher und besser zu machen. Lektionen wie die im COSTOC-Projekt entwickelten können nur zu einem sehr geringen Teil eine traditionelle Vorlesung ersetzen. Sie dienen als „elektronische Bücher" zur Vorlesungsbegleitung. Studenten sollten daher einen möglichst bequemen und einfachen Zugriff auf die Lektionen haben, und sie z.B. jederzeit von einem Fileserver abrufen und auch für den eigenen Bedarf kopieren dürfen. (Wiederum eine Forderung, die im COSTOC-Projekt nur teilweise erfüllt war.) Ebensowenig, wie es genügt, einen Unterrichtsgegenstand durch Einstellen einiger Bücher zum Thema in eine leicht zugängliche Bibliothek oder durch Kauf (oder Kopieren) eines Lehrtextes durch die Studenten zu organisieren, genügt die rein technische Verfügbarkeit von Lehrsoftware. Auch der „Konsum" von Lehrsoftware muß in den allgemeinen Lehr- und Lernbetrieb sachgerecht integriert werden. So kann der Dozent Beispiele zu Algorithmen oder Varianten von Verfahren als für die Studenten mit Hilfe des Lehrprogramms selbständig zu erarbeitenden Teil verlangen und dann in seiner Vorlesung bei der Analyse der Verfahren als bekannt voraussetzen. Bewährt hat sich nach meiner eigenen Erfahrung im COSTOC-Projekt auch, aus der Kursbibliothek Material zur Präsentation innerhalb der Vorlesung mit Hilfe eines Großbildprojektors zusammenzustellen: Genauso wie man aus Lehrbüchern Unterlagen und Folien zur Präsentation im Hörsaal zusammenstellt, bietet es sich an, statt eines komplizierten und unvollkommenen „Folienfilms" oder Tafelbilder komplexe dynamische Vorgänge als Bausteine aus einer elektronischen Bibliothek zusammenzustellen. Es ist dann ideal, wenn der Student solche Präsentationen zuhause, an seinem eigenen Computer noch einmal durchgehen und durch darauf zugeschnittene Übungen (Labor, Simulation) vertiefen kann.

4 Das Qualitätssicherungsproblem

Zusammen mit Studenten und Mitarbeitern haben wir selbst etwa 30 Lektionen zur COSTOC-Bibliothek beigesteuert. Darüberhinaus habe ich als Herausgeber von Kursen fast 100 Lektionen anderer Autoren durchgesehen. Dabei hat sich gezeigt, wie schwer es ist, wirklich gute Lektionen zustande zu bringen, die noch dazu einem einheitlichen Standard entsprechen. Dieselbe Erfahrung wurde auch in Graz gemacht, vgl. [7]. Obwohl allen Autoren eine schriftliche Anleitung in die Hand gegeben wurde [9], sie einige Beispiellektionen erhielten und ihnen „grünes Licht" für einen Kurs erst nach einer Prüfung und Abnahme von zwei Probelektionen gegeben wurde, enthielten 95 % aller Lektionen zum Teil gravierende formale Fehler. Die folgende Aufzählung ist sicher unvollständig, zeigt aber, *was* man alles falsch machen kann: Verzweigungsfehler (Sackgassen, kein Entkommen aus nicht oder falsch beantworteten Fragen), Nichtbeachten der Vorgaben über Lektions- und Framestruktur (Kopf-/Fußzeile, uneinheitliches oder störendes Layout); Graphik als Spielerei, falscher Bezug zwischen Graphik und Text; zu viele Farben, Farbwechsel, Hervorhebungen; zu viel Text in einem Bildschirm(-fenster); Rechtschreibfehler, uneinheitliche Schreibweise; kein einheitliches „look-and-feel" durch Präsentation gleicher Dinge immer am selben Ort, in derselben Weise (Schrift, Type, Farbe); unklare Navigationsmöglichkeiten u.a.m.

Wieder gilt auch hier, daß viele dieser Fehler nicht allein für Lehrprogramme typisch sind, sondern ganz allgemein bei interaktiven Programmen gemacht werden können. Gerade im Hochschulbereich sind Autoren von Lehrsoftware zwar Fachleute für ein Sachgebiet aber keine Designexperten, Didaktiker oder Kognitionswissenschaftler oder Fachleute für Softwareergonomie. Sie arbeiten in der Regel allein und nicht in einem Team wie bei der kommerziell produzierten und vertriebenen Lehrsoftware für das „Computer-based-training". Daher ist es natürlich kein Wunder, daß sie Fehler machen.

Besonders für die traditionelle Lehrsoftware vom „Tutorial"-Typ, aber auch für Hypertext- und Multimedia-Systeme spielt die medien*gerechte* Aufbereitung von Lehrinhalten eine zentrale Rolle. Man kann nicht erwarten, daß Hochschullehrer als Autoren von Lehrsoftware wissen, wie man die ihnen zur Verfügung gestellten Werkzeuge *sinnvoll* nutzt.

Der Funktionsumfang von heute verfügbaren Systemen ist gegenüber dem im COSTOC-Projekt verwendeten Autorensystem ganz erheblich erweitert worden. Die erweiterte Funktionalität und die Einfachheit ihrer Handhabung geht allerdings häufig einher mit einer Disziplinlosigkeit in ihrem Gebrauch. Daher wird nicht nur bei traditioneller Lehrsoftware, sondern auch für mit Hypertextsystemen erstellte Informationen über mangelnde Qualität („Coloritis", „Fontitis", „Linkitis") [6] geklagt.

Moderne Autorensysteme, wie z.B. Course of Action, bieten zwar interessante neue Funktionen an, die eine bessere Aufbereitung von Lehrinhalten ermöglichen als es mit dem im COSTOC-Projekt benutzten System möglich war. Dazu gehören die Erweiterung der Interaktionsmöglichkeiten durch bewegliche Objekte, Klickfelder für Maus, Pulldown-Menüs, einfache Möglichkeiten zur Einbindung von Fremdgraphiken, Audio- und Video-Sequenzen, eine programmierbare Ablaufsteuerung und Ansätze in Richtung „Typisierung" durch die Möglichkeit, Strukturen vorzudefinieren und mehrfach zu verwenden. Ferner bietet das „Designing with Icons" einen gewissen Schutz gegen Verzweigungsfehler. Eine genaue Betrachtung zeigt jedoch, daß das unterliegende Datenmodell vom Vorbild PLATO und dem im COSTOC-Projekt verwendeten System nicht wesentlich verschieden ist. D.h. es fehlt eine über der Objekt-Ebene liegende logisch-strukturelle Ebene; zumindest ist sie dem Benutzer nicht zugänglich und ebenso wie der Objekt-Code nicht öffentlich.

Was vor allem fehlt sind intelligente Entwurfs- und Entwicklungswerkzeuge, die dem Novizen das Erfahrungswissen von Experten für die Lehrsoftwareentwicklung zugänglich machen und dem erfahrenen Entwickler Routinearbeiten abnehmen. Insbesondere fehlt eine der in Jahrhunderten gewachsenen und hochentwickelten Kultur von Schriftsetzern vergleichbare, allgemein anerkannte Medienkultur für computergestütztes Unterrichtsmaterial.

5 Trennung von Form und Inhalt

Die Erfahrungen im COSTOC-Projekt haben klar gezeigt, daß eine mediengerechte Aufbereitung von Inhalten für die computergestützte Lehre an den Hochschulen durch Hochschullehrer nur gelingen kann, wenn man ihnen bessere Werkzeuge in die Hand gibt als die heute verfügbaren. Dabei kommt es nicht auf eine Erweiterung der Funktionalität an. Entscheidend ist vielmehr die Lösung der folgenden Frage: Kann man überhaupt und, wenn ja, *wie* kann man das Wissen erfahrener Entwickler von Lehrsoftware in rechnergestützte Werkzeuge für Autoren integrieren?

Es liegt nahe zu versuchen, Erfahrungen aus dem Bereich der Textverarbeitung auf Multimedia-Dokumente zu übertragen: Werkzeuge wie das für diesen Aufsatz benutzte Satzsystem LaTeX erlauben es dem Autor, sich auf die inhaltliche Struktur zu konzentrieren, ohne daß er sich um formale Aspekte (Gestaltung von Überschriften, Literaturverweisen usw.) kümmern muß. Das erfordert eine konsequente Trennung der logischen (inhaltlichen) Struktur eines Kurses von der formalen (Layout-)Struktur. Der Autor ist als Fachmann für ein Sachgebiet für den Inhalt, professionelle Designer, Pädagogen, Psychologen sind für die formale Struktur verantwortlich. Dieser Ansatz läuft auf eine Abkehr von den heute vorherrschenden direkt manipulierenden auf die Entwicklung weitgehend typgesteuerter Autorensysteme hinaus. Ein Designspezialist spezifiziert verschiedene Kurstypen. Der Autor wählt einen Kurstyp aus und wird vom Autorensystem zur Einhaltung des Kurstyps angehalten.

Wie das konkret aussehen kann soll jetzt an Hand eines von uns zur Zeit entwickelten Prototyps eines Autorensystems genauer erläutert werden. Zunächst ist es nötig, die angestrebte Trennung von Form und Inhalt auch im Datenmodell zu berücksichtigen. Seitenorientierten Datenbasen, wie Hypertextsystemen und traditionellen Unterrichtslektionen, liegt implizit oder explizit ein unbeschränkter, markierter Graph als Datenmodell zugrunde: Die Knoten sind die „Seiten", die markierten Kanten legen die Navigationsmöglichkeiten fest. F. Tompa zeigt in [23], daß dies Datenmodell keine Trennung von Form und Inhalt und insbesondere nicht verschiedene Sichten auf die Menge der Seiten erlaubt. Er schlägt daher gerichtete, markierte Hypergraphen vor. Es wird unterschieden zwischen *Seiten*, die wie Frames in Unterrichtslektionen oder Knoten in Hypertextsystemen die Träger von Text, Bild- oder Ton-Information sind, und den die Navigation steuernden *Knoten*. Jedem Knoten ist eine Seite zugeordnet, dieselbe Seite kann aber mehreren Knoten zugeordnet werden. Mehrere Knoten können zu einem Hyperknoten zusammengefaßt werden. Hyperknoten sind durch markierte Hyperkanten verbunden.

Die Festlegung von Sichten verlangt die Spezifikation von *Strukturtypen*. Die Seitenstruktur wird durch *Bildschirmtypen* festgelegt.

Als Ergebnis des Editiervorgangs wird durch unser System vom Autor nicht wie im Falle des COSTOC-Projekts eine kaum strukturierte Menge von Text- und Graphikprimitiven erzeugt, sondern ein *logisch* ausgezeichnetes Hypermedia Dokument. Als Auszeichnungssprache verwenden wir eine Sprache, die sich anlehnt an die im Textbereich bewährte und standardisierte Standard Generalized Markup Language (SGML). Wir folgen damit einem Vorschlag von Cruz und Judd [5], die zeigen, wie damit auch die für Multimedia Dokumente typischen und bei herkömmlichen Papierdokumenten nicht auftretenden temporalen und räumlichen Aspekte in uniformer Weise behandelt werden können. Bevor wir darauf näher eingehen, soll die Architektur des Systems und der Editiervorgang für die (im Sinne des Datenmodells von Tompa) kleinste Informationseinheit, eine einzelne Bildschirmseite genauer erläutert werden.

5.1 Bildschirmtypen

Die generische Struktur einer Bildschirmseite legt die allen Seiten einer bestimmten Bildschirmklasse gemeinsame logische Struktur fest. Ein Bespiel ist in Abbildung 1 angegeben. Dort wird festgestellt, daß eine Bildschirmseite der Klasse NFrame aus einem Explain-Teil und einem (optionalen) Example-Teil besteht, die beide wiederum aus einem (optionalen) Titel und einer Folge von Graphiken und Texten bestehen und in einem Graphik- und Textfenster positioniert werden. In Textdaten („phrase") können logische Kommandos für Farbe, Positionierung und Hervorhebung benutzt werden. Als mögliche Graphiken sind vorgesehen Picture (Fremdgraphik), Line, Oval, Rectangle, Region und Word. Jede Graphik kann verschiedene Shape-Attribute haben.

In einem durch die in Abbildung 1 angegebene Spezifikation und durch zusätzliche Editierdirektiven gesteuerten Editiervorgang wird der Autor aufgefordert, die zur Festlegung einer individuellen Bildschirmseite der Klasse NFrame fehlenden Teile anzugeben. Es entsteht so eine logisch ausgezeichnete, individuelle Bildschirmseite mit spezifischer Struktur der Klasse NFrame. Ein Beispiel zeigt Abbildung 2. Zusammen mit einem (von einem Designer erstellten) Style-file, das festlegt, wie die Kopfzeile aussehen soll, Text hervorgehoben wird, Graphikfarben gewählt werden sollen usw., kann die spezifische Seite dann interpretiert und auf verschiedenen Rechnern präsentiert werden. Das Ergebnis kann beispielsweise wie in Abbildung 3 gezeigt aussehen. Da der Autor sich natürlich ein möglichst gutes, unmittelbares Bild seiner Tätigkeit verschaffen möchte, ist ein Interpreter nötig, der editierte NFrames ganz oder teilweise auf dem vom Autor benutzten Rechner darzustellen erlaubt. Abbildung 4 faßt die beschriebene Typsteuerung noch einmal zusammen. Dieser Teil des Systems ist in Objekt Pascal auf MacintoshII-Rechnern bereits implementiert und wird nun schrittweise um die übrigen für ein leistungsfähiges Autorensystem erforderlichen Teile (Struktur- und Animationseditor, Einbinden von Audio- und Videosequenzen usw.) erweitert. Dabei ist es nicht unser Ziel, möglichst viele Einzelfunktionen zu realisieren. In [15] sind mehr als 200 für ein Autorensystem wünschenswerte „tasks" in den neun Bereichen: „Authoring Enviroment, Text Creation, Text Editing, Graphics Creation, Graphics Editing, Animation, Interactive Video, Instructional Strategy, Student Management" genannt. Vielmehr wollen wir herausfinden, wie weit die Trennung zwischen Form und Inhalt überhaupt möglich und sinnvoll ist. Wir wollen also — im Gegensatz zu [15] — dem Autor möglichst viele komplexere Tasks auf höherer, logischer Ebene anbieten.

5.2 Behandlung von Struktur, Raum, Zeit

Die SGML Notation erlaubt es, problemlos sequentielle, iterative und hierarchische Strukturen zu beschreiben. So kann man z.B. die Struktur eines „Drillkurses" als Iteration einer Folge von NFrames (Erklärungen und Beispiele) und Interaktionen mit Fragen/Antworten verschiedener Art, eingerahmt in einen festen Rahmen (Titel, Schluß) mit genau abgegrenzten Verzweigungsmöglichkeiten leicht als generische Struktur definieren. Typsteuerung bedeutet nun, dem Autor das Autorensystem in einer durch diese Struktur bestimmten Erscheinungsform (mit strukturabhängigen Menüs und Editierfunktionen) anzubieten. Dieser Teil ist ebenfalls bereits implementiert.

```
<!ELEMENT NFrame  (Explain,Example?) >

<!ELEMENT (Explain|Example)  (Title?, ((Grafik,Text?)|Text)+ ) >

<!ATTLIST (Explain|Example)
     Position      (gltr|grtl|gotu|guto|g|t)   "gltr" >

<!ELEMENT Title #PCDATA >

<!ELEMENT Text  (phrase)+ >

<!ELEMENT phrase #PCDATA >

<!ATTLIST phrase
     Color      (Color1|Color2|Color3|Color4)      "Color1"
     Position   (Sup|Center|Sub)                   "Center"
     High       (High1|High2|High3|High4)          "High1"    >

<!ELEMENT Grafik (Shape)+ >

<!ELEMENT Shape      (Picture|Line|Oval|Rectangle|Region|Word)>

<!ATTLIST Shape
     Color      (Color1|Color2|Color3|Color4|defCol)   "Color1"
     ColVal     NUMBERS                                "0,0,0"
     LStyle     (LStyle1|LStyle2|LStyle3|LStyle4)      "LStyle1"
     FStyle     (full|empty|FStyle1|FStyle2|FStyle3)   "empty"
     LWidth     (LWidth1|LWidth2|LWidth3|LWidth4)      "LWidth1" >

<!ELEMENT Picture  (X,Y) >

<!ATTLIST  Picture
     PictName  CDATA      #REQUESTED>

<!ELEMENT Line  (X,Y,X,Y) >

<!ELEMENT Oval  (X,Y,X,Y) >

<!ELEMENT Region  (X,Y,X,Y,(X,Y)+) >

<!ELEMENT Rectangle  (X,Y,X,Y) >

<!ELEMENT Word  (X,Y,#PCDATA) >

<!ELEMENT (X|Y)  #PCDATA >
```

Abbildung 1: Beispiel für eine generische Struktur einer Bildschirmseite

```
<NFrame>
    <Explain>
        <Grafik>
                <Shape   Color="Color1" Colval="0,0,0" LStyle="LStyle1"
                        FStyle="FStyle2" LWidth="LWidth1">
                    <Rectangle>
                        <x>00000000</x>
                        <y>99999999</y>
                        <x>33000000</x>
                        <y>80000000</y>
                    </Rectangle>
                </Shape>
                <Shape   Color="Color2" Colval="0,0,0" LStyle="LStyle1"
                        FStyle="FStyle3" LWidth="LWidth1">
                    <Circle>
                        <x>99999999</x>
                        <y>99999999</y>
                        <x>80000000</x>
                        <y>80000000</y>
                    </Circle>
                </Shape>
        </Grafik>
        <Text>
                <phrase Color="Color1" Position="Center" High="High1" >
                Dies ist normaler Text in einem
                Textfenster.</phrase>
                <phrase Color="Color1" Position="Center" High="High1" >
                Es folgt</phrase>
                <phrase Color="Color1" Position="Center" High="High2" >
                hervorgehobener  Text</phrase>
                <phrase Color="Color1" Position="Center" High="High1" >
                und</phrase>
                <phrase Color="Color1" Position="Center" High="High3" >
                besonders  hervorgehobener  Text.</phrase>
                <phrase Color="Color1" Position="Center" High="High1" >
                Text im Textfenster erklärt die im
                nebenstehenden Grafikfenster gezeigten
                Grafiken.</phrase>
        </Text>
    </Explain>
</NFrame>
```

Abbildung 2: Beispiel für eine spezifische Struktur einer Bildschirmseite

Zusammenfassung

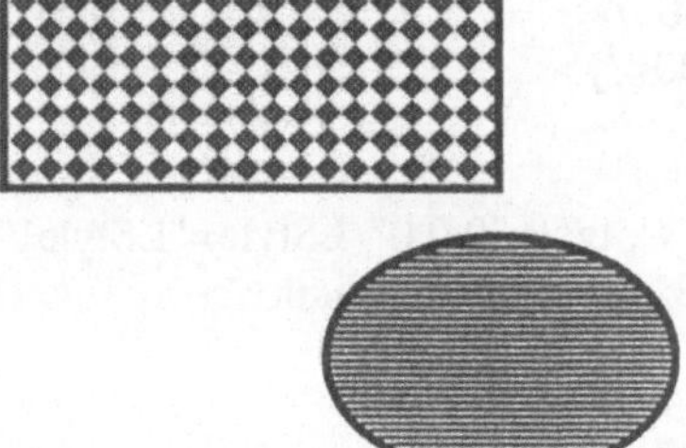

Dies ist normaler Text in einem Textfenster.
Es folgt hervorgehobener Text und **besonders hervorgehobener Text.**
Text im Textfenster erklärt die im nebenstehenden Grafikfenster gezeigten Grafiken.

Abbildung 3: Beispiel des Layouts einer Bildschirmseite

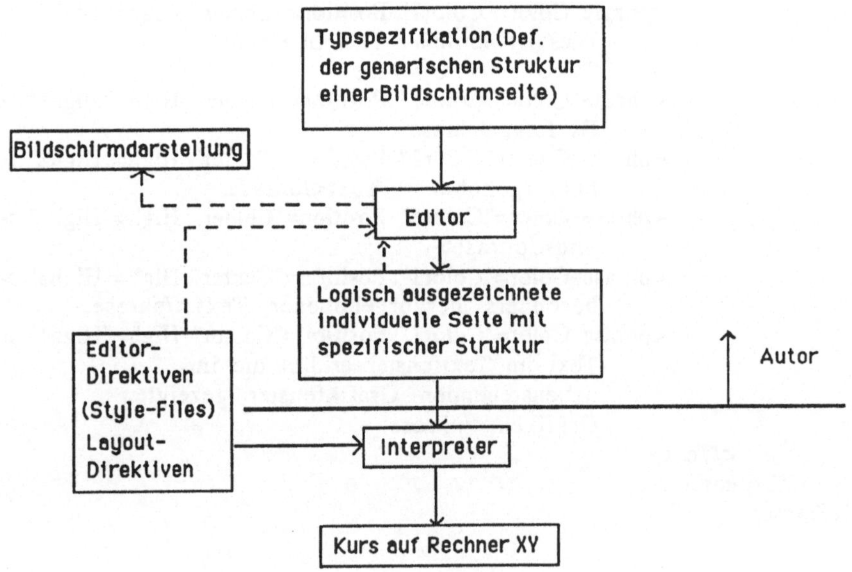

Abbildung 4: Typsteuerung

Die Möglichkeit zur Definition von Attributen und Referenzen in SGML kann man benutzen, um wie im vom Tompa vorgeschlagenen Datenmodell markierte Verbindungen zwischen Mengen von Knoten zu definieren. Soll etwa von einem aus mehreren Knoten bestehenden Dokumententeil „Kurs" jederzeit auf einen Dokumententeil „Bedienungsanleitung" verzweigt werden können, wird eine mit „Bedienungsanleitung" markierte Hyperkante vom Teil „Kurs" auf einen in der Regel ebenfalls aus mehreren Knoten bestehenden Teil gesetzt, der die Bedienungsanleitung enthält. Typsteuerung und Trennung von Form und Inhalt bedeuten hier, daß der Autor zwar die Referenz z.B. mit Hilfe eines graphischen Struktureditors als logische Verbindung setzt. Wie die von einem Knoten des Teils „Kurs" aktivierbare Referenz aber interpretiert wird (als Eintrag in einem Pulldown Menü, als mit der Maus anklickbarer Button o.ä.) hängt vom durch den Designer spezifizierten „Style-file" ab.

Wie Cruz und Judd [5] gezeigt haben, kann man die für Multimedia Dokumente typischen räumlichen und zeitlichen Beziehungen zwischen Informationseinheiten mit Hilfe von Attributen in uniformer Weise in der SGML-Notation ausdrücken. So kann beispielsweise mit Hilfe eines Attributs duration ausgedrückt werden, ob nach Anzeigen eines Frames das Dokument weiter bearbeitet werden soll, wenn eine bestimmte Bedingung („der Benutzer hat <return> gedrückt") erfüllt ist oder seit Einblendung eine bestimmte Anzahl von Zeiteinheiten vergangen ist. Es können auf ähnliche Weise auch der Ablauf von Animationen, die Synchronisation von Audio- und Videosequenzen mit Text- und Graphikeinheiten („slide-shows"), ja sogar Frage-Antwort-Dialoge als spezielle Form der Interaktion festgelegt werden.

Das Ziel der Trennung von Form und Inhalt verlangt es, in allen diesen Fällen dem Autor möglichst viele *logische* Funktionen anzubieten und deren konkrete Realisierung über „Style-files" professionellen Designern zu überlassen. Also sollte z.B. die Festlegung der Ablaufgeschwindigkeit einer Animationssequenz durch die logischen Attribute „langsam" oder „schnell", aber nicht durch die Angabe präziser Zeiteinheiten erfolgen. Zur Synchronisation einer Videosequenz und eines Textes sollte die Festlegung „vorher", „gleichzeitig" oder „nachher" genügen. Die Lautstärke einer Tonsequenz sollte als „laut" oder „leise" oder besser garnicht, jedenfalls nicht in Tonstärkeeinheiten angegeben werden müssen. Bei Multiple-choice Fragen sollte die Art der Präsentation der Alternativen und der erwarteten Reaktion des Benutzers (Anklicken eines Feldes, Eingabe einer Ziffer) nicht vom Autor festgelegt werden müssen.

An dem zuvor erläuterten Beispiel der Bildschirmtypen kann man ablesen, wie eine Typsteuerung die Tätigkeit des Autors so unterstützen kann, daß ein logisch ausgezeichnetes Multimedia Dokument erzeugt wird, das auf verschiedenen Rechnern in einer durch Style-files gesteuerten, rechnerspezifischen Form interpretiert werden kann.

6 Regelsteuerung

Am Vorbild von CAD- und Expertensystemen orientiert sich ein anderer Weg zur Integration des Wissens erfahrener Entwickler von Lehrsoftware in Autorenwerkzeuge: Das Autorensystem nimmt eine „intelligente" Überwachung des Entwurfsprozesses vor durch automatische Aufzeichnung und Auswertung von Parametern, die die Qualität des Endprodukts beeinflussen. Es ist klar, daß die Hauptschwierigkeit dieses Ansatzes einerseits in der Fixierung der die Qualität von Kursen bestimmenden Parameter und andererseits in der Formalisierung und Auswertung von Designregeln besteht. Wir sind überzeugt, daß hier noch ein beträchtliches Potential zur Verbesserung von Autorenwerkzeugen steckt. Um dies grob abschätzen zu können, erscheint es uns zweckmäßig zu sein, die folgenden drei Stufen der Analyse und Überwachung des Entwurfsprozesses zu unterscheiden: des einzelnen *Kursentwurfsschritts*, des *Gesamtkurses* und schließlich von *Benutzerdaten*. Wir geben für jede Stufe einige Beispiele an.

Die erste Stufe besteht in der Messung und Auswertung des Kurszustandes nach jedem einzelnen Kursentwurfsschritt. Als Entwurfsschritt kann man dabei jede der mehr als 200 in [15] genannten „Tasks" ansehen. Beschränken wir uns wieder auf die kleinste Informationseinheit im Sinne des Datenmodells von Tompa, d.h. auf eine Bildschirmseite, so sind einige, die formale Qualität beeinflussende Parameter: Der Füllgrad, das Verhältnis von Text- und Graphikanteilen, die mittlere Satzlänge, das Verhältnis von normalem zu hervorgehobenem Text, der Anteil der Pausen, der Interaktionsanteil. Darauf gegründete Designregeln können den Autor z.B. darauf hinweisen, daß der Füllgrad einer Seite höchstens 70 % sein, die mittlere Satzlänge 15 Worte nicht überschreiten und nicht mehr als 5 % des Textes besonders hervorgehoben werden sollte. Wie eine Überwachung und Steuerung des Entwurfsvorgangs nach solchen Regeln technisch durchgeführt werden kann, ist bereits in [7] erläutert.

Die Gesamtkursanalyse überprüft Konsistenzbedingungen des gesamten Kurses, z.B. eine einheitliche Wahl von Farben, Schrifttypen, Interaktionsarten. Darüberhinaus kann durch eine strukturelle Analyse des gesamten Kurses überprüft werden, ob es Sackgassen, Endlosschleifen, unerreichbare Teile oder andere Verzweigungsfehler gibt. Ferner können den gesamten Kurs bestimmende Parameter, wie z.B. das Verhältnis zwischen tutoriellen und Trainigs- und Testteilen bestimmt werden.

Schließlich kann durch automatische Aufzeichnung und Auswertung aller Aktionen von Schülern bei Durcharbeiten eines Kurses (Benutzerdaten-Analyse) eine Fülle von Informationen gesammelt werden, die auf die Qualität eines Kurses schließen lassen. Beispiele sind: Bearbeitungszeit ingesamt, für einzelne Teile; welche Fragen wurden richtig, falsch mit wievielen Versuchen beantwortet; ist der Schüler dem vom Autor „empfohlenen" Pfad durch den Kurs gefolgt oder davon abgewichen. Dazu gehören könnte auch die Auswertung eines „elektronischen Notizbuchs", in dem Schüler Bemerkungen und Fragen zum Kurs ablegen können, sowie Daten, die durch eine Benutzerbefragung („elektronischer Fragebogen") gesammelt werden.

Es geht hier also um die Aufstellung und Überwachung von (kurstypabhängigen) Regeldateien. Dabei treten dann alle aus der Entwicklung von Expertensystemen bekannten Probleme auf.

Literatur

[1] *Course of Action Product Description.* Authorware, Inc., Minneapolis MN, 1987.

[2] B. Appleton. *Course Builder Manual.* Telerobotics International, Inc., Knoxville TN, 1987.

[3] E. Balkovich, S. Lerman, und R.P. Parmelee. Computing in higher education: The Athena experience. *Comm. ACM*, 28:1214–1224, 1985.

[4] M.H. Brown. Exploring Algorithms Using Balsa-II. *IEEE Computer*, 21(5):14–36, 1985.

[5] G.C. Cruz und T.H. Judd. The role of a descirptive markup language in the creation of interactive multimedia documents for customized electronic delivery. In R. Furuta, Hrsg., *Electronic Publishing 1990*, Cambridge University Press, 1990.

[6] A. van Dam. Hypertext 87. *Comm. ACM*, 31(7):17–41, 1987.

[7] F. Huber. A Proposal for an Authoring System Avoiding Common Errors in Tutorial Lessons. In H. Maurer, Hrsg., *Computer Assisted Learning: 2. International Conference ICCAL 1989*, S. 214–234, 1989. Dallas, TX, Springer, LNCS 360.

[8] D. Jonassen, Hrsg. *Instructional Designs for Microcomputer Courseware.* Lawrence Erlaub Ass., Hilssdale N.J., 1988.

[9] D. Kaiser und H. Maurer. *How to write a COSTOC lesson.* Technical Report, IIG Graz, 1987.

[10] A. Kierulf, K.H. Chen, und J. Nievergelt. Smart game board and go explorer: a study in software and knowledge engineering. *Comm. ACM*, 33(2):152–166, 1990.

[11] R. Klein. Rechnergestütztes Kursmanagement bei der Durchführung stark belegter Programmierkurse. *Angewandte Informatik*, 1:31–37, 1986.

[12] B. Krause und A. Schreiner, Hrsg. *HECTOR, Volume I: New Ways in Education and Research*, Springer Verlag, Berlin, 1988.

[13] G. Krüger und G. Müller, Hrsg. *HECTOR, Volume II: Heterogenous Computers Together*, Springer Verlag, Berlin, 1988.

[14] F. Makedon, H. Maurer, und Th. Ottmann. Computer learning: a step beyond the book. In B. Krause und A. Schreiner, Hrsg., *HECTOR, Volume I: New Ways in Education and Research*, S. 441–449, Springer Verlag, Berlin, 1988.

[15] C.B. McKnight und S. Balagopalan. An Evaluation Tool for Measuring Authoring System Performance. *Comm. ACM*, 32(10):1231–1236, 1989.

[16] K. Mehlhorn und S. Näher. LEDA — A Library of Efficient Data Types and Algorithms. In A. Reuter, Hrsg., *GI-20. Jahrestagung, Informatik-Fachberichte*, S. 35–39, Springer-Verlag, 1990.

[17] J.H. Morris. ANDREW: a distributed personal computing environment. *Comm. ACM*, 29:184ff, 1986.

[18] J. Nievergelt, P. Schorn, M. DeLorenzi, Ch. Ammann, und A. Brüngger. XYZ: A project in experimental geometric computation. In H.P. Bieri und H. Noltemeier, Hrsg., *Workshop on Computational Geometry, CG 1991, Bern*, 1991. LNCS, to appear.

[19] Th. Ottmann. Entwicklung und Einsatz computerunterstützter Unterrichtslektionen für den Informatikunterricht an der Hochschule. *CAK*, 4:63–75, 1987.

[20] Th. Ottmann und P. Widmayer. Erstellung und Nutzung von Präsentationsgraphiklektionen für den Informatikunterricht. In Bundesministerium für Bildung und Wissenschaft, Hrsg., *Computer-Investitionsprogramm (CIP) im Hochschulbereich*, 1987.

[21] A. Schreiner. *Akademische Software Kooperation, Deutscher Hochschul-Software-Preis 1990.* Karlsruhe, 1990.

[22] W. Stern und G. Schlageter. EULE: An Object-Oriented Authoring and Learner System. In H. Maurer, Hrsg., *Computer Assisted Learning: 2. International Conference ICCAL 1989*, S. 517–531, 1989. Dallas, TX, Springer, LNCS 360.

[23] F. Tompa. A data model for flexible hypertext database systems. *ACM Transactions on Information Systems*, 7(1):85–100, 1989.

Adresse des Verfassers:
Prof. Dr. Thomas Ottmann
Universität Freiburg - Institut für Informatik
Rheinstraße 10 12,   7800 Freiburg

Informationstechnik in der Lebenswelt

Rafael Capurro

Zusammenfassung. Der Konflikt zwischen einer expandierenden Informationstechnik einerseits und der Lebenswelt andererseits, führt zu der Frage, inwiefern das Verhältnis zwischen Mensch und Technik neu bedacht werden muß. Eine Analyse der Vorstellung vom Menschen als ein informationsverarbeitendes System zeigt, daß der Mensch die Informationstechnik benutzt, um sich von seiner Lebenswelt theoretisch und praktisch-politisch abzukoppeln. Die Infragestellung dieses Anthropozentrismus führt zu einer Neubestimmung der Technik, die jetzt nicht mehr als Maske einer weltlosen Subjektivität, sondern als Lebensform aufgefaßt wird. So gesehen, gehört die Gestaltung der Informationstechnik in den Bereich des privaten und öffentlichen Diskurses und sie bleibt den vielfältigen ethischen und ästhetischen Dimensionen der Lebenswelt verpflichtet.

1.   Perspektiven der Lebenswelt

Wieviel Informationstechnik verträgt der Mensch? Dazu kann man eine klare Antwort geben, nämlich: es kommt ganz darauf an! Denn weder ist der Mensch so etwas wie ein Behälter, noch die Informationstechnik etwas wie eine Flüssigkeit, die irgendwann überläuft, sondern der Mensch ist, wie wir inzwischen wissen, die Meere und die Flüsse, die Wälder und die Wüste, die Tiere und die Pflanzen, die Berge und die Steppe. Er ist aber auch die Sorgen des Alltags und die Freude der Geburt, die Meinungen der Vielen und das begründete Wissen, die nützlichen Erfindungen und die Verschwendung der Kunst, die Trauer des Todes und der Schrecken des Krieges, die Gesetze des Staates und die Visionen der Religionen. Wieviel Informationstechnik verträgt also der Mensch? Noch einmal: es kommt ganz darauf an! Worauf kommt es genau an? Auf die Welt, in der er lebt.

1.1   Die private Lebenswelt

Die Welt, in der der Mensch lebt, ist seine Lebenswelt. Damit meine ich zunächst die Welt, die wir mit all dem Reichtum an subjektiven Färbungen tagtäglich und ganz persönlich erleben. Sie ist zwar immer meine Welt, aber nicht im Sinne einer solipsistisch also nur von mir allein erfahrenen Welt. Denn was ich erfahre und wie ich es persönlich erlebe, ist zugleich durch die mir nahe stehenden Menschen (Familie, Freunde, Kollegen), sowie auch durch mir räumlich und zeitlich entfernte Mitmenschen bedingt. So ist also meine Welt immer schon die mit anderen miterlebte und miterlebbare Welt. Sie ist u.a. durch die persönlichen Charaktereigenschaften, durch die Geschlechtsbestimmung, durch die Muttersprache, durch die natürlichen Begabungen, durch die Pläne und Zufälle der eigenen Lebensgeschichte, durch den Prozeß des Reifens und Alterns, durch die wechselnden Stimmungen und Lebenseinstellungen bestimmt. Wir nennen diese uns unmittelbar betreffende Welt die private Lebenswelt.

1.2   Die öffentliche Lebenswelt

Von ihr hebt sich die öffentliche Lebenswelt ab. Sie ist die Welt der sozialen Konventionen und Bräuche, des wirtschaftlichen und politischen Handelns. Sowenig aber wie die private Lebenswelt eine solipsistisch erfahrene Welt ist, sowenig ist die öffentliche Lebenswelt eine objektive, von allen individuellen Färbungen bereinigte Welt. Dennoch bilden die Ergebnisse der nur teilweise koordinierten und koordinierbaren Handlungen der Vielen eine Dimension, in der sich die lebensweltliche Sicht des Einzelnen ebenfalls nur teilweise wiederfindet. Man kann deshalb sagen, daß zwischen der privaten und der öffentlichen Lebenswelt eine gewisse Spannung herrscht und daß die Aufhebung der einen oder anderen Sicht - oder daß die Aufhebung der einen Sicht in der anderen - zu den bekannten gefährlichen Entwicklungen, sowohl für den Einzelnen als auch für die Gemeinschaft führt. Obwohl wir gemeinhin dazu neigen, die private Lebenswelt als die ursprüngliche Welt anzusetzen, zeigt bereits das Wort 'privat' auf ihren abgeleiteten Charakter hin. Wir sind zunächst in einem gemeinsam mitgeteilten Bereich des öffentlichen Lebens und können uns deshalb 'ins Private' zurückziehen. Dieser Rückzug kann zwar als Flucht bis hin zur neurotischen Selbstisolierung erlitten werden; er kann aber auch als eine Möglichkeit zur Erhaltung und Entfaltung der eigenen Sicht der Dinge, aus der erst ein echtes Spannungsverhältnis zum normativen öffentlichen Bereich entstehen kann, vollzogen werden.

1.3 Die wissenschaftlich-technische Lebenswelt

Wir kennen aber auch noch eine weitere auf unser Leben bezogene Bedeutung von Welt, die sich von den bereits genannten unterscheidet, nämlich die Welt, so wie sie uns die Wissenschaft vermittelt. Es handelt sich dabei um einen in jahrhundertelanger Entwicklung vollzogenen 'Privationsprozeß'. Ich setze Privationsprozeß in Anführungszeichen, da, im Gegensatz zur privaten Sicht, die Welt jetzt so erfahren wird, als ob (!) jene individuellen und sozialen Dimensionen eine zwar nicht völlig ausschließbare, aber für die Zwecke der Wissenschaft doch marginale Rolle spielten. Wie wir wissen, übt gerade diese wissenschaftliche Lebenswelt einen kaum zu überschätzenden Einfluß auf die öffentliche sowie auf die private Lebenswelt aus. Dieser Einfluß ist darin begründet, daß die Wissenschaft nicht die Welt an sich, sondern die uns kausal verstehbare Welt vor Augen führt. Je mehr sie uns aber die Phänomene in ihren tatsächlichen oder möglichen Wechselwirkungen erschließt, um so mehr gestattet sie uns auch einen aktiven bzw. technischen Eingriff auf sie. Gerade dieser aktiv-technische Charakter der modernen Wissenschaft ist nicht etwas Marginales, sondern zeichnet sie, etwa im Unterschied zur mittelalterlichen 'ars' oder zur antiken 'techné', aus. Der aktiv-technische Charakter nämlich gewinnt in der neuzeitlichen Wissenschaft die Oberhand und wird zum Maßstab des Wissens selbst. Wenn wir in diesem Zusammenhang die Frage: Was ist Informationstechnik? stellen, dann erhalten wir als Antwort: Sie ist der wesentliche Charakterzug der modernen Wissenschaft. Denn die Informationstechnik erlaubt einen treffsicheren Eingriff auf die Phänomene, indem sie die Phänomene primär im Dienste dieses Eingriffs methodisch erschließt. Die wissenschaftliche Welt enthält eineinformationstechnische Sicht [25]. Damit steht sie aber, als wissenschaftlich-technische Lebenswelt, in einem unlösbaren Zusammenhang mit der privaten und öffentlichen Lebenswelt, da die Eingriffe stets gemäß dem Anspruch auf Zweckmäßigkeit erfolgen. Und umgekehrt: sowohl die private als auch die öffentliche Lebenswelt werden immer mehr informationstechnisch gestaltet. Wir nehmen Abschied von der Gutenberg-Galaxis [1,2].

1.4 Informationstechnik in der Lebenswelt: Überhöhung, Bagatellisierung oder Ablehnung?

Hier liegt die eigentliche Herausforderung, die sich hinter dem Titel 'Informationstechnik in der Lebenswelt' verbirgt. Denn auch wenn diese drei Sichtweisen nicht aufeinander reduzierbar sind, bergen sie die Möglichkeit, sich absolut zu setzen oder zum bloßen Diener der jeweils anderen zu werden. Im Falle der Informationstechnik bedeutet diese Alternative, entweder sie zur alles bestimmenden geschichtlichen Macht zu erheben oder sie zu einem bloßen Instrument zu bagatellisieren. Es ist dann die Rede von der Ambivalenz dieser oder der Technik. Demgegenüber bleibt der Fluchtweg in eine vermeintlich 'heile Welt'. Dieser scheinbare Ausweg wird nicht selten im Namen dessen geführt, was sich in allen drei Formen der von uns konstituierten, also humanen Welt entzieht, nämlich der Natur. Denn weder die private noch die öffentliche noch die wissenschaftlich-technische Lebenswelt stellen uns vor eine Natur an sich, sondern diese entzieht sich auch und gerade dann, wenn wir glauben, sie naturwissenschaftlich-technisch 'im Griff' zu haben. Was wir 'im Griff' haben, ist gerade nicht Natur, sondern ihre Erscheinung vor dem Hintergrund unserer in sie hineinprojizierten Handlungsentwürfe, wozu auch unsere Denkentwürfe (Theorien, Prognosen, Erwartungen usw.) gehören [20]. Es sind diese Handlungsentwürfe, die wir auch informationstechnisch programmieren können. Ein Computerprogramm stellt ein technisch-fixierter Handlungsentwurf innerhalb der menschlich konstituierten Welt, der Lebenswelt also, dar. Wenn aber keine 'romantische' Alternative zur Ambivalenz der Technik offen bleibt - da die Natur uns nicht an sich, sondern stets durch die Mediatisierung der privaten, öffentlichen und wissenschaftlich-technischen Lebenswelt zugänglich ist - und wir aber weder in die Überhöhung noch in die Bagatellisierung der Technik verfallen wollen, was bleibt uns noch für eine Einstellung übrig? Im folgenden möchte ich dieser Frage nachgehen, indem ich auf eine mögliche Veränderung des Verhältnisses von Mensch und Technik aufmerksam mache (Abschn. 3). Diese Veränderung, die ich mit dem Stichwort 'Technik als Lebensform' charakterisieren möchte, setzt eine Demaskierung des informationstechnischen Anthropozentrismus voraus (Abschn. 2) [16]. Aus diesen Prämissen ergeben sich Lehren für die Praxis, im Hinblick nämlich auf jene anfangs gestellte Frage nach dem Maß der Informationstechnik (Abschn. 4).

2. Die Demaskierung des informationstechnischen Anthropozentrismus

Wie sehr die Informationstechnik nicht bloß ein Instrument, sondern eine uns prägende Macht ist, zeigt eine weit verbreitete Vorstellung, nämlich die, daß der Mensch nichts anderes sei als eine bestimmte Art der Gattung 'Informationsverarbeitende Systeme'. Diese Vorstellung wird in vielen Varianten innerhalb der Informatik, sowie vor allem der Kognitionswissenschaft vertreten [16]. Sie übt aber auch einen großen Einfluß auf die Humanwissenschaften aus (z.B. auf die Medizin, Biologie, Psychologie, Soziologie) und dringt immer mehr in das allgemeine Bewußtsein - etwa durch die Science-fiction-Literatur und ihre Verfilmung - ein.
Inwiefern ist diese Vorstellung anthropozentrisch? Geht es dabei gerade nicht um die Infragestellung des vermeintlichen geistigen Primats des Menschen, also um seine Entheiligung und vielleicht sogar Entwürdigung? Denn der Mensch soll ja bloß eine halbwegs funktionierende Maschine sein, deren sogenannte geistigen Eigenschaften auf einer dauerhafteren Hardware sich ebenfalls implementieren, ja unter Umständen übertreffen ließen. Während die Evolutionstheorie die menschliche Seele naturalisierte, geht jetzt die Informationstechnik einen Schritt weiter und räumt mit einem diffus gebliebenen Vitalismus auf. Aber damit nicht genug. Die Zeit soll nicht mehr fern sein, in der die von uns geschaffenen intelligenten Wesen uns übertreffen und überflüssig machen werden. So die technischen Visionen des amerikanischen KI-Forschers Moravec [15]. Von Anthropozentrismus scheint also keine Rede sein zu können.

Ich meine dagegen folgendes: Hinter der Vorstellung von höheren Intelligenzen oder einer von uns geschaffenen und uns übertreffenden künstlichen Intelligenz, die aus Träumen (und Traumata) des Menschen erwächst, verbirgt sich der Wunsch nach einer Versicherung seines technischen Wissens und Könnens. Diese scheinbar uns übersteigende und dezentrierende Vorstellung ist in Wahrheit eine anthropozentrische Maske. Sie ist jener metaphysischen Gottesvorstellung vergleichbar, in der der Mensch ein unerschütterliches Fundament für sein Denken und Handeln suchte [4,5]. Aber auch wenn man diese Visionen als Träumereien abtut und auf dem harten Boden etwa der Wirtschaftsinteressen und der politischen Herrschaft bleiben will, bedeutet die Idee vom Menschen als ein informationsverarbeitendes System eine gerade zutiefst anthropozentrische Idee und zwar nicht bloß in einem erkenntnistheoretischen, sondern auch in einem praktisch-politischen Sinne.

2.1 Der Mensch als informationsverarbeitendes System: eine erkenntnistheoretische Maske des Anthropozentrismus

Im erkenntnistheoretischen Sinne ist diese Vorstellung durch und durch anthropozentrisch. Sie ist auf dem Boden des modernen Subjektivismus und Rationalismus entstanden und übernimmt, meistens unreflektiert, die Prämissen dieser Denkrichtungen vor allem in ihrer subjektivistischen Ausprägung. Während aber die Moderne zwischen einer "denkenden" und einer "ausgedehnten" Substanz (Descartes) unterschied, behaupten die sogenannten 'starken Funktionalisten', daß alle mentalen Prozesse sich nicht nur auf biologische, sondern letztlich auf physikalische Verarbeitungsprozesse reduzieren lassen. Zwischen Computerisierung und Erkenntnis besteht also nicht bloß eine

Analogie, sondern eine Isomorphie. In den Worten des MIT-Forschers Pylyshyn: "cognition is computation" [17]. Menschen und Computer gehören zum Genus der 'erkennenden Dinge' ("cognizers"). Demgegenüber behaupten die 'schwachen Funktionalisten', wie etwa Searle [21], daß Bewußtsein von seinen biologischen Bedingungen nicht abtrennbar ist. Die 'starken Funktionalisten' bewegen sich zwischen zwei Positionen, nämlich Programmierern und Konnektionisten. Die Programmierer ('programmers') behaupten, daß Erkenntnis durch gezielte symbolische Modellierung des Systems erzeugt werden kann, während für die Konnektionisten dies durch nicht-biologische, aber neuronal-ähnliche Netzwerke zu erreichen wäre. In diesem Fall könnte man, in Übereinstimmung mit den Konstruktivisten, von "autopoietischen Maschinen" (Maturana/Varela) sprechen [14].

Ohne jetzt auf die einzelnen Prämissen und Schlußfolgerungen, die sich aus diesen Positionen ergeben, einzugehen, möchte ich auf die Bedeutung, die man in allen Fällen dem Begriff der 'mentalen Repräsentationen' ('mental representations') beimißt, hinweisen. Man geht von der Vorstellung eines eingekapselten Gehirns aus, das die real existierende Außenwelt widergibt, sich also eine Vorstellung von einer Vorstellung ("rerepresentation") macht [22]. Wie kann man sich aber den Bedeutungsgehalt ("intentional content") solcher "Rerepräsentationen" erklären? Ein solches Problem ist uns aus der abendländischen Tradition wohl bekannt, nämlich unter dem Stichwort "Ideen". Auf materialistischer Basis sucht man dafür eine Erklärung, z.B. durch eine von der natürlichen Sprache unabhängigen und angeborenen Gehirnsprache. J. Fodor nennt sie "mentalese" [10]. Der Grundgedanke bleibt aber, daß es eine Trennung zwischen dem Gehirn, als informationsverarbeitende Maschine, und der Außenwelt gibt, und daß diese Außenwelt oder, besser gesagt, die in ihr vorkommenden Objekte, im Gehirn re-präsentiert werden (Abb. 1, [6]).

Diese Vorstellung des Menschen als ein kognitives informationsverarbeitendes System hat, gegenüber den bisherigen dualistischen Auffassungen, einen entscheidenden Vorteil: Man kann in die Phänomene technisch eingreifen, und zwar mit der bekannten Präzision, die der Computer erlaubt. Darüber hinaus erhebt die Informationstechnik den Anspruch, jene Phänomene künstlich hervorzubringen, die sich bisher eines solchen Eingriffs entzogen. Sie weist dabei jedoch einige grundlegende Mängel auf. Erstens geht sie von einer naiv-realistischen Weltvorstellung aus, d.h. sie berücksichtigt weder die konstituierende und aktive Funktion der Erkenntnis, noch die sozialen und geschichtlichen Dimensionen bei der Gestaltung der Lebenswelt. Zweitens gerät die Informationstechnik in das Dilemma aller also sowohl der idealistischen als auch der materialistischen Abbildmodelle der Erkenntnis, nämlich die ständige Verdoppelung der in der Welt vorkommenden Dinge und die damit zusammenhängende Homunculus-Frage. Letztere besagt, daß die Abbilder für jemanden da sein müssen und eines Interpreten bedürfen, der sie wiederum abbilden muß, usw. Die Konstruktivisten entgehen diesem Dilemma, indem sie die Welt für eine Konstruktion des Subjekts auffassen. In diesem Fall aber bildet sich der Organismus eine geschlossene Welt. Erkenntnistheoretisch führt dieser Weg, zumindest in seiner radikalen Version, in den Solipsismus, ontologisch in den Phänomenalismus und praktisch in den utilitaristischen Egoismus.
Am informationsverarbeitenden Modell orientiert, koppelt sich der Mensch erkenntnistheoretisch von der Lebenswelt ab. Das Modell wird zur erkenntnistheoretischen Maske des Anthropozentrismus.

2.2 Der Mensch als informationsverarbeitendes System: eine praktisch-politische Maske des Anthropozentrismus

Aber auch in einem praktisch-politischen Sinne ist die Vorstellung vom Menschen als informationsverarbeitendes System eine anthropozentrische Maske. Denn statt wie bisher die kognitive Dimension, also das Problem der *Informations*verarbeitung, in den Vordergrund zu stellen, wird jetzt der Mensch als informations*verarbeitendes* System betrachtet. Man könnte erneut argumentieren, daß gerade dadurch andere Maschinen als eben der Mensch seine Arbeit verrichten können, wodurch er also als arbeitendes Wesen ('homo laborans') aus der Mitte vertrieben wird. Diese Vorstellung führt aber dann zu zwei möglichen Konsequenzen, die den Menschen wiederum im Mittelpunkt belassen, indem sie ihm praktisch-politisch von der Lebenswelt abkoppeln. Zum einen

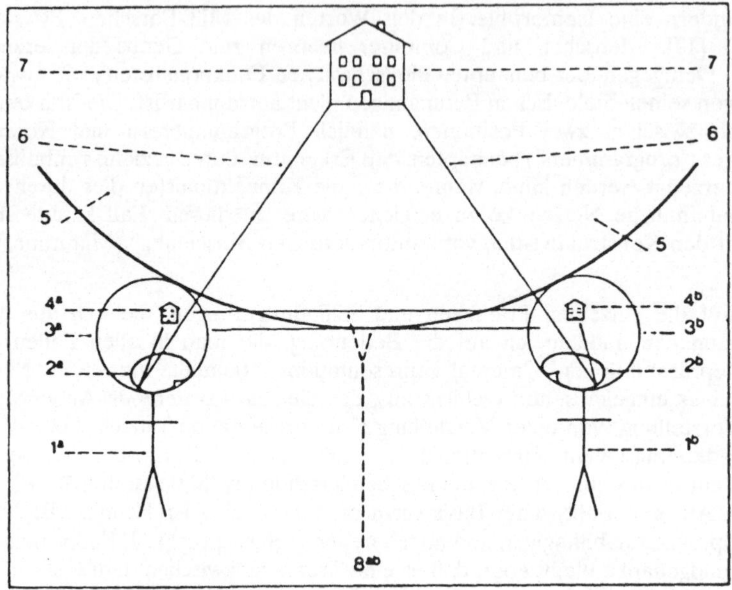

1: Körper von a bzw. b
2: Gehirn von a bzw. b
3: "Psyche" von a bzw. b
4: Innerpsychisches Vorstellungsabbild des außerweltlichen Gegenstandes "in" a und b
5: Außenwelt
6: Lichtreize des Außenwelt-Objektes
7: Außenwelt-Objekt
8: "Dialog" zwischen a und b über ihre je eigenen intrapsychischen Vorstellungs-Abbilder des Außenwelt-Objektes

Abb. 1: Subjektivistische Vorstellung des menschlichen Miteinanderseins und des zwischenmenschlichen Mitteilungsprozesses (nach M. Boss, [6])

ist die Rede von der Entlastung des Menschen, die diesem dann in Form von Freizeit zugute kommen soll. Inzwischen hat die Praxis gezeigt, daß durch die Informationstechnik zwar manche Entlastung erfolgt, etwa bei sich wiederholenden Aufgaben oder bei Kontrolltätigkeiten, zugleich kommen aber ganz neue psychische und physische Belastungen auf den arbeitenden Menschen zu. Denn auch wenn die Maschine einen Teil der Arbeit verrichtet und die zentrale Stellung im Arbeitsprozeß übernimmt, versteht sich der Mensch gerade durch sie als ein informationsverarbeitendes Wesen. Das informationsverarbeitende Modell ist die Maske für dieses Menschenbild. Zum anderen macht gerade die Mechanisierung auch der sogenannten geistigen Arbeit nur scheinbar den Menschen die Position als Mittelpukt streitig. Denn er bleibt in diesem Selbstverständnis die bestimmende aber am Maschinenmodell orientierte und somit von der Lebenswelt abgekoppelte Instanz. Die Kehrseite dieses weltlosen Anthropozentrismus ist der Mensch (Individuen, Gruppen bis hin zu einzelnen Nationen und Gruppen von Nationen) sofern er Opfer des informationstechnischen Einsatzes wird. Am Rande gedrängt, wird er alles dafür einsetzen, um in die weltlose Mitte zu gelangen.

Wir sehen also, daß das informationsverarbeitende Modell des Menschen mit der Hypothek des von der Lebenswelt abgekoppelten Anthropozentrismus behaftet ist. Natürlich könnte man einwenden, daß der Anthropozentrismus selbst eine durchaus annehmbare Position ist, zumindest aus menschlicher Sicht! Ferner, daß der mit der Aufklärung einsetzende und den metaphysischen Theozentrismus ablösende Anthropozentrismus einen Fortschritt auf dem Weg aus der selbstverschuldeten Unmündigkeit bedeutet. Demgegenüber steht aber das unübersehbare katastrophale Vermächtnis des sich als Herrscher von Natur und Geschichte wähnenden Menschen. Der Anthropozentrismus tritt zwar meistens mit einem allgemeinmenschlichen Anspruch auf, in Wahrheit aber, sind es immer konkrete Mächte, die die Mitte für sich beanspruchen und die Welt als etwas ihnen Gegenüberstehendes, als 'Außenwelt' also, auffassen. Diese 'Außenwelt' nennt man praktisch-politisch eine Kolonie. Schließlich wird auch die gesamte Natur zum Gegenstand kolonial-anthropozentrischer Ausbeutung.

So stellt sich also die Frage, ob die theoretisch und praktisch als Maske des Anthropozentrismus dienende Informationstechnik vor einer anderen Auffassung des Menschen gestellt werden kann.

3.   Technik als Lebensform

Ich schlage vor, daß wir die Vorstellung einer in seinem Gehirn eingekapselten Subjektivität, die die Gegenstände der Außenwelt abbildet oder sie verarbeitet, sozusagen sprengen [6]. Diese Sprengung läßt sich formelhaft wie folgt auszudrücken: 'Nicht die Welt ist im Menschen, sondern der Mensch ist in der Welt'. Der Mensch, nicht bloß das Gehirn!

Um den Menschen zu 'desanthropozentrieren' gehen wir nicht von ihm selbst, sondern von der Weise, wie er in der Welt ist, aus. Dabei lassen sich spezifische Charaktere, die den anfangs erwähnten Sichtweisen der Lebenswelt zugrundeliegen, aufzeigen, wobei ich auf den lebensweltlichen Raum, sowie auf die lebensweltliche Zeit exemplarisch eingehen möchte (Abb. 2, [6]).

3.1   Der lebensweltliche Raum

So ist zum Beispiel der Raum, in dem wir leben, ein mit-geteilter Raum. Dies heißt zum einen, daß wir nicht wie ein lebloses Ding oder wie ein Roboter einen Raum einnehmen, sondern daß unser Lebensraum ein mit anderen Menschen mit-geteilter also ein sozial geteilter Raum ist. Ferner bedeutet es, daß wir den Raum so mit-teilen, daß wir ihn stets im Hinblick auf die an- und abwesenden Dinge sozusagen 'einräumen' d.h. unterschiedlich erschließen. Denn wir teilen die Offenheit und die uns begegnenden Dinge von unterschiedlichen nicht nur zweckrationalen, sondern ebenso stimmungsmäßigen Perspektiven mit den anderen Menschen mit. Das Einräumen unseres Lebensraums bedeutet primär, daß wir uns individuell und sozial entwerfen, und zwar im Hinblick auf die mögliche Bedeutsamkeit des uns im offenen Lebensraum Begegnenden. Lebensräume im Sinne von Lebensentwürfe sind bedeutungsschwer, auch wenn sie in unserem Alltagsbewußtsein völlig selbstverständlich, also bedeutungslos scheinen. Lebensräume sind z.B. die eigene Wohnung und die Plätze, die Bahnhofshalle und das Büro, aber auch die Weite des heimatlichen Himmels und die Unermeßlichkeit des Weltraums. Der Mensch bildet nicht solche Räume mit den in ihnen vorkommenden Dinge in seinem Gehirn ab, sondern er lebt 'in' ihnen, das heißt, er ist wesensmäßig 'draußen'. Er teilt mit anderen Menschen auf diese spezifische Weise die Weltoffenheit. Tiere haben, soweit wir wissen, einen ziemlich genau abgegrenzten Lebensspielraum, so daß sie einem Bereich offener Möglichkeiten nicht entsprechen können.

3.2   Die lebensweltliche Zeit

Damit hängt auch die Art und Weise zusammen, wie der Mensch in der Zeit ist - nämlich zwischen dem 'Nachwissen' über seine Gebürtigkeit und dem 'Vorwissen' über seinen Tod. Die Art und Weise, wie wir unsere Lebenszeit zeitigen ist nicht so, daß wir lediglich im Zeitmodus der Gegenwart leben. Die einer informationsverarbeitenden Maschine zugrundeliegende Auffassung von Zeit

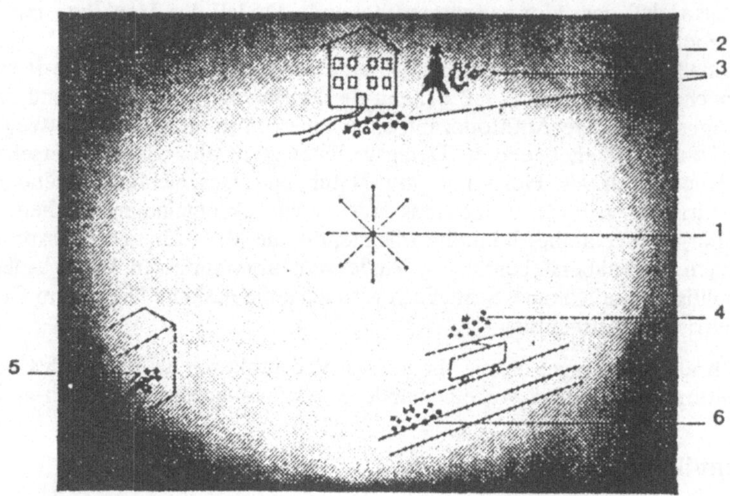

1: 'Lebens-Zeit-Raum', wo wir uns bei denselben
Dingen aufhalten
2: Bereich sich uns raum-zeitlich entziehender Handlungsmöglichkeiten
3: Thematisches Sich-aufhalten bei den Dingen (z.B.
bei einem Haus) im Modus des Vergegenwärtigens
4,5,6: Offenständiger Weltaufenthalt bei den uns
gegenwärtig begegnenden Dingen (z.B. bei einer
Straßenbahn)

(Kreuze und Kreise kennzeichnen die jeweilige Art des
Bezuges von z.B. zwei Menschen zu ihrer gemeinsamen
Welt)

Abb. 2: Hinweisende *Skizze* des Miteinanderseins der
Menschen in der Lebenswelt (nach M. Boss, [6])

als Nachfolge von Jetzt-Punkten stellt eine Nivellierung der lebensweltlichen Zeit dar. Denn diese punktuelle Zeitauffassung kennt keine qualitativen Unterschiede zwischen Gegenwart, Vergangenheit und Zukunft. Diese Unterschiede gehören aber wesensmäßig zu unserem Leben, und sie hängen mit dem ebenfalls qualitativ differenzierten lebensweltlichen Raum eng zusammen. Denn das 'Einräumen' im Sinne der möglichen Bedeutsamkeit der Räume, in denen ich bin, war oder sein werde, läßt die Räume in ihrer jeweils eigenen Dimension zeitlicher Erstreckung erscheinen, so daß der Mensch zwar nicht leibhaftig und nicht gleichzeitig, aber doch in Beziehung auf ein 'dort gewesen sein' oder 'dort sein können' ist. Diese Beziehung bleibt freilich meistens unthematisch. Wir drücken die thematische Verschränkung des In-der-Zeit- und Im-Raum-seins mit Redewendungen wie: 'wenn ich jetzt denke, wie es gestern in meiner Wohnung aussah', oder 'ich bin in Gedanken schon bei der morgigen Veranstaltung', oder 'zur Zeit findet im Raum nebenan eine Feier statt', aus. Diese Erstrecktheit unseres Lebensraums und unserer Lebenszeit ist aber kein bloßes mentales Phänomen. Wir leben und 'leiben' unser Leben nicht lediglich in der Gegenwart, sondern auch in der Vergangenheit und in der Zukunft. Wir halten uns aber nicht gleichmäßig in diesen Zeitdimensionen auf.

3.3 Die Rückkopplung der Technik an den 'Lebens-Zeit-Raum'

Von hier aus können wir eine Umkehrung vornehmen, in bezug nämlich auf den Mißbrauch der Informationstechnik als anthropozentrische Maske. Dem sich als informationsverarbeitendes System auffassenden Menschen dient die Informationstechnik entweder als Instrument oder als Maske - zunächst als Prothese - für die eigene Überhöhung. Nach unserem 'Umschlag' ('Nicht die Welt ist im Menschen, sondern der Mensch ist in der Welt') können wir die Technik statt anthropozentrisch-instrumentell als Lebensform, auffassen. Die Gefahr des informationsverarbeitenden Modells - ich erinnere an die schon erwähnten sozialen und ökologischen katastrophalen Auswirkungen des Anthropozentrismus - ist nicht die Informationstechnik selbst, sondern der Mensch, der sich in diesem Modell verpuppt, um als weltlose Subjektivität alles auf sich zu beziehen. Nicht also die Technik selbst ist eine Gefahr, sondern der sich in ihr verpuppende und sich von der Lebenswelt abkoppelnde Mensch. Wie sieht dann eine lebensweltliche Technik aus?

3.4 Eine Parallele: falsifizierbare Wissenschaft und 'schwache' Technik

Eine Parallele bietet sich an, nämlich die Vorstellung, die Wissenschaft würde uns Sicherheit in unserer Erkenntnis gewähren. Ein genaues Hinschauen durch die Wissenschaftstheorie hat aber gezeigt, daß eine nach Letztbegründung suchende Wissenschaft eine Chimäre ist. Wissenschaftliche Erkenntnis zeichnet sich durch ihre Vorläufigkeit aus. So wie wir in der Wissenschaft vergeblich nach einer Letztbegründung suchen, so suchen wir auch in der Technik vergeblich nach einer totalen Sicherheit, die schließlich in eine Überhöhung des Menschen durch eine 'Supertechnik' (die Phantasien einiger KI-Forscher, wie im Falle des anfangs erwähnten H. Moravec, bieten hierfür reichlich Beispiele) mündet. Beides geschieht auf Kosten des Verlustes des Bezuges der Technik zur Lebenswelt und somit auf Kosten der Einsicht in die Technik als eine Lebensform. Die Suche nach einer vom menschlichen Versagen unabhängigen Sicherheit, ist so fragwürdig wie die Suche nach einer endgültigen Verifizierung im Falle wissenschaftlicher Theorien. Gute Technik ist, demgegenüber, jene Technik, so könnten wir die falsifikationistische These umformulieren, die nicht nach den Verifikationen eines utopischen Sicherheitsideals sucht, sondern von den Falsifikationen der Lebenswelt zu lernen versucht. Ich nenne eine solche Technik 'schwache Technik'. Sie bedarf sowenig eines absoluten Herrschers, wie die Wissenschaft einer dogmatischen Sicherheit. Sie ist wesentlich, wie man heute sagt, fehlertolerant. Demgegenüber ist eine 'starke Technik' eine, die wir als Maske unserer weltflüchtigen Wünsche benutzen, die uns scheinbar herausfordert, indem wir durch sie maßlose Ansprüche an uns selbst (wie Superintelligenzen u.dgl.) stellen. In dieser Maßlosigkeit verschleiern wir uns selbst jenen 'Lebens-Zeit-Raum', aus dem heraus wir unser Leben formen.

3.5 Jenseits von Technozentrismus und Technikfeindlichkeit: Der Mensch als Lebenskünstler

Wenn wir genau hinschauen, verbirgt sich hinter dem Technozentrismus ein Anthropozentrismus. Durch eine scheinbar auf sich selbst in Wahrheit auf uns selbst erstarrende Technik, versperren wir uns den Blick für die Lebenswelt und für die Technik als eine Lebensform. Zu den Grundmöglichkeiten unseres offenen Verhaltens im lebensweltlichen Zeit-Raum gehören neben dem technischen auch das theoretische und das ethische Verhalten. Diese dreifache Strukturierung geht auf die Aristotelische Unterscheidung zwischen "poiesis", "theoria" und "praxis" zurück.
Die Kehrseite des Technozentrismus ist die Technikfeindlichkeit. In der Gegenüberstellung Technik vs. Natur schlägt sich der Mensch auf die Seite der Natur und verneint die offenen Formungsmöglichkeiten seines Lebens. Menschliche Lebensformen sind aber stets künstlich oder 'technisch' im griechischen Sinne des Wortes. So aufgefaßt ist die Technik nicht etwas, was uns gegenüber steht oder uns sogar fremd ist, sondern wir sind wesensmäßig Lebenstechniker [18]. Damit meine ich nicht primär Produzenten von technischen Geräten, sondern wir sind Techniker in dem Sinne, daß wir uns stets entwerfen und unser Leben, sowohl individuell als auch sozial, auf Möglichkeiten hin offen halten. Wir sind Techniker, weil wir diejenigen sind, die in diesen Möglichkeiten erst

ausgebildet werden müssen. In einem uns technisch gelingenden Leben erfahren wir die Technik aus der freien Sicht der Kunst und wir erfahren uns selbst als Lebenskünstler.

4. Lehren für die Praxis

Wenn wir also, vor diesem doppelten Hintergrund, nämlich vor der Demaskierung des informations-technischen Anthropozentrismus und vor der Auffassung der Technik als Lebensform, auf jene anfangs gestellte Frage nach dem Maß für die Informationstechnik zurückblicken, können wir einige Lehren für die Praxis ziehen.

4.1 Von der Subjekt-orientierten zur kommunikativen, praktisch-politischen Verantwortung

Menschliche Praxis ist ursprünglich sprachliche Mitteilung von Welt. Damit meine ich nicht primär das thematische, schriftliche oder mündliche, Mitteilen von Bedeutungs- und Verweisungs-zusammehängen aller Art, sondern die Einbettung menschlichen Lebens in unterschiedlichen "Sprachspielen", wie Wittgenstein sie nennt [26]. Solche Sprachspiele zeigen die offene Vielfalt in der wir unser Leben 'technisch', im oben erwähnten Sinne, gestalten. Sie sind also nicht bloß Sprachspiele, sondern sie sind "Lebensformen" (Wittgenstein). Sie sind mit anderen Menschen ge-teilte Handlungsentwürfe. Im Hinblick auf die Informationstechnik bedeutet diese Einsicht, daß wir sie nicht instrumentell von einem weltlosen und isolierten Subjekt aus, sondern stets kollektiv und in qualitativ unterschiedlichen raum-zeitlichen Dimensionen als gemeinsame Lebensform zu gestalten und zu verantworten haben. Die sogenannten Benutzerschnittstellen sind nicht die Grenze des Systems zur 'Außenwelt', sondern sie sind Teil des praktisch-politischen Diskurses. Wenn wir nach der Qualität unserer informationstechnischen Systeme suchen, müssen wir uns also z.B. fragen: Sind unsere Netzwerke so, daß sie politisch-technokratisch mißbraucht werden können? Nehmen sie Rücksicht auf andere Formen öffentlicher Mitteilung oder geben sie sich den Anschein, diese zu ersetzen? Sind sie so 'schwach', daß ihr normativer oder topischer Charakter sich nicht zur bestimmenden Lebensform entfaltet und schließlich andere Dimensionen der Lebenswelt völlig ver-deckt? Oder, anders ausgedrückt, lassen sie die Möglichkeit eines ironisch-ästhetischen Verhält-nisses zu, wonach wir sie zwar ernst nehmen können, aber nicht todernst nehmen müssen? Ernst-nehmen müssen wir sie freilich nicht im Sinne einer subjekt-orientierten, sondern einer lebensweltli-chen Verantwortung.

Die Rückkopplung der Informationstechnik an die Lebenswelt bedeutet somit, daß wir sie nicht im Sinne eines rein logisch verlaufenden Prozesses, sondern sie rhetorisch d.h. aus dem Bereich des öffentlichen Lebens heraus zu gestalten verstehen [27]. Information ist, rhetorisch gesehen, ein auf die Zukunft hin bezogener Diskurs. Er gehört in diesem Sinne zu den beratenden und belehrenden Sprachspielen. Außer diesen Sprachspielen kennen wir, so die klassische Aristotelische Einteilung, auch die Redeweisen des auf Gerechtigkeit sowie alle Formen der auf Genuß und Gefallen orien-tierten Diskurse [7]. Mit anderen Worten, informationstechnische Handlungsentwürfe enthalten immer ethische und ästhetische Dimensionen und müssen sich auch in ihren unterschiedlichen Möglichkeiten nach diesen Dimensionen messen lassen [24].

4.2 Von der Demaskierung des mentalistischen Modells zum Maskenspiel der Lebenswelt

Die Demaskierung des mentalistischen Modells führt dazu, daß wir die vielfältigen informa-tionstechnischen Masken als solche erkennen. Aber nicht sie, sondern der Anthropozentrismus verdeckt die Lebenswelt. Wir können dabei sehr viel von anderen traditionsreichen gesellschaft-lichen Maskenspielen, wie etwa Literatur, Theater und Film, lernen. Wir müssen, mit anderen Worten, lernen, mit den Masken zu spielen und uns vom Zwang der selbstauferlegten Programme befreien [19]. Die negativen Beispiele einer monologischen Fernseh- und Computertechnik zeigen, wie wir auch anders in der privaten und öffentlichen Lebenswelt damit umgehen könnten. Dafür ist es notwendig, daß wir lernen, mit dem Maskenspiel der Informationstechnik nicht bloß zweck-rational, sondern mit allen Färbungen unserer persönlichen Lebensstimmungen umzugehen. Dieser Umgang erwächst aber aus der Offenheit des 'Lebens-Zeit-Raums', von der aus wir uns zwar technisch zu gestalten vermögen, die aber selbst die einzelnen Ausformungen übersteigt. Diesem Übersteigen zu entsprechen, vermögen wir zwar stimmungsmäßig, nicht aber programmiermäßig. Unsere informationstechnischen Entwürfe dürfen uns also weder individuell noch kollektiv, für jene Stimmungen verschließen, die unsere scheinbare Mittelpunktstellung zum Wanken bringen. Wir haben in der Sprache eine über Jahrtausende gewachsene weiche, 'schwache' Technologie. Die Kunst in der Sprache und aus ihr zu leben, gibt uns ein Maß für den gelingenden Vollzug der technischen Lebensformen. Wenn wir uns von der Gutenberg-Galaxis verabschieden, dann heißt das nicht, daß wir einfach auf ihre Masken zugunsten der neuen verzichten sollen, sondern wir müssen lernen in einer, wie Umberto Eco vorschlägt, "Kulturguerrilla", also in einem wechselseitigen Einsatz der verschiedenen Medien, zu leben [9]. Wir könnten, beispielsweise, nach einem Computerkurs die Schüler mit einem Gedicht oder einem anspruchsvollen Film konfrontieren. Nicht nur der Logos, sondern auch die Schrift und die Bilder sind Masken, hinter denen sich aber keine "wahre Welt" (Nietzsche) verbirgt. Hinter den Masken entbirgt sich eine, wie die östlichen Weisheiten sie nennen, 'Leere', unser 'Lebens-Zeit-Raum' also [13].

4.3   Von der abstrakten Technisierung zu kontext-bestimmten Netzwerken

Die Einbettung der Informationstechnik in die öffentliche Lebenswelt bedeutet, daß wir die Ansprüche der abstrakten Technisierung in Frage stellen und, ähnlich wie die Natur, 'biotopische', kontext-bestimmte Netzwerke schaffen [23]. Die Analogie mit der Natur - man denke etwa an Begriffe wie 'Informationsökologie' [8] oder 'Medienökologie' [11] - bedeutet freilich nicht, daß wir uns mimetisch verhalten sollen. Der Charakter unserer Netzwerke soll sich an der Vieldimensionalität der rhetorischen Möglichkeiten orientieren und ethische und ästhetische Dimensionen miteinbeziehen. Gerade in diesen Dimensionen gehen wir mit unserer technischen bzw. künstlichen Seinsweise über die Selbstbezogenheit natürlicher Systeme hinaus. Ob es uns gelingt, in unseren persönlichen, öffentlichen und wissenschaftlichen Lebensentwürfen die Kunst des Lebens mit den informationstechnischen Möglichkeiten in unterschiedlicher Weise so in Einklang zu bringen, daß die Differenz der Lebensformen gewahr bleibt, hängt nicht zuletzt von folgender Einsicht ab: Wir sind einem Bereich offener Handlungsmöglichkeiten überantwortet und wir vermögen uns in ihm, nicht also er in uns, immer nur versuchsweise zu gestalten. Wenn wir bloß Lebenstechniker und nicht zugleich Lebenskünstler werden, dann ist unsere technische Lebensform nur eine anthropozentrische Megamaske, ein Zerrbild der Lebenswelt. Die Kunst der Mitteilung ist die Kunst uns privat, öffentlich und wissenschaftlich-technisch so mitzuteilen, daß wir die technischen Möglichkeiten als Lebensformen verstehen [12].

Vor diesem Hintergrund können wir die anfangs gestellte Frage und die dazugehörige Antwort 'wieder-holen', d.h. aufgrund des gewonnenen Vorverständnisses erneut bedenken. Wieviel Informationstechnik verträgt der Mensch? Dazu kann man eine klare Antwort geben, nämlich: es kommt ganz darauf an! Denn weder ist der Mensch so etwas wie ein Behälter, noch die Informationstechnik etwas wie eine Flüssigkeit, die irgendwann überläuft, sondern der Mensch ist, wie wir inzwischen Wissen, die Meere und die Flüsse, die Wälder und die Wüste, die Tiere und die Pflanzen, die Berge und die Steppe. Er ist aber auch die Sorgen des Alltags und die Freude der Geburt, die Meinungen der Vielen und das begründete Wissen, die nützlichen Erfindungen und die Verschwendung der Kunst, die Trauer des Todes und der Schrecken des Krieges, die Gesetze des Staates und die Visionen der Religionen. Wieviel Informationstechnik verträgt also der Mensch? Noch einmal: es kommt ganz darauf an! Worauf kommt es genau an? Auf die Welt, in der er lebt.

5. Literatur

1. Bammé, A., u.a. (Hrsg.): Technologische Zivilisation und die Transformation des Wissens (München: Profil 1988)

2. Botz, N.: Abschied von der Gutenberg-Galaxis. In: J. Jörisch, M. Wetzel, Hrsg.: Armaturen der Sinne. Literarische und technische Medien 1870 bis 1920 (München: Fink 1990) 139-159

3. Capurro, R.: Ethik und Informatik. In: Informatik-Spektrum 13 (1990) 311-320

4. Capurro, R.: Die Inszenierung des Denkens. In: Mensch Natur Gesellschaft 5 (1988) 1, 18-31

5. Capurro, R.: Ein Grinsen ohne Katze. Von der Vergleichbarkeit zwischen Künstlicher Intelligenz (KI) und Getrennten Intelligenzen (GI). In: Proceedings des 15. Deutschen Kongresses für Philosophie (Hamburg 24.-28.9.91) (im Druck)

6. Capurro, R.: Hermeneutik der Fachinformation (Freiburg/München: Alber 1986)

7. Capurro, R.: What is Information Science for? In: Proceedings der Intern. Conf. on Conceptions of Library and Information Science (Univ. Tampere, Finnland, 26.-28. August 1991) (im Druck)

8. Capurro, R.: Ansätze zu einer Informationsökologie. In: Deutscher Dokumentartag 1989 (Deutsche Gesellschaft f. Dokumentation, Frankfurt 1990) 573-593

9. Eco, U.: Travels in Hyperreality (London 1986)

10. Fodor, J.: The Language of Thought (New York: Crowell 1975)

11. Fröhlich, W.D., u.a. (Hrsg.): Die verstellte Welt. Beiträge zur Medienökologie (Frankfurt: Fischer 1988)

12. Gumbrecht, H.U., Pfeiffer, K.L. (Hrsg.): Materialität der Kommunikation (Frankfurt: Suhrkamp 1988)

13. Margreiter, R.: Heidegger als Zeitkritiker. Lebenswelt, Lebensform und Lebensnorm. In: W. Schirmacher (Hrsg.): Zeitkritik nach Heidegger (Essen: Blaue Eule 1989) 203-219

14. Maturana, H.R., Varela, F.J.: Autopoiesis and Cognition (Dordrecht: Reidel 1980)

15. Moravex, H.: Mind Children (Hamburg: Hoffmann und Campe 1990)

16. Pfeiffer, K.L., Walter, M. (Hrsg.): Kommunikationsformen als Lebensformen (München: Fink 1990)

17. Pylyshyn, Z.W.: Computation and Cognition (Cambridge, MA: MIT Press 1986)

18. Schirmacher, W.: Ereignis Technik (Wien: Passagen Verl. 1990)

19. Schirmacher, W.: Ökosophie. In: ibid. (Hrsg.): Zeitkritik nach Heidegger (Essen: Blaue Eule 1989) 193-202

20. Schönherr, H.-M.: Die Technik und die Schwäche (Wien: Passagen Verl. 1989)

21. Searle, J.R.: Geist, Hirn und Wissenschaft (Frankfurt: Suhrkamp 1986)

22. Silvers, S., Hrsg.: Rerepresentation (Dordrecht: Kluwer 1989)

23. Vester, F.: Vernetztes Denken. In: IBM-Nachr. 40 (1990) 7-15

24. Weisser, M., Hrsg.: Computerkultur (Bremen: TMS-Verl. 1989)

25. Wiegerling, K.: Die Erzählbarkeit der Welt (Lebach: Hempel-Verl. 1989)

26. Wittgenstein, L.: Philosophische Untersuchungen (Frankfurt: Suhrkamp 1984)

27. Zimmerli, W.C.: Auf dem Weg zur mediengesteuerten Gesellschaft. In: H.-A. Koch, Hrsg.: Welt der Information (Stuttgart: Metzler 1990) 204-211

Adressen des Verfassers:
PD Prof. Dr. R. Capurro

Universität Stuttgart, Abteilung für Philosophie
Dillmannstr. 15
7000 Stuttgart 1

Fachhochschule für Bibliothekswesen
Feuerbacher Heide 38-42
7000 Stuttgart 1

Fachdidaktische Fragen der Schulinformatik und (un)mögliche Anworten

Sigrid Schubert

Zusammenfassung

"Informatik" sollte nicht ständig als neu begündet werden, aber die Entwicklung zum erfolgreichen Schulfach ist fortzusetzen. Dazu sind gute Erfahrungen zu bewahren. Aus erkanntem Mangel folgt die Suche nach Elementen, die den Lehrgegenstand bereichern, ohne ihn zu überladen. Dazu gehören in stärkerem Maße theoretische Grundlagen für praktisches Handeln. Die Techniken der geistigen Arbeit beschränken sich nicht auf die Anwendung einer Programmiersprache. Modelle suchen, deren Objekte und Strukturen bestimmen, ihre Leistungsfähigkeit bewerten, das alles besitzt hohen persönlichkeitsbildenden Wert in einer Zeit, da qualifizierter Umgang mit Informationen den Zugang zu anderen Disziplinen beeinflußt. Informatikunterricht kann zeigen (und erlebbar machen), daß zu verschiedenen Problemen die passenden Darstellungsformen für das Ausgangswissen und das abzuleitende Wissen (Lösung) auszuwählen sind, und nicht das Problem zurechtgebogen werden sollte. Der Umgang mit dem Wissen (Gewinnung, Darstellung, Verarbeitung) und dessen komplizierte Eigenschaften (unvollständig, unsicher, zeitabhängig) wird zur Verbindungslinie zwischen Grundmodellen und aktuellen Anwendungen.

1. Das Mißverständnis Programmierung

Informatikunterricht soll kein Programmierkurs sein. Warum eigentlich nicht? Hier gehen Vorwürfe (berechtigte und unberechtigte) eine interessante Verbindung ein. Problemlösen (Modellieren und Strukturieren) unter Anwendung von Informatikprinzipien und -methoden gilt als erstrebenswert. Die Programmiersprache soll im Hintergrund (Mittel zum Zweck) bleiben. Das aber ist Programmierung (nicht zu verwechseln mit Codierung). Das Grundmodell der heute erfolgreichen Informatikausbildung beruht auf der Entwicklung guter (strukturierter) Lösungspläne (Abb. 1) und dem typischen Tätigkeitszyklus (Abb. 2). Programmierung fördert solche Techniken der geistigen Arbeit (Abb. 3), die mit heuristischen Methoden von Realitätsausschnitten zu geeigneten Modellierungen, d. h. zu Algorithmen (Strukturen für dynamische Prozesse und Daten) führen. Bildungsziel sollten in stärkerem Maße die heuristischen Methoden der Strukturierung sein und weniger die algorithmischen Ergebnisse (in

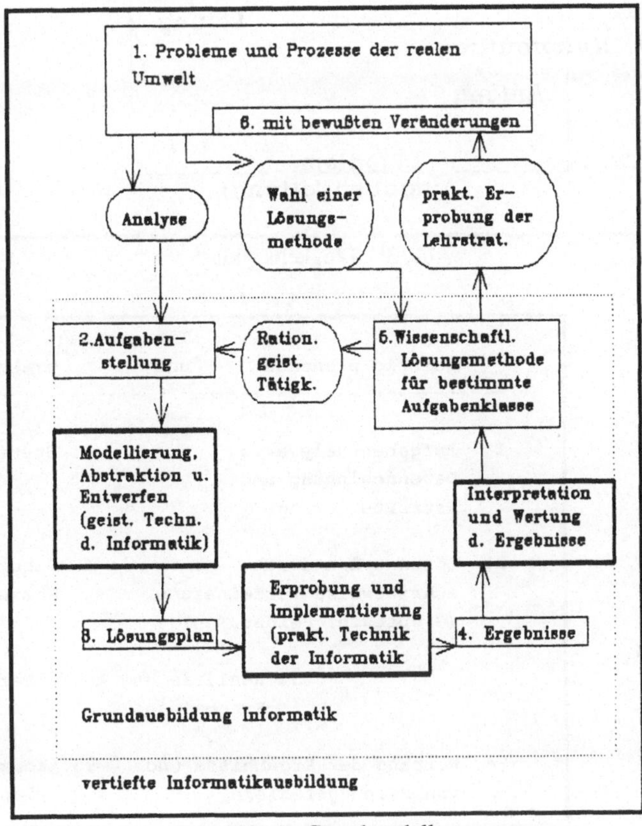

Abb. 1: Grundmodell

Form von Software). Software als vergegenständlichte Intelligenz erlaubt das Modellieren und Kombinieren von logischen Grundbausteinen (Sequenz, Zyklus, Alternative) mit ungewöhnlichen Freiheitsgraden. Die Möglichkeit zur Entwicklung von kreativen und effektiven Problemlösungen ist ebenso gegeben wie die des schablonenhaften Nachvollziehens von Beispielen. Beim Lehrer liegt die Weichenstellung. Der persönlichkeitsbildende Wert der Informatik ist ihre spezifische Weise, Modelle aus Strukturen zu entwickeln und die experimentelle Manipulation mit diesen Modellen (unbewußtes Programmieren [Gorny 91]), die dem Lernenden seine Denkfehler aufzeigen.

Dazu sind die oben angeführten Verfahrenskenntnisse (Abb. 1) notwendig. Im Informatikunterricht sind diese Arbeitsweisen als Gegenstand des Lernens bewußt zu machen. Die Gefahr besteht sonst darin, daß Prinzipien und Methoden von der Faktenfülle (Systembesonderheiten, Werkzeugangebote) so überdeckt werden, daß ein Zerrbild entsteht. Tatsächlich kann mit dem Schwerpunkt auf der Programmiersprache ein Kurs entstehen, der bestenfalls vorgezogene Berufsbildung darstellt und die allgemeinbildenden Ziele verfehlt. Solches "Oberflächenwissen" bringt Lehrer und Schüler in Konflikte, d. h. Mängel im Bereich der Modellierung und Problemlösungsstrategie können

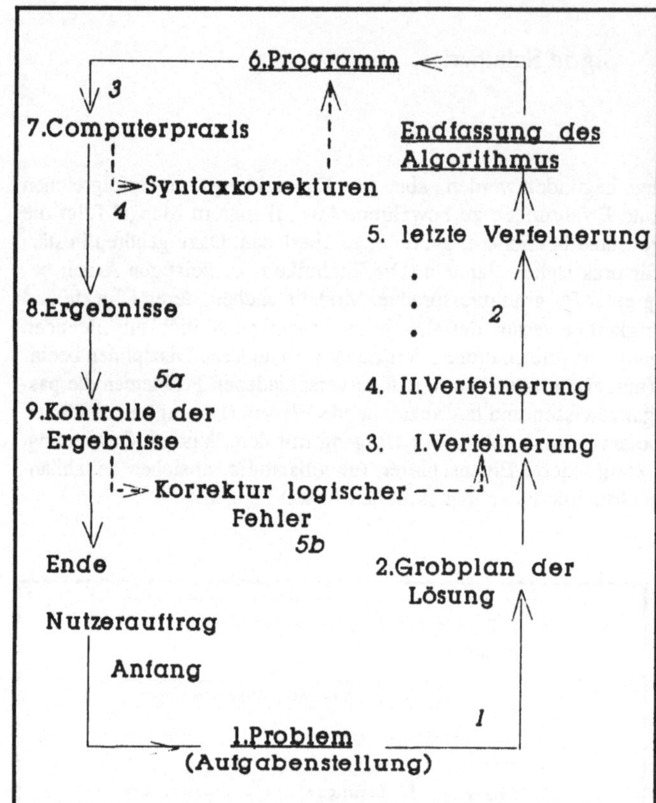

Abb. 3: Tätigkeitszyklus

```
                         Tätigkeiten
          geistig planende        und         praktische am Computer
       ------------------------------------------------------------------


       1.  Aufgabenanalyse zur          3. Steuerung des Computers
           Datengewinnung und
           -strukturierung


       2.  Lösungsplan durch            4. Eingabe der Lösung und
           schrittweise Verfeinerung       Korrektur von Formfehlern
           (Grobstufe, Feinstufen)


                   5. Realisierung korrekter
                      Ergebnisse


       5a. Wertung der Ergebnisse und   5b. Korrektur von Auffinden
           von Planungsfehlern              Planungsfehlern
```

Abb. 3 Kontrollpunkte

scheinbar mühelos mit Details der Hard- und Softwareprodukte überdeckt werden. Lehrer werden dann an Produktkompetenz gemessen, die sie überfordert. Schüler mit viel Spezialwissen stehen dem Informatikgrundwissen (Tiefenwissen) skeptisch gegenüber. Sie können schon so viel. Außerdem hat sich gezeigt, daß die Programmiersprache doch nicht so nebensächlich ist. Sie steckt den Modellierungsspielraum ab [Löthe 88]. Selbst bei sorgfältiger Auswahl bleiben Erfahrungen der Art, daß zu jeder Aufgabenklasse die besonders geeignete Sprache eingesetzt werden sollte, auf der Strecke. Es geht deshalb nicht so sehr darum, etwas ganz anderes im Informatikunterricht zu lehren, sondern auf den guten Lehrerfahrungen aufzubauen und Schwächen zu überwinden. Dazu gehört der Mangel an theoretischen Grundlagen für die Schulinformatik. Es wird mit erstaunlicher Naivität etwas für praktisch gehalten, nur weil es die Theorie meidet.

2. Beständigkeit durch Theorie

Worin besteht die Theorie der Informatik? Einen Zugang bildet die Verbindung von Algorithmen, Sprachen und Maschinenmodellen (Abb. 4), die in drei Ebenen der Leistungsfähigkeit diskutiert werden kann, um die prinzipielle Möglichkeiten der Informatikanwendung abzustecken und Verifikationsmethoden vorzubereiten.

Für diesen abstrakten Lehrgegenstand bietet sich der Computer als Unterrichtsmittel förmlich an, der mit seinen Geschwindigkeits- und Grafikmerkmalen die kognitiven Grenzen traditioneller Lehrprozesse verschieben kann [Posthoff 90b]. Unklar ist noch, wie die Theorie in den Informatikunterricht einzubeziehen ist. Als Leistungskurs kommt sie nach dem Grundkurs zu spät und muß überflüssig (weil lange Zeit entbehrlich) wirken. Der Schüler sollte sie zur Absicherung seiner Problemlöseideen nutzen können und im

```
                           Z i e l e


Algorithmen              Sprachen             Maschinenmodelle
(Was wird gemacht?)      (Wie kann man das    (Wie funktionieren
                         aufschreiben?)       die verarbeitenden
                                              Geräte?)


obere Ebene:
Nichtentscheidbarkeit    Rekursiv aufzähl-    Turing-Maschinen
Akzeptanz                bare Sprachen
Entscheidbarkeit


mittlere Ebene:
Äquivalenz von
   KfG und KA            Kontextfreie         Kellerautomaten
                         Sprachen


untere Ebene:
Äquivalenz von
RA, NEA und DEA          Reguläre Mengen      Endliche Automaten


RA: Regulärer Ausdruck       KfG: Kontextfreie Grammatik
NEA: Nichtdeterministischer  KA: Kellerautomat
     endlicher Automat
DEA Deterministischer
     endlicher Automat
```

Abb. 4: Theorie

Anfangsstadium seiner Ausbildung bereits gezeigt bekommen, daß auch einfach beschreibbare Probleme am Computer nicht gelöst werden können. Parallel zum eigenen Anwenden der Informatik sind die Grenzen des Machbaren theoretisch zu begründen. Aus intuitivem Wissen sollte Klarheit über die Beschränkungen in Raum und Zeit werden. Wie kompliziert eine Realisierung ist, kann der Theorie entnommen werden. Der zentrale Begriff Sprachklasse kommt aus der Einengung auf eine Programmiersprache heraus [Claus 90]. Programmiersprachen wiederum werden in ihrer Entwicklung und ihrem Aufbau transparent. Nichtdeterministische Denkweisen bereichern die Lösungssuche.Offen ist das Problem, wie man für den Umgang mit Modellen der Theorie kognitives Verständnis entwickeln kann, ohne eine Vielzahl von konstruktiven Beweisen und Transformationsmechanismen mit den Schülern wiederholt nachvollziehen zu müssen. Die didaktische Vereinfachung für die Klassenstufe 9 und 10 bildet die Voraussetzung für einen von der Theorie begleiteten Informatikunterricht. Gute fachdidaktische Ansätze findet man bei Minipascalprogrammen [Stetter 88] und den endlichen Automaten mit Ausgabe [Jaenisch 89]. Zu jeder Sprachklasse (Abb. 4) können interessante Anwendungen (Text-editoren, neuronale Netze, Programmiersprachen und deren Compiler) in die Unterrichtsdiskussion einbezogen und deren Möglichkeiten und Grenzen durch die Eigenschaften der zugrunde liegenden Modelle verstanden werden. Zum Beispiel kann die Substitution von Zeichenketten mit Texteditoren auf das Modell des nichtdeterministischen endlichen Automaten zurückgeführt werden. Die Bedeutung des Nichtdeterminismus (Sprachen, Berechenbarkeit) wurde bisher im Informatikunterricht zu wenig beachtet.

3.   Logik als Werkzeug

Traditioneller Informatikunterricht zeigt den Nachholebedarf bei der Entwicklung des logischen Denkens. Bedingungen, sowohl die vorauszusetzenden als auch die resultierenden, werden unzureichend erkannt. Daran scheitert oft das Planen von Handlungen, die sich auf bestimmte Objekte beziehen. Mit PROLOG als "virtueller Maschine" lernt der Schüler ein System kennen, das für ihn ungewohnte Eigenschaften und Möglichkeiten hat. Er erfährt, welche Problemsituationen damit in Angriff genommen werden können und was die Maschine bewirkt. Die logische Programmierung stellt eine Problemlösephilisophie bis hin zu effektiven Werkzeugen bereit, die es dem Schüler ermöglicht, Objekte und deren Eigenschaften zu verknüpfen und in der Muttersprache aufzuschreiben. Er unterliegt kaum syntaktischen Restriktionen, wohl aber streng logischen. Er definiert Relationen zwischen Objekten seines Problemraumes, lernt Fakten und Regeln aufzustellen und ergänzt mit seinem Wissen über das Problem (PROLOG-Programm) den vorgefertigten Lösungssuche-Algorithmus, den das PROLOG-System automatisch zur Nutzung bereitstellt [Schubert 90]. Der Schüler muß sich weniger als früher um Abläufe, deren Konstruktion und Steuerung, kümmern, er kann sich in stärkerem Maße auf die Beschreibung des Problemes konzentrieren. Dadurch kann er relativ schnell und ausdrucksstark komplizietere Probleme bewältigen. Er muß nicht gleichzeitig mit der Komplexität der Lösung und der Komplexität der Herstellung der Software kämpfen.Logische Programmierung fördert eine Vielzahl von Techniken der Modellierung und Konstruktion von Lösungen (Abb. 5), die zur Prädikatenlogik der 1. Stufe gehören, und führt zur Wissensverarbeitung.

Problemdarstellung	PROLOG
Universum von Objekten	Faktenbasis
Eigenschaften der Objekte	
Prädikate (Relationen)	Regeln
Nebenbedingungen (Constraints)	
Verkleinern des Lösungsraumes	Suche
Implikation (Modus Ponens)	Variablenbindung
Logische Formeln	Ableitungspfade
Vollständige Durchmusterung	Tiefensuche mit Backtracking

Abb. 5:   Logische Programmierung

Der Schüler lernt verstehen, daß das PROLOG-System seine Aussagen nicht überprüfen kann, sondern kritklos verarbeitet. Falsche Eintragungen im PROLOG-Programm führen zu falschen Lösungsvorschlägen des Systems, die durch logisch korrekte Schlußfolgerungen entstehen. Solche anspruchsvollen Methoden wie die Rekursion sind mit PROLOG sehr einfach zu realisieren, da der strukturierte Term ebenfalls rekursiv definiert ist. Die Anwendung von Listen und Bäumen führt deshalb zu eleganten und kurzen Lösungen. Schwierigkeiten gibt es beim Verständnis für die logische Variable. Die Techniken der Unifikation und des Bachtrackings besitzen Leistungsstärke, sind aber unbedingt durch die Diskussion von Modellen (Prozedurmodell, Ableitungsbäume) transparent zu machen. Erst wenn der Schüler den Beweisverlauf (virtuelle Maschine) verstanden hat, kann er seine Wissensbasen wirkungsvoll strukturieren. Den für Anfänger häufig langwierigen Prozeß von der Aneignung von Grundkenntnissen bis zu eigenständigen Programmen kann der Lehrer eindrucksvoll abkürzen. Die Verbindung zur Theorie ergibt sich bei den Problemen der Terminierung (links-rekursive Regeln, Zyklen) und der Heuristik über die Reihenfolge der Ziele (Plazierung von Tests und Terminierungsbedingungen). Der Ableitungsverlauf sollte mit der Tracekomponente (evtl. graphisches Trace dazu) experimentell erkundet werden. Dabei liegt mit der Anzahl der Reduktionsschritte in der Ableitung ein Maß für die Lösungskomplexität vor, daß der Schüler gut nachvollziehen kann. Es sollte davon abgegangen werden, die Programmiersprachen gegeneinander zu stellen. Der Schüler benötigt verschiedene Sprachwerkzeuge, um deren Vorzüge und Nachteile in Abhängigkeit vom zu lösenden Problem zu verstehen. Offen ist die Frage, in welchem Umfang (Breite und Tiefe) man über alternative Sprachkonzepte aufklären muß, um exemplarisches Verständnis zu entwickeln. Auf Fertigkeiten wird man weitgehend verzichten müssen. Die Einsichten dominieren. Die motivierende Wirkung, die aus der Erprobung eigener Lösungen und dem Experimentieren am Computer resultiert, darf nicht verloren gehen.

4. Techniken der geistigen Arbeit

Die Linienführung "Modellieren und Strukturieren" hat sich im Informatikunterricht bewährt. Das komplizierte Wechselspiel von Modell, Algorithmus und System erfordert jedoch neue Techniken der geistigen Arbeit für die Wissensaufnahme, die Darstellung von Problemen und die Systemverifikation. Stark vernachlässigt wurde bisher das Konzept des Nichtdeterminismus. Mit der Theorie der Informatik kann man diese Denkweise entwickeln. Sie solle dann bei der Diskussion und Konstruktion von Algorithmen eine strategische Rolle spielen. Die Vorgehensweise "Erzeugen von möglichen Lösungshypothesen und deren Testen" (z. B. Vier-Farben-Problem) ist eine Strategie, bei der nichtdetermininistisches Denken zu interessanten Lösungen führt [Sterling 86]. Zustandsgraphen, die Zerlegung in Teilproblemgraphen, die Beschreibung und Formalisierung einer Heuristik bilden einen natürlichen Zugang zu Datenstrukturen, die durchaus noch nicht programmiersprachengerecht sein müssen. Problemlösen heißt dann Algorithmen kennenlernen, die im Zustandsraum die Lösungssuche realisieren. Die Abhängigkeit zwischen der Wahl der Datenstruktur und der Reduzierung der Problemkomplexität kann auf diese Weise sehr gut veranschaulicht werden (z. B. Problem der n Damen). Strategien für die Organisation der Suche ermöglichen die Diskussion darüber, welche Sprachen und Werkzeuge für ein Problem besonders geeignet sind. Diese Algorithmen könnten die Sortierverfahren aus dem Informatikunterricht verdrängen. Damit wird die fachdidaktische Frage, wie man Verständnis für die kon-zeptionellen Schichten moderner Informatikanwendungen gewinnt, ohne sie nachvollziehen zu müssen, wieder auf Grundalgorithmen und Datenstrukturen zurückgeführt ohne die enge Bindung an die Programmiersprache. Die Gefahr der Einengung von Kurszielen auf den Computer und seine Bedienung besteht, da die komplexen Modellhintergründe zur Undurchsichtigkeit der Systeme führen. Fachdidaktik stellt sich die Aufgaben, das "menschliche Fenster" zu organisieren, d. h. die Transparenz komplizierter Daten- und Algorithmenstrukturen so zu erhöhen, daß menschliche Verantwortung tatsächlich wahrgenommen werden kann. Dabei steht die Komplexitätsbewältigung [Claus 91] im Vordergrund. Moderne Benutzeroberflächen lösen dieses Bildungsproblem nicht. Das Schulfach Informatik kann vom aktuellen Hard- und Softwarcmarkt Abstand gewinnen, indem es sich an den Erfahrungen solcher Fächer wie Mathematik und Physik orientiert. Informatik besitzt eigene Mittel und Methoden für das Modellieren von Problemlösungen und spezifische Möglichkeiten für anspruchsvolle Experimente. Diese Technologie der geistigen Arbeit wiederum beeinflußt zunehmend mehr Fachdisziplinen, d. h. die pädagogische Doppelfunktion der Informatik (im Fach Informatik zugleich für andere Fächer lernen) verstärkt sich noch. In der kurzen Geschichte des Schulfaches Informatik hat sich der Schwerpunkt von den Systemkenntnissen (viele Fakten) auf die Verfahrenskenntnisse (Methoden für Modellierung, Strukturierung, Erprobung) verlagert. Von exemplarischen Anwendungen kann der Weg zur theoretischen Untersetzung von Modellausschnitten führen, am denen didaktisch vereinfacht, das Wesentliche komplizierter Algorithmen und Datenstrukturen erklärbar wird. Nicht die Anwendungsarten, sondern die Strukturtypen ermöglichen zukunftssicheres Allgemeinwissen. Zum Beispiel Umweltprobleme sind durch solch hohe Komplexität gekennzeichnet. Didaktische Vereinfachung darf die Vernetzung der Einflußgrößen nicht zerstören, kann aber sehr wohl einen Realitätsausschnitt zum Problemraum erklären, der als abgeschlossene Welt behandelt wird. Nach der Einführung in PROLOG, kann eine Wissensbasis aufgestellt werden, die die Abhängigkeiten in Form von Fakten und Regeln enthält und auf Anfrage des Schülers eine Lösung ableitet. Der Schüler kann die Regeln mit Prioritäten versehen und experimentell deren Wirksamkeit überprüfen. Typischer Weise sind den Regeln Nebenbedingungen zuzuordnen, um irreversible Prozesse auszuschließen. Der Schüler beobachtet den Konflikt, wenn keine ideale Lösung des Problemes mehr möglich ist. Im nächsten Schritt versucht er die Bedingungen zu verunschärfen, d. h. mit schwächeren Forderungen an bestimmte Eigenschaften eine Kompromißlösung zu erreichen.

5.   Der Umgang mit Wissen

In vielen Bereichen fehlt gut strukturiertes Wissen für die vollständig algorithmische Lösung von Aufgaben (z. B. Diagnostik). Das Informatikgrundwissen des Schülers reicht nicht aus, um den Einsatz des Computers für solche Modellierungen zu verstehen. Obwohl er täglich mit Wissen zu tun hat, weiß er zu wenig über dessen komplizierte Eigenschaften (unvollständig, unsicher, zeitabhängig). Besonders interessant scheint für die Allgemeinbildung die folgende spiralenförmige Entwicklung zu sein, die im Bereich der Wissensverarbeitung beobachtet wurde [Posthoff 90a]:

1.   Zuerst liegen Aufgaben vor, die vollständig intuitiv, also heuristisch, gelöst werden.
2.   Mit dem Eindringen in die Probleme entsteht ein gesichertes theoretisches Umfeld.
3.   Daraus werden neue Heuristiken auf höherer Ebene geleitet.

Die Idee, Wissen (eine Wissensbank) von der Problemlösekomponente (einem Inferenzmechanismus) getrennt aufzubauen, führt sie zu der Erkenntnis, daß nicht das konkrete Wissen, sondern dessen Darstellungsform die Problemlösekomponente beeinflußt. Das heuristische Vorgehen eines Fachmanns wird z. B. in Regeln formalisiert. Die Regeln bilden dann die Datenstruktur. Die Reihenfolge in der die Regeln verwendet werden, führt zur Problemlösung. Damit werden Methoden der Wissensrepräsentation ein Denkwerkzeug, um Wissen (auch heuristisches) zu strukturieren, formalisieren, klassifizieren und zu bewerten. Das aber gewinnt in der Allgemeinbildung grundlegende Bedeutung, da es die Möglichkeit zum selbständigen Weiterlernen und zum Lernen auf höherer Abstraktionsstufe (Lernen über das Lernen) fördert. Damit wird die These gestützt, daß Wissenserwerb, Wissensverarbeitung und die Methoden des Schlußfolgerns kognitiven Wert in sich selbst tragen [Gorny 88]. Problemlösung führt den Schüler zu Techniken der Regelauswahl und -verarbeitung. Die Vorwärts- bzw. Rückwärtsverkettung sind Strategien, die universell (in vielen Disziplinen) einsetzbar sind, deren Spezifik zum Unterrichtsthema wird. Die Diskussionen darüber wie Konfliktbeseitigung modelliert werden kann (Varianten), führt wieder zu den Suchtechniken (Zustandsgraphen). Die Algorithmen und Datenstrukturen für die Wissensverarbeitung zeigen, daß diese Grundlinie des Informatikunterrichts weiterentwickelbar ist. Sie ermöglicht die Behandlung solcher Aufgabenklassen wie Klassifizieren, Planen, Entscheiden, Beraten, Lernen. Der Zugang zum Problemlösen mit Metaregeln (Regeln zur Anwendung von Regeln) unterstreicht die Bedeutung dieser Techniken. Die Ableitung neuen Wissens kann transparent gemacht werden. (Distanz des Menschen wegnehmen [Peschke 91]). Erklärungsalgorithmen sind heute noch sehr unvollkommen. Sie können ein Inferenzprotokoll anbieten (Wie-Erklärungen), daß dem Schüler zeigt, welche Regeln mit welchen Nutzereingaben zu dem aktuellen Ergebnis führten. Das wird sehr schnell unübersichtlich. Bei Anforderung einer Eingabe kann der Schüler eine Warum-Erklärung erhalten, d. h. die augenblicklich verwendete Regel und die bereits erfüllten Prämissen werden angezeigt. Unklar bleibt die Bedeutung der Objekte, Fakten und die Entwicklung und Tragweite der heuristischen Bewertung einer Situation [Posthoff 90b]. Das bildet aber gerade die Brücke vom Nichtwissen zum Wissen. Die Modellierung eines solchen Mensch-System-Dialoges erlaubt es dem Schüler tiefere Einsichten in Mißverständnisse, Fehlhandlungen und deren

Ursachen zu gewinnen. Die Übertragung des menschlichen Lernens aus Beispielen und aus Fehlern auf maschinelles Lernen kann an kleinen wissensbasierten Systemen diskutiert werden. Lernalgorithmen werden entmystifizierbar. Kriterien für Softwarequalität erhalten ein fachliches Fundament. Die Illusion vom naiven Benutzer, der mit Expertensystemen komplizierte Aufgaben löst, kann abgebaut werden zugunsten des Leitbildes vom kompetent entscheidenden Fachmann, der um die Leistungsgrenze des Modells weiß, Varianten prüfen und beurteilen kann.

Literatur

[Claus 90]   Claus, V.: Perspektiven der Informatik, In: LOGIN 10 (1990)6, S. 43-47.

[Claus 91]   Claus, V.: Die Rolle der Sprache-Anforderungen an den Informatikunterricht, [A] Vortrag Fachtagung "Weiterentwicklung des Informatikunterrichts", HIBS Wiesbaden 20.-21.2.1991.

[Gorny 88]   Gorny, P.: Didaktische Ansätze für die informatische Grundbildung im internationalen Vergleich, [B] In: Tagungsband "Computer im Bildungswesen 1988" S.44-53, Universität Leipzig 1988.

[Gorny 91]   Gorny, P.: Anforderungen an die Lehrerbildung Informatik, siehe [A].[Jaenisch 89] Jaenisch, S.; Kurz, H.: Theoretische Informatik. In: Lehrerweiterbildungsmaterial HIBS, Wiesbaden 1989.

[Löthe 88]   Löthe, A.: Didaktische Charakteristika von Programmierstilen, siehe [B], S.16-27.

[Peschke 91]   Peschke, R.: Stand der informationstechnischen Bildung und Folgen für den Informatikunterricht, siehe [A].

[Posthoff 90a] Posthoff, Ch.; Schubert, S.: Expertensysteme für die Ausbildung, In: Ehrenberg, D.; Krallmann, H.; Rieger, B. (Hrsg.): Wissensbasierte Systeme in der Betriebswirtschaft, Erich Schmidt Verlag, Berlin 1990, S. 379-385.

[Posthoff 90b] Posthoff, Ch.; Schubert, S.: Wissensmodellierung für Intelligente Lernsysteme, In: Tagungsband 4. CIP-Status-Kongrß "Computer in der Lehre", Techn. Universität Berlin 1990.

[Schubert 90]   Schubert, S.; Rätz, D.: Logische Programmierung als Einstieg für Schüler, Vortrag Symposium "Neue Technologien im Bildungswesen", IPN Kiel 20.- 24.8.1990.

[Sterling 86]   Sterling, L.: Shapiro, E.: PROLOG, Addison-Wesley, Reading (MA) 1986.

[Stetter 88]   Stetter, F.: Grundbegriffe der Theoretischen Informatik, Springer, Berlin 1988.

Dr. Sigrid Schubert
Technische Universität Chemnitz
FB Informatik
Postfach 964
D - O - 9010 Chemnitz

Using Computerised Exercises
on Mathematical Logic

Rein Prank

Introduction

At the end of 1987 we started a teaching software project for the Basic Course on Mathematical Logic for first-year students. The decision to use the computers was initially caused by poor performance of the students in two subjects: programming Turing Machines and the construction of the proofs in formal theories. In the process of the work we have added two more simple themes: truth-table exercises and the algebraic manipulation of the formulas.

Our approach to the computerisation of teaching can be characterised as quite conservative. We have written programs only for the exercises (of course, they can also be used for the demonstrations and for tests). We have decided (at least in the first steps) to computerise only the exercises, having been used in our work before the use of computers, and not to introduce any new types of the problems.

We have also tried not to change the role of the student in the solution of the problem. So we have not used the Computer Algebra Programs which enable formula manipulations without intellectual participation of the student or Resolution Provers. Using our programs the student has mainly three possible roles. In the simplest occassions the role of the student is equal to his role by the work on the paper (filling a truth-table with the symbols 't' and 'f' or writing the formula manipulation step by step). In some other cases the student has to explain (in usual mathematical terms) to the computer what to do next. For instance, he has to fix the part of the formula to be changed in the next step and to enter (or to select from the menu) the rule for this change. In case of TURING MACHINE the student works like a programmer who is editing, testing and debugging the program.

From 1988 we have worked with the students in the computer classroom with eight or ten IBM PC compatible computers. The greatest problem has been the sharp deficit of the computer time. The computers have been used almost only for the exercises under the supervision of the teacher (two hours per week) and for the tests. From March 1991 we have new classrooms with 16 PC and in the last term beginning from Chapter III (see below) our students have had the time for independent work on computers.

1.   The Basic Logic Course and the Programs

The main content of the course is presented in table 1.

The classroom exercises are solved in groups of 20 - 25 students. Earlier the number of participants of our computerised exercises has been depending on the type of the tasks (one or more students for a computer). Our work in the last term demonstrates that the classroom exercises can be solved with two students per computer if they are followed by independent work on computer.

At the present stage we have implemented programs for four types of the exercises:

1. TURING MACHINE (exploited from spring 1988). Turing Machine programming environment.

2. ALGEBRAIC MANIPULATION ASSISTANT (autumn 1988) for propositional formulas.

3. PROOF EDITOR for the proofs in Gentzen Type Systems (spring 1989 Propositional Calculus, spring 1991 Predicate Calculus).

4. TRUTH-TABLE CHECKER (autumn 1989).

Chapter	Lectures (hours)	Exercises (hours)
I. Propos. logic	Introduction. Sentences, truth-values, connections, formulas, truth-tables. (2) Tautologies, satisfiability, logical equivalence. (2) Normal forms. (2)	Reading formulas, writing sentences by formulas. (1) Truth-tables, tautologies, satisfiability, logical equivalence. (2) Expressibility by $\{\wedge,\neg\}$, $\{\vee,\neg\}$, $\{\Rightarrow,\neg\}$. (1) Normal forms. (2) Test. (1)
II. Pred. logic	Predicates, quantifiers. (2) Signature, first-order language, interpretation, theory of a model. (2) Logical equivalence. (2)	Validity of formulas on $N,Z,R,P(N)$, writing predicates and theorems by formulas. (2) Prenex form. (2)
III. Axiom. theories	Axioms and rules of Propositional Calculus. Examples of the proofs. (2) Consistence and completeness of Prop. Calc. (3) Predicate Calculus. (3) First-order ax. theories, Formal Arithmetic. (2)	Proofs in Propositional Calculus. (4) Proofs in Predicate Calculus. (4) Test. (2)
IV. Algor. Theory	Turing Machine. Computing arithmetical functions on TM. (2) Enumeration of TM. Halting Problem. (2) Decidable and enumerable sets. (4) Decidability and enumerability in Logic. (2)	Programming TM for arithmetical functions. (2) Test. (2) Decidable and enumerable sets. (2)

Table 1: Basic Logic Course Content

In addition, we use a formula generator allowing to generate a given number of propositional formulas with given parameters (the choice and numbers of variables and connections) for individual tasks. In the near future the predicate version of Program 2 will be ready for exploitation. The programs are written in Turbo Pascal (3.0 and 5.0). Below we shall discuss the use of the programs in the several parts of our course. Some attention will be paid to two tactics of saving the computer/teacher time:

a) collective work with one computer,
b) work in two steps: preparing the solution on paper and then checking it by using the computer.

2. Propositional Logic (Chapter I)

We are working with two programs for the exercises on Propositional Logic. The TRUTH-TABLE CHECKER supports the exercises on filling the truth-table, checking tautologicity, satisfiability and equivalence of the formulas, finding the formula for the given Boolean function. The work of the student at the task consists normally of two parts: filling the table and the answer motivation dialog. In the case of the find-formula problem type the filling part is the last. The student can switch over to the answer when he supposes that the answer can be motivated using the entered values in the table. In all the types the student can return from second part to the first. The program has the counters of mistakes in order, values and answer.

The task in the exercise file can contain the following items (only the first is obligatory):

- exercise type (TTABLE/ TAUTOL/ SATISF/ EQUIV/ FINDFORM),
- text,
- formula(s) or vector of values,
- options of table filling regime.

The formula can be replaced with GENER with parameters for random generator or INPUT. The regime options are

- LINEFILL (FULL/ PARTIAL),
- ORDER (CHECKED/ FREE/ AUTOMAT),
- OPERATIONS (STUDENT/ AUTOMAT),
- VALUES-CHECKING (RAPID/ BEFORE_ANSWER/ AT_END).

The wide spectrum of the regimes is necessary for sporadically contradictory applications. The default regime is FULL + CHECKED + STUDENT + BEFORE_ANSWER. The first exercises are made by RAPID values-checking. The student's "debugging" of the written home-work can be made by using PARTIAL+FREE or even OPERATIONS=AUTOMAT. Some combinations of the options are planned for the teacher's work by preparing the exercises or the correction of written tests.

The ALGEBRAIC MANIPULATION ASSISTANT is used for the tasks on expressibility in terms of $\{\wedge, \neg\}$, $\{\vee, \neg\}$ or $\{\Rightarrow, \neg\}$ and normal forms. The student makes his transformations step by step. Our first version worked using student's direct input of the formulas. In the second version (described in [4]) any step is split in two substeps: the student has to point out a subformula and then define the transformation of this subformula. The location of subformula can occur in two modes: LINEAR (shifting the ends of "activated" substring) or TREE (using jumps on the syntax tree). The subformula replacing modes are RULES (selected from the menu), INPUT_RULE and IMMEDIATE (input).

Consider now our exercises as they have been organized having no possibility of computerised home-work.

We have supposed that the first exercises on understanding of logical connections and the formalization of logic as such are more efficient in dialog with the teacher. We have not attempted to computerise them and so during the first two hours the students are working in the classroom. After the exercises on reading and writing we consider the tautologies and satisfiability. At the end some simple tasks on finding the formula with given values are solved. The students get home-work of this type.

The second lecture contains a great number of equivalence claims given without proof. The first work on computer is verification of them by CHECKER. Then the formulas constructed at home are verified. The use of MANIPULATION ASSISTANT is introduced using each of pairs $\{\wedge, \neg\}$, $\{\vee, \neg\}$ and $\{\Rightarrow, \neg\}$ to express all the remaining connections (in INPUTRULE mode, using the equivalences from the lecture and the expression rules proved already). The further expressibility exercises are made in LINEAR + INPUTRULE (to emphasize the order of operations and remembering rules).

The third lecture contains, in addition to the theoretical results, the algorithm of transformation to DNF illustrated with examples. The first examples on computer are solved in TREE+RULES accentuating the general algorithm. The home-work given at the lecture is verified in LINEAR+IMMEDIATE. After that the conjunctive NF is considered.

The test (60 minutes) has been organized using a special time-table. It consists of three tasks with the formulas containing three variables and all the five connectives:

1) verifying the equivalence,
2) expression by one of the pairs (LINEAR+INPUTRULE),
3) DNF (TREE+RULES).

The organization of the work on Chapter I has been quite difficult. The exercise classes have obtained some leading role and we had to synchronize the lectures with them. The work in pairs with one computer without additional independent work has given poor results. The weaker students are still passive and do not get the formula editing and manipulation skills. The first chapter contains a lot of new, but fairly easy concepts. The student's need of computer time is very individual here.

3. Predicate Logic (Chapter II)

Up till now we have not used the computers in Predicate Logic. The computerisation of Model Theory has well-known unsolvability and complexity restrictions. Starting our project we simply did not have any ideas for overcoming them. Barwise and Etchemendy [1, 2] in their very interesting TARSKI'S WORLD have used finite models. But not all the aspects of the course can be carried out this way. At the present stage we continue to follow the traditional technology. The prenex form exercises do not differ essentially from formula manipulation exercises on Propositional Logic. We intend to put them in the computer in the autumn term of 1991 using the new enhanched version of ALGEBRAIC MANIPULATION ASSISTANT.

4. Axiomatical Theories (Chapter III)

In the exercises of this chapter we have been dealing with the proofs in Propositional Calculus of [3] having the following inference rules:

$$\frac{g \vdash A;\ g \vdash B}{g \vdash A{\wedge}B} \qquad \frac{g, A, B \vdash C}{g, A{\wedge}B \vdash C} \qquad \frac{g \vdash A}{g \vdash A \vee B} \qquad \frac{g \vdash B}{g \vdash A \vee B} \qquad \frac{g, A \vdash C;\ g, B \vdash C}{g, A \vee B \vdash C} \qquad \frac{g, A \vdash B}{g \vdash A{\Rightarrow}B}$$

$$\frac{g \vdash A;\ g \vdash A{\Rightarrow}B}{g \vdash B} \qquad \frac{g, A \vdash B;\ g, A \vdash \neg B}{g \vdash \neg A} \qquad \frac{g \vdash \neg\neg A}{g \vdash A} \qquad \frac{g \vdash A}{g, B \vdash A} \qquad \frac{g, A, B, E \vdash C}{g, B, A, E \vdash C}$$

Such Gentzen Type system seems to be a reasonable compromise between the simplicity of finding the proofs and the simplicity of the objects considered. In Gentzen's original sequential system the proofs can be found by a very simple algorithm. But the sequents with more than one formula in the right side are objects without clear semantics.

On the screen of the PROOF EDITOR the proofs are built in the form of the tree from the root upwards (from the sequent to beproved to the axioms). At any step the student has to select an inference rule from the menu. The program checks if the application of this rule is possible. If not, the corresponding message is given. Otherwise the upper sequent(s) of the rule is (are) added to the tree. If the upper part of the rule contains a new formula, the student has to enter it. The program checks when the proof is complete. The proofs (completed or not) can be saved to file, loaded from file or printed.

The students have to prove about 40 sequents. Any valid sequent can be proved in our system combining Gentzen's general tactics (splitting all formulas in components) with two additional ones (proving the sequents of form A,tmAvB and vAvtmA). The examples are built up in three cycles: splitting, simple cases with negation or modus ponens, combined tactics. Each of the cycles is introduced by teacher's explanation.

In the spring term of 1991 we have added the exercises on Predicate Calculus containing about 30 sequents. The teaching tactics was similar to Propositional case.

The tests on building proofs have given unusually good results.

5. Algorithm Theory (Chapter IV)

The programming environment TURING MACHINE consists of a special Editor for Turing Machine tables (as they are defined in Kleene's "Introduction to Metemathematics") and an Interpreter. The Interpreter allows us to run the Machine with the user given input data and to demonstrate the work on the tape stepwise, as well as in three more quicker regimes. The program saves all the tests runned together with the result of running (OK, wrong result or error message). The tables can be saved in text file and loaded from file.

We have not set ourselves the goal of teaching students to write programs for hard problems in Turing Machine language. The first problems are like computing $f(x)=c$ and the hardest are on the level of division and multiplication. They are all directed to right understanding of the computing of numerical functions with several numbers of arguments rather than to programming.

The first examples of the Machines and some hints about programming are given at the first lecture. The students get some common and some slightly varying individual problems (for instance, to compute the function $f(x,y) = ax + by + c$ with individual a, b, c). The computers are used mainly for testing and debugging of the Machines constructed at home on paper. The programming tasks are quite suitable for the work in pairs. In case of an individual task the Machine of the second student can be received from the table of the first by appropriate correction. The realization of such a correction by Editor is typically quite easy. So, the input of two tables does not take double time and, moreover, the students have a real reason for thinking about some generalization of their solutions.

The exercises on decidable and enumerable sets are not computerised and we do not intend to computerise them.

References

[1]   Barwise, J.; Etchemendy, J.: Creating Courseware. Notices Amer. Math. Soc. 36, 32-40 (1989).

[2]   Hodges, W.: Review: TARSKI'S WORLD AND TURING'S WORLD. Computerised Logic Teaching Bulletin 2, Nr. 1, 36-50 (1989).

[3]   Kolmogorov, A.N.; Dragalin, A.G.: Introduction to Mathematical Logic (Russian). Moscow Univ. Press, 1982.

[4]   Prank, R.; Viira, H.: Algebraic Manipulation Assistant for Propositional Logic. Computerised Logic Teaching Bulletin 4, Nr. 1, 13-18 (1991).

Author's Address:
Rein Prank
Department of Computer Science
Universität Tartu, Estland, UdSSR

Ein Versuch unkonventioneller Vorlesungsgestaltung in Wirtschaftsinformatik

Karel Vejsada

Zusammenfassung

Die Anforderungen an Informatik-Ausbildung im betriebswirtschaftlichen Studium wachsen ständig. Veränderungen der Studienpläne, etwa die Anpassung der Stundenzahl, gestalten sich als schwierig; eine Erhöhung des Anteils der Informatik-Vorlesungen wäre mit Kürzungen anderer Veranstaltungen verbunden. Aus der Sicht des Verfassers ist eine kontinuierliche Anpassung an den Bedarf nur möglich, indem andere Lern- und Lehrmethoden als bisher zum Einsatz kommen.

Der Beitrag beschreibt ein Experiment an einer Fachhochschule, die Ausbildungsinhalte zu intensivieren. Es wurde gleichermaßen Wert gelegt auf den Erwerb von Kenntnissen (Fakten), das kausale Denken (Zusammenhänge) und Fertigkeiten (Übungen am Rechner). Auf diese Ziele ausgerichtet sind sowohl die Vorlesung, die Lernmittel, als auch die Gestaltung der Prüfung. Die ersten Erfahrungen zogen bereits beachtliche Erfolge nach sich. Im Vergleich mit den konventionell abgehaltenen früheren Vorlesungen konnte bei gleicher Wochenstundenzahl mehr Stoff behandelt werden. Die Prüfungen sind trotzdem besser ausgefallen als bisher.

1. Situation und Problematik

Die Fachhochschule bildet heute in zwölf Fachbereichen Betriebswirte und in einem Fachbereich, im Postgraduiertenstudium, Wirtschaftsingenieure aus. Geplant ist eine Erweiterung um Studiengänge in Ingenieurwissenschaften sowie ein Postgradualstudium für Führungskräfte, das Euro MBA (Master of Business Administration).

Das Studium der Betriebswirtschaft läuft in zwei Phasen ab. Das zweisemestrige Grundstudium, für alle Fachbereiche gleich, beinhaltet propedeutische Grundlagenfächer. Darunter findet sich auch die Einführung in die Datenverarbeitung mit vier Semesterwochenstunden. Im viersemestrigen Vertiefungsstudium werden fachbereichsspezifische Spezialkenntnisse vermittelt. Aufbauend auf dem Grundstudium werden hier unter anderem fachbezogene Vorlesungen und Übungen in Anwendungen der EDV angeboten.

In der EDV-Grundausbildung gibt es zahlreiche Engpässe. Die personelle Besetzung der Professorenstellen ging in der Vergangenheit von anderen Voraussetzungen aus. Infolge dessen entfallen von rd. 100 Professoren lediglich 7 Stellen auf Informatiker oder Organisatoren. Diese Kollegen halten nicht ausschließlich EDV-Vorlesungen, sondern sie müssen zum Teil auch andere Veranstaltungen und sonstige Aufgaben übernehmen. Für die Unterstützung stehen lediglich zwei Assistenten zur Verfügung.

Die FH mit ihren 2.800 Studenten muß in der EDV auf Lehrbeauftragte ausweichen. Das Angebot an qualifizierten und wirtschaftsangehauchten Informatikern ist sehr gering. Zudem sind die fachlichen Voraussetzungen bei den Lehrbeauftragten recht heterogen.

Einer Erhöhung der Stundenzahl EDV im Grundstudium, die dringend erforderlich wäre, stehen einige Probleme entgegen. Die Stunden müßten durch Kürzungen anderer, ebenso wichtiger Vorlesungen, gewonnen werden. Auch die Erhöhung der Planstellen ist in der derzeitigen finanziellen Lage der Länder kaum möglich, von der Schwierigkeit mit deren Besetzung mit fachkompetenten Lehrkräften ganz abgesehen.

Um den Anforderungen gerecht zu werden, unternahm der Verfasser einen Versuch, bei gleicher Wochenstundenzahl mehr Stoff darzubieten und zugleich dessen Erlernen zu intensivieren. Das Experiment fand zunächst im Postgraduiertenstudium der Wirtschaftsingenieure statt. Nach erfolgreicher Erprobung wurde auch in zwei Zügen des betriebswirtschaftlichen Grundstudiums nach diesem System vorgegangen.

2. Didaktischer Ansatz

Die klassische Form der Hochschulausbildung in nichttechnischen Fächern sieht heute, genauso wie vor 500 Jahren, überwiegend den frontalen Vortrag vor. Die kostbare und knappe Vorlesungszeit wird somit auch für reine Faktenvermittlung ver(sch)wendet. Dabei kann sich jedermann Tatsachen, die nur auswendig gelernt werden müssen, im Selbststudium aneignen.

Für den Erfolg des Selbststudiums ist die Qualität der Lernmittel von großer Bedeutung. Sie hat einen direkten Einfluß auf die Geschwindigkeit des Aufnehmens und auf das Abspeichern im Langzeitgedächtnis. Eine einprägsame Gestaltung ist für das visuelle Lernen, das bei der überwiegenden Mehrheit der Studierenden im Vordergrund aller Lerntechniken steht, vorteilhaft.

Das erste Ziel des Experiments war deshalb:

> *Studierende sollen sich Fakten anhand von einprägsamen Lernmitteln selbst aneignen.*

Die vom Studenten aufgenommenen Fakten brauchen in einem frontalen Vortrag, wenn überhaupt, nur noch kurz wiederholt werden. Den Schwerpunkt einer Vorlesung bildet daher die Behandlung von Zusammenhängen, am besten anhand konkreter Beispiele. Dies setzt voraus, daß sich Studenten auf jede Vorlesung vorbereiten. Sollten die knappen Formulierungen, eher Stichworte, im Skript nicht ausreichen, so bietet sich das Durchlesen einiger Passagen in der Literatur an, auf die verwiesen wird (s. Abb. 1).

Die dann noch offenen Fragen werden zu Beginn der Vorlesung beantwortet. Im übrigen kann sich der Professor auf eine Konkretisierung bzw. Ergänzung der Lerninhalte oder des Stoffes beschränken. Hierbei wird, sooft möglich, eine direkte Demonstration mit Hilfe eines Laptops über ein Display einem umschreibenden Vortrag stets vorgezogen.

Wenn das Thema es zuläßt, wird auch in Kurzform über einige konkrete Anwendungsfälle berichtet.

Das zweite Ziel lautete daher:

> *Die Vorlesung dient vorwiegend der Erläuterung von Zusammenhängen, Berichten über den praktischen DV-Einsatz und der Beantwortung von Fragen.*

Der Vertiefung und der Erhöhung der Transparenz des gelernten Stoffes dienen praktische Übungen am Rechner. Die Vorbereitung kann im Hörsaal durch eine Demonstration eingeleitet werden. Es schließt sich eine Gruppenübung im Rechnersaal an. Besser noch, wenn ein vorlesungsbegleitendes Tu-

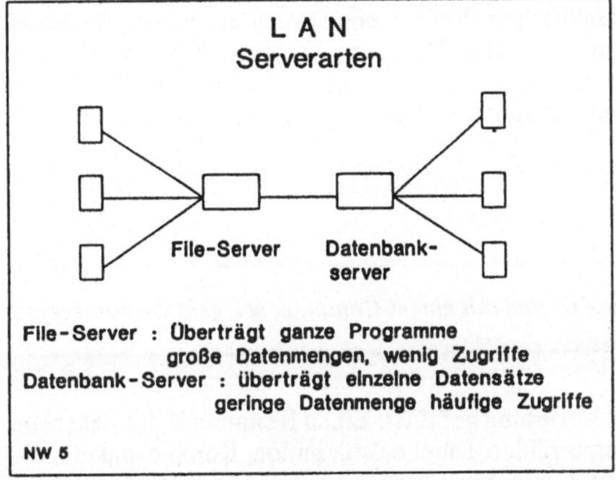

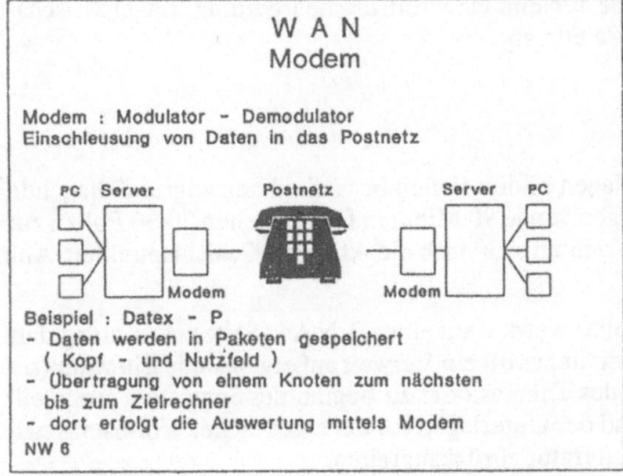

Literatur:

Hansen :   Seite 529 ff

Abb. 1: Eine Seite des studentischen Skripts (Originalformat: DIN A4 hoch)

torium stattfindet. Dabei muß der Dozent für eine ausreichende Anzahl von Tutoren sorgen. Ältere Kommilitonen übernehmen gerne die Betreuung ihrer jüngeren Kollegen.

Das dritte Ziel war:

> *Theorie wird mit praktischen Demonstrationen und studentischen Übungen verbunden.*

Das Eigeninteresse des Studenten ist seine beste Motivation. Daher wurde auch in der Prüfungsgestaltung experimentiert. Die im Studiengang Wirtschaftsingenieurwesen vorgeschriebene mündliche Prüfung (Dauer: ca. 15-20 Minuten) wurde in zwei Abschnitte aufgeteilt. Theoretische Fragen dienen dazu, den Wissensstand und den Umgang mit dem Erlernten unter Beweis zu stellen. Im zweiten Abschnitt muß der Kandidat am Rechner nachweisen, daß er imstande ist, einfache betriebswirtschaftliche Aufgaben mit Hilfe des Rechners zu lösen.

Unter dem Aspekt der praktischen Prüfung eignen sich Studenten die Handhabung von mindestens einem Anwendungsprogramm an, etwa Multiplan, Framework, dBase, Excel o.ä. Nach anfänglicher, allerdings nur vereinzelt anzutreffender Abneigung stellt sich i.d.R. die Überzeugung ein, Vernünftiges und Brauchbares gelernt und zugleich eine gute Ausgangsposition für den praktischen Teil der Prüfung erreicht zu haben.

Das vierte Ziel:

> *Selbständiges Arbeiten mit einem Computer soll gefördert und gefordert werden.*

Der Weg dazu wird in der Vorlesung geöffnet: Einen Bestandteil des Lehrplans bilden Standardanwendungen der PC-Welt. Hierzu zählen Tabellenkalkulation, Komplexpakete, ein Datenbanksystem, Präsentationsgrafiken und - am Rande - auch Textverarbeitung und Desktop Publishing. Kleine, gerade noch überschaubare Programme für einfache Auftragsbearbeitung, Lagerwirtschaft, Kostenrechnung oder Buchführung runden die Palette ab.

3. Hilfsmittel

Den Hauptteil der Unterlagen bilden Folien bzw. die ihnen zugrundeliegenden Grafiken im Rechner. Für die meisten Vorlesungen von je 90 Minuten Dauer stehen 20-30 Folien zur Verfügung. Die Gestaltung und die Reihenfolge richten sich nach didaktischen Gesichtspunkten. Abb. 2 zeigt die Kopie einer Folie zum Thema "Daten".

Bis zu drei verkleinerte Folien werden auf einer DIN A4 - Seite zusammengefaßt und als Skript gedruckt. Auf dem Blatt steht darüber hinaus oft ein Verweis auf ergänzende Literatur (s. Abb. 1). Dieser Umdruck wird vor der Behandlung des Themas oder zu Beginn des Semesters ausgeteilt. Die Studenten werden angewiesen, Fakten anhand der Unterlagen vor der eigentlichen Vorlesung zu lernen und, falls erforderlich, auf die angegebene Literatur zurückzugreifen.

Der Vorteil ist, daß der Student das Thema der bevorstehenden Vorlesung im hohen Detaillierungsgrad kennt und sich gründlich vorbereiten kann. Ferner gewinnt er durch das Skript wertvolle Zeit, da er während der Vorlesung nur ergänzende Notizen, nicht jedoch wie sonst üblich die vollständige Mitschrift erstellen muß.

Eine verkleinerte Ausgabe einer jeden Folie zusammen mit einigen Stichworten ist für den Dozenten bestimmt. Er hat dadurch eine Gedächtnisstütze, die erfahrungsgemäß immer dann benötigt wird, wenn er seine Vorlesung in seminaristischer Form darbietet. Abb. 3 zeigt das Dozenten-Exemplar der Folie aus Abb 2.

Daten
Begriffserklärung

Zeichen: Dies ist das kleinste speicherbare Element, auf das in der Datenverarbeitung zuge-griffen werden kann. Es können Buchstaben, Ziffern, Sonderzeichen oder das Leerzeichen sein. (Zeichen ~ Byte)

Feld: Es ist die kleinste logische Einheit, bestehend aus einem oder mehreren Zeichen. Es sind die veränderbaren Felder (Variablen) von den unveränderbaren (Konstanten) pro-grammintern zu unterscheiden.

Feste / variable Länge (Anz. Zeichen)

DATEN 1/17

Abb. 2: Eine der rd. 450 Folien (Originalformat: DIN A4 quer)

Der weitere Vorteil der so aufbereiteten Unterlagen liegt darin, daß sie mit relativ wenig Aufwand auf den neuesten Stand gebracht werden können. Die jeweils aktuellen Hinweise, etwa auf eine veränderte Marktsituation, kann der Dozent während der Vorlesung ablesen und muß nicht unbedingt etwa Umsatzzahlen führender Softwarehäuser auswendig wissen.

Ausgewählte Anwendungsbeispiele unterschiedlicher Schwierigkeitsstufen und Komplexität wurden den Studenten ebenso zur Verfügung gestellt. In einem Unterverzeichnis des Servers wurden fertige Anwendungen abgelegt und können abgerufen werden. Größtenteils handelt es sich um vorbereitete Prüfungsthemen älterer Kommilitonen, die im Einvernehmen mit und unter Nennung des Urhebers auf diese Art der Allgemeinheit zugänglich gemacht wurden.

Diese Programme stehen in einem PC-Netzwerk zur Verfügung. Eine kurze Demonstration erfolgt in der Vorlesung, den Rest muß sich der Student selbst erarbeiten.

```
GRAFIK          NAME                    BESCHREIBUNG
-------      -------------    -------------------------------------------
   1         DATEN_01.CHT     Zeichen/Byte, Feld
```

Zeichen - s. Einführungsvorlesung

Feld: Eigenschaften behandeln wie

      Länge (fix/variabel - mit Begrenzer oder Displacement)
      Typ   (String, Numerisch, Money, Date, Boolean, Array)
      Lage   (Feld# 1, Feld# 2, ...)

Konkretisierung: Felddefinition unter dBase (create)
                 Felddefinition unter SQL (create table)
                 Felddefinition in MailMerge (Platzhalter)

                         ANZEIGEDAUER

Daten
Begriffserklärung

Zeichen: Dies ist das kleinste speicherbare Element, auf das in der Datenverarbeitung zugegriffen werden kann. Es können Buchstaben, Ziffern, Sonderzeichen oder das Leerzeichen sein. (Zeichen ⁻ Byte)

Feld: Es ist die kleinste logische Einheit, bestehend aus einem oder mehreren Zeichen. Es sind die veränderbaren Felder (Variablen) von den unveränderbaren (Konstanten) <u>programmintern</u> zu unterscheiden.

Feste / variable Länge (Anz. Zeichen)

DATEN 1/17

Abb. 3: Das Dozentenexemplar der Folie aus Abb. 2 (Originalformat: DIN A4 hoch)

4. Vorlesung

Die ganze Vorlesung ist grundsätzlich so aufgebaut, daß jedes theoretische Thema auf verschiedenen Vertiefungsebenen mindestens zweimal behandelt wird. So wird beispielsweise in einer Anfangsübersicht der Begriff "Datei" kurz erläutert. In dem späteren DOS-Brückenkurs folgt eine Vertiefung. Es werden einige Dateien angezeigt und auch erstellt, Dateibeschreibungen in Directory-Einträgen werden analysiert und spezielle Textdateien (AUTOEXEC.BAT, CONFIG.SYS) ausführlich behandelt. Hier lernt der Student auch die Unterschiede zwischen Text-, Daten- und Programmdateien. Einige Wochen später stehen weitere Eigenschaften, etwa Index oder Baum auf dem Programm. Den Abschluß bilden das Anlegen und die Manipulation von Datenbankdateien mit Index, Verknüpfung, Selektion etc. unter einem Datenbankverwaltungsprogramm (derzeit dBase, SQL ist geplant). Ähnlich werden alle Themen in den Phasen "Erste Bekanntschaft", "Vertiefung" und eventuell "Komplexe Zusammenhänge" zeitlich versetzt und aufeinander aufbauend verarbeitet.

Eine Lehrveranstaltung beginnt i.d.R. mit der Beantwortung der studentischen Fragen. Erfahrungsgemäß entstehen Fragen immer dann, wenn Studenten den Stoff vor der eigentlichen Vorlesung durchgearbeitet haben. Hierbei ist es wichtig, sich als Dozent in einer jeden Antwort auf das Wesentliche zu beschränken. Sonst kann es leicht passieren, daß ein Student mit einigem Wissensvorsprung eine solche "Vorlesung" selbst gestaltet, die Restlichen können dem "Fachchinesich" nicht mehr folgen.

Danach werden Folien zum Thema der Stunde nacheinander aufgelegt. Der begleitende Vortrag bestand bei dem Experiment aus der Erklärung der Zusammenhänge. Für die Studenten entfiel das lästige Mitschreiben der Folieninhalte, sie hatten eine Kopie in gedruckter Form in der Hand. Auf dem Blatt ist Platz genug für eigene Notizen. Die Studenten können sich auf das Wesentliche konzentrieren und lernen effizienter.

Ein Beispiel: Der Aufbau einer Datei und der Index werden in ihrer Interaktion behandelt. Dabei wird darauf hingewiesen, in welchen Anwendungsfällen sich das Indizieren lohnt und welche Vor- und Nachteile es hat. Sinnvollerweise schließt sich eine Demonstration am Rechner an. Der Dozent zeigt Datensätze einer Datei an, einmal mit und einmal ohne Index. Ein Laptop mit einem Overhead-Projektor fehlt in keiner Vorlesung. Bei diesem Thema wird vorausgesetzt, daß der Student sich mit den Begriffen "Datei" und "Index" vor der Vorlesung auseinandersetzte und sie zumindest in groben Zügen verstanden hat.

Wann auch immer es als sinnvoll erscheint, werden Erfahrungsberichte und Tips aus der Praxis zu einer weiteren Vertiefung herangezogen. Bei dem hier erwähnten Beispiel bietet sich etwa eine Kundendatei an, in der Datensätze nach diversen Aspekten selektiert werden sollen. Die am häufigsten benötigten Aspekte (Datenfelder) sollten über eine Indexdatei erreichbar sein. Bei verschiedenen Anwendungen (etwa Direktmarketing vers. Fakturierung) entsteht die Notwendigkeit, verschiedene Indexdateien anzulegen.

Im Übungsraum könnte dann eine kleine Anwendung mit mehreren Dateien und Indizes der Allgemeinheit zugänglich sein, etwa unter dem populären Datenbanksystem dBase. Auf diese Beispieldateien wird in der Vorlesung verwiesen. Die Studenten können im Rahmen selbständiger Übungen diese Dateien abfragen und/oder manipulieren.

5. Tutorien

Parallel zur Vorlesung finden freiwillige Ergänzungsübungen am Rechner statt. Sie werden von studentischen Tutoren geleitet. Ein Koordinierungsgespräch Professor/Tutor findet sinnvollerweise einmal wöchentlich statt. Der Dozent informiert den Tutor über den Stand der Vorlesung und die bevorstehenden Themen und gibt Hinweise auf relevante Übungsaufgaben. Der Tutor wiederum berichtet über die Inhalte abgehaltener und geplanter Übungen, über Schwächen und Stärken der Gruppe und über die

Qualität der Aufnahme des behandelten Stoffes durch die Studenten. So hat der Lehrende eine indirekte Rückkopplung mit seiner Gruppe und erfährt objektiver und unmittelbarer als durch eine Direktbefragung, wie seine Vorlesungen bei den Studenten ankommen (Hemmschwelle bei freier Aussprache vor der Prüfung).

Die Haupttätigkeit des Tutors besteht allerdings in der Erklärung der Handhabung und in der Betreuung beim Erlernen einer praktischen Tätigkeit am Rechner. Hierbei hat er die volle Unterstützung durch den für die Veranstaltung verantwortlichen Dozenten.

Praktische Tätigkeiten können sein: Das Arbeiten mit dem Betriebssystem DOS (einige wichtige Anweisungen), einer Tabellenkalkulation, einem Textverarbeitungsprogramm, einem Datenbanksystem etc.

Die meisten der studentischen Hilfskräfte stehen mehr als ein Semester zur Verfügung, sodaß eine Qualitätssicherung bei Tutorien i.d.R. gewährleistet ist.

6. Prüfung

Die Prüfungen im Postgraduiertenstudium und im Grundstudium der Betriebswirte werden nach unterschiedlichen Verfahren abgenommen.

Im Grundstudium der Betriebswirte ist eine 45-minütige Klausur vorgesehen. Als Voraussetzung für die Zulassung zur Prüfung wird ein Nachweis verlangt, daß der Student ein Rechnerpraktikum mit Erfolg absolvierte. Für das Erbringen dieses Nachweises gibt es keinen festen Zeitpunkt.

Wirtschaftsingenieure werden einer mündlichen Prüfung von 15-20 Minuten Dauer unterzogen. Sie besteht - im freien Ermessen des Prüfers - aus einer theoretischen und einer praktischen Frage.

Im praktischen Teil der mündlichen Ingenieure-Prüfung wird der Umgang mit einem Standardprogramm am Beispiel einfacher betriebswirtschaftlicher Anwendungen geprüft.

Jeder Prüfling kann selbst bestimmen, auf welches Anwendungsprogramm er sich konzentrieren will. Es bleibt ihm überlassen, ob er das allgemeine Erlernen der Handhabung vorzieht, oder eine Fallstudie vorbereitet. Im ersten Falle wird ihm eine kleine praktische Aufgabe gestellt, die er in Ansätzen lösen muß. Die durchschnittlich zur Verfügung stehenden 7-8 Minuten Prüfungszeit für die praktische Aufgabe reichen aus. Der Prüfer kann in dieser Zeit sicher beurteilen, ob der Kandidat sein Werkzeug ausreichend beherrscht oder nicht.

Im zweiten Falle installiert der Student seine Anwendung vor der Prüfung auf einem Rechner (mitgebrachte, eigene Rechner sind erlaubt) und führt sie in Grundzügen vor. Der Prüfer kann durch ergänzende Fragen leicht feststellen, inwieweit der Prüfling selbständig gearbeitet hat und in welchem Ausmaß er sich in dem ausgewählten Standardprogramm auskennt.

Der Schwierigkeitsgrad und die Komplexität der frei gewählten Fallstudie tragen zur Gesamtnote bei.

Der theoretische Teil der Prüfung, ebenso etwa 7-8 Minuten dauernd, beinhaltet meistens anwendungsausgerichtete Übersichts- und Verständnisfragen, etwa Normalisierung von Relationen an konkreten Aufgabenstellungen, Programmabläufe zu vorgegebenen Funktionen, Entity-Relationship-Modelle etc.

Bei Betriebswirten lagen zum Zeitpunkt der Drucklegung dieses Beitrags noch keine Erfahrungen vor. Wegen unterschiedlicher Vorkenntnisse des Erst- und des Zweitstudiums wurde den Betriebswirten freigestellt, ob sie den vorgeschalteten praktischen Teil der Prüfung in Multiplan oder in dBase absolvieren wollen. Durch diese Einschränkung in der Auswahl der Werkzeuge sollte Unsicherheiten und einer evtl. Verwirrung durch die Vielfalt der denkbaren Anwendungspakete vorgebeugt werden. Es ist abzuwarten, wie die Vorprüfung, die von dem jeweils eingesetzten Tutor abgenommen wird, in der Qualität und der Akzeptanz durch die Studenten ausgehen wird.

7. Ergebnis

Die Ingenieure, bei denen inzwischen die ersten Erfahrungen vorliegen, fanden einige positive, aber auch negative Merkmale des Experiments. Es fand keine statistische Auswertung statt, die hier wiedergegebenen Ergebnisse sind ein Erfahrungsbericht des Verfassers, der seine Vorlesung nach dem hier beschriebenen Muster in drei aufeinanderfolgenden Semestern hielt.

Die Hörerschaft waren jeweils etwa 50 Wirtschaftsingenieure im Postgraduiertenstudium. Die Zugangsvoraussetzungen waren sehr verschieden. Unter den Studenten waren einerseits Diplominformatiker, andererseits Absolventen von Studiengängen, in denen überhaupt keine EDV behandelt wurde. Die überwiegende Mehrheit absolvierte in ihrem Erststudium Einführungsvorlesungen in die EDV und benutzte mindestens ein Anwendungsprogramm. Die meisten beherrschten, zumindest in Grundzügen, eine problemorientierte Programmiersprache.

Die ausgeteilten Umdrucke wurden überwiegend als positiv beurteilt. Der größte Vorteil lag darin, daß das lästige Mitschreiben nach dem Auflegen einer Folie völlig entfiel. Der Hörer konnte sich auf eigene Notizen konzentrieren, die er ergänzend zu dem gedruckten Material einfach dazuschrieb.

Auch die bereitgestellten Musteranwendungen auf dem Rechner fanden ein positives Echo. Problematisch war deren Unterbringung in einem gemeinsamen Unterverzeichnis. Manche Studenten veränderten die Daten, Formeln oder Programme und speicherten sie ab. Der Nachfolger fand eine in Einzelfällen nicht ganz korrekt funktionierende Version wieder.

Etwas Unsicherheit gab es bei der Prüfungsvorbereitung. Die Beurteilung des Schwierigkeitsgrades einer selbstgestellten Aufgabe durch den Kandidaten im Vorfeld der Prüfung schien manchen problematisch zu sein. Diese Unsicherheit konnte in kurzen klärenden Gesprächen in allen Einzelfällen beseitigt werden.

Bemängelt wurden der Stoffumfang (zu viel), die Literaturverweise (Lehrbücher zu umfangreich und zu detailliert), die Stofftiefe (für manche zu oberflächlich, für andere zu tief) und die Prüfung. Letzteres aus dem Grunde, daß zahlreiche vorbereitete Fallstudien sehr umfangreich und deren Erstellung entsprechend zeitaufwendig waren (ein positives Merkmal). Dies führte zwangsläufig dazu, daß in der knappen Zeit der Prüfung z.T. nur Ausschnitte aus der Gesamtleistung demonstriert werden konnten, die Mühe und der Aufwand wurden nach Meinung der Betroffenen nicht gebührend berücksichtigt.

Der Verfasser konnte zum Teil sehr ausgefeilte und umfangreiche Anwendungen beobachten. Einer der Studenten erstellte eine komplette Abrechnung von Wohnungen (Miete, Betriebskosten) mit sämtlichen Verteilungsschlüsseln, d.h. nach Wohnungsgröße, nach Verbrauch, sowie nach Personen im Haushalt. In der Anwendung enthalten war sowohl eine komplette Einnahmen-Ausgaben-Rechnung, als auch das Verfolgen von Zahlungen und Soll-Ist-Vergleiche der Mietkonten. Das Basispaket war Multiplan. Andere Prüfungsteilnehmer gestalteten sinnvolle Datenbankanwendungen unter dBase, Finanzierungspläne unter Framework, einfache Auftragsbearbeitung für den Versandhandel u.ä. Nur ganz wenige haben den praktischen Teil der Prüfung nicht bestanden.

Der Prüfer konnte einen Vergleich zwischen früheren und jetzigen Semestern anstellen. Abgesehen davon, daß etwa 1/3 mehr Stoff präsentiert wurde, fielen die Prüfungsergebnisse deutlich besser aus als in früheren Semestern. Somit wurde eine signifikante Verbesserung der Ausbildungsqualität und Stoffquantität bereits im ersten Jahr nach der Einführung erzielt.

Ein wichtiges Ziel wurde in allen Fällen erreicht: Kein einziger der Studenten konnte die Prüfung bestehen, ohne daß er sich mit der praktischen Arbeit am Rechner auseinandersetzte.

Ein weiteres Ziel, andere Professoren und Lehrbeauftragte mit den erstellten Hilfsmitteln auszustatten und somit auf die Vereinheitlichung von Inhalten der DV-Vorlesung im Grundstudium der Betriebswirte einzuwirken, konnte bisher nicht erreicht werden.

8. Anhang

Inhalt der Vorlesung "Wirtschaftsinformatik", 1. Semester Postgraduiertenstudium, 4 Semesterwochenstunden

(Anm.: Diese Gliederung, inhaltlich etwas reduziert und nicht so tiefgehend, wurde auch für die Vorlesung "Einführung in die EDV" im Grundstudium der Betriebswirte verwendet.)

Vorlesungsgliederung

Thema	Std.
Allgemeine Übersicht (HW, SW, Daten, Berufe der DV, Marktanteile der Hersteller, Funktionen der DV, Kosten)	4
Aufbau eines Rechners (ZE, Peripherie, Zweck, vom PC über Host bis zur multimedialen Workstation)	2
DOS-Brückenkurs (Grundbefehle, Verzeichnisse, Plattenorganisation, Standarddateien AUTOEXEC.BAT, CONFIG.SYS, Editor EDLIN)	6
Betriebssysteme (Single User, Multitasking, Multiuser)	2
Datenorganisation (Datei, Satz, Feld; Sequentielle, indexsequentielle, Random, Baum, Hash-Organisation)	2
Programme und Programmiersprachen (Kurzcharakteristika, Compiler, Interpreter, Runtime, Binder, Lader)	2
Programmiertechniken (Nassi-Shneiderman, Jackson, Endliche Automaten)	2
Standardsoftware (Textverarbeitung, Multiplan, Framework, Harvard Graphics, Ventura Publisher oder PageMaker, Gallery, Norton Utilities; Demonstrationen und Kurzanleitungen)	10
Datenbank- und Informationssysteme (Relationen, Normalisierung)	4
Datenbank Design (Beispiele aus Auftragsbearbeitung, Adreßverwaltung, Fakturierung, Lagerwirtschaft, Studenten- und Prüfungsverwaltung, Stücklisten, Arbeitspläne)	6
Datenbanksystem dBase III Plus oder dBase IV (Demonstration, Kurzanleitung)	4
Netzwerke (LAN, WAN, Standards, Nutzungsmöglichkeiten)	2
PPS, CAD, CAM, CIM, CIB, CAQ	2
Bürokommunikation (Voraussetzungen, Nutzungsmöglichkeiten, Komponenten eines BKS, Trigger-Konzept, evtl. Demonstration mit Kurzanleitung; Neue Medien)	4
Künstliche Intelligenz und Expertensysteme (mit Demonstration des Programms Xi Plus/ Kurzanleitung)	2
Auswahlverfahren (Hardware, Software)	2
Summe	**56**

Hilfsmittel

- etwa 450 Folien,

- Skript (verkleinerte Folien), ca. 150 Seiten,

- Übungsprogramme und Fallstudien (ca. 20) auf Diskette,

- Standardsoftware im Netzwerk (dBase IV, Framework III, MS-Word, WordPerfect, Harvard Graphics, Multiplan, diverse Compiler und Interpreter, PageMaker, Buchhaltung, Kostenrechnung, PPS)

Empfohlene Literatur:

- Schwarze: Einführung in die Wirtschaftsinformatik (NWB 1989)

- Hansen: Wirtschaftsinformatik I, 5. Aufl. (Fischer 1986)

- Originaldokumentation der behandelten Softwarepakete

- Aktuelle Zeitschriften (Chip, Byte, PC-Welt, Computer Magazin, Informatik Spektrum, ...)

Autor:
Professor Karel Vejsada
Postfach 1325
Nordring 3
W - 6112 Groß-Zimmern / Darmstadt

Das Spannungsfeld des Informatik-Dozenten

Wolf-Gert Matthäus und Martin Schleiff

1. Ausgangspunkt

Übernimmt man als Informatiker einen Informatik-Grundkurs für Mathematiker oder Naturwissenschaftler, so stellt man sich mitten in ein Feld von Widersprüchen und Schwierigkeiten, bevor man überhaupt die erste Vorlesung gehalten hat. Das geht schon los, wenn man mit den Kollegen des Fachbereiches spricht, aus dem die Studenten kommen werden. "Hauptsache, die Studenten lernen ordentlich programmieren", ist zumeist die Quintessenz der Gespräche.

Implizit stellt sich aber dabei auch heraus, daß erwartet wird, daß jeder Student nach Abschluß der Grundausbildung souverän an jedem Rechner, der irgendwo im Fachbereich herumsteht, arbeiten können soll. Natürlich soll er auch solche Kleinigkeiten wie Textverarbeitung oder die Arbeit mit fachspezifischen Formeleditoren aus dem Ärmel schütteln, von dem Komplex Graphik ganz abgesehen, der gehört sowieso zur elementaren Allgemeinbildung!

So, das sind also die Kollegen Nichtinformatiker. An Wünschen kein Mangel. Dagegen stehen ganze vier Semesterwochenstunden Vorlesung über ein Studienjahr, vielleicht auch fünf oder sechs, dazu möglicherweise noch ein oder zwei freie Wochen für ein spezielles Programmierpraktikum.

Dagegen steht auch, daß der Informatiker sich für eine einführende Grundlagenvorlesung doch seine eigene Sicht entwickelt hat, die die Wissenschaftsdisziplin möglichst als Ganzes vorstellen möchte. Kann man wirklich verantworten, einen Mathematiker oder Naturwissenschaftler an die Informatik heranzuführen, ohne ihn Grundkenntnisse der Begriffswelt der formalen Sprachen zu lehren, ohne den Begriff des abstrakten Automaten und der TURING-Maschine als genialer Vollendung vorgestellt zu haben, ohne den Algorithmenbegriff auf eine saubere begriffliche Basis gestellt zu haben, um CHURCHs Hypothese in aufnahmebereite Hirne pflanzen zu können? Wenn das nicht kommt - wodurch unterscheidet sich dann der Akademiker vom fleißigen Programmier-Autodidakten?

So gehen dem Informatik-Dozenten bei der Vorbereitung seiner Vorlesung viele Gedanken durch den Kopf. Das eine tun, ohne das andere zu lassen - diesen Kompromiß sucht er.

Und dann kommen die Studenten. Sie bringen etwas mit, was wohl kein anderer Hochschullehrer mit solcher Härte zu spüren bekommt: Vorkenntnisse von null bis tausend Prozent. Da ist das schüchterne kleine Mädchen, das Angst vor dem Computer hat. Da ist der selbstbewußte Computerbesitzer, der zwar noch nie ein Programm geschrieben hat, aber mit seinen Freunden Programme tauscht wie andere Leute Briefmarken, mal schnell in der AUTOEXE ein bißchen rumpfuscht, installiert und anlegt, Treiber aller Art und Sorte einbindet und eigentlich nur - viel spielt. Für ihn gibt's keine Probleme am Computer, Ärmel hoch und ran. Irgendwie kriegen wir's schon hin, notfalls wird eben die Festplatte neu eingerichtet. Vor der scheinbaren Souveränität, mit der solche Kunden sich als Disketten-Jockeys betätigen, müßte eigentlich jeder Informatik-Dozent erblassen.

Mit Sicherheit erblassen wird er aber, wenn der BASIC-Freak das erste Mal vor ihm steht und ihm ein Programm vorlegt, das er für seinen Homecomputer erdacht hat und das nicht so läuft, wie er es sich vorgestellt hat. Schon der erste Blick in den Quelltext läßt den Dozenten schauern: Da wird gePEEKt und gePOK(E)t, daß es nur so seine Qual hat. Wehe, wenn der Informatik-Doktor nicht sofort den Fehler findet - er hat in den Augen des Studenten schlagartig und für immer die unterste Stufe der Zoologie erreicht.

Ja, und dann kommen noch die Soliden, die Könner. Die schon eine gediegene Vorbildung haben und vielleicht sogar schon ordentliche Programme für den Kleinbetrieb des Onkels geschrieben haben. Erstaunlicherweise sind diese Studenten in der Regel sehr aufgeschlossen und durchaus bereit, ihr beachtliches Wissen seriös unter Beweis zu stellen und dazuzulernen.

So, lieber Dozent, nun bewähre dich! Setze deine Ideen um, erfülle die Wünsche des Fachbereiches, erwirb Vertrauen bei den echten Anfängern, Autorität bei den Pfuschern, zeige den Freaks ihre Grenzen, bringe den Könnern doch noch etwas bei, langweile keinen und überfordere niemand. Und das alles in nicht viel mehr als 120 Studen Vorlesung mit einigen Seminaren und gewissen Praktikumsmöglichkeiten.

Ein Sprung ins eiskalte Wasser muß ein Vergnügen dagegen sein.

2. Realisierungen

Auch am Rechenzentrum der Universität Halle, aus dem dieser Tage das Institut für Informatik hervorgeht, stand man vor diesem Problem. Dort ist vor allem traditionell die Nebenfachausbildung für Mathematiker angesiedelt.

Im Halleschen Mathematikstudium gibt es eine für alle Studenten obligatorische Informatikvorlesung. Für diejenigen Mathematiker, die nicht Informatik als Nebenfach wählen, ist dies häufig auch die einzige Informatikvorlesung.

Der zeitliche Umfang dieser obligatorischen Informatikausbildung in Halle war in den letzten Jahren Veränderungen unterworfen. Im Studienjahr 1989/90 gab es zwei Semester lang Informatik, wobei ein Teil des zweiten Semesters für Vertiefung der Betriebssysteme festgelegt war. Für das Studienjahr 1990/91 waren zunächst auch zwei Semester zu 2 Stunden mit Übungen vorgesehen; obligatorisch war dann aber nur das erste Semester, das zweite Semester der Vorlesung war fakultativ und wurde von etwa 75% der Studenten des infrage kommenden Studienjahres besucht.

Die beiden Autoren dieser Mitteilung, die im Wechsel die Grundvorlesung gestalteten, wählten die Tabelle 1 dargestellten Vorlesungsinhalte.

Was hat sich bei diesem Vorgehen bewährt, was nicht? Bewährt hat sich der Einstieg, der Beginn mit einer theoretisch anspruchsvollen Thematik, die für alle Studenten wirklich neu war und auch - man sollte so etwas nicht unterschätzen - klarmachte, wer die fachliche Autorität besitzt.

Bewährt hat sich erstaunlicherweise auch das "Programmiersprachen-Quodlibet" mit nahezu gleichzeitiger Einführung in die grundlegenden Sprachkonzepte von PASCAL, MODULA-2, C und FORTRAN. Allerdings-obwohl der Lehrende kein Hehl aus seiner starken Sympathie dür MODULA-2 machte - gelang es noch nicht, diese auf die Studenten zu übertragen. Gewiß gab es dafür auch technische Gründe: Die Studenten mußten ihre MODULA-Praktikumsaufgaben an einem nicht mehr ganz taufrischen ehemaligen "Großrechner" von der Art einer langsamen IBM/370-Anlage mit 3270-Terminals uunter einem UNIX-kompatiblen Betriebssystem abarbeiten, wogegen sie in einem PC-Pool mit TURBO-PASCAL 5.5 arbeiten konnten...

So ist es auch nicht verwunderlich, daß die eigentlich erwünschte souveräne Entscheidung für eine der vier Programmiersprachen zur Lösung der individuellen Studienprojekte ausfiel. Nur ein Student hatte in C programmiert (er verfügte zu Hause über einen AT mit TURBO-C), alle anderen legten Programme vor, die in TURBO-PASCAL 5.5 geschrieben waren.

Was hat sich nicht bewährt? Unbefriedigend verlief der Abschnitt über die Verarbeitung von Programmen, über Betriebssysteme. Hier hatte man als Lehrender doch oft das Gefühl, längst Bekanntes bloß noch einmal zu wiederholen. Außerdem fiel auch dieser doch mehr handwerklich beschreibend orientierte Teil im geistigen Anspruchsniveau irgendwie aus der Linie der Vorlesung heraus - oder dem Vorlesenden ist es nicht gelungen, auch hier auf solches Niveau aufzusteigen...

Schmerzlich ist natürlich, daß man auf solche Dinge wie Datenbankarbeit nur am Rande eingehen konnte; wie überhaupt die Hinweise auf Standardsoftware geringen Raum einnahmen, von Unterweisung oder womöglich Vermittlung konkreter Fertigkeiten konnte keine Rede sein.

Algorithmen	**Verarbeitung von Programmen**
TURING-Berechenbarkeit	Verarbeitungsprinzipien
Rekursive Funktionen	Dateien, Editoren, Dateiverwalter
Hypothese von CHURCH	Integrierte Entwicklungsumgebungen
Schlußfolgerung: Strukturierter Programmentwurf	Betriebssysteme MS-DOS und UNIX
Programmieren im Kleinen	**Vertiefung: Programmieren in**
Struktogramme	**MODULA-2**
Umsetzung von Struktogrammen in PASCAL	Prozeduren
Sprachkonstrukte zu den Strukturelementen	Modulares Programmieren, das Technologiewerk-
Ein- und Ausgabe	zeug MAKE
Beispiele	Rekursive Programme
Programmaufbau	Datentypen
Bemerkungen	Dateiarbeit
	Zeiger, Listen, Bäume
Umsetzung von Struktogrammen in MODULA-2	
Sprachkonstrukte zu den Strukturelementen	**Vertiefung: Programmieren in C**
Ein- und Ausgabe	Makros, Include-Files, Ein- und Ausgabe
Beispiele	Datentypen, Inkrement und Dekrement
Programmaufbau	Funktionen und Programmstruktur
Bemerkungen	Zeiger und Felder
	Modulares Programmieren in C
Umsetzung von Struktogrammen in C	Externe Variable
Sprachkonstrukte zu den Strukturelementen	
Ein- und Ausgabe	**Formale Sprachen**
Beispiele	Satzgliederungsgrammatiken
Programmaufbau	Formen der Syntaxnotation
Bemerkungen	Reguläre Sprachen
	Syntaxanalyse
Umsetzung von Struktogrammen in	Nichtreguläre Sprachen, Sprachhierarchie
FORTRAN 77	
Sprachkonstrukte zu den Strukturelementen	**Endliche Automaten**
Ein- und Ausgabe	Zustandsgraph und Automatentafel
Beispiele	Sprache eines endlichen Automaten
Programmaufbau	Zusammenhänge mit der Theorie der formalen
Bemerkungen	Sprachen

Tabelle 1: Inhalte der Grundvorlesung

In Zukunft muß unbedingt Raum geschaffen werden, zumindest dem objektorientierten Programmieren einen Abschnitt widmen zu können.

Und dann das heiße Thema "Softwaretechnologie": Explizit als Gliederungspunkt taucht es nicht auf - sicher ein Ansatzpunkt möglicher Kritik. Doch wann sollte so ein Kapitel kommen, und vor allem: Wie? Die Überlegungen in Halle laufen auf Folgendes hinaus: Wenn es gelingt, die Aufgabenstellungen für die Studienprojekte immer weiter zu qualifizieren, so daß die Studenten - bis auf Ausnahmekönner - von der Sache her veranlaßt werden zu fragen, ob es Strategien zur effektiven Gestaltung der Arbeit gibt, und wenn sie dann bei Nichtbefolgen dieser Strategien durch ungeheure Mehrarbeit gestraft werden, dann hat man den Boden bereitet für die Vermittlung softwaretechnologischer Grundsätze. In dieser Weise wird gegenwärtig intensiv gesucht.

In der Alternativvorlesung, die durch geringeres Stundenvolumen und die Fakultativität des zweiten Semesters ein anderes Herangehen erforderte, wurde folgender Aufbau gewählt (Tabelle 2):

Aufbau einer Datenverarbeitungsanlage	*fakultativ:*
Betriebssystem MS-DOS Kommandos, Arbeit mit Disketten	**Programmieren mit C**
	Besonderheiten der Programmiersprache C, Entwicklung von C und C++, Arbeiten mit TURBO C++
Nutzeroberflächen Norton-Commander, DOS-Shell, GEM, Windows	Datentypen, Ein- und Ausgabe in C und C++ Operatoren, Ausdrücke und Anweisungen, Kontrollstrukturen
Standardsoftware Derive u. ähnl. Systeme, Editoren und Textsysteme	Dateiarbeit, Verarbeitung von Zeichenketten Funktionen, Parameter Zeiger zusammengesetzte Datenstrukturen
Algorithmen und Programme	
Übersicht über Programmiersprachen	**Grundbegriffe objektorientierten Programmierens**
Besonderheiten von PASCAL, praktisches Arbeiten mit TURBO-PASCAL 5.5	**Dynamische Datenstrukturen, verkettete Listen**
Kontrollstrukturen in PASCAL, Beispiele numerischer Algorithmen Datentypen - elementare Typen, Felder, Strukturen Grafik unter TTURBO-PASCAL	**Grundbegriffe der theoretischen Informatik**
Unterprogramme, Prozeduren und Funktionen, Parameterübergabe	
Zeiger und einfache dynamische Listen Arbeit mit dem Debugger	Algorithmen, Berechenbarkeit, Halteproblem, primitiv-rekursive Funktionen, TURING-Maschinen

Tabelle 2: Inhalte der fakultativen Vorlesung

Um insbesondere die Forderungen aus der Numerischen Mathematik nach anwendungsbereiten FORTRAN-Kenntnissen bei den Studenten zu erfüllen, wurde ein FORTRAN-Kurs von etwa 20 Stunden Umfang in einer Woche der Semesterpause angeboten. An diesem Kurs nahmen alle Studenten teil. Täglich gab es Vorlesung, gemeinsame Übung der vermittelten Sprachkonstrukte, individuelle Erstellung kleiner Übungsprogramme unter Anleitung.

Im obligatorischen Teil der Lehrveranstaltung gab es Übungsaufgaben (kleine Programme zur Anwendung der jeweiligen Sprachelemente). Die Behandlung der Übungsaufgaben war selbständig vorzunehmen, eine angebotene Betreuung wurde kaum in Anspruch genommen. Als Leistungsnachweis zum Abschluß der Vorlesung wurde die Programmierung von zwei etwas umfangreicheren Aufgaben gefordert, die aus einem Katalog von Aufgaben ausgewählt werden konnten. 60% der Studenten haben ihre Programmierkenntnisse auf diese Weise praktisch nachgewiesen und dabei zum Teil Lösungen mit einem hohen Gehalt an Einfallsreichtum geliefert.

Zur fakultativen zweistündigen Vorlesung gab es zweistündige Übungen, in denen die Elemente der Programmiersprachen direkt am Computer geübt wurden. An den Übungen beteiligten sich ca. 60% der Studenten. Für die aktive Beteiligung an den Übungen gab es einen Übungsschein (als Leistungsnachweis), wobei die Studenten, die in den Übungen weniger aktiv waren, ihre Kenntnisse in einem Abschlußtestat nachzuweisen hatten.

3.   Einheitlichkeit und Differenziertheit der Ausbildung

Der Kenntnisstand der Studenten auf dem Gebiet der Programmierung ist sehr unterschiedlich, so daß eine für alle interessante Gesatltung der Vorlesung sehr schwierig ist. Einigen Studenten mit guten Programmierkenntnissen wurde wenige Wochen nach Beginn der Vorlesung angeboten, anstelle des für sie nicht so effektiven Vorlesungsbesuchs an einer Projektaufgabe mitzuarbeiten. Dieses Angebot nahmen aus den beiden Matrikeln, über die hier berichtet wird, jeweils 15% der Studenten an.

Während der laufenden Vorlesung wurde dann wiederum versucht, auf das immer noch stark differierenden Leistungsvermögen der Studenten gezielt einzugehen: beide Dozenten legten den Studenten Kataloge mit Aufgaben vor, aus denen sie entsprechend ihrem Vermögen kleine Projekte entwickeln konnten.

Diese individuellen Studienprojekte haben sich bewährt: Aus einem Angebotskatalog des Dozenten wählte sich jeder Student seine Aufgabe aus und bearbeitete sie über einen Zeitraum von fünf Monaten, wobei bedeutsam war, daß die sommerlichen Semesterferien dazu gehörten. Diese Aufgaben boten Anregungen verschiedenster Art; so wurde zum Beispiel die Aufgabe gestellt, ein Programm für die Strichcode-Codierung und Decodierung der EAN (Europäische Artikel-Nummer) zu entwickeln. Die Suche nach einem Ausweg aus einem Labyrinth stellte eine weitere Aufgabe dar, das Drucken von Kalendern verschiedener Formate für ein beliebiges Jahr, die Entwicklung eines Auswerte- und Analyseprogramms für die Fußball-Weltmeisterschaft usw. Die originellste Leistung, die in solcher Form nie erwartet worden war, war der TURING-Simulator: Ein Student legte eine sehr nutzerfreundlich gestaltete Umgebung mit integriertem Editor und Interpreter vor, mit der die Verarbeitung einer gewissen TURING-Programmiersprache, bestehend aus sieben Befehlen, realisiert werden kann.

4. Schlußfolgerung

Der Erwerb anwendungsbereiter, an größeren Aufgaben erprobter Programmierfertigkeiten und Programmierkenntnisse in mehreren Programmiersprachen ist in der zur Verfügung stehenden kurzen Zeit praktisch nicht möglich. Den Studenten mit guten Vorkenntnissen und größerer eigener Initiative fällt es nicht schwer, kleinere Aufgaben in jeder Programmiersprache algorithmisch zu formulieren. Diese Studenten haben in den durchgeführten Lehrveranstaltungen die gewünschten Basiskenntnisse erwerben können, auf denen aufbauend sie dann später in jeder Programmiersprache auch umfangreichere Programme schreiben können.

Leistungsschwächere Studenten haben aber nach solch einer Lehrveranstaltung immer noch Schwierigkeiten bei der algorithmischen Umsetzung einer Aufgabe, so daß sie die Besonderheiten einer speziellen Programmiersprache gar nicht ins unmittelbare Blickfeld bekommen.

Adresse der Verfasser:
Dr. sc. nat. Wolf-Gert Matthäus
Dr. sc. nat. Martin Schleiff
Martin-Luther-Universität Halle-Wittenberg
Universitätsrechenzentrum / Institut für Informatik
Weinbergweg 17
D-O-4050 Halle/Saale

Visualisierung eines Datensicherungsprotokolls für die Studentenausbildung

Jörg Sauerbrey

Zusammenfassung

Der Artikel beschreibt eine grafische Simulationsumgebung, die den Ablauf von Kommunikationsprotokollen visualisieren soll. Anhand der Abarbeitung eines HDLC-Protokolls werden Protokollmechanismen wie Blockbildung und Blocknumerierung, sowie Begriffe aus dem ISO-OSI-Referenzmodell wie Dienstzugangspunkt, Protokolldateneinheit, Schichtung und Dienst veranschaulicht. Das Simulationsprogramm wurde auf einem Atari-ST-Computer implementiert und für die StudentInnenausbildung im Rahmen eines Praktikumsversuchs eingesetzt.

1. Einführung

1.1 Einordnung in die Lehre

Im Rahmen der Ausbildung der ElektrotechnikstudentInnen an der TU München bietet der Lehrstuhl für Datenverarbeitung die Vorlesung "Rechnernetze" an. Die Vorlesung wendet sich an StudentInnen der Studienrichtung Informationstechnik im 6. Fachsemester und versucht unter anderem die Problematik des Entwurfs und der Funktionsweise von Kommunikationsprotokollen den Lernenden näherzubringen. Die Einordnung von Kommunikationsprotokollen in das ISO-OSI-Referenzmodell [ISO7498], sowie die abstrakten Begriffe und Mechanismen des Modells sind ein weiterer Schwerpunkt [SwRi90].

In einem anschließenden Praktikum werden diese Lehrinhalte weiter vertieft. Zu diesem Zweck entstand eine Rechnersimulation eines Protokollablaufs, die das Protokollgeschehen grafisch illustriert. Ein wichtiges Ziel beim Entwurf dieser Simulation war es, die Vorgänge, die bei der Rechnerkommunikation ablaufen, anschaulich zu machen. Durch eine ansatzweise vorhandene grafische Animation, wird der zeitliche Verlauf der einzelnen Aktionen deutlich. Begriffe aus dem OSI-Referenzmodell, wie zum Beispiel Dienstzugangspunkt, Protokolldateneinheit, Schichtung, Dienst und spezielle Protokollmechanismen wie Blockbildung, Blocknumerierung, die beim Lernenden doch häufig abstrakt und nebulös bleiben, werden deutlich gemacht.

Im folgenden Abschnitt werden kurz die wichtigsten Begriffe des OSI-Referenzmodells vorgestellt, soweit sie für das Verständnis des Simulationssystems von Bedeutung sind.

1.2 Protokolle und OSI / Begriffe und Mechanismen

Das OSI-Referenzmodell (OSI: Open Systems Interconnection) [ISO7498] ist ein übergeordnetes Architekturmodell für Kommunikationssysteme. Es bildet einen Rahmen, damit vielfältige Einzelfestlegungen, die für eine Rechnerkommunikation notwendig sind, zusammenpassen. Dabei dient es als Bezugsmodell für Standards bei der Kommunikation zwischen unterschiedlichen Systemen ("offene Systeme"). Unter "Systeme" werden Terminals, Datenendeinrichtungen (DEE), Stationen, Rechner und sonstige kommunizierende Geräte begrifflich zusammengefaßt.

Wesentliche Prinzipien des OSI-Referenzmodells sind:

- die Schichtung von Funktionen

- die Dienstleistung einer Schicht an ihre nächsthöhere Schicht

- das Protokoll innerhalb der einzelnen Schichten

Durch die Schichtung (layering) wird eine komplexe Gesamtaufgabe in überschaubare Teilfunktionen aufgelöst. Das OSI-Referenzmodell unterteilt die Aufgaben zur Kommunikation zwischen offenen Systemen in 7 Schichten. Die oberen Schichten 5-7 sind von den Anwendungen geprägt, denen die Kommunikation letztlich dient; sie erfüllen Anwendungsfunktionen. Die unteren Schichten 1-4 sind von der Übermittlungsaufgabe und den verfügbaren Übermittlungsnetzen geprägt; sie erfüllen Transportfunktionen (Transportsystem). Abbildung 1 zeigt schematisch die sieben Schichten innerhalb des OSI-Referenzmodells und ihre deutsche bzw. englische Bezeichnung.

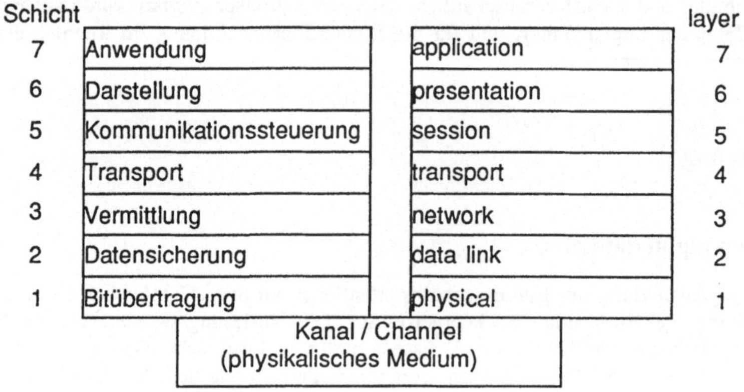

Schicht			layer
7	Anwendung	application	7
6	Darstellung	presentation	6
5	Kommunikationssteuerung	session	5
4	Transport	transport	4
3	Vermittlung	network	3
2	Datensicherung	data link	2
1	Bitübertragung	physical	1

Kanal / Channel
(physikalisches Medium)

Abbildung 1: Die sieben Schichten des OSI-Referenzmodells

Jede Schicht erbringt eine Dienstleistung (service), z.B. Erkennung und Behebung von Übertragungsfehlern (Datensicherung). Dazu benutzt die Schicht den Dienst der unmittelbar tieferen Schicht, z.B. den Dienst der Bitübertragung. Dieser Dienst wird an der Grenze zwischen den Schichten am sogenannten Dienstzugangspunkt (Service Access Point, SAP) bereitgestellt.

Innerhalb einer Schicht gibt es in jeder der Datenendeinrichtungen (Systeme) Akteure bzw. Instanzen (entities), die den Dienst einer Schicht erbringen. Dazu tauschen die Partner-Instanzen (peer entities), die der gleichen Schicht aber unterschiedlichen Systemen angehören sogenannte Protokolldateneinheiten (PDU, Protocol Data Unit) aus. Die Regeln für den Austausch dieser Protokolldateneinheiten werden als Protokoll bezeichnet. Das Protokoll definiert auch die Formate der Protokolldateneinheiten und ihre Bedeutung. Eine Protokolldateneinheit enthält einen Kopf bzw. die Protokollsteuerinformation (PCI, Protocol Control Information), die von den Instanzen innerhalb der betrachteten Schicht interpretiert wird. Sie enthält außerdem einen Informationsteil, den die nächsthöhere Schicht geliefert hat, der nur transportiert, aber nicht interpretiert wird.

Eine Protokolldateneinheit einer Instanz richtet sich zwar logisch an ihre Partnerinstanz (in der gleichen Schicht), der eigentliche Transport muß jedoch von den unterliegenden Schichten erbracht werden. Dazu wird in dem Ursprungssystem einer PDU diese von Schicht zu Schicht hinuntergereicht, dabei in jeder Schicht mit einer schichtspezifischen Protokollsteuerinformation (PCI) versehen ("einpacken"), auf der untersten Schicht physikalisch zu der Zielstation übertragen und dort schließlich von Schicht zu Schicht bis zu der betrachteten Partnerinstanz wieder hochgereicht. In jeder Schicht wird die schichtspezifische Protokollsteuerinformation ausgewertet und entfernt ("auspacken"). Abbildung 2 zeigt das Prinzip der Schichtung.

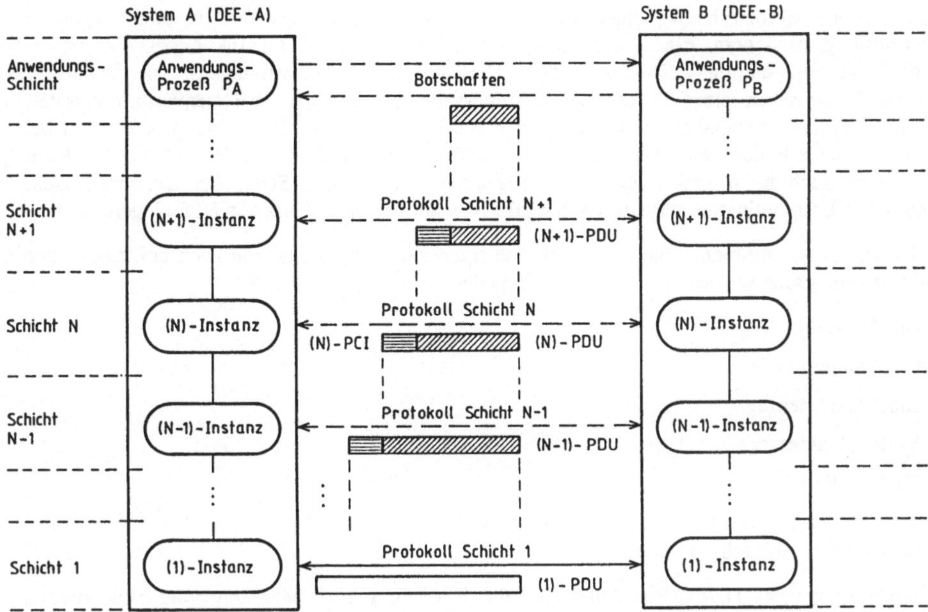

Abbildung 2: Prinzip der Schichtung [SwRi90]

2. Modellbildung

Im folgenden wird die Auswahl des zu visualisierenden Protokolls, sowie die Einbettung in ein Kommunikationssystem (Szenario) erläutert. Daraus ergeben sich die Anforderungen an das Simulationsmodell.

2.1   Protokollauswahl

Als zugrundeliegendes Protokoll für die Visualisierung wurde ein Datensicherungsprotokoll (Schicht 2) aus der Klasse der HDLC-Protokolle (High-Level Data Link Control) gewählt. Folgende Gründe sprechen für die Wahl eines HDLC-Protokolls, die anschließend genauer erläutert werden.

- HDLC wird in der Vorlesung "Rechnernetze" ausführlich behandelt.

- HDLC ist weit verbreitet.

- Allgemeine Protokollmechanismen liegen der Protokollspezifikation zugrunde.

- Die Notwendigkeit der erbrachten Dienste ist für die StudentInnen leicht nachvollziehbar.

In der zugrundeliegenden Vorlesung "Rechnernetze" werden hauptsächlich Protokolle des Transportsystems, d.h. der Schichten 1-4 behandelt. Insbesondere wird dem HDLC-Protokoll, als typischer Vertreter eines Sicherungsprotokolls (Schicht 2), viel Beachtung geschenkt. Ein Vermittlungs- oder Transportprotokoll wäre zwar als Kandidat für die Visualisierung auch in Frage gekommen, doch würden damit unter Umständen die folgenden komplexen Problemkreise angeschnitten: Routing (Wegewahl), Adreßumsetzung, verbindungslose bzw. verbindungsorientierte Kommunikation, virtuelle Verbindungen, Multiplexen von Verbindungen, sowie Segmentieren und Vereinigen langer Nachrichten. Damit wäre die Stoffmenge zu umfangreich, um sie in einem einfachen Simulationsmodell zu fassen.

HDLC-Protokolle werden häufig dazu benutzt, einen Übertragungsabschnitt in einem Datennetz mit Paketvermittlung zu sichern. Eine Ausprägung von HDLC, das LAP B (Link Access Procedure B), ist Bestandteil der Empfehlung X.25 des CCITT (Verband der Postverwaltungen). Die Schnittstelle und die Protokolle zwischen einer Datenendeinrichtungsseite (DEE) und der Datenvermittlungsstellenseite (DVST-P) in einem Datenpaketnetz werden durch X.25 definiert. Die Empfehlung X.25 wird beim Datenpaketnetz Datex-P der deutschen Bundespost [DBP88] zugrundegelegt. HDLC, in der Ausprägung LAP D, wird auch beim neuen diensteintegrierenden Digitalnetz (ISDN) der deutschen Bundespost verwendet. Die Lernmotivation wird durch das Erkennen der Praxisrelevanz von HDLC gefördert.

Im HDLC-Protokoll kommen allgemeine Mechanismen zur Anwendung, die auch bei Protokollen anderer Schichten eingesetzt werden. Dies sind zum Beispiel:

- Blockbildung

- CRC-Sicherung

- Blocknumerierung

- Vollduplexeinsatz

- Flußregelung

So werden Kenntnisse vermittelt, die über das spezielle Protokoll hinaus, beim Verständnis von Protokollspezifikationen hilfreich sein können.

Die Hauptaufgaben des HDLC-Protokolls sind die Erkennung und Behebung von Bitübertragungsfehlern und Blockverlust auf der Leitung, die Einhaltung der gesendeten Blockreihenfolge beim Empfänger, sowie die Flußregelung innerhalb eines Übertragungsabschnitts. Die Notwendigkeit dieser Dienste ist den StudentInnen unmittelbar einsichtig.

2.2 Szenario

Dem Simulationsmodell wird das Datex-P-Netz zugrundegelegt [DBP88]. Eine typische Kommunikationsbeziehung zwischen zwei Endsystemen mittels Datex-P, hier DEE-A und DEE-B genannt, zeigt Abbildung 3.

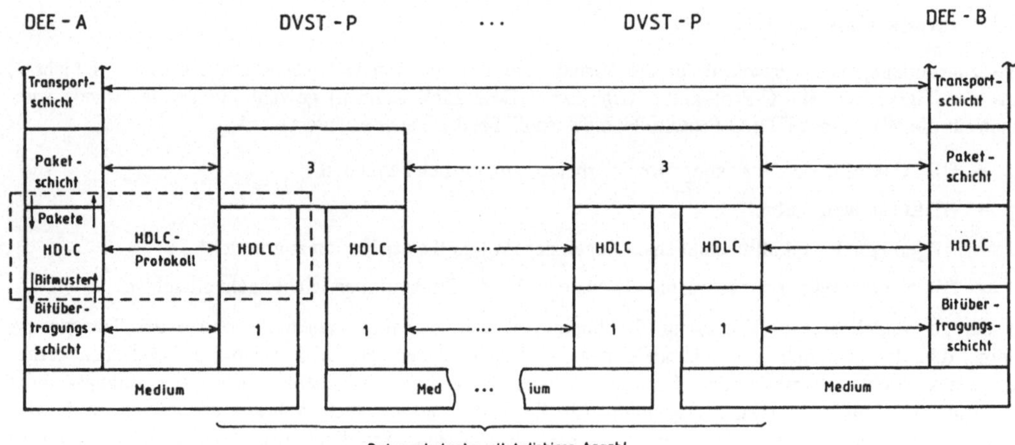

Abbildung 3: Kommunikationsbeziehung zwischen DEE und DVST-P

Die HDLC-Instanz der DEE-A kommuniziert direkt nur mit der HDLC-Instanz der DVST-P mit der sie verbunden ist. Die Datenpakete werden dann von DVST-P zu DVST-P weitergereicht, bis sie beim Kommunikationspartner DEE-B ankommen. Aus historischen Gründen heißt die Schicht 3 bei Datex-P Paketschicht. Visualisiert wird die Kommunikationsbeziehung zwischen den eingerahmten Schicht-2-Protokollinstanzen.

Die Instanzen der Paket- und Bitübertragungsschicht der DEE A und alle Instanzen innerhalb der DVST-P werden simuliert. Der Benutzer des Systems hat die Aufgabe, sich wie eine HDLC-Protokoll-Instanz der DEE-A zu verhalten. d.h. er tauscht protokollgemäß PDUs mit der HDLC-Schicht der DVST-P aus. Er wird dabei weitestgehend durch die grafische Benutzeroberfläche des Systems unterstützt. Seine Eingaben macht er mit Hilfe von Maus und Tastatur. Abbildung 4 verdeutlicht die Gesamtkonfiguration der Simulation [Sa90].

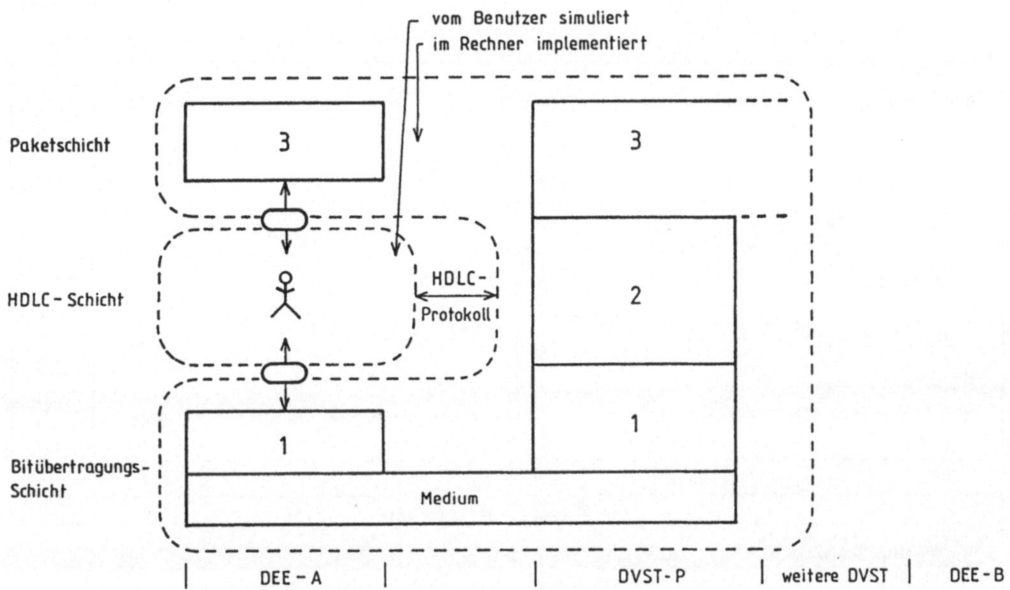

Abbildung 4: Gesamtkonfiguration der Simulation

3. Realisierung

3.1 Grafische Oberfläche und Bedienung

Abbildung 5 zeigt die Bildschirmdarstellung auf dem Monitor während der Simulation, mit der das Protokollgeschehen visualisiert wird. Die Darstellung zeigt die grafische Veranschaulichung einer HDLC-Instanz innerhalb des Schichtenmodells.

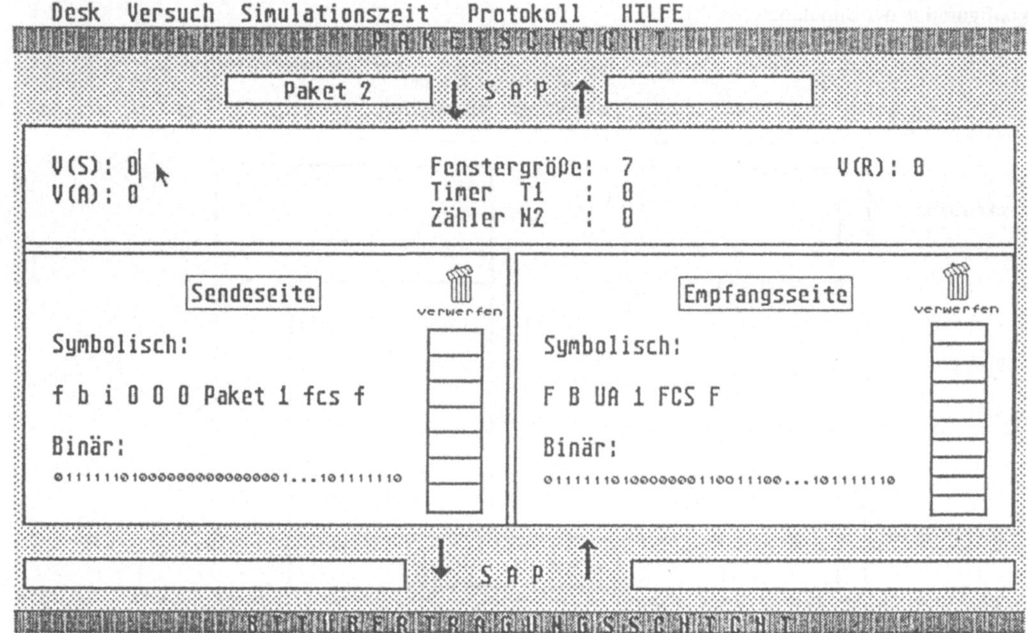

Abbildung 5: Bildschirmdarstellung

Der ganze Bildschirm - mit Ausnahme der obersten Zeile, die sogenannte "Pull-Down-Menüs" enthält - dient zum Dialog mit der Sicherungschicht der DVST-P. Der große weiße Bereich in der Mitte des Bildschirms symbolisiert die Sicherungsschicht der DEE A. Zur besseren Übersichtlichkeit wurde dieser Bereich in drei Teile gegliedert. Dort können die Protokoll-Dateneinheiten (PDU) des HDLC-Protokolls eingegeben werden (Sendeseite), die von der DVST-P empfangenen PDUs zur Anzeige gebracht werden (Empfangsseite) und im oberen Teil die Protokollzähler (V(S), V(R), V(A)) aktualisiert werden.

Über der Sicherungsschicht befindet sich der Dienstzugangspunkt (Service Access Point, SAP), der als Schnittstelle zwischen der Paket- und der Sicherungsschicht dient. Dieser SAP wurde in zwei Teile geteilt. Der linke Teil, im folgenden SAP 3/2 (SAP an der Schnittstelle zwischen Schicht 3 und Schicht 2) genannt, dient dazu, Datenpakete von der Paketschicht an die Sicherungsschicht zu übergeben. Der rechte Teil, hier SAP 2/3 genannt, wird dazu verwendet, die Pakete, die von der DVST-P empfangen wurden, an die Paketschicht zu übergeben. Unterhalb der Sicherungsschicht befindet sich der SAP zwischen der Sicherungs- und der Bitübertragungsschicht. Auch dieser SAP ist zweigeteilt. Der linke Teil, der SAP 2/1, übernimmt die erzeugte HDLC-PDU im Binärcode. Der rechte Teil, der SAP 1/2, übergibt den von der DVST-P empfangenen Binärcode an die Sicherungsschicht.

Die Simulation läuft folgendermaßen ab. Im SAP 3/2 erscheinen nacheinander Datenpakete der Paketschicht (symbolisch als Paket *n* bezeichnet). Dies ist die, zur DVST-P zu übertragende Information, die gegen Fehler gesichert werden soll. Ein solches Paket muß nun mit der Maus in den Bereich der Sendeseite gezogen werden. Um etwas "mit der Maus zu ziehen" , bewegt man den Mauszeiger über das Objekt und drückt die linke Maustaste. Jetzt erscheint der Umriß des Objekts, der dem Mauszeiger solange folgt, bis die Maustaste wieder losgelassen wird. In der Sendeseite muß nun das Paket mit der Tastatur um die Protokollsteuerinformation (PCI) erweitert ("eingepackt") werden. Dies geschieht in einer leicht lesbaren, symbolischen Form. Auf die genaue Syntax der PCI wird hier jedoch nicht näher eingegangen. Die so entstandene PDU (HDLC-Block), wird durch Drücken der Return-Taste binärcodiert. Falls die Syntax nicht korrekt ist, wird dies über eine eingeblendete Meldung angezeigt.

Man zieht nun das Binärmuster in den SAP 2/1, wo es nach kurzer Zeit gelöscht wird. Damit wird visualisiert, daß es von der Bitübertragungsschicht übernommen wurde und abgesendet wurde. Gleichzeitig wird der Block in den Sendepuffer eingetragen. Der Sendepuffer ist unter dem Papierkorb auf der Sendeseite dargestellt. Er enthält sieben Speicherplätze (Pufferelemente). Die Belegung eines Pufferelements wird angezeigt, indem die Sendefolgenummer des Blocks in einem der Rechtecke erscheint. Die neuen Blöcke werden unten in den Puffer geschrieben, die älteren rücken eine Position nach oben. Blöcke können, falls eine Wiederholung laut Protokoll nötig ist, mit der Maus aus dem Puffer wieder heraus gezogen werden. Ein Pufferelement wird gelöscht, indem der Block auf den Papiekorb gezogen wird.

Falls die HDLC-Instanz der DVST-P einen Block abgesendet hat, z.B. als protokollgemäße Reaktion auf ein Ereignis, wird das Binärmuster des Blocks im SAP 1/2 erscheinen. Dort bleibt es kurze Zeit stehen, wird dann automatisch aus dem SAP 1/2 gelöscht und in den Empfangspuffer (unter dem Papierkorb auf der Empfangsseite) eingetragen. Neue Blöcke werden unten in den Empfangspuffer eingetragen, die älteren rücken nach oben. Das oberste Element im Empfangspuffer enthält also den ältesten Block. Ein belegter Puffer wird durch Schwarzfärbung gekennzeichnet. Als nächstes wird nun der zuletzt empfangene Block bearbeitet, indem er mit der Maus aus dem Puffer in das Feld "Symbolisch:" der Empfangsseite gezogen wird. Dort wird er in symbolischer Form und als Binärmuster angezeigt. Der Benutzer des Simulationssystems muß sich nun protokollgemäß verhalten, Zähler aktualisieren, das empfangene Paket (Informationsteil der PDU) an die Paketschicht weitergeben (mit der Maus in den SAP 2/3 ziehen), bzw. den Block durch Ziehen auf den Papierkorb verwerfen.

Verhält sich der Benutzer nicht protokollgemäß, merkt er dies an der Reaktion seiner Partnerinstanz, der DVST-P-HDLC-Instanz. Um das Verhalten der Partnerinstanz als Folge der ausgetauschten PDUs nachvollziehen zu können, kann der Menü-Punkt "Protokoll" aufgerufen werden. Damit wird ein Zeitablaufdiagramm des bisherigen Protokollablaufs auf dem Drucker oder Bildschirm ausgegeben.

Mit dem Menü-Punkt "HILFE" (On-Line-Help) können die folgenden Informationen angefordert werden.

- syntaktisches Format der symbolischen HDLC-Blöcke

- Informationen zur Verwendung der Protokollzähler und Blocknummern

- aktueller Zustand der DVST-P-HDLC-Instanz, um deren Reaktionen besser nachvollziehen zu können

Da das HDLC-Protokoll zeitüberwacht ist und die Bedenkzeit für eine korrekte Protokollabarbeitung unter Umständen nicht ausreicht, kann mit dem Menüpunkt "Simulationszeit" die simulierte Zeit angehalten und wieder gestartet werden.

3.2 Zugrundeliegende Hard- und Software

Das Simulationssystem wurde auf einem Atari ST Computer implementiert [Ko90], für den unter anderem sein Preis spricht, der das Budget der Hochschulen nicht allzusehr belastet.

Das Betriebssystem (BS) des Atari bietet eine gute Unterstützung für die Programmierung einer grafischen Benutzeroberfläche. Dies wird von einem Teil des Betriebssystems geleistet, dem sogenannten Graphics Environment Manager (GEM).

Ein weiterer Vorteil des Betriebssystems ist die Möglichkeit mit sogenannten Resourcen zu arbeiten. Als Resourcen eines Applikationsprogramms werden dabei Objekte bezeichnet, die der Kommunikation mit dem Anwender dienen. Die Resourcen legen also die grafische Gestaltung der Benutzeroberfläche fest. Sie befinden sich unabhängig vom Applikationsprogramm in einer eigenen Datei (Resourcefile), die beim Applikationsstart ausgewertet wird. So kann die Benutzeroberfläche zunächst unabhängig vom Applikationsprogramm entworfen werden.

Die Implementierung des Simulationsprogramms erfolgte in der Programmiersprache Modula-2, die modulares Programmieren unterstützt [TMC87]. Als Hilfsmittel bei der Implementierung wurde das Simulationswerkzeug PROST [RiSaKö91] eingesetzt. PROST erlaubt auf einem Einprozessor-, Single-Tasking-Betriebssystem mehrere voneinander unabhängige Prozesse zu erzeugen und diese verschiedenen (simulierten) Prozessoren zuzuordnen. Als Bibliotheksmodul stellt es dem Anwendungsmodul folgende Dienstleistungen zur Verfügung.

- Prozeßverwaltung (Scheduling) und Interprozeßkommunikation

- Simulationsuhr, Zeitgeberverwaltung und -steuerung

- Betriebsmittelverwaltung, Warteschlangen- und Ereignislistenverwaltung

PROST unterstützt einen einfachen Send-Receive-Mechanismus zur Interprozeßkommunkation, mit dem die Prozesse Nachrichten untereinander austauschen können. Abbildung 6 zeigt die Aufteilung des Simulationsprogramms auf einzelne Prozesse und die Kommunikationskanäle zwischen diesen Prozessen.

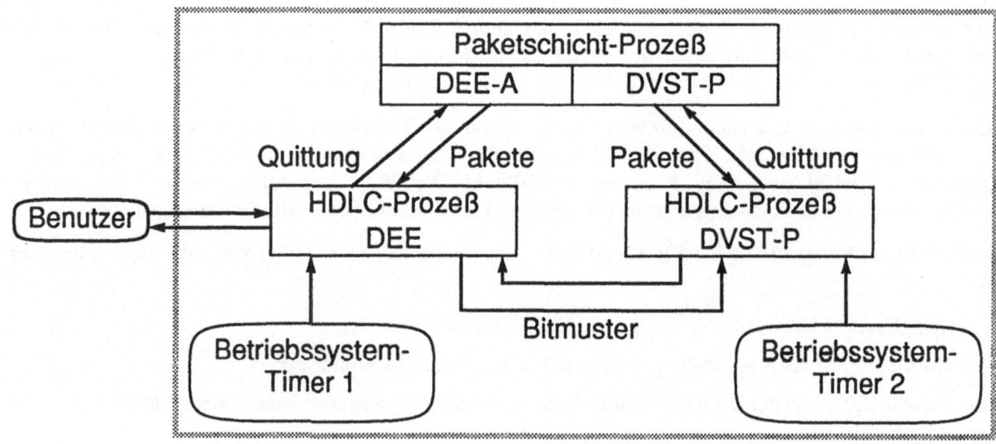

Abbildung 6: Kommunikation zwischen den Prozessen

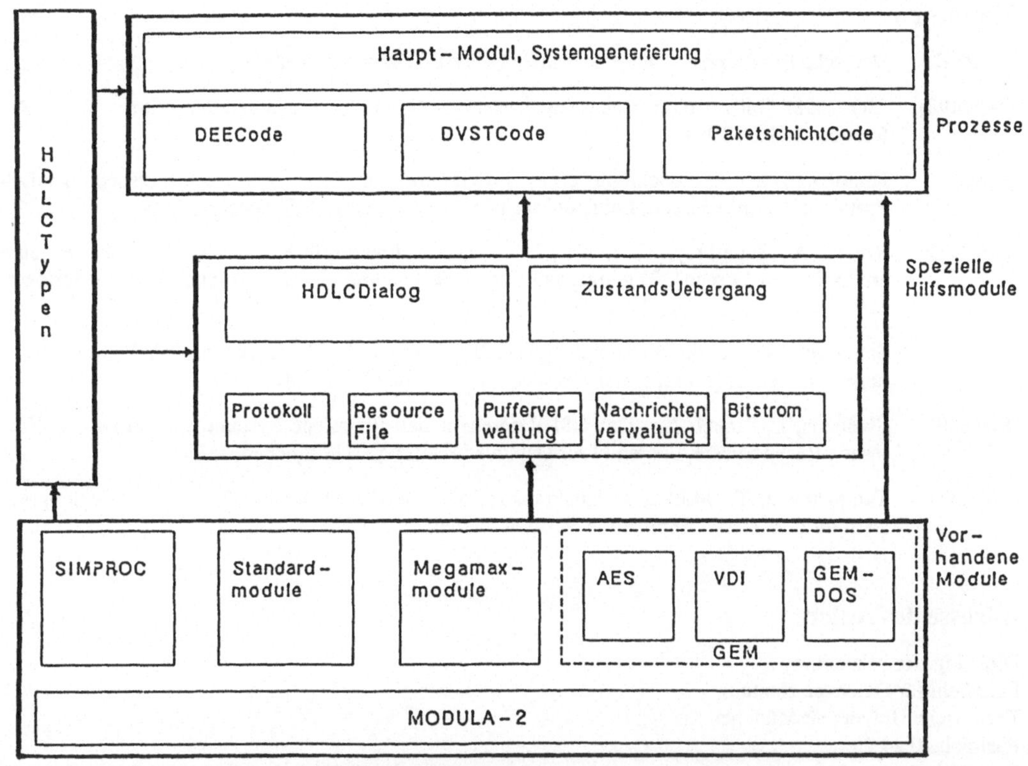

Abbildung 7: Modularisierung des Gesamtsystems [Ko90]

Die gesamte erstellte Software umfaßt etwa 4000 Zeilen Modula-2-Quellcode. Das Resource-File, das die grafische Benutzeroberfläche beschreibt, ist 10 kByte, das ausführbare Programm 210 kByte lang. Abbildung 7 zeigt die Modularisierung des Gesamtsystems.

4. Erfahrungen bei der Studentenausbildung

Das beschriebene Simulationssystem wird seit etwa eineinhalb Jahren erfolgreich in der Ausbildung eingesetzt. Bisher haben ca. 300 StudentInnen mit dieser neuen Lernumgebung gearbeitet, wobei die Resonanz überwiegend positiv war. Nach kurzer Einarbeitungszeit in die Bedienung des Systems, erfolgt eine intensive Beschäftigung mit dem Protokollablauf.

Der Erfolg der Ausbildung wird durch eine mündliche Prüfung am Semesterende kontrolliert. Die Mechanismen und Begriffe, die mit dem Simulationssystem verständlich gemacht werden sollen, konnten im allgemeinen gut vermittelt werden. Von studentischer Seite wurde häufig festgesellt, daß die Lehrmethode dem Stoff einiges an Abstraktheit genommen hat.

Zusammenfassend kann man sagen, daß eine weitestgehend selbsterklärende grafische Visualisierung auch im Bereich der Kommunikationsprotokolle Vorteile für die Ausbildung bringt.

Literatur

[DBP88]   Deutsche Bundespost: "Datex-P-Handbuch", FTZ Darmstadt 1988

[ISO7498]   ISO 7498: "Information processing systems - Open Systems Interconnection - Basic Reference Model", 1984

[Ko90]   Kohlmann, S.: "Entwicklung eines Programms für einen Praktikumsversuch 'HDLC-Protokoll'", Diplomarbeit, Lehrstuhl für Datenverarbeitung, TU München, 1990

[RiSaKö91] Rinkel, A., Sauerbrey, J.; Köhler, B., : "Ein rechnergestützter Simulationsbaukasten zum entdeckenden Lernen", Tagungsband der 4. Fachtagung 'Informatik und Schule', Springer, 1991

[Sa90]   Sauerbrey, J.: "Praktikumsanleitung: HDLC-Protokoll", Umdruck zum Praktikum Rechnertechnik, Lehrstuhl für Datenverarbeitung, TU München, 1990

[SwRi89]   Swoboda, J., Rinkel, A.: "Das OSI-Referenzmodell für offene Systeme", Umdruck zur Vorlesung Rechnernetze, Lehrstuhl für Datenverarbeitung, TU München, 1989

[TMC87]   Tempelmann, T., Müller, J., Chakravarty, M.: "Megamax Modula-2. Das Entwicklungssystem für den Atari", Application Systems Heidelberg, 1987

Adresse des Autors

Dipl.-Ing. Jörg Sauerbrey
Lehrstuhl für Datenverarbeitung
Technische Universität München
Postfach 20 24 20
D-8000 München 2

Internet: sy@ldv.e-technik.tu-muenchen.de

Erfahrungen und Entwicklungstendenzen bei rechnerunterstützten Praktikumssystemen

Bruno Piochacz

1. Motivation

Für alle Studenten der Informatik am Institut für Informatik der Technischen Universität München ist der Besuch der Grundlagen-Vorlesung "Technische Grundlagen der Informatik" Pflicht. Ebenso verpflichtend ist der Besuch des gleichnamigen Praktikums, bei uns TGI-Praktikum genannt, das sich mit der kompletten Hardware der Rechnertechnik beschäftigt. Dieses Praktikum beginnt mit Versuchen zur Aufnahme von Bauteilkennlinien und endet mit Versuchen zu verschiedenen Mikroprozessoren. Die Zwischenstufen beschäftigen sich mit logischen Schaltungen, Verstärkern und Mikroprogrammierung.

Während vernünftige Versuche zu den Mikroprozessoren und zur Mikroprogrammierung nur mit Rechnerunterstützung möglich sind, ist letztere bei Versuchen, deren Ergebnisse sich auf analoge Meßwerte stützen, nur dann sinnvoll, wenn die Versuchsumgebung einen Gewinn gegenüber der konventionellen Meßtechnik beinhaltet.

Um dies herauszufinden, haben wir vor ca. 5 Jahren begonnen, verschiedene Diplomarbeiten zu diesem Thema zu vergeben. Die wichtigste hatte das Thema [Weigl87]:

Messung von Dioden- und Transistor-Kennlinien mit einem AT

Die Motive für den Einsatz der Rechner waren im wesentlichen:

- Die Verwendung des Rechners als Meßknecht, um die Studenten weniger mit der Meßtechnik und mehr mit dem Ausbildungsziel (z.B. Kennlinien) zu beschäftigen

- Zeitgewinn bei den einzelnen Versuchen, durch die Reduzierung der "Handarbeit"

- Reduzierung der notwendigen Betreuer-Kosten für das Praktikum

Aus dem oben genannten Thema und dessen Ergebnissen entwickelte sich PRASYS, ein PRAktikums-SYStem, daß vor allem für die Messung analoger Vorgänge geeignet ist. Bevor auf die Erkenntnisse eingegangen werden soll, die durch PRASYS zustande kamen, soll PRASYS an einem Beispiel vorgestellt werden.

2. PRASYS

Die Grundidee von PRASYS ist die Reduzierung der manuellen Messungen und Auswertearbeiten, die schneller mit Hilfe eines Rechners durchgeführt werden können. Gleichzeitig sollten aber alle Vorteile eines Praktikums, wie z.B. das Kennenlernen des Meß-Objekts, die Überprüfung durch selbstgemessene Werte, das Zurechtfinden in Schaltungen usw., erhalten bleiben. Aus diesem Grund sollte auch der Eindruck eines simulierten Vorgangs nicht entstehen können.

Da diese Forderungen durch die zu Beginn der Entwicklungsphase kommerziell verfügbaren Programme nicht abgedeckt werden konnten, begann die Entwicklung mit dem Aufbau eines einfachen Graphikprogramms, der Programmierung einer Oberfläche und der Gestaltung einer universellen Einsteckkarte für den AT. Die Erfahrungen, die hiermit erzielt werden konnten, wurden in weiteren praktischen Arbeiten ausgewertet. Eine zusätzliche Verbesserung konnte durch den Einsatz des Systems im TGI-Praktikum und den damit verbundenen Tests ab dem Wintersemester 1989 erreicht werden.

Gemessen werden mit PRASYS derzeit die Kennlinien von Widerständen, Dioden, und Transistoren. Geplant sind weitere Versuche der Elektronik. Ebenso wird derzeit versucht, den biologischen Vorgang der Photosynthese elektrisch zu messen und zu einen Versuch auszuarbeiten.

2.1 Meßplatz-Aufbau

Wie in Abbildung 1 dargestellt, wird als Rechner ein zu einem AT286 kompatibler AT verwendet. Der Rechner ist mit einer Analog-Digital-Wandler-Karte ausgestattet, die über einen Analog-Multiplexer 8 analoge Erfassungskanäle anbietet, gleichzeitig 4 Digital-Analog-Wandlerkanäle besitzt, ferner noch einen Steuerbus mit 8 Adreßbits (nur Ausgänge) und 8 Datenbits (bidirektional betreibbar) zur Verfügung stellt.

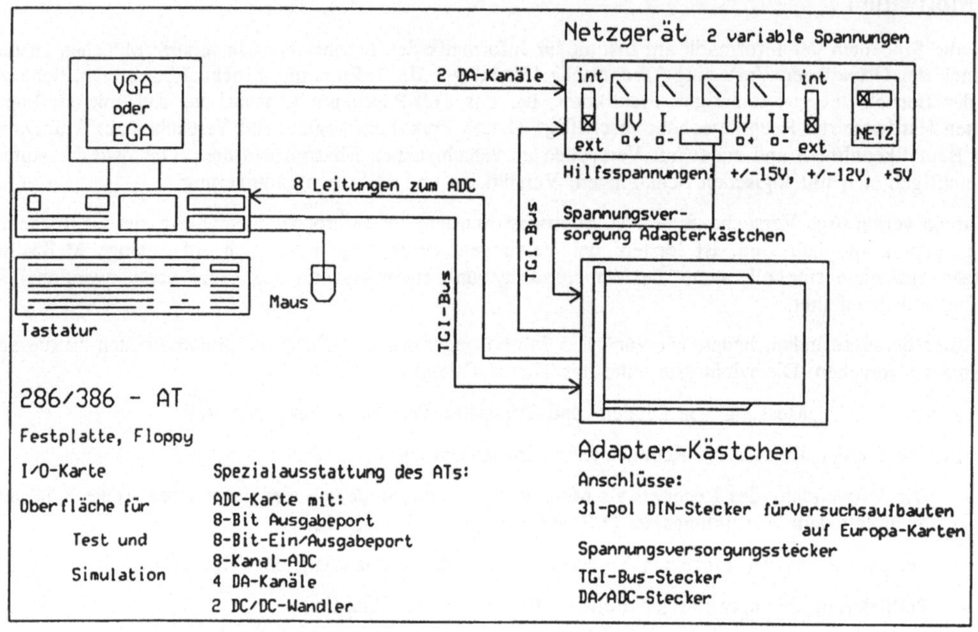

Abbildung 1: Arbeitsplatz für PRASYS

Durch zwei der vier Digital-Analog-Wandlerkanäle wird ein externes Netzgerät zur Spannungs- und Stromvervielfachung gesteuert. Ein weiteres Steuerungselement für das Netzgerät ist der Steuerbus, mit dem die Polarität der regelbaren Spannungen eingestellt werden kann. Ferner stehen noch zwei bipolare und eine unipolare Festspannung zur Verfügung.

Die Meßobjekte sind auf einem Adapterboard untergebracht, das in ein Adapterkästchen gesteckt wird. Letzteres ist mit dem Netzgerät (Spannungsversorgung und Durchschleifen des TGI-Busses) und der AT-Steckkarte (8 ADC-Kanäle, 2 DA-Kanäle und TGI-Bus) verbunden.

Auf dem Adapterboard sind einzelne Meßpunkte vorgesehen, die ein Messen mit konventionellen Instrumenten ermöglichen. Der Aufbau des Adapterboards hängt von den Meßobjekten ab. Bei der Widerstands- und Diodenmessung können aufgrund der Forderung einer guten Übersicht bis zu vier Exemplare untergebracht werden, dagegen bei Transistoren nur zwei.

Die Anforderungen an den Bildschirm erfordern minimal einen EGA-Bildschirm. Der Versuch wird derzeit mit VGA-Bildschirmen durchgeführt.

2.2 Die Oberfläche von PRASYS

Ruft man das Programm PRASYS auf, so erscheint zunächst auf dem Monitor ein Auswahlmenü der bereits realisierten Versuche. Wählt man hier DIODEN aus, so sieht die Oberfläche auf dem Monitor wie in Abbildung 2 dargestellt aus.

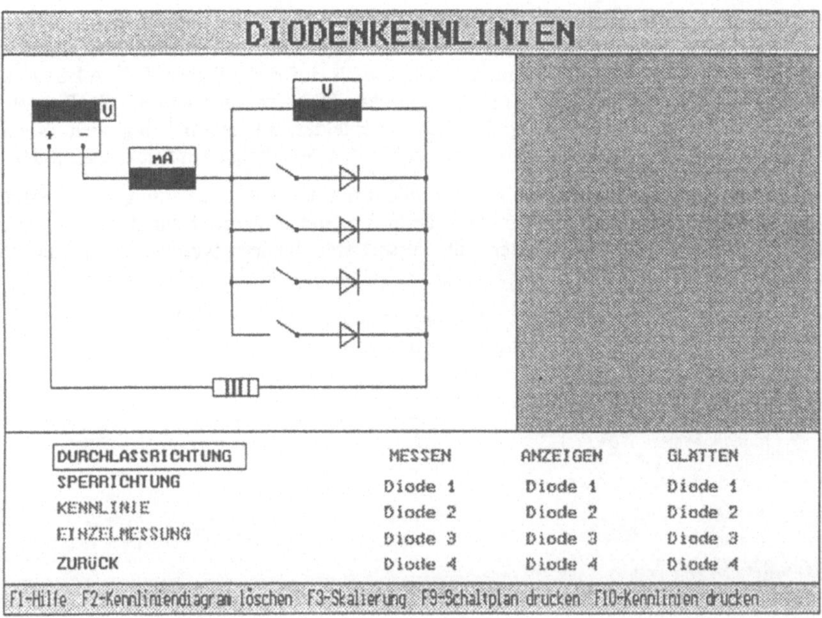

Abbildung 2: Bildschirmaufbau Diodenmessung

In der normalerweise außerhalb des Blickfeld liegenden Kopfzeile wird die Information bezüglich der Meßobjekte angegeben. Im mittleren Teil wird der für diesen Versuch relevante Schaltplan dargestellt. Rechts daneben befindet sich ein anfangs freier Bereich, der für das Kennliniendiagramm verwendet wird. Da bei der Messung die Ergebnisse in den schwarzen Blöcken eingetragen werden, können gleichzeitig die Meßwerte mit der in Echtzeit gezeichneten Kennlinie im Kennliniendiagramm verglichen werden. Im unteren Viertel der Bildschirmseite befindet sich das zur Verfügung stehende Menü. In der letzten Zeile befinden sich Menüpunkte, die für alle Messungen gleich sind. Da deren Wirkung eine andere als die in dem darüber liegendem Meßmenü ist, werden sie aufgrund der Kriterien nach [2/88] durch Funktionstasten aufgerufen. Diese permanenten Menü-Punkte haben folgende Wirkungen:

Hilfe
Die Hilfe-Funktion erklärt bei dem jeweiligen Menüpunkt, wie die weiteren Schritte bei der Messung erfolgen müssen. Die Hilfestellung wurde im wesentlichen nach den Kriterien von [3/88] aufgebaut. Geplant ist eine zweite Stufe, die vor allem eine Repitition des Stoffes ermöglichen soll. Für diese Stoffe wird ein eigener Begriff wie Lexikon oder ähnliches eingeführt, um sie von der eigentlichen Hilfestellung unterscheiden zu können.

Kennliniendiagramm Löschen
Dieser Menüpunkt ermöglicht es den Praktikumsteilnehmern, die Eintragungen im Kennliniendiagramm zu löschen. Durch den Aufruf ANZEIGEN im Meßmenü können einzelne (oder alle) Kennlinien gemäß

den zuvor gemessenen Meßwerten wieder restauriert werden. Dadurch kann jede Kennlinie für sich betrachtet und ausgewertet werden.

Skalierung
Da Kennlinien stark von Umwelteinflüssen (z.B. Temperatur) abhängig sind, ist dieser Menüpunkt implementiert, der eine Neuskalierung des Kennlinienfeldes ermöglicht. Dadurch können auch bei ungünstigen Bedingungen noch verwertbare Ergebnisse erzielt werden.

Schaltplan drucken, Kennlinien drucken
Zwei wesentliche Menüs sind die Druck-Menüs. Um den Studenten ausreichende Unterlagen mitgeben zu können, wird der Schaltplan und das Kennlinienfeld jeweils auf einer halben DIN A4-Seite ausgedruckt. Die Aufteilung erwies sich vor allem aus drucktechnischen Gründen als sehr sinnvoll. Ein weiterer Grund ist die Möglichkeit der Nachbehandlung der Kennlinienfelder, so daß beliebig viele Kennlinienfelder ausgedruckt werden können, ohne jedesmal gleichzeitig den Schaltplan ausdrucken zu müssen.

Während die bisher beschriebenen Menüs sich vor allem mit der Nachbearbeitung der Messung beschäftigen, sind die Meßmenüs, die sich im Menüfeld darüber befinden, speziell auf die Messung ausgerichtet. Sie können alternativ mit der Maus oder mit Cursortasten bedient werden, wobei die Vorliebe der Studenten zur Maus neigt.

Diese Menügruppe ist von der jeweiligen Messung abhängig. Zur Veranschaulichung sind in Abbildung 3 die Menümöglichkeiten bei der Messung der Diodenkennlinien dargestellt.

DURCHLASSRICHTUNG	MESSEN	ANZEIGEN	GLÄTTEN
SPERRICHTUNG	Diode 1	Diode 1	Diode 1
KENNLINIE	Diode 2	Diode 2	Diode 2
EINZELMESSUNG	Diode 3	Diode 3	Diode 3
ZURÜCK	Diode 4	Diode 4	Diode 4

F1-Hilfe F2-Kennliniendiagramm löschen F3-Skalierung F9-Schaltplan drucken F10-Kennlinien drucken

Abbildung 3: Menüfeld Diodenmessung

Auch hier wurde darauf geachtet, daß die Studenten das Menü während der Messung stets vor sich haben. Dies ist vor allem für Anfänger vorteilhaft, da damit das ständige Suchen in Menü-Unterpunkten wegfällt. Nur für Spezialfälle sind im linken Bereich Zusatzabfragen eingebunden. Diese erscheinen nach dem jeweiligen Menüaufruf. Das Menüfeld ist so gegliedert, daß sich links immer die Menüpunkte mit der Frage "Was gemessen werden soll?", im darauf folgenden Viertel dann "Welches Bauteil gemessen werden soll?" und in den restlichen zwei Vierteln sich die Nachbearbeitung und Aufbereitung der Messung befindet.

Um für die Bedienung eine Hilfestellung zu geben, werden alle auswählbaren Menüpunkte farbig angezeigt, nicht auswählbare dagegen im kontrastlosen Grau. Da die zur Verfügung stehende Fläche für weitere Informationen nicht ausreicht, werden bei einzelnen Meßvorgängen in der Hauptauswahlspalte (erste Spalte des Menüfeldes) einzelne Menüpunkte durch die erforderliche Zusatzinformation ersetzt.

Bei der Hauptauswahl gibt es immer folgende Möglichkeiten:

Kennlinienmessung
Bei der Anwahl dieses Menüpunktes wird zunächst die Kennlinie in einer automatisierten Messung vom Rechner aufgenommen. Hierzu muß noch das Bauteil in Spalte zwei ausgewählt werden. Sobald dies erfolgt ist, wird die Kennlinie vollautomatisch gemessen. Der Meßvorgang erfolgt dabei so langsam, daß der Student dem Werdegang der Kennlinie folgen kann und gleichzeitig die Meßwerte an den Meßgeräten im Schaltplan ablesen kann.

Einzelmessung
Da es sich vor allem um ein Praktikum handelt, ist die Möglichkeit der Einzelmessung implementiert. Diese beinhaltet zwei Verfahren. Ein Meßpunkt kann zur Kontrolle nachgemessen werden. Dabei wird die angelegte Spannung unmittelbar nach der Messung wieder auf 0V zurückgestellt, um die Bauteile zu schonen. Die zweite Möglichkeit erlaubt, daß die angelegte Spannung am Meßobjekt erhalten bleibt, so daß die Studenten mit einem konventionellen Meßgerät die Werte überprüfen können. Ferner greifen sie durch diese Möglichkeit direkt in die Schaltung ein, so daß auch der Praxisbezug erhalten bleibt. Ebenso könnte man diesen Menüpunkt für weitere Möglichkeiten in didaktischer Hinsicht nutzen.

Um die Kennlinien nach deren Messung noch in Ruhe betrachten zu können, bietet die Menüleiste noch die Möglichkeit des Löschens der Kennlinienfelder, das Anzeigen einzelner gemessener Kennlinien, sowie einen Glättungsalgorithmus an, der Meßfehler weitestgehend eliminiert.

Schaltplan und Kennlinienfeld
Da bei elektrischen Versuchen die wesentliche Information im Regelfall durch den Schaltplan weitergegeben wird, ist dieser mit in die Oberfläche mit aufgenommen worden. Dies erübrigt ein gesondertes Blatt neben der Anlage. Durch die Einbindung der Anzeige ergibt sich auch der Vorteil, daß das Blickfeld nicht ständig zwischen Schaltung und Monitor hin und her schweifen muß. Für Kontrollen wurden eigene Menüpunkte eingebracht (s. Einzelmessung).

Aufgrund der Bedeutung des Schaltplans wird diesem der wesentliche Teil des Bildschirms gewidmet. Um die Darstellungsform, die aus Büchern und Unterlagen gewohnt ist, beizubehalten, wird der Schaltplan auf hellem Untergrund gezeichnet. Um den Kontrast nicht zu groß werden zu lassen, wird anstelle von Weiß ein helles Grau als Hintergrund verwendet. Auf farbliche Betonungen wird im Schaltplan verzichtet, da der Kontrast zwischen schwarzer Zeichnung auf hellem Hintergrund für die Vermittlung der Information ausreicht.

Bei der Erstellung des Schaltplans wurden im wesentlichen die DIN-Normen berücksichtigt. Ausnahmen bilden hier Geräte, die einen Meßwert oder eingestellten Wert anzeigen sollen. Letztere werden als Kombination von Rechtecken realisiert, da durch den Eintrag des Meßwertes in das schwarze Feld der Rechtecke die Darstellung übersichtlicher wurde.

Sind mehrere zu messende Exemplare auf einem Adapterboard, so sind bezüglich des Schaltplans zwei Möglichkeiten realisiert. Ist der Schaltungsaufwand gering, z.B. bei einfachem Umlegen von Schaltern, so wird dies in einer Schaltung gezeichnet (z.B. Dioden- und Widerstandskennlinien). Wird die Schaltung jedoch zu unübersichtlich (z.B. Unterschied Eingangs-/Ausgangskennlinien so zeigt der Monitor nach dem Aufruf der Messung die jeweilige Meßanordnung.

Weitere Kriterien für die Schaltplanerstellung sind die Symbolgröße und die übersichtliche Darstellung, meist verbunden mit einer Reduzierung des Schaltplans. Hier hat sich vor allem gezeigt, daß Schaltpläne mit mehr als 10 Bauteilen auf einem EGA-Bildschirm bereits sehr unübersichtlich werden. Die Anzahl erniedrigt sich noch, falls nur Monochrom-Bildschirme verwendet werden, da hier der Kontrast deutlich abnimmt.

Neben dem Schaltplan ist mit etwa 1/3 Gesamtbreite der Monitorfläche das Kennlinienfeld untergebracht. Obwohl hier das eigentliche Ergebnis dargestellt werden soll, wurde die Größe zugunsten der Schaltplandarstellung reduziert, da der Schaltplan die wesentliche Information zum Meßvorgang beinhaltet. Durch eine geschickte Auswahl der Farben auf schwarzem Hintergrund und die bestehende Dynamik bei der eigentlichen Messung reicht die gegebene Größe für die Vermittlung der Information aus. Als Beispiel seien hier die Kennlinien der Diodenmessung für die Durchlaß- und Sperrichtung dargestellt (Abbildung 3 und 4).

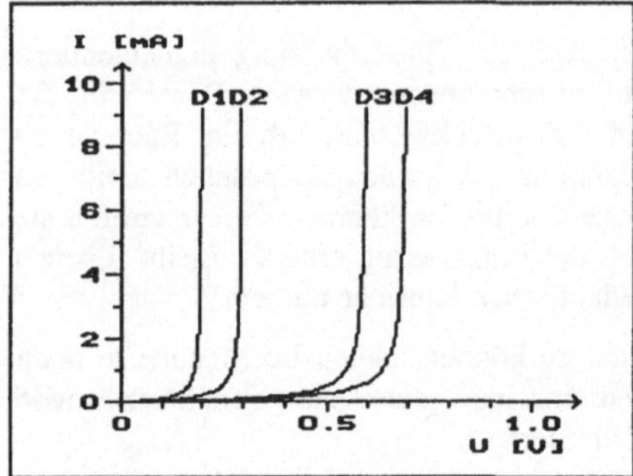

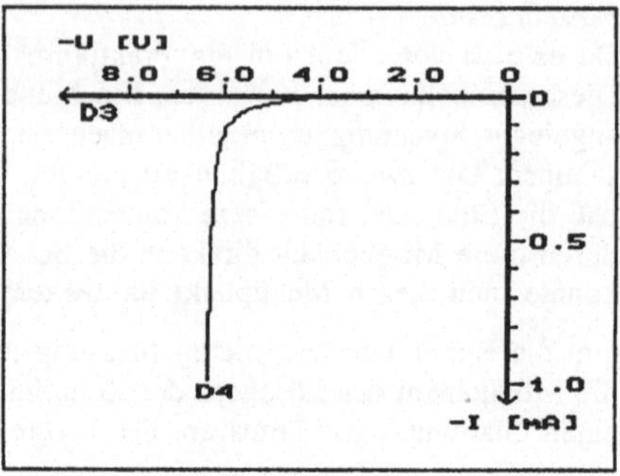

Abbildung 3:
Diodenkennlinien in Durchlaßrichtung

Abbildung 4:
Diodenkennlinien in Sperrichtung

2.3 Ergebnisse mit PRASYS

Das System wird vor allem aufgrund seiner geringen Fehlermöglichkeit sehr gut angenommen. Bei Bedienfehlern, wie z.B. ein falsches Testboard im Adapterkästchen, kommt eine entsprechende fehlermeldung auf dem Monitor. Dadurch können Fehler durch den Studenten weitestgehend selbst behoben werden. Dies steigert das Erfolgserlebnis des Studenten und spart gleichzeitig Betreuer ein.

Ein weiterer Vorteil besteht darin, daß praktisch keine Vorkenntnisse zur Bedienung des Versuchs notwendig sind und trotzdem der Versuch in einem definierten Zeitrahmen durchgeführt werden kann. Hier ist jedoch anzumerken, daß für die Effektivität des Versuchs Primärkenntnisse vorausgesetzt werden müssen.

Ein sich daraus ableitender Vorteil ist auch die Möglichkeit, daß Studenten selbständig experimentieren können, z.B. durch Austauschen der Bauteile, Veränderung der Umgebungstemperatur usw. Dies ist aufgrund der durch den Rechnereinsatz möglichen Voreinstellungen für die Bauteile absolut ungefährlich und deshalb auch zulaßbar.

Der Nachteil von PRASYS liegt in der leicht möglichen Überschätzung der Aufnahmefähigkeit der Praktikumsteilnehmer an einem Versuchstag aufgrund der Stoffmenge, die in einem Versuch eingebunden werden kann. Ebenso nachteilig ist der immense Aufwand, der für die Erstellung der Versuche notwendig war. Insgesamt stecken derzeit drei Mannjahre in diesem System. Selbst ein neuer Versuch, der mit ähnlichem Meßverfahren arbeitet, benötigt ca. drei bis vier Mannmonate von programmtechnisch geschulten Personen.

3. Allgemeine Erfahrungen mit rechnerunterstützten Versuchen

Aufgrund des speziellem System PRASYS und der anderen rechnerunterstützten Versuche lassen sich die im folgenden beschriebenen Kriterien festlegen. Hier ist vor allem eine Unterscheidung nach der erforderlichen Hardware und nach der jeweils benötigten Software zu treffen.

3.1 Hardwarevoraussetzungen

Aufgrund der Aufgaben lassen sich die Voraussetzungen in drei Bereiche gliedern. Dies sind Rechnerleistung, Schnittstellen und Zusatzhardware, sowie die Monitor- und Eingabemöglichkeiten.

Rechner
Natürlich ist im Spezialfall zu differenzieren, für welchen Zweck der Rechner verwendet werden soll. Normalerweise wird die benötigte Rechnerleistung stark überschätzt. Allein die Tatsache, daß dem Praktikumsteilnehmer Zeit gelassen werden muß, die vom Rechner ausgegebenen Daten, seien es nun Anweisungen, Meßergebnisse oder ähnliches, auch zu verstehen, entsteht gewöhnlich sehr viel Leerlauf, so daß die Rechenzeit eine nebensächliche Rolle spielt und die heute gebräuchlichen Arbeitsplatzrechner ausreichen. Die benötigte Rechnerleistung steigt allerdings stark an, falls neben den eigentlichen Steuerungs- und Meßaufgaben auch andere Aufgaben wie z.B. detaillierte Fehlererkennungsmaßnahmen, allgemeine Lexikonfunktionen, Lehrstoffvermittlung usw. eingebaut und programmiert werden sollen. Hier empfiehlt sich ein vernetztes System mit einer leistungsfähigen Maschine im Hintergrund.

Zunächst sollte ein möglichst offenes System, bei dem auf einfachste Art und Weise Zusatzperipherie, verbunden mit der für den Benutzer notwendigen Transparenz, angebracht werden kann, eingesetzt werden. Dies beinhaltet auch die schnelle Erlernbarkeit des Aufbaus eines Rechnersystems.

Schnittstellen
Bei den Schnittstellen haben sich zwei Prinzipien herauskristallisiert. Dies sind zum einen externe Geräte, die prinzipiell alles beinhalten, was für die Versuche benötigt wird. Diese Geräte bestehen im regelfall aus einer Basiseinheit und entsprechenden Erweiterungsboxen. Die Verbindung zum Rechner erfolgt durch ein spezielles Bussystem (normalerweise teuer und nicht ganz einfach zu bedienen) oder durch die üblichen Schnittstellen wie z.B. RS232. Durch die Verwendung dieser Schnittstellen entsteht ein weiterer Programmier- und Hardwareaufwand.

Dieser Programmieraufwand kann mit dem zweiten Prinzip, nämlich Einsteckkarten für einen Rechner bei deren günstiger Gestaltung deutlich vermindert und vor allem vereinfacht werden. Einsteckkarten sind kostengünstig, da sie keine weiteren Gehäusekosten, Netzteilkosten und ähnliches beinhalten. Ihr Nachteil besteht in der beschränkten Einsetzbarkeit auf nur einer Rechnerfamilie. Da in einem Praktikum im Regelfall nur eine Art von Rechnern vorhanden ist, kann dieser Nachteil in Kauf genommen werden.

Sind Analog- und Digitalwandler auf den Einsteckkarten, so ist deren Genauigkeit ein weiteres Kriterium für die Auswahl der Karte. Wesentlich ist hier, daß die analogen Bausteine eine eigene Stromversorgung besitzen, da sonst Störungen, die auf den vom AT zur Verfügung gestellten Spannungen immer vorhanden sind, auf die Meßwerte durchschlagen. Dagegen können alle Versuche so gestaltet werden, daß im Regelfall 12-Bit-Wandler ausreichen, um das gewünschte Ergebnis zu erreichen.

Ein weiterer Bestandteil dieser Einsteckkarte sollten ein digitaler Ausgabeport und ein Eingabeport sein. Das Prinzip, alles auf einer Karte, erspart Einarbeitungszeit und erleichtert die Handhabung der Karten. Ebenso ist ein Timer auf der Karte wünschenswert, der mit einzelnen Meßroutinen direkt verknüpft werden kann.

Mensch-Rechner-Schnittstellen
Diese Schnittstellen sind aufgrund der Kommunikationsmöglichkeiten zwischen dem Rechner und dem ihn bedienenden Mensch ein wesentlicher Faktor. Durch eine geschickte Auswahl können sehr viele Bedienfehler und die damit verbundenen Mißerfolgserlebnisse vermieden werden.

Monitor
Hier ist festzuhalten, daß jede Steigerung in der Entwicklung auch eine Verbesserung der ergonomischen Möglichkeiten mit sich brachte. Um eine wirklich gute Darstellung zu erhalten, kann auch auf farbige Oberflächen nicht verzichtet werden. Damit ergibt sich für die Familie der ATs als heutiger Standard minimal die EGA, besser noch die VGA-Version.

Tastatur
Die Benutzung der Tastatur ist vom speziellem Versuch abhängig. So ist bei Versuchen, bei denen ein Programm eingegeben werden muß, wie z.B. Mikroprogrammierung oder Mikroprozessoren, auf die Tastatur nicht zu verzichten. Im allgemeinen sollte die Verwendung der Tastatur auf ein Minimum reduziert werden, da durch Vertippen oder ähnlichem die Fehlerhäufigkeit mit der Zunahme des Tastaturgebrauchs ansteigt.

Maus

Die Maus ist ein wesentliches Hilfsmittel, da sie in Verbindung mit einer gut gestalteten Oberfläche eine möglichst einfache und schnell erlernbare Benutzerführung erlaubt. Wogegen es den meisten Praktikumsteilnehmern im Regelfall nicht möglich ist, die Tastatur blind zu gebrauchen, ist dies bei der Maus sehr schnell erlernbar.

Digitalisiertablett

Das Digitalisiertablett kann in zweifacher Hinsicht eingesetzt werden. Wird es als Maus verwendet, so treffen alle Vorteile der Maus zu. Es hat jedoch den Nachteil des größeren Platzbedarfs, so daß letztere hier vorzuziehen ist. Seine optimale Wirkung erhält das Digitalisiertablett, falls Vorlagen auf ihm aufliegen, die eine erweiterte Menüführung ermöglichen (z.B. Schaltplan, bei dem die zu messenden Bauteile angeklickt werden können). Damit kann ein schnelleres Auffinden der Information ermöglicht und die Anzahl der Bildschirmmenüs, durch die man sich durcharbeiten muß, verringert werden. Dies trifft vor allem bei Versuchen mit sehr vielen Abfragen und Einzelmenüs zu.

Akkustische Möglichkeiten

Akkustische Möglichkeiten fallen in einem Massenpraktikum als Hilfsmittel aufgrund der Störung anderer Gruppen im gleichen Raum weg. Sie sollten nur für Notfälle herangezogen werden.

3.2 Softwarevoraussetzungen

Die Versuchssoftware ist in zwei Gebiete unterteilbar. Das eine Gebiet sind die Meßroutinen und die Auswerte-Software. Das zweite Gebiet ist die Benutzerführung und die Darstellungsweise der Ergebnisse. Beide müssen eine Einheit bilden, die den in [GI89, S.258ff] aufgestellten Grundsätzen für eine optimale Versuchsdurchführung genügen. Im einzelnen wären da zu nennen:

- Der Praktikumsteilnehmer soll möglichst wenig durch die Benutzung des Rechners vom Versuchsgeschehen abgelenkt werden
- Die Meßergebnisse müssen überprüfbar sein
- Der Versuchsvorgang muß verständlich dargestellt werden
- Die Auswertung und die Darstellung der Ergebnisse müssen der Betrachtungsweise des Anwenders entsprechen

Diese Aufzählung stellt vor allem sehr hohe Ansprüche an die Benutzerführung und an die Auswerteroutinen. Dies setzt wiederum einen hohen Programmieraufwand voraus, so daß es heute noch sehr arbeitsintensiv ist, Versuche, wie sie unter PRASYS realisiert wurden, zu erstellen. Aus diesem Grund haben wir angefangen hierfür Werkzeuge zu ermitteln, die zumindest eine modularisierte Programmerstellung zulassen. Unter Werkzeuge sind dabei Programme zu verstehen, die die Erstellung der Oberfläche und der Meß- und Auswerteroutinen vereinfachen, andererseits aber auch dem Benutzer des Programms eine möglichst große Flexibilität in der Anwendung genehmigen. Hierzu wurden an unserem Lehrstuhl einige Arbeiten zu den folgenden Themen durchgeführt.

- Graphik

Die Graphikschnittstelle ist eine wesentliche Schnittstelle, um von beliebigen Graphiksystemen zu einem Bild zu gelangen, das für die Oberfläche verwendet werden kann. Dabei ist bei den einzelnen Graphiksystemen zwischen pixelorientierter und objektorientierter Darstellung zu unterscheiden. Bei pixelorientierter Darstellung schlägt [Schill90] vor, mit Hilfe von TSR-Programmen ein pixelorientiertes Bild abzuspeichern und mit Hilfe eines Zusatzprogrammes Anzeigebereiche, die durch ihre Anfangs- und Endkoordinaten festgelegt werden, zu definieren. Bei objektorientierter Graphik ist dies einfacher, vorausgesetzt man kennt die Struktur des Graphikprogramms. Ist dies nicht möglich, so bleibt im Regelfall nur der von [Schill90] vorgeschlagene Umweg über pixelorientierte Bilder. Bei zukünftigen Lösungen wäre es auch denkbar, hier mit Plot-Files oder ähnlichem (HPGL, DXF usw.) zu arbeiten.

- Kennlinien

Für die Kennliniendiagramme wurde ein eigenes Programm entwickelt, das sich speziell mit der Darstellung zweidimensionaler Kennlinien befaßt [Koob90]. Diesem Programm wird ein spezieller Bereich zugeordnet, der variabel gestaltet werden kann. Ebenso können Achsenabschnitte, Dimensionierung und Bezeichnung frei gewählt werden. Die Einstellung erfolgt über ein eigenes Menü, daß auch nach der Einbindung in die Oberfläche noch aufgerufen werden kann.

- Menüsteuerung
Hierfür wurden in [Meister90] eine Sammlung von Programmoduln erstellt, die alle wesentlichen Eingabe- und Steuerungsmöglichkeiten beinhalten. Diese Diplomarbeit beinhaltet auch ein minimiertes Fensterver- waltungsprogramm, so daß auch eine entsprechende Plazierung auf dem Monitor möglich ist. Schnitt- stellen, wie sie in [Schill90] gefordert werden, sind nur begrenzt vorhanden. derzeit wird jedoch an einem Programmodul gearbeitet, daß die einzelnen Arbeiten verketten soll.

- Fensterverwaltung
In [Müller90] wurde im Rahmen der Gesamtentwicklung ein eigenes Programm für den Aufbau der Bildschirmoberfläche implementiert. Die Aufgabe dieses programms besteht vor allem in der Gestaltung des Bildschirms. Ein weiterer wesentlicher Punkt war die Festlegung einer Schnittstelle zu weiteren Programmteilen und die Reduzierung des Speicherbedarfs für die entwickelte Oberfläche.

-Externe Geräteanbindung
Für die Anbindung und Programmierung externer Geräte wurde in [Schill90] empfohlen, physikalische Adressen des Speicherbereichs zu reservieren und eingelesene Werte dort abzulegen. Sollte der Speicher- bereich nicht ausreichen, so kann hierfür auch die RAM-Floppy verwendet werden. Beide Lösungen bleiben in einem akzeptablen Zeitrahmen. Die Installation und die Festlegung erfolgen menügeführt.

Fehlende Komponenten
Im wesentlichen fehlen noch zwei Bereiche. Dies ist zum einen eine menügeführte Programmentwick- lungsumgebung. Dieser Punkt wurde von uns in der Zwischenzeit in Form einer Diplomarbeit in Angriff genommen. Mit einem Ergebnis kann in etwa einem halben Jahr gerechnet werden.

Der zweite Punkt ist die Zusammenfassung aller Programmteile zu einer vernünftigen Entwicklungs- umgebung. Dieser Bereich kann bei uns frühestens 1992 begonnen werden. Uns schwebt zum Schluß eine Lösung vor, wie sie ähnlich bei CAD- oder Autorensystemen vorhanden ist.

Sehr hilfreich wäre in diesem Punkt auch, daß Entwickler anderer Systeme hier Schnittstellen zur Verfügung stellen würden. Leider ist dies nur bei den Hardware-Teilen normalerweise der Fall. Bei Softwaremodulen bekommt man sie seltenst geliefert. Sollten sie dennoch dabei sein, so führt deren Handhabung meist zu einer deutlichen Verschlechterung des Programmverhaltens.

Zusammenfassung

Das wesentliche Problem, das heute bei rechnerunterstützten Praktikumsversuchen besteht, ist die Tatsache, daß zur Erstellung eines Versuchs

- ein immenser Zeitaufwand notwendig ist, der prinzipiell nicht bezahlbar ist
- umfangreiche Programmierkenntnisse notwendig sind, die es dem Normallehrer nicht erlauben, Änderungen nach eigenem Gutdünken und der Situation angepaßt vorzunehmen
- die Gerätschaften entweder zu teuer oder zu wenig didaktisch gestaltet sind, so daß deren Einsatz im Unterrichtsexperiment nicht in Frage kommt

Die bei uns angefertigten Arbeiten zeigen, daß es Möglichkeiten gibt, dies zu ändern. Im übrigen sollten sich alle darüber im klaren sein, daß die Anwendung des Rechners in einem Praktikum sowohl für die Praktikumsteilnehmer als auch für die Ersteller der Versuche einen deutlichen Fortschritt bringen muß, um den größeren Materialaufwand und auch die Mehrarbeit bei der Erstellung der Versuche zu recht- fertigen.

Nur wenn es gelingt, dem Lehrer ein Werkzeug in die Hand zu geben, das ihm eine möglichst freie Gestaltung seiner Versuche zuläßt, dann werden sich auch die rechnerunterstützten Durchführungs- methoden durchsetzen.

Literatur

Helmut Balzert (Hrsg.):	Einführung in die Sofwareergonomie Walter de Gruyter, 1988

hieraus im speziellem die Kapitel:

[1/88]	G. Rohr:	Grundlagen menschlicher Informationsverarbeitung
[2/88]	E. Eberleh:	Menüs
[3/88]	Th. Schwab:	Anforderungen an Hilfesysteme

V. Risak:	Mensch-Maschine-Schnittstelle in Echtzeitsystemen Springer Verlag 1986
J. Nievergelt/ A. Ventura:	Die Gestaltung interaktiver Programme Teubner Verlag, 1983
H. Simon (Hrsg.):	Simulation und Modellbildung mit dem Computer im Unterricht Lexika Verlag, 1978
F. Stetter/W. Brauer (Hrsg.):	Informatik und Schule 1989, Zukunftsperspektiven der Informatik für Schule und Ausbildung GI-Fachtagung München 15.-17.11.1989 Proceedings

Diplomarbeiten am Lehrstuhl

[Weigl87]   Messung von Dioden- und Transistor-Kennlinien mit einem AT

[Schill90]   Erstellung eines Programms zur Unterstützung des Versuchsaufbaus rechnerunterstützter Versuche, Teil I: Grundlagen und Schnittstellenkonzept

[Müller90]   Erstellung eines Programms zur Unterstützung des Versuchsaufbaus rechnerunterstützter Versuche, Teil II: Fensterverwaltung

[Meister90]   Erstellung eines Programms zur Unterstützung des Versuchsaufbaus rechnerunterstützter Versuche, Teil III: Gestaltung von Benutzeroberflächen

[Koob90]   Graphische Meßdatenerfassung

Adresse

Bruno Piochacz, Dipl.-Ing.
Leiter des Praktikums zur Vorlesung "Technische Grundlagen der Informatik"
am Lehrstuhl für Rechnertechnik und Rechnerorganisation
Inhaber: Prof. Dr. A. Bode, Institut für Informatik der TU München,
Arcisstr. 21, 8000 München 2, Tel. 089/2105-3253

Unterstützung des Unterrichts durch einen interaktiven Editor zur Darstellung graphischer Strukturen mit einer Schnittstelle zur Animation

Franziskus Timmermann, Michael Kempf

Zusammenfassung

Im vorliegenden Beitrag wird der Editor VISAGE vorgestellt, mit dem zum einen statische graphische Strukturen interaktiv manipuliert, zum anderen „Trickfilme" erstellt und zur Ausführung gebracht werden können. Neben der strukturierten Repräsentation und Abspeicherung der Informationen in einer relationalen Datenbank zeichnet sich dieses System einerseits durch die Möglichkeit aus, die Graphen einem automatischen Layout zu unterwerfen, andererseits kann der Editor auch vermöge der speziell für diesen Zweck entworfenen Sprache VISA-Skript nicht-interaktiv gesteuert werden. Dadurch wird es möglich, Applikationen zu erstellen, die dieses Tool als Animationswerkzeug – z.B. zur Veranschaulichung von Algorithmen – verwenden.
Das System ist auf einer UNIX-Workstation unter X Window, System 11, Release 4 und dem relationalen Datenbanksystem TransBase in C implementiert.

Schlüsselworte: Graphen-Editor, automatisches Layout, Algorithmen-Animation

1. Einführung

Sowohl im Unterricht an allgemeinbildenden Schulen, als auch bei komplexeren Anwendungen im Fachhochschul- und Universitätsbereich spielen graphische Strukturen zur Repräsentation abstrakter Objekte eine erhebliche Rolle. Ihre Visualisierung durch statische Bilder kann zum Verständnis komplizierter Zusammenhänge beitragen. Ebenso wichtig ist jedoch der *dynamische* Aspekt, strukturelle Veränderungen in lebendigen Abläufen darzustellen. Das Medium Computer stellt eine sinnvolle Ergänzung der Präsentationsmittel im Unterricht dar, wenn es gelingt, geeignete Softwaremethoden bereitzustellen zur Unterstützung der Lehrenden bei der Darstellung von Erklärungsmodellen und zur Unterstützung der Lernenden beim Verständnis konkreter Abläufe. Diese grundlegenden didaktischen Aspekte fließen ein in das hier vorgestellte System VISAGE, ein von Lehrenden und Lernenden einfach bedienbarer Editor zur Visualisierung, interaktiven Manipulation, strukturierten Repräsentation und Animation von Graphen.

VISAGE ist kein fachspezifisches Lehrsystem an sich, sondern ein breites Basissystem zur Realisierung konkreter methodischer Vorstellungen in beliebigen Unterrichtsfächern. Die Funktionalität erstreckt sich vom reinen Zeichenprogramm bis hin zum Design komplexer Graphen (z.B. Stammbäume, ökologisch/ökonomisch vernetzte Systeme, Schaltnetze, usw.), die in strukturierter Form in den Relationen der zugrundeliegenden Datenbank langfristig abgespeichert und durch ein automatisches Layout visualisiert werden können. Sowohl die bequeme Erstellung von Drehbüchern durch einen Protokollmechanismus während einer online-Sitzung als auch die nicht-interaktive Steuerung des Editors von „außen" (aus anderen Programmen oder direkt durch eine Anweisungsfolge in der eigens definierten Kommandosprache VISA-Skript) ermöglichen es, VISAGE als Simulationswerkzeug realer und gedachter Vorgänge einzusetzen (z.B. Zustandsänderungen durch äußere und innere Einflüsse in einem vernetzten System, Ablauf eines als Struktogramm vorliegenden Programms, usw.).

Als erstes Einsatzgebiet für konkrete Editoranwendungen bietet sich die Informatik selbst an: Das Verständnis spezieller Datenstrukturen und Algorithmen – besonders bei rein verbaler Erklärung – bereitet nicht nur Lernenden im Anfangsstadium, sondern auch erfahrenen Spezialisten oft große Mühe. Man betrachte z.B. das Einfügen und Löschen in ausgeglichenen Binärbäumen. Ziel ist es, mit Hilfe kleiner Animationen die Wirkungsweise eines Algorithmus mit den zugrundeliegenden Datenstrukturen sichtbar zu machen und die entscheidenden Schritte durch Veränderungen der entsprechenden graphischen Objekte am Bildschirm zu erklären.

Nun existieren bereits mehrere *Algorithmen-Animationssysteme*, mittels derer eine Visualisierung spezieller Algorithmen realisiert werden kann.
Hier findet das BALSA-System von Marc Brown (eine detaillierte Beschreibung liefert [BR87]) weithin große Beachtung. Die darin vorgenommene starre Trennung zwischen „Algorithmiker", Graphiker und Lehrer hat zur Folge, daß letzterer als Autor von Lektionen nur eine fest vorgegebene Palette von Algorithmen und Darstellungsmodellen zur Verfügung hat. Eine Erweiterung dieses Spektrums ist nur mit genauen Systemkenntnissen und erheblichem Programmieraufwand möglich.
Die in [GL89] von Peter Gloor vorgestellten Algorithmen-Animationen mit HyperCard sind Teil einer Sammlung einzelner in der Sprache HyperTalk verfaßten Lektionsprogramme. In diesen Programmen tauchen die zu simulierenden Algorithmen nurmehr als Darstellungsmodelle auf; durch explizite Programmierung muß der Autor einer Lektion für das korrekte graphische Layout Sorge tragen und hat zudem keinen Protokollmechanismus zur Aufzeichnung von Drehbüchern in einer online-Sitzung zur Verfügung.
Neben diesen beiden auf Macintosh-Rechnern realisierten Systemen existieren auch in der „UNIXWelt" verschiedene kleinere Ansätze zur Visualisierung von Abläufen (vgl. [BE87], [KR89]), die den zu simulierenden Algorithmen jedoch nur elementare Zeichenfunktionen zur Verfügung stellen.

Andererseits gibt es auf unterschiedlichen Verfahren basierende Programme für ein *automatisches Layout* von Graphen (vgl. [RO87], [NE88], [TIC87]); doch bei diesen Systemen sind Simulationen bewegter Situationen kaum oder nur schwer realisierbar.

Ziel von VISAGE ist es, beide Aspekte (Animation, Layout) im Hinblick auf die Verarbeitung von Graphen zu vereinen. Zudem ist es wichtig, daß möglichst einfache Schnittstellen zwischen (algorithmenanimierenden) Applikationen und dem Graphen-Editor zur Verfügung stehen. Unabhängig von Applikationen erhält der Lehrende auch direkt die Möglichkeit, interaktiv dynamische Abläufe zu entwerfen.

2. Das Konzept des Editors

Um den Zielsetzungen gerecht zu werden, ist VISAGE so gestaltet, daß er drei grundsätzlich verschiedene „Gesichter" (Schnittstellen) besitzt.

1. Die „online-Komponente" (siehe Abb. 1): Dies ist der interaktive Editor; in einer Sitzung kann der Benutzer mit Maus und Tastatur neue Graphen definieren, bestehende aus der Datenbank abrufen, manipulieren und zurückspeichern. Hierbei kann die gesamte Interaktion als Protokoll aufgezeichnet und zu einem späteren Zeitpunkt abgerufen werden; aus dem interpretierten Protokoll resultiert dann eine eigenständige Sequenz von Aktionen – die exakte Wiederholung der aufgezeichneten Sitzung. Die Menübedienung dieser Komponente ist an gängige Zeichenprogramme wie z.B. MacDraw angelehnt.

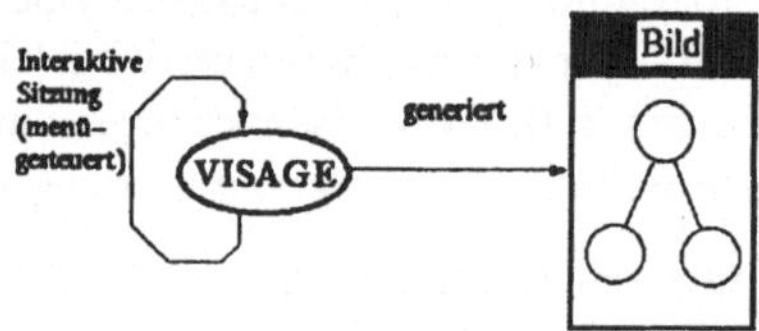

Abbildung 1: Der Editor im online-Modus.

2. Die „offline-Komponente" (siehe Abb. 2): Zur Animation von Algorithmen ist die online-Komponente sicher dahingehend geeignet, daß der Lehrer den gewünschten Algorithmus eigenhändig simuliert, sein Darstellungsmodell in Bilder umsetzt und die Aktionen als Protokoll aufzeichnet. Um jedoch eine *automatische* Animation zu erzeugen, kann eine Applikation, die den zu animierenden Algorithmus selbst und das Darstellungsmodell enthält, die gewünschten Aktionen (z.B. Einfügen eines neuen Knotens, Löschen einer Kante, etc.) in der Sprache VISA-Skript an den Editor senden (z.B. via UNIX-Pipe), der diese dann in Bilder umsetzt. Hierbei laufen die Applikation und der Editor *parallel* ab.

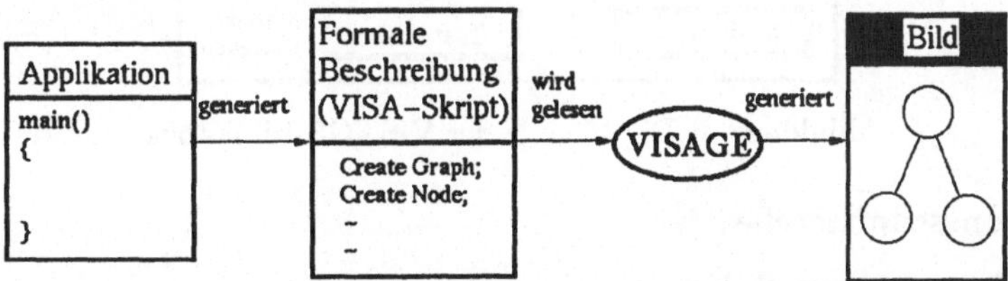

Abbildung 2: Der Editor im offline-Modus.

3. Die „Bibliotheks-Komponente" (siehe Abb. 3): Außer Parallelablauf von Applikation und Editor existiert noch die Möglichkeit, daß ein geübter Applikationsprogrammierer die Funktionen von VISAGE *direkt* verwendet. Dazu wurde eine klar spezifizierte C-Programmschnittstelle implementiert, die man in eigenen Anwendungen benutzen kann.

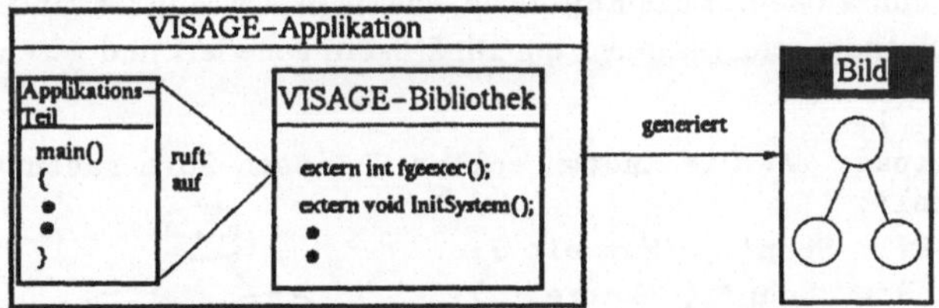

Abbildung 3: Der Editor als Bibliothek.

Bei genauerer Analyse stellen sich die online- und offline-Komponente als Spezialfall der Bibliothekssicht heraus, denn sie sind zwei spezielle Applikationsteile, die die C-Bibliothek des Editors verwenden. Die explizite Dreiteilung kommt jedoch den verschiedenen Benutzeranforderungen (je nach Komplexität der zu behandelnden Aufgabe und Grundkenntnissen der Benutzer) entgegen: Während der eine vielleicht nur interaktiv eine Sequenz von Aktionen abrufen (Lernender) oder aufzeichnen (Lehrender) will, möchte ein anderer einen in PASCAL geschriebenen Algorithmus durch Anreicherung mit VISA-Skript-Befehlen visualisieren, und ein Dritter hat speziellere Wünsche der Interaktion und Visualisierung.

3. Systemarchitektur

VISAGE wurde in der Sprache C unter Verwendung des graphischen Ein-/Ausgabesystems X Window und des Datenbank-Managementsystems TransBase realisiert (vgl. [TIM90]). Abb. 4 vermittelt eine Übersicht der Systemarchitektur. Die VISAGE-Bibliothek gliedert sich in vier Module, die im folgenden beschrieben werden.

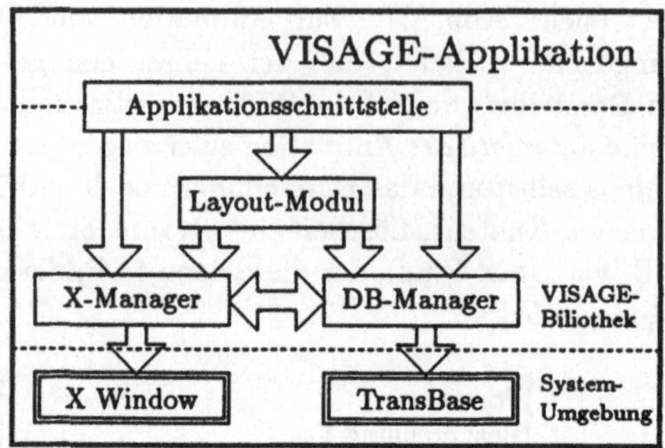

Abbildung 4: Die Module der VISAGE-Bibliothek.

Die Applikationsschnittstelle

In diesem Modul sind im wesentlichen zwei Interpretierer realisiert:
Im *Ereignis-Interpretierer* (online-Betrieb) werden die Benutzereingaben von Maus und Tastatur analysiert und teils in Hilfsaktionen auf dem Bildschirm (z.B. Markieren eines Knotens bei Selektion) umgesetzt, hauptsächlich werden daraus jedoch VISA-Skript-Befehle generiert. Bei eingeschaltetem Protokoll werden diese Befehle als Trickfilm-Steuerung aufgezeichnet.
Den Hauptbestandteil der Applikationsschnittstelle stellt der *VISA-Skript-Interpretierer* dar, der (*sowohl* im online- *als auch* im offline-Betrieb) Befehlssequenzen unter Abstützung auf alle übrigen Module in konkrete VISAGE-Aktionen (u.a. auf dem Bildschirm, in der Datenbank) umsetzt. VISA-Skript deckt die volle Funktionalität des Editors ab, wie sie in Abschnitt erläutert wird. Als Beispiel wird durch die nachfolgende Befehlssequenz ein Binärbaum generiert und gezeichnet:

```
create graph 'Demo';
set node type ellipse;  /* Die Knoten sollen Ellipsen-Form haben */
create node 'Wurzel';
create left son 'Li.  Sohn' ( 'Wurzel' );
create right son 'Re.  Sohn' ( 'Wurzel' );
draw graph; /* automatisches Layout */
```

Das Layout-Modul

Um das Programm als Werkzeug zur Visualisierung graphischer Strukturen gut einsetzen zu können, muß es in der Lage sein, eigenständig aus einer abstrakten Spezifikation eines Graphen (als mathematisches Gebilde) ein „gut lesbares" Bild zu konstruieren.

Hierzu sind in diesem Modul Algorithmen implementiert, die nach gewissen ästhetischen Gesichtspunkten das Layout von Binärbäumen, n-Bäumen oder allgemein gerichteten Graphen berechnen können. Nach (ggf. automatischer) Analyse der logischen Struktur eines Graphen wird für Binärbäume der Layoutalgorithmus von Reingold und Tilford verwendet (vgl. [RE81]) und für n-Bäume eine Verallgemeinerung dieses Verfahrens (vgl. [TIM90]); für das Layout allgemein gerichteter Graphen diente ein von Rowe beschriebener Algorithmus als Grundlage (vgl. [RO87]).

Der X-Manager

Als Ein-/Ausgabesystem wurde X Window gewählt. Dieses System gilt als Standard und ist heute auf fast jedem UNIX-Rechner verfügbar. Der X-Manager realisiert die Hauptverbindung zwischen der Applikationsschnittstelle und dem Fenstersystem; dies beinhaltet über die komplexeren Zeichenroutinen hinaus die gesamte Verwaltung der Bildschirmausgabe.

Der Datenbank-Manager

Die bearbeiteten Graphen werden in einer Datenbank abgelegt. Schon aufgrund der Anforderung der automatischen Layoutgenerierung ist es nötig, jeden Graphen nicht als Ansammlung primitiver Objekte (Rechteck, Kreis, Linie oder gar Pixelhaufen) zu betrachten, sondern abstrakt als Verbund von Knoten und Kanten, denen eine *Semantik* zugeordnet ist. (Beispiel: Eine Kante verbindet *genau zwei* Knoten; wird ein Knoten in seiner optischen Darstellung verschoben, bewegen sich auch alle an ihm anliegenden Kanten dementsprechend.)

Die Verwaltung dieser „objektorientierten" Sicht auf Graphen wurde mit Unterstützung einer relationalen Datenbank realisiert. Das in einem ersten Ansatz geprüfte Verfahren, einen Graphen *direkt* mittels geeigneter komplexer SQL-Queries in der Datenbank zu pflegen und zu manipulieren, erwies sich elegant bei der Implementierung, jedoch schwerfällig im Editor-Betrieb. Aus diesem Grund wurde ein „Cache" realisiert, in den zunächst ein Graph komplett geladen, dort bearbeitet und erst auf Benutzeranforderung in der Datenbank aktualisiert wird.

4. Funktionalität des Editors

Die Funktionen von VISAGE gliedern sich in vier Bereiche:

1. Formale Verwaltung ganzer Graphen: Graphen können vergleichbar dem File-Handling in Texteditoren bzw. Betriebssystemen verwaltet werden.[1] Hierfür sind Operationen definiert zum Erzeugen eines neuen (leeren) Graphen (`create graph`), zum Öffnen eines existierenden Graphen (`open`), zur Zwischenspeicherung (`save`), zum Schließen eines Graphen mit und ohne Abspeicherung (`close/drop`), sowie zum Löschen (`delete`), Kopieren (`copy`) und Umbenennen (`rename`) eines Graphen.

2. Manipulation von Knoten und Kanten: Jeder Knoten eines Graphen wird über einen bzgl. des Graphen eindeutigen Namen angesprochen.[2] Kanten werden jeweils über die beiden Knoten identifiziert, die sie verbinden. In der interaktiven Umgebung werden diese Objekte natürlich über „Mausklick" angesprochen. Bei der Gestaltung eines Gesamtbildes kann der Benutzer unterscheiden zwischen:

   → *echten* Knoten (`nodes`) oder echten Kanten (`edges`), die zur *Struktur* des mathematischen Graphen (Binärbaum, n-Baum, ...) beitragen und in den Layout-Algorithmen berücksichtigt werden und

   → *Pseudo*-Knoten (`pnodes`) oder Pseudo-Kanten (`pedges`), die nur der *Verzierung* dienen und von den Layout-Algorithmen nicht berücksichtigt werden. Auf diese Weise kann z.B. das Bild eines Binärbaumes durch zusätzliche Beschriftungen oder Hilfslinien ergänzt werden.

   Neben der Besetzung von Default-Attributwerten wie Knotenart, Schrifttyp, Linienstärke etc. (`set`) sind Operationen zum Erzeugen (`create`), Löschen (`delete`) und Ändern der Attribute (`change`) von Knoten und Kanten definiert. Darüberhinaus können die Attribute aller Objekte einer Klasse geändert werden (`change all node/pnode/edge/pedge`).

3. Verwaltung der Zeichenalgorithmen: Der Anwender kann im Detail spezifizieren (`set draw`), welcher Layout-Algorithmus verwendet, in welcher Richtung gezeichnet und welche Form der Beschriftung gewählt werden soll; insbesondere kann das Zeichnen angestoßen werden (`draw graph`).

---

[1] Dabei wird jedoch nur ein „flaches" Namenssystem verwendet, also keine hierarchische Gliederung, wie unter Unix.
[2] Dieser Name wird als *ident* bezeichnet, im Gegensatz dazu das *label*, das nicht eindeutig sein muß. Damit wird erreicht, daß zwei verschiedene Knoten den gleichen Text in der optischen Darstellung „im Knoten tragen können".

4. Kontrolle des Ausgabe- und Programm-Flusses in VISA-Skripten: Die zentrale Funktion in dieser Gruppe bietet die Möglichkeit, die zeitliche Abfolge von Bildern zu verzögern oder gar bis zu einem expliziten Fortsetzungswunsch anzuhalten (`wait`). Um eine Folge von Kommandos optisch zu einer Aktion zu bündeln, kann die simultane graphische Ausgabe unnötiger Zwischenschritte unterdrückt werden (`stop drawing`).

5. Die Benutzerschnittstellen

Je nach Systemkenntnis können Lehrer als Autoren von Einzelbildern oder Filmen das Werkzeug VISAGE zur methodischen Unterrichtsunterstützung verwenden. Dem Editorkonzept entsprechend existieren drei Sichtweisen des Begriffs „Benutzerschnittstelle":

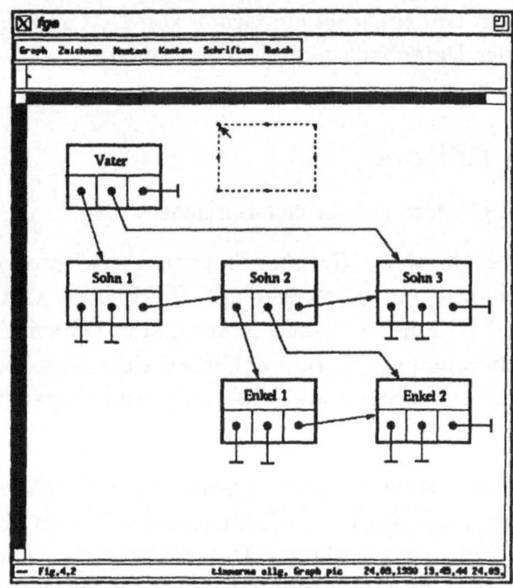

Abbildung 5: Die interaktive Umgebung.

1. Die interaktive Umgebung: Hier wurde ein Design gewählt, das sich an die Benutzerumgebung von PC–Window–Systemen anlehnt. Das Editorfenster gliedert sich in vier Teile (siehe Abb. 5):

- Der Menü-Balken, über den sechs Pull-down-Menüs erreichbar sind und zwar:

Graph	Zeichnen	Knoten	Kanten	Schriften	Batch

  Hierdurch können Graphen aus der Datenbank geladen, abgespeichert, gelöscht werden etc., das automatische Layout kann spezifiziert werden, es können Knoten und Kanten definiert und attributiert werden und Trickfilme können aufgezeichnet oder abgespielt werden.

- Ein zweizeiliges Textfenster, das zur Ausgabe von Meldungen (Fehlermeldungen, Mitteilungen beim Ablauf von Skripten ...) verwendet wird.

- Eine große Arbeitsfläche, in der man einen geöffneten Graphen bearbeiten kann. Dabei ist ein durch einen vertikalen und einen horizontalen Balken verschiebbarer Ausschnitt einer wesentlich größeren virtuellen Zeichenfläche sichtbar.

- Eine Informationszeile ganz unten, in der entweder die aktuelle Version des Editors angezeigt wird, wenn kein Graph in Bearbeitung ist; andernfalls stehen hier Informationen über den gerade geöffneten Graphen.

2. Die Umgebung der offline-Komponente: Startet man VISAGE im offline-Modus, wird ein Fenster geöffnet, das bis auf die – jetzt fehlenden – Pull-down-Menüs identisch zu dem der online-Umgebung ist. Die Steuerung des Ablaufs übernehmen in diesem Fall ausschließlich VISA-Skript-Kommandos.

   Für Lernende ist es besonders sinnvoll, den Editor in dieser Form im Zusammenhang mit vorgefertigten VISA-Skripten oder Applikationen, die ihrerseits mit den Lernenden problembezogen interagieren[3], zu verwenden.

3. Die Editor-Bibliothek: Will ein erfahrener Programmierer die Fähigkeiten des Editors in eigenen Applikationen nutzen, kann er sich der Applikationsschnittstelle der VISAGE-Bibliothek bedienen. Nach Systeminitialisierung steht die volle Funktionalität von VISA-Skript zur Verfügung; die einzelnen Kommandos werden als Argument einer Funktion `fgeexec` an VISAGE übergeben.

   Zusätzlich werden eine Vielzahl von C-Funktionen sowohl für die X-Umgebung (z.B. Aufbau einer eigenen Benutzerführung), als auch für komplexere Anwendungen auf Graphen (z.B. Berechnung der transitiven Hülle) angeboten.

6. Animation am Beispiel von Binärbäumen

Abschließend sollen zwei grundsätzliche Möglichkeiten, einfache Animationen zu erstellen, nochmals exemplarisch angedeutet werden. Dazu haben wir aus dem Bereich dynamischer Datenstrukturen das Einfügen und Löschen in sortierten Binärbäumen ausgewählt. Bereits in einem Wahlkurs Informatik zum Erlernen elementarer Programmiertechniken mit einer höheren Programmiersprache wie PASCAL bietet dieses anschauliche Thema besonders bei entsprechender visueller Unterstützung für fortgeschrittene Kursteilnehmer/innen hervorragende Gelegenheit, neben neuen Sprachkonstrukten die Wirkungsweise grundlegender Algorithmen zur Datenorganisation zu erlernen.

Grundlage der ersten Animation ist ein einfacher Algorithmus zum Einfügen neuer Schlüssel in einen sortierten Binärbaum. Zur Kopplung mit der offline-Komponente von VISAGE wurde das ursprüngliche Verfahren um einige Anweisungen zur Ausgabe von VISA-Skript-Befehlen ergänzt. Diese Befehle werden über UNIX-Pipe in den Editor eingegeben, der die Anweisungen direkt graphisch umsetzt. Der Kern des Algorithmus ist vereinfacht (u.a. ohne Hauptprogramm, in dem der Benutzer interaktiv zur Eingabe neuer Schlüssel aufgefordert wird; ohne Berücksichtigung der Schlüsselgleichheit) in PASCAL-ähnlicher Form notiert; *alle die VISAGE–Steuerung betreffenden Teile sind hervorgehoben:*

```
type BinTree = record ⎡ key        :  integer;
                      ⎣ left, right :  ↑BinTree; { Zeiger auf linken und rechten Unterbaum }

function insert ( tree:↑BinTree; newKey:integer; ancestor: ↑BinTree ) :  ↑BinTree;
⎡ if   tree = nil
  then ⎡ if    ancestor <> nil
       then ⎡ write( 'stop drawing;' );
            if    newKey < ancestor↑.key
            then ⎡ write( 'create left edge ', ancestor↑.key, ' -> ', newKey, ';' );
                 ⎣ write( 'wait(5) "Knoten wird links eingehaengt.";' );
            else ⎡ write( 'create right edge ', ancestor↑.key, ' -> ', newKey, ';' );
                 ⎣ write( 'wait(5) "Knoten wird rechts eingehaengt.";' );
            ⎣ write( 'draw graph;' );
       new( tree ); tree↑.key := newKey;
  ⎣ tree↑.left := nil; tree↑.right := nil;
```

---

[3]z.B. sollte ein Programm zum Einfügen von Elementen in einen Binärbaum dem Lernenden die Möglichkeit zur Eingabe selbstgewählter Werte bieten.

```
else [ write( 'mark node ', tree↑.key, ' bold;' );
       write( 'move node ', newKey, ' at( ', tree↑.key, '+0, ', tree↑.key, '+70 );' );
       write( 'create pedge', tree↑.key, '--', newKey, '...(mit entsprechendem Kantenlabel);' );
       if  newKey > tree↑.key
       then [ write( 'wait(3) "Verzweigung in den rechten Unterbaum";' );
              write( 'delete pedge', tree↑.key, '--', newKey, ';' );
            [ tree↑.right := insert( tree↑.right, newKey, tree );
       else [ write( 'wait(3) "Verzweigung in den linken Unterbaum";' );
              write( 'delete pedge', tree↑.key, '--', newKey, ';' );
     [        [ tree↑.left := insert( tree↑.left, newKey, tree );
[ insert := tree;
```

Die nachfolgende Bildsequenz spiegelt den Ablauf eines Einfügevorgangs wider. Zu dem vordefinierten Binärbaum (erstes Bild) soll ein neuer Knoten („18") hinzugefügt werden. Nach der Eingabe dieser Zahl erscheint der Knoten zunächst „irgendwo" auf der Zeichenfläche, und die weitere Verarbeitung hält solange an, bis man die linke Maustaste drückt. Dannach „wandert" der neue Knoten stationsweise bis zu der Stelle, an der er eingehängt werden kann. Dabei wird zum besseren Verständnis an jedem Verzweigungspunkt drei Sekunden gewartet. Zur Verdeutlichung des Ablaufs wird der zurückgelegte Pfad von der Wurzel bis zur aktuellen Position des neuen Schlüssels hervorgehoben.

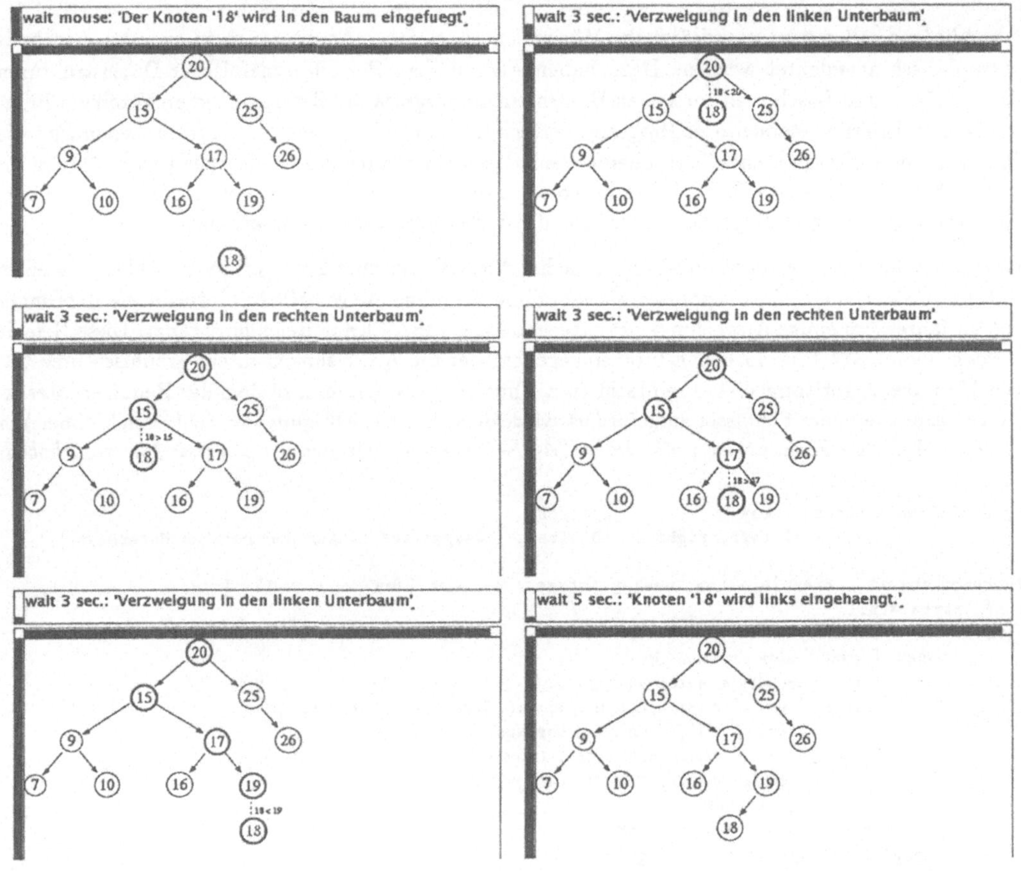

Hat der Schlüssel seinen Platz gefunden, so wird er als neues Blatt eingehängt (letztes Bild).

Die zweite Animation behandelt den Löschvorgang. Sie entstand in einer online-Sitzung, deren Protokoll in VISA-Skript aufgezeichnet wurde.

Ausgangspunkt ist der im ersten Bild zu sehende sortierte Binärbaum. Die Wurzel dieses Baumes (hier durch den hervorgehobenen Knoten „20" repräsentiert) soll gelöscht werden. Zum Verständnis des Betrachters wird darauf explizit hingewiesen. Damit der Lehrende ausreichend Zeit zur Erklärung der Ausgangssituation hat, wird der weitere Ablauf des Films solange angehalten, bis jemand die linke Maustaste drückt. Im ersten Teil des Verfahrens muß das Maximum des linken Unterbaums gesucht werden. Dieser Schlüssel soll am Ende die alte Baumwurzel ersetzen. Zum Verständnis des Betrachters wandert nun eine Marke entlang des Suchweges. Bei jedem der besuchten Knoten („15", „17") wird der Filmablauf drei Sekunden angehalten. Da der Knoten „19" keinen rechten Unterbaum hat, ist er das Maximum. Zur Vertiefung des Verständnisses wird der Filmablauf wiederum unterbrochen, bis die linke Maustaste gedrückt wird.

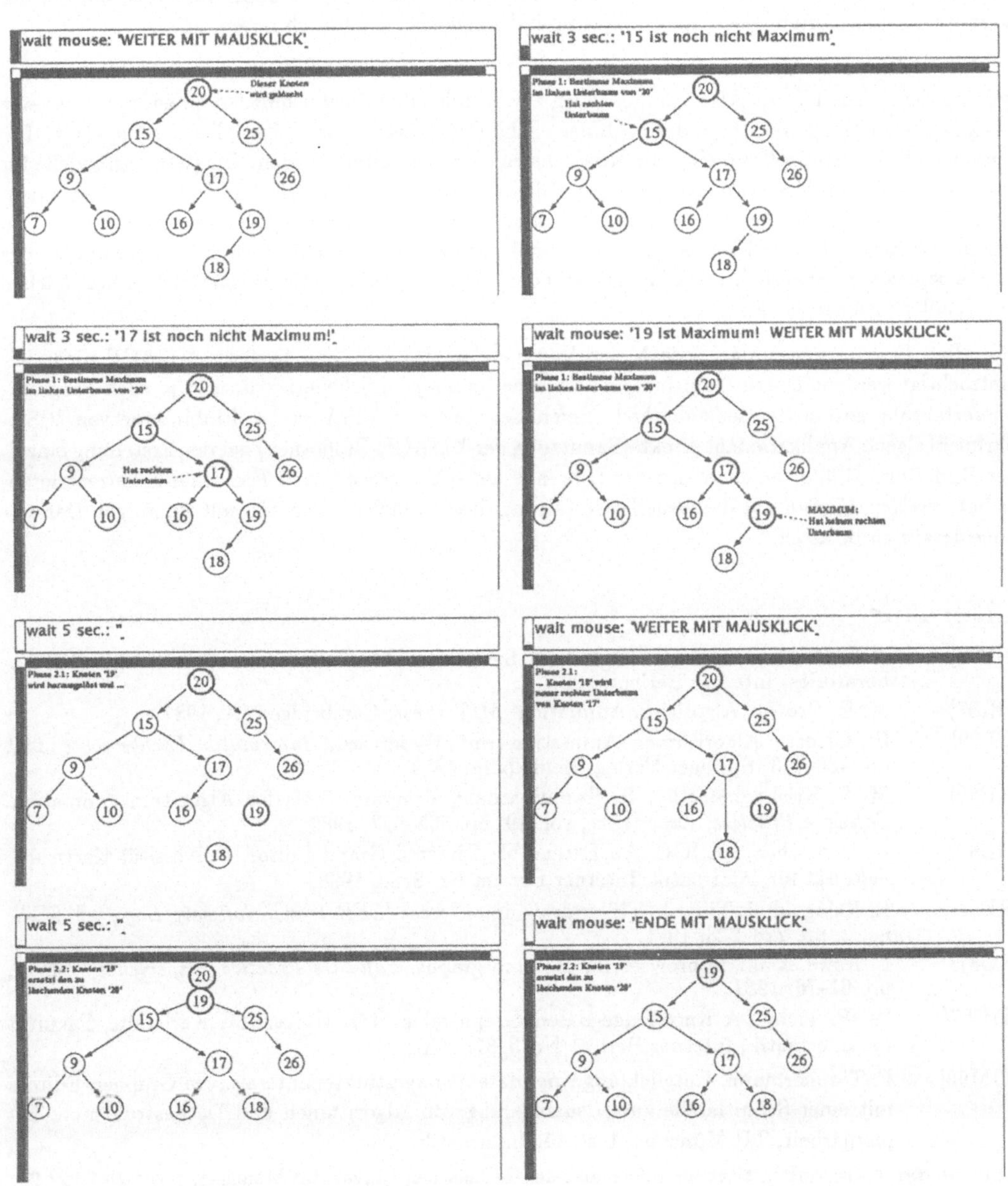

Im nächsten Schritt wird der linke Unterbaum von Knoten „19" (einen rechten Sohn kann „19" ja nicht haben) neu als rechter Sohn von „17" eingehängt. Schließlich (nach expliziter Fortsetzung per Maustaste) wandert der herausgelöste Knoten „19" langsam unter den Wurzelknoten „20" und nach weiteren fünf Sekunden ersetzt er diesen vollständig.

7. Schlußbemerkung

Mit dem vorgestellten System VISAGE wurde eine Basis geschaffen, graphische Gebilde (interaktiv) zu manipulieren, strukturiert abzuspeichern, automatisch zu zeichnen und mit Befehlssequenzen in VISA-Skript Animationen zu entwickeln. Der Einsatzschwerpunkt dieser Software soll bei der Vermittlung von Lerninhalten im schulischen und universitären Bereich liegen.

In einer weiteren Ausbaustufe kann die Flexibilität des Systems nach vielen Gesichtspunkten gesteigert werden: Neue Layout-Algorithmen sollen zur bestehenden Palette hinzukommen; weiter ist eine variable Behandlung von Teilbildern (Öffnen, Schließen, Layout von Subgraphen ...) geplant. Die Sprache VISA-Skript soll um einfache Kontrollstrukturen erweitert werden. Darstellungsmodelle für ganze Klassen von Algorithmen können zu Hilfsfunktionen für VISAGE-Applikationen zusammengefaßt werden, ohne jedoch Autoren direkte graphische Gestaltungsmöglichkeiten zu entziehen. In einem erweiterten Prozeß-Kommunikationsmodell könnte VISAGE schließlich unter Ausnutzung des X-Konzeptes von einer Lehrerstation aus in einer „realen Klassenzimmersituation" Arbeitsflächen auf Schülerstationen bedienen.

Bei allen Erweiterungen darf jedoch der Hauptvorteil des hybriden Systems VISAGE nicht beeinträchtigt werden: Durch die prinzipiell einfache (online) im Schwierigkeitsgrad je nach Programmiererfahrung gestaffelte Bedienbarkeit (Befehlssequenzen in VISA-Skript, Einbindung von VISA-Skript in eigene Applikationen, direkte Benutzung der VISAGE-Bibliothek) bei der Erstellung einzelner Bilder und Bildfolgen kann sich der Lehrende auf seine *wesentlichen Fachinhalte* konzentrieren; er hat *direkten Einfluß* auf die visuelle Gestaltung dieser Inhalte, ohne sich mit unnötigen Darstellungsdetails zu befassen.

Literatur

[BE87]   J. L. Bentley, B. W. Kernighan: A System for Algorithm Animation. AT&T Bell Laboratories, Interner Bericht, 1987.

[BR87]   M. H. Brown: Algorithm Animation. *MIT Press*, Cambridge MA, 1987.

[GL89]   P. Gloor: Algorithmen–Animation mit Hypercard. *Informatik Fachberichte 222*, pp. 460–473, Springer Verlag, Heidelberg, 1989.

[KR89]   M. S. Krishnamoorthy, R. Swaminathan: Program Tools for Algorithm Animation. *Software Practice, Experience*, vol. 19, pp. 505–513, 1989.

[NE88]   F. J. Newbery: EDGE: An Extendible Directed Graph Editor. Universität Karlsruhe, Fakultät für Informatik, Interner Bericht Nr. 8/88, 1988.

[RE81]   E. Reingold, J. Tilford: Tidier drawing of trees. *IEEE Trans. Software Eng.*, vol. SE-7, no. 2, pp. 223–228, 1981.

[RO87]   L. Rowe et al.: A browser for directed graphs. *Software Practice, Experience*, vol. 17, pp. 61–76, 1987.

[TIC87]   W. F. Tichy: A Knowledge-Based Graphical Editor. Universität Karlsruhe, Fakultät für Informatik, Interner Bericht Nr. 3/87, 1987.

[TIM90]   F. Timmermann: Entwicklung eines datenbankgestützten interaktiven Graphen-Editors mit einer Schnittstelle zur Visualisierung von Algorithmen und Datenstrukturen. Diplomarbeit, TU München, Inst. für Informatik, 1990.

Adresse der Autoren: Institut für Informatik der Technischen Universität München, Postfach 20 24 20, 8000 München 2. E-mail: kempfm@informatik.tu-muenchen.de

Unterrichtssoftware zum Lernbereich Prozeßdatenverarbeitung unter Berücksichtigung behinderungsspezifischer Problemstellungen

Helmut Meschenmoser

Zusammenfassung

Am Rahmen einer informations- und kommunikationstechnischen Grundbildung sollen alle Heranwachsenden eine Einführung in die wesentlichen Anwendungen der Informations- und Kommunikationstechniken erfahren. Insbesondere behinderte Menschen sind von den Möglichkeiten und Auswirkungen betroffen. Neue Chancen, aber auch Risiken, sind mit der Einführung dieser Technologien verbunden. Um behinderten Schülerinnen und Schülern eine entpsrechende Grundbildung zu erschließen, bedarf es Unterrichtssoftware, die auch die behinderungsspezifischen Problemstellungen berücksichtigt. Es werden einige Kriterien bzw. Prinzipien zur Gestaltung von Unterrichtsmaterialien und Unterrichtssoftware genannt und an einem Beispiel zum Lernbereich Prozeßdatenverarbeitung konkretisiert. Die Medien wurden zur Unterstüzung eines binnendifferenzierenden Unterrichts an Sonderschulen für lernbehinderte, körperbehinderte, sehbehinderte, gehörgeschädigte und sprachbehinderte Mädchen und Jungen im Rahmen der Integration an allemeinen Schulen entwickelt und erprobt. Die grafische Benutzungsoberfläche zur Prozeßsteuerung "GRAF PROZ" kann im Fachunterricht Arbeitslehre, Informatik und in Schülerarbeitsgemeinschaften zur schülerorientierten Einführung in die Darstellung von problemlösungen in algorithmischer Form verwendet werden.

1. Lernbereich Prozeßdatenverarbeitung im Rahmen einer informations- und kommunikationstechnologischen Grundbildung

Prozeßdatenverarbeitung nimmt vor allem in der Produktion, aber auch im Dienstleistungsbereich (z.B. Verkehrsregelung usw.), einen immer größeren Stellenwert ein, der eine Berücksichtigung im Rahmen der Allgemeinbildung unverzichtbar erscheinen läßt. Unterrichtseinheiten zum Lernbereich Prozeßdatenverarbeitung können im Rahmen einer informations- und kommunikationstechnologischen Grundbildung im Pflichtbereich in dem Fach Arbeitslehre / Technik und im Wahlpflichtbereich im Fach Informatik erfolgen. Möglich sind auch fachübergreifende Projekte.

Leider ist die Auswahl an Materialien und geeigneter Unterrichtssoftware zum Lernbereich Prozeßdatenverarbeitung noch nicht so umfassend. Medienverbünde zum Lernbereich Prozeßdatenverarbeitung an allgemeinbildenden Schulen sollten einen projekt-, schüler- und handlungsorientierten Unterricht fördern. Die Ziele der BLK-Empfehlungen sollten vernetzt (übergreifend) in die Unterrichtseinheiten integriert werden, so daß vor allem die Interdependenz zwischen gesellschaftlichen, wirtschaftlichen und technischen Aspekten den Schüler/innen einsichtig wird. Eine historische Betrachtung der technisch-ökonomischen Entwicklung vermag im besonderen Maße die Veränderungen, Auswirkungen, Chancen und Risiken für die gegenwärtige und zukünftige Lebens- und Arbeitswelt zu erkennen und eine Technikfolgenabschätzung bzw. Bewertung zu erreichen. Dies dürfte sicherlich zum Aufbau eines "rationalen Verhältnisses" und zu einer Kompetzenz zur "zielgerichteten (Mit-) Gestaltung" beitragen (vgl. ALTERMANN-KÖSTER u.a. 1990; BLK, 1987, 8ff; DUISMANN 1989, DUISMANN et al 1986, 1988a, b).

Nicht zuletzt die Erfahrungen aus den BLK-Modellversuchen zur Förderung von Mädchen zeigen, daß eine Vermittlung technischer Zusammenhänge in ihrem sozialökonomischen Kontext eine ansprechende und insbesondere persönlichkeitsfördernde Bildung und Erziehung für Mädchen und Jungen bedeuten kann.

Die Handlungs- und Produktorientierung durch den Einsatz von Maschinen und technischen Modellen ermöglicht eine zielgerichtete Arbeit an Computern und eine reale, erfahrbare Kontrolle durch Überprüfung des gesteuerten Prozesses. Die Mädchen und Jungen können die Wirkungen ihrer intelektuellen Leistungen am Computer nicht nur am Monitor visuell wahrnehmen, sondern im wahrsten Sinne des Wortes am Ergebnis der Prozeßsteuerung real handelnd "begreifen" und "erfassen".

2. Unterrichtsbeispiel: Verkehr - Vom Schutzmann zur automatisierten Verkehrsregelung

Alltäglich ist die Anwendung von Prozeßdatenverarbeitung zur Verkehrsregelung. Die Mädchen und Jungen nutzen täglich Verkehrsregelanlagen und werden in die sachgerechte Nutzung im Rahmen der Verkehrserziehung schon in der Primarstufe eingeführt.

Die Nutzung einer Fußgänger- oder Fahrradfahrerampel allein läßt keinen Einblick in den komplexen Aufbau von Verkehrsregelanlagen zu. Die Veränderung der Arbeit des Verkehrspolizisten durch die Einführung "neuer" Technologien und die Schaffung neuer Berufsbilder für Verkehrspolizisten und Wartungspersonal läßt sich nur erahnen. Die Vorteile der flexiblen Verkehrsregelung durch den Einsatz von Mikroelektronik können Schülerinnen und Schüler sinnvollerweise durch selbsttätigen Umgang mit Computern im Unterricht erfahren.

Zur Sachinformation und Anregung eines projektorientierten Unterrichts wurden in Zusammenarbeit mit der Arbeitsgruppe Unterrichtssoftware (ARBUS) an der Landesbildstelle Berlin Unterrichtsmaterialien entwickelt, die allen Berliner Schulen als Medienpaket mit Unterrichtssoftware, Kopiervorlagen für Arbeitsblätter, OH-Folien und Schautafeln bereitgestellt werden. Die Unterrichtseinheit bezieht sich auf die erste deutsche Verkehrssteueranlage (1924) auf dem Potsdamer Platz in Berlin und endet mit einer Sequenz über die zentrale Verkehrslenkung der Berliner Polizei.

Die enormen Steigerungen der Einwohnerzahlen und des Verkehrsaufkommens mit einem rasanten Anstieg an Verkehrsunfällen waren der Grund für einen großen Bedarf an systematischer Verkehrsregelung. Trotz der ständigen weiteren Entwicklung neuer informationstechnischer Möglichkeiten werden die Grenzen der Verkehrsregelung für stark anwachsende Fahrzeugzahlen durch die Stadtplanung und umweltpolitische (ökologische) Vorgaben gesetzt. Die Schüler/innen sollen nicht nur informatische Kenntnisse zur Programmierung einer einfachen Ampelschaltung erwerben, sondern auch die Vorteile, Risiken und Auswirkungen des Einsatzes von "Neuen" Technologien auf die Arbeitsplätze der Verkehrspolizisten erkennen und einschätzen bzw. bewerten (vgl. Abb. 1).

Die Materialien nehmen Bezug auf die Vernetzung von Datenverarbeitungsanlagen zur Verkehrsregelung in Berlin. Didaktisch aufbereitet lassen sich auch einzelne Interfaces mit den entsprechenden Modellkreuzungen vernetzen, so daß z.B. die Programmierung einer "Grünen Welle" oder anderer zentral gelenkter Schaltphasen programmiert werden können.

Exkursionen in die Verkehrsleitzentrale, dem Museum für Verkehr und Technik bzw. der Verkehrsplanungsab-

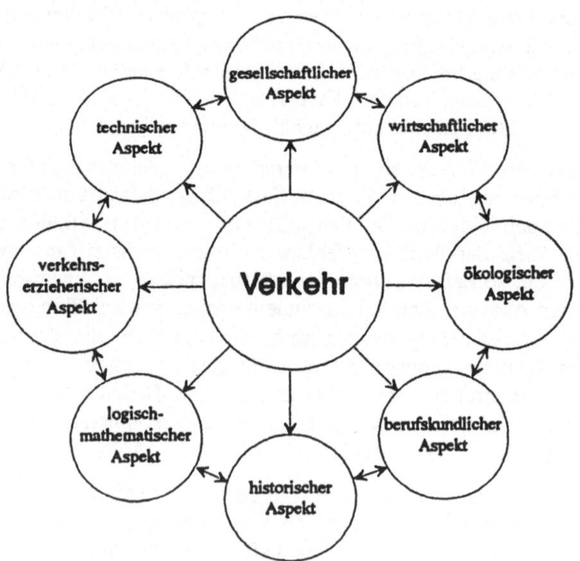

Abb. 1: Fachübergreifende Bezüge einer Unterrichtseinheit "Verkehr"

teilung geben weitere Möglichkeiten für einen großen Realitätsbezug. Es werden Anregungen zum kostengünstigen und (technik-) unterrichtsorientierten Selbstbau von Ampelmodellen gegeben. Möglich ist aber auch die Verwendung einer Auswahl der zahlreichen handelsüblichen Modelle oder gar einer ausgemusterten Originalampel (vgl. MESCHENMOSER 1990a, 1990b, 1991).

3. Zur Gestaltung von Software zur Prozeßdatenverarbeitung mit behinderten Schülerinnen und Schülern an Sonderschulen und allgemeinen Schulen

Für behinderte Schülerinnen und Schüler können sich neue Chancen und Möglichkeiten bei der Wissensaneignung und bei der Integration in die Arbeitswelt und Gesellschaft durch den Einsatz von Informations- und Kommunikationstechniken ergeben (vgl. DUISMANN 1988, DUISMANN et al 1990, KÜHNEL 1989).

Bei der Vielzahl an BLK-Modellversuchen zur Entwicklung und Erprobung von Unterrichtsmaterialien und Unterrichtssoftware zur Grundbildung an allgemeinbildenden Schulen wurden die Probleme der behinderten Schülerinnen und Schüler bei der Aneignung von Kenntnissen zur Prozeßdatenverarbeitung vernachlässigt. Lediglich im Rahmen des BLK-Modellversuchs GRISO (Grundbildung an Schulen für Lernbehinderte und Erziehungshilfe am Landesinstitut für Schule und Weiterbildung in Soest /NRW) wurden Unterrichtseinheiten mit exemplarischer Software (z.B. SUPERMARKT) bereitgestellt. Zur Prozeßdatenverwarbeitung wurde aus Kostengründen jedoch lediglich eine Software ("ROBOT") aus dem Modellversuch GRIN eingesetzt, obwohl diese den besonderen anforderungen nicht im gewünschten Maße entspricht.

Software zum Lernbereich Prozeßdatenverarbeitung sollte die Schülerinnen und Schüler zum experimentieren anregen. Sie sollte offen sein für verschiedene Unterrichtseinheiten bzw. Themenstellungen.

Bei der Programmierung von Modellen und Maschinen kann zwischen drei Arten unterschieden werden:

- Mit dem geringsten Aufwand an Software ist die Schnittstellenprogrammierung durchzuführen. Mit einer Programmiersprache können die Ports der parallelen Schnittstellen unmittelbar angesteuert werden und die Zustände auf Logisch 1 oder Logisch 0 gesetzt werden.

- Die Programmierung mit Programmierweiterungen zur Programmierung der Interfaceausgänge ist z.B. mit dem FISCHERTECHNIK-Interface-Programm möglich.

Beide Arten der Programmierung scheiden jedoch weitgehend für einen Einstieg in die Iuk-Grundbildung aus, da diese einer Einführung in einer höheren Programmiersprache bedürfen und der erforderliche Zeitumfang im Rahmen eines ersten Zugangs zu Rechnern nicht angemessen und sinnvoll erscheint.

- Das bekannte Programm LEGO-LINES hat wegen seiner grafischen Oberfläche und des geringen Zeitaufwandes zur Erstellung von Programmen Aufsehen erregt. Das Programm ist für die Schulen mit einem Modellbaukasten, Interface und Unterrichtsanregungen handelsüblich zu erwerben. Erfahrungen im Unterricht mit lernbehinderten Schüler/innen wurden gesammelt (vgl. NESTLE 1987 u. 1988). Die Programmierung der Ein- und Ausgänge erfolgt über die Tasten 1 bis 9 sowie 0. (vgl. z.B. ALBRECHT et al 1990). Jedoch ist die Benutzerführung verbesserungsbedürftig. Das Laden und Speichern von Dateien ist nur mit Doppelgriffen möglich, so daß hierdurch für köperbehinderte Schülerinnen und Schüler unnötige Hindernisse bestehen. Eine kontextbezogene Hilfe ist nicht vorgesehen. LEGO-LINES ist für die gering auflösende CGA-Grafikkarte programmiert. Eine systematische Farbgestaltung ist nicht erkennbar. LEGO-LINES setzt unbedingt die Beschaffung des äußerst soliden aber kostenaufwendigen LEGO-Interface voraus.

Welche besonderen Anforderungen sind an Unterrichtssoftware für den Unterricht mit behinderten Schülerinnen und Schülern zu stellen?

Die allgemeinen Kriterien der Software-Ergonomie haben bei der Beschulung behinderter Schüler/innen einen hohen Stellenwert. Hier sind insbesondere die klare Menüführung, die Festlegung eindeutiger Befehle genannt (vgl. GORNYet al 1987, VIERECK 1987).

Einige Kriterien bzw. Prinzipien zur Entwicklung, Optimierung und Bewertung von Software für behinderte Schülerinnen und Schüler seien hier genannt:

- Veranschaulichung
- Strukturierung
- Realitätsbezug
- hoher Aufforderungscharakter
- innere Konsistenz
- Fehlertoleranz
- Zuverlässigkeit
- Vokabular und sprachliche Ebene (Begriffsbildung)
- gute Lesbarkeit
- systematische Farb- und Formgestaltung
- flexible Steuerbarkeit
- standardgerechte Tastaturbelegung
- kontextbezogene Hilfestellungen

Die Vielfältigkeit an Behinderungen erfordert, daß die Unterrichtssoftware einen binnendifferenzierten Unterricht unterstützt.

Lernbehinderte Schüler/innen benötigen besonders übersichtliche Programme. Die Dokumentation der Ergebnisse, bzw. die Erstellung von Produkten ist für die Motivation und zur Überprüfung und Bewertung der eigenen Leistungen wichtig. Die Nutzer sollten nicht durch unnötige Abfragen und Voreinstellungen belastet werden. Beendigung und das Abspeichern sollten leicht und mit den üblichen Standards realisiert werden. Sinnvoll ist eine standardgerechte Tastaturbelegung der Funktionstasten und des abgesetzten Cursorblocks. Die Schülerinnen und Schüler können so bei der Arbeit mit Programmen zur Grundbildung die üblichen Belegungen erlernen (z.B. <F1>=Hilfe, <ESC>=Abbruch, <Entfernen>, <Einfügen>, <Bild nach oben>, <Bild nach unten>, <Pos1> und <Ende> usw.). Dies ist hervorzuheben, da dies keineswegs bei den vorhandenen Unterrichtsprogrammen üblich ist. Bedauerlicherweise existiert eine unüberschaubare Vielfalt an Tastenbelegungen, die Lehrkräfte und Lernende unnötig belasten.

Für viele körperbehinderte Schüler/innen sind Tastaturdoppelgriffe eine wesentliche Einschränkung - sie sind deshalb zu vermeiden. Für schwer-körperbehinderte Menschen ist die Nutzung von individuell anzupassenden Digitalisiertabletts eine Möglichkeit der Computerbedienung. Eine entsprechende Schnittstelle sollte in Unterrichtsprogrammen soweit möglich vorgesehen werden. Sehbehinderte können durch eine größere Beschriftung und eine klare, übersichtliche kontrastreiche Bildschirmgestaltung Unterstützung finden.

In der Schule für Gehörlose werden neue Lerninhalte mit Hilfe von Fingerzeichen und Gebärden vermittelt. Eine gezielte und differenzierte Farb- und Formgestaltung kann im besonderen Maße die Arbeit der Lehrkräfte von gehörlosen Schülerinnen und Schülern unterstützen. Eine individuelle Anpassung und Veränderung der Farbgestaltung läßt den Lehrkräften Möglichkeiten zur Anpassung - einzelne Bildschirmelemente können hervorgehoben oder unsichtbar gestaltet werden. Für sprach- und hörbehinderte Schülerinnen und Schüler ist die Auswahl und Analyse der Beschriftungen, Befehle und Hilfen nach phonetischen Gesichtspunkten wünschenswert. Möglichkeiten des Einsatzes einer Sprachausgabekarte zur Unterstützung leseschwacher Schülerinnen und Schüler sollten erprobt werden.

Akustische Bestätigungen bei Fehleingaben geben Hilfen und wecken die Aufmerksamkeit.

4. Strukturelemente und Gestaltungsmerkmale der "GRAFischen Benutzeroberfläche zur PROZeßdatenverarbeitung" (GRAF PROZ)

Zielsetzung bei der Entwicklung einer Benutzungsoberfläche zur Prozeßdatenverarbeitung war die Entsprechung der Ziele der BLK-Empfehlung, insbesondere auch die "Einführung in die Darstellung von Problemlösungen in algorithmischer Form" (vgl. BLK 1987, 7). Die Software sollte einen einfachen Zugang für wenig erfahrene Schüler/innen und Lehrer/innen zur Programmierung von Prozessen bieten. Eine Auswahl der unbedingt nötigen Befehle zur Programmierung einfacher Algorithmen sollte für einen

Einstieg in die Bildung und das Programmieren von Algorithmen im Rahmen der Grundbildung für alle Schülerinnen und Schüler ausreichen. Zu komplexe Programme und eine umfassendere Befehlsauswahl sollten vermieden werden, um einen lehrgangsorientierten Unterricht zu umgehen.

Die Programmierumgebung sollte weitestmöglichen Raum zum Experimentieren oder strukturierten "Entdeckendem Lernen" mit alle programmtechnischen möglichen Hilfestellungen und Absicherungen geben. Die Programmstruktur sollte grafisch dargestellt und Programmschleifen als solche angezeigt werden. Wegen der didaktischen Einbindung in eine Unterrichtseinheit "Verkehr" sollte die Software zeitabhängige Programmierungen und möglichst realitätsnah die grafische Darstellung von zeitabhängigen Ablaufdiagrammen erfüllen. Hierdurch wird auch eine didaktische Darstellung der Entwicklung von der Handsteuerung über Walzensteuerungen zur mikroprozessorgesteuerten Schaltung unterstützt (s. Abb. 2).

Programmplanung, Programmierung und Dokumentation (Programmausdrucke) sollten ein Höchstmaß an Übereinstimmung aufweisen.

				F1= Hilfe	F2= Start	F3= Test	F4= Druck	F5= Laden	F6= Speichern	F7= Löschen	F8= Einstellen	F9= Neu	F10= Ende

Programmanfang

Befehl	Zeile	E2 ↓	E1 ↓	A6 ↑	A5 ↑	A4 ↑	A3 ↑	A2 ↑	A1 ↑
WIEDERHOLE<	001	10							
Auto grün	002								■
	003								■
WENN	004		■						
Auto gelb	005							■	
	006							■	
Auto rot	007						■		
	008						■		
	009						■		
ENDE	010								
ENDE	011								

Programmende

Abb. 2: Screendesign der "Grafischen Benutzeroberfläche zur Prozeßsteuerung" (GRAF PROZ)

Das Programm sollte fehlertolerant, die fehlerhaften Programmierungen korrigierbar sein. Zur Unterstützung einer Fehleranalyse sollten differenzierte Hinweise gegeben werden (vgl. Abb. 3).

Abb. 3: Fehlerhinweistafel nach Syntaxüberprüfung

Über <F1> können Hilfetafeln aufgerufen werden, die durch eine klare und kurze Formulierung und ihre große Schrift zur Information animieren (vgl. Abb. 4).

Die Schüler/innen sollten möglichst wenige Befehle und wenige formale Bedingungen erlernen, die für die zukünftige Schulzeit der meisten Lernenden wenig Relevanz hätten. Kenntnisse in der Nutzung des Betriebssystems sollten nicht notwendig sein. Alle Programmanwendungen sollten zur Dokumentation als Grafiken ausdruckbar sein. die Tastaturbelegung sollte standardgerecht sein.

Die individuellen Einschränkungen behinderter Schülerinnen und Schüler an Sonderschulen und allgemeinen Schulen (Integration) sollten kein Hindernis bei der Nutzung der Software darstellen. Hierzu ist eine differenzierte Einstellung vorzusehen (vgl. Abb. 5).

Die Software sollte zufriedenstellend auch auf einfachen PC's mit Hercules-Grafik und geringer Taktfrequenz mit einem Laufwerk laufen.

Eine Bedienerführung mit Maus sollte zu einem späteren Zeitpunkt entwickelt werden.

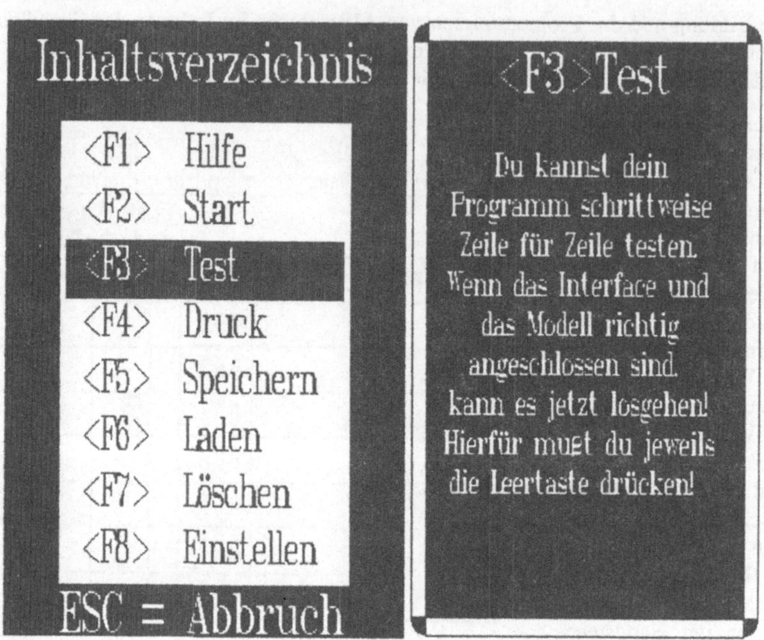

Abb. 4: Hilfemenü - Unterverzeichnis "Funktionstasten"

Abb. 5:   Einstellmenü

Die wesentlichen technischen Merkmale seien noch einmal zusammengefaßt:

- Beschränkung auf die fünf deutschen Befehle: "WIEDERHOLE", "WENN", "WARTE BIS", "SO-LANGE", "ENDE"

- Programmeingabe entspricht technischen Ablaufdiagrammen zur zeitabhängigen Darstellung von Schaltprozessen (z.B. Ampelauflaufplänen)

- Flexible Belegung von acht Ein- und Ausgängen (Leitungen über Interfaces) auch während der Programmierung ohne Unterbrechung

- Programmierung mehrerer verschachtelter Bedingungen

- Grafische Anzeige von algorithmischen Bedingungen

- Automatische hierarchische Sortierung der algorithmischen Bedingungen

- Fehleranalyse mit Anzeige und Hinweis auf Fehlerursache

- Schrittweiser Testlauf

- Grafischer Ausdruck entsprechend der programmierten Oberfläche mit Beschriftungsmöglichkeit

- Farbgrafische Unterstützung mit flexibler Farbauswahl für die wichtigsten Bildschirmelemente

- Flexible Anpassung an schul- und marktübliche Interfaces

- Optional: Unterstützung einer Sprachausgabekarte für Hilfetexte und Bestätigung der Befehlseingabe

- Unterstützung eines Digitalisiertabletts als Möglichkeit zur Programmierung für körperbehinderte Schülerinnen und Schüler vorgesehen.

5. Erste Erfahrungen und Perspektiven

Erste Erfahrungen zeigen, daß GRAF PROZ für eine Einführung in die Programmierung (Algorithmik) sowie Steuern und Regeln von Prozessen mit einem PC auf elementarer Ebene sinnvoll eingesetzt werden kann. Die Nutzung ist ohne Programmierkenntnisse mit geringem Zeitaufwand erlernbar. GRAF PROZ ist als Programmiersystem "universell" (vielseitig) einsetzbar. Die grafische Benutzungsoberfläche gibt eine besonders übersichtliche Möglichkeit der Darstellung von algorithmischen Strukturen, die durch einen realitätsnahen bildschirmgetreuen Grafikausdruck von Zeitauflaufdiagrammen dokumentiert werden können.

Eine systematische Erprobung fand unter anderem in einer Schule für Gehörlose, einer Schule für Körperbehinderte und einer Schule für Lernbehinderte statt.

Die Schülerinnen und Schüler erfaßten zunächst mit Stopuhren einen Ampelschaltzyklus. Die einzelnen Schaltphasen wurden in einem Schaltablaufdiagramm grafisch erfaßt. Die Zeit als Dimension wurde grafisch als Längengröße, der Realität entsprechend abgebildet. Nach einer Handsteuerung wurden Steuerwalzen mit den Zeitablaufdiagrammen beklebt und eine Verkehrsampel mit einer Steuerwalze gesteuert. Die Schülerinnen und Schüler konnten die Vorteile einer mechanisierten Steuerung im wesentlichen erkennen und handlungsorientiert erfahren. Jedoch war der Aufwand zur Programmänderung erheblich. Im folgenden wurden die Zeitablaufdiagramme auf die "GRAFische Benutzeroberfläche zur PROZeßsteuerung" (GRAF PROZ) übertragen. Hierbei hatten die Schülerinnen und Schüler wenig Schwierigkeiten. Die flexible Programmierung mit Computern wurde als erheblicher Vorteil erkannt.

Die grafische Anzeige der Programmstruktur unterstützte den Lernprozeß. Die große Beschriftung und die klare Farb- und Formgestaltung erwiesen sich als sehr motivierend. Die gehörlosen Schülerinnen und Schüler einer 7. Klasse fanden sich in sachangemessener Zeit mit den Beschriftungen und Begriffen zurecht. Jedoch muß angemerkt wrden, daß die Klasse schon seit ein paar Jahren mit Computern im binnendifferenzierten Mathematik- und Deutschunterricht arbeitet und in das Handling mit PC's eingeführt ist.

Einige lernbehinderte Schüler hatten Schwierigkeiten bei der programmtechnischen Umsetzung von Programmverzweigungen mit den Befehlen "WENN". Es zeigte sich, daß für diese Schüler ein erheblicher didaktischer Aufwand angebracht erscheint, um die notwendigen Abstraktionsleistungen mit schwächeren Schülern der Schule für Lernbehinderte zu erreichen.

Auf Grund unserer Erfahrungen erscheint es fragwürdig, im Rahmen einer Einführung in den Lernbereich Prozeßdatenverarbeitung mit BASIC zu programmieren. BASIC-Listings in der einschlägigen Literatur erscheinen für Schülerinnen und Schüler zunächst wenig durchschaubar. Ein Lernerfolg erscheint beim bloßen Abtippen von Programmlisten fragwürdig.

Der Einsatz von GRAF PROZ in der ITG, Technik, Arbeitslehre / Technik sowie für fächerübergreifende Unterrichtseinheiten zur Prozeßdatenverarbeitung und Einführung in die Algorithmik erscheint sinnvoll.

Die Einbindung in Unterrichtseinheiten wie
 "Verkehr - Vom Schutzmann zur automatisierten Verkehrsregelung",
 "Waschen - Von der Handwäsche zum Waschvollautomaten" oder
 "Schrittmotor - Zur digitalen Steuerung von Motoren"
erscheint wegen der Analogie zur Darstellung von zeitabhängigen Ablaufplänen sachgerecht.

Die Nutzung im Unterricht mit sehbehinderten, körperbehinderten, gehörlosen, schwerhörigen, sprachbehinderten, lernbehinderten und leseschwachen Schüler/innen an behinderunsspezifischen Sonderschulen und allgemeinen Schulen (Integration) wird jeweils durch die Berücksichtigung behinderungsspezifischer Problemstellungen differenziert unterstützt.

Literaturhinweise

ALBRECHT, H.; MÖDL, H. (1990): Steuern und Regeln mit LEGO-LINES. Stuttgart, Metzler 1990

ALTERMANN-KÖSTER, M.; HOLTAPPELS, H.G.; KANDERS, M.; PFEIFFER, H.; DE WITT, C. (1990): Bildung über Computer? Weinheim und München, Juventa 1990

BLK (Bund-Länder-Kommission) (1987): Gesamtkonzept für die informationstechnische Bildung. Materialien zur Bildungsplanung H. 16. Bonn: BLK 1987

BÜHS, R.; DEUSE, A. (Hrsg.) (1990): Computereinsatz in Sonderschulen für Hörgeschädigte und Sprachbehinderte (Tagungsbericht zum BLK-Modellversuch COSGES). Bremen: 1990

DUISMANN, G. H. (1989): Computereinsatz in Sonderschulen? Computereinsatz in Sonderschulen. Fakten, Chancen und Schwierigkeiten. In: Sonderpädagogik in Berlin 1989 H. 3, 13-32

DUISMANN, G. H.; KRÖNERT, M. (1989): Supermarkt. Einkaufen heute, gestern und morgen. In: VDS Mitteilungen 1989 H. 3, 20-26

DUISMANN, G. H.; MESCHENMOSER, H. (1990): Computer und Sonderpädagogik - Informations- und Kommunikationstechnik und deren Bedeutung in der Aus- und Fortbildung von Sonderschullehrerinnen und Lehrern. Zeitschrift für Heilpädagogik, 41 (1990) H. 10

DUISMANN, G.H.; OBERLIESEN, R. (1986): "Computerbildung" als neue Bildung für alle? Informationstechnologische Grundbildung an Schulen für Lernbehinderte. In: HENSELER; REICH (Hrsg.): Beiträge zur Praxis des Technikunterrichts 1986. Oldenburg: ZpB 1986

DUISMANN, G.H.; OBERLIESEN, R. (1988a): "Bestehen und Bewähren" - "Mitwirken und Mitbestimmen": Informations- und kommunikationstechnologische Grundbildung als Herausforderung der Sonderschulen. In: DUISMANN, G.H.; OBERLIESEN, R. (1988b)

DUISMANN, G.H.; OBERLIESEN, R. (1988b): Sonderschulen und neue Technologien. Bericht über die Tagung "Informations- und Kommunikationstechnologien in Schulen für Lernbehinderte - Stand der Entwicklungsarbeiten in der BRD". Sowest: Verlagskontor 1988

GORNY, P.; VIERECK, A. (1987): Eine Vorgehensweise zur Entwicklung interaktiver Programme. In: FÄHNRICH, K.-P. (Hrsg.): State of the Art 5: Softwareergonomie. München, Wien 1987, 93-105

HAMEYER, U. u.a. (1986): COMPASS - Computer an Sonderschulen und sozialpädagogischen Berufsbildungsstätten. H. 1 Kiel: IPN 1986

HAMEYER, U. (1989): Lernen und Fördern mit dem Computer. Ein Erfolgsbericht zum Modellversuch COMPASS. Kiel: IPN 1989

HAMEYER, U.; BORCHMANN-WELLE, F.; WALDNER, J. (1989): Informationstechnische Grundbildung in der Förderpädagogik. Stuttgart: Metzler 1990

HESSISCHES INSTITUT FÜR BILDUNGSPLANUNG UND SCHULENTWICKLUNG (1990a): Informationstechnische Bildung für Sehgeschädigte. Wiesbaden 1990

HESSISCHES INSTITUT FÜR BILDUNGSPLANUNG UND SCHULENTWICKLUNG (1990b): Messen, Steuern und Regeln mit dem High-Speed-Control (Benutzerhandbuch) 1990

HÖRET, J.; MESCHENMOSER, H. (1989): Konzept für einen Informations- und Kommunikationstechnologischen Grundkurs im Rahmen der Berliner Arbeitslehre Berlin (Arbeitspapier) 1989

HÖRET, J.; MESCHENMOSER, H. (1991c): Beratung und Fortbildung zum Computereinsatz im Fachunterricht im Land Berlin: Arbeitsgruppe Unterrichtssoftware am Zentrum für audiovisuelle Medien (Landesbildstelle Berlin). In: PROMPT, 1(1991), H.2

HÖRET, J.; MESCHENMOSER, H. (1990d): Informationen zu den Landeslizenzen. Berlin: (Landesbildstelle Berlin) 1990

HÖRET, J.; MESCHENMOSER, H.; STIER, W. (1991): Informationstechnische Grundbildung im Fach Arbeitslehre - Konzept zur Lehrerfortbildung. Berlin: (Landesbildstelle Berlin) 1991

KLEMM, K.; ROLFF, H.G.; TILLMANN, K.J. (1986): Bildung für das Jahr 2000. Reinbek, rororo 1986

KÜHNEL, R. (1989): Ein Stückchen Zukunft - Computer bei ausbildungsbegleitenden Hilfen in Rheine und Steinfurt. In: Lernen Fördern 9 (1989) H.4, 13ff

LANDESINSTITUT FÜR SCHULE UND WEITERBILDUNG (1990a): Supermarkt. Soest: Soester Verlagskontor 1990

LANDESINSTITUT FÜR SCHULE UND WEITERBILDUNG (1990b): Kollege (?) Roboter. Soest: Soester Verlagskontor 1990

MESCHENMOSER, H. (1990a): GRAF PROZ - Informationen zur Entwicklung exemplarischer Software unter Berücksichtigung behinderungsspezifischer Problemstellungen: Grafische Benutzeroberfläche zur Prozeßsteuerung. Berlin: Zentrum für audiovisuelle Medien (Landesbildstelle Berlin) 1990

MESCHENMOSER, H.: Verkehr (1991): Vom Schutzmann zur automatisierten Verkehrsregelung - Unterrichtsmaterialien für die Berliner Schulen. Berlin: Zentrum für audiovisuelle Medien (Landesbildstelle Berlin) 1991

NESTLE, W. u.a. (Hrsg.) (1988, 1989): Sonderschüler arbeiten mit dem Computer. Teil 1: Stuttgart: Metzler 1988; Teil 2: Stuttgart: Metzler 1989

SENATSVERWALTUNG FÜR SCHULE, BERUFSBILDUNG UND SPORT (1990): Vorläufiger Rahmenplan für einen Informationstechnischen Grundkurs. Berlin: 1990

STAATSINSTITUT FÜR SCHULPÄDAGOGIK UND BILDUNGSFORSCHUNG (Hrsg.) (1989): Sachendbericht zum Modellversuch "Erarbeitung und Erprobung elektronischer Lern- und Kommunikationssysteme für Körperbehinderte" ELEKOK. München 1989

VIERECK, A. (1987): Klassifikationen, Konzepte und Modelle für den Mensch-Rechner-Dialog. Dissertation Universität Oldenburg 1987

WISOTZKI, K.H. (1988): Computerunterstützter Sprachaufbau in der Sonderschule. Berlin: Marhold 1988

Adresse des Verfassers:
Dipl.-Päd. Helmut Meschenmoser
Arbeitsgruppe Unterrichtssoftware - Zentrum für audiovisuelle Medien
Landesbildstelle Berlin
Wikingerufer 7
1000 Berlin 21

Bezugsquelle für die Software:
PRODAB - Verein zur Förderung der Prozeßdatenverarbeitung in Bildung und Wissenschaft
c/o Marianne Handke
Britzer Damm 125
1000 Berlin 47

Ein rechnergestützter Simulationsbaukasten zum entdeckenden Lernen

Andreas Rinkel, Jörg Sauerbrey, Berthold Köhler

Zusammenfassung

Modellbildung und Simulation erweisen sich als zunehmend relevant bei der Entwicklung und Bewertung von komplexen Systemen, sei es zum Studium bereits existierender Systeme oder als Entscheidungshilfe zur Auswahl von mehreren Entwicklungsalternativen. Diesem Sachverhalt muß auch in der Studentenausbildung Rechnung getragen werden. Um Studenten in die Thematik der rechnergestützten Simulation einzuführen, ohne sie mit allzu großem Programmieraufwand zu belasten, wurde der Simulationsbaukasten PROST entwickelt. An einem einfachen Beispiel wird die Handhabung des "Baukastens" erläutert.

1. Modellbildung und Simulation in der Ausbildung

Die naturwissenschaftlichen Disziplinen beschäftigen sich häufig mit komplexen zeitkontinuierlichen Systemen. Diese können durch Differentialgleichungssysteme (Modell) beschrieben werden. Wenn das Differentialgleichungssystem nicht analytisch gelöst werden kann, wird das Verhalten des Systems mit Hilfe numerischer Verfahren auf einem Digitalrechner untersucht oder mit Hilfe eines Analogrechners nachgebildet. Das Verhalten des Systems kann bei unterschiedlichen Anfangswerten oder Anregungsfunktionen studiert werden (zeitkontinuierliche Simulation).

Eine andere Klasse von Systemen ändert ihren Zustand nicht kontinuierlich über der Zeit, sondern mit Eintreffen bestimmter Ereignisse, wie z.B. Verkehrslenkungs und -steuerungs-Systeme, Multi-Tasking-Betriebssysteme oder Kommunikationssysteme. Die häufig einzige Möglichkeit die Dynamik und Korrektheit solcher Systeme zu untersuchen ist das Experiment. Das Experiment am realen Objekt ist aber oft nicht möglich, da es entweder zu teuer ist mehrere Prototypen zu entwerfen oder das Experiment zu gefährlich für Mensch und Umwelt ist. Um dennoch Aussagen über das Verhalten eines Systems - besonders in dessen Grenzbereichen - zu machen, bleibt meist nur die Simulation, d.h. das Experiment am Modell. Eine solche Simulation läßt sich häufig nur mit einem Rechner oder zumindest mit Rechnerunterstützung durchführen (diskrete Ereignissimulation).

Im weiteren beschäftigen wir uns ausschließlich mit der diskreten Ereignissimulation. Dabei wird besonderes Augenmerk darauf gerichtet, wie sie im Rahmen der Lehre sinnvoll integriert werden kann.

Bei der Simulation stellen sich dem Experimentator drei prinzipielle Aufgaben:

1. Modellbildung und Modellvalidierung:
   Hier gilt die Devise: So genau wie nötig, aber so einfach wie möglich.

2. Festlegen von Testszenarien und geeigneten Testdaten.

3. Interpretation der gewonnenen Daten.

Der Aufwand für das Erfüllen dieser Aufgaben ist zum Teil sehr hoch [BrFoSc87]. Durch Unterstützung des Experimentators mit rechnergestützten Werkzeugen läßt sich der Aufwand deutlich verringern. Stehen also geeignete und leicht anzuwendende Werkzeuge zur Verfügung, so kann die Simulation auch im Rahmen der Ausbildung sinnvoll eingesetzt werden. Im Bereich der Studentenausbildung ergeben sich daraus drei Aspekte:

1. Den Studierenden sollten die Grundlagen und Prinzipien der Simulationstechnik vermittelt werden (Vorlesung, Praktika), damit sie die Möglichkeiten und Grenzen der Simulation im Einzelfall bewerten können und Simulation auch im Berufsleben sinnvoll anwenden können.

2. Der Lehrende kann komplexe Systeme auf einfache Weise anhand einer Simulation veranschaulichen (Zeitraffung oder -dehnung, Verändern von Parametern, Untersuchnungen im Grenz- oder Überlastbereich).

3. Die Studierenden können durch eigene Simulationen Kenntnisse über Strukturen und Zusammenhänge von Objekten erlernen und abstrakte Vorgänge besser verstehen. Dadurch erfolgt außerdem eine Förderung der Fähigkeit des vernetzten Denkens.

Die Punkte 2. und 3. werden durch den im nächsten Abschnitt vorgestellten rechnergestützten Simulationsbaukasten unterstützt. Im weiteren werden die Bestandteile des Baukastens vorgestellt und anhand eines einfachen Simulationsbeispiels die Anwendung in der Lehre verdeutlicht.

2. Der Simulationsbaukasten PROST (<u>PRO</u>cess <u>S</u>imulation <u>T</u>ool)

Bei der rechnergestützten prozeßorientierten Simulation benutzt der Modellbauer immer wieder die gleichen Grundfunktionen, wie Prozeß- und Ereignislistenverwaltung, Simulationsuhr sowie Mechanismen zur Interprozeßkommunikation der simulierten Instanzen. Um ihn von dieser immer wiederkehrenden Arbeit zu entlasten, enstanden bereits frühzeitig spezielle Simulationssprachen wie SIMULA oder GPSS [BaKoZe76], um nur zwei bekannte Vertreter zu nennen. Der Nachteil dieser Sprachen ist, daß sie einen eigenen, meist an eine spezielle Anwendung angepaßten Befehlssatz haben. Unter Umständen wird dadurch der Modellierungsvorgang für andere Anwendungen erschwert, oder das System kann nur unter unzulässigen Vereinfachungen modelliert werden. Weiterhin erfordern diese Sprachen meistens eine besondere Einarbeitungszeit, die im Rahmen von Schulungen oder Praktika den Lernenden die Zeit für die eigentliche Modellierungs- und Simulationsarbeit nimmt.

Diese Nachteile besitzt der Simulationsbaukasten PROST [SwKöBä86] [KöhRin90] nicht. Die Grundidee von PROST ist, auf der Basis einer allgemeinen höheren Programmiersprache eine Programmbibliothek zu realisieren, die die Funktionalität der oben genannten Aufgaben erfüllt. Aus den folgenden Gründen fiel dabei die Wahl auf die Sprache Modula-2 [Wirth88]:

- Die Sprache enthält gute Strukturen zur Softwareentwicklung. Durch das Modulkonzept (separate aber abhängige Compilierung, Datenkapselung, usw.) wird die Modularisierung oder Schichtung der Gesamtaufgabe in kleinere Einheiten unterstützt.

- Modula-2 ist durch das Coroutinenkonzept besonders für die Entwicklung eines eigenen Prozeßkonzepts geeignet.

- Modula-2 ist einfach zu erlernen und hat sich am Lehrstuhl für Datenverarbeitung der TU München im Rahmen der Studentenausbildung im Fach "Grundlagen der Informatik" bewährt.

- Man kann davon ausgehen, daß in den meisten Fällen eine prozedurale Programmiersprache (evtl. sogar Modula-2 oder das sehr ähnliche PASCAL) Bestandteil des Curriculums ist und zum Einsatz in der diskreten Ereignissimulation nur die Erweiterungen, die PROST bietet, erlernt werden müssen.

Die Möglichkeit der Datenkapselung, d.h. das Zusammenfassen von Datenstrukturen und Operationen auf diese Datenstrukturen in einem Modul, erlaubt die einfache Parzellierung der Gesamtaufgabe in unabhängige Teilaufgaben. Die Lösung jeder Teilaufgabe steht anderen Modulen über eine Schnittstelle, die durch das Definitionsmodul gegeben ist, als Dienst zur Verfügung. Der Sprachumfang der Programmiersprache kann so fast beliebig "aufgebohrt" werden. Die bei der Simulation erforderlichen Grundfunktionen sind entsprechend ihrer Funktion in Module zusammengefaßt und bilden als PROST eine Spracherweiterung in Richtung Simulationssprache, jedoch ohne deren Restriktionen. Die Modellierung des Systems erfolgt neben den Sprachkonstrukten von Modula-2 mit Hilfe der von PROST zur Verfügung gestellten Grundfunktionen. Durch diese Unterstützung kann sich der Modellbauer/Student voll auf die eigentliche Aufgabe der Modellentwicklung konzentrieren.

Abbildung 1 zeigt die prinzipielle Schichtung (Modulhierarchie) eines Simulationssytems, das auf Modula-2 und PROST basiert.

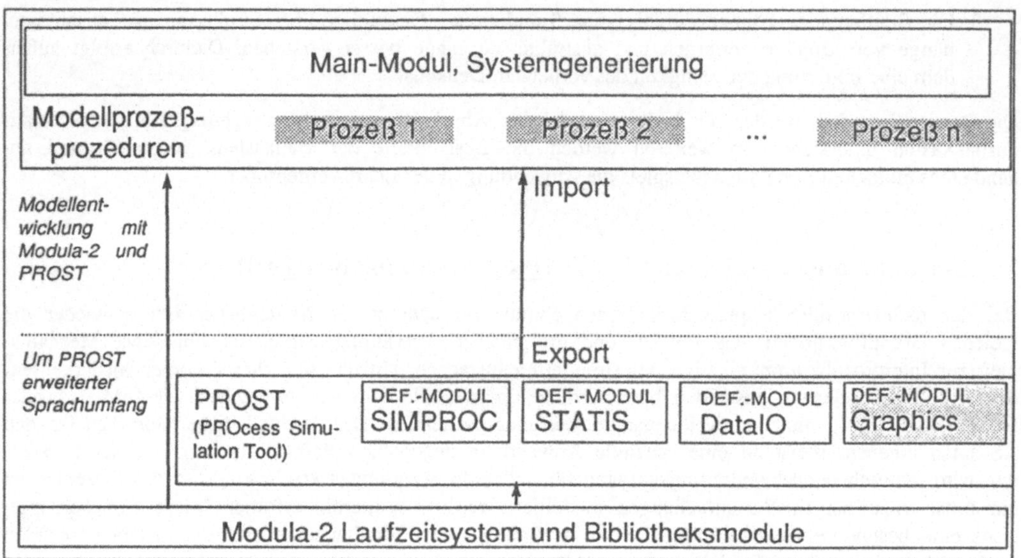

Abbildung 1: Modulhierarchie eines Simulations-Programmsystems

Die Modellbildung erfolgt in der obersten Hierarchiestufe, dem "Main-Modul". Hier wird einmal das Gesamtsystem durch die Definition der Modellprozessoren sowie deren Prozesse generiert. Zum anderen werden die Prozeßprozeduren programmiert, die das Modell-System beschreiben. Dabei können die Module der höheren Schichten aus allen Modulen der tieferen Schichten Dienstleistungen importieren. Bei umfangreicheren Simulationsaufgaben ist es meist sinnvoll eine feinere Strukturierung als in Abbildung 1 vorzunehmen.

Die Basis ist der Simulationsbaukasten PROST, der aus den Modulen SIMPROC, STATIS, DataIO und Graphics (in Entwicklung) besteht. Diese Module stellen folgende Dienstleistungen zur Verfügung:

- SIMPROC: - Prozeßverwaltung (Scheduling) und Interprozeßkommunikation
  - Simulationsuhr, Zeitgeberverwaltung und -steuerung
  - Betriebsmittel-, Warteschlangen- und Ereignislistenverwaltung

- STATIS: - Statistische Auswertefunktionen
  - Zufallszahlengeneratoren

- DataIO: - Datei-Ein/Ausgabe
  - Bildschirm-Ein/Ausgabe

- Graphics: - Präsentation
  - Animation

Das Kernstück ist das Modul SIMPROC (SIMulation of PROCesses). Das Definitionsmodul SIMPROC, das angibt welche Funktionen den Modellprozeßprozeduren zur Verfügung stehen, ist in Abbildung 2 angegeben. Eine genauere Beschreibung der Prozeduren und deren Verwendung erfolgt in Abschnitt 3 anhand eines Beispiels.

```
DEFINITION MODULE SIMPROC;

TYPE          PROCESSORIDENT;
PROCEDURE     CreateProcessor  (VAR  Processor:          PROCESSORIDENT;
                                     ProcessChangeTime: CARDINAL);

TYPE          TIMERIDENT;
PROCEDURE     CreateTimer      (VAR  Timer:              TIMERIDENT);
PROCEDURE     SetTimer         (VAR  Timer:              TIMERIDENT;
                                     TimerDesc:          ADDRESS);
PROCEDURE     StopTimer        (VAR  Timer:              TIMERIDENT);

TYPE          PROCESSIDENT;
PROCEDURE     CreateProcess    (VAR  Process:            PROCESSIDENT;
                                     Processor:          PROCESSORIDENT;
                                     ProcessCode:        PROC;
                                     PriorityLevel:      CARDINAL;
                                     WorkSpaceSize:      CARDINAL);
PROCEDURE     Send             (     Receiver:           PROCESSIDENT;
                                     MessageDesc:        ADDRESS);
PROCEDURE     Receive          (VAR  MessageDesc:        ADDRESS);

PROCEDURE     ConsumeTime      (     TimeUnits:          CARDINAL);
PROCEDURE     SetWaiting       (     TimeUnits:          CARDINAL);
PROCEDURE     GetSimTime       ():                       CARDINAL;

PROCEDURE     StartSimulation  (     SimEndTime:         CARDINAL);
PROCEDURE     StopSimulation;

END SIMPROC.
```

Abbildung 2: Von SIMPROC bereitgestellte Funktionen und Typen (Definitionsmodul)

Die bei einem Modula-2 Entwicklungssystem vorhandenen Bibliotheksmodule sind nicht standardisiert. Die Module STATIS und DataIO sind Hilfsmodule, welche die Portabilität eines Simulationssystems erhöhen, indem die nicht so leicht portablen Teile von PROST auf diese beiden Module beschränkt bleiben.

Das Modul Graphics, mit dessen Hilfe eine entsprechende Präsentation und eine einfache Animation des Simulationsgeschehens realisiert werden kann, befindet sich noch in der Planungsphase.

Der folgende Abschnitt beschreibt den Einsatz von PROST in der Ausbildung anhand eines einfachen Simulationsbeispiels.

3. Ein für die Ausbildung elementares Simulationsbeispiel: Ein einfaches Warteschlangensystem

Die Verkehrstheorie beschreibt Systeme mit Hilfe von Warteschlangennetzen. Durch diese können beispielsweise Produktionslinien einer Fertigung oder Scheduling-Algorithmen eines Betriebssystems beschrieben werden. Das Basiselement eines Warteschlangensystems ist die Bedienstation, bestehend aus einer Warteschlange (Queue) und einer Bedienungseinrichtung (server). Ein eintreffender Auftrag wird zunächst in die Warteschlange eingereiht, anschließend von der Bedienungseinrichtung bearbeitet und verläßt darauf das System. Abbildung 3 zeigt die graphische Veranschaulichung eines solchen Warteschlangensystems.

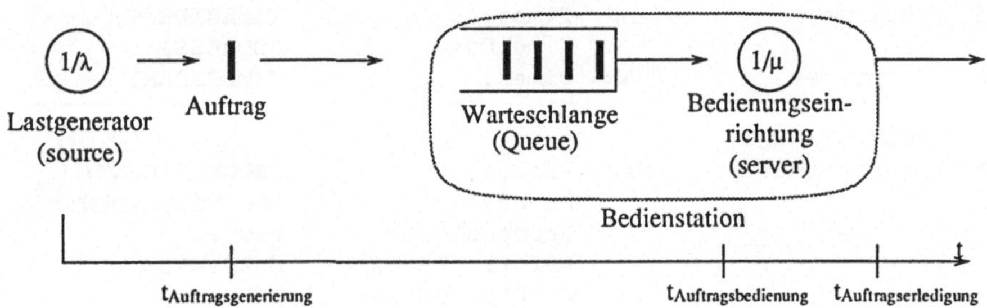

Abbildung 3: Einfaches Warteschlangensystem

Bei der stochastischen Simulation wird das Lastprofil, d.h. der mittlere Ankunftsabstand von Aufträgen ($1/\lambda$) und die mittlere Bedienungsdauer ($1/\mu$) durch eine Wahrscheinlichkeitsverteilungsfunktion bestimmt. Für einfache Konfigurationen und "gutmütige" Wahrscheinlichkeitsverteilungsfunktionen lassen sich analytische Lösungen für charakteristische Größen wie z.B. mittlere Wartezeit des Auftrags oder mittlere Warteschlangenlänge angeben. In dem vorliegenden Beispiel soll der Student, bespielsweise in einem Praktikum, anhand der Simulation das einfache System untersuchen und für den Fall von negativ exponentiell verteilten Zufallszeitabständen einige charakteristische Kenngrößen des Systems ermitteln, graphisch darstellen und mit den entsprechenden analytisch ermittelten Werten [Kleinr75] vergleichen. Zu bestimmen ist die mittlere Aufenthaltsdauer f (flow time) eines Auftrags im System bezogen auf die mittlere Bedienzeit h als Funktion des Verkehrs A ($A=\lambda/\mu$). Durch das Experiment soll dem Lernenden die abstrakte mathematische Analyse von Warteschlangennetzen und die o.g. charakteristischen Größen näher gebracht werden.

Zur Lösung einer solchen Aufgabe steht dem Studenten ein Rechner mit dem Simulationsbaukasten PROST zur Verfügung. Mit diesem Beispiel kann zwar nicht die volle Leistungsfähigkeit des Simulationsbaukastens demonstriert werden, jedoch wird ein Eindruck vermittelt, wie einfach mit diesem Hilfsmittel ein Warteschlangensystem modelliert und analysiert werden kann. Der anschließende Vergleich zwischen analytischer Lösung und den experimentell ermittelten Werten soll die Modellierung bestätigen.

Für dieses Beispiel läßt sich die Simulationsaufgabe in folgende Schritte gliedern:

1. Lastgenerator und Bedienstation sind bezüglich der Simulationzeit als unabhängige Prozesse zu modellieren (☞ SIMPROC).

2. Die Benutzerschnittstelle für die Eingabe der Parameter mittlerer Ankunftsabstand und mittlere Bedienungsdauer ist zu codieren (☞ DataIO).

3. Prozeduren für die Meßwerterfassung, Ergebnisberechnung und -darstellung mittels von Hilfsmodulen bereitgestellten Funktionen sind zu codieren (☞ Statis, DataIO).

4. Simulationsergebnisse sind im Anschluß an die Simulation auszuwerten und damit Werkzeug und Modell zu validieren.

In Abbildung 4 sind die modellierten Prozesse (4b), der Code des Simulationsystems (4a) sowie die durchzuführenden Messungen (4c) gemeinsam dargestellt, um die Zusammenhänge zu verdeutlichen.

Die gesamte Simulation wird vom Rumpf des Moduls "ServerSim" (main module) gesteuert (Abb. 4a, links oben). Nachdem die Simulationsparameter gelesen ("ReadParameter") und das System generiert ("GenerateSystem") wurde, wird die Simulation mit der Prozedur "StartSimulation" gestartet. Dieser Prozedur muß die Modellzeit "SimEndTime" eines Simulationslaufes als Parameter übergeben werden. Nach Erreichen der spezifizierten "SimEndTime" werden die Ergebnisse mittels der Prozeduren "CalculateResults" und "WriteResults" berechnet und lesbar dargestellt. Die Prozedur "GenerateSystem" (Abbildung 4a, rechts oben) kreiert das Grundgerüst des Modells und soll daher etwas genauer erläutert werden.

Die Prozesse "Ankunftsprozeß" (sourcePID) und "Bedienprozeß" (serverPID) müssen bzgl. der Simulationszeit parallel ablaufen, daher muß jeder der beiden Prozesse einem eigenen Modellprozessor zugeordnet werden. Mit den beiden Aufrufen "CreateProcessor" werden die Modellprozessoren mit den Bezeichnern "SourceCPU" und "ServerCPU" kreiert. Der zweite Parameter, der hier den Wert 0 hat, spezifiziert die Prozeßwechselzeit, die der Modellprozessor braucht, um von einem auf den nächsten Prozeß weiterzuschalten. Mit den beiden Aufrufen "CreateProcess" werden dann jeweils ein Prozeß mit dem Bezeichner "SourcePID" (vgl. Abb. 4b Lastgenerator), der die Ablaufvorschrift "SourceCode" befolgt, dem Modellprozessor "SourceCPU" zugeordnet, sowie ein Prozeß "ServerPID" (vgl. Abb. 4b Bedienstation) mit der Ablaufvorschrift "ServerCode" dem Modellprozessor "SourceCPU" zugeteilt. Der jeweils dritte Parameter (hier "1") legt die Priorität des Prozesses fest. Die Angaben der Prozeßwechselzeit und der Priorität sind in diesem Beispiel ohne Einfluß, da nur ein Prozeß auf jeweils einem eigenen Modellprozessor abläuft. Mit "WorkSpaceSize" wird die Größe des erforderlichen Arbeitsspeichers für den Prozeß definiert.

Nachdem mit der Prozedur "GenerateSystem" das Grundgerüst des Modells erstellt wurde, sind die beiden Prozesse "SourcePID", und "ServerPID" mit Leben zu füllen. Die Ablaufvorschrift bestimmt das Modellverhalten (Modellierung eines Lastgenerators und einer Bedienstation)

Als erstes soll die Ablaufvorschrift für den Lastgenerator (Prozedur "SourceCode", Abb. 4a, links unten) betrachtet werden. Der Lastgenerator soll in zufälligen Zeitabständen Aufträge erzeugen und diese an die Bedienstation senden. Dazu wird in einer Endlosschleife (LOOP) als erstes der Ankunftsabstand, d.h. der Zeitabstand, in dem Aufträge für die Bedienstation erzeugt werden, nachgebildet. Dies erfolgt mit der Prozedur "ConsumeTime", die die Simulationsuhr um ein in diesem Fall zufälliges Zeitintervall weiterstellt. Nur mittels dieser, vom Modul SIMPROC bereitgestellten Prozedur, kann Simulationszeit explizit "verbraucht" werden. Die Funktion "RandomCardExpDis" aus dem Modul STATIS liefert die hier gewünschte Zufallsverteilung mit dem vom Benutzer wählbaren Mittelwert "InterarrivalTime". Nach Verstreichen der zufälligen Zeitspanne wird die aktuelle Simulationszeit mit der Prozedur "SaveArrivalTime" festgehalten und das Auftragsereignis zu der Bedienstation (ServerPID) gesendet und in dessen Eingangswarteschlange eingereiht. Dieser Vorgang der Auftagsgenerierung wiederholt sich solange, bis die Simulationsuhr den bei der Systemgenerierung mit der Prozedur "StartSimulation" festgelegten Simulationsendezeitpunkt erreicht hat.

Die Bedienungseinrichtung entnimmt die eingegangenen Aufträge aus der Warteschlange und "bearbeitet" diese, bevor sie im Anschluß die Bedienstation verlassen. Der Vorgang des Bearbeitens wird hier auf das Verzögern eines Auftrags um eine zufällige Zeitspanne (InterdepartureTime) abstrahiert. Die Modellierung der Bedienstation (Prozedur "ServerCode", Abb. 4a, rechts unten) beginnt mit dem Empfangen eines Auftragsereignisses (Anm.: die Warteschlange wird intern von SIMPROC geführt und ist quasi unbegrenzt groß). Nach dem Empfang des Auftrags wird der Zeitpunkt des Bedienungsbeginns mit "SaveServeBeginTime" erfaßt. Anschließend erfolgt die Nachbildung der zufälligen

Bedienzeit und die Speicherung des Zeitpunktes, an dem der Auftrag abgeschlossen wurde (SaveServeEndTime).

Damit ist der eigentliche Modellierungsvorgang des Warteschlangensystems abgeschlossen. In der Versuchsphase kann der Student vor jedem Simulationslauf die Parameter "InterarrivalTime" ($1/\lambda$) und "InterdepatureTime" ($1/\mu$) einstellen. Während der Simulation wird mit einer einfachen Blockgraphik der Belegungsgrad der Eingangswarteschlange angezeigt. Eine komfortablere Benutzerschnittstelle, die auch eine gute Visualisierung des Simulationsgeschehens erlaubt, wurde bisher noch nicht realisiert.

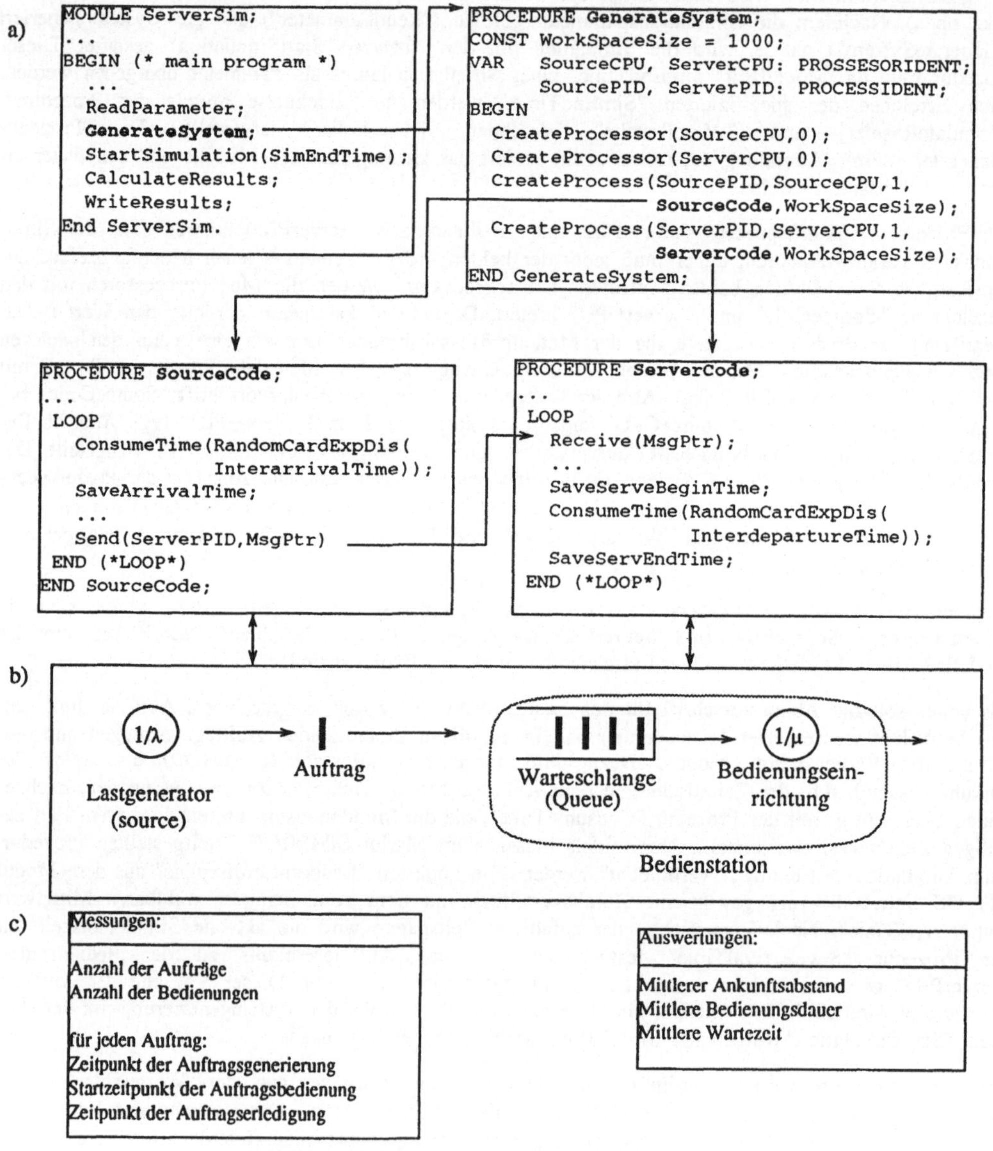

Abbildung 4: Simulation eines Warteschlangensystems
a) Code des Simulationsystems, b) Modell, c) Messungen/Auswertungen

Durch das Speichern der Zeiten der Auftragsgenerierung, Auftragsbedienung und Auftragserledigung (Abb. 4c) lassen sich nach dem Simulationslauf die zu bestimmenden Größen (f/h über A) ermitteln und in einem Diagramm vergleichend mit der analytischen Lösung darstellen (Abb. 5)

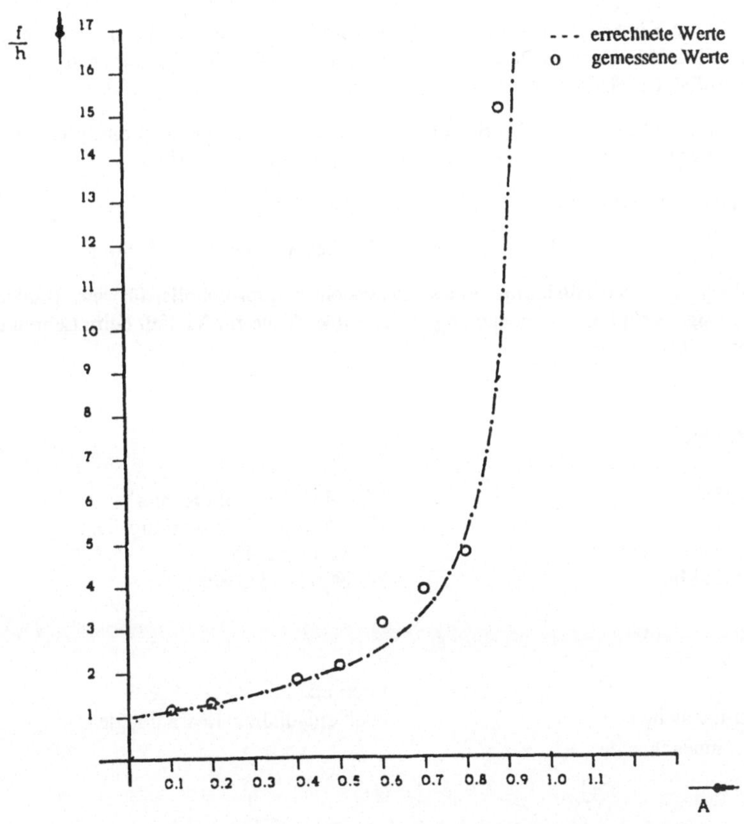

Abbildung 5: Graphische Auswertung des Simulationslaufes

4. Bisherige Erfahrungen

Der Einsatz des Simulationsbaukastens hat sich inzwischen bewährt. Neben dem hier vorgestellten, sehr einfachen Beispiel des Warteschlangensystems sind bereits umfangreiche Projekte, wie die Simulation von Kommunikationsprotokollen durchgeführt worden. Noch unzureichend sind die graphischen Darstellungsmöglichkeiten, besonders im Hinblick auf eine Animation des Simulationsgeschehens. Eine erste Arbeit in dieser Richtung wurde mit der Simulation eines Datensicherungsprotokolls (HDLC) für einen Praktikumsversuch geleistet [Sauerb91]. Hinsichtlich einer weitgehend portablen Graphikbibliothek ist jedoch noch Entwicklungsarbeit zu leisten. Ein weiteres Ziel ist die Verbesserung der Benutzung des Werkzeugs. Ein graphischer Editor und eine integrierte automatische Systemgenerierung wäre wünschenswert. So könnte ein Großteil der Modellierungsarbeit interaktiv am Bildschirm realisiert werden. Damit wäre das Simulationswerkzeug einfacher zu benutzen und einem größeren Anwenderkreis zugänglich.

Zum Abschluß möchten wir noch Herrn Prof. Dr. J. Swoboda für seine Unterstützung und seine zahlreichen Anregungen danken.

Literatur

[BrFoSc87] Bratley, P.; Fox, B.L.; Schrege, L.E.: "A guide to Simulation", Springer 1987

[BaKoZe76] Bauknecht, K.; Kohlas, J.; Zehnder, C.A.: "Simulationstechnik", Springer 1976

[SwKöBä86] Swoboda, J.; Köhler, B.; Bächle, A.: "A Tool for Specification and Simulation and its Application to ISDN D-Channel Protocol", in "Proceedings of ICCC '86 München",
North Holland 1986

[KöhRin90] Köhler, B., Rinkel, A.: "Ein Werkzeug zur Analyse von Kommunikationssystemen",
interner Bericht, Lehrstuhl für Datenverarbitung, TU München, 1990

[Wirth88] Wirth, N.: "Programming in Modula-2", Springer 1988

[Kleinr75] Kleinrock, L.: "Queuing Systems", Volume 1: Theory, John Wiley & Sons 1975

[Sauerb91] Sauerbrey, J.: "Visualisierung eines Datensicherungsprotokolls für die Studentenausbildung", eingereicht bei der Fachtagung "Informatik: Wege zur Vielfalt beim Lehren und Lernen", 1991

Adresse der Autoren

Dipl.-Ing. Jörg Sauerbrey
Dipl.-Ing. Andreas Rinkel
Lehrstuhl für Datenverarbeitung
Technische Universität München
Postfach 20 24 20
D-8000 München 2

Internet:
sy@ldv.e-technik.tu-muenchen.de
ari@ldv.e-technik.tu-muenchen.de

Dipl.-Ing. Berthold Köhler
IBM European Networking Center
Tiergartenstr. 15
W-6900 Heidelberg

Internet:
koehler@dhdibm1.earn.dbp.de

Konzepte einer adaptiven Lehr-Lern-Oberfläche in einer objektorientierten Multi-Tasking-Umgebung

Rainer Schnitzler, Reinhold Gebhardt, Walter Ameling

Einleitung

Computerunterstützter Unterricht (CUU) ist gemessen an der Vielfalt flexibel einsetzbarer methodischer Hilfsmittel und dem Variantenreichtum von Ausdrucksformen beim Lehrer-Schüler-Dialog im Rahmen konventionellen Unterrichts vergleichsweise unterentwickelt.

Trotzdem hat sich diese Unterrichtsform in vielen Bereichen gut behaupten können. Man kann dies als Indiz dafür werten, daß neben rein methodisch-pädagogischen Gründen auch andere eine solche Unterrichtsform rechtfertigen. Zeitliche, organisatorische Gründe (Verfügbarkeit), Kostengründe (Arbeitsverhältnis) oder gar inhaltliche Gründe (Genauigkeit oder Kompliziertheit der Darstellung) können hier aufgeführt werden.

Eine größere Verbreitung von Lehr-Lernsystemen, die hinsichtlich der Darstellung von Wissen hohen Anforderungen entsprechen, scheiterte bislang an dem damit verbundenen Anschaffungs- und Unterhaltungsaufwand.

Die zunehmende Verfügbarkeit leistungsfähiger und preiswerter Hardware und die stark verbesserten Möglichkeiten multimedialer Darstellbarkeit haben Voraussetzungen geschaffen, die Einsatzmöglichkeiten von CUU methodisch-pädagogisch zu erweitern. Der potentielle Anwenderkreis dürfte sich zudem drastisch vergrößern, wenn es gelingt, die Architektur neuer Lehr-Lernssysteme so zu gestalten, daß damit eine flexible Adaptierbarkeit an sich ändernde Unterrichtssituationen (Zielgruppen, Lernziele) oder Hardwareausstattungen unterstützt wird.

Im Rahmen des vorliegenden Beitrages sollen Konzepte zu einer Architektur zukünftiger Lehr-Lernsysteme vorgestellt werden. Die Konzepte beruhen auf softwaretechnischer Seite auf einer Entwicklungsmethodik, die in einem parallel durchgeführten Forschungsprojekt erarbeitet wird. Die Benutzeraspekte (Schüler, Autor, Organisator) dieser Architektur basieren auf langjährigen Erfahrungen der Autoren im Aufbau und Betrieb von CUU.

Als Basis für Implementierungen dient das objektorientierte System Smalltalk/VPM unter OS/2. Es ist zugleich Implementierungsumgebung für die erwähnte neue Programmiermethodik. Die Entwicklung eines neuen Lehr-Lernsystems stellt sich vor diesem Hintergrund als eine komplexe Applikationsprogrammierung dar, die viele Leistungen, insbesondere Repräsentationsleistungen, einfach nutzt. Da hier ein Lehr-Lernsystem lediglich eine äußere Anwenderschale darstellt, haben wir uns entschlossen, von einer Lehr-Lernoberfläche zu sprechen.

Ziele und Anforderungen

Ziele und Anforderungen an ein zukünftiges Lehr-Lernsystem werden aus einer Benutzersicht formuliert. Aspekte des Software-Engineerings werden nicht behandelt, sind jedoch implizit in den Ausführungen enthalten.

Eine Lehr-Lernoberfläche ist so zu gestalten, daß damit eine hohe Flexibilität bezüglich der Methodenauswahl zur Wissensvermittlung möglich ist. Die grafische, eventuell animierte Darstellung von Sachverhalten, die Steuerung aufgrund von Wissensvermehrung und Lernfortschritt, der Einsatz verschiedener Medien, sowie parallel zur Wissensvermittlung die Durchführung von Simulationen oder Übungen in Form von Spielen bzw. "Learning-by-Doing" stellen für den Autor von Lehrprogrammen denkbare Varianten dar, Inhalte darzustellen oder Unterrichtsmodelle auf den Computer zu übertragen. Es ist jedoch nahezu selbstverständlich, daß die gleichzeitige Verfügbarkeit all dieser Möglichkeiten nur in seltenen Fällen auch wirklich nötig ist. Der Normalfall, insbesondere im Hochschulbereich dürfte der sein, daß eine Lehr-Lernoberfläche eher auf sich häufig ändernde Sachverhalte (Lebenszyklus von Teachware) hin adaptiert werden muß.

Im einzelnen werden folgende Dienste benötigt:

- Beschreibung der Interaktion zwischen System und Benutzer (Autor, Schüler, Organisator),

- Variantenreiche Darstellbarkeit von Lerninhalten (textuell, grafisch),

- Strukturierung, Beschreibung und Erstellung von Lernprogrammen,

- Durchführung von Übungen, Tests, etc.

- Steuerung und Verwaltung des Unterrichtsbetriebes,

- Auswertung des Benutzerverhaltens und

- Modulare Erweiterbarkeit der Hardware (Video, CD-ROM).

Es wäre ein Unterfangen, ein System mit all diesen Diensten in allen Einzelheiten spezifizieren zu wollen. Angebracht ist eine sukzessive, evolutionäre Vorgehensweise. Diese wird durch das neue Programmierkonzept weitreichend unterstützt und erlaubt zudem eine flexible (Wieder-)Verwendung von Leistungen durch "steckfähige" Softwarekomponenten.

Die durch das SAA-Konzept geprägten und allgemein akzeptierten Standards grafischer Benutzeroberflächen können über das SMALLTALK-System wirkungsvoll genutzt werden. Die dynamischen Bindungsmöglichkeiten über Dynamic Link Libraries beinhalten weitgehende Möglichkeiten in "alten" Programmiersprachen (Pascal, C, Fortran) geschriebene Leistungen zu integrieren. Schließlich unterstützt das Betriebssystem OS/2 Multitasking und dynamischen Datenaustausch, was sinnvoll in die Wissensvermittlung und Übung einbezogen werden kann.

Lehr-Lernoberflächen müssen also einen stark integrierenden Charakter aufweisen. Die gewünschte Flexibilität macht die Architektur der Entwicklungsumgebung verfügbar. Eine Werkzeugunterstützung soll den Benutzer einer Lehr-Lernoberfläche von systembedingten Strukturierungszwängen weitgehend entlasten. Das Hauptaugenmerk soll er auf inhaltliche Dinge richten können.

Lehrprogramme als objektorientierte Modellstrukturen

Modelle im Sinne der hier zugrunde gelegten Entwicklungsumgebung sind abstrakte Leistungen im Sinne abstrakter Datentypen, deren Leistungsumfang jedoch in Problemkategorien des Anwenders (Autor, Organisator) formuliert und definiert werden. Dynamische Aspekte der späteren Applikation werden über eine Ereignis-Kommunikation beschrieben. Modelle teilen ihre Zustandsänderung (z.B. Schüler hat Antwort gegeben) in einer verabredeten Form an solche Modelle weiter, die semantisch mit diesem Modell verknüpft sind (z.B. Modell der Antwortauswertung). Eine Applikation setzt sich hierarchisch aus Teilmodellen zusammen. Die Zusammensetzung bezüglich des Kommunikationsverhaltens kompatibler Modelle wird mittels Werkzeugunterstützung zu einem reinen "Steckvorgang", sofern die entsprechende Leistung im System vorhanden ist.

Repräsentationsleistungen (z.B. Visualisierung von Lerninhalten, Benutzerinteraktion über Fenster) werden aus Gründen der angestrebten Flexibilität prinzipiell von funktionalen Kernleistungen (z.B. Einfügen neues Element in Datenstruktur) getrennt. Dies erlaubt die Realisierung unterschiedlicher Repräsentationsformen zu gleichen Modelleistungen oder den Austausch von Modellen, solange die Ereignisse richtig verstanden werden.

Ein "*Lehrprogramm*" stellt in dieser Systematik eine Modellstruktur dar, die alle wesentlichen Varianten der Wissensvermittlung und -darstellung mit Hilfe eines Computers beschreibt. Ein Lehrprogramm setzt sich aus verschiedenen Teilmodellen, hier "*Lehreinheiten*" (Abschnitten) zusammen, die als kleinste, inhaltlich und logisch zusammenhängende Informationsstrukturen aufgefaßt werden können. Je nach Sicht (Wissensvermittlung anhand eines Lehrmodells, gezielter Informationszugriff anhand von Stichworten oder anderen Zugriffsmechanismen (Hypertext), organisatorische oder statistische Auswertung) können diese Lehreinheiten unterschiedlich strukturiert und verknüpft werden. Diese verschiedenen Sichten spiegeln sich in verschiedenen Komponenten dieser Datenstruktur wider:

1.) In der *Wissensvermittlung* stellt ein Lehrprogramm die Beschreibung eines bestimmten Lehrmodells dar. Dies beschreibt die Verknüpfung der verschiedenen Abschnitte aufgrund inhaltlicher Präzedenzen und möglicher Verzweigungen. Dies kann als gerichteter Graph dargestellt werden, dessen Knoten den Lehreinheiten entsprechen. Jeder Knoten hat den Innengrad 1 (genau einen Eingang) und den Aussengrad (Anzahl der Ausgänge) 1 oder mehrere. Knoten mit Mehrfachausgängen können je nach Art der Festlegung, wie die Auswahl des Nachfolgers erfolgt, in drei Klassen unterteilt werden:

- situations-/ereignisabhängig
- vom Schüler wählbar
- zufällig

Damit ergeben sich (bezüglich der Sicht "Lehrmodell") vier verschiedene Darstellungen einer Lehreinheit. Die aus der Literatur bekannten Lehrmodelle (Drill und Übung, Frage und Antwort, tutorielle Lehrmodelle, Simulation als kognitives Training, Lehrspiele etc.) lassen sich auf diese Darstellung abbilden.

2.) Zum *gezielten Informationszugriff* (Lexikon, Wiederholung) muß ein Lehrprogramm nach inhaltlichen Aspekten strukturiert sein. Dies kann zum Beipiel über Zuordnung bestimmter Stichworte zu jeder Lehreinheit oder hypertextartige Verknüpfungen der Lehreinheiten erfolgen.

3.) Zur *organisatorischen/statistischen Auswertung* können weitere Informationen (Anzahl der Bearbeitungen, Dauer der Bearbeitungen etc.) oder Strukturierungen ("sequentielle" Darstellung des Lehrprogramms zum Ausdruck oder zur Sicherung) von Bedeutung sein.

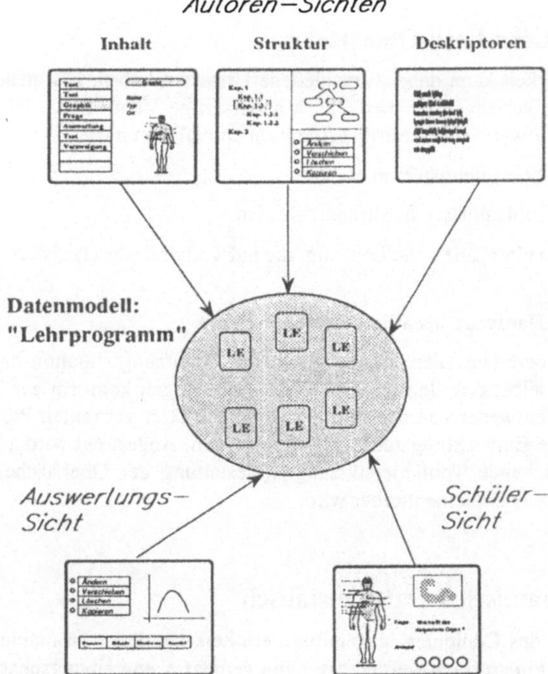

Zu jeder dieser Struktursichten eines Lehrprogramms soll ein entsprechendes Werkzeug die notwendigen Manipulationen bzw. Auswertungen ermöglichen.

Neben dieser strukturellen Komponente der Beziehungen zwischen Lehreinheiten, besitzt jede Lehreinheit eine inhaltliche Komponente. Diese beschreibt das in dieser Lehreinheit gespeicherte Wissen: Darstellungen in Form von Text, Grafik, Bewegung etc., sowie Ereignisdefinitionen aufgrund von Antwortauswertungen, Simulationen, Berechnungen etc., auf denen die "Nachfolgerauswahl" des Lehrmodells inhaltlich beruht. Die Bearbeitung einer Lehreinheit erfolgt im allgemeinen sequentiell, einfache Ablaufstrukturen ermöglichen jedoch die Darstellung von Wiederholung und blockstrukturierter Verzweigung innerhalb einer Lehreinheit.

Lehranweisungen stellen die kleinste inhaltliche Komponente eines Lehrprogramms dar. Die Lehranweisungen lassen sich in mehrere Klassen aufteilen:

- zur Präsentation (Text, Grafik...),

- zur Ereignisdefinition (Antwortauswertung, Menüauswahl, Zufallsgenerator, Rechenoperationen, ...)

- zur Ablaufsteuerung innerhalb einer Lehreinheit (Wiederholung, Schleife, Sprung...)

Diese Einteilung läßt sich für die einzelnen Klassen weiter verfeinern. Für diese Lehranweisungen muß ein Werkzeug erstellt werden, das typabhängig Definition und Änderung ggf. unter Nutzung weiterer Werkzeuge (Texteditor, Grafikprogramm) ermöglicht.

Ein Werkzeug zur Definition der inhaltlichen "Nachfolgerauswahl" sollte jeweils abhängig von den aufgrund des Lehrmodells vorgegebenen Möglichkeiten die ereignisabhängigen Bedingungen (Auswahl der definierten Ereignisse, logische Verknüpfung) oder der gewünschten Auswahlmethoden (Menü, Zufall) für jeden definierten Nachfolger festlegen.

Adaptierbarkeit der Lehr-Lern-Oberfläche

Die geforderte Adaptierbarkeit kann dabei verschiedene Ursachen haben, z.B. neue Hardware und Medien oder eine neue Zielgruppe verlangt eine methodisch andersartige Vermittlung. Hier gibt es mehrere Möglichkeiten, mit welchem Aufwand eine derartige Adaption zu realisieren ist:

- Die vorhandenen Tools unterstützen es

- die vorhandenen Tools müssen modifiziert werden

- es handelt sich um eine ganz neue Leistung, die auf vorhandener Hardware realisiert werden kann

- es muß eine neue Hardware installiert werden.

Generell sind Tools dort bereitzustellen, wo aufgrund der Benutzungssituation dafür auch ein Bedarf ist. Modifikationen an Tools selbst erfordern es, daß diese Änderungen konform zur Systemstruktur durchgeführt werden. Sie müssen entweder von dem mit der Systemstruktur vertrauten Programmierer erstellt werden oder durch vorhandene Entwicklungstools realisiert werden. Angestrebt wird aus Gründen des Software Engineerings eine weitreichende Toolunterstützung .(Gestaltung der Oberfläche), wodurch strukturkonformes Verhalten in die Tools implementierbar wird.

Multitasking und dynamischer Datenaustausch

Die eigentlichen Vorzüge des Computers gegenüber dem herkömmliche Frontalunterricht, dem Fernunterricht über Fernsehen oder einem Buch werden erst dann genutzt, wenn Übungsphasen mit aktivem Handeln des Schülers in den Unterricht integriert werden können und dies nicht nur in Form von Frage- und Antwortlektionen, sondern auch durch Simulation von Abläufen ("Learning-by-Doing"). Dazu ist ein Betriebssystem erforderlich, das es ermöglicht, Stoffvermittlung und Übung nebeneinander durchzuführen (Multi-

Tasking) und durch Kommunikationsmöglichkeiten zwischen den verschiedenen Programmen, Stoffvermittlung und Übung zu synchronisieren und zu steuern (DDE).

Die folgende Abbildung zeigt wie dies am Beispiel eines Unterrichts für Programmiersprachen (FORTRAN) in einfacher Form eingesetzt werden kann. Der Schüler kann Informationen aus dem Lehrprogramm direkt in den Editor übernehmen, das Programm erzeugen und testen. Auf das Ergebnis des Programms kann dann u.U. im Lehrprogramm sofort eingegangen werden.

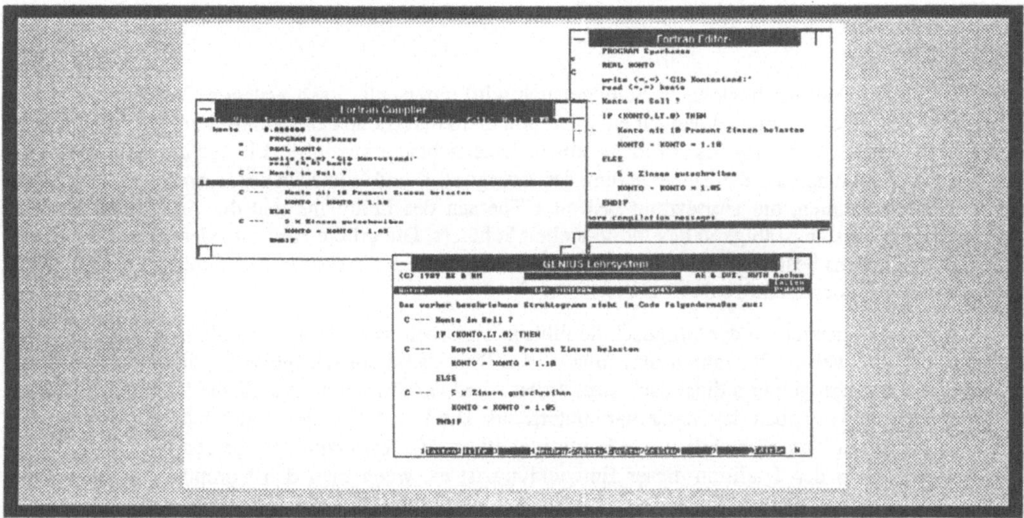

Simulation und Einsatz von Bibliotheken

In vielen Bereichen können auf dem Rechner Situationen simuliert werden, die in der Realität - aus Zeitgründen oder wegen der möglichen Folgen bei Fehlern - nicht geprobt werden können. Solche Simulationen liegen oft bereits als Programme vor und sollen in den Unterricht integriert werden, oder es müssen Hilfsmittel bereitgestellt werden, wie sie zum Beispiel zum Generieren von Abenteuerspielen zur Verfügung stehen, um dem Autor die Darstellung solcher Simulationen zu ermöglichen. Die Einbindung derartiger "Fremdteile" (Programme oder Bibliotheken) ist aufgrund des DLL-Konzeptes in OS/2 besonders günstig zu realisieren.

Umsetzung der Konzepte

Ein Lern- und Autorensystem, das diesen Konzepten gerecht wird, wird gegenwärtig als Experimentiersystem in einer Smalltalk/VPM-OS/2-Umgebung implementiert. Als Nahziel wird angestrebt, bisher entwickelte Lernprogramme in dieser neuen Umgebung einzusetzen und dann sukzessive den multimedialen Aspekt und die Einbindung von Fremdsoftware zu integrieren. Die gegenwärtigen Arbeiten konzentrieren sich auf die Implementierung von Tools zur flexiblen Gestaltung von Oberflächen. Dabei stehen insbesondere Aspekte der objektorientierten Strukturierung im Vordergrund der Forschungsaktivitäten.

Rainer Schnitzler
Dr.-Ing. Reinhold Gebhardt
Prof. Dr.-Ing. Walter Ameling

Rogowski-Institut für Elektrotechnik
RWTH Aachen
Schinkelstr. 2

5100 Aachen

Der Computer als Lern- und Unterrichtshilfe in der Grundschule
Ein Modellversuch zu Entwicklung, Einsatz und Evaluation eines Mathematik-Übungsprogramms für die Grundschule

Georg Baumann, Rolf Monnerjahn

In einem wissenschaftlich begleiteten Schulversuch wird untersucht, nach welchen Gesichtspunkten ein Programm zum lückenschließenden Üben im Mathematikunterricht der Grundschule gestaltet werden sollte, und welche Wirkungen es im langfristigen Unterrichtseinsatz zeigt. Elementare Grundsätze der Programmentwicklung sind die Einbeziehung der Anregungen und Wünsche der Lehrerinnen und Lehrer der beteiligten Schulen, die Umsetzung fast aller Themen des Lehrplans und die Adaptivität des Programms an die Leistungsfähigkeit des individuellen Schülers. Die größte Herausforderung bei der Erstellung des Programms besteht in der Gestaltung von dialogisierten Sequenzen, die Schülern helfen sollen, Fehler sofort nach deren Auftreten zu überwinden.

Der Mathematikunterricht in der Grundschule führt in einer behutsamen und grundlegenden Form in mathematische Denkweisen, Verfahren und Inhalte ein. Dabei sind einsichtsvolle Erarbeitung - möglichst umfassend sinnesbezogen und didaktisch strukturiert - und anschließende gründliche Übung der Rechenfertigkeit zentrale Aufgaben des Mathematikunterrichts. Die Geschichte der Mathematikdidaktik ist auch eine Geschichte der Unterrichtshilfen und Lernmittel, die zur Unterstützung der beiden genannten Phasen erdacht wurden. In der Tradition dieser Entwicklung ist es, wenn man den Computer als universales Hilfsmittel anerkennt, wert zu fragen, welchen Beitrag er hier leisten kann. Vor allem darf erwartet werden, daß er mit seiner Möglichkeit der unmittelbaren und zuverlässigen Lösungskontrolle effektiver als andere Lernmittel zur Unterstützung der Übung eingesetzt werden kann. Für die nachfolgend beschriebene Programmentwicklung war es daher stets selbstverständliche Prämisse, daß auch nicht die beste Software das konkrete Handeln im Mathematikunterricht ersetzen kann, sondern es als notwendig voraussetzt.

1. Fragen des Modellversuchs

Das rheinland-pfälzische Kultusministerium hat sich aufgrund der Initiativen des Referats Neue Informations- und Kommunikationstechnologien entschlossen, die Eignung des Computers als didaktisches Hilfsmittel im Mathematikunterricht der Grundschule in einer am 22.12.1988 auf Landesebene gestarteten und als BLK-Modellversuch (CLIP - computerunterstütztes Lernen im Primarbereich) fortgesetzten Erprobung intensiver untersuchen zu lassen. Hierbei soll herausgefunden werden, inwieweit der Computer im Mathematikunterricht der 3. und 4. Klassen pädagogisch verantwortbar und wirkungsvoll eingesetzt werden kann. Bei Start des Modellversuchs war bereits bekannt (aus den Ergebnissen des Modellversuchs TOAM an der Grundschule in Simmern[1,2] und aus der Metastudie "Effekte der Computerbenutzung im Bildungswesen" von Prof. Karl Frey[3]), daß der Einsatz von Übungsprogrammen an der Grundschule besonders erfolgversprechend ist. Andererseits legen neuere Ergebnisse der pädagogischen Forschung nahe, Übungseffekte vorsichtig zu beurteilen hinsichtlich Verfügbarkeit und Transferierbarkeit eingeübter Kenntnisse und Fertigkeiten in übungsfernen Situationen. Es erschien jedoch grundsätzlich interessant, der Frage nachzugehen, wie Gestaltung und Einsatz eines Programms auszusehen haben, damit lückenschließendes Lernen möglich wird[4]. Insbesondere geht es im Modellversuch CLIP um folgende Fragen:

- Kann die Übungsbereitschaft der Schüler durch den Computer verbessert werden, und von welchen begleitenden Faktoren ist eine solche Steigerung abhängig? Wie wird eine höhere Übungsdichte von den Schülern empfunden? Zu welchen Reaktionen führt sie, welche individuellen Unterschiede treten auf, und welche Forderungen ergeben sich daraus für einen pädagogisch verantwortbaren Computereinsatz in der Grundschule?

- An welche Bandbreite individueller Leistungsfähigkeit läßt sich die Übungssoftware anpassen?

- Wie nehmen Schüler, Eltern und Lehrer die Kontrollmöglichkeiten des Computers auf? Wie beziehen sie diese in Verfahren des Lernens und Lehrens ein?

- Führt der Computereinsatz beim Üben zu des Mathematikunterrichts und seines Umfeldes (Lernklima, Rolle der Schulbücher, Auswirkungen auf Hausaufgaben und Überprüfungen)?

- Wie gültig und aussagekräftig sind die für die Lehrkräfte ausgedruckten Arbeitsprotokolle des Computers?

- Welche organisatorischen und altersbedingten Probleme gibt es bei der Einbindung der Unterrichtssoftware in den Unterricht?

- Welche Fort- und Weiterbildungsmaßnahmen für die Lehrkräfte in den Grundschulen werden vor Einsatz der Unterrichtssoftware erforderlich?

- Welche Maßnahmen zur Information und Beteiligung der Eltern sind sinnvoll? Welche Einstellungen haben die Eltern zum Computereinsatz in der Grundschule?

2. Ablauf des Modellversuchs

Der Modellversuch CLIP gliedert sich in eine Vorphase (Januar - Juli 1989), Pilotphase (August 1989 - Juli 1990) und in eine Hauptphase (August 1990 - Dezember 1993). Er ist angesiedelt bei den Grundschulen in Mainz-Laubenheim und Mainz-Lerchenberg, wo insgesamt 28 AMIGA 500 (erweitert auf jeweils 1 Mbyte) durch die Firma COMMODORE Deutschland bereitgestellt wurden. Daher wurde das Programm zunächst in der Programmiersprache Amigabasic entwickelt. In der Vorphase wurden die Kinder mit einem Mal- und Zeichenprogramm an den Umgang mit dem Computer herangeführt. Sie lernten den Umgang mit dem Computersystem und der Tastatur in spielerischer Weise. In dieser Zeit starteten die Vorbereitungen zur Erstellung des Mathematik-Übungsprogramms in Absprachen zwischen dem Autor der Unterrichtssoftware (R.Monnerjahn) und der Mathematik-Fachkonferenz der Grundschule Mainz-Laubenheim unter Vorsitz des Schulleiters (G.Baumann). Es wurde festgelegt, wie der Unterrichtsstoff der Mathematik sinnvoll in Übungsgebiete strukturiert werden sollte, welche Hilfen den Schülern im Fall von Hilfsanforderungen oder Fehlern angeboten werden sollten und allgemein, welche Handhabungsoperationen den Grundschülern zugemutet werden konnten. Diese Absprachen wurden schrittweise (bis in die Hauptphase hinein) erweitert und nach Beobachtungen im realen Einsatz der Unterrichtssoftware rückgekoppelt korrigiert (s. Abb.1).

Seit Beginn der Pilotphase (jetzt waren die meisten Einheiten zur Arithmetik der vier Grundrechenarten fertiggestellt) arbeiten alle Kinder der dritten und der vierten Klassen regelmäßig zweimal wöchentlich unter Betreuung einer Lehrkraft jeweils 15 Minuten mit dem Mathematik-Übungsprogramm im Computerraum. Die andern Schüler werden zur gleichen Zeit im Klassenraum unterrichtet. Zur Mitte der Unterrichtsstunde erfolgt der Wechsel der beiden Gruppen. Der direkte Unterricht im Klassenraum kann gegebenenfalls die Arbeit am Computer vorbereiten, ergänzen, vertiefen oder weiterführen, u.U. auf individuelle bei der Arbeit am Computer beobachtete Schwächen einzelner Schüler eingehen.

Die Kinder können auf Anweisung von Lehrer oder Lehrerin Aufgaben wählen, um Gelerntes zu üben, zu vertiefen, Lernlücken zu schließen, oder sie können an einem selbstgewählten Stoffgebiet weiterarbeiten. Der Arbeitsstand der einzelnen Schüler wird zum Abschluß jeder Übung auf Diskette gespeichert, so daß bei der folgenden Übung auf der erreichten Leistungsstufe aufsetzend weitergearbeitet werden kann.

Seit Beginn der Hauptphase arbeiten die Schüler mit dem im Bereich Arithmetik weitgehend fertiggestellten und um Übungen zum Sachrechnen (Rechnen mit Größen) erweiterten Programm. Zu ergänzen blieben zu diesem Zeitpunkt Übungen aus der Geometrie. Zum 1.8.1990 wurde die Grundschule Mainz-Lerchenberg im Carl-Zuckmayer-Schulzentrum in den Versuch einbezogen. Seit Beginn 1991 erproben

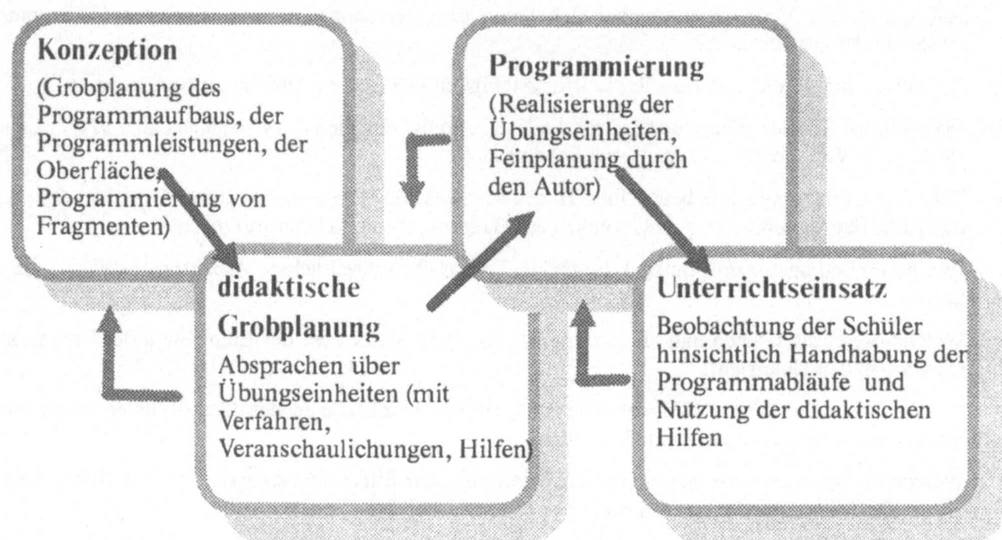

Abb. 1: Ablauf der Programmentwicklung

(außerhalb des Modellversuchs, als begleitende Projekte des rheinland-pfälzischen Kultusministeriums) zwei weitere Grundschulen (Grundschule Emmelshausen, Grundschule Bitburg-Süd) das gleiche Programm in einer MS-DOS-Version, wobei die letztere den Einsatz in der sogenannten Freiarbeit untersucht. Die Übertragung in Turbo-Pascal wurde mit Unterstützung der IBM-Deutschland im zweiten Halbjahr 1990 vorgenommen. Durch IBM-Deutschland wurden an beiden Schulen insgesamt 16 Rechner des Typs PS/1 bereitgestellt.

Aufgrund der Initiative des Schulleiters wird in einem gesonderten Pilotprojekt an der Grundschule Stadecken-Elsheim der Einsatz des Mathematik-Übungsprogramms in Freiarbeitsphasen und als Instrument der individuellen Förderung im Rahmen der inneren Differenzierung an drei Geräten des Typs AMIGA 500 erprobt.

Im weiteren Verlauf der Hauptphase soll das Programm inhaltlich und didaktisch fortentwickelt werden. U.a. soll auch untersucht werden, inwieweit eine Erkennung von systematischen Rechenfehlern sinnvoll und leistbar ist.

3. Anforderungen an das Mathematik-Übungsprogramm

Aus den oben erwähnten Gesprächen mit der Mathematik-Fachschaft der Grundschule Laubenheim ergaben sich zunächst die folgenden Anforderungen an das Programm:

- Alle wesentlichen inhaltlichen Lernziele des Mathematikunterrichts des 3. und 4. Schuljahres (entsprechend dem rheinland-pfälzischen Lehrplan) sollten durch Übungen vertreten sein.

- Das Programm sollte sich der individuellen Leistungsfähigkeit der Übenden selbsttätig anpassen.

- Der Lehrer sollte eine vom Computer eventuell nicht geleistete Anpassung durch Eingriffe von außen vornehmen können.

- Das Kind (oder der Lehrer) sollte bestimmen können, in welchem Gebiet geübt wird; daneben sollten aber durch den Computer auch "vermischte" Übungen erzeugt werden können.

- Das Programm sollte - anders als bei "drill and practice" - im Falle von Fehlern oder bei Unsicherheiten Hilfen anbieten, die dem Schüler durch Anschauungsmodelle oder gezielte Hinweise "auf die Sprünge" helfen sollten.

- Es wurde sorgfältig darauf geachtet, daß alle Verfahren und Schreibweise auf dem Bildschirm so präsentiert werden, wie die Schüler dies von Tafelanschrift oder Schulbuchdarstellung gewöhnt sind. (So wird z.B. der Übertrag bei den schriftlichen Rechenverfahren klein in eine Zwischenzeile geschrieben.)

- Die Schüler sollten durch eine relativ hohe Bildschirmauflösung, durch den Einsatz von Farbe, durch Graphiken und Piktogramme und durch Benutzung der Maus Informationsaufnahme vom Bildschirm und Interaktion mit dem Programm in hohem Maße erleichtert bekommen. Nur so ist zu erwarten, daß ein weitgehend intuitiver Umgang mit dem Programm ermöglicht wird und damit die eigentlichen mathematischen Übungseffekte gesichert werden.

- Der Zugriff auf die Tastatur sollte sich auf das numerische Tastenfeld, die Eingabetasten, die Korrekturtaste und je eine Taste für Hilfeanforderung und zum Unterbrechen von Übungen beschränken.

Teilweise ergaben sich daraus Pole von Forderungen, die einander divergent gegenüberstanden, so daß die Umsetzung auf Kompromisse hinauslaufen mußte. Diese Pole seien hier einmal überzeichnet einander gegenübergestellt:

- Die strikte Verfolgung eines Lernziels "Fähigkeit" hätte zur Erzeugung eines wirklichen Lernprogramms führen müssen, das Begnügen mit reiner "Fertigkeit" wäre durch ein reines "drill-and-practice"-Programm erreichbar gewesen.

- Mit einem System weitgehend offener Hilfen hätten die Kinder zwar eine mathematikdidaktisch besonders anspruchsvolle Schulung erhalten, wären aber möglicherweise zum großen Teil überfordert gewesen.

- Mit kleinschrittigen Übungen hätte man möglicherweise die Fehlerhäufigkeit sehr reduzieren können, hätte aber eine "didaktische Teilchenschleuder" geschaffen. Mit wiederum zu großen Schritten beim Fortschreiten im Übungsniveau hätte man mehr selbständiges Denken herausgefordert, aber einen "didaktischen Steinbruch" geschaffen.

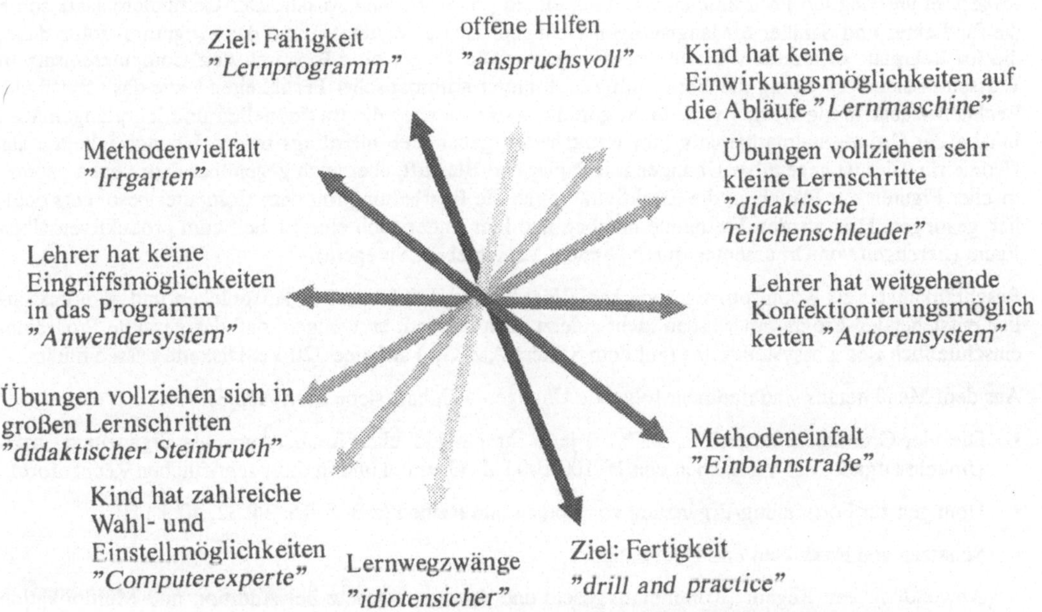

Abb.2: Divergenzen in den Anforderungen an das Programm

- Mit einer Vielfalt von Veranschaulichungsmethoden wäre man der Forderung der Didaktiker nach aspektgerechten Veranschaulichungen nahegekommen, hätte aber für die Schüler sehr wahrscheinlich Handhabungs- und Verständnisprobleme geschaffen.

- Mit einem starr ablaufenden Programm wären den Kindern jegliche Handhabungsschwierigkeiten abgenommen worden, man hätte aber damit auch eine starre, im Wortsinn Lern"maschine" verwirklicht. Zu weitgehende Eingriffsmöglichkeiten der Lerner würde diesen aber schließlich auch ein regelrechtes Expertentum zum Bedienen des Programms abverlangen.

- Hinsichtlich der Einwirkungsmöglichkeiten der Lehrer liegen die Extreme bei einem reinen "Anwendersystem" oder einem "Autorensystem".

Ursprünglich war lediglich beabsichtigt, die Übungen des traditionellen Kopfrechnens auf dem Rechner zu modellieren. Hier wurden stets die Rechenfertigkeiten geübt, deren didaktisch sorgfältige Einführung längst abgeschlossen war. Den Kindern wurden dabei von Lehrer oder Lehrerin meist Aufgaben nach spontanem Einfall, also ohne sorgfältige didaktische Planung gestellt. Mit fortschreitendem Programmeinsatz wurden aber die durch Zufallsgeneratoren erzeugten Aufgaben von den Lehrkräften zusehends kritischer nach didaktischen Gesichtspunkten bewertet (Üben ausgewählter schwieriger Sonderfälle, Ausschließen trivialer Aufgaben, Feinstufung nach Anforderungen u.ä.). Dem wurde Rechnung getragen, indem die Zufallsgeneratoren nach einem didaktisch orientierten Regelsystem eingegrenzt wurden.

Die Auswahl der Übungseinheiten wurde - nicht von Anfang an, sondern erst nach Diskussionen - auf solche Inhalte der Grundschulmathematik beschränkt, die nicht auf die Festigung von Begriffen und Vorstellungen abzielen, sondern eher auf die Mechanisierung von Verfahren. Nun muß man allerdings einräumen, daß auch Begriffe und modellhafte Vorstellungen in das Üben von Verfahren hineinwirken. So hat es sich z.B. als wünschenswert herausgestellt, eine eigene Übungseinheit zum Verständnis des Zahlenstrahlmodells in das Programm einzufügen. Grundsätzlich aber besteht Konsens darüber, die Vermittlung von Begriffen einer vor dem Computereinsatz liegenden Unterrichtsphase zu überlassen, in der an konkreten Modellen gearbeitet, und in der Informationen umgangssprachlich zwischen Lehrer und Schüler ausgetauscht werden.

Insgesamt unterlag die Programmentwicklung einem pragmatischen Ansatz. Der Computereinsatz sollte die für Lehrer und Schüler oft langweiligen Übungsphasen unterstützen, und das Programm sollte dabei die im Lehrplan geforderten Inhalte repräsentieren. Die Frage, ob z.B. durch den Computereinsatz in Wirtschaft und Verwaltung die Vermittlung bestimmter arithmetischer Fertigkeiten - wie das schriftliche Rechnen - überflüssig wird, wurde nicht gestellt. Ansätze, über die traditionellen und lehrplangemäßen Inhalte der Grundschulmathematik hinauszugehen, ergaben sich allerdings in den Übungseinheiten zur Geometrie. Hier ist gegenüber Übungen mit Papier und Bleistift, aber auch gegenüber dem Legen geometrischer Figuren mit Plättchen, die Effektivität durch die Bearbeitung mit dem Computer besonders deutlich gestiegen. Hier werden Freiräume nutzbar, und hier findet auch eine Einheit zum produktiven Üben Raum (Erzeugen von Ornamenten durch Drehen, Verschieben, Spiegeln).

Beschränkungen als Kompromisse zwischen Wünschen und didaktischen Ansprüchen und dem tatsächlich entstehenden Programm wurden nicht zuletzt auch dadurch erzwungen, daß das gesamte Programm einschließlich Betriebssystemteilen (auf dem System AMIGA) auf eine 720-kB-Diskette passen mußte.

Aus dem Menü heraus sind nunmehr folgende Übungen wählbar (siehe auch Abb.3):

- Die vier Grundrechenarten (+ , - , * , :) je in ihrer mündlichen Rechenform, als Ergänzungs- bzw. Umkehraufgabe, mit Vielfachen von 10,100,1000 als Operand und in ihrer schriftlichen Rechenform.

- Übungen zur Fortsetzung/Ergänzung von Folgen und Reihen (z.B. 8, 16, 24, 32, 40, [], []).

- Schätzen von Produkten und Quotienten.

- Anwendung von Regeln (Kommutativgesetz und Assoziativgesetz bei Addition und Multiplikation zum Erkennen von Rechenvorteilen, Distributivgesetz).

- Übungen zu den Größen (Maßzahlumrechnungen und Operationen in Bezug auf Geld, Längen, Zeiten und Massen).

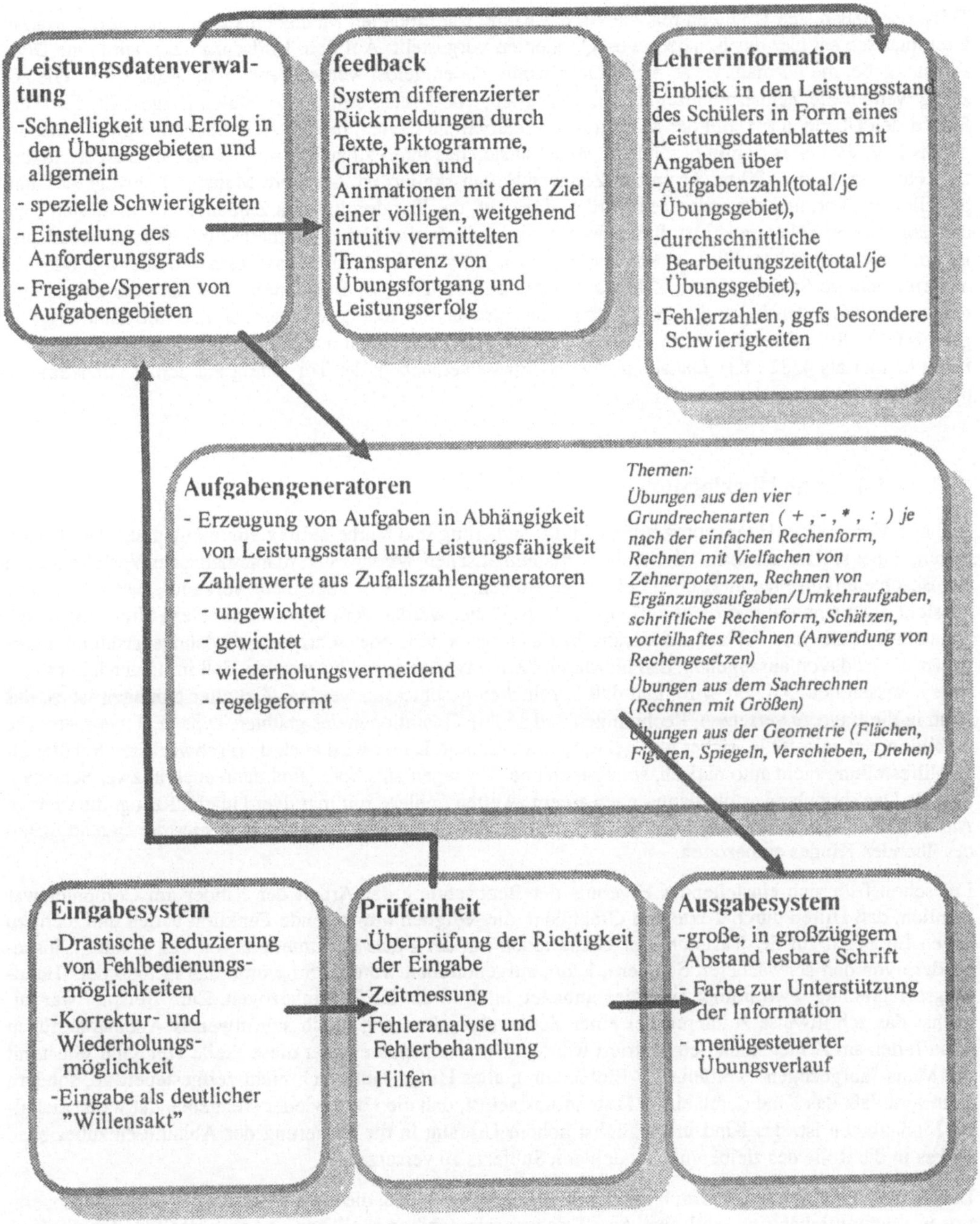

Abb. 3: Subsysteme des Mathematik-Übungsprogramms

Teilweise ließen sich Übungen realisieren, die so mit traditionellen Methoden kaum praktizierbar waren. Exemplarisch sei hier das Schätzen von Quotienten vorgestellt: Auf dem Bildschirm erscheint eine Divisionsaufgabe, die normalerweise nicht durch Kopfrechnen gelöst werden kann, z.B. "4382 : 83". Gleichzeitig werden die Zehnerpotenzen 1, 10, 100, 1000, 10000 als beschriftete Säulen dargestellt. Ein Text fordert den Übenden auf, mit der Maus auf das Intervall zu deuten, in dem seiner Schätzung nach das Ergebnis liegt. Hat er es richtig bezeichnet, so dehnt sich das Intervall zu einem Zahlenstrahl aus, der in diesem Fall von 10 bis 100 reicht und in Zehnerschritten skaliert ist. Mit dem Mauspfeil bewegt sich nun plötzlich ein Tor, und ein neuer Text fordert dazu auf, das Tor dort auf den Zahlenstrahl zu "stellen", wo das Ergebnis zu erwarten ist. Ist dieses ausgeführt, so läuft eine kleine Animation mit einem Fußballspieler ab, der vom Rand des Bildschirms her gegen einen Ball "tritt". Wurde das Tor auf die richtige oder annähernd richtige Stelle auf dem Zahlenstrahl gestellt, so trifft der Ball hinein, und die Animationsfigur reagiert mit "Freudensbekundungen". Nach einer falschen Schätzung wird dem Schüler die Rundungsaufgabe (4000 : 80) präsentiert, er muß deren Ergebnis (50) berechnen und die Schätzung bewerten (4000 : 80 ist kleiner als 4382 : 83). Danach darf er nochmals versuchen, das Tor richtig auf dem Zahlenstrahl zu plazieren.

4.   Didaktische Überlegungen

Ziel des Mathematik-Übungsprogramms ist die Sicherung und Verbesserung von mathematischen Fertigkeiten; dabei soll neben dem "Wachhalten" mathematischen Wissens und mathematischer Verfahren auch die Beschleunigung rechnerischer Leistungen stehen. Dabei wird aber nicht verkannt, daß Üben ohne Einsicht nicht sinnvoll und nicht wirkungsvoll ist. Daher werden dem übenden Schüler Hilfen angeboten, die auch im Fall eines Fehlers auf Veranschaulichungsmodelle oder schrittweise Lösungsverfahren rekurrieren. Es ist davon auszugehen, daß hierdurch Lernvorgänge ausgelöst werden, daß im Unterricht erworbenes Wissen neu aktiviert wird, und daß Lernlücken geschlossen werden. Ziel aller Übungen ist es, das Kind in die Lage zu versetzen, Rechnungen und andere Operationen des geübten Typs (z.B. geometrische Abbildungen) selbsttätig, sicher und geläufig auszuführen. Daher wird auch dem schwächsten Schüler eine Hilfestellung nicht automatisch, sondern erst bei Versagen angeboten und dann auch in zwei Schritten: Erst als Denkimpuls, Anstoß, dann - nach einem zweiten Fehler - mit massiver Unterstützung, die richtige Antwort nahelegend oder schrittweise erarbeitend. Wo immer möglich wird auch hier die Eigentätigkeit des übenden Kindes einbezogen.

Ein schon früh sich einstellendes Ergebnis der Beobachtung der Arbeit der Kinder am Computer war nämlich, daß Hilfen durch Texte und Graphiken, die lediglich hinweisende Funktion hatten und nicht zu neuen Eingaben auf der Tastatur oder Operationen mit der Maus aufforderten, von den Kindern, insbesondere von den schwächeren Schülern, kaum aufgenommen wurden. So wurde das Prinzip der "Handlungsorientierung", wo immer sich dies anbietet, auch in die Hilfen einbezogen. Zum Beispiel war zunächst das schrittweise Addieren bei einer Zehnerüberschreitung durch schrittweises Aneinanderfügen von Pfeilen am Zahlenstrahl demonstriert worden. Nunmehr müssen aber diese Pfeile von Kind selbst mit der Maus "aufgezogen" werden. Die Einblendung aller Hilfen läuft auch nicht zeitgesteuert ab, sondern stets veranlaßt das Kind durch einen Tastendruck selbst, daß die Hilfe wieder weggeblendet wird. Ziel aller Maßnahmen ist, das Kind in möglichst hohem Umfang in die Steuerung der Abläufe einzubeziehen und es in die Rolle des zielbewußt handelnden Subjekts zu versetzen.

Die Verwendung von durch Graphiken repräsentierten Modellen, die nach Möglichkeit durch Mausoperationen manipulierbar sind, soll eine Art "Erfahrungslernen" ermöglichen, wonach der Schüler die Korrektheit errechneter Ergebnisse nach dem Vergleich mit dem Modell beurteilen kann.

An einer Übungseinheit aus dem Einmaleins soll eine Übungssequenz exemplarisch erläutert werden: Der Schüler wählt mit der Maus im Menü "Mündliches Malnehmen" aus. Auf dem Bildschirm erscheint "6 * 7 = []". Tippt er das richtige Ergebnis ein, erscheint die Bestätigung für seine Eingabe in Form eines Häkchens und durch die Reaktion einer Animation. Der Schüler kann durch Druck auf eine beliebige Taste zur nächsten Aufgabe weitergehen; er bestimmt damit das Tempo seines Arbeitens selbst. Hat er aber falsch gerechnet und z.B. 49 eingegeben, wird die gestellte Aufgabe in die Aussageform 6 * 7 < 49 umgewandelt, wobei die "9" rot dargestellt ist, da ja nur der Einer falsch berechnet wurde. Die Aufgabe "6*7

= []" erscheint eine Zeile tiefer neu, und als Hilfe wird die Siebenerreihe angedeutet: 7 . . . 35 . . . . 70 (wobei also die "Reihenstützpunkte" 1*7, 5*7 und 10*7 vorgegeben sind). Ein Pfeil deutet auf die zu errechnende Position hinter 35. Wenn das Ergebnis nun wieder falsch eingegeben wird, ist auf dem Bildschirm die weitergehend ausgefüllte Siebenerreihe zu sehen: 7 14 21 28 35 . 49 56 63 70. Wird nun das richtige Ergebnis nicht gefunden, gibt der Computer die Lösung. Bei den ersten Einmaleinsreihen (1*2, 1*3, 1*4, 1*5) wird außerdem eine graphische Lösungshilfe angeboten, z.B. bei der Zweierreihe dem Multiplikator entsprechende Anzahlen von Fahrrädern mit zwei Reifen.

Die Hilfen sind so konstruiert, daß möglichst verbreitete und anerkannte Verfahren verwendet werden (z.B. für die Addition die Pfeildarstellung am Zahlenstrahl) und daß möglichst keine Lösungswegzwänge entstehen, so daß der Schüler mehrere nach den Regeln der Mathematik gültige, bzw. nach den Erkenntnissen der Mathematikdidaktik sinnvolle Lösungswege beschreiten kann. Bei den oben dargestellten Hilfen zur Multiplikation bleibt ihm z.B. offen, 8*4 zu berechnen, indem er vom angegebenen 10*4=40 zweimal 4 subtrahiert oder zum ebenfalls gegebenen Reihenstützpunkt 5*4=20 dreimal 4 addiert. Die Hilfen richten sich teilweise auch nach dem Kontext von Leistungsstand und spezieller Aufgabe aus. So wird im Zahlbereich bis 20 für Addition und Subtraktion nicht das Zahlenstrahlmodell zur Unterstützung angeboten, sondern die Hundertertafel, während bei Additionen mit relativ großen Summanden auch das Zahlenstrahlmodell nicht mehr herangezogen wird, sondern die Aufgabe mit zerlegten Summanden dargestellt und schrittweise abgefragt wird.

Da das Programm auf das Üben und damit auf die Vermittlung von Fertigkeiten abzielt, und weder die Vermittlung von mathematischen Begriffen noch das Verständnis von mathematischen Verfahren primär beabsichtigt, ist es unabdingbar, daß der Unterricht vor Einsatz entsprechender Übungsseinheiten des Programms die dort verwendeten Modelle und Verfahren einführt. Hierzu gibt es eine Ausnahme: Wegen der großen Bedeutung und der breiten Verwendung des Zahlenstrahlmodells wird im Nachhinein eine besondere Übungseinheit zu dessen besserem Verständnis realisiert.

Grundsätzlich sind folgende Möglichkeiten für das Angebot von Hilfen gegeben:

*   genaue Bezeichnung von Fehlerstelle und Fehlerart,

*   Bereitstellen von Anschauungsmodellen (Zahlenstrahl,Hundertertafel, Lernuhr, Lerngeld,..),

*   Verweis auf verletzte Definitionen und Regeln,

*   Darstellung von Rechenverfahren (Abfrage der schrittweise zu errechnenden Ergebnisse mit der Möglichkeit, Zwischenschritte zu überspringen).

5. Die Leistungsanpassung

Die Übungen innerhalb eines Übungsgebiets sind nach aufsteigendem Schwierigkeitsgrad definiert. Dieser ergibt sich entweder nach dem den Aufgaben zugrundeliegenden Zahlenraum (bei rein arithmetischen Übungen) oder nach Komplexität oder Abstraktionsgrad der Übung. Einzelne Übungsgebiete sind daher in zehn und mehr Aufgabentypen gegliedert. Je nach Übungserfolg wird der Schwierigkeitsgrad gesteigert, beibehalten oder vermindert. Dies - das zeigt die bisherige Erfahrung - sichert jedem Schüler grundsätzlich Erfolgserlebnisse, da die Software sich auf seine Leistungsfähigkeit einstellt. Hat ein Schüler das höchste Anforderungsniveau in einem Übungsgebiet erreicht und auch hier eine Mindestanzahl von Aufgaben mit Erfolg gelöst, so wird dieses Übungsgebiet gesperrt (d.h., es ist aus dem Menü heraus nicht mehr wählbar). Er erhält damit das Gefühl, daß er durch sein Üben zu "Ergebnissen" kommt, daß Lernen keine Sysiphusarbeit ist, die endlose Wiederholungen beherrschter Fertigkeiten verlangt. Alle Übungsgebiete sind zudem so miteinander vernetzt, daß ab einem gewissen Leistungsniveau in elementaren Fertigkeiten Übungen zu weiterführenden Fertigkeiten freigegeben werden. Ein Schüler, der mit dem Programm im dritten Schuljahr zu üben beginnt, kann am Anfang aus dem Menünicht viel mehr als die Kopfrechenformen in den vier Grundrechenarten auswählen, wird aber mit fortschreitendem Übungserfolg erleben, daß ihm schrittweise andere Übungsgebiete (wie z.B. die schriftlichen Rechenformen) freigegeben werden.

Für langsame Lerner könnte allein nach diesem Vorgehen die Situation entstehen, daß sie gewisse Übungsgebiete dann noch nicht erreicht haben, wenn diese längst im Unterricht behandelt werden. Hier kann der Lehrer mit einem speziellen Programm eingreifen, mit dem er für den Schüler noch gesperrte Übungsgebiete frei"schalten" kann. Das gleiche Programm ermöglicht es ihm z.B. aber auch, für besonders leistungsstarke Schüler den Schwierigkeitsgrad in einzelnen Übungsgebieten über das normal vorgesehene Maß zu erhöhen.

6. Bisherige Erfahrungen mit dem Programm

Nach einer kurzen Eingewöhnungsphase können alle Kinder das Programm handhaben. Unterschiedliche Verhaltensweisen bei Mädchen und Jungen ließen sich bisher nicht feststellen. Die Lernfreude, am Computer zu rechnen, ist hoch und nimmt auch nach einem Jahr kontinuierlicher Arbeit kaum ab. Wenn die "Computerstunden" ausfallen müssen, äußern die Kinder Unwillen. Die abwechslungsreichen Darstellungs und Übungsformen motivieren die Kinder und erhöhen die Lernkonzentration. Durch die Vielzahl der in kurzer Zeit gelösten Aufgaben wird ein hoher Übungseffekt erreicht. Die Arbeitszeit am Computer - zweimal wöchentlich 15-20 Minuten - hat sich als sinnvoll erwiesen. Die Rechenfertigkeit der Kinder verbessert sich sichtlich; ein besonders deutlicher Übungseffekt gegenüber den traditionellen Verfahren ist bei den schriftlichen Rechenformen feststellbar. Vor allem schwächere Schüler haben die deutlichsten Fortschritte und erleben ihre individuellen Lernerfolge besonders motivierend. Es ist kaum festzustellen, daß ein Kind nach einem Fehler so lange unkontrollierte Eingaben macht, bis der Computer die Lösung anzeigt.

Die Kinder fühlen sich während der Arbeit am Computer keineswegs "vereinzelt", das hieße, nur auf Gerät oder Bildschirm "fixiert". Sie arbeiten vielmehr auch gern zu zweit am Gerät, tauschen sich über Probleme aus, helfen einander, fragen den Lehrer und jubeln über "Entdeckungen", wenn sie sich ein neues Übungsgebiet "erobert" haben. Teilweise erscheint es so, als ob die Mathematik durch den Computer stärker in den Fragehorizont der Kinder gerückt würde - im Unterschied zum traditionellen Unterricht reden die Kinder eher "über" Mathematik. Die Rolle des Lehrers verschiebt sich von der Funktion des Wissensvermittlers und Kontrolleurs zu der eines Helfers, fürsorglichen Beobachters, gelegentlich sogar eines "Mitlernenden". Jedenfalls kann während des Übens am Computer - anders als in den meisten anderen Unterrichtsphasen - der Lehrer fast jederzeit persönlich angesprochen werden.

Detailliertere und belegte Ergebnisse sind von den ab Herbst 1991 durchzuführenden Untersuchungen der wissenschaftlichen Begleitung (Zentrum für Empirische Pädagogische Forschung der Universität Koblenz-Landau, Prof. R.Jäger) zu erwarten.

Literaturhinweise

1) Jäger, R.S., u.a. (1988): Erste Teilevaluation: Akzeptanz von TOAM. Vervielf. Manuskript, Zentrum für empirische pädagogische Forschung, Erziehungswissenschaftliche Hochschule, Landau 1988

2) Jäger, R.S., u.a. (1990): Evaluation mit dem System TOAM in Simmern/Kirchberg; Untersuchung des Lernerfolgs. Forschungsbericht 26, Erziehungswissenschaftliche Hochschule, Landau 1990

3) Frey, Karl (1989): Effekte der Computerbenutzung im Bildungswesen, Zeitschrift für Pädagogik, 35. Jahrgang (1989), Seite 637 ff

4) Eigler, Gunther (1985): Lernen mit Computern - was ändert sich?, in: Bullinger, Eigler, Külp, Lehmann, Schlier: Die elektronische Herausforderung, Verlagshaus Rombach, Freiburg 1985

Adressen der Autoren:

Georg Baumann
In der Hayl 1
6500 Mainz-Laubenheim

Rolf Monnerjahn
Basselscheider Str.9
5401 Emmelshausen

Vorstellung des Modellversuchs COMPIG

"Ausgleich von Lernrückständen durch Computer in der Grundschule"

Willi van Lück

Orientierender Überblick

1. Ausgangsbedingungen und Vorbereitung des Modellversuchs

2. Rahmenbedingungen und Ziele des Modellversuchs

3. Gestaltung, Erprobung und Evaluation von Handreichungen und Multimedia-Lernumgebungen

4. Vorgesehene Darstellung der Ergebnisse des Modellversuchs

5. Literatur

1.   Ausgangsbedingungen und Vorbereitung des Modellversuchs

Eine wesentliche Orientierung für den Modellversuch COMPIG lieferte das Forschungsvorhaben zum Thema "Computer in der Grundschule" vom August 1988 bis März 1989 und das daran anschließende Symposion zum gleichen Thema (Soest 1989). Die wesentlichen Ergebnisse der Tagung waren:

- Der "Computer" findet als (Lern-)Werkzeug (z.B. als Schreib- und Kalkulationswerkzeug im Rahmen mediendidaktischer Überlegungen) auch in der Primar- und Grundschuldidaktik eine immer breitere, auch internationale, Zustimmung.
- Der "Computer" ist unter medienpädagogischen Überlegungen ein Medium unter anderen Medien. Für die Einrichtung mit Computern gilt daher: "Computerecke" und nicht Computerraum.
- Weniger Zustimmung, bisweilen heftigste Ablehnung, findet der in Deutschland seit den 60er Jahren bekannte, keinesfalls in verbesserter pädagogischer Form auftretende, programmierte Unterricht auf einer Computeroberfläche.
- Auf breite Ablehnung stößt eine Vorverlegung von Elementen der "Informations- und Kommunikationstechnologische Grundbildung" in die Grundschule.

Eine weitere Orientierung für den Modellversuch COMPIG war eine Tagung zum Thema "Neue Technologien und Zukunftsperspektiven des Lernens" vom 11. bis 13.12 1989 im Landesinstitut in Soest (Soest 1990). Der Berichtsband enthält Beiträge zum Stand der Entwicklung Neuer Medien für Unterricht, Unterrichtsvorbereitung und Weiterbildung, zur Klassifizierung und zu Funktionen von Neuen Medien, zu den Lerntheorien, die sich hinter den Neuen Medien verbergen, z. B. Lernen und Üben nach dem Reiz - Reaktionsmodell mit dem Mittel der Verstärkung, entdeckendes und konstruierendes Lernen und Üben (Piaget) in Sinn- und Sachzusammenhängen (vernetzt denken lernen), isolierte kontra konzeptbezogene Informationsspeicherung (aus Information wird Wissen), lineare (z. B. kausale oder hierarchische) kontra vernetzte oder parallele Problemlösung.

Ergebnisse aus dem Modellversuch "Datenbanken in Schule und Unterricht" (MODIS) und Erfahrungen mit Modellbildungs- und Simulationswerkzeugen im Unterricht der allgemeinbildenden Schulen bildeten eine weitere vorbereitende Hilfe für die Durchführung des Modellversuchs COMPIG (Soest 1990 und 1991).

In MODIS wurde zusammenfassend festgestellt, daß unterstützt durch gezielte Recherchen in umfangreichen themenbezogenen Datenbanken (mindestens 15 MB) besser als bisher erreicht werden können:

- tiefergehende Einsichten und Durchsichten in die "verhandelten" und untersuchten Sachen bis auf grundlegende Strukturen oder Einflußgrößen,
- orientierende Übersichten über sachliche, fachliche, logische oder normative Zusammenhänge und Wechselwirkungen und
- sachbezogene Reflexionen über Möglichkeiten und Grenzen des Einsatzes von Datenbanken.

2. Rahmenbedingungen und Ziele des Modellversuchs COMPIG (August 1990 bis Juli 1993)

Der Modellversuch CompiG hat am 01.08.1990 begonnen und endet am 31.07.1993. Er wird je zur Hälfte vom Land Nordrhein-Westfalen und dem Bund finanziert. Die Durchführung des Modellversuchs ist dem Landesinstitut für Schule und Weiterbildung in Soest übertragen worden. Der Modellversuch wird wissenschaftlich in didaktisch-methodischen und lerntheoretischen Fragen begleitet .

Zum Zwecke der Entwicklung, der Erprobung und Evaluation von **Multimedia-Lernumgebungen** und **Handreichungen** hat der Kultusminister in Nordrhein-Westfalen insgesamt 14 Grundschullehrerinnen und -lehrer in eine Projektgruppe berufen.

Im Modellversuch soll - schwerpunktmäßig - geklärt werden:

- ob und wie mit Hilfe von Multimedia-Lernumgebungen selbstbestimmtes, entdeckendes und konstruierendes Lernen sowie Lernen in Sinn- und Sachzusammenhängen verbessert werden kann und möglichst weniger Lernrückstände entstehen,
- ob und wie mit Hilfe von Multimedia-Lernumgebungen in kleinen Gruppen sachbezogenes, konstruierendes und festigendes Üben verbessert werden kann und gelernte Verfahren, Sachverhalte und Verhaltensweisen besser transferiert werden können,
- wie der Unterricht, in dem die Multimedia-Lernumgebung als ein Medium eingesetzt wird, zu gestalten ist und
- wie sich in diesem Unterricht die Rollen von Schülerinnen und Schülern sowie von Lehrerinnen und Lehrern ändern.

Parallel zum Modellversuch COMPIG in NRW werden auch Modellversuche zum Computereinsatz in der Grundschule in Rheinland Pfalz und Niedersachsen durchgeführt. Ergebnisse aus allen drei Grundschul-Modellversuchen werden jährlich ausgetauscht.

Der Modellversuch "Optische Speicher in Unterricht und Unterrichtsvorbereitung" (OPTIS) baut auf den Ergebnissen des Modellversuchs MODIS auf und ist ein Modellversuch im Bereich der allgemeinbildenden und berufsbildenden Schulen in NRW mit einer etwa gleichwertigen Zielvorstellungen wie in COMPIG.

3. Gestaltung, Erprobung und Evaluation von Handreichungen und Multimedia-Lernumgebungen im Modellversuch COMPIG

3.1 Gestaltung von Multimedia-Lernumgebungen parallel zur Entwicklung von Handreichungen für den Unterricht

Im Modellversuch COMPIG (und OPTIS) sind **parallel zur** Entwicklung von **Multimedia-Lernumgebungen** auch **Handreichungen** für den Unterricht zu entwickeln. Beide Gestaltungsaufgaben werden wissenschaftlich beraten und begleitet.

Auf der Grundlage der in Kap. 1. genannten Vorarbeiten sind die folgenden Hypothesen für diesen doppelten Gestaltungsauftrag entstanden:

- Eigen- und Selbsttätigkeit, auch in Kleingruppenarbeit, sind dann eine notwendige Bedingung für entdeckendes und konstruierendes Lernen und Üben (Piaget), **wenn** weder die Informationsaufnahme (Wahrnehmung durch die Sinne) noch die Informationsspeicherung (z.B. isolierte Ab-Speicherungen im Gehirn) mit Wissen (Kenntnissen, Transferwissen, Problemlösewissen ...) gleichzusetzen sind. Wissen also durch Eigenkonstruktion und nicht durch Einprägung entsteht.
- Ein situationsbezogener und erfahrungsorientierter Unterricht ist dann eine notwendige Bedingung für einen anwendungs- und problemorientierten Unterricht, **wenn** die Informationsaufnahme auf ein Ziel gerichtet werden soll und die Informationsspeicherung in bedeutungshaltigen Netzen erfolgen soll.
- Die Multimedia-Lernumgebung, ein Medium unter anderen, in einer Lernumgebung z.B. von Eigentätigkeit, Kleingruppenarbeit, Situationsbezogenheit und Erfahrungsorientierung, soll also gestatten, daß zielgerichtet zum Zwecke einer Aufgaben- oder Problemlösung zusätzliche Informationen gefunden und weiterverarbeitet (auch eine Form von Eigen- und Selbsttätigkeit) werden können.

3.1.1 Gestaltung von Multimedia-Lernumgebungen

Die zu gestaltenden Multimedia-Lernumgebungen bestehen jeweils, auf der Grundlage der vorgenannten Hypothesen, aus einer umfangreichen **themenbezogenen Datenbank** und aus **LERN-Werkzeugen**, mit denen zielgerichtet gefundene Dokumente weiterverarbeitet werden können. Sie werden auf optischen Speichern, die durch magnetische Speicher ergänzt werden, am Ende des Modellversuchs ausgeliefert. Zur Zeit werden für die aus dem Sachunterricht stammenden Aufgabenschwerpunkte "Versorgung und Entsorgung", "Ich und die anderen", "Natürliche und gestaltete Umwelt" und "Arbeitstätten und Berufe" Multimedia-Lernumgebungen entwickelt.

Die themenbezogene Datenbank

Die themenbezogene Datenbank enthält als kleinste Einheiten Dokumente (etwa im Umfang eines Bildschirminhaltes) vom Typ: Text, Grafik, Tabelle, Animation, Video und Audio aus Büchern, Zeitungen, Zeitschriften, Sammelwerken und Online-Datenbanken. Alle Dokumente werden nach Schwierigkeitsgrad (Jahrgangstufe 1/2, 3/4 und Unterrichtsvorbereitung) eingeschätzt. Die themenbezogene Datenbank ist für Schülerinnen und Schüler wie für Lehrerinnen und Lehrer offen, d. h. erweiterbar: eigene oder überarbeitete Dokumente können hinzugefügt werden.

Der Aufbau (des Suchraumes) einer themenbezogenen Datenbank wird in der Folge aufbauend an Beispielen dargestellt. Nehmen wir als erstes Beispiel ein "einfaches Dokument": die folgende Grafik (es ist eine Entwurfsskizze) zum Thema "Natürliche und gestaltete Umwelt". Sie trägt die Dokumentennummer W 100 (W für Wiese).

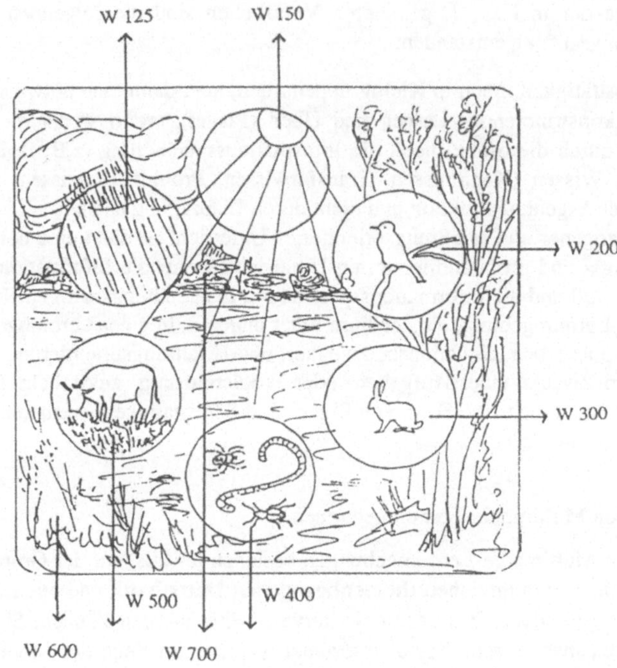

Abb. 1: Dokument W 100

Acht Bereiche dieser Grafik sind mit den Dokumenten W125, W150, W200, W300, W400, W500, W600, W700 verbunden. In das Bild-Dokument W200 (hier die Entwurfsskizze eines Ausschnitts) kann das Ton-Dokument W250 (Lied der Meise) eingeblendet werden.

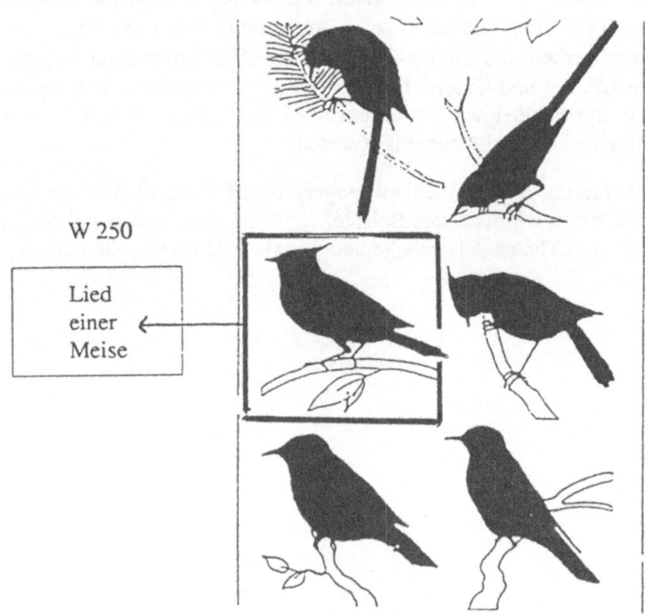

Abb. 2: W 200 mit Einblendung des Dokumentes W 250

So erhält der zunächst unstrukturierte Suchraum die folgende Struktur aufgeprägt.

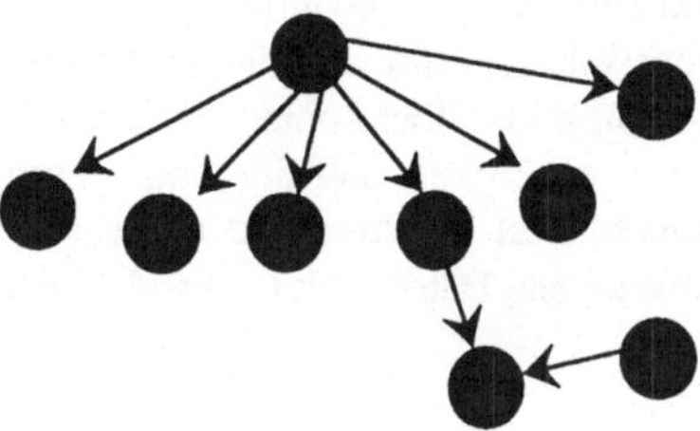

Abbs. 3: Strukturbild für die Verbindung von Dokumenten

Neben diesen "einfachen Dokumenten" gibt es auch noch "komplexere Dokumente". Sie können auf dem Bildschirm nach einer vorgesehenen Regieanweisung (z. B. Einblendungen von Text-, Ton- und Videodokumenten in ein Grafikdokument) entstehen und erlauben kontextabhängige Weiterführungen. Die folgende Grafik zeigt die Strukturskizze einer Datenbank aus einfachsten, einfachen und komplexen Dokumenten. Die Zahl der Kreise sagt aber nichts aus über die Mächtigkeit der Datenbank.

Für alle Dokumente der Datenbank werden Stichworte vergeben. Es gibt (z. B. für die Unterrichtsvorbereitung) auch Dokumente, die nicht direkt mit anderen verbunden sind. Wohl aber gibt es im Netz der Datenbank einige Dokumente, die Schlagworte (eine Teilmenge der vergebenen Stichworte) enthalten und nach denen mit boolschen Suchstrategien (UND, ODER, NICHT) gesucht werden kann (vgl. auch LERN-Werkzeug "Suchen und Finden"). Solche Strategien führen zur Menge aller Dokumenten, die die Suchbedingung erfüllen. So erhält der Suchraum die folgende Struktur aufgeprägt.

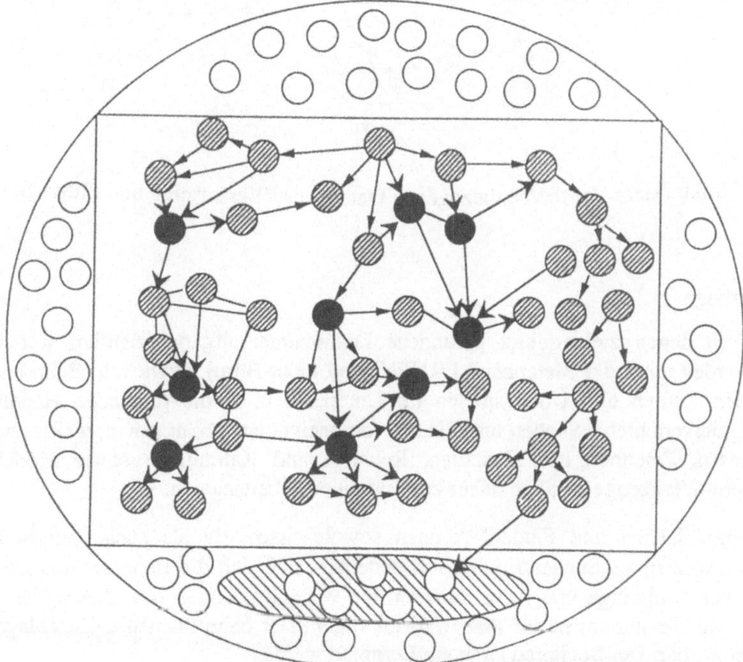

Abbs. 4: Strukturskizze einer Datenbank aus einfachsten, einfachen und komplexen Dokumenten

Die Datenbank zum Thema "Versorgung und Entsorgung" umfaßt inhaltlich z. B. die Bereiche: Herstellung von Glas, Papier, Kunststoffe und Aluminium; Herstellung von Nahrung und Kleidung; Vertrieb von Nahrung und Kleidung; Gebrauch von Nahrung und Kleidung; Recycling von Glas, Papier und Aluminium; Kompostierung von organischen Stoffen; Nicht kompostierbare und recyclierbare Stoffe; politisch-normative Bewertungen der Wiederverwendbarkeit und der Endlagerung von Stoffen; Verhalten- und Bewußtseinsbildung. Jeder dieser Bereiche ist strukturell so aufgebaut, wie die vorhergehende Grafik zeigt. Insgesamt entsteht eine themenbezogene Datenbank (es handelt sich um einen Auszug) der folgen-

der Struktur:

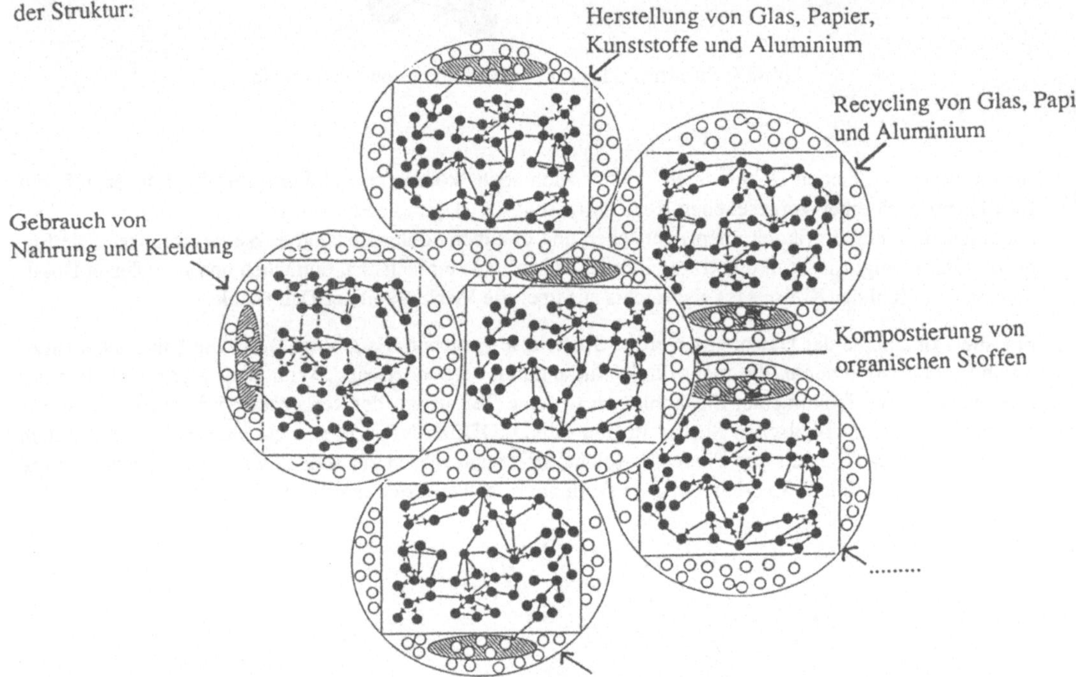

Abb. 5: Strukturkizze der themenbezogenen Datenbank "Versorgung und Entsorgung"

Die LERN-Werkzeuge

Die Werkzeuge, mit denen zielgerichtet gefundene Dokumente aufgabenorientiert weiterverarbeitet werden können, werden unter der Metapher LERNEN (und nicht Büro) entwickelt. Beim entdeckenden und konstruierenden Lernen und Üben spielen im Unterricht u. a. die folgenden Handlungen eine wesentliche Rolle: zielgerichtetes Suchen und Finden von geeigneten Dokumenten, weiterverarbeitendes Schreiben und Lesen, Zeichnen und Gestalten, Rechnen und Kalkulieren sowie Modellieren und Simulieren. Die Lern-Werkzeuge erhalten daher zur Zeit diese Arbeitsnamen.

Mit dem Werkzeug "Suchen und Finden" können sowohl assoziativ als auch boolsch Dokumente gefunden werden. Assoziatives Suchen/Finden soll bedeuten, daß sich die Benutzer und Benutzerinnen im Suchraum auf der Grundlage von Assoziationen, die beim Betrachten oder Lesen der Dokumente entstehen, entlang von Verbindungen auf Pfaden fortbewegen. Der beim Suchen eingeschlagene Pfad ist immer rückwärts begehbar. Der Suchpfad kann ein Lernpfad werden.

Boolsches Suchen/Finden bedeutet, daß sich die Benutzer und Benutzerinnen gewissermaßen vor dem Suchraum befinden und sich eine Suchstrategie überlegen müssen. Ein solche Suchstrategie wird aus Begriffen (allen Worten, die in Texten vorkommen oder Schlagworten) und boolschen Verknüfpungen gebildet z. B.: Glas UND Recycling. Es werden dann in diesem Beispiel alle Dokumente in der Datenbank gefunden, in denen sowohl das Wort "Glas" als auch das Wort "Recycling" vorkommen.

Assoziatives und boolsches Suchen können miteinander verbunden werden. Schülerinnen und Schüler können z. B. mit einer assoziativen Suche beginnen, dann aber Ideen für eine boolsche Suche gewonnen haben. Sie setzen die assoziativ begonnene Suche boolsch fort. Der umgekehrte Weg ist ebenfalls möglich: auf der Grundlage einer Suchstrategie wird eine Menge von Dokumenten gefunden in der weiter assoziativ gesucht wird.

Die Lern-Werkzeuge: Schreiben und Lesen, Zeichnen und Gestalten, Rechnen und Kalkulieren sowie Modellieren und Simulieren gestatten eine Weiterverarbeitung der Dokumente. Diese Weiterverarbeitung fördert (entscheident?) entdeckendes und konstruierendes Lernen und Üben. Der Sachzusammenhang in seinen normativen Wechselwirkungen wird dann z.B. deutlich und im Gehirn als semantisches Netz geknüpft. Beispiele für den Einsatz von Lern-Werkzeugen werden im folgenden Kapitel im vorletzten Absatz gegeben.

3.1.2 Gestaltung von Handreichungen

In den **Handreichungen** wird ein möglicher Unterricht in mehreren Alternativen beschrieben. Solche Alternativen ergeben sich z. B. auf der Seite der Lehrerin oder des Lehrers durch Bestimmung der Methoden, Medien und Rollen des Lehrens sowie auf der Seite der Schülerinnen und Schüler durch Wahl der Methoden, Medien und Rollen beim Lernen. In besonderer Weise werden Übergänge vom Sachunterricht in den Deutsch- und Mathematikunterricht beschrieben und Sinn- und Sachzusammenhänge zwischen den Fächern hergestellt. Aus der im Unterricht behandelten Sache sollen sich z. B. Lese-, Schreib- und Rechenanlässe ergeben, darüber hinaus soll sie z. B. zum Lernen und Üben anregen. Ein situationsorientierter oder projektorientierter Unterricht wird nahegelegt.

Ausführlich werden in der Handreichung die Nutzung aber auch die Grenzen der Nutzung des Neuen Mediums, der Multimedia-Lernumgebung, dargestellt. Der Unterricht soll damit auch einen Beitrag zur Medienpädagogik und Medienerziehung leisten. Die Beschreibung der Nutzung geschieht in exemplarischer Form, sie soll Anregungen geben für den Einsatz auch in anderen unterrichtlichen Kontexten.

Lehrerinnen und Lehrer können die Multimedia-Lernumgebung auch als eine praktische Informationsquelle bei ihrer Unterrichtsvorbereitung nutzen. Eine Recherche zu einem Thema oder Problem stellt ihnen in sehr kurzer Zeit wesentliches, plurales und aktuelles "Wissen" zur Verfügung, das sie elektronisch z. B. zu Arbeitsbögen oder Arbeitsmaterialen weiterverarbeiten können.

Handreichung für Lehrerinnen und Lehrer

<u>beschreibt</u> exemplarisch den pädagogisch sinnvollen <u>Einsatz des Mediums</u> in einer

Lernumgebung:	Rollen und Interessen von S & S	Rollen und Intentionen von L & L	mögliche Lern- oder Lehrmethoden	weitere Medien
	A	B	C	D

<u>beschreibt</u> mögliche <u>alternative Unterrichtsabläufe</u> (formal dargestellt:)

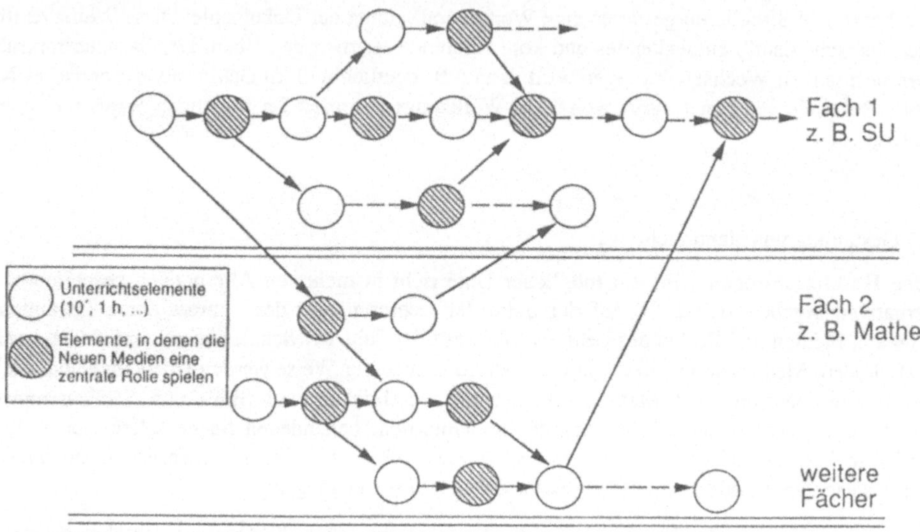

(Verzweigungen ergeben sich aus A, B, C, D)

Abb. 6: Strukturskizze einer Handreichung

Der Unterricht zum Arbeitsbereich "Versorgung und Entsorgung" könnte z. B. von der Situation "Vorbereitung eines Klassenfestes" ausgehen. Einige Kleingruppen der Klasse werden sich mit der Versorgung mit "Nahrung" und "Getränken" beschäftigen müssen.

Nach der Klassenfete stellt sich das Problem der Entsorgung. Im Rahmen der Problemlösung, wenn man nicht alles einfach in einen großen Sack packt, werden die "Rückstände und Überbleibsel" zu klassifizieren sein, damit sie "human- und ökologieverträglich" entsorgt werden können. Für Schülerinnen und Schüler entstehen Fragen, Probleme oder Aufgaben spontan von sich selbst aus oder auch unter Anleitung der Lehrerinnen und Lehrer, z. B.:

- zur Herstellung von Glas, Papier, Kunststoffen und Aluminium
- zur Herstellung von Nahrung und Kleidung
- zum Vertrieb von Nahrung und Kleidung
- zum Gebrauch von Nahrung und Kleidung
- zum Recycling von Glas, Papier und Aluminium
- zur Kompostierung von organischen Stoffen
- zu nicht kompostierbaren und recyclierbaren Stoffen

- zu politisch-normativen Bewertungen der Wiederverwendbarkeit und der Endlagerung von Stoffen oder
- zur Verhaltens- und Bewußtseinsbildung.

Bei der Lösung der Probleme oder bei der Bearbeitung der Aufgaben oder Fragen kann in einem z. B. arbeitsteiligen Kleingruppenunterricht auch die Multimedia-Lernumgebung eingesetzt werden.

- Durch zielgerichtetes Suchen können Dokumente gefunden werden, und in ihnen Zusammenhänge und Wechselwirkungen entdeckt werden, die einerseits dabei helfen, eine **orientierende Übersicht** z. B. über das Recycling von Glas, Papier oder Aluminium zu gewinnen und die andererseits bei der Lösung der enstandenen Probleme und Aufgaben helfen.
- Zu einer **vertiefenden Einsicht** in die Entsorgungsprobleme der "Menschheit" können Kalkulationen mit z. B. Trendaussagen zu Raumgrößen (Volumen), Flächengrößen, Massen (Gewichten), Kosten sowie Umweltbelastungen beitragen.
- Zu einer **strukturierten Durchsicht** in die Vernetztheit der genannten Zustandsgrößen und weiterer Änderungsgrößen können Simulationen in "Was-Wäre-Wenn-Spielen" einen Beitrag leisten. Hierdurch entstehen in der Regel qualitative Aussagen und Einschätzungen zur Dynamik von Systemen.
- Zur Darstellung der Ergebnisse der Kleingruppen, z. B. in der Klasse, können durch Bearbeitung und Ergänzung von Dokumenten aus der Datenbank sinnvoll die Lernwerkzeuge "Schreiben/Lesen" und "Zeichnen/Gestalten" eingesetzt werden.

Die Behandlung der Sache (SU) führt also zu Rechen- und Schreibanlässen (D, M). In diesen Sinnzusammenhang der Sache können dann auch in getrennten Förderstunden Module zum reproduktiven und repetetiven Üben des Rechnens und Schreibens eingebettet werden.

3.2 Erprobung und Evaluation von Handreichungen und Multimedia-Lernumgebungen

Die Erprobung erster Elemente von Handreichungen und Multimedia-Lernumgebungen (Prototyping)zu den oben genannten Aufgabenschwerpunkten sollen noch im November 1991 erfolgen.

Diese Erprobungen werden wissenschaftlich begleitet.

Die ersten Elemente der Handreichungen und Multimedia-Lernumgebungen zu den oben genannten Themen bzw. Arbeitsschwerpunkten sollen auf dieser Grundlage evaluiert und weiterentwickelt werden. Auch Übungsmodule zum Rechnen und Schreiben sollen dann einbezogen werden. Etwa Ende 1992 kann dann eine umfassendere Erprobung stattfinden, vielleicht auch schon außerhalb der Modellschulen.

4. Vorgesehene Darstellung der Ergebnisse des Modellversuchs

Die Multimedia-Lernumgebungen werden auf optischen Speichern, die durch magnetische Speicher ergänzt werden, am Ende des Modellversuchs ausgeliefert.

Im Frühjahr 1992 soll jeweils eine Tagung im Bezirk Rheinland und Westfalen stattfinden. Ebenso wird noch im Jahre 1992 eine Tagung auf Bundesebene stattfinden. Vorträge auf Fachtagungen (z. B. der GI, des FWU, der MNU) sollen für eine weitere Bekanntgabe der Ergebnisse genutzt werden.

5.   Literatur zum obigen Thema

Herausgeber: Landesinstitut für Schule und Weiterbildung

Gehören Computer in die Grundschule? Neue Medien in der Grundschule, Soest 1988

Computer und Grundschule - Literatur, Neue Medien in der Grundschule, Soest 1989

Computer und Grundschule - Abstracts, Neue Medien in der Grundschule, Soest 1989

Computereinsatz in der Grundschule? Neue Medien in der Grundschule, Soest 1989

Neue Technologien und Zukunftsperspektiven des Lernens, Neue Medien im Unterricht, Soest 1990

Jugend und Nationalismus, Datenbanken in Schule und Unterricht, Soest 1990

"Welt macht Sport", Datenbanken in Schule und Unterricht, Soest 1990

Computer und Grundschule - Software, Neue Medien in der Grundschule, Soest 1991

Wirtschaftskapitän - Modellbildung und Simulation, Neue Medien im Unterricht, Soest 1991

Wachstum - Modellbildung und Simulation im Mathematikunterricht, Neue Medien im Unterricht, Soest 1991

Lebensgemeinschaft Wald - Modellbildung und Simulation, Neue Medien im Unterricht, Soest 1991

Kohlenstoff-Flüsse - Modellbildung und Simulation, Neue Medien im Unterricht, Soest 1991

Produktionsorientierter Einsatz von rechnergesteuerten Maschinen im Arbeitslehre-Unterricht

Joachim Höret

Zusammenfassung

Die Einführung neuer Technologien im Bereich Konstruktion und Fertigung verändert Arbeitsinhalte und Qualifikationserfordernisse. Rechnergesteuerte Konstruktion und Fertigung revolutioniert den volkswirtschaftlich wichtigsten Bereich hochindustrialisierter Staaten und sollte daher auch zentrales Thema einer umfassenden und differenzierten Informationstechnischen Bildung werden. Grundlage für einen handlungs- und produktionsorientierten Unterricht kann eine sachadäquate Ausstattung der entsprechenden Fachbereiche mit geeigneten produktionsfähigen Maschinen und Software sein.

1. Technische Anwendungen des Computers als Gegenstand der Informations- und Kommunikationstechnologischen Bildung (IuK-Bildung)

In der BLK-Empfehlung zur Einführung der Informationstechnischen Bildung in der allgemeinbildenden Schule (BLK 1987) wird auf die zunehmende Bedeutung der IuK-Technologien in fast allen Bereichen des Wirtschaftslebens hingewiesen: "Besonders sichtbar sind Veränderungen in den Bereichen der Nachrichtentechnik, der Produktionstechnik, der Bearbeitungs- und Verfahrenstechnik, der Automatisiserungstechnik sowie der Büro- und Organisationstechnik." (BLK 1987, S.7)

Die genannten Beispiele stammen fast alle aus den Anwendungsbereichen der Prozeßdatenverarbeitung und scheinen geeignet, den weiten Verbreitungsgrad und die Relevanz der technischen Computeranwendungen zu unterstreichen.

Die feststellbare Praxis der ITG an den Schulen scheint sich jedoch gegenwärtig eher auf bürotechnische Anwendungen zu orientieren. Ein möglicher Hintergrund ist sicher in der ergänzungswürdigen Ausstattung der Schulen und im Mangel an Unterrichtsmaterialien und Software zu sehen.

Was kann über den Computer gelernt werden?

Die curriculare Diskussion scheint sich in einzelnen Bundesländern mittlerweile weiter von der Vorstellung zu entfernen, durch computerbezogenen Unterricht ausschließlich Technikakzeptanz zu fördern. Vielmehr wird inzwischen die Entwicklung einer kritisch-rationalen Einstellung gegenüber den neuen Technologien als Ziel diskutiert. Man versucht, geeignete Inhalte und Unterrichtsverfahren zu entwikkeln, die feststellbare Hauptanwendungsebenen der Rechnertechnologie und deren gesellschaftliche Auswirkungen berücksichtigen und eigene Handlungserfahrungen der Schüler in den Mittelpunkt didaktischerüberlegungen rücken.

Was die Entwicklung der Inhalte betrifft, scheint eine Systematik sich als besonders tragfähig zu erweisen, die eine Kategorisierung nach den drei hierarchischen Ebenen" Alltagswissen, Systemwissen und Bildungswissen" (s. ALTERMANN-KÖSTERS u.a. 1990) vornimmt.

Der Anspruch, allen drei Ebenen gerecht zu werden, verläßt das Niveau vorrangig technisch orientierten Trainings. IuK-Bildung soll die Voraussetzungen und Folgen der Entwicklung und des Einsatzes der Neuen Technologien neben der Vermittlung technischer Kenntnisse zum Thema des Unterrichts machen.

Affinität der Inhalte: IuK und Lernfeld Arbeitslehre

Informationstechnische Bildung im Sinne der BLK-Empfehlungen kann kein ausschließlich technisches Training sein, sondern sollte auch die Vermittlung der Voraussetzungen und Folgen der Technikentwicklung berücksichtigen. Sie ist damit Technologieunterricht im Sinne der BECKMANN'schen Begrifflichkeit (vgl. BECKMANN 1777).

Die Forderung nach Darstellung der Interdependenz wirtschaftlicher, gesellschaftlicher und technischer Aspekte überschneidet sich mit der Konzeption des Lernfeldes Arbeitslehre, wie sie z.B. im Rahmenplan für die Berliner Arbeitslehre festgeschrieben ist. Die beabsichtigte Integration des Lernfeldes Informations- und Kommunikationstechnologische (IuK-)Bildung in die Stundentafel der allgemeinbildenden Schulen kann daher im bereich Arbeitslehre als Schwerpunktbereich erfolgen.Die Einordnung der o.g. Inhalte, aber auch die Durchführung projekt- und produktionsorientierter Unterrichtsverfahren liegt wegen der Zielsetzungen des Faches besonders nahe. Die Schwerpunktsetzung erweist sich zusätzlich als sinnvoll wegen der technikbezogenen räumlichen, apparativen und personellen Voraussetzungen an den Schultypen, die die Arbeitslehre in ihrer Stundentafel aufzuweisen haben.

Ziel des Faches Arbeitslehre ist es, über die handlungs- und projektorientierte Vermittlung der technischen, gesellschaftlichen und wirtschaftlichen Aspekte des Arbeitslebens einen Beitrag zur Urteils- und Handlungsfähigkeit der zukünftigen Produzenten und Konsumenten zu leisten. Ausgangspunkt der Lerninhalte des Schulfachs sind daher notwendig technisch-organisatorische Entwicklungen in der Arbeitswelt.

Für die konzeptionelle Neuordnung des Bildungswesens in den neuen Bundesländern könnte sich die Verbindung Arbeitslehre/IuK-Bildung ebenfalls als tragfähig erweisen, da man auf einen relativ großen Stamm an ausgebildeten Technik-Lehrkräften zurückgreifen kann.

Affinität der Methode: Arbeitslehre und ITG vs. Technikunterricht

In der didaktische Diskussion der letzten Jahre ist eine Tendenz feststellbar, die auf eher lehrgangsförmige Arten der Vermittlung zugunsten einer Betonung des Projektunterrichts zu verzichten scheint. Arbeitslehreunterricht soll produktorientiert, produktionsorientiert, schülerorientiert, projektorientiert und handlungsorientiert ablaufen. Diese Merkmale korrespondieren mit den Bedingungen einer erfolgreichen informations- und kommunikationstechnologischen Bildung wie sie von ALTERMANN u.a. beschrieben werden:

"Unter Berücksichtigung dieser Entwicklung, aber auch in bewußtem Dagegenhalten wird es für die Schule und die anderen Bildungseinrichtungen immer wichtiger, den ganzheitlich bildenden Charakter selbstbestimmter menschlicher Arbeit hervorzuheben und zu erproben. Dies erscheint ... auf zwei Ebenen möglich und erforderlich: Durch produktive körperliche Arbeit, etwa das Herstellen nützlicher und gebrauchsfähiger Gegenstände, wie durch produktive geistiger Arbeit, die auch das Herstellen und Reflektieren der gegenseitigen Bezüge zwischen beiden Formen der Arbeit beinhalten muß." (ALTERMANN-KÖSTERS u.a. 1990, S.17)

Die inhaltlichen und methodischen Parallelen mit einer "ITG" wurden bei der Umsetzung der informations- und kommunikationstechnologischen Grundbildung in allen Bundesländern berücksichtigt, in denen die Arbeitslehre zum Fächerkanon der allgemeinbildenden Schule gehört.

Bildungswirksamkeit und Funktionalität ganzheitlicher Produktionsprozesse im Zusammenhang mit der Einführung neuer Technologien

Das Bemühen um Bildung und Qualifikation kennzeichnet inzwischen die Ausbildungspraxis vieler Industriebetriebe. Einige technisch innovative Firmen verwenden inzwischen viel Mühe darauf, ihre neueingestellten Arbeiter umfassend über den Herstellungsprozeß zu informieren und zur Mitarbeit bei Entwicklungsarbeiten anzuregen.

Die Fertigung von Einzelteilen bis hin zu ganzen Baugruppen von der Planung bis zur Endkontrolle erfolgt in Firmen, die die "slim production" praktizieren, durch stabile Teams ohne Fluktuation. Dies steht im bemerkenswerten Gegensatz zu den Grundsätzen des Taylorismus, der gekennzeichnet war durch Zersplitterung der Produktion in viele Einzelvorgänge und partielle, aus dem Zusammenhang gelöste und ihrer geistigen Potenzen beraubte Arbeitsschritte. Diese tradierte Form der Arbeit scheint für die neue Fabrik zunehmend dysfunktional und führt zu Qualitätseinbußen, mangelnder Identifikation und hohen Kosten durch starke Fluktuation der Arbeitskräfte.

2. Aspekte der Auswirkungen des Einsatzes neuer Technologien auf den Konstruktions- und Produktionsprozeß

Ein besonders eindrucksvolles Beispiel für die Veränderung der Arbeitsinhalte durch die Einführung neuer Technologien sind die Bereiche der Konstruktion und Produktion.

Arbeitsinhalte

Traditionell erstellten Konstrukteure/Zeichner am Reißbrett Konstruktionsunterlagen für die Produktion. Dreher und Fräser fertigten Werkstücke nach diesen Zeichnungen. Inzwischen hat eine zunehmende Anzahl von Konstrukteuren das Reißbrett mit dem CAD-Arbeitsplatz vertauscht. Aus den auf externen Massespeichern abgelegten Zeichnungen werden Geometriedaten übernommen, von Programmierern auf geeignete Datenträger übertragen und zur Steuerung von CNC-Produktionsmaschinen verwendet (CAM). Der angestrebte Endpunkt der Entwicklung besteht in der vollkommenene Integration von rechnergestütztem Entwurf und Fertigung, bei der ein zentraler Rechner für die Fertigung der Zeichnungen und für die Steuerung der Produktionsmaschinen verantwortlich ist.

Produktivität

Der Produktivitätszuwachs ist besonders im Bereich CAD immens; dies besonders durch die Möglichkeit der Verwendung von Bauteilbibliotheken (s. Elektrotechnik).Die Erhöhung der Produktivität erhöht die Marktchancen, kann jedoch zum Abbau von Arbeitsplätzen führen(s. UE "CAD/CAM", Soest 1990).

Die Einführung moderner Technologien ist inzwischen jedoch für viele Unternehmen zu einer Frage des wirtschaftlichenüberlebens auf dem Markt geworden.

Arbeitsteilung

Resultat der technologischen Entwicklung ist die Entfernung der Produktionsarbeiter von den unmittelbaren stofflichen Prozessen (die Produktion kann tendenziell "ferngelenkt" werden). Gleichzeitig ist ein verstärkter Bezug auf den Produktionsprozeß nötig: Prozeß- und Produktkenntnisse sind Voraussetzung für den qualifizierten und effizienten Umgang mit CAD/CAM-Systemen.

Wegen der zentralen Bedeutung des produktiven Bereichs wird erfreulicherweise zunehmend die Notwendigkeit erkannt, im Rahmen der IuK-Bildung auf CAD/CAM-Systeme und die damit zusammenhängende Problematik, ihre Chancen und Risiken im Rahmen des IuK-Unterrichts einzugehen, und zwar auch am Gymnasium, das dem Arbeitslehreunterricht bisher eher skeptisch gegenüberstand.

3. Unterrichtsgeeignete CNC-Maschinen als Ergänzung zur Arbeit mit Interfacing mit Modellen

Voraussetzung für die handlungs- und produktionsorientierte Umsetzung informationstechnischer Bildung besonders hinsichtlich der technisch orientierten Anwendungen in der Schule ist ein apparatives Niveau an den Schulen, das rechnergesteuerte Produktionsverfahren ermöglicht.

Schulische Produktion ist ein ernsthafter Vorgang und unterscheidet sich qualitativ vom Umgang mit Symbolsystemen. Fehler sind nicht einfach mit einem Federstrich zu korrigieren; sie schlagen zu Buche, weil teueres Material zerstört wird, Projekte evtl. unverkäuflich oder im Wert gemindert werden. Schüler beziehen sich in der schulischen Produktionsarbeit auf konkrete, "begreifbare", stofflich reale Prozesse (s. Abbildung 1).

Übliche Konzepte eines handlungsorientierten IuK-Unterrichts, der Aspekte der Prozeßdatenverarbeitung aufgreift, stützten sich bisher meist auf apparative Voraussetzungen, die aus der Kombination Interface/Modell bestehen. Die verwendeten Interfaces werden oft recht preisgünstig vom Fachhandel angeboten. Sie gestatten die unterrichtliche Behandlung technischer Sachverhalte, ermöglichen jedoch wegen ihres Modellcharakters keinen produktionsorientierten Unterricht.

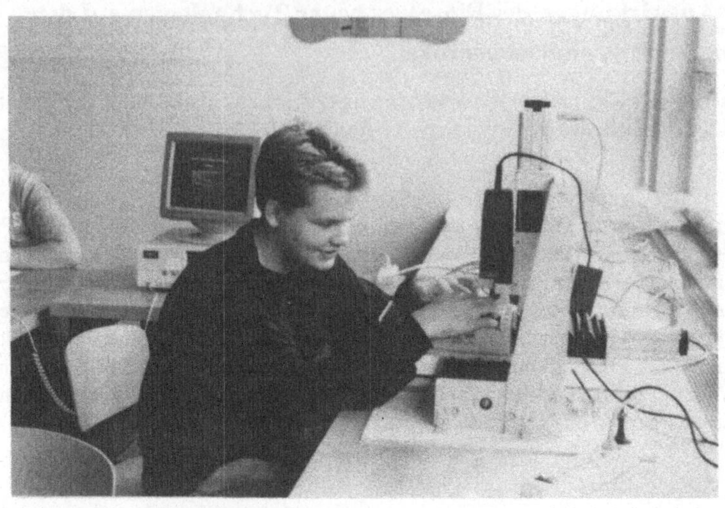

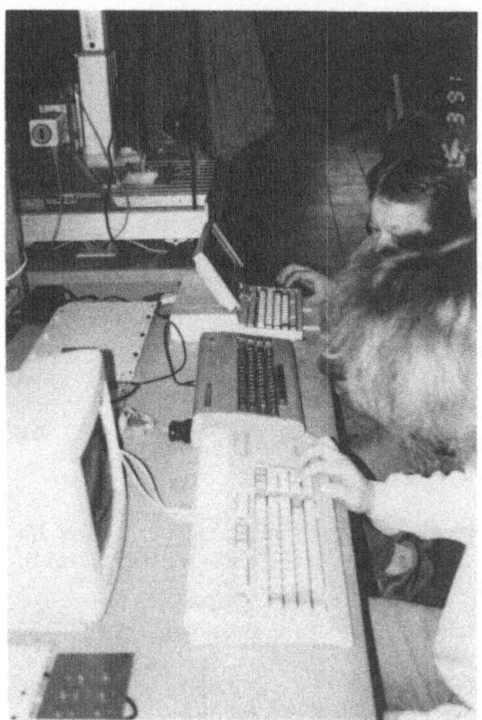

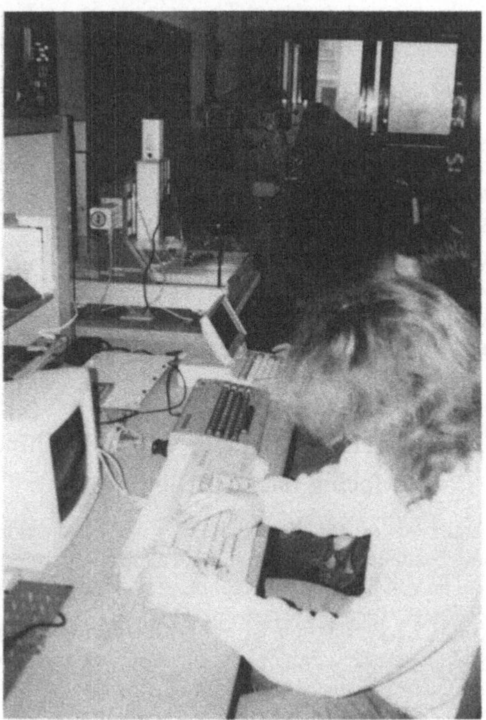

Abbildung 1: Schüler bei der Produktion von Gebrauchsgegenständen

Die Ebene der symbolischen Repräsentation von "Produktion" wird mit diesen Systemen nicht überschritten; so kann beispielsweise zwar ein Modell eines Drehtischs oder einer Bohrmaschine angesteuert werden, reale Produktion als produktorientierte, erkenntnisleitende Eigentätigkeit sind damit jedoch nicht möglich, sehr wohl jedoch die Analyse und die handlungsbezogene Entwicklung von technischen Einsichten in Funktionszusammenhänge. Auf Interfacing als komplementärem und konstitutiven Bereich technikorientierter Informationstechnischer Bildung sollte deshalb nicht verzichtet werden.

Erste Ansätze, den Bereich CAD/CAM unterrichtlich umzusetzen, resultierten in NRW in der Unterrichtseinheit "CAD/CAM" mit dazugehöriger Konstruktyons- und Steuersoftware "PRODUMAT" für einen rechnergesteuerten Styroporschneider. Anhand der Software sollen für Schüler die veränderte Arbeitswelt und die technischen Verfahren bei rechnergesteuerten Maschinen handelnd erfahrbar gemacht werden; Ergebnis der Betätigung sind reale, stoffliche Produkte aus Hartschaum wie z.B. Modellhäuser oder Tragflächen von Modellflugzeugen, die von den Schülern vorher am Bildschirm entworfen bzw. auf der Grundlage einer Zeichnung nach der CNC-Norm programmiert wurden. Die Begrenzungen dieser verdienstvollen Entwicklung liegen jedoch in der Festlegung auf ein bestimmtes Material mit relativ geringem Gebrauchswert sowie auf der zweidimensionalen Programmierung.

Demgegenüber setzt die Programmierung einer Bohr- und Fräsanlage, deren Bewegungen nach dem kartesischen System beschrieben werden können, ein kognitiv anspruchsvolleres Niveau auf der Grundlage eines ausgeprägten räumlichen Vorstellungsvermögens voraus.

Für den Einsatz im Fach Arbeitslehre haben sich preisgünstige, industrieübliche CNC-Maschinen, die über ein Interface an einen PC angeschlossen werden können, recht gut bewährt. Die Maschinen arbeiten mit hoher Genauigkeit mit verschiedenen, schulübliche Materialien wie Holz, Kunststoff, Aluminium, sind relativ ungefährlich und für Schulun finanzierbar. An Berliner Schulen hat sich bisher die ISERT-Bohr- und Fräsanlage bewährt.

Raumkonzept

Für die Arbeit mit produktions- und schulgeeigneten CAD/CAM-Systemen wird ein Raumkonzept empfohlen, das an allen Berliner Gesamtschulen vorfindlich ist und arbeitsteilige Fertigung mit Schülergruppen erlaubt. Es stützt sich auf den Rechnerraum und einer entsprechend ausgestatteten Werkstatt (s. Abbildung 2).

- Im Rechnerraum erstellen die Schüler mit Hilfe von GRAFIS die Konstruktionszeichnung und den Fräsvorschub für das geplante Teil. Arbeitsteilig können z.B. Buchstaben für ein Alphabet programmiert werden, mit dem später Namensschilder beschriftet werden sollen.

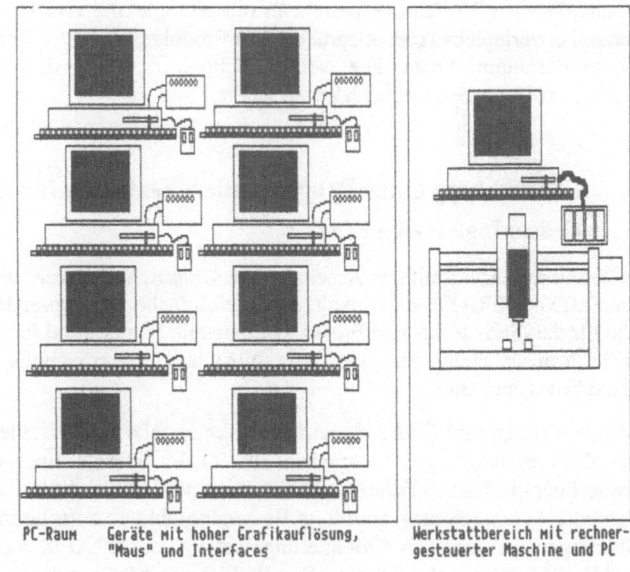

Abb. 2: Raumkonzeot für die informationstechnische Bildung im Fachunterricht Arbeitslehre

- Die fertigen Programmierungen werden auf eine Diskette kopiert. Die Gruppe nimmt die restliche Arbeit in der Werkstatt vor. Dort befinden sich neben den üblichen Maschinen auch die rechnergesteuerte Bohr- und Fräsanlage sowie ein (möglichst gekapselter) Steuerrechner, mit denen die Programme der Schüler ausgeführt werden können.

4. Verschiedene Möglichkeiten der Programmierung von rechnergesteuerten Maschinesystemen

Programmierung nach der CNC-Norm

Übliches Verfahren bei der Programmierung von CNC-Fräsmaschinen ist das Anfahren von Raumkoordinaten im kartesischen System nach der CNC-Norm. Für den Einsatz in der SEKI eignen sich Programme, die auf dieser Grundlage arbeiten, nur sehr bedingt, weil die Programmierung nach Raumkoordinaten für die Schüler dieser Altersgruppe sehr kompliziert erscheint und das kartesische System z.T. noch nicht Thema des Mathematikunterrichts war. Die CNC-Norm erfordert zudem ein recht hohes Abstraktionsvermögen.

Zeichnungserstellung mit CAD-Programmen - Maschinensteuerung mit Konvertierungsprogrammen zur Umwandlung von geometriedaten in Steuerdaten

Industriell erprobt wird die Kombination von 2D- oder 3D-CAD-Programmen mit Software-Links. Bei diesem Verfahren werden aus den Entwurfszeichnungen Geometriedaten entnommen und zur Steuerung der Maschinen verwendet. Die Software PRODUMAT z.B. erzeugt diese Geometriedaten während des Zeichnens und stellt sie den Schülern in Form von Koordinaten im Dialogfeld unter der Grafik zur Verfügung. Die Verwendung kommerzieller CAD-Programme in der Schule stößt gegenwärtig jedoch an finanzielle Grenzen und erfordert lange Einarbeitungszeiten, die für produktionsorientierte Verfahren in der Schule nicht akzeptabel scheinen.

Programmierung über höhere Programmiersprachen

Die Werkzeugmaschinen können auch über eine höhere Programmiersprache programmiert werden. Der Nachteil dieses Verfahrens besteht in der Komplexität und Unübersichtlichkeit der Datenmengen, die schon bei vergleichsweise anspruchslosen Produkten anfallen. Für die Zwecke der Grundbildung scheidet dieses Verfahren ohnehin aus, weil die Schüler als Voraussetzung für die Bedienung der Maschine eine höhere Programmiersprache erlernen müßten.

5. Entwicklung einer Programmieroberfläche für die ISERT-Bohr- und Fräsanlage (GRAFIS)

In Zusammenarbeit mit der Arbeitsgruppe Unterrichtssoftware wurde für die Schulen des Landes Berlin die Software GRAFIS entwickelt, die eine einfache zu erlernende, flexible GRAFische Benutzeroberfläche für die ISert- Bohr- und Fräsanlage darstellt. Hintergrund für die Entwicklung waren festgestellte Defizite professioneller Steuersoftware hinsichtlich ihrer schulischen Einsatzmöglichkeiten.

Mit dem Programm GRAFIS wird über die serielle Schnittstelle direkt das Isert-Interface angesprochen. Dabei kann die Maschine wahlweise über die Cursor-Tasten des Computers per Hand gesteuert werden oder es können programmierte Bewegungsabläufe zum Interface übertragen werden. Das Orientierungssystem von GRAFIS basiert auf Vorkenntnissen der Schüler. Für die Planung wird angenommen, daß das Werkstück von einem Punkteraster überzogen ist, dessen Abstände bei der Ausführung in Schritten von 1/100mm eingestellt werden können. Innerhalb dieses Punkterasters orientiert sich der Schüler nach dem System der Windrose in polaren Koordinaten von 45 Grad. Der Fräsvorschub erfolgt jeweils von Rasterpunkt zu Rasterpunkt.

Der Schüler muß in der ersten Phase der Arbeit das Werkstück auf kariertem Papier mit Bleistift entwerfen. Das Karo des Papiers ent-

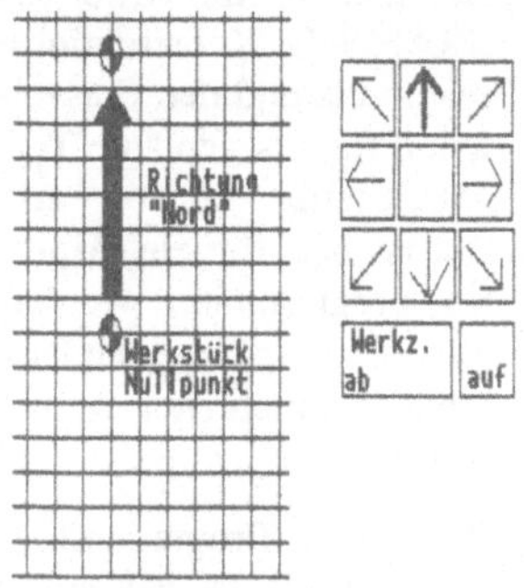

Abb. 3: Belegung des Cursorblocks für GRAFIS

spricht dem Raster, nach dem die Maschine arbeitet. Auf der Basis der Zeichnung erfolgt die eigentliche Programmierung. So wie der Schüler schrittweise zeichnet, gibt er Schritt für Schritt die einzelnen Befehle ein, die den Vorschub zum nächsten Rasterpunkt bzw. ein Heben oder Senken des Werkzeugs bewirken (s. Abbildung 3).

Ein weiterer Vorteil der schrittweisen Programmierung: Ein Buchstabe beispielsweise wird in bestimmten Proportionen programmiert (z.B. 6 Rasterpunkte hoch und 4 Rasterpunkte breit). Seine effektive Größe beim Fräsen hängt dann von der Festlegung der Rastergröße im Menüpunkt "Voreinstellungen" ab: Bei einer Rastergröße von 5 mm wird der Buchstabe 6 x 5 mm = 30 mm hoch.

Ein Programmierbeispiel

Will der Schüler ein Quadrat mit der Seitenlänge 5 mm fräsen, so stehen ihm folgende Möglichkeiten offen:

* Handsteuerung

  Das Ausgaberaster der Maschine wird unter dem Menü "Voreinstellungen" (Abbildung 4) auf 500/100 gestellt. Der Abstand von Rasterpunkt zu Rasterpunkt beträgt somit 5 mm. Über die Cursortasten ist die Maschine entsprechend der Pfeilrichtungen direkt zu steuern, wobei ein Signal einem Verfahrweg von 5 mm entspricht. Die Tasten <Ins> und <Del> senken bzw. heben das Werkzeug um eine definierte Einheit.

```
==> Einstellen der Rastergröße --------------------> 100/100 mm

    Einstellen der Vorschubgeschwindigkeit -------> 2 mm/s

    Einstellen der Bohrtiefe --------------------> 50/100 mm

    Eingabe des Werkzeugdurchmessers -----------> 1 mm

    Eingabe der Spindelsteigung ----------------> 5 mm


          Zurück zum HAUPTMENÜ   --->   <m>
```

Abb. 4:
Einstellmenü von GRAFIS

* Programmierung nach Himmelsrichtung

  Durch Eingabe der Befehlsfolge "u,n,o,s,w,a,e" erreicht man das gleiche Resultat. Die Bedeutung der Befehle ist:

  u -->   Das Fräswerkzeug wird um eine Einheit nach unten bewegt
  n -->   Verfahrweg eine Einheit in Richtung "Norden"
  o -->   Verfahrweg eine Einheit in Richtung "Osten"
  s -->   Verfahrweg eine Einheit in Richtung "Süden"
  w -->   Verfahrweg eine Einheit in Richtung "Westen"
  a -->   Das Fräswerkzeug wird um eine Einheit nach oben bewegt
  e -->   Ende der Programmierung

* Grafische Eingabe

  Mit den Cursortasten kann der Verfahrweg auch grafisch aufgezeichnet werden. Die Tastenbelegung des Cursorblocks entspricht der Handsteuerung. Die Bewegungen des Werkzeugs werden jetzt jedoch nicht real ausgeführt, sondern auf dem Bildschirm in Aufsicht und Seitenansicht dargestellt (Abb. 5). Gleichzeitig erzeugt das Programm für jeden Schritt die zugehörige "Himmelsrichtung" entsprechend der o.g. Eingabemöglichkeit.über einen kleinen Editor kann so die fertige Programmierung nachträglich durch Hinzufügen, Überschreiben oder Löschen einzelner Programmierschritte geändert werden.

* Teach-In

  Komplexere Entwürfe wie z.B. Leiterplatinen können auch durch Teach-In in Programmierungen umgesetzt werden. Dabei spannt man den Entwurf unter dem Werkzeug ein und fährt über die Cursortasten-Steuerung die geplanten Vorschübe mit der Maschine nach. Der Weg des Werkzeugs wird analog der grafischen Eingabe gleichzeitig aufgezeichnet und in editierbare "Himmelsrichtungen" umgesetzt.

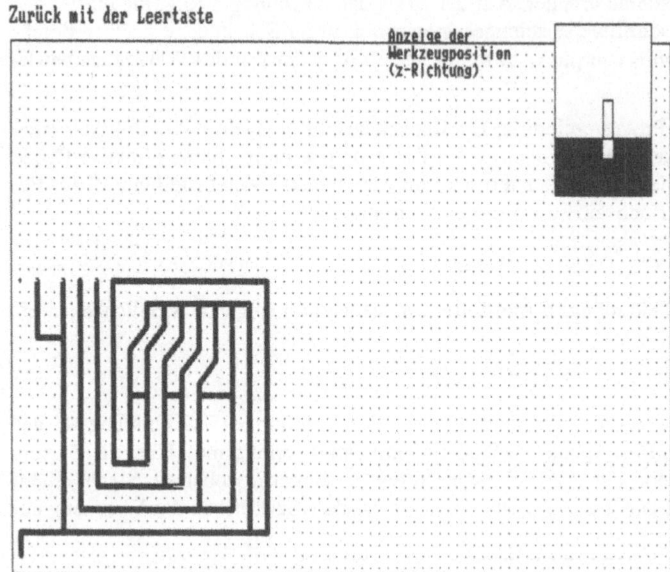

Abb. 5:
Simulationsbildschirm von GRAFIS mit Fräsvorschub für eine Platine

Diese relativ einfachen, leicht erlernbaren Bedienungsmerkmale können sich die Schüler innerhalb kurzer Zeit aneignen.

Folgende qualifikationsrelevante Bereiche werden durch die Arbeit der Schüler angesprochen:

- Der Umgang mit dem Computer als Werkzeug ist eingebunden in einen ganzheitlichen Produktionprozeß, der auf Simulation von Prozessen verzichtet, dagegen sinnliche, "handgreifliche" Erfahrung mit dem Computer als Hilfsmittel und Werkzeug erlaubt. Dabei sind neue, dem Werkzeug Computer + Maschinesystem adäquate Strategien bei der Planung und Fertigung zu entwickeln und aktiv umzusetzen:

- Ein mentales Modell des zu fertigenden Gegenstandes muß in eine Skizze oder eine teach-in Vorlage transferiert werden.

- Die Programmierung erfolgt im 3-D-Raum, wobei Aufsicht und Seitenansicht des Fräsvorgangs simuliert werden und kognitiv integriert werden müssen.

- Werkstoff-, Produkt- und Prozeßkenntnisse müssen umgesetzt werden in geeignete Parameter für den Fräsvorschub. So muß der Schüler die Rastergröße bei der Ausführung bedenken und sie entsprechend voreinstellen. Das Werkstück kann in Stufen von 1/100 mm vergrößert oder verkleinert werden, ohne daß - wie bei der Programmierung nach Koordinaten - neue Koordinaten berechnet und eingegeben werden müssen. Die Vorschubgeschwindigkeit richtet sich nach dem verwendeten Material. Wurde sie zu hoch gewählt, so kann das Werkzeug abbrechen. Die Tiefe in z-Richtung ist ebenfalls abhängig von Material und Produkt. So darf der Vorschub bei Platinen 40/100 mm nicht überschreiten, damit nicht das Trägermaterial ungewollt mit zerstört wird (s. Abbildung 5).

6. Zukunft produktionsorientierter Verfahren im Unterricht

Der Umgang mit GRAFIS ist leicht zu erlernen. Gleichzeitig bildet das Programm jedoch eine relativ offene Umgebung, die auf die verschiedensten Projekte adaptierbar ist. Es wurde parallel zum unterrichtlichen Einsatz entwickelt und mehrfach in der Schule erprobt. Bisher wurden u.a. folgende Projekte durchgeführt bzw. stehen in der unterrichtlichen Erprobung:

- Mehrere Holz-/Kunststoffprodukte wie z.B. Schlüsselanhänger, Steckspiele, Dominosteine, Namensschilder (HÖRET,J.; STIER,W. 1991a) als Verkaufsprojekte im Rahmen des Arbeitslehreunterrichts der 8. Jahrgangsstufe.

- Elektronik
  Herstellung von gefrästen Leiterplatinen als umweltfreundliche Variante der Platinenfertigung ohne Ätzchemikalien (s. Abbildung 6).

- Formenbau für Kunststoffteile
  Die Möglichkeit, auch einfache 3-D-Programmierungen vorzunehmen, kann für den Bau von Negativformen für den Kunststoffspritzguß nutzbar gemacht werden.

Abb. 6: Aufspannen verschiedener Werkzeuge zur Bearbeitung

Die Möglichkeiten des Einsatzes von Produktionsmaschinen - neben der Bohr- und Fräsanlage ist an dieser Stelle auch auf schulgeeignete, rechnergesteuerte Drehmaschinen wie sie z.B. durch die Universität Oldenburg realisisert wurde - sind noch lange nicht ausgeschöpft. Ein völlig neues Spektrum realitätsbezogener, technologieorientierter unterrichtlicher Möglichkeiten öffnet sich. Neben dem Stolz über den Umgang mit Hochtechnologie spielt bei den Schülern und Jugendlichen eine entscheidende Rolle, daß hier gebrauchswertorientiert gearbeitet werden kann, dies auf einer Ebene, die die "Bastelei" weit hinter sich gelassen hat.

Die Weiterentwicklung produktionsorientierter Schulsoftware auf der Grundlage vorhandener Programme wird gegenwärtig im Rahmen eines BLK-Projektes an der Technischen Universität Berlin vorgenommen. Die unterrichtliche Erprobung der ersten Ergebnisse ist für 1992 zu erwarten.

Literatur

ALTERMANN-K ALTERMANN-KÖSTER, M.; HOLTAPPELS, H.G.; KANDERS, M.; PFEIFFER, H.; DE WITT, C.: Bildung über Computer ü Weinheim und München, Juventa 1990

BECKMANN, H.: "Anleitung zur Technologie" Göttingen 1777

BLK (Bund-Länder-Kommission): Gesamtkonzept für die informationstechnische Bildung. Materialien zur Bildungsplanung H. 16. Bonn: BLK 1987

HÖRET, J.; MESCHENMOSER, H.; STIER, W.: Informationstechnische Grundbildung im Fach Arbeitslehre - Konzept zur Lehrerfortbildung Berlin: (Landesbildstelle Berlin Hrsg.) 1991

HÖRET, J.; STIER,W.: Rechnerunterstützte Fertigung von Dominosteinen - ein CAD/CAM-Projekt, In: Arbeiten und Lernen, 2(1991),

HÖRET,J.; STIER,W.: GRAFIS(Handbuch) Berlin:(Landesbildstelle Berlin) 1991

KERN,H.; SCHUMANN,M.: Das Ende der Arbeitsteilung? München 1984

KLEMM, K.; ROLFF, H.G.; TILLMANN, K.J.: Bildung für das Jahr 2000. Reinbek, rororo 1986

(Landesinstitut für Schule und Weiterbildung) "CAD/CAM" (Unterrichtseinheit zur IuK-Bildung) Soest 1990

HÖRET,J.; STIER,W.; MESCHENMOSER,H: "Das Projekt Mühlespiel" In: Computer und Unterricht, 2(1991)

Bezugsquelle für die Software:

PRODAB - Verein zur Förderung der Prozeßdatenverarbeitung in Bildung und Wissenschaft
c/o Marianne Handke
Britzer Damm 125 - 1000 Berlin 47

Adresse des Verfassers:
Joachim Höret
Markelstraße 52 - 1000 Berlin 41

Ein Unterrichtsversuch mit PROLOG

Gabriele Lehmann

Zusammenfassung

Vor etwa fünf Jahren wurde in der DDR begonnen, ein Konzept für die Informatik-Ausbildung an allgemeinbildenden Schulen zu realisieren. Dieses - dem algorithmenorientierten Ansatz folgende - Konzept wird in dem Beitrag einer kritischen Wertung unterzogen. Damit ist zugleich die Motivation für den zu beschreibenden einjährigen Unterrichtsversuch mit Schülern einer 11. Klasse gegeben. Es werden Ziele und Inhalte des Unterrichtsversuchs dargestellt. Dabei werden auch die eingesetzten Aufgaben mit ihren unterschiedlichen didaktischen Funktionen diskutiert.

1. Vorüberlegungen

Wie in anderen Ländern wurde die Vermittlung einer informatischen Bildung auch in der DDR weniger von pädagogischen Aspekten bestimmt als vielmehr von den Marktgegebenheiten: von der in den Schulen verfügbaren Hardware und der mit dieser Hardware nutzbaren Software. Diese Faktoren und der Qualifikationsstand der Lehrer (in der Regel Autodidakten) mußten bei der Wahl des didaktischen Konzepts fast zwangsläufig zum algorithmenorientierten Ansatz führen, vgl. GORNY (1989).

Auch die Folgen dieser Entscheidung sind vermutlich nicht DDR-typisch, sondern dem gewählten didaktischen Konzept immanent:
Informatische Bildung wurde auf eine Behandlung des Algorithmusbegriffs und eine Methodologie des Problemlösens mit dem Computer verkürzt, der dabei als "isoliertes Einzelgerät" aufgefaßt wurde, vgl. BAUMANN (1990). Landesspezifisch sind hier vielleicht nur zwei Aspekte:
(1) Je nachdem, ob die Schüler in den Klassen 9/10 einen polytechnisch oder einen mathematisch orientierten Kurs wählten, erlebten sie fast ausschließlich technische oder mathematische Anwendungen. Im obligatorischen Informatikunterricht in Klasse 11 dominierte dann die Mathematik: Bereits in den Unterrichtsmaterialien wurde die Vermittlung informatischer Bildung hier als computergestützter Mathematikunterricht konzipiert, indem recht beziehungslos eine Programmieraufgabe mit mathematischem Hintergrund an die andere gereiht wurde.
(2) Gesellschaftliche Auswirkungen der Informations- und Kommunikationstechniken und -technologien wurden entweder gar nicht oder recht einseitig thematisiert.
Das Ziel, die Schüler zum selbständigen Algorithmieren und Programmieren zu befähigen, konnte letztlich selbst in der Abiturstufe nur bei sehr wenigen Schülern erreicht werden. Wenn aber die Mehrzahl der Schüler in der Phase der algorithmischen Aufbereitung eines Problems pausiert und erst beim Codieren und Eingeben wieder aktiv wird, so ist der allgemeinbildende Wert fragwürdig. Die Gefahr, falsche Vorstellungen vom Programmieren und von der Informatik insgesamt zu erzeugen, ist groß.

Dies ist nicht der Ort, um einen - aus Sicht der Informatik sowie der Pädagogik begründeten - Zielkatalog für die informatische Bildung an allgemeinbildenden Schulen vorzustellen. Zur Herausbildung informatischer Handlungs-, Sach- und Beurteilungskompetenzen wird aber künftig, insbesondere für die Abiturstufe, auch der Einblick in andere als das algorithmenorientierte Programmierparadigma gehören, vgl. CLAUS (1991). Informatische Bildung muß neben der Schulung des Denkens in Abläufen auch alternative Denkweisen befördern.

2. Motive für den Unterrichtsversuch

Problemlösen durch Problembeschreiben - genau das ist ja die Grundidee von PROLOG - ist auch außerhalb der Beschäftigung mit Informatik immens wichtig. Natürlich kann jede Programmiersprache nur Vehikel sein, um informatische Denk- und Arbeitsweisen zu transportieren sowie zur Allgemeinbildung des Schülers beizutragen.
Für mich stellten sich vor allem folgende Fragen:

o Welche allgemeinbildenden und welche fachspezifischen Ziele können in einem Unterricht erreicht werden, der nicht dem algorithmenorientierten Ansatz folgt?

o Kann bei den - von der formalen Logik unberührten - Schülern ein Verständnis für die Programmiersprache PROLOG ausgebildet werden?

o Welche Problemstellungen sind geeignet, die Schüler zu aktivieren?

o Inwieweit können sie über Wissen, Wissenstrukturen, den Umgang mit ihrem eigenen Wissen reflektieren?

o Was wissen die Schüler bereits über den Begriff *Intelligenz?* Welche Vorstellungen verbinden sie mit dem seinerzeit publizistisch arg strapazierten Schlagwort *Künstliche Intelligenz?* Spricht sie diese Thematik an?

3. Ziele

Hier sind zunächst Ziele im Bereich des fachspezifischen Wissens und Könnens zu nennen, die wohl in jedem Informatikunterricht erreicht werden sollen:

o Fertigkeiten im Umgang mit dem Computer,

o Einblick in Anwendungen der Informatik sowie erste Fertigkeiten im Umgang mit Standard-Software (hier: Beschränkung auf Textverarbeitung),

o Einblick in die Entwicklung der Rechentechnik und Informatik,

o Wissen über Begriffe der Informatik.

Darüberhinaus sollte fachspezifisches Wissen und Können ausgebildet werden, das sich aus der Verwendung der Programmiersprache PROLOG ergibt:

o Fähigkeiten im Beschreiben und Lösen einfacher Probleme mit Hilfe des Computers und des PROLOG-Systems,

o elementare Kenntnisse über die Syntax und Semantik von PROLOG (elementar heißt hier: auf einem für das Lösen der Aufgaben ausreichenden Niveau),

o Einblick in das rekursive Arbeiten mit PROLOG sowie Kennenlernen der deklarativen und der prozeduralen Bedeutung von Klauseln.

Jeder Schüler sollte im Informatikunterricht auch Gelegenheit haben, sich als von der Informatik und ihren Auswirkungen Betroffener zu erfahren. Bei der Vermittlung von Einsichten in die ökonomischen und sozialen Auswirkungen der Informations- und Kommunikationstechniken im allgemeinen sowie in die Möglichkeiten der Künstlichen Intelligenz im besonderen ging es vor allem um die ethische Dimension, um Fragen wie zum Beispiel: Wer trägt die Verantwortung bei *automatischen Entscheidungen?* Hierher gehört auch das Nachdenken über den Fortschritt: Welche Tätigkeiten bleiben dem Menschen vorbehalten, müssen ihm auch bei anhaltender Erweiterung der technischen Möglichkeiten vorbehalten bleiben? Darüberhinaus sollten in dem Unterrichtsversuch eventuell bestehende Defizite im Wissen um die Künstliche Intelligenz durch einen Einblick in ihre Historie und ihre Aufgaben abgebaut werden.

Die Beschäftigung mit PROLOG bietet durch die Nähe dieser Programmiersprache zur natürlichen Sprache die Möglichkeit, allgemeinsprachliche und allgemeingeistige Fähigkeiten zu vertiefen. Natürlich lassen sich sich solche globalen Ziele nur über lokale Ziele erreichen.

Und letztlich wurden all jene Persönlichkeitsqualitäten angestrebt, die zu erreichen der Informatikunterricht vermutlich besonders gut geeignet ist: Bereitschaft und Fähigkeit zu Kooperation und Kommunikation, zu selbständigem, verantwortungsbewußtem Handeln.

4. Bedingungen

Der Unterrichtsversuch wurde im Schuljahr 1989/1990 im Rahmen des obligatorischen Informatikunterrichts in Klasse 11 durchgeführt. Eine Reihe ganz unterschiedlicher Bedingungen wirkte sich auf den Ausgang des Versuchs aus, vor allem negativ:

o An dem Kurs nahmen zehn Schüler einer von der Schulleitung insgesamt als recht leistungsschwach eingeschätzten Klasse teil - neun Mädchen und ein Junge.

o Die Teilnehmer des Kurses hatten keine informatischen Vorkenntnisse, sie waren also auch nicht durch imperative Sprache 'verbildet'.

o Außerhalb des Unterrichts konnten die Schüler die im Unterricht verwendeten Computer und PROLOG nicht nutzen.

o Die Schüler hatten keine Kenntnisse bezüglich der Aussagen- und Prädikatenlogik.

o Der Unterricht wurde von mir als Gastlehrerin erteilt, und zwar im Rechenzentrum der Universität freitags zu recht unchristlicher Zeit.

o Die Bewertung beschränkte sich auf Verbales, es wurden keine Noten erteilt.

Und letztlich war das Schuljahr 1989/1990 aufgrund der politischen Ereignisse im Lande kein normales: Zwei Schüler verließen die Schule und das Land; die verbliebenen Schüler waren freitags mit ihren Gedanken mehr bei der Wochenendreise gen Westen denn bei der Informatik - sofern sie überhaupt anwesend waren.

5. Skizze des Unterrichtsversuchs

Für den Unterrichtsversuch standen knapp 30 Doppelstunden zur Verfügung, davon wurden jedoch nur etwa 15 Doppelstunden für die eigentliche Arbeit mit PROLOG verwendet. Die restlichen Stunden, jedoch nicht geblockt, waren folgenden Themen vorbehalten:
o Bekanntmachen mit der benutzten Hardware sowie mit wesentlichen Begriffen der Informatik,
o Fertigkeiten im Umgang mit einem Textverarbeitungssystem im Hinblick auf den Editor für die Wissensbasen in PROLOG,
o Einblick in die Grundlagen der Aussagen- und Prädikatenlogik,
o Einblick in die Entwicklung der Rechentechnik und der Informatik,
o Einblick in Historie und Aufgaben der Künstlichen Intelligenz.

Für den Einstieg in PROLOG wurde das Beispiel FAMILIE gewählt, vgl. BRATKO (1988), PILZ (1990).
Dieses Standard-Beispiel, das wohl in fast jedem PROLOG-Buch vorkommt, erscheint aus wenigstens drei Gründen besonders geeignet:
(a) Der Sachverhalt ist für jeden ohne Schwierigkeiten nachvollziehbar.
(b) Bereits mit geringen Syntax-Kenntnissen läßt sich bereits ein recht leistungsfähiges Programm erstellen.
(c) Das Programm ist - wie die Verwandtschaft - erweiterbar. Es läßt sich auch später bei der Behandlung von Listen als Grundstein für eine Datenbasis über Familien nutzen, in der jede Familie durch eine Klausel beschrieben wird.

```
elternteil(heike, robert).
elternteil(thomas, robert).
elternteil(thomas, lisa).
elternteil(robert, anna).
elternteil(robert, petra).
elternteil(petra, jakob).

...
vorfahr(X, Y) :-
        elternteil(X, Y).
vorfahr(X, Y) :-
        elternteil(X, Z),
        vorfahr(Z, Y).
```

Abb. 1. PROLOG-Programm FAMILIE

Ausgehend von einer gegebenen kleinen Datenbasis, die zunächst nur aus Fakten zur Relation elternteil einer fiktiven Familie bestand, wurden die beiden anderen Klausel-Arten eingeführt: Regeln und Anfragen. So wurden nach dem Einfügen der Fakten zu weiblich und männlich Regeln für die Relationen vater, mutter, schwester, bruder, tante großmutter, großvater definiert. Bereits mit diesem simplen Beispiel FAMILIE können die Schüler an das rekursive Arbeiten herangeführt werden, indem die Regeln für Vorfahr eingeführt werden: Zunächst wird das unmittelbare Vorfahr-sein definiert, dann das mittelbare. Auch eine technische Komponente des Beweisverfahrens von PROLOG, das Back-Tracking, ist bereits an diesem Beispiel zu zeigen und mit der Ablaufverfolgung für den Schüler am Bildschirm erlebbar.

Mit Hilfe weiterer kleinerer Aufgaben wurden das Beschreiben von Problemen und die Syntaxkenntnisse gefestigt. So sollten beispielsweise die Mannschaftspaarungen eines Fußballturniers ermittelt werden, vgl. KINNE-BROCK (1990). Zur Vereinfachung beschränkte sich die Aufgabenstellung auf zwei Gruppen mit jeweils drei Mannschaften.

Auch das Lesen und Verstehen gegebener PROLOG-Programme wurde geübt. Den Schülern wurde zum Beispiel das Programm RAUMPLANUNG vorgegeben, von dem sie durch Anfragen ermitteln sollten, was es zu leisten vermag, vgl. KINNEBROCK (1990).

```
teilnehmer(d, gruppe1).
teilnehmer(f, gruppe1).
teilnehmer(i, gruppe1).
teilnehmer(su, gruppe2).
teilnehmer(nl, gruppe2).
teilnehmer(cg, gruppe2).
```

Abb. 2. PROLOG-Programm FUSSBALL

Mit einer etwas umfangreicheren Aufgabe, nämlich dem Beispiel AFFENWELT, habe ich versucht, die prozedurale Bedeutung der PRO-LOG-Klauseln zu verdeutlichen, vgl. BRAT-KO (1988). Hier wurde zwar die Beschreibung der Züge des Affen gemeinsam angegangen, die Reihenfolge der Klauseln blieb aber jedem Schüler selbst überlassen. Die Folge: Manche Schüler führten den Affen zur Banane, manche ließen ihn verhungern. Die Schüler suchten gegenseitig nach Fehlern in ihren Programmen, halfen sich und kamen so zu einem Aha-Erlebnis.

```
raum(101, 60, _, mo).
raum(101, 60, _, mi).
raum(102, 25, tafel, mo).
raum(102, 25, tafel, mi).
raum(103, 20, projektor, mo).
raum(101, 60, projektor, mi).

kurs(Zimmer, Teilnehmerzahl, Hilfsmittel, Tag) :-
        raum(Zimmer, Plaetze, Hilfsmittel, Tag),
        Teilnehmerzahl =< Plaetze.
```

Abb. 3. PROLOG-Programm RAUMPLANUNG

Den Abschluß des Unterrichtsversuchs bildete die gemeinsame Bearbeitung einer komplexen Aufgabe, die sich die Schüler aus etwa zehn vorgestellten Aufgaben aussuchen konnten. Sie entschieden sich für ein kleines Beratungssystem, eine elektronische Speisekarte, bei dem der Gast mit Hilfe einer Dialogführung aus einer Auswahl von verschiedenen Vorspeisen, Suppen, Hauptgerichten und Nachspeisen ein Menü zusammenstellt. Das Programm faßt die Bestellung zusammen und informiert den Gast über den Gesamtpreis.

Von einigen anderen der vorgestellten Aufgaben wurde jeweils nur die Problembeschreibung diskutiert, also welche Kriterien etwa in ein Beratungssystem HOSPITAL aufgenommen werden können, mit dem ein Entscheidungsvorschlag für die Einweisung in eine bestimmte Krankenhaus-Station gegeben wird, vgl. GOORHUIS (1990). Die Schüler diskutierten recht heftig den Nutzen eines solchen Beratungssystems, so daß sich daraus ganz organisch Debatten über Auswirkungen und Verantwortlichkeiten beim Einsatz von Beratungs- und Expertensystemen ergaben.

Anhand von Literatur hatten sich einige Schüler mit der Historie, den Teildisziplinen und Aufgaben der Künstlichen Intelligenz vertraut gemacht und hielten darüber kleine - zum Teil recht informative und sprachlich gute - Vorträge. In den sich hier anschließenden Unterrichtsdiskussionen wurde deutlich, daß die Teilnehmer des Kurses nur recht verschwommene Vorstellungen von dem Begriff *Intelligenz* hatten (Eine Schülerin: "Intelligent ist, wer eine zum Abitur führende Schule besucht."). Im Gegensatz zu den engagiert geführten Diskussionen zu Fragen des Fortschritts und der Verantwortung, die die Schüler offenkundig bewegten, waren die Schüler an der Thematik *Wissen, Wissensstrukturen, Umgang mit Wissen* nur mäßig interessiert.

6. Schlußfolgerungen

Die geringe Teilnehmerzahl sowie die Bedingungen lassen keine allgemeingültigen Aussagen zu. Einige erste Antworten auf die eingangs gestellten Fragen will ich hier nennen:

o Eine deklarative Programmiersprache wie PROLOG ist durch ihre Nähe zur natürlichen Sprache für den Erst-Informatikunterricht geeignet.

o Mit Ausnahme des Könnens im Algorithmieren lassen sich auch bei Verwendung einer Programmiersprache wie PROLOG all jene Ziele erreichen, die dem Informatikunterricht gemeinhin gestellt sind.

o Prädikatenlogisches Wissen und Können wäre wünschenswert für das tiefere Eindringen in die PROLOG-Welt, muß aber nicht zwingend vorhanden sein. Vielmehr kann die Beschäftigung mit PROLOG motivierend für die Behandlung der Prädikatenlogik (allerdings nicht im Informatikunterricht) wirken.

o Die in dem hier beschriebenen Unterrichtsversuch gewählten Aufgaben haben die Schüler nach eigenem Bekunden angesprochen. Während der algorithmenorientierte Informatikunterricht sehr mathematiklastig war, wurde hier nun auf mathematische Probleme völlig verzichtet. Es wäre deshalb wünschenswert, daß der Informatikunterricht, insbesondere für informatikinteressierte Schüler und in der gymnasialen Oberstufe, die Möglichkeit bietet, verschiedene Programmierparadigmen kennenzulernen. Die dann mögliche Breite auch im Aufgabenangebot kann das *informatische Weltbild* der Schüler abrunden.

o Der Unterrichtsversuch offenbarte erhebliche Defizite der Kursteilnehmer bereits im umgangssprachlichen Beschreiben von Problemen. Hier habe ich vermutlich auch nur wenig bewirken können, zumindest war kaum ein Zuwachs bezüglich der Selbständigkeit im Lösen entsprechender Aufgaben zu verzeichnen. Ähnlich wie im algorithmenorientierten Informatikunterricht konnte ich auch hier beobachten, daß die Schüler dazu tendieren, sehr schnell zur programmiersprachlichen Darstellung des Problems überzugehen, dann aber scheitern - nicht aufgrund mangelnder Kenntnisse der Programmiersprache, sondern aufgrund ungenügender Vorüberlegungen.

o Während die mit der Künstlichen Intelligenz zusammenhängenden Themen von den Schülern sehr interessiert aufgenommen und engagiert diskutiert wurden, waren die Schüler kaum bereit und imstande, über ihr Wissen, den Umgang damit, zu reflektieren. Mein Versuch, ihnen die Zusammenhänge zwischen beiden Themen aufzuzeigen, blieb erfolglos.

Das Fazit des Unterrichtsversuchs ist ein Plädoyer für eine wohlabgestimmte Ergänzung des algorithmenorientierten Programmierparadigmas durch das deklarative.

Literatur

BAUMANN, R.: Didaktik der Informatik. Ernst Klett Schulbuchverlag, Stuttgart 1990.
BRATKO, I.: PROLOG. Programmierung für Künstliche Intelligenz. Addison-Wesley Verlag (Deutschland) GmbH, Bonn 1988.
CLAUS, V.: Perspektiven der Informatik. In: LOG IN 10(1990), Heft 6.
GOORHUIS, H.: Warum gehört das Thema "Künstliche Intelligenz" in die Allgemeinbildung?
    In: Cyranek, G.; Forneck, H.; Goorhuis, H. (Hrsg.):
    Beiträge zur Lehrerbildung Informatik, Band 1.
    Sauerländer Verlag, Aarau 1990.
GORNY, P.: Didaktische Ansätze für die informatische Grundbildung im internationalen Vergleich.
    In: Pädagogik und Schule in Ost und West, Heft 4 (1989).
KINNEBROCK, W.: Turbo-PROLOG. Oldenbourg Verlag, München 1990.
PILZ, E.: Logische Programmierung und ihr Nutzen für den Mathematikunterricht der Sekundarstufe II.
    In: Graf, K.-D. (Hrsg): Computer in der Schule 3.
    B.G. Teubner Verlag, Stuttgart 1990.

Autorin
Dr. Gabriele Lehmann
Niklotstraße 49
O-2600 Güstrow

Nutzung von Datenbanken als Medien im Fachunterricht
Ergebnisse aus dem Modellversuch MODIS

Winfried Köhler/Bernfried Saerbeck

Datenbanken versprechen, dem Nutzer das "Wissen der Welt" zu jeder Zeit an jedem Ort zur Verfügung zu stellen. Können Datenbanken und Telekommunikation im Unterricht und in der Unterrichtsvorbereitung als ein neues Medium eingesetzt werden? Dies war die Zielfrage des Modellversuchs "Nutzung von Datenbanken für Schule und Unterricht (MODIS)". In den letzten drei Jahren sind umfassende Ergebnisse gesammelt und exemplarische Beispiele entwickelt und erprobt worden.

1.   Ausgangsbedingungen

Spätestens seit dem Ende der 70er Jahre wurde die Botschaft von den Datenbanken als "Speicher des Wissens der Welt" mit zunehmendem Nachdruck vorgetragen. Es ist dies eine Aussage die vielen, unter der alltäglichen Informationsflut leidenden Menschen in Wirtschaft, Verwaltung, Forschung und Lehre als erlösungverheißende "Frohe Botschaft" erschien, - zumal, da im gleichen Atemzug darauf hingewiesen wurde, dieses "Wissen der Welt" sei unter geringem technischen Aufwand von jedem Ort und zu jeder Zeit, quasi per Knopfdruck unverzüglich abrufbar.

Konkrete Hoffnungen banden und binden sich an die Prospektion einer derartigen "schönen, neuen Informationswelt"; Hoffnungen, die zunehmenden globalen Menschheitsprobleme durch die Verfügbarkeit des globalen Wissens der Menschheit lösen zu können, wenn es gelingt, dieses Wissen zu nutzen und einzusetzten, um Lernprozesse anzustoßen und auf breiter Basis voranzubringen.

Aber auch Ängste entstanden. Wird die individuelle Kommunikation, der individuelle Erfahrungsaustausch, mehr und mehr ersetzt durch maschinelle Verbindungen zwischen Menschen und Maschinen oder zwischen Maschinen? In welcher Weise rationalisiert das gespeicherte und recherchierbare Wissen wissenschaftliches Arbeiten? Werden in Wissenschaft und Produktion Arbeitsplätze ganz oder teilweise weg-rationalisiert oder Arbeitsplatzanforderungen erheblich verändert? Sind wir in der Lage, mit Hilfe von Datenbanken und Telekommunikation das vernetzte und globale Denken der Menschen zu fördern?

Insbesondere die internationale Vernetzung der mittlerweile annähernd 5.000 (Stand 1991) öffentlich zugänglichen Datenbanken, durch die der geographische Standort einer Datenbank praktisch keine Rolle mehr spielt, führte zu einer zunehmenden Nutzung solcher online-Datenbanken, zunächst durch Wirtschaft und Industrie, dann auch durch Wissenschaft und Forschung.

Im Zuge einer derart gestiegenen Akzeptanz rückten Datenbanken und Telekommunikation auch in das Blickfeld von Schule und Unterricht, was schließlich zur Initiierung des Modellversuchs "Nutzung von Datenbanken für Schule und Unterricht" (MODIS) führte, dessen erste, inzwischen vorliegende Ergebnisse im folgenden vorgestellt werden.

2. Auftrag und Aufgaben des Modellversuchs MODIS

Träger des Modellversuchs MODIS (Laufzeit 01.07.1987 - 30.09.1990) waren zu gleichen Teilen der Bund und das Land Nordrhein-Westfalen.

Der Auftrag des Modellversuchs gliedert sich in die folgenden Aufgabenschwerpunkte:

* Untersuchung und Bewertung der Inhalte von online-Datenbanken bezüglich ihrer unterrichtlichen Verwertbarkeit, sowie Ermittlung der entstehenden Kosten
* Erprobung von Wegen der Informationsweitergabe zwischen dem LSW und den Modellschulen

- Entwicklung und Erprobung von Techniken der elektronischen Speicherung und gezielten Rückgewinnung großer Informationsmengen in/aus Schuldatenbanken
- Unterrichtliche Erprobung des medialen Einsatzes von DAtenbanken in den Modellschulen aller Schulformen der SI und SII
- Erstellung und Erprobung didaktischer Konzepte und exemplarischer Unterrichtsmaterialien unter Einbeziehung von Datenbanken als Medien im Unterricht
- Transfer und Verfügbarmachung der Ergebnisse in Form von exemplarischen Handreichungen und Unterrichtsmaterialien

3. Auswahl und Ausstattung der Modellschulen

Bei der Auswahl der sieben Modellschulen wurde darauf geachtet, daß alle Schulformen sowohl der Sekundarstufe I als auch der Sekundarstufe II vertreten sind. Darüber hinaus sollten alle nordrhein-westfälischen Regierungspräsidenten als Obere Schulaufsichtsbehörde vertreten sein. Zusätzlich sollte ein ausgewogenes Verhältnis zwischen städtischen und ländlichen Schuleinzugsbereichen gewährleistet sein.

Von jeder Schule sind zwei Lehrerinnen bzw. Lehrer mit jeweils 5 Unterrichtsstunden vom Unterricht freigestellt, um Aufgaben im Modellversuch wahrzunehmen. Bei den Lehrerinnen und Lehrern handelt es sich, mit einer Ausnahme, um Nicht-Informatiker, um in möglichst vielen Unterrichtsfächern die Nutzung von Datenbanken in Unterricht und Unterrichtsvorbereitung erproben zu können. Die Projektgruppe stellt somit eine dem Modellversuchsauftrag entsprechende interdisziplinäre Arbeitsgruppe dar.

Um den Informationsaustausch zwischen dem LSW und den Modellschulen einerseits, und die Speicherung gewonnener Informationen andererseits zu ermöglichen, ist die Bereitstellung geeigneter Hard- und Software eine notwendige Voraussetzung.

4. Ergebnisse, Erkenntnisse und Schlußfolgerungen aus der Arbeit des Modellversuchs

4.1 Unterrichtliche Verwertbarkeit von Informationen aus online-Datenbanken und Ermittlung der entstehenden Kosten

Wenn im folgenden der Begriff "Datenbank" verwendet wird, so ist von Datenbanken die Rede, denen ein Retrievalsystem zugrundeliegt, das die Möglichkeit bietet, nach jedem einzelnen Wort des gesamten Datenbestandes zu suchen; und nicht allein nach vorher definierten Dateien, deren Inhalt selbst aber nicht uneingeschränkt suchbar ist. Allen online-Datenbanken, wie auch den (nachfolgend zu erläuternden) themenbezogenen inhouse-Datenbanken liegt ein solches Retrievalsystem zugrunde. Die inhaltliche Bandbreite der öffentlich zugänglichen, kommerziellen online-Datenbanken reicht von solchen mit Bonmots und Sinnsprüchen für den festtagsredenden Manager (Datenbank BON bei Host GENIOS) bis zu solchen mit hoch- und höchstspezialisierten wissenschaftlichen Detailinformationen. Der inhaltliche Schwerpunkt liegt eindeutig im Bereich von Wirtschaft und Finanzen.

Unter diesen insgesamt rund 5.000 online-Datenbanken ist hinsichtlich der Art ihrer Informationsdarbietung zwischen Volltext-, Bibliographischen-, Fakten- und Zeitreihen-Datenbanken zu unterscheiden.

Im Verlauf des Modellversuchs wurde nun zunächst anhand gedruckt vorliegender Datenbank-Inhalts-Beschreibungen eine Vorauswahl hinsichtlich ihrer Relevanz für den Einsatz in der Schule getroffen. Im Anschluß daran wurde mit verschiedenen Datenbankanbietern (Hosts) Nutzungsverträge geschlossen, um die vor-ausgewählten Datenbanken im online-Betrieb zu nutzen und um deren schulische Verwendungsmöglichkeiten zu untersuchen und zu beurteilen.

Es zeigte sich, daß für eine unterrichtliche Verwendung in allererster Linie Informationen aus Volltextdatenbanken in Betracht kommen. Bibliographische Hinweise aus Verweisdatenbanken sind aufgrund der in der Regel nicht unmittelbar zugänglichen Quellen nur am Rande von Interesse.

Als ein unbedingter Anspruch an eine Datenbank stellt sich heraus, daß die aus ihr gewonnenen Informationen für Schüler (und Lehrer) verständlich sein müssen. Hochspezialisierte Fachinformationen, die an ebensolche Fachleute in Wirtschaft und Wissenschaft adressiert sind, und die in vielen Fakten- und Verweisdatenbanken geboten werden, verlieren in unmittelbar durch Schüler genutzten Datenbanken ihren Sinn. Sie spielen allenfalls für die Unterrichtsvorbereitung oder im Rahmen des Einsatzes in der Sekundarstufe II eine jedoch gering bleibende Rolle. Dem gewünschten Anforderungsprofil, ein möglichst reichhaltiges, vielseitiges (plurales) und aktuelles Spektrum an Informationen abzudecken, wird im Augenblick am ehesten die Nachrichtendatenbank der Deutschen Presseagentur (dpa) gerecht.

Auf der inhaltlichen Ebene wurde darüber hinaus deutlich, daß die Aussage von den online-Datenbanken als "Speicher des Wissens der Welt" in ihrer Absolutheit nicht gerechtfertigt erscheint. Für hochspezialisierte Wissenschaftswelten mag dies zutreffen, für den Bereich direkter unterrichtlicher Nutzung, insbesondere im SI Bereich blieb die Informationssuche in der online-Datenbankwelt häufig erfolglos.

Es erwies sich daher als unabdingbar, die online gewonnenen Informationen durch geeignete Sachinformationen aus anderen Medien (Bücher, Zeitschriften, etc.) zu ergänzen. Auf diese Weise entstehen in der Schule einsetzbare, themenbezogene Datenbanken, in denen Informationen aus unterschiedlichen Quellen zusammengeführt werden.

Nicht zu vernachlässigen sind die bei online-Recherchen entstehenden Kosten, die sich zusammensetzen aus:

- Gebühren für die Inanspruchnahme des Telefonnetzes,
- Gebühren für die Inanspruchnahme des Datex-Netzes, sowie
- Anschalt- und Anzeigegebühren für die Nutzung von Datenbanken.

4.2 Erprobung von Wegen der Informationsweitergabe zwischen dem Landesinstitut (LSW) und den Modellschulen

Die für den Modellversuch gewählte Konstellation, wobei (mit einer Ausnahme: Borken) vom LSW aus online in externen Datenbanken recherchiert wird, bedingt, daß die gewonnenen Informationen von Soest aus an die beteiligten Schulen weitergegeben werden müssen. Aus diesem Grunde wurden das LSW und die Modellschulen in einem Kommunikationsnetz, in dessen Mittelpunkt das TELEBOX-System der Deutschen Bundespost steht, verbunden. Über dieses Netz können jederzeit und unmittelbar die im LSW gewonnenen Datenbankinformationen online an die Modellschulen weitergeleitet werden. Es kann aber auch für den Austausch von Informationen zwischen den Schulen genutzt werden. Es hat sich gezeigt, daß das Telebox-System der Deutschen Bundespost ein praktikables System der online-Vernetzung darstellt.

Eine Grenze der sinnvollen Nutzung des Systems ist aber mit dem Unfang der zu übertragenden Informationen gegeben. Hier werden die benötigte Übertragungszeit und damit zugleich die entstehenden Übertragungskosten zu entscheidenden Faktoren.

Die Übertragung von Datenmengen im Megabyte-Bereich über das TELEBOX-System ist weder zeit- noch kostenökonomisch. Hier bietet sich an, die Informationen zusammen mit dem physikalischen Datenträger (Diskette oder CD-ROM) auf dem herkömmlichen Postweg zu distribuieren.

Wie alle Mailbox-Systeme macht auch das TELEBOX-System in erster Linie für den Austausch kürzerer Informationen Sinn.

4.3 Erprobung von Speicherung und Rückgewinnung von Informationen in/aus Schuldatenbanken

Zur Speicherung von Informationen und deren Rückgewinnung wird im Modellversuch das retrievalfähige Datenbanksystem CICADE eingesetzt.

In dieses System können online aus externen Datenbanken gewonnene Informationen über ein Filterprogramm unmittelbar eingelesen aber auch Informationen aus weiteren Quellen direkt über die Tastatur eingegeben und gespeichert werden.

Die Rückgewinnung der Informationen erfolgt menügesteuert über die Eingabe von Suchworten, die in Form von und/oder/nicht-Verknüpfungen miteinander verbunden werden können. Da es sich um ein Retrievalsystem handelt, kann nach jedem Wort gesucht werden.

Das System CICADE hat sich als effektives und benutzerfreundliches Werkzeug erwiesen. Dennoch kann bei unterrichtlicher Anwendung auf eine Systemeinweisung nicht verzichtet werden. Aus diesem Grunde wird im Rahmen des Modellversuchs ein Kurzlehrgang entwickelt, der, unterstützt durch Folienmaterial und Übungsdisketten, die notwendigen Voraussetzungen für den Umgang mit Retrievalsystemen vermittelt.

4.4 Unterrichtliche Erprobung des medialen Einsatzes themenbezogener Datenbanken

Die unterrichtliche Erprobung fand in Klassen aller Schulformen der Sek. I und II, einschließlich berufsbildender Schulen und Sonderschulen statt. Zu insgesamt vier Themenbereichen wurden Informationen und Materialien zusammengestellt, und in themenbezogene Datenbanken gespeichert:

- "Trinkwasser - unser wichtigstes Lebensmittel",
- "Welt macht Sport",
- "Jugend und Nationalismus",
- "Konstruktion einer Zeitmeßanlage".

Eingebunden in die Erprobung wurden sowohl Fächer aus dem geistes- und gesellschaftswissenschaftlichen Bereich , wie aus dem naturwissenschaftlichen Bereich, wie auch aus dem berufsbildenden Bereich. Im Verlauf der unterrichtlichen Erprobung wurde deutlich, daß die Sozialform des arbeitsteiligen Gruppenunterrichts die effektivste Form der Integration des neuen Mediums in den Unterricht darstellt. Die im Anschluß an die Datenbankrecherchen notwendige Aufarbeitung der gewonnenen Informationen kann dann in Einzelarbeit an den in der Regel in Klassenstärke vorhandenen XT-Rechnern erfolgen, indem die Rechercheergebnisse auf einer Diskette gespeichert und anschließend in Einzelarbeit an den XT-Rechnern mit Hilfe eines Textverarbeitungsprogramms weiterverarbeitet und gestaltet werden.

Desweiteren zeigte sich im Rahmen der Erprobung, daß die mit dem Medium "themenbezogene Datenbank" transportierten Inhalte die Möglichkeit einer Integration in eine große Bandbreite von Unterrichtsfächern bieten. Es wurde deutlich, daß das Medium aufgrund der Möglichkeit, einen enormen Umfang an - gleichwohl themenorientierten - Informationen zu speichern und durch Schüler nutzen zu lassen, gerade eine fächerübergreifende Erarbeitung vielschichtiger und vernetzter Problembereiche (etwa "Trinkwasser - unser wichtigstes Lebensmittel" in Geographie, Biologie, Chemie, Politik, oder "Jugend und Nationalismus" in Deutsch, Geschichte, Politik, Religion) ermöglicht.

Da die themenbezogenen Datenbanken in entsprechender Breite angelegt sind, können fächerübergreifende Aspekte sowohl im Fachunterricht durch den einzelnen Lehrer; im fächerübergreifenden team-teaching; wie auch in Form von Unterrichtsprojekten realisiert werden.

4.5 Erprobung didaktischer Konzepte und Erstellung entsprechender exemplarischer Unterrichtsmaterialien

Mit dem Medium "themenbezogene Datenbank" gelangt eine Neue Technologie in den Unterricht, die dem Fachunterricht eine zusätzliche Dimension verleiht. Zum einen gilt es, die durch das Medium transportierten Inhalte sinnvoll in den Unterricht zu integrieren, zum anderen wird das Medium selbst, in seiner Eigenschaft als Neue Informations- und Kommunikationstechnologie zum Gegenstand des Unterrichts.

Für den Fachunterricht, in dem das Medium zum Einsatz kommt, bedeutet dies, daß neben die etablierten fachbezogenen Lernziele zusätzliche, die inhaltliche Behandlung des Mediums betreffende Lernziele treten. Angelehnt an die Ziele der informations- und kommunikationstechnologischen Grundbildung in NRW werden die drei wesentlichen Zielbereiche in Bezug auf die mediale Integration der Neuen Technologie "Datenbank" konkretisiert:

Schülerinnen und Schüler sollen

- Anwendungsbereiche des Mediums Datenbanken kennenlernen,
- Grundstrukturen und Funktionen des Mediums untersuchen, und
- Auswirkungen des Einsatzes dieses Mediums reflektieren und beurteilen.

Die folgende Erläuterung dieser mediendidaktischen Zielbereiche konzentriert sich auf die das Medium selbst betreffenden Aufgaben und Ziele; die ausführliche fachbezogene Darstellung und Erörterung der Datenbanknutzung erfolgt im Rahmen exemplarischer Themenhefte, in denen die fachunterrichtliche Integration themenbezogener Datenbanken beispielhaft vorgestellt wird.

Ziel: Anwendungsbereiche von Datenbanken kennenlernen

Neben der Anwendung von Datenbanken als öffentlich zugängliche Informationsquellen gibt es Datenbanken für geschlossene Benutzergruppen wie auch solche, die der Öffentlichkeit gänzlich unzugänglich sind. Die Formulierung "gläserner Bürger" spiegelt in diesem Zusammenhang die Angst vor lückenloser Speicherung persönlicher Daten in vernetzten Datenbanken wider. Nutzen und Gefahren derartiger Datenbankanwendungen, Fragen möglicher Informationsmanipulierung durch Datenbankmonopole, etc. können im Unterricht thematisiert werden.

Ziel: Grundstrukturen und Funktionen untersuchen

Die Untersuchung von Grundstrukturen und Funktionen erfolgt im handelnden Umgang mit dem Medium, in der selbsttätigen Informationsgewinnung aus einer Datenbank. Von Schülern eigenständig durchgeführte Recherchen stellen den zentralen Aspekt dieses Ziels dar.

Zu diesem Zweck wurde ein Simulationsprogramm entwickelt, mit dessen Hilfe der Umgang mit der Hardware sowie die wesentlichen Recherchetechniken erlernt werden. Erst im Anschluß an den Lehrgang ist die selbsttätige Nutzung der themenspezifischen Datenbank durch Schülerinnen und Schüler sinnvoll.

Ziel: Auswirkungen des Einsatzes von Datenbanken reflektieren und beurteilen

Unverzichtbarer Bestandteil jeder Einbeziehung von Datenbanken in den Unterricht ist die Reflexion des Einsatzes dieser Technologie, und zwar sowohl in Bezug auf ihre unmittelbar von den Schülerinnen und Schülern erfahrene Bedeutung als Medium im Unterricht, wie auch unter dem Aspekt ihrer übergreifenden gesellschaftlichen Bedeutung. Mögliche Gefahren (Vernetzung, Persönlichkeitsschutz, Datenschutz, etc.), aber auch mögliche sinnvolle Anwendungen (Ökodatenbank, Gefahrstoffdatenbank, etc.) sind zu thematisieren.

Übergeordnetes Ziel ist es, daß Schülerinnen und Schüler den Nutzen des Einsatzes von Datenbanken beurteilen lernen, um somit eine Urteilsfähigkeit zu erwerben, die sie in die Lage versetzt, bei der gesellschaftlich zu treffenden Entscheidung über den Einsatz und die Nutzung von Datenbanken verantwortlich mitzuwirken.

Orientierung an allgemeindidaktischen Prinzipien

Die Einbeziehung der Datenbanknutzung in den Fachunterricht orientiert sich zum einen an den entsprechenden fachdidaktischen und -methodischen Vorgaben, zugleich gilt darüber hinaus die Orientierung an den allgemeinen Prinzipien des Lehrens und Lernens, die den Richtlinien der Unterrichtsfächer zugrundeliegen:

- Erfahrungsorientierung,
- Handlungsorientierung,
- Wissenschaftsorientierung sowie
- Gegenwarts- und Zukunftsorientierung.

Bei der unterrichtlichen Umsetzung kommt es wesentlich darauf an, an den Erfahrungshorizont der Schülerinnen und Schüler anzuknüpfen, um sie im handelnden Umgang mit der Datenbank Anwendungszusammenhänge erfahren zu lassen. Die Erschließung wie die anschließende Reflexion müssen an wissenschaftlichen Erkenntnis- und Diskursmethoden orientiert sein, mit dem Ziel, bei Schülerinnen und Schülern Befähigung und Bereitschaft zu Mitgestaltung und Mitverantwortung für einen gegenwärtigen wie zukünftigen sozialverträglichen und an den Bedürfnissen der Menschen orientierten Einsatz der Technologie "Datenbank" zu festigen.

4.6 Transfer und Verfügbarmachung der Ergebnisse

Im Rahmen des Modellversuchs MODIS werden Handreichungen mit exemplarischen Beispielen von Unterricht erarbeitet, in denen die Nutzung themenbezogener Datenbanken als zentrale Medien des Fachunterrichts dargestellt werden.

Diese Handreichungen setzen sich zusammen aus einem Themenheft, in dem exemplarischer Unterricht beschrieben wird, und einer auf 10 Disketten mitgelieferten themenbezogenen Datenbank incl. der Datenbanksoftware (Retrievalsystem), in der die themenspezifischen Informationen gespeichert sind, und in der direkt recherchiert werden kann. Eine regelmäßige Aktualisierung des Datenbestandes der themenbezogenen Datenbanken ist vorgesehen aber auch notwendig, wenn der Vorteil der Aktualität der Daten gegenüber anderen Informationssammlungen erhalten werden soll. Tagesaktualität kann nur über online-Recherchen hergestellt werden und steht prinzipiell zur Verfügung.

Da die themenbezogenen Datenbanken grundsätzlich offen sind, können und sollen sie auch individuell von Lehrerinnen und Lehrern oder auch von Schülerinnen und Schülern "gepflegt" werden, d.h. es können Texte gelöscht oder aber eingelesen werden.

Die themenbezogenen Datenbanken können aber, auch bei noch so rascher Überarbeitung und noch so großer Mächtigkeit, keinen Anspruch auf Tagesaktualität und Vollständigkeit der Informationen erheben. Jedoch bieten sie ein, weit über die üblicherweise zur Verfügung stehenden Materialien hinaisragendes, sonst nicht oder nur unter großem Zeitaufwand zugängliches, vielfältiges nutzbares Angebot an Informationen.

5. Fazit und Ausblick

Der Modellversuch MODIS zeigt, daß die Technologie "Datenbank" ein wirksames Werkzeug sein kann, um Schule und Unterricht in einer sinnvollen Nutzung und Integration des immer größer werdenden und sich in immer kürzer werdenden Zeitabschnitten aktualisierenden Wissens zu unterstützen.

Am sinnvollsten kann dies verwirklicht werden, wenn die, im Vergleich zu den herkömmlichen Printmedien, enormen quantitativen Speichermöglichkeiten der neuen Medien im Sinne themenbezogener Wissensspeicher (= Datenbanken) inhaltlich wie didaktisch qualifiziert auf eine unterrichtliche wie unterrichtsvorbereitende Nutzung hin konzipiert werden.

Die im Modellversuch MODIS aufgebauten themenbezogenen Datenbanken stellen einen ersten Schritt in diese Richtung dar, der zugleich bereits den Blick für eine Weiterentwicklung und Verbesserung öffnet.

Neue, optische Speicher in Form der CD-ROM erlauben die integrierte Speicherung von Text, Ton und Stand- und Bewegtbild und eröffnen, mit Hilfe intelligenter Retrieval- und Verknüpfungssysteme neue Möglichkeiten der zusammenhängenden, mehrkanaligen Veranschaulichung. Der erfolgreiche unterrichtliche Einsatz bedingt aber (neue?) didaktische und methodische Konzepte, die den sich eröffnenden Möglichkeiten Rechnung tragen und die (möglicherweise) veränderten Dimensionen des Lernens und Lehrens und der Schüler- und Lehrerrolle einbeziehen.

Literatur

BAUER, PETER (1989): "Veredelung eines Rohstoffs. - Wie man Recherche-Ergebnisse inhouse verarbeiten kann." Cogito 3 (1989), S. 27 - 32.

BRADY, HOLLY (1989): "Interactive Multimedia: The Next Wave." Classroom Computer Learning 9 (1989), S. 56 - 61.

HARTGE, THOMAS (1989): "Zugriff zum Wisser Welt? - Informationsbeschaffung in Datenbanken." Medien praktisch 3 (1989), S. 58.

Adresse der Autoren:
Winfried Köhler und Bernfried Saerbeck
Beratungsstelle für Neue Technologien im Landesinstitut für Schule und Weiterbildung
Paradieser Weg 64
4770 Soest

Von Palimpsesten zu Hypertexten: Perspektiven in der Entwicklung philologischer Arbeitsumgebungen

Josef Wallmannsberger

0. Einleitung

Die im folgenden angestellten Überlegungen zu Hypertext nehmen ihren Ausgangspunkt in einem genuin philologischen Erkenntnisinteresse, nämlich der Grundfrage aller textorientierten Wissenschaften "Was ist ein Text?". Wie es Grundfragen so an sich haben, werden sie im wissenschaftlichen Normalbetrieb eher beiseite gelassen, treten aber dann in den Vordergrund, wenn eine Disziplin in eine Phase der methodologischen Reorientierung eintritt. Die Antworten, die auf die Frage nach dem, was einen Text ausmacht, gegeben werden, konstituieren jeweils schon bestimmte Paradigmen der Textwissenschaften: Wenn die Editionswissenschaft des 19.Jahrhunderts den bis dahin gültigen Textbegriff, der sich weitgehend mit dem physischen Dokument gleichsetzte, als naiv und für eine "kritische Philologie" unbrauchbar darstellt, so wird das Problemfeld der Philologie insgesamt neu abgezirkelt. In noch weit fundamentalerer Weise brachte die Entwicklung der Schrift eine Neuformulierung des Textualitätsbegriffs mit sich: Orale, also schriftlose Kulturen, besitzen sehr wohl *Texte* im Sinne hochstrukturierter und auch reproduzierbarer Kommunikationshandlungen, das Medium Schrift macht jedoch Texte möglich, die nicht mehr unmittelbar pragmatisch verankert sind.

Es soll hier nicht pauschal die Behauptung vertreten werden, daß die elektronische Medialisierung von Texten ihren Charakter grundlegend ändert, die Textwissenschaften sehen sich jedoch mit Entwicklungen konfrontiert, die das Kernproblem der Textualität in dramatischer Weise neu aufwerfen. Gerade Hypertext macht jedoch deutlich, daß Philologien nicht nur passiv rezipierend Entwicklungen der Informatik verfolgen müssen, sondern durchaus Expertise im Umgang mit komplexen Texttypen in die Diskussion und das Design von Hypertext einbringen können.

Die folgenden Ausführungen verstehen sich als ein Beitrag zu einer weitgehend noch zu führenden textwissenschaftlichen Diskussion der Perspektiven von Hypertext. Hypertext als Instrument textwissenschaftlicher Forschung steht zunächst im Vordergrund, doch sollen im Sinne einer strategischen Perspektivierung der Ansätze auch Fragen nach den theoretischen Implikationen nicht außer acht gelassen werden.

So ist das Problem der nichtlinearen Repräsentation von Texten (Abb. 1), der Kern der Hypertextidee also, ein Fragenkomplex mit einer bedeutenden Tradition in den Textwissenschaften.

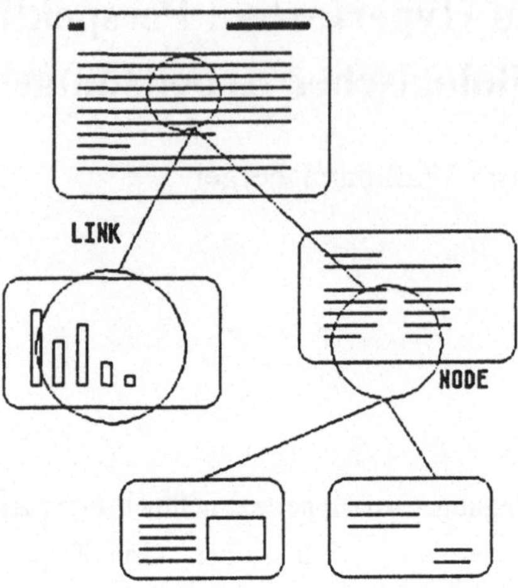

Abb. 1: Hypertext als Assoziationsgerüst

Hypertext als Modell entfaltet einen Teil seines revolutionären Potentials auch vor dem Hintergrund kultureller Konventionen, die einen Text als lineare Abfolge sprachlichen Materials definieren, als Prototyp bietet sich hier der moderne Roman an. Eine historische Rekonstruktion der Möglichkeiten von Textualität zeigt jedoch, daß diese Konventionen nur einen Teil eines weiteren Spektrums ausmachen: Interlinearglossen, Scholien, Annotationen, Illustrationen machen deutlich, daß Texte nicht *per se* linear sind, textuelle Verflechtung ist immer auch präsent. Als Arbeitshypothese bietet sich an, daß es dynamische und statische Formen der Textualität relativ unabhängig von der Medialisierung gibt, die eigentlich interessante Frage müßte also dahin gehen, wie die unterschiedlichen Texttypen in kommunikative Handlungen einbezogen werden, welche Handlungstypen von welchen Texttypen wie unterstützt werden. Eine pragmatisch orientierte Texttheorie ist dann auch ein brauchbarer begrifflicher Rahmen für die Behandlung von Hypertexten. Im folgenden wird die Verwendung einer Hypertextumgebung für die konkrete philologischer Arbeit diskutiert, das konkrete Hypertextsystem - in unserem Fall Guide auf PC, Macintosh und teilweise auch auf Workstation - steht dabei nicht im Vordergrund, da Detaildokumentation aus Platzmangel hier ohnehin nicht in Frage kommt.

1. Hypertext, Korpusdatenbanken und Edition konkret

1.1 "Early Modern English Letters" - Korpus

Textuelle Basis eines Projekts zur Verwendung des Hypertextmodells in den Textwissenschaften ist das "Early Modern English Letters"-Korpus, das an der Universität Innsbruck zunächst für Zwecke der klassischen historischen Linguistik erstellt wurde. Da die Einbettung der Textdatenbasis in eine Hypertextumgebung schon von vornherein geplant war, wurde besonders darauf geachtet, daß die ausgewählten Texte nicht nur für einen streng begrenzten Zweck verwendbar sind. So war es klar, daß neben linguistischen, auch editionswissenschaftliche, lexikographische, sozialhistorische und kunstwissenschaftliche Aspekte angesprochen werden würden, was die Selektion geeigneter Texte wesentlich schwierriger gestaltete, da z.B. die editorischer Tradition detaillierter beachtet werden mußte, als dies bei einer rein korpuslinguistischen Zielsetzung der Fall wäre.

Das zur Zeit in Teilaspekten realisierte Ziel des Projekts ist es einen "EME Letters"-Hypertext zu realisieren, der als multifunktionale Arbeitsumgebung die Verfolgung unterschiedlicher textwissenschaftlicher Intentionen erlaubt. Im Gegensatz zu korpuslinguistischen Konzeptionen, die im wesentlichen nur rohe Daten für die linguistische Analyse anbieten, soll der "Letters Hypertext" eine Verbindung von Edition als Hypertext-Datenbank, linguistischer Analyseumgebung und methodischem Modell sein.

Methodisches Modell vor allem auch insofern, als das Konzept des "dynamischen Texts," das im weiteren ausführlicher behandelt wird, als "implementierte Theorie" (Arno Bammé) vorgestellt werden soll. Der methodologische Anspruch eines textwissenschaftlichen Rahmenkonzepts macht unser Modell eines philologischen Hypertexts anschlußfähig für rezente Diskussionen in der Texttheorie, die ansonsten von der computergestützen Korpuslinguistik in nur sehr beschränktem Maß zur Kenntnis genommen werden.

1.2 Hypertext als Korpusoberfläche

Als erste Phase der Entwicklung eines philologischen Hypertexts bot sich Hypertext als Oberfläche für den Zugang zu den im übrigen konventionellen Verfahren der computergestützten Korpusanalyse an. Ein Dokumentations- und Navigationssystem erlaubt zunächst den Abruf von Informationen zur Textdatenbank insgesamt, dann auch zu einzelnen Texten und Textgruppen. Es werden Hinweise zur Manuskript- und Editionslage, zum historischen Hintergrund einzelner Briefgruppen, oder auch zur groben dialektalen Einordnung gegeben.

Diese Anwendung orientiert sich an den bereits hinlänglich bekannten Museums- und Ausstellungshypertexten, die eine Orientierung über die vorhandenen Materialien geben sollen. Eine Perspektive des "EME Letters"-Hypertext besteht darin, ein virtuelles Museum Englands in der Frühen Neuzeit, wie es sich sprachlich und sozialgechichtlich präsentiert, zu entwickeln. Ressourcen zur sprachlichen Analyse (Konkordanzen, Indizes und spezielle Wörterbücher zu einzelnen Briefgruppen) sind ebenso vorhanden wie visuelles Material zu in den Briefen erwähnten Personen, historischen Ereignissen und dem allgemeinen sozialgeschichtlichen Hintergrund.

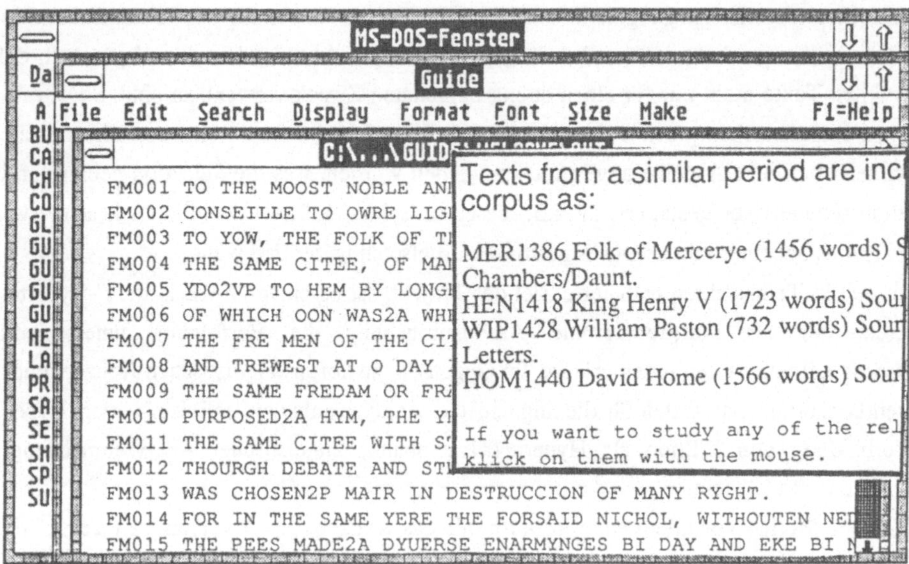

Abb. 2: Sprungfunktion im Hypertext zu relevanten Texten

Dieser Hypertext ist somit ein Präsentationssystem, in dem zwar navigiert werden kann, das aber dennoch ein abgeschlossenes Diskursuniversum darstellt. Die Anwendungsmöglichkeiten insbesonders in der akademischen Lehre sind beträchtlich, doch lösen wir damit unser Ziel des "dynamischen Textes" nur zum Teil ein.

1.3 Dynamische Editionskonzepte

Die Strategie einer dynamischen Hypertext-Datenbank als Edition und Arbeitsumgebung für die linguistische Analyse verfolgen wir damit, daß wir neben dem hochstrukturierten Basishypertext auch eine Reihe weiterer Funktionalitäten in den Hypertext integrieren. Da wir von der Konzeption einer philologischen Arbeitsumgebung ausgehen, sind Werkzeuge wie elektronische Wörterbücher, so zum Beispiel das "Oxford English Dictionary," oder menügesteuerte Konkordanz- und

Analyseprogramme in den Hypertext integriert. Das in einem Prozeß der ständigen Erweiterung und Revision begriffene "EME Letters"-Korpus wird in der Autorenvariante des Hypertext, die das oben beschriebene Präsentationssystem als Teilmenge umfaßt, in allen Phasen der Bearbeitung zugänglich gemacht, besser gesagt die gesamte philologische Arbeit wird in den Hypertext eingebettet.

Dies bedeutet, daß die Textdatenbasis in den Hypertext dynamisch integriert wird, die beteiligten Forscherinnen und Forscher erstellen Annotationen, Verweise und linguistische Analyseergebnisse, die einen zu bearbeitenden Text immer stärker in den Hypertext einbinden. Die bereits vorhandenen Texte werden durch diesen Prozeß in neue Sinnhorizonte gestellt, die alte hermeneutische Forderung nach der wechselseitigen Erhellung der Interpretanda wird zumindest tendenziell eingelöst.

In der weiteren Entwicklung soll der Streit der Editionswissenschaft, ob diplomatischem oder historisch-kritischem Zugang der Vorzug gegeben werden soll, durch ein Konzept der "virtuellen Edition," die von einem (mehr oder weniger) Facsimile des Manuskripts in elektronischer Form bis zu einer normalisierten Leseedition das gesamte Spektrum in einer Hypermediaumgebung zugänglich macht, dynamisiert werden. Da der technischen Realisierung zu vertretbaren Kosten insbesonders im Bilddatenbereich noch beträchtliche Hindernisse im Weg stehen, bleiben diese Überlegungen in einer noch konzeptionellen Phase.

1.4 Virtueller Text und philologische Arbeitsumgebung

Ein entscheidender Schritt von der Hypertext-Edition zu einer echten philologischen Arbeitsumgebung besteht in der Integration pragmatischer Aspekte von Textualität in die Textkonzeption, aber auch in die Arbeit mit konkreten Texten.

Es wurde weiter oben bereits angerissen, daß die Forscherinnen und Forscher Vorschläge zur Analyse der Texte in Form von Annotationen, Verweisen etc. in den Hypertext einbringen. Dieser Prozeß wird nicht als bloße Vorstufe zu einer später endgültig zu sanktionierenden Version gesehen, sondern die Arbeitsumgebung und die einzelnen Schritte sind die Analyse, was natürlich nicht heißen kann, daß Inkonsistenzen, Verdoppelungen oder auch offensichtliche Fehler in einem Präsentationssystem nicht ausgeblendet werden können und sollen.

In einer konventionellen Edition finden wir nur die letztendlich als richtig erkannte Interpretation eines sprachlichen Zustands, wie hilfreich oft die verworfenen Alternativen sein können, stellt sich in textwissenschaftlicher Arbeit immer wieder heraus. Daß der Weg das Ziel sein kann, mag für die Philologien in höherem Ausmaß als für andere Disziplinen gelten: Eine Hypertext-Editionsdatenbank kann diese Forderung einlösen, ohne die Datenbasis für die alltägliche Arbeit unbrauchbar zu machen.

2. Perpektiven für Hypertext in den Textwissenschaften

2.1 Integrationsinstrumente

Philologische und textwissenschaftliche Arbeit zeichnet sich durch ein hohes Maß an Spezialisierung in verschiedene Teildisziplinen aus, die kaum mehr voneinander Kenntnis haben. Kein noch so mächtiges Paradigma der Informationsstrukturierung, auch Hypertext nicht, kann diesen bedenklichen Zustand automatisch beheben, doch ist es zumindest unsere Erfahrung, daß sich Forscherinnen und Forscher mit primär recht divergenten Interessen in der Gestaltung des "EME Letters"-Hypertexts in einen gemeinsamen Arbeitskontext einbinden können.

Hypertext bietet sich als Werkzeug "implementierter" Interdisziplinarität an, wobei betont werden muß, daß der Blick auf den pragmatischen Kontext der Kommunikationssituation gerichtet bleiben muß.

2.2 Methodologische Herausforderung

Hypertext geht zumindest für die Textwissenschaften über den instrumentellen Charakter hinaus, da die theoretischen Implikationen zentrale Erkenntnisinteressen eben dieser Wissenschaften betreffen. Hypertext in dem oben skizzierten Sinn einer Handlungsumgebung bringt das Problem einer handlungstheoretischen Texttheorie in die Diskussion: Da sich Texte immer nur in konkreten Handlungszusammenhängen erschließen, müssen wir Textualitätstheorien, die textuelle Bedeutung aus immanenten semantischen Strukturen destillieren wollen, einer besonders kritischen Analyse unterziehen.

Die kognitive Strategie einer konsequenten Desituierung und Entpragmatisierung von Texten, die eine Voraussetzung der Leistungen einer Schriftkultur darstellt, kann durch Formen elektronischer Medialisierung abgeschwächt werden: Die Möglichkeit der Rekonstruktion der Handlungsverflechtungen eines Textes muß nicht zu einer kognitiven Überlastung führen, da wir die Sichtweisen auf Textuniversen dynamisch wählen können.

3. Ausblick und Schluß

Die Entwicklung philologischer Arbeitsumgebungen in einem Hypertextsystem erweist sich als Möglichkeit, neue Instrumente für konventionelles textwissenschaftliches Arbeiten zu erproben, aber auch, und dies mag vielleicht wesentlicher sein, Fragen nach Grundparametern von Textualität in einem neuen Kontext zu thematisieren. Die Tradition der Beschäftigung mit komplexen Textualisierungsstrategien in der Literatur, wie sie für die Philologien charakteristisch ist, kann fruchtbringend in das Design von Hypertextmodellen, die sich nicht nur an den Textkonventionen der jünsten Vergangenheit orientieren, eingebracht werden.

Literatur

BAMME, A. Das Metonym "KI" - Soziologische Anmerkungen zum Projekt der implementierten Theorie, in: J. Retti und H. Leidlmair (Hrsg.), 5. Österreichische Artificial-Intelligence Tagung, Berlin-Heidelberg-New York 1989.

BUSH, V. As we may think, in: Atlantic Monthly. Bd. 176 (1945).

CAMPAGNONI, F.R. und ERLICH, K., Information retrieval using a hypertext-based help system, in: N.J. Belkin und C.J. van Rijsbergen (Hrsg.), SIGIR '89. Proceedings of the twelfth annual international ACMSIGIR conference on research and development in information retrieval, New York 1989.

CAMPBELL, B. und GOODMAN, J.M., HAM: A general purpose hypertext abstract machine, in: Communications of the ACM. Bd. 31 (1988).

CONKLIN, J., Hypertext: An introduction and survey,in: Computer. Bd. 20 (1987).

COY, W. Après Gutenberg, in: W. Rammert und G. Bechmann (Hrsg.), Technik und Gesellschaft (Jahrbuch 5), Frankfurt/M. - New York 1989.

ECHHARDT, R.C., Glimpsing the future with GUIDE, in: Macworld. Bd. 4 (1987).

GRISHMAN, R., Computational linguistics, Cambridge 1986.

HALASZ, F.G., Refelctions on Notecards: Seven issues for the next generation of hypermedia systems, in: Communications of the ACM. Bd. 31 (1988).

KAPPE, F. und H. MAURER. Animation in Hyper-G - An Outline, in: V. Haase und P. Zinterhof (Hrsg.), Future Trends in Information Technology '90, Wien-München 1990.

MICHEL, S., GUIDE - A hypertext solution, in: CD-ROM Review Bd. 2 (1987).

NELSON, T., A new home for the mind, in: Datamation. Bd. 28 (1982).

NELSON, T., Computer lib, Chicago, 1974.

PEREIRA, F. und SHIEBER, S. Prolog and natural-language analysis, Chicago 1987.

SHNEIDERMAN, B. und KEARSLEY, G., Hypertext hands-on!, Reading, Mass. 1989.

SLOMAN, A., Afterthoughts on analogical representation, in. R. Brachmann und H. Levesque (Hrsg.), Readings in knwoledge representation, Los Altos 1985.

WALLMANNSBERGER, J. CD-ROM in der Informationsphilologie, in: Online Mitteilungen. Bd. 33 (1989a).

WALLMANNSBERGER, J. Language limits and world limits in the age of AI - Sapir and Whorf revisited, in: J. Retti und H. Leidlmair (Hrsg.), 5. Österreichische Artificial-Intelligence Tagung, Berlin-Heidelberg-New York 1989b.

WALLMANNSBERGER, J. Maschinen-Sprache: Überlegungen zur sprachwissenschaftlichen Grundlegung und curricularen Umsetzung einnes informationslinguistischen Paradigmas, in: A. Schwob, K. Kranich-Hofbauer und D. Suntinger (Hrsg.), Historische Edition und Computer, Graz 1989c.

WALLMANNSBERGER, J. Hypertext approaches to terminological information porcessing, in: H.Czap und W. Nedobity (Hrsg.), TKE'90: Terminology and Knowledge Engineering, Frankfurt 1990a.

WALLMANNSBERGER, J. The 'Harmless Drudge's' New Medium, in: H.Schanze (Hrsg.), The New Medium, Siegen 1990b.

WALLMANNSBERGER, J. Towards an ecology of electronic knowledge processing, in: V. Haase und P. Zinterhof (Hrsg.), Future Trends in Information Technology '90, Wien-München 1990c.

Adresse des Autors:
Univ.-Ass. Josef Wallmannsberger
Universität Innsbruck - Institut für Anglistik
A-6020 Innsbruck

Entity Relationship Modell (ERM)

Ein Beschreibungs- und Gestaltungsverfahren in der wirtschaftsberuflichen Ausbildung

Bernhard Borg

Zusammenfassung

In der wirtschaftberuflichen Ausbildung wird zunehmend ein systemisches Denken und Handeln in komplexen wirtschaftlichen Zusammenhängen gefordert. Probleme der unterrichtlichen Umsetzung sind u. a. in fehlenden Beschreibungsverfahren für Prozesse und Abläufe in sozio-technischen Systemen, wie Betriebe, begründet. ERM als theoretisch fundiertes und praktisch erprobtes Beschreibungs- und Gestaltungsverfahren der WI wird als *ein* Verfahren betrachtet, das die Komplexität betrieblicher Zusammenhänge bei einem hohen Abstraktionsniveau auf kaufmännische Grundbegriffe reduzieren kann, leicht verständliche Darstellungsformen bietet und als Entwurfsverfahren unmittelbar den Schritt zur Realisierung kaufmännischer Probleme zeigt. Im vorliegenden Beitrag wird am Beispiel der Beschaffung im Handelsbetrieb der Aspekt der Komplexitätsreduzierung in den Vordergrund gestellt.

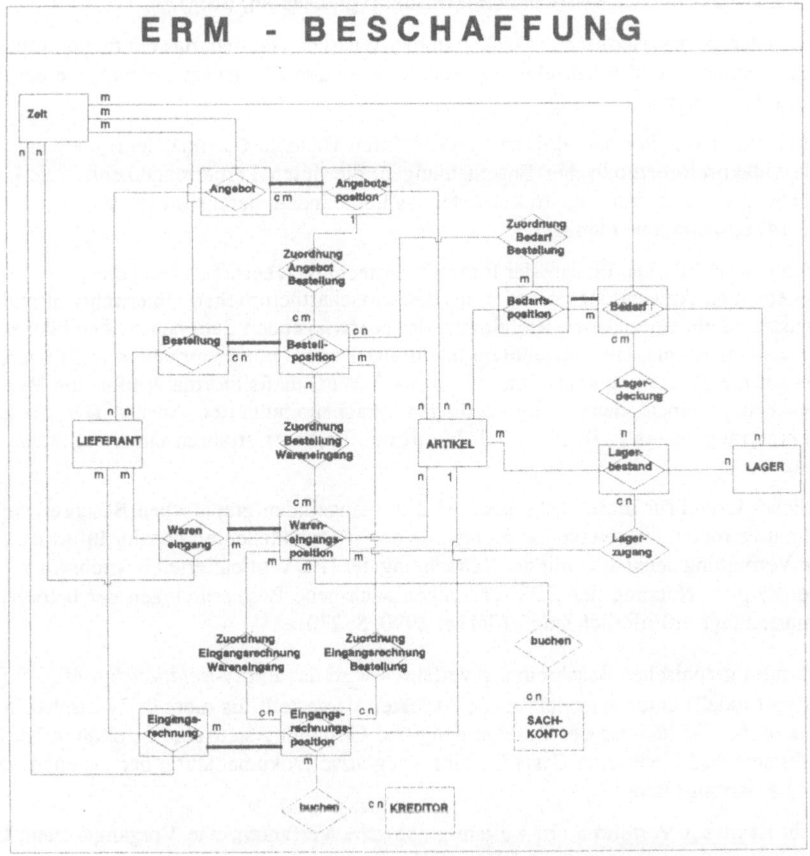

Abb. 1 ERM Beschaffung in einem Handelsbetrieb

1. Einführung

In jedem Betrieb gibt es vielfältige Güter-, Geld- und begleitende Informationsflüsse. Die Beschreibung und Gestaltung des Informationsflusses erhält eine wachsende Bedeutung, u. a. durch den zunehmenden Einsatz der Informationstechniken und der Internationalisierung des Wettbewerbs. Man bezeichnet ein Unternehmen daher auch als vielfaches (computergestütztes) Informationssystem. Mit der "Entwicklung von Methoden zur Gestaltung computergestützter Informationssysteme" (Scheer, S. 6) beschäftigt sich die Wirtschaftsinformatik (WI).

ERM dient in der WI als datenorientiertes Entwurfsverfahren der Softwaretmtechnik und als allgemeines Verfahren zur Konstruktion logischer Datenstrukturen. Diese bilden eine Basis für unternehmungsweite konzeptionelle Datenmodelle. Nach Vetter ist ein derartiges Modell u.a. dadurch charakterisiert, daß es

- das Informationsangebot der Unternehmung auf begrifflicher Ebene darstellt und als Schnittstelle zwischen Entwickler und Anwender fungiert;

- die gemeinsame sprachliche Basis für die Kommunikation der an der Organisation von DV-Abläufen beteiligten Personen ist. (Vetter, S. 5 f.)

ERM kann somit zur Beschreibung der statischen Strukturen betrieblicher Informationssysteme dienen.Die didaktisch-methodische Diskussion der wirtschaftsberuflichen Ausbildung befaßt sich u.a. mit

- dem integrativen anwendungsorientierten Einsatz der Informationstechniken in den kaufmännischen Kernfächern und dem Fach Wirtschaftsinformatik; (vgl. Diepold, Borg)

- dem vernetzten oder systemischen Denken in den Wirtschaftslehren, das ein dynamisches Geschehen der Zusammenhänge und Wechselwirkungen zwischen den Elementen der Systeme beschreiben soll; (vgl. Dubs, Ulrich/Probst)

- der Entwicklung von Formen aktiven Lernens durch Handeln (Lernhandeln) - als eine wesentliche Variable didaktisch-methodischer Entscheidungen, die durch Lernarrangements, "als inhaltlich und zeitlich abgegrenzte, komplexe, strukturierte, das Lernhandeln herausfordernde Situationen" (Diepold 1989, S. 14) umgesetzt werden soll.

Soweit es den unterrichtlichen Einsatz der Informationstechniken betrifft, stehen diese curricularen Ansätze einer System- und Anwendungsorientierung des wirtschaftberuflichen Unterrichts oftmals im diametralen Gegensatz zu einigen neueren Richtlinien, der überwiegenden Zahl neuer Schulbücher der WI und der Realität des Unterrichts. Die Anwendung funktionaler oder branchenorientierter Software degeneriert dort oftmals auf die Bedienung eines Dialogs, im Fach Wirtschaftsinformatik führt die Handhabung der Benutzersprachen zu einem neuen instrumentellen sprachenorientierten Ansatz. Die Vielzahl der entwickelten Lernarrangements (z.B. Planspiel, Lernfirma, Leittext) erfahren einen isolierten, fachspezifischen Einsatz.

Ein wesentlicher Grund für diese Diskrepanz wird in mangelnden graphischen Beschreibungs- und Entwurfsverfahren vermutet, die sowohl die Sichtweise der Wirtschaftslehren wie der Informatik berücksichtigen. Diese Vermutung deckt sich mit der Betrachtung der "EDV-orientierten Betriebswirtschaftslehre, in der für eine adäquate Nutzung der EDV-Techniken auch neue Beschreibungen der betriebswirtschaftlichen Zusammenhänge erforderlich sind". (Scheer 1990, S. 270)

Als ein derartiges graphisches Beschreibungsverfahren wird das *Entity-Relationship-Modell* (Objekttypä-Beziehungstyp-Modell) unter unterrichtlichen Aspekten vorgestellt. Es dient der wirtschaftlichen und informatikspezifischen Sichtweise der Beschreibung und Gestaltung statischer Strukturen betrieblicher Informationssysteme und bietet eine Basis für eine integrative Dokumentation der Datenkonstrukte unterschiedlicher Lernarrangements.

Im Unterricht ist dieses Verfahren um weitere graphische Verfahren, wie Vorgangsketten, Organigramme, EVA-Tabellen, Darstellungen nach DIN 66001 oder Netzwerke, zu ergänzen.

2. ERM als Beschreibungsverfahren

Aufgrund der wenigen Grundbegriffe, der verständlichen graphischen Darstellungsform und klarer Konstruktionsregeln sind ERM-Diagramme leicht erlernbar.

2.1 Grundbegriffe

Das ERM beschreibt die Beziehungen zwischen Objekten in einer Miniwelt. Es unterscheidet dabei zwischen OBJEKTTYPEN (Entities) und *Beziehungstypen* (Relationships). Was dabei als Objekttyp oder als Beziehungstyp bezeichnet werden kann, ist eine Frage der Betrachtungsweise der Miniwelt.

Objekte: unterscheidbare und identifizierbare Exemplare realer oder - abstrakter Dinge, Personen oder Begriffe, die innerhalb der Miniwelt von Interesse sind; z.B.: Kunden, Artikel, Aufträge, Maschinen, etc.. Sie heißen auch Merkmalsträger.

Objekttyp: Zusammenfassung von gleichartigen Objekten der Miniwelt mit gleichen Attributen. Objekttypen werden durch Rechtecke dargestellt.

Attribute: Eigenschaften der Objekttypen; z. B. Name, Ort, Umsatz oder Größe, Farbe, Preis. Eine Eigenschaft (z.B. Alter) beschreibt die individuelle Besonderheit eines Objekts. Sie ermöglicht es, ein Objekt (z.B. Schüler) zu charakterisieren und gegebenenfalls zu identifizieren.

Beziehungstyp: Gibt die logische, wechselseitige Verknüpfung zwischen zwei oder mehreren Objekttypen an. Beziehungstypen werden durch Rauten dargestellt.

2.2 Darstellung

Betrachten wir die Miniwelt der Wohnsituation von Schülern. Eine Beziehung zwischen den Objekttypen SCHÜLER und ADRESSE der Wohnung könnte wohnen heißen.

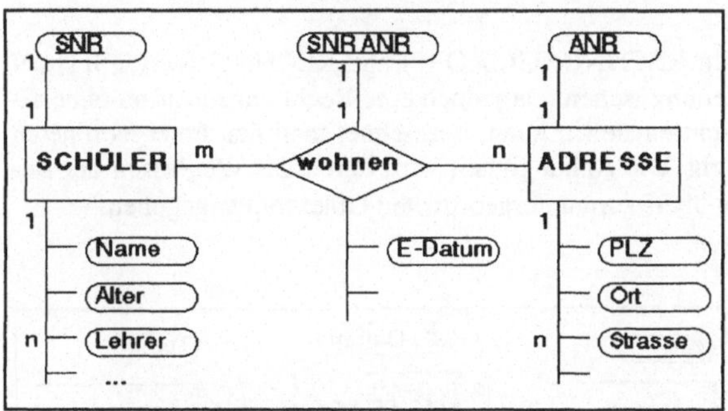

Abb. 2 Grundelemente der Darstellung

Das *ERM-Diagramm* ist wie folgt zu lesen: "Schüler wohnen unter Adressen" oder "Adressen gehören zu Schüler". Ein Schüler kann unter mehreren Adressen und bei je der Adresse können mehrere Schü ler wohnen (M : N Beziehung). Sowohl Objekt- wie auch Beziehungstypen können bestimmte Attribute aufweisen. Jeder Schüler hat einen Namen, ein Alter oder ein Hobby. Jede Adresse hat eine Postleitzahl, eine Orts- oder Straßenbezeichnung. Der Beziehungstyp wohnen kann ein Ein- oder Auszugsdatum, das Merkmal des Erst- oder Zweitwohnsitzes erfassen.

Bei allen Fakten kommt es vor, daß einzelne Werte mehrfach auftreten. Zwischen der Wertemenge und dem Objekttypen gibt es also eine 1 : N-Beziehung. Damit ein Objekt eines Objekttyps identifiziert werden kann, muß jeder Objekttyp ein Attribut mit einer 1 : 1-Beziehung aufweisen. Dieses erfolgt zumeist durch die Aufnahme einer Nummer, hier einer Schüler- und Adressennummer. Beim Beziehungstyp erfolgt die identifizierende Numerierung durch eine Verschmelzung der Schülernummer mit der Adressennummer.Die Begrifflichkeit des ERM weist viele ähnlichkeiten mit den Begriffen der Dateiverarbeitung auf.

2.3 Grundkonstruktionen

(1) Aggregation - Entstehung komplexerer Zusammenhänge

Die Aggregation erlaubt es, mehrere Objekte an einen Beziehungstyp zu binden und damit komplexere Zusammenhänge zu konstruieren. Die Aggregation mit dem Objekttyp ZEIT hat in der Betriebswirtschaftslehre eine große Bedeutung, z.B: Kunden geben zu bestimmten Zeitpunkten Aufträge zur Lieferung von einem Artikel. Die mit Zeitpunkten und Zeiträumen versehenen Vorgänge führen zu kaufmännischen Fachbegriffen, die sich in der betrieblichen Realität in Form von Schriftstücken wiederfinden. Im ERM-Diagramm bilden sie Beziehungstypen, die wirtschaftliche Einheiten mit der Zeit verbinden.

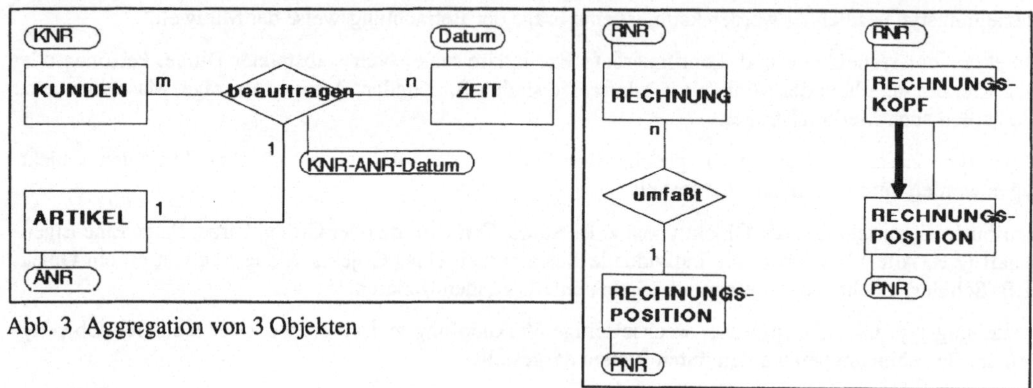

Abb. 3 Aggregation von 3 Objekten

Abb. 4 Darstellung von Abhängigkeiten

(2) Abhängigkeit

Die Abb. 3 geht von der Bestellung eines Artikels aus. In der betrieblichen Realität werden zu einem Zeitpunkt ein oder mehrere Artikel bestellt, geliefert oder in Rechnung gestellt. Eine Rechnung umfaßt Attribute (z.B. Bankverbindung, Rechnungsbetrag, Skonto, etc.), die die Rechnung insgesamt betreffen, und Attribute (Artikelbezeichnung, Menge, Einzelpreis, etc.), die jede einzelne Rechnungsposition, jeden Artikel, allein betreffen.

Eine Rechnung ist somit durch zwei Objekttypen RECHNUNG(SKOPF) und RECHNUNGSPOSITION darzustellen, die zueinander in einer N : 1-Beziehung stehen. Da jedoch eine Rechnungsposition ohne eine Rechnung, besser einen Rechnungskopf, nicht entstehen kann, bezeichnet man den untergeordneten Objekttyp RECHNUNGSPOSITION als abhängig. Die Abhängigkeit wird durch das Weglassen der Beziehung umfaßt und die Angabe eines Pfeils vom über- zum untergeordneten Objekttyp angegeben.

(3) Komposition - Uminterpretation eines Beziehungstyps in einen Objekttyp

Der Beziehungstyp beauftragen wurde als Aggregation der Objekttypen KUNDEN, ARTIKEL und ZEIT vorgestellt. Ein Kundenauftrag kann sich auf mehrere Artikel beziehen, folglich kann er mehrere Positionen umfassen. Es handelt sich somit beim Objekttyp AUFTRAGSKOPF um einen selbständigen, beim Objekttyp AUFTRAGSPOSITION um einen abhängigen Objekttyp. Zwischen diesen Objekttypen besteht eine N : 1-Beziehung.

Die beiden Darstellungen sind nun in der Weise zusammenzuführen, daß der Bezie-

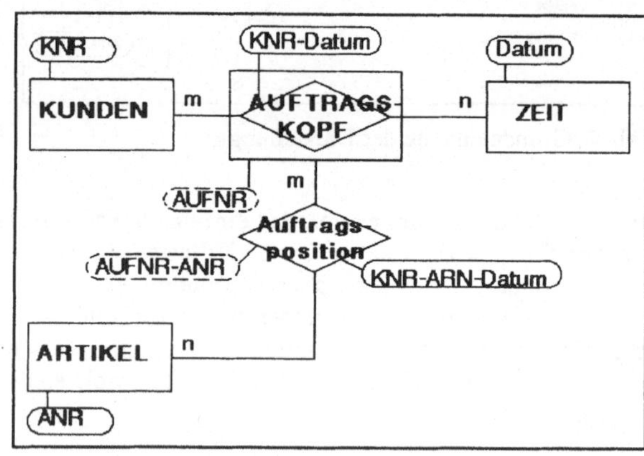

Abb. 5 Beziehungstyp beauftragen wird zum Objekttyp AUFTRAGSKOPF

hungstyp der ersten Darstellung beauftragen in einen Objekttyp uminterpretiert wird, ohne die bisherigen Zusammenhänge aufzugeben. Dies erfordert ein exaktes Zeichnen (s. Abb. 5). Die Objekttypen KUNDEN und ZEIT bleiben mit der bisherigen Raute verbunden. Die neue Beziehung Auftragsposition verbindet den neuen Objekttyp AUFTRAGSKOPF (Rechteck) mit dem Objekttyp ARTIKEL. Die Identifizierung der neuen Beziehungstypen ist genauer zu betrachten. Der bisherige Beziehungstyp beauftragen hatte die Identifikation KNR-ANR-DATUM, der uminterpretierte Objekttyp AUFTRAGSKOPF AUFNR. Der bisherige Beziehungstyp Auftragsposition hat die Identifikation AUFNR-POSNR. Diese Identifikation kann nun uminterpretiert werden in die Identifikation ANR-KNR-DATUM. Somit entstehen bei den Beziehungstypen zwei gleichwertige Identifikationen bei unterschiedlichem Informationsgehalt.

(4) Generalisierung / Spezialisierung

Werden Teilmengen von Objekten zu einer Obermenge mit neuem Objekttyp zusammengefaßt, so spricht man von Generalisierung. Der umgekehrte Vorgang heißt Spezialisierung. Der Objekttyp KUNDE, der mengenmäßig die einzelnen Kunden als Ausprägungen umfaßt, und der Objekttyp LIEFERANT werden zu einem Begriff GESCHÄFTSPARTNER generalisiert. Umgekehrt kann der Objekttyp AUFTRAG in einem Industriebetrieb in die Objekttypen KUNDENAUFTRAG, BESTELLAUFTRAG und FERTIGUNGSAUFTRAG aufgeteilt werden. Generalisierung und Spezialisierung erlauben eine mengenmäßige Betrachtung wirtschaftlicher Sachverhalte. Graphisch wird der Beziehungstyp einer Generalisierung bzw. Spezialisierung durch ein Dreieck dargestellt.

(5) Bedingte Zuordnungen

Oftmals können Objekte in komplexeren Kompositionen nur aus sachlichen, zeitlichen oder organisatorischen Zusammenhängen entstehen. Betrachten wir dazu die Beziehung zwischen der Auslieferung einer Ware und der Rechnungserstellung aus zeitlich-organisatorischer Sicht.Zwischen der Auslieferung und der Rechnung gibt es verschiedene bedingte Zuordnungen. Die Zuordnung kann zu einem Zeitpunkt vorhanden sein oder auch nicht. Die genaue Formulierung lautet daher in den beiden Fällen: Einem Objekt vom Typ Auslieferung entspricht kein oder ein Objekt Ausgangsrechnung, bzw. einem Objekt Ausgangsrechnung entspricht kein oder ein Objekt Auslieferung. Im ERM-Diagramm wird die bedingte Beziehung des mit "kein" betroffenen Objekttyps mit dem Zeichen 'c' (condition) versehen.

(6) Rekursive Beziehungen

Gibt es die Beziehung eines Objekttyps mit sich selbst, so spricht man von einer rekursiven Beziehung. Bekanntes Beispiel sind die Erzeugnisstrukturen in Industriebetrieben, die zumeist nach dem Gozinto-Graphen dargestellt werden. Ein Ober-Teil (fertiges Produkt bzw. Bauteil) besteht aus mehreren Unter-Teilen (Bauteile oder Einzelteile) und dieses kann wiederum aus mehreren Unter-Teilen bestehen. Teil ist somit eine Generalisierung von fertiges Produkt, Bauteil und Einzelteil (erstellt oder bezogen). Der Beziehungstyp (M : N-Beziehung) stellt somit die Struktur des Produkts dar. Ein weiteres Beispiel für eine rekursive Beziehung bildet die Vorgehensweise beim Abschluß von Konten der Buchhaltung. Hierbei handelt es sich allerdings um eine N : 1-Beziehung. Mehrere Unter-Konten werden jeweils über ein Ober-Konto abgeschlossen, letzteres kann als Unter-Konto mit weiteren Konten zusammen wiederum über ein Ober-Konto abgeschlossen werden.

3. ERM als Gestaltungsverfahren

ERM soll die Sprache und Vorstellungen, somit das betriebswirtschaftliche Fachwissen der kaufm. Sachbearbeiter mit den erforderlichen formalen Strukturen der Systemanalytiker und -entwickler verknüpfen. Für die wirtschaftlichen Kernfächer ist ERM somit ein Beschreibungsverfahren. Für das Fach Wirtschaftsinformatik ist ERM ein Gestaltungsverfahren für den Entwurf betrieblicher Informationssysteme und darüberhinaus ein fachspezifischer datenorientierter Ansatz.

Die Komplexität wirtschaftlicher Zusammenhänge kann dabei in unterschiedlichem Grade reduziert und somit verdichtet oder ausführlich dargestellt werden. Die Entwicklung von reduzierten zu ausführlichen Darstellungen wirtschaftlicher Gesamtheiten folgt dem top-down-Ansatz.

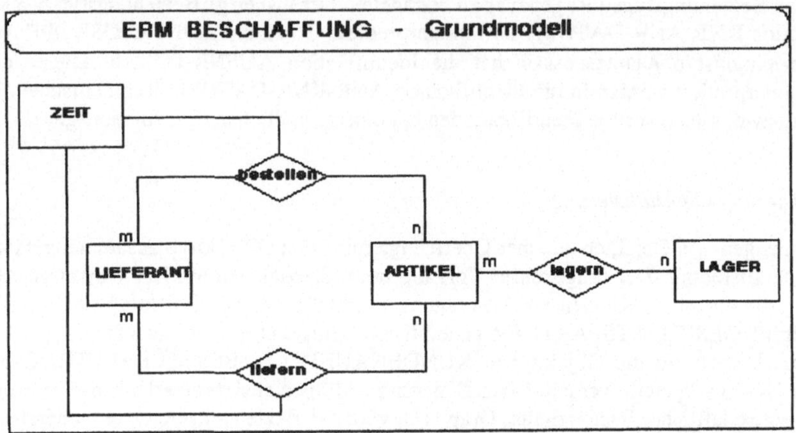

Abb. 6 Grundmodell der betrieblichen Beschaffung

Als Beispiel wird die operative Ebene der betrieblichen Funktion Beschaffung eines Handelsbetriebs vorgestellt. Es ist im Unterricht einer Zweijährigen Berufsfachschule Wirtschaftsassistenten entwickelt worden. Abb. 6 zeigt ein Grundmodell, das den grundsätzlichen wirtschaftlichen Zusammenhang eines Ausschnitts (Miniwelt) der betrieblichen Funktion Beschaffung mit den Stammdaten LIEFERANT, ARTIKEL und LAGER als Grunddaten aufzeigt. Von hier aus führt eine schrittweise Betrachtung der Beziehungstypen bestellen, liefern und lagern zu den betriebswirtschaftlichen Bereichen "Angebot und Bestellung", "Wareneingang und Lager", "Rechnungseingang und -kontrolle" sowie "verbrauchsgesteuerte Bedarfsmeldung". Als Ergebnis wird ein ausführliches Gesamtmodell nach Abb. 1 erarbeitet.

Bei den Beziehungstypen bestellen und liefern handelt es sich um zeitkritische wirtschaftliche Vorgänge. Folglich ist ein Zusammenhang dieser Beziehungstypen mit den Objekttypen LIEFERANT, ARTIKEL und ZEIT darzustellen. Dabei kann ein Lieferant n Artikel liefern, ein Artikel kann von m Lieferanten geliefert werden (M : N-Beziehung). Dies gilt gleichfalls für den Beziehungstyp lagern. Auf einem Lager können n Artikel untergebracht sein, ein Artikel kann auf m Lagerstellen aufgeteilt sein.

Im Unterricht hat sich gezeigt, daß eine Darstellung zunächst nach den Konstruktionsregeln Aggregation, Abhängigkeit und Komposition zu erarbeiten und erst in einem zweiten Schritt um die Regeln Generalisierung und bedingte Zuordnung zu vervollständigen ist.

3.1 Angebot und Bestellung

Auf der Grundlage einer Bedarfsmeldung werden eine oder mehrere Bestellung(en) an einen oder mehrere Lieferanten gerichtet. Jede Bestellung basiert hier auf Angeboten, die die Lieferanten eingereicht haben. Dies erlaubt einen Angebotsvergleich und eine Lieferantenauswahl. (Andere Formen wie periodische der planrechte Bestellungen werden nicht betrachtet.)

Das Angebot ist ein Beziehungstyp zwischen den Objekten LIEFERANT und ZEIT. Dies gilt gleichfalls für die Bestellung. Beide Sachverhalte können zu m Zeitpunkten und von n Lieferanten erfolgen (M : N-Beziehung). Sowohl Angebote wie auch Bestellungen können mehrere Positionen umfassen. BESTELL- und ANGEBOTSPOSITION sind somit abhängige Objekte, ANGEBOT und BESTELLUNG folglich Kompositionen. Jede Angebotsposition oder Bestellposition kann sich auf einen, als Regelfall, oder auf mehrere Artikel beziehen. Zwischen den Angeboten und den Artikeln besteht somit eine M : N-Beziehung, da ein Artikel in m Angebote, bzw. n Artikel in einem Angebot enthalten sein können. Da aber nicht zu jedem Artikel ein Angebot vorliegen muß, bzw. erst zu einem späteren Zeitpunkt vorliegen kann,

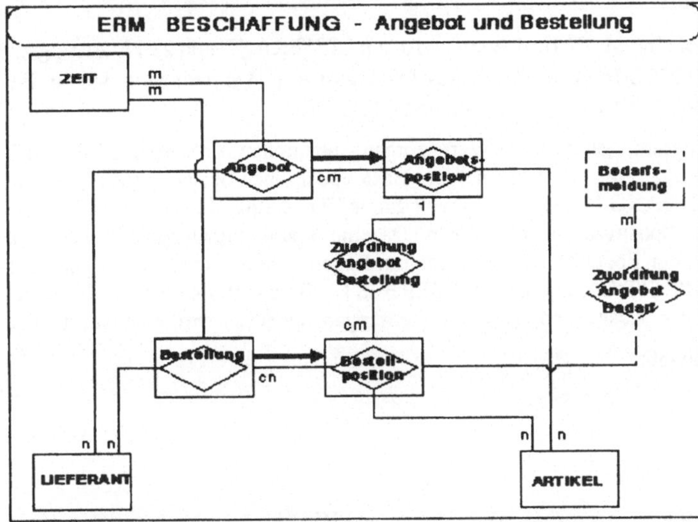

Abb. 7 Angebot und Bestellung

ist ANGEBOT ein Objekttyp mit einer bedingten Zuordnung. Die letzten Aussagen gelten analog für eine BESTELLUNG. Bestellposition ist gleichzeitig Beziehungstyp zwischen den Objekttypen BEDARFSMELDUNG und BESTELLUNG. Auch hier handelt es sich um eine M:N-Beziehung, bei der eine Bedarfsmeldung zu n Bestellungen führen oder eine Bestellung sich auf m Bedarfsmeldungen beziehen kann. Dabei handelt es sich um eine bedingte Zuordnung, da eine Bestellung erst nach Vorliegen einer Bedarfsmeldung durchgeführt werden kann.

Zwischen den Objekten ANGEBOTSPOSITION und BESTELLPOSITION wird eine 1:N-Beziehung festgelegt, d.h. eine Bestellposition kann sich nur auf eine Angebotsposition beziehen, eine Angebotsposition dagegen kann zu vielfachen Bestellpositionen führen. BESTELLPOSITION hat eine bedingte Zuordnung. Somit kann eine Bestellposition nur dann entstehen, wenn eine entsprechende Angebotsposition zum gleichen Artikel vom vorgesehenen Lieferanten vorliegt.

3.2 Wareneingang und Lager

Der Wareneingang hat die Aufgabe, die vom Lieferanten gelieferte Ware anzunehmen, positionsweise mit den Bestellungen zu vergleichen und eine Prüfung hinsichtlich Menge und Qualität vorzunehmen (Falschlieferung und Mängelrüge).

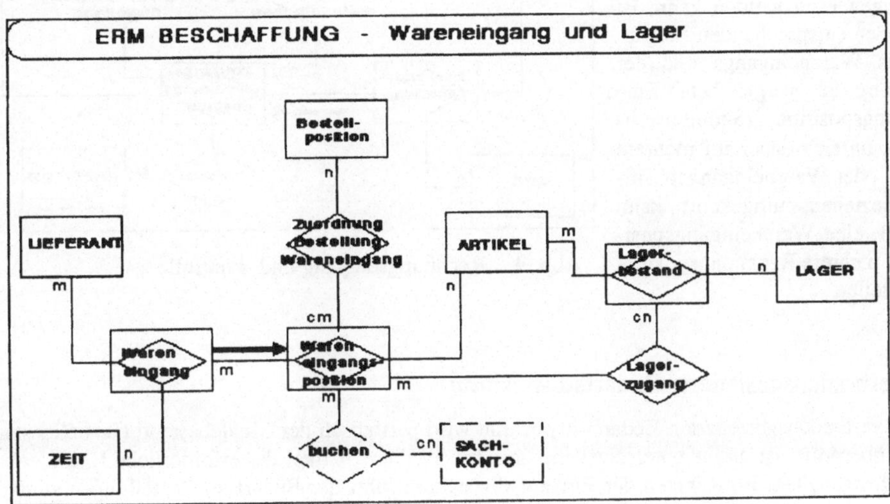

Abb. 8 Wareneingang und Lager

Nach der Prüfung sind die Artikel an das Lager weiterzuleiten. Dort wird durch den Zugang der Lagerbestand je Artikel erhöht. Neben dieser mengenmäßigen Bestandserhöhung wird eine wertmäßige Buchung im Bereich der Buchhaltung ausgelöst.

Der Beziehungstyp Wareneingang ist eine M : N-Beziehung zwischen LIEFERANT und ZEIT. Analog zur Bestellung ist die WARENEINGANGSPOSITION ein abhängiger Objekttyp zum Wareneingang und ein Beziehungstyp zwischen den Objekttypen WARENEINGANG und ARTIKEL.

Eine Bestellposition kann bei Teillieferungen mehrere Wareneingangspositionen umfassen, bei Sammellieferungen kann sich eine Wareneingangsposition auf mehrere Bestellpositionen beziehen (M : N-Beziehung). Gleichzeitig ist WARENEINGANGSPOSITION eine bedingte Zuordnung, da sie nur bei Vorhandensein einer entsprechenden Bestellposition entstehen kann. Da eine Wareneingangsposition sich auf mehrere Lagerorte beziehen kann - der Regelfall dürfte jedoch ein Lagerort sein -, besteht zwischen den Objekttypen WARENEINGANGSPOSITION und dem LAGERBESTAND ebenfalls eine M : N-Beziehung, alternativ eine M : 1-Beziehung. Ausgehend von der Wareneingangsposition wird eine wertmäßige Buchung auf einem Sachkonto veranlaßt.

3.3 Rechnungseingang und -kontrolle

Die vom Lieferanten eingehenden Rechnungen sind nach Menge und Wert im Vergleich zur Bestellung und zum Wareneingang zu prüfen. Einwandfreie Rechnungen sind zur Zahlung freizugeben. Damit werden Buchungen im Bereich der Kreditorenbuchhaltung ausgelöst.

Der Beziehungstyp Eingangsrechnung ist eine M : N-Beziehung zwischen LIEFERANT und ZEIT. Jede Eingangsrechnung kann mehrere Positionen um fassen. RECHNUNGSPOSI TION ist somit ein abhängiger Objekttyp und ein Beziehungstyp zwischen EINGANGSRECHNUNG und ARTIKEL. Bevor eine Rechnungsposition (bedingte Zuordnung) zur Zahlung angewiesen werden kann, ist sie mit den entsprechenden Positionen des Wareneingangs und der Bestellung zu vergleichen. Eine Rechnungsposition (Sammelrechnung) kann sich dabei auf mehrere Bestell- oder Wareneingangspositionen beziehen, umgekehrt kann sich z.B. eine Wareneingangsposition auf mehrere Rechnungspositionen verteilen.

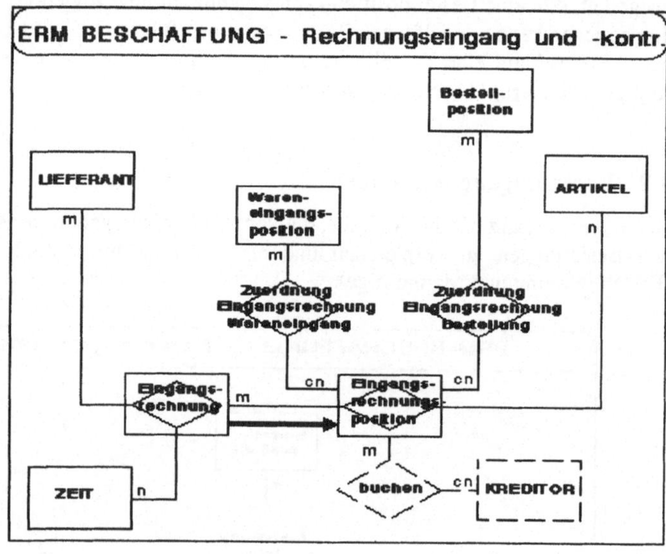

Abb. 9   Rechnungseingang und -kontrolle

3.4 Verbrauchsgesteuerte Bedarfsdisposition

Bei der verbrauchsgesteuerten Bedarfsdisposition wird periodisch der Meldebestand (Bestellbestand) der Artikel überprüft. Ist dieser unterschritten, so wird für diese Artikel die erforderliche Lagerdeckung als Bedarf festgehalten. Im Rahmen der Einkaufsdisposition führt der Bedarf zu Bestellungen an die Lieferanten.

Der Beziehungstyp Bedarf ist eine M : N-Beziehung zwischen dem LAGER und der ZEIT. Gleichzeitig ist BEDARF ein Objekttyp zur Deckung des Lagerbestandes. Er ist eine bedingte Zuordnung, da er erst bei Unterschreitung des Meldebestands auftritt. Jeder Bedarf besteht aus mehreren Positionen. BEDARFSPOSITION ist somit ein abhängiger Objekttyp und ein Beziehungstyp zwischen BEDARF und ARTIKEL. Jede Bedarfsposition kann zu mehreren Bestellpositionen führen, umgekehrt kann eine Bestellposition - bei periodischen oder Sammelbestellungen - mehrere Bedarfspositionen umfassen. Dabei ist der Objekttyp BESTELLPOSITION eine bedingte Zuordnung, da sie nur bei Vorliegen einer entsprechenden Bedarfsposition entstehen kann.

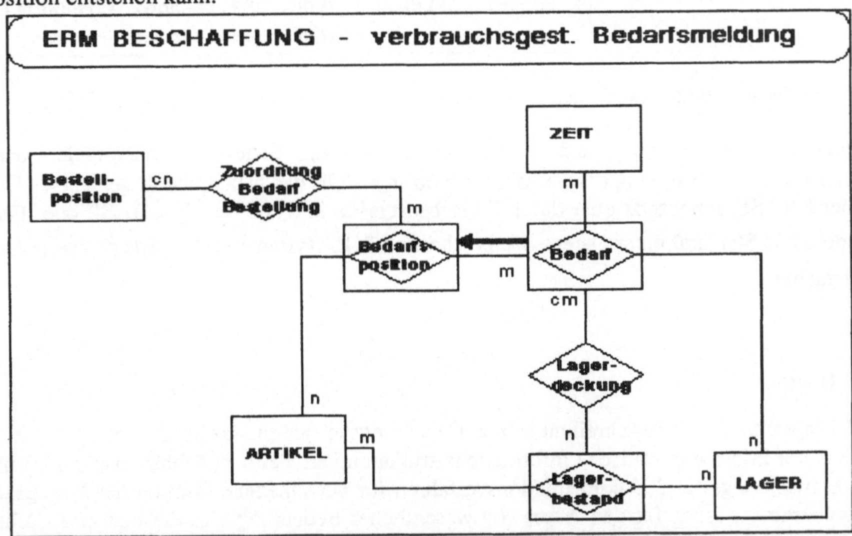

Abb. 10 Verbrauchsgesteuerte Bedarfsmeldung

4. Vom ERM-Diagramm zum relationalen Datenbanksystem

Die Realisierung der ERM-Diagramme kann in stringenter Form mittels relationaler Datenbanksysteme in drei Schritten erfolgen. Die Umsetzung in andere Datenbanksysteme erfordert die Berücksichtigung weiterer Zwischenschritte.Durch die Beschränkung der Seitenzahl des Beitrags werden jedoch lediglich die ersten beiden Schritte an einem stark vereinfachten Beispiel erläutert.

a) Entwurf der sachlogischen Datenstruktur (ERM - Diagramm)

Die Begriffe des wirtschaftlichen Anwendungsbereichs werden in die Begriffe zur Beschreibung von Datenstrukturen überführt. Als Beispiel für die Behandlung der Schrittfolge betrachten wir die Miniwelt einer mengenmäßigen, operativen Bestellung (ohne Angebot) eines Betriebs.

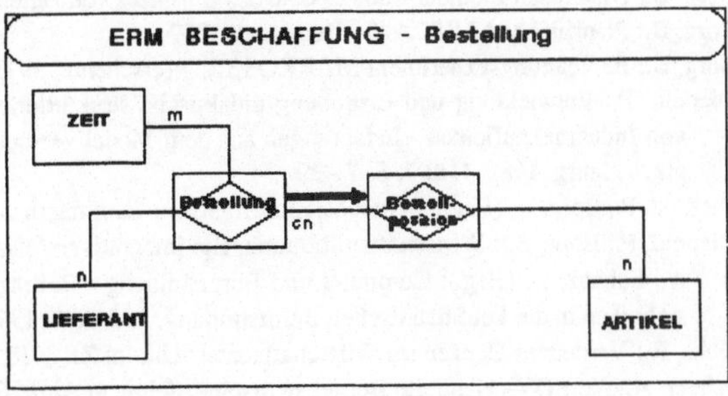

b) Umsetzung der logischen Datenstruktur in ein Datenmodell

Die logische Datenstruktur (ERM-Diagramm) wird in die formale Beschreibungssprache eines Datenmodells überführt. Als wesentliche Datenmodelle sind hierarchische, netzwerkartige, relationale und nichtstandardisierte Datenmodelle zu nennen.Die Übertragung der ERM-Diagramme in ein relationales Daten modell erfolgt aus unterrichtsmethodischen Gründen in 3 Schritten:
- Aus den Objekt- und Beziehungstypen des ERM-Diagramms mit ihren identifizierenden Attributen werden vorläufige Relationen gebildet.

- Anhand schriftlicher Unterlagen (Vordrucke, Karteien, Briefe, ...) der Miniwelt erfolgt eine Datenanalyse dieser Dokumente.

- Die Daten werden nach der Normalformenlehre analysiert und den vorläufigen Relationen zugeordnet. Dabei kann es zu einer Änderung der bisherigen Relationen kommen.

Damit sind beispielhaft folgende
Relationen gegeben:

```
R.Lieferant        : (LNR, Straße, PLZ, Ort, Umsatz,..)
R.Bestellung       : (BNR, LNR, Datum, Bestellwert,...)
R.Bestellposition  : (BNR, ANR, Menge, Warenwert)
R.Artikel          : (ANR, Bezeichnung, Preis,...)
```

c) Umsetzung der Relationen in ein Datenbanksystem

Als Datenmodell erhält das *relationale Modell* eine zunehmende Bedeutung, insbesondere bei den Mikrocomputern. Die Beschreibung der Relationen wird in ein für das Datenmodell geeignetes Datenbanksystem, hier RBASE, umgesetzt oder durch Zwischenschritte in Systeme wie DBASE oder PARADOX umgewandelt. Als Standard einer Datenbanksprache sind SQL-Systeme (*SQL - Structured-Query-Language*) zu betrachten.

5. Bewertung

Das ERM-Diagramm ist ein Beschreibungs- und Gestaltungsverfahren, das im Unterricht der Wirtschaftslehren wie in der Informatik statische Informationsstrukturen variabel handhabbar macht. Es kann gleichzeitig als Entwicklungs- und Dokumentationsverfahren für verschiedene Formen der Lernarrangements dienen.Darüberhinaus ist es für den Autor von wesentlicher Bedeutung, das ein fachspezifischer Ansatz Begründungs- und Auswahlkriterien für Auswahl- und Beschaffungsmaßnahmen von Hard- und Software liefert. Die unterrichtliche Erarbeitung von ERM-Diagrammen führt zu einer stringenten Umsetzung dieser Diagramme mittels echter relationaler Datenbanksysteme. Somit wird die unterrichtliche Arbeit mit Datenbanksystemen auf SQL-Basis nicht nur durch ihre internationale Standardisierung sondern auch curricular begründet.

Literatur

Borg, B.: Didaktisch-methodische Aspekte des Einsatzes von Datenbanksystemen. In: log in 7 (1987), S. 30 ff.

Borg, B.: Planspiel MARKPLAN. Darmstadt 1989

Borg, B.: Berechnungsexperiment MARKOSER. (erscheint 1991)

Diepold, P.: Entwicklung und Erprobung didaktische strukturierter Ansätze zur informationstechnologischen Qualifizierung von Industriekaufleuten - Erfahrungen aus dem Modellversuch WOKI. In: Kölner Zeitschrift für Wirtschaft und Pädagogik, 4. Jahrg. 1989, Heft 7, S. 7 - 39

Diepold, P., Borg, B. (Hrg.): Wirtschaftsinformatik an kaufmännischen Schulen. München Wien 1984

Diepold, P., Borg, B. : Wirtschaftsinformatik. Ein integrativer Ansatz für den Unterricht an kaufmännischen Schulen. In: Kell, A., Schanz, H. (Hrg.): Computer und Berufsbildung - Beiträge zur Didaktik neuer Informations- und Kommunikationstechniken in der kaufmännischen Berufsbildung. (erscheint 1991)

Dubs, R.: Vernetztes Denken im Wirtschaftsunterricht. In: ZBW (85), Heft 1, S. 50 ff

Scheer, A.-W.: EDV-orientierte Betriebswirtschaftslehre. 4. Aufl., Berlin, Heidelberg, New York, etc. 1990

Scheer, A.-W.: Wirtschaftsinformatik. Berlin, Heidelberg, New York, etc. 1988

Ulrich, H., Probst, G.J.B.: Anleitung zum ganzheitlichen Denken und Handeln. Bern und Stuttgart 1988

Vetter, M.: Aufbau betrieblicher Informationssysteme. 5. Aufl., Stuttgart 1989

Adresse des Verfassers:
StD Bernhard Borg
Spittastraße 8
3040 Soltau

Lernen mit interaktiven Medien am Arbeitsplatz
Empirische Ergebnisse aus vier Fallstudien

Erich Behrendt, Helmut Kromrey

Vorbemerkung

Möglichkeiten der Nutzung von Lernsoftware in der betrieblichen Weiterbildung stehen im Mittelpunkt eines Forschungsschwerpunktes, der gegenwärtig vom Bundesinstitut für Berufsbildung in Berlin betreut wird. Eine der in diesem Zusammenhang interessierenden Fragen lautet, ob, unter welchen Bedingungen und mit welchem Erfolg im Arbeitsumfeld kaufmännisch-verwaltender Fachkräfte interaktive Lernmedien arbeitsplatznah eingesetzt werden können. Ausgangspunkt ist die Beobachtung, daß die Umstrukturierung von Tätigkeitsinhalten und -abläufen mittlerweile auch vor den kaufmännischen und technischen Büros nicht mehr Halt macht. Daraus erwächst ein ständig zunehmender Qualifizierungsbedarf, der mit den überkommenen Formen betrieblicher Weiterbildung kaum noch bewältigbar erscheint.

Der folgende Beitrag faßt wesentliche Ergebnisse einer empirischen Studie zusammen, die im o.g. Rahmen durchgeführt und Ende 1990 abgeschlossen worden ist.[1]

1. Untersuchungsauftrag und methodisches Vorgehen

Im Mittelpunkt des Untersuchungsauftrages stand die Erkundung von Möglichkeiten des Lernsoftware-Einsatzes zur arbeitsplatznahen Weiterbildung von kaufmännisch-verwaltenden Fachkräften. In vier Fallstudien - in Verwaltungseinheiten unterschiedlicher Größe und mit unterschiedlichen Arbeitsspektren - wurden Lernprogramm-Anwendungen im Rahmen der jeweiligen Qualifizierungskonzepte umfassend nachgezeichnet, beginnend mit der Rekonstruktion der vorausgegangenen betrieblichen Entscheidungsprozesse unter Einschluß organisatorischer und curricularer Vorbereitungsarbeiten. Das zentrale Interesse galt der (explorativen) Analyse und Beschreibung der dabei stattfindenden Lernprozesse in ihrem Bezug zu den jeweiligen konkreten Arbeitsaufgaben bis hin zur Ermittlung des Lernerfolgs.

Im Gegensatz zu eher quantitativ ausgerichteten Erhebungen wurden in der vorliegenden Untersuchung Anwendungen von Lernprogrammen an beispielhaften Unternehmen bzw. Verwaltungseinheiten in Form von Fallstudien tiefergehend - und den Anwendungskontext einbeziehend - qualitativ erfaßt. Zentrale Variablen für die Auswahl der Studienfälle waren die Größe des Unternehmens bzw. der Verwaltungseinheit, die Organisation der Qualifizierungs- und Lernprozesse sowie Art und Qualität der Lernprogramme, wobei auch die Frage nach unternehmensunabhängigen versus betriebsspezifischen Lösungen mit berücksichtigt wurde.

Während im Abschlußbericht der Studie die empirischen Ergebnisse anhand typischer Lernsituationen aufbereitet werden,[2] faßt der vorliegende Beitrag übergreifende Ergebnisse zusammen.

---

[1] Forschungsauftrag "Lernen mit interaktiven Medien am Arbeitsplatz" im Rahmen des Forschungsprojektes "Lernsoftware in der betrieblichen Weiterbildung" des Bundesinstituts für Berufsbildung, Berlin. Auftragnehmer: Institut für Medien und Kommunikation, Bochum. Projektleitung: Dipl.-Sozialw. Erich Behrendt, Priv.Doz. Dr. Helmut Kromrey

[2] z.B. Lernen direkt am Arbeitsplatz, in Kombinationen mit Seminaren, in Selbstlernzentren

2.   Zentrale empirische Befunde

In der Fachdiskussion wird immer wieder der pädagogisch-didaktischen Qualität der Programme eine alles andere überragende Bedeutung zugeschrieben. So wichtig der Qualitätsaspekt ist - nicht er, sondern die Rahmenbedingungen für die Lernmedien-Nutzung entscheiden an erster Stelle über den Erfolg oder Mißerfolg des Lernsoftware-Einsatzes für die arbeitsplatznahe Qualifizierung: Das Lernumfeld und das Verhältnis des Lerners zum Stoff erweisen sich als außerordentlich starke Determinationsfaktoren für den Lernprozeß - beides Größen, die der Entwickler der Software nicht beeinflussen kann.

2.1   Der Lernprozeß

2.1.1   Der Lerninhalt

Der individuelle Prozeß der Aneignung neuer Qualifikationsinhalte mit Hilfe interaktiver Medien stellt sich in den Fallstudien als eine spezifische Form des Lernens dar, beeinflußt von einem ganzen Bündel verschiedener Faktoren.

Als ein zentraler Befund kann festgehalten werden, daß das vor Einsetzen einer Qualifizierungsmaßnahme bestehende Verhältnis des Lerners zum Lerninhalt maßgeblich die Einstellungen zur nachgelagerten Fortbildung bestimmt. Gerade das vorherrschende Anwendungsfeld für Lernprogramme, die Nutzung von computergestützten Bürosystemen, zeigt deutlich auf, daß

- die rechtzeitige Beteiligung der späteren Anwender bereits beim Innovationsprozeß und
- der konkrete Bezug der EDV-Anwendung zum Arbeitsplatz

sowohl die Akzeptanz der Innovation als auch die Motivation zum Lernen deutlich erhöht.

In der Mehrzahl der Fälle werden Bürosysteme in den Unternehmen installiert, die sich dadurch auszeichnen,

- daß sie bedienerunfreundlich und technisch fehlerhaft sind und
- daß konkrete Anwendungen nicht angeboten werden.

Der Anwender wird also in einem solchen Fall in die schwierige Situation gestellt, nicht nur die neuen Techniken instrumentell zu erlernen, sondern sie auch selber auf die eigenen Arbeitszusammenhänge anzuwenden, was in vielen Fällen zu großen Problemen führen muß und in der Tat auch führt. Sind dagegen mit der Installierung neuer Bürotechniken zugleich auch konkrete Anwendungen verbunden, die regelmäßig (ggf. sogar täglich) benutzt werden können, verändern sich das Lernerverhalten und der Umgang mit Lernprogrammen in deutlich positiver Weise.

Offensichtlich besteht also die Gefahr, daß unzureichende und fehlerhafte Innovationen neuer Bürotechnologien Probleme auf die Lernprogramme projizieren, die dann bei diesen bzw. mit ihrer Hilfe behoben werden sollen - ein von vornherein hoffnungsloses Unterfangen.

2.1.2   Der Lernort

Arbeitsplatznahe Weiterbildung im kaufmännisch-verwaltenden Bereich von Unternehmen kann sich an verschiedenen Lernorten abspielen. Die Integration von Lernprogrammen direkt am Arbeitsplatz ist jedoch in den meisten Fällen zum Scheitern verurteilt, es sei denn, der Zwang zur Aneignung von Lerninhalten ist groß und Alternativen für den Qualifizierungsprozeß (Rat von Kollegen/innen, Seminare, Benutzerbetreuung) bestehen nicht oder nur in geringem Umfang. Fallstudienübergreifend wurde als Problem die Unmöglichkeit genannt, Lernprogramme in der regulären Arbeitszeit am Arbeitsplatz "in Ruhe" bearbeiten zu können. Gerade der kaufmännisch-verwaltende Bereich von Unternehmen ist durch eine Vielzahl informeller und formeller Kommunikationsformen charakterisiert, die durch persönliche Kontakte und Telefongespräche vermittelt werden. Damit kann der Versuch der direkten Einbindung der Lernprogramme in den Arbeitsplatz, wie er von vielen Unternehmen unternommen wird, nicht zum Erfolg führen.

Nutzungsformen der für den Arbeitsplatz bestimmten Lernprogramme spielen sich dann, wenn überhaupt, in der Freizeit ab. Dies ist nicht nur ein Problem der Anwendung von Lernprogrammen, sondern generell das Problem der Integration des Lernens in den Arbeitsalltag. Zum einen wird diese Sonderform des Arbeitens - nämlich des Lernens - in vielen Fällen nicht als "ernstzunehmende Tätigkeit" im Betrieb angesehen; zum anderen fehlt es offensichtlich an einer entsprechenden "Arbeitskultur".

Die Alternative zum direkten Lernen am Arbeitsplatz besteht in der Anwendung von Lernprogrammen an speziellen Lernplätzen (Lernzentren) oder im Rahmen von Seminaren. Beide Lernorte erfüllen allerdings nur dann ihre Funktion, dem Lernenden die notwendige Ruhe und Konzentration zu vermitteln, wenn sie vom eigentlichen Arbeitsplatz strikt getrennt sind und Störungen von außen abgeschirmt werden.

Die Wahl der Lernorte ist daher auch Teil verschiedener praktizierter Lernkonzepte, die auf der einen Seite das autonome Selbstlernen des isolierten Lerners, auf der anderen die betreute Anwendung von Lernprogrammen in der Gruppensituation (in Seminaren) zum Inhalt haben. Diese beiden sich extrem gegenüberstehenden Fälle stellen an die Qualität der je geeigneten Lernprogramme sehr unterschiedliche Anforderungen.

2.2   Qualität der Lernprogramme

Die in der Literatur immer wieder hervorgehobene Bedeutung der pädagogisch-didaktischen Qualität für den erfolgversprechenden Einsatz von Lernprogrammen konnte in den Fallstudien nur zum Teil und mit einschränkenden Differenzierungen bestätigt werden. Grundsätzlich müssen zwar die verwendeten Programme einigen Mindeststandards genügen:

- Fachliche Richtigkeit der Lerninhalte,
- technisch ausgereift ("absturzsicher"),
- Verständlichkeit der Informationen, der Fragen und Beispiele.

Ob aber das Fehlen von darüber hinausgehenden Qualitätsmerkmalen als Mangel in Erscheinung tritt, hängt bereits vom Kontext seiner Verwendung, also vom Lernumfeld, ab. So kann zum Beispiel fehlende didaktische Güte selbst von ausgesprochener "Schlicht-Software" im Falle ihres nur begleitenden Einsatzes in traditionellen Seminaren vom Dozenten ohne weiteres ausgeglichen werden, sofern nur die genannten Mindeststandards erfüllt sind. Für das Verbreitungspotential von Lernprogrammen ist dies ein nicht zu gering zu achtendes positives Faktum: Es bedeutet, daß in solchen Kontexten Lernsoftware-Einsatz nicht gleichbedeutend mit der Anschaffung und Entwicklung sehr teurer Produkte sein muß.

Weitergehende Anforderungen an die Qualität der Produkte sind erst dann zu erheben, wenn sie als Medium autonomen Lernens eingesetzt werden und eine Betreuung oder Kombination mit Seminaren nicht gegeben ist. Dann kommen sämtliche von Pädagogen immer wieder ins Feld geführten Kriterien zum Zuge, wie sie in folgendem Zitat aufgelistet sind:

"Gute Lernsysteme zeichnen sich aus durch:

- einen hohen Grad an Interaktivität,
- pädagogisch relevante Interaktivität,
- eine starke Lernziel-Orientierung,
- kreative pädagogische Prinzipien, die mit den zugrunde liegenden Lernzielen verwoben sind,

- eine klare Entwicklungsrichtung, die vom Konzept bis zur Ausführung verfolgt werden kann und die das Begreifen von Wissen und Können dem reinen Konsum von Wissen und Können voranstellt,
- einen integrierten und aktuellen Lehrplan,
- eine Schwerpunktsetzung darauf, was der Lerner tut, wenn er das Programm durcharbeitet, und nicht darauf, was das Programm mit dem Lerner tut,
- Bedienerfreundlichkeit,
- Verfügbarkeit und einen einfachen Zugang zu Daten, die der Lerner benötigt (Lexika, Tabellen, Datenbanken, Kalkulationen etc.),
- Komfort und Durchgängigkeit.

Gute Lernsysteme bestehen nicht aus:

- netten Bildern,
- hier und da einmal einer Frage,
- Animationen,
- Menü-Fenstern,
- Piktogrammen,
- ausgiebigem Gebrauch der Maus-Tasten,
- vielen verschiedenen Farben,
- Tonspielereien."[3]

Die empirisch vorgefundenen Programme waren in der Mehrheit anspruchslos gehaltene CBT-Kurse, einfach strukturiert und mit einem niedrigen Interaktivitätsgrad ausgestattet. Die meisten Programme waren stark textorientiert und verwendeten lediglich die Möglichkeiten des erweiterten ASCII-Zeichensatzes. Ihr Ziel war es hauptsächlich, die Mitarbeiter/innen im Umgang mit neuen Informations- und Kommunikationstechniken zu schulen.

Von diesem Muster wich lediglich ein branchenorientiertes Lernprogramm ab (Vermittlung bankenspezifischer Inhalte), realisiert als Dialogvideo. Allerdings bot auch dieses Lernmedium einen nur geringen Grad an Interaktivität: Es trennte strikt zwischen den Videosequenzen einerseits und vereinzelten Textinformationen bzw. Fragen andererseits; auch wurden die Antworten nur teilweise inhaltlich überprüft, bzw. eine Kontrolle erfolgte nur bei Zahleneingaben und Ja/Nein-Antwortmöglichkeiten. Zudem konnten die Programme nur in einer fest vorgeschriebenen Reihenfolge bearbeitet werden und widersprachen somit der Forderung: "keine Gängelung in der Reihenfolge der Lernschritte und innerhalb der einzelnen Lernschritte".[4]

Dennoch zeigte dieses Produkt gegenüber der anderenorts verwendeten Konfektionsware deutliche Stärken. Neben dem Zuschneiden der Inhalte auf konkrete Problemstellungen der Arbeitnehmer am Arbeitsplatz (branchenspezifische - d.h. für den Nutzer: auf seine eigenen Tätigkeitsinhalte orientierte - Ausrichtung des Lernstoffs) konnte durch die Aufmachung und die Verwendung von Videobildern erreicht werden, daß sich die Lerner im Programm angesprochen fühlten. Der größere Aufwand bei der Produktion der Programme unter Beteiligung von Praktikern hatte sich schnell bezahlt gemacht.

Welche Ansprüche über die Mindestanforderungen hinaus an die Lernprogramme zu richten sind, hängt im wesentlich davon ab, wie der Lernprozeß mit interaktiven Medien im Rahmen der betrieblichen Weiterbildung organisiert ist.

---

3   CAMSTRA, Bert: Training mit interaktiven Medien - gestern, heute, morgen. In: Nixdorf Computer AG (Hg.): Lernsystem-Analytiker-Kongreß, 26.-27. März 1990, Dokumentation, Paderborn, S. 19

4   ZIMMER, Gerhard: Neue Lerntechnologien. Eine neue Strategie beruflicher Bildung. In: ders. (Hg.): Interaktive Medien für die Aus- und Weiterbildung, Berlin 1990, S. 18)

2.3. Konzeptionelle Einbindung interaktiver Medien in die arbeitsplatznahe Weiterbildung

Die Ergebnisse unserer Studie ebenso wie anderer Untersuchungen machen deutlich, daß die Nutzung interaktiver Medien in der arbeitsplatznahen Weiterbildung für die betroffenen Lerner und auch für die Unternehmen um so sinnvoller gestaltet werden kann, je systematischer ihr Einsatz geplant, durchgeführt und überwacht wurde. Nicht belegt werden konnte die Vermutung, daß es einen Zusammenhang von betrieblicher Tradition mit Weiterbildung und der strategischen Nutzung interaktiver Medien gibt. Vielmehr wird die Entscheidung in den kleineren und mittleren Unternehmen stark davon geprägt, welche Erfahrungen die betrieblichen Entscheider mit Weiterbildungsprozessen haben.

Da gerade die Qualifizierung zu neuen Bürotechniken oftmals in den Zuständigkeitsbereich der EDV-Abteilung fällt, ist bereits strukturell die Gefahr vorgegeben, daß hier das notwendige pädagogische und auch anwendungsorientierte Wissen fehlt, um die arbeitsplatznahe Weiterbildung inhaltlich angemessen durchzuführen. Dies führt leicht zu mangelhafter Einbindung von Lernprogrammen in den Qualifizierungsprozeß, der dann oft als ein "Trial-and-Error"-Verfahren zu kennzeichnen ist. Oft liegt es im Belieben einzelner Dozenten, ob zufällig ausgewählte Programme in Seminaren eingesetzt oder auf den Arbeitsplatzcomputern installiert werden.

Dabei wäre ein großer Teil derartiger "Mißstände" leicht behebbar. Die Falluntersuchungen lieferten nämlich eine Reihe von Erkenntnissen für eine strategisch sinnvolle Einbindung von Lernprogrammen in die arbeitsplatznahe Weiterbildung, zu deren Realisierung es zum Teil nur geringfügiger Modifikationen der bestehenden Regelungen bedürfte.

2.3.1 Lernprogramme in Seminaren

Allein schon aus Gründen des Methodenwechsels, der mit der ergänzenden Nutzung von Lernprogrammen im Gruppenunterricht verbunden ist, kann die Qualität von Seminaren durch Lernsoftware merklich angehoben werden. Selbst einfach strukturierte, textorientierte und wenig interaktive Programme geben hier Möglichkeiten zu vielfältigem Einsatz, der durch folgende Zielsetzungen gekennzeichnet werden kann:

- Homogenisierung des Kenntnisstandes bei den Teilnehmern.
  Viele Seminare leiden darunter, daß die Teilnehmer unterschiedliche Vorkenntnisse einbringen; durch die individuelle Nutzung von Programmen können die Unterschiede abgebaut werden.

- Spezialisierung der Teilnehmer je nach Interessenlage.
  In späteren Phasen des Unterrichts können sich die Teilnehmer je nach Erwartungshaltung und arbeitsplatzspezifischen Erfordernissen mit Teilaspekten des Seminarthemas intensiver vertraut machen.

- Kontrolle des Lernerfolgs.
  Gruppenunterricht führt oft zu dem Problem, den Lernerfolg der einzelnen Teilnehmer nicht kontrollieren und dadurch lernfördernde Rückmeldungen nicht geben zu können. Übungs- und Musterbeispiele in Verbindung mit Aufgaben geben sowohl dem Teilnehmer als auch dem Dozenten die Möglichkeit, individuelle Lernerfolge besser überprüfen zu können.

- Veränderung der Lernsituation und Abbau von Ermüdungserscheinungen.
  Dozentenunterricht, insbesondere zu "trockenen" Lerninhalten, führt erfahrungsgemäß schnell zu Ermüdungserscheinungen und zu einem Verlust der Aufnahmefähigkeit bei den Teilnehmern. Durch Einsatz von Lernprogrammen kann jederzeit bei Bedarf ein Methodenwechsel erfolgen, der eine qualitativ andere Zuwendung und dadurch eine Förderung der Teilnehmeraktivitäten bewirkt.

2.3.2 Kombination von Lernprogrammen und Seminaren

Neben den skizzierten Möglichkeiten des Einsatzes von Lernprogrammen *in* Seminaren hat sich die Kombination von Unterricht und zusätzlich zur Verfügung gestellten Lernprogrammen als eine gute Möglichkeit herausgestellt, eine arbeitsplatznahe Qualifizierung zu erreichen. Dafür gibt es verschiedene Verfahren:

- Nutzung interaktiver Medien in der Vorbereitung von Seminaren.
  Lernprogramme können eingesetzt werden, um die Vorkenntnisse der Seminarteilnehmer zu erhöhen, um zum einen die Gruppenhomogenität zu stärken und zum anderen die Effizienz der Schulung zu verbessern. In der Praxis steht der Organisator allerdings häufig vor dem Problem, daß viele Teilnehmer von den Programmen keinen Gebrauch machen und ihm Möglichkeiten der Kontrolle und Durchsetzung nicht zur Verfügung stehen. Erst wenn die Lerner in anderen Zusammenhängen bereits positive Erfahrungen mit dieser Lernform gemacht haben, oder wenn die Bearbeitung der Lerndiskette für sie verbindlich gemacht werden kann, bestehen gute Chancen, daß dieses Konzept zum Erfolg führt. Die Probleme verschärfen sich, wenn die Teilnehmer die Programme am Arbeitsplatz anwenden sollen, was in der Regel zu erheblichen Kollisionen zwischen einander widerstreitenden Anforderungen aus dem Arbeits- und dem Lernbereich führt.

- Nachbereitung der Seminarinhalte mit interaktiven Programmen.
  Auch diese Nutzungsform bedarf der organisatorischen Betreuung, besonders bei Anwendern, die mit autonomem Selbstlernen nicht vertraut sind. Für den erfolgreichen Einstieg ist es von Vorteil, wenn die Programme bereits im Seminar vorbesprochen und zumindest demonstriert wurden. Als gravierend erweist sich auch hier das Problem der Anwendung der Programme in der direkten Arbeitsumgebung. Spezielle Lernerplätze führen - das zeigen die Untersuchungsergebnisse - zu einer positiven Einschätzung und Anwendung der Programme durch die Mitarbeiter/innen.

2.3.3 Autonomes Lernen an Lernplätzen

Selbständiges Lernen mit Hilfe interaktiver Medien an speziellen Lernerplätzen (auch Lernzentren) stellt - insbesondere wenn die Nutzung ohne ergänzende Betreuung erfolgen soll - die höchsten Anforderungen an die Qualität und den thematischen Zuschnitt der verwendeten Software. Viele der in den Studienfällen angewendeten Programme wie auch die am Markt vorfindlichen Produkte lassen in dieser Hinsicht allerdings Erhebliches zu wünschen übrig. Besondere Erfolgschancen bestehen bei unternehmensspezifischer Gestaltung der Lernmedien. Solche Programme können ihre besondere Stärke zur Geltung bringen, indem sie die Zielgruppe der Lerner, die Lerninhalte und ihre Aufbereitung genauer fassen und berücksichtigen. Aber auch eine große Anzahl von Lernprogrammen im Feld der EDV-Anwendung ist durchaus geeignet, in dieser Form eingesetzt zu werden. Dennoch gilt auch - oder: besonders - hier: Selbst die beste Lernsoftware wird auf die Dauer ihre Funktion nicht erfolgreich erfüllen können, wenn die Lern- und Arbeitsumgebung nicht stimmt. Unabdingbar ist, wie es scheint, eine ergänzende Betreuung am Arbeitsplatz

An einer solchen Nachbetreuung (sei es durch eine spezifische Service-Abteilung oder durch Kollegen, die als "Paten" die Funktion des arbeitsplatznahen Beraters übernehmen sollten, oder durch offizielle "Datenverarbeitungs-Verbindungsleute" in den Fachabteilungen) aber fehlt es fast durchweg. Ihr Mangel ist ein wiederkehrend von den Befragten angesprochener Punkt. Ist der ergänzende Lernservice am Arbeitsplatz gesichert, dann besteht ein nicht zu unterschätzender Vorteil von jederzeit erreichbaren, aber von der eigentlichen Arbeitsumwelt entkoppelten Lernplätzen darin, daß Mitarbeiter dort unbeobachtet lernen können und die Anonymität ihnen einen gewissen Schutz gibt, so daß eventuelle Wissensdefizite nicht gegenüber anderen offen zutage treten.

2.3.4 Autonomes Lernen am Arbeitsplatz

Das Lernen direkt am Arbeitsplatz ist - wie auch unsere Fallstudien gezeigt haben - mit ernstzunehmenden Problemen verbunden. Dennoch brauchen Lernprogramme auch unmittelbar am Arbeitsplatz nicht ohne Funktion zu bleiben: Wenn schon nicht als zentrales Lernmedium geeignet, so können sie doch in Form "intelligenter" Hilfen bei fallweisem aktuellem Informationsbedarf für den Anwender von großer Bedeutung sein. Als gelungene Lösung ist insbesondere solche Software anzusehen, die es erlaubt, direkt aus einer Anwendung für einige Minuten in ein Tutor- und Informationsprogramm zu wechseln, um gerade anstehende Probleme zu lösen. Allerdings: Auch hier ist es erforderlich, daß die Anwender zunächst lernen, mit einem solchen Instrument umzugehen.

3.　　　Zusammenfassung

Voraussetzung für die Wahl einer geeigneten Strategie arbeitsplatznaher Weiterbildung ist von seiten der betrieblichen Entscheider die Kenntnis der Marktangebote und die Fähigkeit, diese unter pädagogischen Gesichtspunkten zu bewerten. Unsere Untersuchungen belegen eindeutig, daß im allgemeinen weder eine systematische Übersicht über die angebotenen Programme am Markt vorhanden ist noch spezifische Kriterien für die Beurteilung der Programmqualität entwickelt wurden.

Somit ist es kaum verwunderlich, daß auch andere Medien, die in diesem Zusammenhang Bedeutung haben könnten, im Betriebsalltag keine oder allenfalls eine untergeordnete Rolle spielen. Nur im Notfall wird von den Anwendern auf die (auch nur zum Teil am Arbeitsplatz vorhandenen) Handbücher zurückgegriffen. Ohnehin können diese nur für den fortgeschrittenen Mitarbeiter eine Hilfe sein, eigene Lösungswege mit dem Computer zu entwickeln. Der Benutzer muß ja - darauf wurde wiederholt hingewiesen - bereits ziemlich präzise Vorstellungen davon haben, wonach er sucht, um im Handbuch eine Antwort auf seine Frage zu finden.

Dagegen zeigt sich, daß die Akzeptanz bei den betroffenen Lernern sofort hoch ist, wenn Lernprogramme in Kombination mit schriftlichen Unterlagen zur Verfügung stehen und wenn dabei die verschiedenen Stärken jedes Mediums genutzt werden.

Weitere Hilfestellungen, wie eine permanente Benutzerbetreuung, sind zwar von den Unternehmen in allen Fällen vorgesehen; ihre praktische Realisierung indessen stößt insbesondere durch die zeitliche Überforderung der Fachleute in Großunternehmen schnell an Grenzen. Kleine Organisationseinheiten haben hier bessere Möglichkeiten, "unbürokratisch" schnell und fundiert Hilfen anzubieten. Sie können auch Lernmedien zielgruppenspezifischer ausrichten als - beispielsweise - eine große öffentliche Verwaltung. Dort nämlich sind die Anwendungsfelder je nach Amt extrem unterschiedlich, und auch die Teilnehmer haben unterschiedlichere Vorkenntnisse und Erwartungen an die Qualifizierungsinhalte.

Fazit: Den Unternehmen fehlt es an Konzepten, Lernmedien und somit auch interaktive Lernprogramme in die innerbetriebliche Weiterbildung zu integrieren. "Grundsätzlich ist das Problem der Einführung von CBT in Organisationen eine Frage innovativer Organisationsformen. Diese verlangen strategische Voraussicht des Managements und müssen durch effektive Medien und langfristige Planungs- und Durchführungsstrategien umgesetzt werden. Innovative Organisationskonzepte entstehen nicht über Nacht; sie bedürfen sorgfältiger Berücksichtigung und der Mitarbeit vieler verschiedener Gruppen (Trainer, Ausbildungsleitung, Vertretungen der jeweiligen Anwender, Geschäftsführung und Gewerkschaften)... ".[5]

---

[5]　CAMSTRA 1990, a.a.O., S. 15

Diese Problematik wird noch verstärkt durch ein teilweise gering ausgeprägtes Verständnis von der Notwendigkeit permanenter Lernprozesse für die effiziente Bewältigung moderner Verwaltungsvorgänge insbesondere mit neuen Bürotechnologien.

Nicht verschwiegen werden darf auch, daß Lernprogramme oft auf einen betrieblichen Anwendungszusammenhang treffen, der durch eine schlechte Struktur der Weiterbildung und durch mangelhaft qualifizierte Weiterbildner gekennzeichnet ist. Der Versuch des Einsatzes und der Nutzung von Lernprogrammen kann in solchen Fällen auch als implizite Kritik an der Qualität betrieblicher Weiterbildung gesehen werden. Zwar wird ihr - schenkt man neuesten Untersuchungen Glauben - in den Unternehmen mittlerweile ein hoher Stellenwert zugeordnet; die Realität stellt sich dann aber meist anders dar. Nicht nur fehlen systematische Erkenntnisse über Anforderungsprofile neuer Bürotechnologien aus der Sicht der Anwender, sondern häufig mangelt es schon an einem ökonomisch ausgeprägten Bewußtsein von der Bedeutung beruflicher Weiterbildung.

Interaktive Medien können in vielfältiger Weise dazu beitragen, Defizite in der arbeitsplatznahen Weiterbildung zu beheben; und in vielen Fällen sind nicht in erster Linie die Kosten das entscheidende Kriterium. Benötigt wird in den Unternehmen die Kompetenz zur Entwicklung längerfristiger Lösungen, welche die vielfältigen Faktoren erfassen, die einerseits das Lernen mit interaktiven Medien bedingen und die diese andererseits zur Folge haben.

Adressen der Autoren:

Dipl.-Sozialw. Erich Behrendt
Institut für Medien und Kommunikationsforschung
Frederikastraße 111
4630 Bochum 1

PD Dr. Helmut Kromrey
Ruhr-Universität Bochum
Fakultät für Sozialwissenschaft
Universitätstraße 150
4630 Bochum 1

Computergestützte Ausbildung im Einzelhandel

Peter Schenkel

Zusammenfassung

In einem vom Bundesinstitut für Berufsbildung betreuten Modellversuch wurden fünf Module für eine multimediale Ausbildung in der computergestützten Warenwirtschaft entwickelt. Der Artikel beschreibt die Planung und Entwicklung der Medien.

Inhalt

1.   Das Qualifizierungsdefizit

In den letzten Jahren hat das Interesse an der computergestützten Ausbildung ständig zugenommen. Dies gilt vor allem für die Bereiche, in denen der Computer als Arbeitsmittel eingesetzt wird. Hier liegt es nahe, die Ausbildung für den Umgang mit dem Computer bereits am Computer vorzunehmen.

Bisher stand der Einzelhandel weit am Rande der Entwicklung. Aus vielen Gründen. Zwar werden in Großbetrieben die Wareneingänge bereits seit längerer Zeit mit der EDV erfaßt, bis vor wenigen Jahren war es aber unmöglich, die Warenausgänge, also den Verkauf der einzelnen Artikel, zu vertretbaren Kosten artikelgenau und zeitnahe zu erfassen. Der technologische Durchbruch der EDV im Einzelhandel erfolgte erst mit der Einführung von Scannern, die Artikelnummern lesen und damit alle artikelbezogenen Daten speichern und auswerten konnten.

Nicht ohne Grund wird die Bedeutung dieser Entwicklung mit der Einführung der Selbstbedienung gleichgesetzt. Die Vernetzung von Ein- und Verkaufsdaten erlaubt es, jeden einzelnen Artikel von der Bestellung über die Lieferung und Lagerung bis zum Verkauf genau zu verfolgen. Warenwirtschaftssysteme sind deshalb ein hervorragendes Kontrollinstrument. Sie sind aber mehr. Alle Warenbewegungen im Betrieb können nicht nur kontrolliert, sondern auch gesteuert werden. Artikel, die in einer Filiale nicht mehr vorhanden sind, können von anderen Filialen bezogen werden, Preise von Artikeln mit geringem Umsatz können rechtzeitig herabgesetzt werden. Die wohl größte Bedeutung von Warenwirtschaftsytemen liegt jedoch in den Möglichkeiten einer Planung aller Warenbewegungen. Wenn die Daten jedes Artikels unmittelbar zur Verfügung stehen, können alle Warenbewegungen nach vorgegebenen Kriterien geplant werden.

Es bedarf kaum der näheren Erläuterung, daß die Gründe für die Einführung von Warenwirtschaftssystemen weniger in den Kostenvorteilen des schnelleren Kassierens oder der schnellere Erfassung der Wareneingangsdaten als in den Vorteilen einer artikelgenauen Planung, Steuerung und Kontrolle aller Warenbewegungen liegen. Diese Perspektiven von Warenwirtschaftssystemen sind noch längst nicht ausgeschöpft. Selbst heute sind die letzten Konsequenzen für die Gestaltung der Sortimente, für die Wettbewerbsfähigkeit vieler Betriebe und die Zusammenarbeit zwischen Handel und Industrie noch nicht in vollem Umfang absehbar.

Im Vergleich zur Bedeutung dieser neuen Technologie für den Einzelhandel sind die Anstrengungen der Betriebe zur Verbesserung der Ausbildung unbefriedigend. Nach wie vor konzentriert sich die Ausbildung auf Waren und Verkauf. Dies entspricht dem traditionellen Verständnis vieler Einzelhändler, die zunächst "Umsatz machen" will und dann sieht, "was übrig bleibt".

In der gegenwärtigen Situation ist diese Einstellung jedoch gefährlich. Zunehmende Konkurrenz in allen Branchen, Konzentrationstendenzen, Filialisierung, höhere Mieten, Einschränkung der Standortwahl durch die Raumordnung, steigende Personalkosten, das Vordringen von preisaggressiven Großanbietern gefährden die Position des traditionellen Fachhandels immer mehr. Es scheint sich abzuzeichnen, daß er nur noch dann eine Chance hat, wenn es ihm gelingt eine regionales oder sortimentsspezifisches Segment fest zu besetzen. Aber auch dann wird er seine Entscheidungen nicht mehr mit dem Fingerspitzengefühl oder nach Augenschein sondern auf der Grundlage von genauen Daten treffen müssen

Während die Bedienung und Beratung der Kunden und der sachgerechte Umgang mit der Ware seit jeher das Tätigkeitsfeld der Beschäftigten bestimmten, fehlt dem Einzelhandel die Tradition im Umgang mit der Datenverarbeitung und der betriebswirtschaftlichen Absicherung von Entscheidungen. Die Einführung von Warenwirtschaftssystemen konfrontiert den Einzelhandel deshalb mit vollständig neuartigen Problemen. Selbst kapitalstarke Großbetriebe stehen nicht nur vor einer Investitionsentscheidung, sondern vor einem Qualifizierungsproblem, dessen Umfang anfangs weit unterschätzt wurde. Weder in den Fachabteilungen von Großbetrieben und noch weniger in kleineren Einzelhandelsunternehmen, findet sich eine ausreichende Anzahl von Fachleuten, die mit den Problemen eines Warenwirtschaftssystems fertig werden. Aber selbst wo diese vorhanden sind, stellt sich schnell heraus, daß wenige, qualifizierte Experten ein Warenwirtschaftssystem wohl installieren können, für eine optimale Nutzung jedoch eine Qualifizierung aller Beschäftigten erforderlich ist.

Damit ist ein Ausgangspunkt des Modellversuchs "Qualifizierung von Mitarbeitern des Einzelhandels in der computergestützten Warenwirtschaft" umrissen: In allen Branchen, Betriebsgrößen und Betriebsformen des Einzelhandels besteht ein immenses Qualifizierungsdefizit inbezug auf die Bedienung der EDV-Anlagen und die Nutzung der Daten. Aus eigener Kraft können allenfalls Großbetriebe die sich ergebenden Qualifizierungsprobleme lösen. Mittlere und kleinere Betriebe stehen bereits bei der Entscheidung für ein Warenwirtschaftssystem vor einer nahezu unlösbaren Aufgabe. Sie sind mit Sicherheit auf externe Angebote angewiesen.

Wenn der Computer als Arbeitsmittel für die Erfassung und Auswertung von Informationen eingesetzt wird, dann liegt es nahe, die Ausbildung der Beschäftigten auch an diesem Arbeitsmittel vorzunehmen. Jede andere Methode bleibt ein "Trockenkurs", dessen Qualität sich in der Ernstsituation oft als unzureichend erweist. Genau diese Ausbildung am Computer für den Umgang mit dem Computer ist im Tagesgeschäft aber gar nicht möglich. Jeder unsachgemäße Eingriff in das System kann fatale Folgen haben, die Anfangschwierigkeiten beim Arbeiten mit den im Betrieb eingesetzten Programmen sind häufig zu groß, Arbeits-/Ausbildungsplätze fehlen, und Ausbilder sind häufig auch nicht vorhanden.

Im Wesentlichen geht es um zwei große Problemkreise:

1. **Auf der operativen Ebene**, geht es vor allem um die richtige Bedienung des Systems. Nur Vordergründig erscheint dies einfach. Selbstverständlich kann man schnell lernen, wie man die Ware über den Scanner zieht. Sonderfälle, wie z.B. Umtausch, Reklamation, Kassieren eines Artikels in mehreren Ausführungen werfen dagegen häufig Probleme auf. Wenn dann noch Daten in das System manuell eingegeben oder erfragt werden müssen, sind die Grenzen einer Vermittlung durch Schnellkurse bereits weit überschritten.

   Häufig ist den Beschäftigten auch garnicht klar, welche Auswirkungen ein aus ihrer Sicht belangloser Fehler für die gesamte Warenwirtschaft haben kann. Aus diesem lässigen Umgang entstehen dann Fehler im System, die schwer zu erkennen und zu beseitigen sind. Erfolgreiches Handeln einer Kassiererin dokumentiert sich nicht allein darin, daß abends die Kasse stimmt, sonder auch darin, daß jeder einzelne Artikel exakt in das System eingegeben wurde. Die Kasse mag zwar stimmen, der Lagerbestand aber ist falsch. Der Kassierer arbeitet jetzt an einer Datenerfassungsstation, deren Eingaben für den Einkauf und das Lager unmittelbare Auswirkungen haben .

2. Auf der dispositiven Ebene stellen sich zusätzliche Probleme. Sie sind häufig auch in Ansätzen nicht gelöst. Wenn das Warenwirtschaftssystem als ein Planungs-, Steuerungs- und Kontrollinstrument aller Warenbewegungen verstanden wird, dann müssen die Daten auch entsprechend genutzt werden. Eine Datenflut ohne betriebliche Konsequenzen war ja mit der Investition nicht beabsichtigt.

Wir alle sind gewohnt, unser Entscheidungen aus unseren Erfahrungen abzuleiten. Wenn Erfahrungen fehlen, in ihrer Komplexität nicht mehr übersehen werden können oder Vorschläge unterbreitet werden, die wir nicht mehr mit unseren Erfahrungen in Einklang bringen können, dann ist zunächst jedermann überfordert. Wenn Entscheidungen auf der Grundlage computergenerierter Daten getroffen werden, muß deshalb traditionelles Entscheidungsverhalten erweitert werden. Dieser Lernprozeß vollzieht sich langsam. Gelingt er aber nicht, dann werden bei der täglichen Arbeit mit Warenwirtschaftssystemen auch nur Teile der Vorteile des Systems genutzt.

Es erscheint selbstverständlich, daß die Probleme dort gelöst werden, wo sie entstehen. Wenn also ein Auszubildender an den Umgang mit einem Warenwirtschaftssystem herangeführt werden soll, dann muß er möglichst direkt mit den Problemen konfrontiert werden. Und wenn eine ältere Fachkraft erstmals mit einem Warenwirtschaftssystem umgehen muß, dann muß auch sie eine Erstausbildung erhalten.

Damit ist ein zweiter Ausgangspunkt des Modellversuchs umrissen: Auf der operativen und dispositiven Ebene sollte die Ausbildung in einem modularen Ausbildungskonzept direkt am Computer erfolgen. Die vorhandene Anwendungssoftware ist aufgrund ihrer Komplexität dazu meist nicht geeignet.

Diese Erkenntnis führt zu einer Medienkonzeption, die von Beginn an ein direktes Arbeiten am Computer ermöglicht. Mit computergestützten Medien kann der Lernende den Lernprozeß selbst steuern, seine Lernfortschritte kontrollieren und dann lernen, wenn es seine Zeit erlaubt. Lehren und Lernen kann exakt geplant und kontrolliert werden, es soll kostengünstiger, anschaulicher und interessanter werden, kann individualisiert, am Arbeitsplatz, aber auch an anderen Orten erfolgen. Erstmals ist über ein Medium eine differenzierte Interaktion mit dem Lernenden möglich, die zuvor dem Ausbilder vorbehalten war. Auch wenn die verfügbaren Programme nicht alle Vorteile realisieren, scheint es doch wahrscheinlich, daß interaktive Medien einen festen Platz in der Erst- und Weiterbildung einnehmen werden.

Ziel des Modellversuchs war die Entwicklung eines Ausbildungskonzeptes, das Mitarbeiter des Einzelhandels

- auf die Bedienung von DV-Geräten und die Nutzung EDV-generierter Daten vorbereitet,
- modular aufgebaut ist
- für die Erst- und Weiterbildung im Einzelhandel einsetzbar ist,
- auf möglichst vielen Branchen bezogen ist und
- eine motivierende, attraktive und kostengünstige Ausbildung erlaubt.

2. Planungsschritte

Der Modellversuch wurde in fünf Phasen durchgeführt:

Phase 1   **Voruntersuchungen**
- Projektplanung
- Situationsanalyse
- Trendanalyse
- Adressatenanalyse
- Expertenhearing

Phase 2   **Medienentwicklung**
- Grobkonzeption
- Medienentscheid
- Feinentscheid
- Medienauswahl
- Medienproduktion

Phase 3 **Test und Evaluation**
- 1. Evaluation
- Überarbeitung
- 2. Evaluation
- Überarbeitung
- Distributionskozept

Phase 4 **Projektabschluß**

Phase 5 **Entwicklung Modul 5**
- Defizitanalyse der ersten vier Module
- didaktisch-methodische Konzeption
- inhaltliche Konzeption
- Bewertung neuer Autorensysteme
- Realisierung
- Evaluation
- Überarbeitung
- Vertriebskonzeption
- Vertrieb

Die ersten vier Phasen führten zur Entwicklung von vier Ausbildungsmodulen :

Modul	Titel	Inhalt	Zielgruppe	technische Voraussetzungen
M 1	"Wenn aus Waren Daten werden." Die Funktionsweise von Warenwirtschaftssystemen	interaktives Bildplatten-programm Allg. Einführung in Warenwirtschaftssysteme	Motivation, Training neuer Mitarbeiter, Erstausbildung, Weiterbildung	PC-AT, 640KB Festplatte Sony Bildplatten-spieler Video - Overlaykarte
M 2	"Lernen und Arbeiten mit einem Warenwirtschaftssystem". Arbeitsinhalte, Organisation und Systemfunktionen eines Waren-wirtschaftssystems (Modellwaren-wirtschaftssystem) Begleitmaterial	Modellwarenwirtschaftssystem Einführung, Bedienung und Simulation anhand eines realistischen Modells	Erstausbildung, Weiterbildung, Training neuer Mitarbeiter	PC-AT, 640 KB Festplatte monochromer bis VGA Bildschirm
M 3	"EDV-Technik am Arbeitsplatz	Lehrgangskonzept zur Bedienung einer Computerkasse	Mitarbeiterinnen, die mit einer Computerkasse arbeiten sollen	Computerkasse
M 4	"Erfolgreich entscheiden mit Warenwirtschaftssystemen" Begleitmaterial	Entscheidungstraining auf der Grundlage EDV-generierter Daten	Weiterbildung, teilweise Erstausbildung	PC-AT, 640 KB Festplatte EGA Grafikkarte Farbmonitor

Eine ausführliche Dokumentation der vier Planungsschritte, einschließlich der Evaluation und eines Aus-blicks auf die weitere Entwicklung sowie eine Darstellung der entwickelten Ausbildungsmodule findet sich in Freibichler, Mönch, Schenkel 1991. Auf eine ausführliche Darstellung kann deshalb an dieser Stelle verzichtet werden. Der Aufsatz konzentriert sich deshalb auf die inhaltlichen und methodisch-did-aktischen Überlegungen, die im Anschluß an die ersten vier Module zu einem Modul fünf geführt haben.

Die vier Module werden gegenwärtig konfektioniert und werden voraussichtlich ab November 1991 von der Telemedia, Gütersloh vertrieben.

3. Neue Überlegungen zu einem fünften Modul

Wenn man aus einem gewissen Abstand die bisherigen Entwicklungen im Bereich der computergestützten Ausbildung verfolgt, so wird der rasante Fortschritt der Computertechnologie (Hardware) und der Entwicklungsinstrumente (Autorensysteme) deutlich. Diese beiden Bedingungen haben in der Vergangenheit die Entwicklung interaktiver Lernsysteme weitgehend beherrscht. Von den Restriktionen der Hard- und Software ausgehend, wurde gefragt, welche Ziele und welche Inhalte unter diesen Bedingungen realisierbar sind. Auch heute sind wir noch weit von einem universellen Entwicklungstool entfernt und die technischen Restriktionen sind ebenfalls nach wie vor vorhanden, der Spielraum für die Entwickler ist jedoch wesentlich größer geworden.

Dieser erweiterte Spielraum aber auch die Erfahrungen bei den Arbeiten an den ersten vier Modulen hatten es nahegelegt, die Arbeiten fortzusetzen und ein neues, fünftes Modul zu entwickeln.

3.1 Inhalte des fünften Moduls

Bei den Arbeiten an den ersten vier Modulen war bereits deutlich geworden, daß der Planungsprozeß nicht linear von einer Stufe zur anderen voranschreitet. Entscheidungen einer späteren Stufe beeinflussen bereits getroffene Entscheidungen, und so ist es ratsam diese Rückwirkungen stets einzukalkulieren und keine bindenden Entscheidungen zu treffen bevor der Planungsprozeß nicht zumindest einmal durchlaufen wurde.

Bei der Entwicklung der ersten vier Module bestanden noch große Unsicherheit über Art und Ausmaß des Qualifikationsdefizits. So ging es zunächst darum den Stand und die Entwicklung der Hard- und Software überhaupt einzuschätzen, die Ausbildungsproblematik in den Betrieben zu erfahren und die Adressaten möglicher Programme kennenzulernen. Ein wichtiger Problemkreis bestand auch in der Entscheidung für ein bestimmtes Medium. Nach Abschluß der ersten Phase des Versuchs bestand über diese Probleme bereits klare Vorstellungen. Auf dieser Grundlage konnten neue inhaltliche, neue methodisch-didaktische Konzeptionen und neue Realisierungen in einem fünften Modul ins Auge gefaßt werden.

Selbstlermaterialien traditioneller Art unterliegen stets der Gefahr, daß zwar Einzelwissen, nicht aber der Problemzusammenhang vermittelt wird. Dies ist gerade bei einem Warenwirtschaftssystem, das aus dem vernetzten Zusammenhang aller Betriebsbereiche seinen Sinn erhält, unbefriedigend. Ein wesentliches Ziel war es deshalb, die Warenwirtschaft als System zu begreifen und die zu vermittelnden Inhalte in einem vernetzten Zusammenhang zu betrachten. Computerunterstützte Programme eigenen sich dafür besonders, denn in hypercardähnlichen Autorensystemen und in Simulationen können die Zusammenhänge im Betrieb und die Auswirkungen von Entscheidungen auf mehrere Bereiche sehr leicht dargestellt werden.

Folgende inhaltliche Bereiche der Warenwirtschaft wurden unterschieden:

1. Warenwirtschaft als organisatorisches System
   - warenwirtschaftliche Aufgaben unterscheiden
   - Abhängigkeiten warenwirtschaftlicher Aufgaben erkennen
   - Koordination warenwirtschaftlicher Aufgaben erkennen
   - Kommunikationsstrukturen unterscheiden
   - Änderungen der Warenwirtschaft durch den Einsatz unterschiedlicher Technologien einschätzen

2. Warenwirtschaft als technisches System
   - Methoden und Techniken der Erfassung warenwirtschaftlicher Daten auf den Stationen des Warenkreislaufs kennen
   - Techniken der Datenübermittlung kennen
   - Möglichkeiten der Datenauswertung kennen
   - Möglichkeiten der Darstellung von Daten kennen

3. Warenwirtschaft als betriebswirtschaftliches System
   * warenwirtschaftliche Sachverhalte in ihrer Mengendimension einschätzen
   * warenwirtschaftlichen Kreislauf als Wertefluß verstehen
   * warenwirtschaftliche Aufgaben mithilfe der EDV bearbeiten
   * Auswirkungen warenwirtschaftlicher Entscheidungen auf die verschiedenen
     Funktionsbereiche eines Betriebes erkennen

4. Warenwirtschaft als Gesamtsystem
   * das Zusammenwirken organisatorischer, technischer und betriebswirtschaftlicher Elemente
     in den Funktionsbereichen eines Einzelhandelsbetriebes erkennen
   * Zusammenhang der einzelnen warenwirtschaftlichen Entscheidungsbereiche erkennen
   * Gesamtsystem des Betriebes und seine gegenseitigen Abhängigkeiten erkennen

Die Inhalte sollen nicht auf der Grundlage der Fachsystematik sondern anhand von praktischen Aufgaben aus den verschiedenen Bereichen eines Einzelhandelsbetriebes vermittelt werden.

3.2 Methodisch-didaktische Überlegungen

Reale betriebliche Probleme sind häufig unübersichtlich und komplex. Sie lassen sich in fachwissenschaftlicher Betrachtung zwar grundsätzlich ausleuchten, ein direktes Handeln ist auf der Ebene einer reinen Wissensvermittlung häufig jedoch nicht möglich. So wurde bei der Entwicklung des Lernprogramms nicht von den Fachwissenschaften, sondern von betrieblichen Aufgaben ausgegangen. Im Zusammenhang mit jeder Aufgabe wurden die Arbeitsumgebung (Situation, Handlungsumfeld) deutlich gemacht, die Handlungsziele und Teilziele herausgestellt, Aktionspläne verdeutlicht und Wissensinhalte definiert.

Eine entscheidende Neuerung des fünften Moduls besteht darin, Aufgaben, Handlungsziele, Aktionspläne und Wissensinhalte der Warenwirtschaft aus der Perspektive der jeweils Betroffenen deutlich zu machen.Ausgangspunkt ist deshalb nicht eine betriebswirtschaftliche Fachsystematik und auch nicht der Funktionsaufbau eines Betriebes sondern der Aufgabenkreis der Beschäftigten.

Folgende Beschäftigtengruppen wurden unterschieden:
* Kassierer
* Verkäufer
* Mitarbeiter im Wareneingang/Regalpflege
* Einkäufer/Disponent
* Substitut/Abteilungsleiter
* Filialleiter/Geschäftsführer/Firmenleiter

Die Personalisierung führt dazu, daß konkrete Personen vor einer bestimmten Aufgabe stehen und dabei Handlungspläne entwickeln und handeln. Der Lernenden steht entweder dieser Person gegenüber und stellt ihr Fragen bzw. folgt ihr auf ihrem Weg oder er übernimmt die Rolle des Handelnden. Das für die Handlung erforderliche Wissen und die Arbeitsumgebung ist im Programm über Buttons jederzeit abrufbar. An bestimmten Schnittstellen werden die Verbindungen einer Aufgabe mit anderen Aufgaben, der Zusammenhang mit anderen Teilsystemen (z.B. Ergebnisrechnung, Marketing) und die Verbindungen zur Außenwelt verdeutlicht. So erschließt sich über die Bearbeitung einer Aufgabe das Gesamtsystem.

Die Personalisierung erleichtert die Identifizerung des Lernenden mit dem Programm. Der Lernende erkennt, daß es sich nicht um eine abstrakte Wissensvermittlung handelt, sondern um Aufgaben, vor denen er sich tagtäglich gestellt sieht. Ihm wird deutlich, daß ohne klare Ziele und ohne Aktionspläne und Wissen eine Aufgabe nicht zu lösen ist. Diesen Vorteilen steht jedoch ein Nachteil gegenüber. Identifikation birgt das Risiko in sich, daß der Lernende die vorgegebenen Aufgaben auf bestimmte Positionen bezieht, Rollen festschreibt, sich also das Wissen aneignet,was er als Kassierer benötigt und die weiterführenden Inhalte nicht bearbeitet. Nach Abschluß des Programms ist er ein besserer Kassierer, wird jedoch nicht zum Verkäufer.

Das Problem ist unvermeidlich. Wir haben versucht, es zu entschärfen, indem wir im Programm erkennbar machten, daß mit der Personalisierung eines Lernprogramms keine festen Aufgabengebiete zugeteilt werden und in der Realität ein Beschäftigter mehrere Aufgaben übernehmen kann. Denkbar ist natürlich, daß aus der Personalisierung ein Interesse des Lernenden entsteht, über den eigenen Aufgabenbereich hinauszublicken und sich für weiterführende Aufgaben zu qualifizieren.

Vier miteinander verbundenen Faktoren unterstützen die Ziele des Programms:

1. Realitätsnahe, problembezogene Situationsdarstellung
   Sie kann im Rahmen der gegebenen technischen Möglichkeiten durch Realbilder, Ton, aber auch durch Grafiken, Diagramme, Sprechblasen usw. erzeugt werden. Dabei ist der Komplexitätsgrad sehr genau zu bestimmen. Wenn die Situationsdarstellung zu komplex wird, sind Leitfragen erforderlich, die die Situation überhaupt erst erschließen. Die Situation sollte genau so komplex sein, daß sie vom Lernenden schnell begriffen werden kann und dennoch alle wesentlichen Merkmale einer realen Situation enthält.

2. Visualisation
   Die Evaluation des Moduls 1 (Bildplatte) hatte bereits gezeigt, daß realitätsnahe Situationen die Motivation und die Akzeptanz der Lernenden wesentlich erhöhen. Deshalb wurde bei der Entwicklung des Moduls 5 besonderer Wert darauf gelegt, alle wesentliche Sachverhalte bildhaft, mit dem Ziel, die eigene Situation wiederzuerkennen, darzustellen.

3. Zugriff auf reichhaltige Erfahrungen aus unterschiedlichen Perspektiven
   Hier hilft die Personalisierung zu unterschiedlichen Perspektiven.

4. Hervorheben wichtiger Aspekte
   In Computerprogrammen können wichtige Aspekte hervorgehoben werden, indem eine Situation aus verschiedenen Perspektiven betrachtet wird (Verkäufer, Geschäftsleiter). Bei den verschiedenen Schwierigkeitsgraden des Programms (s. o. Beschäftigtengruppen) können andere Wege zum Hervorheben wichtiger Aspekte eingesetzt werden.

   Auf einer unteren Stufe müssen die Ziele, Teilziele, Aktionspläne interpretierend mit dem Fall und der Perspektive verbunden werden. Es ist nicht davon auszugehen, daß ein Lerner die zugrundeliegenden Handlungsstrukturen in einer komplexen Situation von selbst entdeckt. Die Situation muß also erläutert werden, um die Wahrnehmungsfähigkeit überhaupt erst zu wecken.

Auf einer mittleren Ebene geht es um die Identifizierung von Zielen und die Verbindung mit Aktionsmustern. Folgende Möglichkeiten sind denkbar:
- Ziele in gegebenen Aktionen und Situationen entdecken
- Aktionen identifizieren und vorhersagen, die gegebenen Zielen genügen
- erklären, warum bestimmte Aktionen unternommen wurden
- Situation als Ziel-Aktionszusammenhang interpretieren
- kritische Aktionen und Ziele im Hinblick auf ihre Konsequenzen für Ziele identifizieren
- eigene Erklärungen, Vorhersagen und Kritiken mit denen anderer Lerner vergleichen

Auf einer höheren Ebene geht es um die Entwicklung von Zielen und die Ableitung von Aktionen. Hier wären folgende Möglichkeiten denkbar:
- Ähnlichkeiten und unterschieden in vergleichbaren Fällen herausstellen
- die Gründe für Ziele erkennen
- Konsequenzen von Zielen herausarbeiten
- Ziele für unterschiedlicher Personengruppen vorschlagen
- kritische Teilziel identifizieren
- die eigenen Perspektiven, Erklärungen, Vorhersagen mit denen anderen Personen vergleichen

Auf allen drei Ebenen wären folgende Realisierungen denkbar:
- den Lerner auffordern, nach bestimmten Dingen Ausschau zu halten
- offene Fragen stellen
- den Lerner auffordern, Grafiken auszufüllen

- die vom Lerner ausgefüllten Grafiken mit den vom Computer generierten Grafiken vergleichen lassen
- Multiple Choice Fragen
- den Lerner zu bestimmten Handlungen auffordern
- den Lerner auffordern, die Stellen zu bestimmen, an denen Handlungen erforderlich sind

3.3 Entscheidung für ein Entwicklungswerkzeug

Nach einer Analyse der Autorensysteme Authorware, Toolbook und Winix Tool Kit haben wir uns für eine Realisierung mit dem Autorensystem Authorware entschieden.

Das sehr umfassende Autorensystem Winix schied zum Zeitpunkt der erforderlichen Entscheidung aus, da einige Programmteile noch nicht verfügbar waren. Authorware ist ein spezifisches Autorenprogramm für multimediale Anwendungen, der Programmieraufwand ist relativ gering und es ist auf dem PC und auf dem Apple Macintosh verfügbar .

3.4 Drehbuch und Realisation

Für Kassierer, Verkäufer, Mitarbeiter im Wareneingang/Regalpflege, Einkäufer/Disponent, Substitut/Abteilungsleiter und Filialleiter/Geschäftsführer/Firmenleiter wurde

- die Situation (Wo steht er im Arbeitsprozeß, worin bestehen seine Aufgaben?)
- das Handlungsumfeld (Mit wem arbeitet er zusammen?)
- die Handlungsziele (Welche Ziele und Teilziele verfolgt er?)
- die Themen des Lernprogramms (Was wird im Lernprogramm behandelt?)
- die Lernziele (Was kann der Lernende am Ende des Programms?

in einem Rohdrehbuch beschrieben. Zu einem Teil wurden bereits einzelne Masken und die Programmfolge dargestellt.

Die Realisation erfolgt direkt im Programm. Der Abschluß des Projektes ist für den Oktober 1991 vorgesehen.

Literatur:

Hans Freibichler, Christian Mönch, Peter Schenkel: Computergestützte Aus- und Weiterbildung in der Warenwirtschaft. Bd. 2 der Reihe Multimediales Lernen in der Berufsausbildung, Nürnberg 1991.

Hans Freibichler, Christian Mönch: Konzept Modul 5. (revidierte Fassung, unveröffentlichtes Manuskript), Berlin April 1991.

Ruth G. Thomas, Michelle Englund: Instructional Design for Facilitating Higher Order Thinking. Volume II: Instructional Design Model. Minnesota Research and Development Center for Vocational Education, St. Paul 1990.

Adresse des Autors:
Dr. Peter Schenkel
Täubchenstraße 13
1000 Berlin 37

Didaktische Voraussetzungen
für den Einsatz von Computerunterstütztem Lernen
Qualitative Untersuchung über den Zusammenhang
von Zielgruppenmerkmalen und Lernsoftware-Ausprägungen

Dieter Euler

Zusammenfassung

Soll das grundlegende didaktische Postulat einer lernergemäßen Vermittlung von Lehr-/Lerninhalten auch im Zusammenhang des computerunterstützten Lernens (CUL) eine Bedeutung besitzen, dann sind Erkenntnisse über den Zusammenhang von Zielgruppenvoraussetzungen und Gestaltungsvarianten von CUL grundlegend. Solche Erkenntnisse liegen derzeit nur fragmentarisch vor. Aus diesem Grunde wurde in einer qualitativ angelegten Untersuchung die verfügbare Literatur zu dieser Fragestellung ausgewertet und in Interviews validiert. Ziel der Untersuchung war es, zentrale Anhaltspunkte für die Auswahl und Gestaltung von zielgruppenbezogener Lernsoftware bereitzustellen. Im einzelnen wird begründet, unter welchen Voraussetzungen der Zielgruppe ein besonderer didaktischer Aufwand bei der Gestaltung von Ablaufsteuerung, Interaktion und Informationspräsentation innerhalb einer Lernsoftware sinnvoll ist.

1. Problemstellung:
Suche nach dem passendem Medium oder das Medium passend machen?

Die Ausgangsfrage erscheint schlicht: Was wird von den Lernenden vorausgesetzt, die mit Hilfe des Mediums Computer lernen sollen? Leicht gewendet ließe sich die Frage etwas zuspitzen: Ist computerunterstütztes Lernen als Lernmethode universell für alle denkbaren und unterscheidbaren Zielgruppen geeignet, oder ist die Anwendung dieser Methode an spezifische Medienkompetenzen geknüpft, die die Lernenden als Lernvoraussetzungen sozusagen mitbringen müssen, bevor sie den Computer als Lernmedium nutzen können?

Die Problemstellung nimmt zwei aktuelle Diskussionsstränge auf:
(1) Aus *bildungstheoretischer Perspektive* wird argumentiert, daß die klassischen Formen eines weitgehend fremdgesteuerten Lernens (z. B. in den idealtypischen Ausprägungen des lehrerzentrierten Frontalunterrichts oder der Vier-Stufen-Methode der Unterweisung) ersetzt werden müssen durch Formen des *selbstgesteuerten Lernens*. Dem liegt die Annahme zugrunde, daß sich die sozio-ökonomische Entwicklung in immer kürzeren Innovationszyklen vollziehe, mithin sich die davon betroffenen Menschen in einem Prozeß des lebenslangen Lernens vestärkt selbst um die Aktualisierung ihrer Qualifikationen bemühen sollten. Aus diesem Grund gehe es weniger darum, ein Individuum in einer Bildungsphase mit einem Vorratswissen auszustatten, das dann anschließend in Beruf und Arbeit abgerufen und aufgezehrt werden könne. Vielmehr solle das Leitbild der Qualifizierung u. a. darin bestehen, die individuelle Lernkompetenz so zu entwickeln, daß das Individuum sich selbsttätig dann (weiter-)qualifiziert, wenn sich eine aktuelle Notwendigkeit begründet.

(2) Aus *didaktischer Perspektive* kann festgestellt werden, daß die kontroverse Diskussion über den Stellenwert von CUL zur Gestaltung von Lehr-/Lernprozessen auf einem weithin dünnen Eis empirischer Befunde geführt wird. Die Literatur begrenzt sich aktuell auf
- mehr oder weniger generell gehaltenen Erörterungen der Möglichkeiten und Grenzen von CUL;
- (insbesondere US-amerikanische) Untersuchungen über die Lerneffektivität von CUL;
- pragmatische Darstellungen zur konkreten Gestaltung von Lernsoftware;
- Überlegungen zu Kosten- und Nutzenfragen beim Einsatz von CUL.
Über die Frage nach dem Zusammenhang zwischen einer Lernmethode wie CUL und den Zielgruppenvoraussetzungen liegen hingegen nur fragmentarische Befunde vor. Zwar gehört es zum Allgemeinfundus didaktischer Theorien, daß die Anwendung einer Lernmethode von dem Lerner sowohl Lernkompetenzen

voraussetzt als diese auch fördert[1], doch bei der Suche nach einer Präzisierung dieser Aussage ist man auf die Identifikation und Auswertung vieler versteckter und mittelbarer Hinweise angewiesen.

Die skizzenhaften Hinweise mögen die Aktualität und Untersuchungsbedürftigkeit der Fragestellung verdeutlichen. Im folgenden sollen Design und Ergebnisse einer Studie referiert werden, die im Rahmen eines Forschungsprojekts für das Bundesministerium für Bildung und Wissenschaft[2] durchgeführt wurde.

2. Untersuchungsdesign

Ausgangspunkt der Untersuchung war die Prämisse, daß die Analyse einer Methodenkonzeption wie CUL nicht global erfolgen kann, sondern einen differenzierten Zugriff erfordert. Im Rahmen der Untersuchung sollte es darum gehen, diesen Zugriff zu konzeptualisieren (Kapitel III.) und die verfügbaren empirischen Hinweise auf der Grundlage des entwickelten Konzeptrahmens zu systematisieren und zu interpretieren (Kapitel IV.). Als empirische Basis wurden folgende Erfahrungsgrundlagen einbezogen:

Literaturauswertungen

- Fachliteratur mit Schwerpunkt auf der neueren US-amerikanischen Instruktionsliteratur[3] sowie den Jahrgängen 1987 - 1990 der einschlägigen Fachzeitschrift "Educational Technology".
- Modellversuche: Auswertungen zu den Modellversuchen Hermes und Compass sowie einer BIBB-Evaluation zu neuen Ausbildungsmethoden (Schmidt-Hackenberg u. a. 1990).
- Praxisberichte: Auswertungen von Tagungs- und Kongreßberichten (im wesentlichen die seit 1985 vom Betriebswirtschaftlichen Institut für Organisation und Automation an der Universität Köln zweimal jährlich angebotenen CUL-Seminare sowie die seit 1987 jährlich in Lugano stattfindenden CUL-Kongresse).

Validierungsgespräche

- Ex-post-Rekonstruktion zahlreicher Gespräche mit Entwicklern[4] und Anbietern von Lernsoftware im Rahmen von Seminaren, Kongressen, Messen und selbst durchgeführten Autorenschulungen.
- Drei Befragungen von Lernprogramm-Autoren zur spezifischen Fragestellung dieser Untersuchung.

---

[1] Terhart (1989, S. 133) unterscheidet in diesem Zusammenhang den adaptiven von dem konstitutiven Aspekt im Verhältnis von Lehren und Lernen. Der adaptive Aspekt bezeichnet das Postulat, das Lehren an die Lernvoraussetzungen des Lerners anzupassen, der konstitutive Aspekt greift den Tatbestand auf, daß die Methode immer auch zum Lerninhalt wird, da ihre Anwendung Lernmethodenkompetenzen auf- und ausbauen kann.

[2] Das Forschungsprojekt wurde am Lehrstuhl für Wirtschafts- und Sozialpädagogik der Universität zu Köln unter dem Titel "Evaluation innovativer methodischer Ansätze für die Förderung von Nachwuchsbegabungen im Handwerk im Bereich der informationstechnischen Berufsbildung" durchgeführt. Mitarbeiter des Projekts waren D. Buschfeld, W. Drieschner, F. Esser, D. Euler, T. Jansen und R. Reemtsma.

[3] In der US-amerikanischen Instruktionsliteratur finden sich Hinweise in zwei Zusammenhängen:
  • Im Zusammenhang mit den Untersuchungen innerhalb der ATI-Forschung werden Befunde referiert, die für Einzelaspekte dieser Untersuchung von Bedeutung sind.
  • Die große Fülle an praktischer Instruktionsliteratur (vgl. Euler 1987), d. h. Bücher als Leitfaden oder Anleitung zur Gestaltung von Lernsoftware, führt im Zusammenhang konkreter Gestaltungsfragen (z. B. "Wie gestalte ich eine Rückmeldung?"; "Wie visualisiere ich abstrakte Zusammenhänge?") eine Fülle von Begründungen an, die sich teils auf kleinere Untersuchungen, teils auf eigene Erfahrungen der Autoren in der Erprobung selbstentwickelter Lernsoftware stützen. Die Kategorien hinsichtlich einer Zielgruppenanalyse, die prinzipiell in den meisten Ansätzen fester Bestandteil der Lernprogramm-Entwicklung ist, sind zumeist jedoch sehr grob (exemplarisch: Alessi / Trollip 1985, S. 282).

[4] Die Gespräche mit Entwicklern von Lernsoftware über Fragen der Zielgruppenanalyse gestalten sich zumeist recht schwierig. Lernsoftware-Autoren konzentrieren sich zunächst darauf, ein technisch lauffähiges, optisch attraktives Produkt zu entwickeln, oder sie legen den Hauptaugenmerk auf eine fachlich vollständige und korrekte Abbildung des jeweiligen Inhaltsbereichs, in dem das Denken vom Inhalt, nicht aber von der Zielgruppe aus erfolgt. Gedanken über den Lerner bleiben vor diesem Hintergrund zumeist implizit und undokumentiert. Typisch ist folgende Gesprächssituation aus einem explorativen Interview: Auf die einleitende Frage, für welche Zielgruppe ihrer Ansicht nach CUL geeignet sei, vertreten die Befragten im Gespräch die Position, man könne dies nicht allgemein beantworten, sondern entscheidend sei die Ausprägung eines konkreten Lernprogramms. Auf die allgemeine Frage wird also mit dem Hinweis auf Differenzierungsnotwendigkeit geantwortet. Auf die daran anschließende Frage, warum sie eine bestimmte Phase im Lernprogramm denn so und nicht anders gestalten, folgt der mehr oder weniger wortreiche Hinweis, dies hänge von den Zielgruppenmerkmalen ab, wobei diese dann über mehr oder weniger grobe Kategorien bezeichnet werden, die die Entwickler i. S. e. impliziten, subjektiven Theorie zu verwenden scheinen. Auf die konkrete Frage wird mit dem Hinweis auf ein nur begrenzt vermittelbares Erfahrungswissen geantwortet!

Reflexive Anwendungssimulationen

Ausgewählte Studenten wurden gebeten, unterschiedliche Lernprogramme zu bearbeiten. Sie wurden während der Bearbeitung beobachtet und in einem anschließenden Auswertungsgespräch über ihre Empfindungen, Erfahrungen und Eindrücke befragt.

Aus der Skizzierung der methodischen Zugriffe wird deutlich, daß für die Untersuchung ein qualitatives Design gewählt wurde. Im Gegensatz zu den Methoden der standardisiert-quantitativen Sozialforschung, die auf die *Überprüfung* der Regelmäßigkeiten innerhalb einer großen Zahl repräsentativ ausgewählter Einzelfälle gerichtet sind, betonen qualitative Verfahren den *Aufbau* eines Theorierahmens in einem bislang noch weitgehend unerkundeten und unstrukturierten Feld. Quantitative und qualitative Verfahren stellen keine Gegensätze, sondern Ergänzungen dar. Quantitative Sozialforschung hebt darauf ab, Theorien innerhalb vorgefertigter Kategorienschemata zu überprüfen, nicht aber diese Schemata selbst aufzubauen. Qualitative Sozialforschung versucht, in noch unbekannten Praxisfeldern allgemeine Typen und Gemeinsamkeiten zu identifizieren, die anschließend auf ein repräsentativeres Fundament gestellt werden können. Die Definition und Erfassung des Praxisfeldes stehen am Ende des qualitativen Forschungsprozesses, während die quantitative Forschung sie voraussetzt (vgl. Heinze 1987, S. 155)[5]. Die explorative Bedeutung einer qualitativen Sozialforschung ist weithin anerkannt (vgl. Küchler 1980, S. 377). "Hat der Forscher die qualitative Phase übersprungen, kennt er die Struktur des Gegenstandes also nicht, so entsteht das Problem, daß der Experte ... nur sein eigenes Vorverständnis über den Gegenstand testet und nichts Neues über ihn erfährt" (Kleining 1982, S. 232). Qualitative Forschung sollte daher in jedem Fall der quantitativen Forschung vorausgehen. Ob qualitative Untersuchungen schließlich in quantitative münden, hängt von dem zugrundeliegenden Anspruch ab, der entscheidet, ob die qualitativ gewonnenen Aussagen in ihrem explorativen Charakter zur Lösung der Probleme ausreichen, oder ob die Aussagen repräsentativ abgesichert werden sollen. Daraus wird deutlich, daß die Untersuchung keinen abgeschlossenen Forschungsstand dokumentieren kann. Vielmehr verpflichtet sie sich auf die Aufgabe der Hypothesengenerierung und -plausibilisierung und verweist in diesem Sinne auf offene Forschungsfragen.

3.   Aufbau des Untersuchungsrahmens

1.

Die aktuellen Diskussionen über das Für und Wider von CUL kreisen häufig um die undifferenzierte, dafür aber hitzig verfolgte Frage nach der didaktischen Überlegenheit von Lehrer oder Computer. Dazu kommt, daß auch in der mediendidaktischen Forschung lange Zeit mit einem sehr global ansetzenden Design gearbeitet wurde.[6] Für diese Untersuchung bedeutet dies zunächst, die beiden zentralen Variablen - CUL und die Zielgruppe - genauer zu fassen.

2.

CUL kann als Sammelbegriff für unterschiedlichste Formen des Lernens verstanden werden. In diesem Sinne gibt es nicht *das* computerunterstützte Lernen, sondern es gibt (als grobe Kategorien) einzelne Varianten (z. B. Tutorial, Hypermedia, Simulation, Drill-and-Practice) bzw. (als differenzierte Ausprägungen) spezifische Lernprogramme. Eine didaktische Diskussion über CUL steht vor diesem Hintergrund vor der Schwierigkeit,

---

[5]   "Während der Gegenstand im Prozeß der qualitativen Forschung erst entsteht, muß er beim quantitativen Ansatz bereits bestimmt sein, damit man ihn testen, messen und quantitativ charakterisieren kann" (Kleining 1982, S. 233).

[6]   In der traditionellen Medienwirkungsforschung wurde mit Hilfe eines experimentellen Designs die Frage verfolgt, welches Medium im Vergleich zu anderen eine höhere Lerneffektivität besitzt. Dabei wurde in vergleichbaren Gruppen der gleiche Inhalt mit Hilfe von zwei verschiedenen Medien unterrichtet. Der anschließende Leistungstest sollte Aufschluß darüber geben, welches Medium lernwirksamer war. Weidenmann illustriert die Fragwürdigkeit dieses Vorgehens wie folgt: "Wenn in einem Experiment die Filmgruppe mehr lernt als die Lesegruppe: Hätte die Filmgruppe bei einem schlechteren Film vielleicht weniger profitiert, die Lesegruppe bei einem besseren Text mehr? Besser und schlechter bezieht sich aber nicht auf das Medium, sondern auf das Treatment und darauf, wie es die Möglichkeiten des Mediums ausschöpft" (1986, S. 500). Die Vermutung lag nahe, daß sowohl die Seite des Mediums als auch die Lernerseite zu global einbezogen waren, d. h. die Ausprägungen dieser Faktoren das Ergebnis in hohem Maße beeinflußten. Eine Erkenntnis dieser Form der Wirkungsforschung bestand darin, daß die Effektivität einer Methode u. a. in Abhängigkeit zu den Lernvoraussetzungen (Lernmethodenkompetenzen) der Lerner steht. Die Frage der traditionellen Wirkungsforschung nach dem "besten" Medium war demnach falsch gestellt.

einen eindeutigen Bezugspunkt für die Betrachtung bestimmen zu müssen. Bei Analyse der CUL-Varianten können folgende Teilkomponenten unterschieden werden:

- In jeder Variante sind spezifische Ausprägungen von *Einführung* und *Abschluß* vorgesehen.
- Eine zentrale Komponente ist ferner die Ausprägung der *Ablaufsteuerung*. Sie gestaltet sich innerhalb der beiden Pole Fremdsteuerung durch das Programm vs. Selbststeuerung durch den Lerner.
- In jeder Variante gibt es schließlich Phasen der *Informationspräsentation*, bei dem Tutorial intensiver als etwa bei Drill-and-Practice-Programmen.
- Abgesehen von der Hypermedia-Konzeption kann als eine weitere Komponente in allen CUL-Varianten die *Interaktion* (als Einheit von Frage - Antwort - Rückmeldung - ggf. Hilfen) identifiziert werden.

In diesem Sinne kann als "Essenz" der einzelnen CUL-Varianten ein Prozeßphasenmodell konstruiert werden, dessen Komponenten sich in jeder Variante bzw. in jedem individuellen Lernprogramm in je spezifischer Ausprägung wiederfinden. Das Modell läßt sich wie folgt skizzieren:

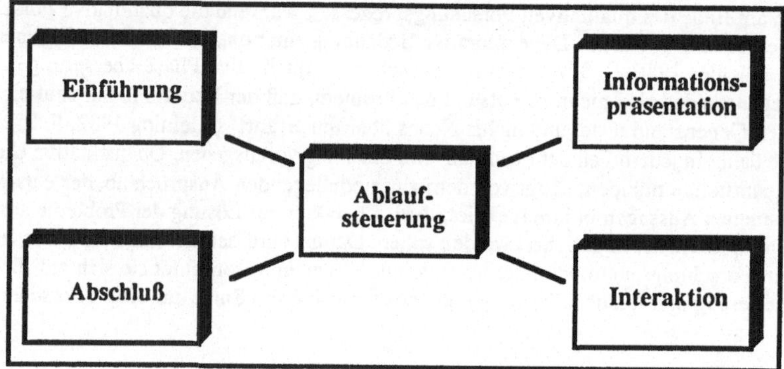

Abb. 1: CUL-Prozeßphasenmodell

Die Phasen können nun über entsprechende Merkmale weiter differenziert und in unterschiedlichen Ausprägungen erfaßt werden. Wenn didaktische Theorien Dutzende von Variablen für die Analyse grundlegender Zusammenhänge anbieten, dann besteht für den didaktisch Handelnden schnell die Gefahr, in die Situation des gestörten Tausendfüßlers zu geraten, der darüber nachdenkt, wie die Koordination seines Bewegungsapparates funktioniert und im Wissen darüber völlig handlungsunfähig wird. In dem zugrundeliegenden Forschungsprojekt wurden - bezogen auf die fünf Phasen - *insgesamt dreizehn CUL-Merkmale* unterschieden. Die Entscheidung für die Zahl und Art der Merkmale kann als Voraussetzung und Ergebnis der empirischen Untersuchung verstanden werden: Ausgehend von dem durch eigene Erfahrungen begründeten Vorverständnis für den Problembereich wurden die aufgebauten Vorstellungen in der Untersuchung validiert und (mit Modifikationen) schließlich stabilisiert. Im Rahmen dieser Darstellung soll eine *Verdichtung auf drei Kategorien*[7] vorgenommen werden, die im folgenden kurz zu erläutern ist.

SELBSTSTEUERUNGSGRAD

Lernprogramme können sich hinsichtlich der Programmdirektivität unterscheiden. Je mehr Funktionen dem Lerner zur Verfügung stehen, den Ablauf des Lernprozesses selbst zu steuern, desto stärker kann er mit seinen Präferenzen den Ablauf selbst beeinflussen. Lernprogramme vollziehen sich daher im Spektrum von Programm- und Lernersteuerung. Lernersteuerung bedeutet generell, daß der Lerner entscheidet, wohin von einer bestimmten Stelle im Programm verzweigt werden soll; im Gegensatz zur Programmsteuerung, bei der die Programmlogik den Durchlauf durch das Lernpensum bestimmt. Komponenten einer Lernersteuerung sind u.

---

[7] Die Verdichtung auf drei Kategorien und der damit verbundene Charakter eines zusammenfassenden Überblicks in der Darstellung ist ein Tribut an den nur begrenzt verfügbaren Raum zur Entfaltung des Argumentationsgangs. Die folgenden Darstellungen legen den Zusammenhang zwischen den zugrundeliegenden dreizehn CUL-Merkmalen und den drei Grundkategorien jedoch weitgehend offen. Es fehlen drei Merkmale, die den Teilkomponenten "Einführung" und "Abschluß" zugeordnet sind.

a. Menüsteuerung, Möglichkeiten von Rücksprung, Überspringen, Abbruch und Unterbrechung im Programm (im einzelnen: vgl. Euler 1989, S. 258). Als "niedrig" soll der Selbststeuerungsgrad dann gelten, wenn der Lerner nur sehr eingeschränkt den Lernweg im Programm beeinflussen kann, d. h. ein hoher Grad an vorgegebener Programmsteuerung vorliegt. Ein "hoher" Selbststeuerungsgrad besteht dann, wenn der Lerner den Lernweg entsprechend seiner Präferenzen wesentlich beeinflussen kann.

DIDAKTISIERUNG DER INTERAKTION

Mit dieser Kategorie ist der Aufwand bezeichnet, der innerhalb des Lernprogramms im Rahmen der Interaktionsgestaltung (Fragen; Rückmeldung; Lehrschrittgröße; Hintergrundhilfen) eigens zur Förderung und Unterstützung des Lerners vorgesehen wurde. Die Didaktisierung soll tendenziell als "hoch" bezeichnet werden, wenn die

... Fragen verstehensorientiert[8] formuliert,

... Rückmeldung korrektiv[9] gestaltet,

... Lehrschritte klein dimensioniert[10] und

... Hintergrundhilfen prozeßbezogen[11] konzipiert werden.

DIDAKTISIERUNG DER INFORMATIONSPRÄSENTATION

Mit dieser Kategorie ist der Aufwand bezeichnet, der innerhalb des Lernprogramms im Rahmen der Informationsdarbietung eigens zur Förderung und Unterstützung des Lerners vorgesehen wurde. Die Didaktisierung soll tendenziell als "hoch" bezeichnet werden, wenn

... der Anregungsgrad der Darstellung[12] aufgrund besonderer Bemühungen erhöht wird;

... in besonderer Weise gegenständliche Symbolformen[13] eingesetzt werden;

... durch entsprechende Überlegungen die Lebensnähe in der Darstellung[14] erhöht wird;

... besonderes Augenmerk auf einen hohen Transparenzgrad[15] gelegt wird.

---

[8] *Verstehensorientierte Fragen* verlangen vom Lerner, eine Antwort als Folge komplexerer geistiger Operationen zu bestimmen, während *wissensorientierte Fragen* darauf zielen, einen Begriff bzw. einen Sachverhalt zu erinnern.

[9] "Korrektiv" ist eine Rückmeldung in der Tendenz dann, wenn sie dem Lerner mitteilt, (a) warum seine Antwort (teilweise) falsch ist, (b) wie der Weg zur richtigen Lösung aussieht. "Korrektiv" meint die Existenz von spezifischen Kommentaren über die Art des Fehlers (z. B. formal nicht vorgesehene Eingabe; Verständnisfehler), Hinweisen über den Weg zur richtigen Lösung, Hinweisen zur Selbstdiagnose des Lerners sowie die Berücksichtigung teilrichtiger und synonymer Antworten.

[10] Instruktiv hinsichtlich der Lehrschrittgröße ist eine Untersuchung von Schneider (1991). Er verglich drei Lehrprogramme, die sich u. a. hinsichtlich ihrer Lehrschrittgröße unterschieden:
(a) Lehrprogramm nach Skinner: kurze Informationseinheiten (ca. 50 Lehrschritte auf 1700 Worte), gefolgt von Fragen und unkommentierten Rückmeldungen (alle 1 - 2 Minuten).
(b) Lehrprogramm nach Schöler (bzw. der "Aachener Schule" um Zielinski): Informationseinheiten bis ca. 20 Zeilen (ca. 24 halbseitige Lehrschritte auf 2300 Worte); umfangreiche Rückmeldungen.
(c) "Optimierte Lehrtexte" nach Schneider: komplexe Informationseinheiten (ca. drei A4-Seiten) mit Übersichten ("organizers") und Illustrationsbeispielen, Fragen und gestuften Rückmeldungen (zunächst Hilfen, dann die kommentierte Lösung) nach 15 - 20 Minuten.
Als "klein" soll die Lehrschrittgröße gelten, wenn der Wechsel von Informationsdarbietung und Kontrollfragen etwa i. S. d. Skinner-Lehrprogramme strukturiert ist. Als "groß" ist demgegenüber die Lehrschrittgröße zu verstehen, wenn das Lernprogramm keine oder nur gelegentliche Kontrollfragen vorsieht.

[11] *Prozeßbezogene Hilfen* geben Hinweise auf weitere Schritte zur selbständigen Weiterbearbeitung des Problems, sie führen den Lerner über gestufte Hinweise zur erfolgreichen Bearbeitung der Aufgabe. *Ergebnisbezogene Hilfen* bieten demgegenüber eine abrufbare richtige Lösung.

[12] Der Inhalte des Lernprogramms können entweder über eine nüchtern-sachliche Darstellung präsentiert werden, oder die Darstellung zielt über die Einbeziehung von speziellen "Motivierungsspritzen" (z. B. Animation, Gags), Spannungsmomenten (z. B. Einbettung der Informationen in eine Geschichte, ein Quiz oder eine Spiel- bzw. Wettbewerbssituation, fiktive Dialoge), visuellen Effekten o. ä. darauf, Neugier und Interesse beim Lerner zu wecken.

[13] Hinsichtlich der verwendeten Symbolformen sollen die Ausprägungen "abstrakt - gegenständlich" unterschieden werden. Als abstrakt sollen die eher text- und sprachorientierten Lernprogramme bezeichnet werden, d. h. solche Programme, in denen Informationen *vornehmlich* über Text / Zahlen bzw. Strukturgrafiken und nur rudimentär über gegenständliche Formen wie Bilder, Zeichnungen oder Piktogrammen dargestellt werden.

[14] Die Lebensnähe der Darstellung soll als "hoch" gelten, wenn die Darstellungen zahlreiche konkrete Bezüge zu den nachvollziehbaren Bereichen des Lebens- bzw. Berufsalltags des Lerners aufweisen, d. h. sie dem Lerner über Beispiele, Analogien, Metaphern, Anwendungssimulationen u. a. erleichtern, die allgemeinen Aussagen auf seine Lebenswelt zu beziehen. Dazu kann auch eine Darstellungsfolge dienen, die vom Bekannten zum Neuen bzw. vom Einzelfall zum generellen Prinzip führt.

[15] Transparenz kann sich auf zwei Aspekte beziehen: (a) Transparenz der Ablaufsteuerung (z. B. über Menüstruktur, Kopfleisten mit Gliederungsordnung); (b) Transparenz der Inhaltsdarbietung (z. B. über Überblicke, Zusammenfassungen, Redundanzen zur Vermittlung von Zusammenhängen zwischen einzelnen Modulen). Der Transparenzgrad soll als "hoch" gelten, wenn der

3.

Bei der Differenzierung der Zielgruppenmerkmale sollen drei Dispositionsbereiche unterschieden werden, denen jeweils zwei bzw. drei Einzelmerkmale zugeordnet werden. Mit der Auswahl der Merkmale wurde auch die Frage ihrer Bestimmbarkeit mitgedacht. Sie sprechen solche Kompetenzen an, die nicht notwendigerweise über umfangreiche Testverfahren bestimmt werden müssen. Es wird vielmehr davon ausgegangen, daß sie auch intuitiv bzw. über eine intensive gedankliche Vorstellung im konkreten Fall präzisiert werden können. Im einzelnen:

SITUATIVE DISPOSITIONEN

Die situativen Dispositionen verbinden zwei Zielgruppenmerkmale:

• *PC-Vertrautheit* meint eine gewisse Routine im Umgang mit einem Personalcomputer; der PC ist dem Lerner vertraut, ohne daß er notwendigerweise tiefergehende Kenntnisse über ihn besitzen muß. Die Vertrautheit kann sich im einzelnen auf das psychomotorische Handling der Hardware-Komponenten oder den Dialog mit System- oder Anwendungsprogrammen beziehen.

• *Inhaltsvertrautheit* bezieht sich demgegenüber nicht auf das Medium, sondern auf die zu vermittelnden Lerninhalte. Entsprechend des bereits verfügbaren thematischen Orientierungs- und Konzeptwissens fällt dem Lerner die Einordnung neuer Inhalte aus der Lernsoftware dann schwerer oder leichter.

Hinsichtlich der situativen Dispositionen kann angenommen werden, daß sie relativ schnell veränderbar sind. In diesem Sinne mögen sie auf einen konkreten Zeitpunkt bezogen eine hohe Bedeutung besitzen; ihre Konstellation kann dann *günstig* oder *ungünstig* sein. Prinzipiell sind die situativen Dispositionen des Lerners durch gezielte didaktische Maßnahmen (z. B. Bedienungseinführung, Vermittlung eines thematischen Überblicks) jedoch kurzfristig beeinflußbar.

AFFEKTIVE DISPOSITIONEN

Die affektiven Dispositionen verbinden drei Zielgruppenmerkmale:

• *CUL-Akzeptanz* beschreibt die prinzipielle Bereitschaft, mit Hilfe eines Lernprogramms zu lernen bzw. sich auf die Methodenkonzeption des CUL einzulassen. Die CUL-Akzeptanz könnte differenziert werden in eine anfängliche und eine dauerhafte: Diese Unterscheidung greift die Möglichkeit auf, daß die Anfangsmotivation bei den ersten Einsätzen der Methode auf dem Neuigkeitseffekt und der Faszination des Computers beruht und nicht aus der Methode selbst resultiert (vgl. Freibichler 1973, S. 43; Eyferth u. a. 1974, S. 109).

• *Lernansprüche*: Die Ansprüche des Lerners an das Lernen können sachlich oder emotional-sozial dominiert werden. Entscheidend ist, welche Motivstrukturen jeweils beim Lerner wirksam sind: Eine sachliche Dominanz ist anzunehmen, wenn das Leistungs(erfolg)- oder das Interessemotiv für den Lerner eine hohe Bedeutung besitzen (vgl. Heckhausen 1965); eine emotional-soziale Dominanz liegt demgegenüber vor, wenn Bedürfnisse nach Geltung, Identifikation, Zustimmung u. a. (vgl. Jongebloed 1977) oder nach Affiliation (vgl. Keller 1983, S. 412f.) im Vordergrund stehen. Will sich der Lerner in kurzer Zeit - ggf. vor dem Hintergrund eines äußeren Problemdrucks - neue Lerninhalte aneignen, so stehen weitgehend sachliche Ansprüche im Vordergrund. Lernen soll dann schnell zum Aufbau neuer Fähigkeiten führen, Ansprüche an die Methode sind nachgeordnet. Hat der Lerner hingegen Ansprüche an die emotionale und soziale Qualität des Lernens, indem er entweder Lernen mit Spaß bzw. Genuß verbindet, sich in einer sozialen Gruppe wohlfühlen möchte oder umgekehrt disziplinierendes bzw. direktives Lehren vermeiden möchte, so ist das sachliche Interesse durch emotional-soziale Ansprüche imprägniert oder wird gar von diesen überformt.

• *Umgang mit Lernerfolgskontrollen*: Lernende können hinsichtlich ihrer Reaktion auf Lernerfolgsdiagnosen wie folgt unterschieden werden: (a) Sie interpretieren Rückmeldungen bzw. Bewertungen ihrer Lernleistung eher sachbezogen, d. h. sie beziehen die Diagnose auf die Lernaufgabe bzw. den Sachgehalt der Diagnose; (b) sie interpretieren Diagnosen personenbezogen, d. h. sie beziehen die Bewertung auf ihre Person und deuten Hinweise auf Fehler als persönliche Kritik.

Die affektiven Dispositionen werden über zwei Typen dichotomisiert: "Sachbetont" soll eine Ausprägung bezeichnen, in der sich eine hohe CUL-Akzeptanz mit eher sachlichen Lernansprüchen und einem sachlichen

---

Lerner entweder über die Darbietung der Inhalte oder über abrufbare Hilfen mühelos den Gesamtzusammenhang der Inhalte erschließen kann. "Niedrig" ist der Transparenzgrad dann, wenn die Einzelinformationen atomistisch nebeneinander stehen bzw. in der Bearbeitung des Programms kein innerer Zusammenhang der Inhalte deutlich wird.

Umgang mit Lernerfolgsdiagnosen verbinden. "Gefühlsbetont" bezeichnet demgegenüber eine Strömung von niedriger CUL-Akzeptanz, emotional-sozialen Lernansprüchen und personenbezogener Interpretation von Lernerfolgsdiagnosen.

KOGNITIVE DISPOSITIONEN

Die kognitiven Dispositionen verbinden ebenfalls drei Zielgruppenmerkmale:

• *Lernstil*: Mit dem Lernstil soll die prinzipielle Herangehensweise des Lerners an Probleme bzw. offene Fragen verstanden werden. Ein *aktiver* Lernstil kennzeichnet eine explorative Grundhaltung, in der Probleme so aufgenommen und bearbeitet werden, daß eine selbständige Lösung gesucht wird. Ein *passiver* Lernstil bezeichnet demgegenüber eine rezeptive Grundhaltung, die eine stärkere äußere Führung und Anleitung zur Strukturierung und Lösung der Probleme erwartet.

• *Bevorzugte Wahrnehmungsformen*: Dieses Lernermerkmal soll in der Ausprägung von "abstrakt" und "gegenständlich" konstruiert werden. "Abstrakt" soll solche Lerntypen bezeichnen, die bevorzugt über verbale Darstellungen lernen, während sich "gegenständlich" auf visuelle und haptische Formen bezieht.

• *Informationsverarbeitungsfähigkeiten* sollen als Sammelbegriff all jene Kompetenzen umfassen, die der stabilen Integration neuer Informationen in die Erfahrungsstrukturen des Lerners dienen. Weinstein und Mayer (in: Tobias 1987, S. 224) unterscheiden die folgenden zentralen Komponenten: Übungsstrategien (Wiederholen, Zusammenfassen, Umschreiben der Informationen); Elaborationsstrategien (Umformen in eine andere Symbolform, Integration in vorhandene Erfahrungen); Organisationsstrategien (Ordnen und Gruppieren der Informationen); Kontrollstrategien (Identifizieren von Verständnislücken und offenen Problemen). Erweiternd könnte man auch die Informationsaufnahmekapazität einbeziehen als Fähigkeit des Lerners, ohne methodische Anleitungen vergleichsweise große Informationsmengen aufnehmen zu können. (Zu) Grob wird diese Variable gelegentlich mit der schulischen Vorbildung zu erfassen versucht.

Die kognitiven Dispositionen werden über zwei Typen dichotomisiert: "Lerngewandt" soll eine Ausprägung bezeichnen, in dem sich ein aktiver Lernstil, abstrakte Wahrnehmungspräferenzen und hohe Informationsverarbeitungsfähigkeiten verbinden. "Lernungewandt" bezeichnet demgegenüber eine Zusammenballung von passivem Lernstil, eher gegenständlichen Wahrnehmungspräferenzen und vergleichsweise niedrigen Informationsverarbeitungsfähigkeiten.

4. Untersuchungsergebnisse

Mit der Differenzierung von Lernmethode und Zielgruppenvoraussetzungen wurde ein Modell aufgebaut, das als Strukturierungsrahmen für die Auswertung der empirischen Materialien zugrundegelegt wurde.[16] Es würde den Rahmen dieses Beitrags sprengen, sollten die Einzelbefunde detailliert referiert werden (vgl. hierzu: Buschfeld u. a. 1991). Aus diesem Grund werden die Einzelzusammenhänge auf Cluster verdichtet. Die folgende Abbildung kann - je nach Erkenntnis- bzw. Gestaltungsinteresse - in zwei Richtungen gelesen werden:

1. Von den CUL-Aspekten zu den Zielgruppenmerkmalen:
   Diese Interpretationsrichtung wird etwa dann bedeutsam sein, wenn für ein vorliegendes Lernprogramm didaktisch zu entscheiden ist, für welche Zielgruppe es verwendet werden kann.
2. Von den Zielgruppenmerkmalen zu den CUL-Aspekten:
   Diese Interpretationsrichtung wird etwa dann bedeutsam sein, wenn für eine gegebene Zielgruppe oder für Lerner mit spezifischen Merkmalen angemessene Lernprogramme zu entwickeln sind.

Legende:

+	=	Positivbeziehung, d. h. Zusammentreffen der Merkmale stützt den Einsatz der CUL-Ausprägungen.
-	=	Negativbeziehung, d. h. Zusammentreffen der Merkmale beeinträchtigt den Einsatz der CUL-Ausprägungen.
( )	=	Die Aussage wird abgeschwächt.
	=	Freie Zelle: Kein Zusammenhang im Argumentationskontext begründbar.

---

[16] Unter methodologischen Kriterien soll darauf hingewiesen werden, daß das hier gewählte Vorgehen die jeder Meta-Analyse innewohnende Problematik verkörpert: Empirische Befunde werden in ein neues Variablengerüst integriert, d. h. da die ausgewählten empirischen Untersuchungen mit je unterschiedlichen Variablen gearbeitet haben, andererseits in dieser Untersuchung erkenntnisinteressenspezifisch ein eigener Bezugsrahmen aufgebaut wird, besteht zwischen den verwendeten Kategorien und den aufgenommenen Variablen und Befunden ein interpretativer Zusammenhang.

Zielgruppen-Merkmale (Lern-voraussetzungen) / CUL-Aspekte		Selbststeuerungsgrad		Didaktisierung der Interaktion		Didaktisierung der Präsentation	
		hoch	niedrig	hoch	niedrig	hoch	niedrig
Situative Disposition	günstig	+	–	(–)	(+)	(+)	
	ungünstig	–	+	+	-	+	–
Affektive Disposition	sach-betont	+			(+)		
	gefühls-betont	(+)	(–)	+	–	+	–
Kognitive Disposition	lern-gewandt	+	–	–	+		
	lernun-gewandt	–	+	+	–	+	–

Abb. 2: Zusammenhang zwischen relevanten Zielgruppen- und CUL-Merkmalen

Im einzelnen sind folgende Interpretationen und Empfehlungen zusammenfassend skizzierbar:

SITUATIVE DISPOSITIONEN

Der Grad an *Selbststeuerung* des Lernprozesses durch den Lerner sollte dann sehr ausgeprägt sein, wenn die situativen Dispositionen günstig sind. Besitzt der Lerner hingegen eine geringe oder keine Vertrautheit mit Medium und Inhalt, dann ist ein hoher Selbststeuerungsgrad eher nachteilig und sollte zugunsten einer direktiveren Programmsteuerung vermieden werden.

Ein besonderer Aufwand in der *Gestaltung der Interaktion* rechtfertigt sich dann in besonderer Weise, wenn die Vertrautheit mit Medium und Inhalt beim Lerner niedrig sind. Kleine Lehrschritte, prozeßbezogene Hilfen und korrektive Rückmeldungen erleichtern unter diesen Bedingungen den Einstieg in das Neue. Sind die situativen Dispositionen eher günstig, so kann ein hoher didaktischer Aufwand dann negativ wirken, wenn durch die besonderen Vorkehrungen im Lernprogramm der Lernprozeß verzögert wird. Ist es hingegen aufgrund eines hohen Selbststeuerungsgrades möglich, nicht benötigte oder erwünschte Unterstützungen zu umgehen, so reduziert sich diese Gefahr.

Hinsichtlich eines besonderen didaktischen Aufwands im Bereich der *Informationspräsentation* kann aufgrund der Untersuchung festgestellt werden, daß sich ein solches Bemühen prinzipiell positiv auswirken wird, wenngleich unter ungünstigen situativen Dispositionen beim Lerner die Legitimation nachdrücklicher erscheint. Umgekehrt machen sich fehlende Bemühungen der Didaktisierung bei dieser Gruppe vermutlich negativ bemerkbar.

Bezogen auf die einzelnen situativen Dispositionen können folgende Empfehlungen abgeleitet werden:
Computer-Neulinge (d. h. geringe *PC-Vertrautheit*) sollten anfangs nicht mit Lernprogrammen konfrontiert werden, die von der Ablaufsteuerung her hohe Anforderungen stellen. Sinnvoll erscheint als Einstieg ein Programm, das weitgehend selbsterklärend funktioniert und dem Lerner schrittweise neue Selbststeuerungsmöglichkeiten eröffnet.
Für Lerner mit einer geringen *Inhaltsvertrautheit* kann das Lernen mit CUL dadurch erleichtert werden, daß sowohl die Interaktion als auch die Informationsdarstellung im Lernprogramm mit besonderem didaktischen Aufwand gestaltet ist. Hinsichtlich des Selbststeuerungsgrads gelten prinzipiell die Aussagen zur PC-Vertrautheit.

AFFEKTIVE DISPOSITIONEN

Unter affektiven Lernerkriterien erscheint ein hoher *Selbststeuerungsgrad* prinzipiell vorteilhaft, für den sachbetonten Lerner stärker als für den gefühlsbetonten. Insbesondere eine restriktive Programmsteuerung und die damit verbundenen Handlungseinschränkungen können demgegenüber bei gefühlsbetonten Lernern zu negativen Wirkungen führen.

Ein besonderer didaktischer Aufwand zur *Gestaltung der Interaktion* rechtfertigt sich insbesondere für gefühlsbetonte Lerner, wirkt aber auch für sachbetonte Lerner prinzipiell nicht negativ. Fehlende didaktische Bemühungen bei der Gestaltung der Interaktion lassen für gefühlsbetonte Lerner negative Wirkungen vermuten, während für sachbetonte Lerner insbesondere in der Gestaltung der Lehrschrittgröße eine fehlende didaktische Portionierung eher positiv zu beurteilen ist.

Die didaktische Gestaltung der *Informationspräsentation* ist insbesondere für die gefühlsbetonten Lerner von hoher Bedeutung. Ein hoher Anregungsgrad und gegenständlich gehaltene Darstellungen kommen ihren Lernansprüchen entgegen und vermeiden (weitere) Akzeptanzprobleme.

Bezogen auf die einzelnen affektiven Dispositionen können folgende Empfehlungen abgeleitet werden:
Mangelnde *CUL-Akzeptanz*, sofern sie intensiv und stabil ausgeprägt ist, kann sicherlich nicht durch ein (einzelnes) didaktisch aufwendiges Lernprogramm abgebaut werden. Werden Akzeptanzprobleme bei den Lernern vermutet, so sollte jedoch darauf geachtet werden, daß diese nicht durch eine zu restriktive Programmsteuerung sowie eine eher anspruchslose didaktische Gestaltung der Informationspräsentation weiter verstärkt wird. Prinzipiell erscheint unter diesen Voraussetzungen auch ein besonderer Aufwand im Bereich der Interaktionsgestaltung gerechtfertigt, wobei die Lehrschritte nicht zu klein ausgelegt werden sollten.
Bei Lernern mit emotional-sozialen *Lernansprüchen* sollten besondere didaktische Bemühungen auf die Gestaltung von Informationspräsentation und Interaktion verwendet werden.
Umgang mit Lernerfolgsdiagnosen: Bei Lernern, die bewertende Meldungen des Lernprogramms nicht nur sachbezogen, sondern auch auf ihre Person hin interpretieren, sollte bei der Gestaltung von Rückmeldungen, Lernerfolgsdiagnosen und Lehrschrittgrößen auch die affektive Wirkung einer Darstellung im Programm berücksichtigt werden.

KOGNITIVE DISPOSITIONEN
Lerngewandte Lerner profitieren tendenziell von einem hohen *Selbststeuerungsgrad*, während lernungewandte Lerner eher ausgeprägte Formen der Programmsteuerung bevorzugen.
Ausgeprägte didaktische Bemühungen im Bereich der *Interaktionsgestaltung* sind vornehmlich für lernungewandte Lerner von Bedeutung, während sie für lerngewandte Lerner eher störend wirken.
Ein besonderer didaktischer Aufwand rechtfertigt sich insbesondere für lernungewandte Lerner. Für lerngewandte Lerner kann festgestellt werden, daß besondere didaktische Bemühungen in der *Präsentation der Informationen* nicht störend wirken, andererseits aber auch nicht gefordert sind.

Bezogen auf die einzelnen kognitiven Dispositionen können folgende Empfehlungen abgeleitet werden:
Lerner mit einem aktiven *Lernstil* finden in einem hohen Grad an Lernersteuerung die methodischen Bedingungen, die ihre Fähigkeit zur Entfaltung kommen lassen.
Die Bevorzugung gegenständlicher *Wahrnehmungsformen* durch den Lerner sollte durch die Verwendung entsprechender Symbolformen (insb. Grafiken) und der Vermeidung zu großer Lehrschritte im Lernprogramm unterstützt werden.
Relativ niedrigen *Informationsverarbeitungsfähigkeiten* sollte durch besondere Bemühungen in der didaktischen Gestaltung von Informationspräsentation und Interaktion sowie einem geringen Grad an Lernersteuerung entsprochen werden.

Literaturauswahl

Adams, T. M. u. a. (1987): Aptitude-Treatment Interaction in Computer-Assisted Instruction, in: Educational Technology, December 1987, S. 21 - 23.
Alessi, St. M. / Trollip, St. R. (1985): Computer-Based Instruction, Methods and Development, Prentice-Hall, Englewood Cliffs, New Jersey 1985.
Buschfeld, D. / Drieschner, W. / Esser, F. / Euler, D. / Jansen, T. / Reemtsma, R. (1991): Evaluation innovativer methodischer Ansätze für die Förderung von Nachwuchsbegabungen im Handwerk im Bereich der informationstechnologischen Berufsbildung, unveröffentlichter Forschungsbericht an das Bundesministerium für Bildung und Wissenschaft, Köln 1991.
Carrier, C. A. / Jonassen, D. H. (1988): Adapting Courseware to Accomodate Individual Differences. In: Jonassen, D. H. (Hrsg.): Instructional Designs for Microcomputer Courseware. Hillsdale, NJ / London 1988, S. 151 - 245.
Euler, D. (1987): Auf der Suche nach didaktischer Qualität: Eine Analyse neuerer US-amerikanischer Literatur zu computerunterstütztem Lernen, in: Kölner Zeitschrift für »Wirtschaft und Pädagogik«, Heft 3, 1987, S. 115 - 136.
Euler, D. (1989): Kommunikationsfähigkeit und computerunterstütztes Lernen, Köln 1989
Euler, D. (1989a): Die kommunikative (Ohn-) Macht des Computers - Analyse und Konsequenzen des computerunterstützten Lernens im Hinblick auf die Kommunikationsstrukturen von Lehr- / Lernprozessen, in: Stetter, F. / Brauer, W. (Hrsg.): Informatik und Schule 1989: Zukunftsperspektiven der Informatik für Schule und Ausbildung, Berlin u. a. 1989, S. 311 - 322.

Euler, D. (1989b): High Teach durch High Tech? - Möglichkeiten und Grenzen des Medieneinsatzes, in: Twardy, M. (Hrsg.): Wissenschaft - Praxis - Kommunikation, Köln 1989, S. 423 - 450.

Euler, D. u. a. (1987): Computerunterstützter Unterricht - Möglichkeiten und Grenzen, Wiesbaden - Braunschweig 1987

Eyferth, K. u. a. (1974): Computer im Unterricht. Formen, Erfolge und Grenzen einer Lerntechnologie in der Schule, Stuttgart 1974.

Fischer, P. M. (1985): Wissenserwerb mit interaktiven Feedbacksystemen, in: Mandl, H. / Fischer, P. M. (Hrsg.): Lernen im Dialog mit dem Computer, München u.a. 1985, S. 68 - 82.

Freibichler, H. (Hrsg.) (1974): Computerunterstützter Unterricht, Erfahrungen und Perspektiven, Hannover 1974.

Grass, B. / Jablonka, P. (1990): Anwendung von Lernsoftware in der betrieblichen Weiterbildung, in: Zimmer, G. (Hrsg.): Interaktive Medien für die Aus- und Weiterbildung, Band 1, Nürnberg 1990, S. 45 - 66.

Hameyer, U. (1989): Lernen und Fördern mit dem Computer, Ein Erfahrungsbericht zum Modellversuch COMPASS, Kiel 1989.

Heckhausen, H. (1965): Leistungsmotivation, in: Thomae, H. (Hrsg.): Handbuch der Psychologie, Band 2, Göttingen 1965, S. 602 - 702.

Heinze, T. (1987): Qualitative Sozialforschung, Opladen 1987.

Hong, J. C. / Yen, N. S. (1988): The effectiveness of verbal, sound and graphic feedbacks on students learning attitude in CAI designing, in: 30th ADCIS Conference Proceedings, Bellingham, VA, 1988, S. 241 - 246.

Hooper, S. / Hannafin, M. (1988): Learning the ROPES of Instructional Design: Guidelines for Emerging Interactive Technologies, in: Educational Technology, 7 / 1988, S. 14 - 18.

Issing, L. (1990): Mediendidaktische Aspekte der Entwicklung und Implementierung von Lernsoftware, in: Zimmer, G. (Hrsg.): Interaktive Medien für die Aus- und Weiterbildung, Band 1, Nürnberg 1990, S. 103 - 110.

Issing, L. J. / Hannemann, J. (1982): Selbstgesteuertes Lernen als Informationssuche. Ergebnisse aus Simulationsexperimenten, in: Unterrichtswissenschaft 2/1982, S. 140 - 153.

Jonassen, D. H. (1988): Integrating Learning Strategies into Courseware to Facilitate Deeper Processing. In: ders. (Hrsg.): Instructional Designs for Microcomputer Courseware. Hillsdale, NJ London 1988, S. 151 - 181.

Jongebloed, H. C. (1977): Motivation im Unterricht - Theorie und Realität -, unveröffentlichte Staatsarbeit, Köln 1977.

Justen, J. E. / Waldrop, P. B. / Adams, T. M. (1990): Effects of Paired Versus Individual User Computer-Assisted Instruction and Type of Feedback on Student Achievement. In: Educational Technology 1990, Nr. 7, S. 51 - 53.

Keller, J. M. (1983): Motivational Design of Instruction, in: Reigeluth, Charles M. (Hrsg).: Instructional design theories and models, Hillsdale, NJ 1983, S. 383 - 434.

Kinzie, M. B. / Sullivan, H. J. (1988): The Effects of Learner Control on Motivation. In: 30th ADCIS Conference Proceedings, Bellingham, WA 1988, S. 247 - 252.

Kleining, G. (1982): Umriss zu einer Methodologie qualitativer Sozialforschung, in: Kölner Zeitschrift für Soziologie und Sozialpsychologie, 1982, S. 224 - 253.

Küchler, M. (1980): Qualitative Sozialforschung - Modetrend oder Neuanfang? in: Kölner Zeitschrift für Soziologie und Sozialpsychologie, 1980, S. 373 - 386.

Lahey, G. F. (1981): The Effects of Instructional Sequence on Performance in Computer-based Instruction, in: Journal of Computer-based Instruction 7/1981, S. 111 - 116.

Rheinberg, F. (1985): Motivationsanalysen zur Interaktion mit Computern, in: Mandl, H. / Fischer, P. M. (Hrsg.): Lernen im Dialog mit dem Computer, München u.a. 1985, S. 83 - 105.

Schaal, H. G. (1987): Möglichkeiten des arbeitsplatzorientierten computerunterstützten Lernens unter besonderer Berücksichtigung des didaktischen Prinzips der Lernersteuerung, unveröffentlichte Diplomarbeit, Köln 1987.

Schmidt-Hackenberg u. a. (1990): Neue Ausbildungsmethoden in der betrieblichen Berufsausbildung - Ergebnisse aus Modellversuchen -, Berichte zur beruflichen Bildung, Heft 107, Berlin, 1990.

Schneider, W. (1991): Zur Optimierung computer- und papiergestützter Lehrprogramme, in: Twardy, M. (Hrsg.): Duales System zwischen Tradition und Innovation, Köln 1991, S. 129 - 149.

Steinberg, E. R. (1981): Teaching Computers to teach, Hillsdale 1984.

Tennyson, R. D. (1981): Use of Adaptive Information for Advisement in Learning Concepts and Rules Using Computer-assisted Instruction, in: American Educational Research Journal 18/1981, S. 425 - 438.

Terhart, E.: Lehr- Lern-Methoden, München 1989.

Weidenmann, B.: Psychologie des Lernens mit Medien, in: Weidenmann, B. u. a.: Pädagogische Psychologie, München - Weinheim 1986, S. 493 - 554.

Tobias, S. (1987): Learner Characteristics, in: Gagné, R. M.: Instructional Technology, Foundations Hillsdale, N. J. 1987, S. 207 - 231.

Zimmer, G. (Hrsg.) (1990): Interaktive Medien für die Aus- und Weiterbildung, Band 1, Nürnberg 1990.

Adresse des Autors:
Dieter Euler
c/o Lehrstuhl für Wirtschafts- und Sozialpädagogik
Universität zu Köln
Herbert Lewin-Straße 2
5000 Köln 41

"Im Labyrinth der Lernprogramme"
- oder warum Lernsoftware allein nicht ausreicht

Der Einsatz interaktiver Lernprogramme
in heterogenen Lerngruppen der kaufmännischen Erwachsenenbildung
als Thema der Curriculumrevision

Wilma Bombelka-Urner und Barbara Koch-Priewe

Zusammenfassung

Der folgende Beitrag thematisiert die Anforderungen, die durch den Einsatz des Computers als Gegenstand und als Medium des Lernens auf Curriculumplaner und -revisoren zukommen.

Ausgehend von einer Analyse der durch den Einsatz der EDV veränderten Qualifikationsanforderungen für die kaufmännischen und schreibtechnischen Berufe, hat sich eine Gruppe von KursleiterInnen an der VHS Bielefeld zusammengefunden, um die für sie geltenden Lehrpläne zu überarbeiten.

Ziel dieser Curriculumrevision war es unter anderem , auf den Einsatz des Computers als Werkzeug an Arbeitsplätzen vorzubereiten und gleichzeitig als Medium im Untericht einzusetzen.

Dabei wurden folgende Kriterien für den Einsatz von Software in VHS-Kursen entwickelt:

-       Software muß sich in ein Kurskonzept einbinden lassen,
-       sie sollte Möglichkeiten der Binnendifferenzierung bieten,
-       sie sollte es erlauben, den Prozess der "Computerisierung" der kaufmännischen Tätigkeiten nachvollziehbar zu machen,
-       sie sollte Gestaltungsmöglichkeiten für Arbeitnehmer sichtbar machen,
-       sie sollte nicht allein Bestandteil eines Kurskonzptes sein, wünschenswert sind Hinweise auf andere unterstützende Medien,
-       sie sollte vom Hersteller regelmäßig gepflegt werden.

Für ein Curriculum BWL würden nach diesen Kriterien folgende Programme geeignet erscheinen: das Tabellenkalkulationsprogramm EXCEL, das Strategiespiel ÖKOLOPOLY, und das Unternehmensplanspiel INVESTOR INDUSTRIES.

Die neu erarbeiteten Curricula liegen vor und werden im Herbst 1991 implementiert und evaluiert.

Inhalt:

1.   Die Herausforderung der Erziehungswissenschaft durch den Computer als Gegenstand und Medium des Lernprozesses
2.   Zu Kriterien für den Einsatz von Lernsoftware - Beispiele aus der Arbeit der VHS Bielefeld
3.   Perspektiven der Übertragung der Curriculum-Entwicklung der VHS-Bielefeld
4.   Literatur

1. Die Herausforderung der Erziehungswissenschaft durch den Computer als Gegenstand und Medium des Lernprozesses

Die Anforderungen für die berufliche Bildung haben sich in den letzten Jahren verändert: Durch den Einsatz von Informations- und Kommunikationsmedien an den Arbeitsplätzen im *kaufmännischen und verwaltenden* Bereich (wie natürlich auch in anderen Bereichen der Industrie und Wirtschaft) haben sich betriebliche Aufgabenstellungen und Qualifikationsprofile gewandelt, und dieser Prozeß wird sich angesichts der schnellebigen Entwicklung der technischen Hilfsmittel in den nächsten Jahren weiter fortsetzen.

Die *berufliche Weiterbildung* kann sich daher heute nicht darauf beschränken, einen rein fachbezogenen Inhaltskanon in ihren Veranstaltungen anbieten, sondern sie muß "neben den fachspezifischen beruflichen Ausbildungseinheiten" (Bundestags-Enquête-Kommission 1990, S. 21) "überfachliche Leistungsdispositionen" vermitteln. Von Mitarbeitern wird heute mehr als perfektes Fachwissen verlangt; "Flexibilität, Selbstständigkeit, Verantwortlichkeit, Teamgeist, Kommunikationsfähigkeit, sachbezogene Arbeitshaltung (...) sowie die Fähigkeit, komplexere Vorgänge und Zusammenhänge (zu) durchschauen" (a.a.O.) sind nur einige der gewünschten Kompetenzen.

Für diese fächerübergreifenden Fähigkeiten hat sich der Begriff "Schlüsselqualifikationen" eingebürgert[2]. Die Weiterbildung steht vor der Aufgabe, TeilnehmerInnen ihrer Veranstaltungen auf den Umgang mit den technischen Geräten vorzubereiten und gleichzeitig die Vermittlung einer überfachlichen Bildung anzuregen, bei der es sich im weiteren Sinne durchaus um *Einstellungsänderungsprozesse* gegenüber der betrieblichen Arbeit handelt.[3]

Der folgende Beitrag thematisiert die Anforderungen, die durch den Einsatz des Computers als Gegenstand und als Medium des Lernens auf Curriculumplaner und -revisoren zukommen. An einem Beispiel aus dem Bereich der *beruflichen Aus- und Weiterbildung* von Erwachsenen wird illustriert, welchen Überlegungen der didaktische Diskurs folgte, der den Rahmen für die Integration von Computern als Hilfsmittel der Pädagogik bildete: Wie könnte der Wissenserwerb und die Wissenspräsentation durch Lernsoftware verbessert werden? Allgemeiner: Was bedeuten die vielfältigen Einsatzmöglichkeiten der neuen Lehr- und Lernmedien für die Ebene der pädagogischen Reflexion der Curriculumentwickler?

2. Zu Kriterien für den Einsatz von Lernsoftware - Beispiele aus der Arbeit der VHS Bielefeld

Angesichts der oben dargestellten Situation und Fragestellung hat die VHS Bielefeld im Jahr 1990 eine Sequenz von Fortbildungsveranstaltungen für die KursleiterInnen der *kaufmännischen Erwachsenenbildung* mit dem Ziel durchgeführt, neue Curricula für die o.g. Bereiche zu entwickeln (vgl. die letzte Revision von Epping u.a. 1986). Insbesondere sollte auf die Frage der Softwareeinbindung und der neuen, im kaufmännischen und verwaltenden Bereich eingesetzten Medien (BTX, Mailboxsysteme, Datenfernübertragung in Netzen) Bezug genommen werden.

Weil in einer anderen Konstellation andere Kriterien für den Einsatz von Lernsoftware gelten könnten, informieren wir hier auch über den Kontext, in dem sie entstanden sind. Viele der beteiligten KursleiterInnen der VHS Bielefeld kommen aus der kaufmännischen Praxis. Für ein Programm der *selbstorganisierten Curriculumentwicklung* sind sie deshalb in besonderem Maße geeignet, weil sie aufgrund ihrer im beruflichen Zusammenhang erworbenen Kenntnisse sowie auch durch ihre pädagogischen Erfahrungen als KursleiterInnen in den beiden, für die Curriculumentwicklung gleichermaßen wichtigen Teilgebieten das notwendige Reflexionsvermögen einbringen können.

Die Arbeit am curricularen Entwurf bezog ganz unterschiedliche Quellen ein: Es gab gemeinsame Literaturanalysen; Berichte aus der eigenen betrieblichen Erfahrung und gemeinsam durchgeführte Betriebserkundungen wurden ausgewertet; ebenso dienten Kontakte mit Herstellern von Lernsoftwarepaketen, die

---

[2] Der Begriff der "Schlüsselqualifikation" ist keineswegs unumstritten; vgl. B. Weinheimer (1991) und K.A. Geißler (1991).

[3] Ob sich die sehr optimistische These von Gorny (1985, S. 76) bewahrheiten wird, daß nämlich durch den Einsatz von guten Softwareprodukten die Unterweisung in den sogenannten Schlüsselqualifikationen unterstützt werden kann und daß Menschen, die mit entsprechender Software arbeiten, quasi naturwüchsig komplexere Denkstrukturen entwickeln, bleibt abzuwarten (vgl. dazu den Bericht der Enquête-Kommission, S. 22ff).

für die KursleiterInnen Informationsveranstaltungen durchführten, der zunehmenden Konkretisierung der Kursziele. Dieser Prozeß der mit der eigenen Weiterbildung der KursleiterInnen verbundenen Curriculumentwicklung ist durch die wissenschaftliche Begleitung einer Unterrichtsforscherin unterstützt worden.

Wir beschreiben im folgenden die *sechs Phasen*, in die sich die Arbeit der KursleiterInnen gliederte. Die Phase, die hier hervorgehoben wird, ist die dritte Etappe, in der es um Kriterien für den Einsatz von Lernsoftware ging:[4]

Erste Phase: Analyse der veränderten Qualifikationsanforderungen

Der EDV-Einsatz läßt neben veränderten Qualifikationen (vgl. Zimmer 1989b) auch Aufgabenprofile neu entstehen (es seien hier nur die Begriffe Horizontalisierung, Jobenrichment und Jobenlargement genannt). Kubicek (1986) hat die zu erwartenden Rationalisierungspotentiale der Informations- und Kommunikationstechniken in "Mikropolis" detailliert dargestellt. Im Prozeß der Umgestaltung der betrieblichen Abläufe und Aufgabenprofile werden häufig bildungsferne un- und angelernte Arbeiter und Angestellte für einfache Dienste auf der Strecke bleiben (Kubicek 1986, S. 116-118). Die VHS will mit ihren Kursangeboten auch diese Arbeitnehmergruppe ansprechen.[5]

Für viele der in Frage kommenden Fächer der kaufmännischen Weiterbildung wird bereits in erstaunlich großem Umfang Lernsoftware angeboten, die auf diese neuen Arbeitsbedingungen vorbereitet; z.T. ist sie ausschließlich auf Selbstlernverfahren angelegt oder es ist an tutorielle Begleitung gedacht. Vor einer Entscheidung über angebotene Lernsoftware sollten im Kreis der KursleiterInnen grundsätzliche, eher pädagogische Fragen zur curricularen Konzeption geklärt werden.

Zweite Phase: Erarbeitung pädagogischer Rahmenzielvorgaben

In der zweiten Phase beschäftigten sich die KursleiterInnen mit der Frage, wie die VHS als eine öffentliche Bildungseinrichtung und Anbieter von beruflicher Weiterbildung auf die Anforderungen der Praxis reagieren kann; ist ihre Aufgabe eine Art "Anpassungsfortbildung mit flankierenden Maßnahmen"? Folgende Überlegungen der KursleiterInnen bestimmten die Ziele und Inhalte des curricularen Angebots der VHS im kaufmännischen Bereich:

Die heterogene Struktur der Teilnehmerzusammensetzung ist eine Grundvoraussetzung der VHS-Kurse. Nach dem Bericht der KursleiterInnen der VHS Bielefeld kommen die meisten der TeilnehmerInnen aus dem Bereich der mittleren und kleinen Betriebe, in denen - im Gegensatz zu Großbetrieben - keine betriebsinternen Anpassungsfortbildungen stattfinden (vgl. Döbele-Berger u.a. 1985, 1987). Die Einführung von Datenverarbeitungsanlagen erfolgt "nebenbei", es gibt keine "professionellen" Analysen und Planungen, sondern eher eine holprige Umsetzung der damit verbundenen Aufgaben (vgl. Brodbeck 1990).[6]

Den Rahmen für die curriculare Revision bildeten weitere Zielperspektiven:

a) Die TeilnehmerInnen sollen formale Fähigkeiten erwerben (wie Fähigkeit zur Teamarbeit, Systemdenken, Eigenständigkeit etc.; vgl. Zimmer 1989b). Diese Kompetenzen sind wichtig, damit sie das im Kurs vermittelte Fachwissen umsetzen und ihren Lernprozeß auch im Betrieb selbst organisieren können.

b) Integratives Lernen: Auch in der Erwachsenenbildung muß der Einsatz des PCs als Werkzeug dem Lösen von Aufgaben (vgl. dazu auch Gorny 1985, S. 77; Faulstich und Faulstich-Wieland 1989) oder

---

4) Die sechs Phasen waren stärker miteinander verwoben, als es in der analytisch getrennten Darstellung erscheinen muß. Die letzten Etappen finden 1991 und 1992 statt.

5) Die gemeinsam durchgeführten Betriebserkundungen zeigten, daß - zumindest in Großbetrieben - die Entwicklung bereits weiter fortgeschritten ist als nach der Lektüre einschlägiger Autoren vermutet worden war. Diese Unternehmen bieten u.a. auch kleineren Firmen ihre EDV-Abteilung für Dienstleistungen an, um die Geräte auszulasten.

6) Laut Schlußbericht der Bundestags-Enquête-Kommission "Bildung 2000" liegen aus Statistiken der VHSen lediglich Auswertungen bezüglich Umfang der Beteiligung, der unterschiedlichen Gruppen und ihrer Schichtzugehörigkeit, der Themenbereiche und zu AFG-geförderten Maßnahmen vor (Enquête-Kommsission 1990). Diese Daten müßten durch eine Stichprobenbefragung in kaufmännischen Kursen ergänzt werden.

auch als Medium der Informationsbeschaffung im Lernprozeß dienen. Der Umgang mit Informations- und Kommunikationstechnologien darf im kaufmännischen Unterricht nicht Selbstzweck sein. Vielmehr fordern Horizontalisierung und Polarisierung der Aufgaben ein verändertes Sozial- und Entscheidungsverhalten im Betrieb (Enquête-Kommission 1990, S. 92).

c) Insbesondere für die Betriebswirtschaft (ebenso für Rechnungswesen und Buchführung) gilt zunehmend, daß ihre Einbettung in größere Systeme der Volkswirtschaft und Weltwirtschaft hervorgehoben werden muß. Axiome der BWL, z. B. die Annahme, daß wirtschaftliche Prozesse mit quasi naturwissenschaftlicher Präzision ablaufen und entsprechend präzise zu manipulieren sind, müssen in den Kursen der VHS zumindest in Frage gestellt werden.

d) Kaufmännische Weiterbildung integriert Aspekte von politischer und allgemeiner Bildung und verfolgt somit einen interdisziplinären Ansatz. Die Folgen betriebswirtschaftlicher Entscheidungen für die interne Arbeit und die externen Gesamtzusammenhänge wirtschaftlicher, sozialer und ökologischer Systeme sollen in VHS-Kursen mitbedacht werden. Insofern versteht sich die pädagogische Zielsetzung nicht nur als flankierende Kompensation von Fehlentwicklungen oder Retardierungen des Qualifikationssektors.

e) In Firmen der Kursteilnehmer wird bereits jetzt schon - mehr oder weniger effektiv - oder in Kürze EDV eingesetzt. Der Teilnehmererwartung "wenn ich den Kurs besuche, komme ich mit den Geräten in der Firma besser zurecht", soll entsprochen werden.

f) Die TeilnehmerInnen haben ein Recht auf zeitgemäße, an ihren Forderungen orientierte Weiterbildung. Diese Forderungen resultieren zum einen aus den Anforderungen, die die neuen Arbeitsplätze stellen (Praxisorientierung), zum anderen resultieren sie aus den Defiziten der jeweils individuellen Bildungskarrieren.

Dritte Phase: Kriterien für den Einsatz von Lernsoftware

In der dritten Phase wurde die Frage bearbeitet, wie sich Lernsoftware, die in Demo-Versionen zur Prüfung vorlag, in ein neu zu fassendes Curriculum der kaufmännischen Weiterbildung einbinden läßt, das sich an den o.g. Rahmenzielvorgaben orientiert. Zur Analyse eigneten sich folgende Methoden:

a) Literaturrecherche der KursleiterInnen: Welche Aussagen finden sich bei einschlägigen Autoren zu Qualitätskriterien für Lernsoftware?[7]

b) Überprüfung der zur Verfügung gestellten Demo-Versionen von Lernsoftware durch die KursleiterInnen selbst.

c) Präsentation der möglicherweise geeigneten Programme durch die Hersteller und intensive Prüfung durch die KursleiterInnen.

d) Kommunikation mit Herstellern von Lernsoftware über Wünsche nach Verbesserung der angebotenen Programmpakete.

Die Analysen und Überprüfungen durch die KursleiterInnen ergaben, daß eine ganze Reihe der von den Schulbuchverlagen vorgelegten Programme defizitär sind. Die folgende Liste zeigt die Ebenen auf, auf denen eine Verbesserung notwendig sein wird:

- Programmtechnisch mangelhafte Oberflächengestaltung; unzureichende Bedienerführung; Programme stürzen häufig ab; unzuverlässig.

- Wenig anschaulich, wenige grafische Darstellungen, keine Möglichkeit der Einbeziehung anderer Medien. Wie Gorny feststellt, liegen ja gerade in der Integration von anderen Medien wie Filmen, Standbildern und Trickfilmen in ein interaktives Lernprogramm die Chancen, komplexe Vorgänge anschaulicher, und damit verständlicher und vielfach korrekter darzustellen (vgl. Gorny 1985).

---

7) Vgl. z.B. G.Zimmer (1989) und Beck (1990).

- Selbstlernprogramme fragen Fakten in Multiple-Choice-Manier ab; vieles läßt sich besser "zu Fuß" erledigen; meistens bieten sie noch nicht die Möglichkeit, durch Antworten sichtbar gewordene Kenntnisdefizite in individueller Weise abzubauen (Verzweigungsmöglichkeiten der Programme mangelhaft).

- Viele Lernprogramme können die Interaktionen mit dem Lerner als wesentliche Bestandteile des Lernprozesses noch nicht umsetzen. "Interaktives und individuelles Lernen zu ermöglichen, ist letztlich der einzige, wenn auch gewaltige Mehrwert, den der Computer gegenüber den traditionellen Lernmedien erbringen kann (...) Die einzigartigen Möglichkeiten zum bedingten Verzweigen werden (...) kaum genutzt. Jedem CBT-Entwickler sollte klar sein, daß das Degradieren des Computers zur elektronischen Blättermaschine den Tod von CBT bedeutet" (Steppi 1989 S. 46).

- Viele komplexe betriebswirtschaftlichen Zusammenhänge lassen sich nicht auf einfache, von Computerprogrammen leicht nachzubildende Ursache- und Wirkungszusammenhänge reduzieren.

- Anpassung an den heterogenen Kenntnisstand eines VHS-Kurses ist in vielen Programmen nicht möglich, aber unbedingt wünschenswert.

- Wenige Verlage sind bereit, mit Bildungseinrichtungen zu kooperieren, was aber unter dem Gesichtspunkt eines gesicherten Praxisbezuges der Programme nötig wäre.

Die Literaturanalyse und die kritische Sichtung der Lernsoftwareprogramme erbrachten die folgenden *neun Kriterien* für die Beurteilung von Lernsoftware in der kaufmännischen Weiterbildung der VHS Bielefeld. Die ersten vier Kriterien lehnen sich stark an den Vorschlag von Zimmer (1989a) an.

1. Der in der Lernsoftware vermittelte *Inhalt* ist mehrschichtig und Lernprogramme müßten dies berücksichtigen: Er betrifft das reine Fachwissen, das DV-Wissen und Arbeitsverfahren sowie Wechselwirkungen zwischen diesen drei Ebenen ("Neuerwerb, Vertiefung und Ergänzung von DV- und Fachwissen und Arbeitsverfahren"; a.a.O., S. 3); hinzukommen die Aufgaben der Reflexion im Hinblick auf Übertragung, die Neukombination von Wissensbestandteilen, die Weitergabe an KollegInnen etc.

2. Zur *Form* der Informationsvermittlung in Lernsoftware (vgl. Zimmer 1989a, S. 4ff):

- Die Vielfalt der Päsentationsmittel (Text, Hilfen, Fenster, Graphik etc.) sind grobe Indikatoren für die Güte des Programms; schlecht ist ein Abdrukken von Handbüchern auf dem Bildschirm.

- Welche Möglichkeiten der Überprüfung des individuellen Lernfortschritts bietet das Lernprogramm an: Kommt der Vorteil des PC bei der Lernüberprüfung gegenüber anderen Methoden heraus? Kann eine Vielfalt der Überprüfungsmethoden gewährleistet bleiben?

- Was den Umgang mit Vorkenntnissen betrifft, so scheinen einerseits solche Programme geeigneter zu sein, die gar keine Vorkenntnisse voraussetzen. Andererseits wird Lernsoftware, die Vorkenntnisse voraussetzt, später jedoch häufiger benutzt (Nachschlagen, Aktualisieren etc.).

3. Weitere Eigenschaften der Anwendung: Läßt die Lernsoftware erkennen, daß bei ihrer Produktion überhaupt die Aneignung innerhalb eines *Kurskonzeptes* mitgedacht worden ist (vgl. Zimmer 1989a, S. 7ff)? Für die VHS ist Lernen ohne Zusammenhang zum Kurs und die ausschließliche Beschränkung auf den Einsatz von Lernsoftware abzulehnen.

4. Integration in ein Weiterbildungskonzept: Die Übernahme neuer kaufmännischer Software müßte mit einem *innerbetrieblichen Weiterbildungskonzept* gekoppelt werden, das der veränderten Struktur der Arbeitsteilung entspricht (Zimmer 1989a, S. 8ff). Thematisiert die Lernsoftware von sich aus derartige Perspektiven?

Die folgenden *fünf Kriterien* sind Produkt der Diskussionen der beteiligten KursleiterInnen der VHS; die Kriterien sechs bis acht weisen über formale Qualifikationen hinaus:

5. Als ein Kriterium für Lernsoftware, die für das Klientel der VHS geeignet ist, folgt daraus, daß solche Software zu bevorzugen ist, die die individuell unterschiedlichen Lernbedürfnisse und unterschiedlichen Vorkenntnisse berücksichtigen kann: Erlaubt das Programm das Einstellen eines *graduell zu variierenden Schwierigkeitsgrads?* Können z.B. Aufgaben zur Vertiefung für einzelne Lernende oder auch

Lernergruppen abgerufen werden? Inwieweit lassen sie sinnvolles selbstorganisiertes Lernen zu? Wie variabel ist eine Lernsoftware auf der Dimension von reinem Selbstlernprogramm bis zum unter tutorieller Begleitung geführten Programm gestaltet?

6. Die Lernsoftware soll sichtbar werden lassen, wie die von betrieblicher Software ausgeführten Operationen aufgebaut sind bzw. wie die früher per Bleistift ausgeführten Tätigkeiten sukzessiv von Programmen übernommen werden: Für die TeilnehmerInnen soll der Prozeß der kontinuierlichen Übernahme von früher manuell zu tätigenden Routinearbeiten durch Programme *transparent* gemacht werden, und der Prozeß soll durch die Voreinstellung *unterschiedlicher Automatisierungsgrade* auch nacherlebt werden können.

7. Die Ebenen der Beurteilung müssen über die enge Bindung an die Lernsoftware hinausgehen. Denn Weiterbildung besteht nicht nur aus beruflicher Weiterbildung, sondern ist immer auch *allgemeine und politische Bildung*. Der Einsatz neuer Software im Betrieb wirft z.B. folgende Fragen auf: Welche Rolle spielt der/die einzelne Beschäftigte in der Hierarchie des Betriebs? Wird durch die Einführung der neuen Software die Entscheidungskompetenz der unteren betrieblichen Ebenen erweitert? Der Software-Einsatz ist erst dann zu akzeptieren, wenn sich das Management-Wissen auf den unteren Ebenen des Betriebs ausbreitet. Die Lernsoftware muß die eigene Gestaltungskompetenz der Anwender, die Möglichkeit, Spielräume zu nutzen, offen lassen bzw. das Erkennen dieser Möglichkeiten unterstützen.

Auf die "Anforderungen der Praxis" genügend vorzubereiten, ist als Gütekriterien für die Beurteilung von Lernsoftware oft zu einseitig gefaßt: Auch Aspekte des Umweltbewußtseins als Teil einer neuen Allgemeinbildung müßten in den Programmpaketen zumindest angesprochen werden. Die Lernsoftware müßte berücksichtigen, welche Auswirkungen die Anwendung der betrieblichen Software in gesellschaftlicher, sozialer, ökologischer und kommunikativer Hinsicht hat. Insofern stehen die Hersteller von Lernsoftware vor interdisziplinären Aufgaben. Denn Lernsoftware betrifft auch die

- Arbeitsorganisation im Betrieb

- Entscheidungsstrukturen des Betriebes

- Transparenz in den Unternehmen

- die Ökologie im Betrieb bzw. die ökologischen Standards der Produkte.

8. Kann man in der Lernsoftware eine *pädagogische bzw. didaktische Konzeption* entdecken, die nach Zielgruppen und Einsatzformen unterscheidet bzw. inwieweit sind sie geöffnet für ein inhaltliches pädagogisches Rahmenkonzept und weitere methodische Vielfalt, die nicht nur auf Software rekurriert? Kann man weitergehende pädagogische Reflexionsebenen der Produzenten erkennen? Gibt es z.B. Verweise auf andere, mit der Software gekoppelte Medien (Filme u.a.)? Ist reflektiert worden, ob man bei bestimmten Gegenstandsbereichen auf den Computer verzichten kann? Wird über die "Null-Linie" nachgedacht, an der sich der Einsatz von Lernsoftware nicht mehr lohnt? Soll die Lernsoftware die Lehrenden überflüssig machen oder nur der Unterstützung der Lehrenden dienen? Dies sind Fragen, die zur Überprüfung anregen, ob der Hersteller verantwortlich mit den Bedingungen des Lernens umgeht. Sieht er die Grenzen beim Einsatz der Lernsoftware?

9. Ein zusätzliches Kriterium für Lernsoftware ist der *Zukunftsbezug*: Wie oft wird die Lernsoftware aktualisiert? Stehen die Anwender im Austausch mit den Software-Produzenten? Wie steht es mit der Software-Pflege und -anpassung? Welche Qualität erreichen die Handbücher und das Begleitmaterial?

Nicht jedes der hier genannten Kriterien kann für jeden Typ von Software gelten. Beispielsweise muß ein Lernprogramm zum Tastschreiben nicht unbedingt ökologische Aspekte der betrieblichen Arbeit berücksichtigen. Vom Höchstanforderungskatalog könnten je nach Teilgebiet Abstriche gemacht werden. Ein allgemeines Beurteilungsraster könnte durch spezielle für die einzelnen Teilgebiete ergänzt werden. Die einzelnen Kriterien würden Gewichtungen erhalten, wobei diese für die verschiedenen Teilgebiete unterschiedlich sein können. Im übrigen ist noch nicht für jedes Teilgebiet Lernsoftware vorhanden.

Vierte Phase: Integration von Lernsoftware in curriculare Entwürfe

Als Beispiel für die Anwendung der Kriterien stellen wir das vorläufige Rahmencurriculum für *Betriebs-wirtschaftlehre* vor. Es umfaßt neben den traditionellen Themen neu die Komplexe "Ökonomie und Ökologie" (am Beispiel der Klimakatastrophe), "Kritik wirtschaftspolitischer Ziele" und den "Nord-Südkonflikt". Die EntwicklerInnen haben aus den neuen Inhalten und Lernformen eine Veränderung des organisatorischen Rahmens geplant: Da in fast allen Kursterminen der Einsatz von Software vorgesehen ist, sollte der neue Kurs vier zusammenhängende Unterrichtsstunden pro Woche (statt an verschiedenen Tagen 2x2 Unterrichtseinheiten) ermöglichen. Damit soll gesichert werden, daß Themen ausdiskutiert werden können *und* auch Selbstlern- und Übungsphasen mit den Programmen nicht zu kurz kommen.

Zu den Voraussetzungen gehört, daß TeilnehmerInnen vorab informationstechnische Grundkenntnisse erworben haben sollen, Tastaturen bedienen und Bildschirme lesen können. Vertiefende Einzel- oder Wochenendveranstaltungen zu bestimmten, den Unterrichtinhalt ergänzenden Themen (wie z.B. die Errichtung des Europäischen Binnenmarktes und ihre Auswirkungen) sollen als Aspekt der politischen Bildung in den Veranstaltungsplan aufgenommen werden.

Das neue Curriculum *Betriebswirtschaftslehre* verwendet folgende Programme:

Das **Tabellenkalkulationsprogramm** *Excel* wird zu Beginn des Kurses zur Auswertung von Daten über die Klimakatastrophe eingesetzt. Excel ist ein in der betrieblichen Praxis häufig benutztes Programm. Die TeilnehmerInnen lernen, das Programm als Hilfsmittel zur Auswertung eingegebener Daten zu handhaben (Kriterium: professionelles Programm; übersichtliche Benutzeroberfläche).

Mit dem **Strategiespiel** *"ÖKOPOLY"* werden verschiedene Wirtschaftssysteme simuliert. Die Teilnehmer-Innen haben die Möglichkeit, selbst wirtschaftspolitische Entscheidungen über Import und Export zu fällen und erfahren nach der programminternen Auswertung, welche Konsequenzen ihre Entscheidungen gebracht haben. Dieses Spiel läßt sich sowohl im Schwierigkeitsgrad einstellen als auch in unterschiedlichen inhaltlichen Unterrichtssequenzen (Simulation eines Industrielandes oder eines Entwicklungslandes; Kriterium: Variabilität von Schwierigkeitsgrad und inhaltlichem Akzent).

Mit dem eingriffsflexiblen **Planspiel** *"Investor Industries"* können schließlich die theoretisch erarbeiteten betriebswirtschaftlichen Kenntnisse über die Themen "Produktion, Produktionsplan, Beschaffung, Bestell-politik, Lagerhaltung und Bewertung, Berichtswesen des Unternehmens und Gewinn- und Verlustrech-nung" spielerisch umgesetzt und eingeübt werden. Neben ausgezeichneten Begleitmaterialien für Kursleiter-Innen und TeilnehmerInnen bietet das Planspiel die Möglichkeit, Voreinstellungen vorzunehmen, um die geplante Spielsequenz den Kenntnissen der TeilnehmerInnen anzupassen.

Fünfte Phase: Detailplanung verschiedener Typen von Kursen und Kursfolgen

Es schließt sich die didaktisch-methodische Planung von einzelnen Unterrichtseinheiten und neuen Kursty-pen bzw. Kursfolgen (z.B. Block- und/oder Wochenendseminaren, halb- oder ganzjährlichen Kursen, Aufbaustufen etc.) an. In dieser Phase werden für die Kursteile Grob- und Feinziele im Hinblick auf den Einsatz von Lernprogrammen formuliert.

Sechste Phase: Erprobung, Evaluation und Implementation

Im Veranstaltungsjahr 1991/92 der VHS Bielefeld beginnt die Erprobung und Evaluation des Sets von neuen Kursen im Bereich der kaufmännischen Weiterbildung. Es wird Raum für Feedbacksitzungen der LernerInnengruppen geben. An kritischen Stellen des Kursgeschehens, in denen die neue Lernsoftware eingesetzt wird, erfolgt Unterrichtsbeobachtung in kollegialer Hospitation. Die Kriterien zur Beobachtung der Unterrichtsstunden werden mit den KursleiterInnen erarbeitet. Eine zweite Phase der Erprobung kann sich anschließen. Anschließend erfolgt die Verbreitung der mit den neuen Kurskonzepten gemachten Erfahrungen in einer ergänzenden Fortbildung für neue KursleiterInnen.

3. Perspektiven der Übertragung der Curriculum-Entwicklung der VHS-Bielefeld

Als Zusammenfassung sollen wichtige Aspekte hervorgehoben werden, die Ergebnis des mit selbstorganisierter Lehrerfortbildung verbundenen Curriculum-Entwicklungsprozesses waren.

Auch in der kaufmännischen Weiterbildung geht es nicht nur um die Aneignung von Wissen; wie in jedem anderen Lernprozeß ist Spezialbildung mit Allgemeinbildung verbunden; Einstellungen, Motive und alle anderen Persönlichkeitsdimensionen des lernenden Subjekts sind beteiligt (Heid 1990, vgl. auch Klafki 1985, 1986). Der Bezug der kaufmännischen Aus- und Weiterbildung zu betrieblichen Entscheidungsstrukturen zeigt, wie bedeutsam heute nicht nur die *Fähigkeit zu Selbständigkeit* ist, sondern daß hier die Ebene der subjektiven *Wünsche nach Erweiterung von Entscheidungskompetenzen* tangiert wird (Claussen 1988, Nipkow 1988). Wie entsteht ein Bedürfnis nach heterarchischen statt hierarchischen Strukturen im Betrieb? Wie fördern Kurskonzepte der Weiterbildungseinrichtungen Verantwortung im Sinne von *"Technikfolgenabschätzung"* als generellem kategorialen Rahmen für das Erlernen des Zusammenhangs von Natur, Technik und Gesellschaft (vgl. Koch-Priewe 1990)?

Eine ausschließliche Übernahme von Selbstlernprogrammen ohne tutorielle Betreuung ist allein deswegen abzulehnen, weil die Rahmenkonzeption des Lernprozesses immer ihrerseits Einfluß auf die vermittelten Inhalte des Lerngeschehens hat. Und wird ein rein technisches Skill-Training angeboten, so wird durch das *hidden curriculum* gelernt, daß weitergehende Fragen nicht zu stellen sind (Faulstich und Faulstich-Wieland 1990). Nach der Sichtung einer Reihe von Lernsoftware-Paketen muß vor einer Euphorie für Selbstlernprogramme gewarnt werden. Sie können vermutlich nur bei Hochmotivierten, die viele Vorerfahrungen haben, gewinnbringend angewendet werden oder bei einem eingegrenzten Skill-Training von Anfängern.

Heterogenität und zunehmende Individualisierungsbedürfnisse der Lernenden sind dominierende Trends und ein nicht mehr unzukehrender Faktor pädagogischer Prozesse (vgl. z.B. Beck 1986, Zinnecker 1986). Das Subjekt und die Selbstorganisation des Lernens spielen heute eine größere Rolle als früher (Adam 1988): Das Selbst als Experte für die nächste Zone der Entwicklung (Wygotski 1971, 259ff) gewinnt einerseits an Wichtigkeit, aber zugleich wächst auf Grund des subjektiv erlebten Sinnvakuums, das im Zusammenhang mit der Enttraditionalisierung und dem Verlust der sozialen Einbindung entsteht, die Rolle der Person-Person-Beziehung als neue wichtige Dimension bei Bedeutungsvermittlungsprozessen (Koch-Priewe 1990). Die Wünsche nach Erweiterung der Entscheidungskompetenzen schlagen sich auch in der zunehmenden Befähigung der KursteilnehmerInnen zu Kursplanung nieder; die TeilnehmerInnen können in pädagogische Reflexion integriert werden und sich Methodenwissen (im Sinne von Unterrichtsmethoden) aneignen; diskursive Elemente finden mehr und mehr Eingang in die didaktischen Entscheidungsprozeduren.

Für Hersteller von Lernsoftware und die Anbieter von EDV-Fortbildungskursen empfiehlt es sich, daß sie sich auch pädagogisch profilieren und eine Reflexion der Vermittlungsebenen vorweisen bzw. ihre Kurseinheit in einen größeren Zusammenhang stellen können. *Testkriterien für Anbieter von Lernsoftware* und deren Produkte werden notwendig (vgl. auch Faulstich und Faulstich-Wieland 1989 und 1990).

4. Literatur

Adam, E.: Das Subjekt in der Didaktik. Ein Beitrag zur kritischen Reflexion von Paradigmen der Thematisierung von Unterricht. Weinheim 1988

Beck, H.: Beurteilung anwendungsorientierter Software im wirtschaftswissenschaftlichen Lerngebiet. In: Wirtschaft und Gesellschaft im Beruf, September 1990, Heft 5, 233-239

Benteler, P., Thomas, V.: Technologische und arbeitsorganisatorische Entwicklungen im kaufmännisch-verwaltenden Bereich und ihre Konsequenzen für die berufliche Weiterbildung. In: Görs, D., Voigt, W. (Hrsg.): Neue Technologien, Lernen und berufliche Weiterbildung. Eine Zwischenbilanz. Bremen 1989

Brodbeck, F.C.: Autodidaktisches Lernen im Betrieb. In: Unterrichtswissenschaft 18, 1990, Heft 3, 234-248

Claussen, B.: Politik und Internationalismus als Bezugskategorien für eine kritisch-emanzipatorische Reformulierung des Bildungsbegriffs unter den Bedingungen gegenwärtiger Gesellschaft. In: Hansmann, O., Marotzki, W. (Hrsg.): Diskurs Bildungstheorie I. Weinheim 1988

Deutscher Bundestag: Abschlußbericht der Bundestags-Enquête-Kommission "Zukünftige Bildungspolitik - Bildung 2000". Bonn 1990

Döbele-Berger, Pinkvohs, W., Schwellach, G., Zimmer, G.: Softwarenutzung am Arbeitsplatz und berufliche Weiterbildung. Vorträge des Expertenkolloquiums am 28. und 29. März 1985 in der Ev. Akademie Loccum. Kassel 1985

dies., Schwellach, G., Treek, W.v., Zimmer, G.: Softwarenutzung am Arbeitsplatz und berufliche Weiterbildung. Eine explorative Studie. Forschungsbericht an das Bundesministerium für Bildung und Wissenschaft. Kassel 1988

dies., Treek, W. v., Zimmer, G.: Softwarenutzung am Arbeitsplatz und berufliche Weiterbildung. Kurzfassung der Ergebnisse eines Forschungsprojektes. Hrsg. vom Bundesminister für Bildung und Wissenschaft. Bonn 1988

Epping, R., Gebbers, F., Höfmann-Doil, K.- H., Kracht, K.- H., Kremer, H.- P., Schreiber, C.: Lehrgangssystem Rechnungswesen - Steuern. Soest 1986

Faulstich, P., Faulstich-Wieland, H.: Informationstechnik und Weiterbildung. Kassel 1989

dies.: Neue Informationstechnologien. Weiterbildungsangebote zur Informtionstechnik. In: Volkshochschule 42, 1990, Heft 2, 32-33

Geißler, K. A.: Schlüsselqualifikationen. Der pädagogische Alpenmythos. In: Rügemer, W. (Hrsg.): In der deutschen Bildungsspirale - Kritisches und Alternatives zur Enquête-Kommission Bildung 2000. Köln 1991

Gorny, P.: Computer in der Schule - Anwendungen. In: "Bildschirm" - Faszination oder Information 1895, S. 74-77

Heid, H.: Über Zwecke, Inhalte und Subjekte von Qualifizierungsprozessen. In: Grundlagen der Weiterbildung 1, 1990, Heft 3, 136-140

Klafki, W.: Konturen eines neuen Allgemeinbildungskonzepts. In: ders.: Neue Studien zur Bildungstheorie und Didaktik. Weinheim 1985

ders.: Die Bedeutung der klassischen Bildungstheorien für ein zeitgemäßes Konzept allgemeiner Bildung. Zeitschrift für Pädagogik 32, 1986, Heft 4, 455-476

Koch-Priewe, B.: Die subjektive und die objektive Seite der Allgemeinbildung. In: Lohmann, K. (Hrsg.): Der Beitrag der Unterrichtsfächer zur Allgemeinbildung. Rinteln 1990

Kubicek, H., Arno, R.: MIKROPOLIS - Mit Computernetzen in die Informationsgesellschaft. Hamburg 1986 (2. Auflage)

Nipkow, K. E.: Zur Rekonstruktion der Bildungstheorien in Religion und Kirche. In: Hansmann, O., Marotzki, W. (Hrsg.): Diskurs Bildungstheorie I. Weinheim 1988

Steppi, H.: CBT - Computer-Based-Training. Planung, Design und Entwicklung interaktiver Lernprogramme. Stuttgart 1989

Weinheimer, B.: Schlüsselqualifikationen. Die Metamorphose eines bildungstechnokratischen Begriffs. In: Rügemer, W. (Hrsg.): In der deutschen Bildungsspirale - Kritisches und Alternatives zur Enquête-Kommission Bildung 2000. Köln 1991

Wygotski, L.S.: Denken und Sprechen. Frankfurt/M 1971

Zimmer, G.: Qualitätsaspekte von Lernsoftware. In: Gunzenhäuser, L., Mandl, H. (Hrsg.): Abstracts, 3. Workshop der Fachgruppe "Intelligente Lernsysteme" der Gesellschaft für Informatik, 8.-9.6. 1989, Tübingen 1989a

ders.: Strategische Qualifikationen bei kaufmännisch-verwaltenden Fachkräften? In: Görs, D., Voigt, W. (Hrsg.): Neue Technologien, Lernen und berufliche Weiterbildung. Eine Zwischenbilanz. Bremen 1989b

ders. (Hrsg.): Neue Lerntechnologien in der Aus- und Weiterbildung zur Softwarenutzung. Nürnberg 1990

Zinnecker, J.: Jugend im Raum gesellschaftlicher Klassen. Neue Überlegungen zu einem alten Thema. In: Heitmeyer, W. (Hrsg.): Interdisziplinäre Jugendforschung. Weinheim, München 1986

Wilma Bombelka-Urner
Beckendorfstr. 33b
4800 Bielefeld 15

Dr. Barbara Koch-Priewe
Im Waldwinkel 10
4800 Bielefeld 1

Entwicklung guter Unterrichtssoftware
mit einem Autorensystem - ein Arbeitsprozeß
nach Versuch und Irrtum ?

Steffen Friedrich

Zusammenfassung: Ausgehend von Überlegungen zum Einsatz von Computern im Unterricht der einzelnen Fächer wird zur Notwendigkeit und zu pädagogisch-didaktischen Fragen der systematischen Coursewareentwicklung argumentiert. Am Beispiel der Arbeit mit dem in Dresden entwickelten Autorensystem DAUS können Möglichkeiten der praktischen Realisierung einer Coursewaretechnologie vorgestellt werden.

1. Pädagogische Aspekte der Computernutzung im Fachunterricht

Eine Integration von informationsverarbeitender Technik in der Bildung hat einen anderen Charakter als die Übernahme einer neuen Technologie oder die Einführung eines neuen Mediums. Die Komplexität von Bildungsprozessen verlangt die Betrachtung aller Beeinflussungen und Wirkungen durch informationsverarbeitende Technologien, deren Wichtung und Wertung. Sie haben in diesem Sinne nur einen Platz, wenn ihre neuen Möglichkeiten genutzt werden und ihre Spezifika zur Neuorientierung des Bildungswesens insgesamt beitragen. Es geht dabei insbesondere um die Herausbildung einer neuen Einstellung zu Lehr- und Lernprozessen, um die schrittweise Entwicklung neuer Denk- und Arbeitsweisen. Eingeordnet in eine solche breite Zielbestimmung ergeben sich Konsequenzen für Bildungsschwerpunkte im Hinblick auf

- eine Grundausbildung zur Nutzung neuer Medien,
- Grundkenntnisse zum Gegenstand der Informatik,
- den Computereinsatz im Fachunterricht.

Jede dieser Richtungen ist gegenwärtig dabei sich ins Bildungskonzept einzubringen und dabei die eigene Spezifik auszuprägen und zu formen (vgl. BORK,1988; BOSLER,1988). Das betrifft die Formen der Computernutzung ebenso wie die Ausarbeitung geeigneter Lehrstrategien und angepaßter Materialien. Bei Beachtung aller Komplexität dieses Prozesses sollen sich die folgenden Überlegungen vor allem auf die Seite des Einsatzes des Computers als Mittel konzentrieren, als Werkzeug für den Lernenden. Die Einordnung in den pädagogischen Prozeß als Ganzes offeriert sofort weitere Tätigkeitsbereiche, die über die scheinbare Beschränkung auf eine Tastaturbedienung hinausreichen und ein neues Feld der didaktischen Umsetzung von Lernzielen anbieten.

Die Gestaltung von Curricula und Lernverläufen wird sich diesen Bedingungen stellen müssen. Damit sind globale Fragen verbunden, deren Beantwortung in kürzerer Frist unmöglich scheint. Das verlangt Antworten sowohl aus der Blickrichtung pädagogischer Disziplinen als auch der Fachwissenschaften, die vielleicht sogar gegenwärtige Bildungsmethoden und -konzepte in Frage stellen und neue Wege vorschlagen. Es ist zu beachten, daß für jeden wirkungsvollen Computereinsatz, seine Integration in den unterrichtlichen Zweck das Primat hat. Dieser kann sich nur aus dem Kontext des Faches und seiner

Umsetzung ergeben, wobei gültige Curricula einen wichtigen Ausgangspunkt, aber nicht den alleinigen Gradmesser darstellen. Der Computer wird auch in Zukunft im Fachunterricht kein primäres Lehrziel, sondern ein völlig anderes Mittel sein. Er wird den Unterricht entlasten können, aber auch Fragen der methodischen Gestaltung in anderer Weise stellen. Es werden auch in Zukunft nicht alle Schüler vom Computer als neues Mittel begeistert sein, die Anfangseuphorie wird eher zurückgehen. Weil sich bei der Analyse vorhandener Courseware die größten Defizite im pädagogischen Bereich zeigen, sollte bereits jetzt mit der didaktisch-methodischen Aufbereitung der Teilgebiete begonnen werden, die für einen Computereinsatz geeignet sind.

Das erfordert Prognosen, was ein Schüler zu welchem Zeitpunkt wie lernen sollte, aber auch die Entwicklung oder auch Anpassung geeigneter Methoden der Erarbeitung von Courseware (vgl. GORNY/VIERECK,1987). Dabei sind Möglichkeiten und Grenzen, Erfahrungen und Effekte beim gegenwärtigen Stand praktischer Untersuchungen kaum ausreichend beschrieben.

2. Bemerkungen zum Stand der Coursewareentwicklung

Da der Ausgangspunkt für jede Programmentwicklung deren Zielstellung ist, ist es kaum möglich nach dem idealen Programm für das Stoffgebiet zu suchen. Es müßten Kriterienraster existieren, die den Nutzer über die Verwendbarkeit und die Einsatzmöglichkeiten in Kenntnis setzen und so eine Auswahl anhand seiner konkreten Bedingungen gestatten. Der Lehrer wird kaum in der Lage sein diese Prüfung selbst durchzuführen und benötigt deshalb Kriterien und Hinweise, die einen pädagogisch wirkungsvollen Einsatz unterstützen. Untersuchungen, die Fragen der Coursewarebeurteilung zum Gegenstand haben häufen sich und unterstreichen damit auch die intensive Suche nach Einsatzformen und -bedingungen für Courseware im Unterricht und nach Programmen, die für die Umsetzung der unterrichtlichen Ziele besonders gut brauchbar sind. Weil sich die Nutzungsbedingungen unterscheiden, sind die Prinzipien der Beurteilung von Anwendersoftware nur teilweise auf Courseware übertragbar.

Es ist unmöglich, Courseware isoliert von der Arbeit des Lehrers und Schülers zu betrachten und so zu einer objektivierten Einschätzung gelangen zu wollen. Das hat bei der Nutzung anderer Medien (Bücher, Folien, Filme) bisher zu keinem Erfolg geführt. Standardisierte Checklisten kennzeichnen einen möglichen Mittelweg, sind aber unter der pädagogisch-didaktischen Sicht kaum ausreichend. Einer breiten Erfassung von Fakten über Courseware sollte solange der Vorrang eingeräumt werden, bis eine solche theoretische Basis existiert, die deren Wertung sinnvoll erscheinen läßt. In diesem Zusammenhang sind die Erfahrungen aus dem BLK-Modellversuch SODIS (vgl. ABSCHLUSSBERICHT,1991) ein erster Anfang, um unter den vorhandenen Bedingungen in sinnvoller Weise Informationen bereitzustellen.

Bedingt durch den Ansatzpunkt dieser Überlegungen bleiben die Hinweise zur Programmentwicklung für unterrichtliche Zwecke sehr breit. Kennzeichnend ist, daß die Spezifik Computer zu wenig zum Tragen kommt. Das betrifft z.B. die Fähigkeit zur umfassenden Datenspeicherung und -analyse, zum Wiederholen gleichartiger Abläufe, zur Auswahl von Entscheidungen und zur Dialogführung. Noch häufig wird bei der Begründung verwendbarer Hilfsmittel eine enge Sicht auf anweisungsorientierte Programmiersprachen deutlich. Es bleibt auch immer den Autoren überlassen, in welcher Weise Lerndaten durch den Computer ausgewertet werden und dies pädagogisch sinnvoll ist. Die verschiedenartigen Ansätze zur Coursewareentwicklung, die Unsicherheiten in der Beschreibung dieses Prozesses unterstreichen, daß hier die Forschungsarbeiten noch am Anfang stehen (vgl. FRIEDRICH,1991). Es existieren keine theoretisch abgesicherten Konzepte, die eine Produktion von Courseware in hoher Qualität garantieren. Die Ursachen liegen vor allem in dem noch nicht genügend überzeugenden Nachweis der Nützlichkeit von Courseware

einer unplanmäßigen Entwicklung ohne Einbindung in vorhandene Curricula, die zu kaum zu erweiterbaren Programmen führt

der Tendenz zur undifferenzierten Mehrfachentwicklung von Courseware

der nicht vorhandenen Rahmenrichtlinie und den wenig nutzbaren Werkzeugen für die Autoren.

Die einzige Konsequenz, zur Erarbeitung praktisch nutzbarer Programme beizutragen, muß sich auf die Erarbeitung einer effektiven Entwurfsmethodik, die Bereitstellung günstiger Sprachen für den Entwickler, das Verfügbarmachen einer leicht nutzbaren Programmierumgebung, die Schaffung speziell angepaßter Testkriterien und die Sicherung der Verteilung und Übertragbarkeit entstandener Courseware auf den eigenen Anwendungsfall konzentrieren. Diese Aspekte verweisen auf qualitative Ansprüche und das methodische Vorgehen bei der Entwicklung pädagogisch einsetzbarer Programmme und bilden die Basis der Ausarbeitung einer Coursewaretechnologie.

Die Überlegungen und Erfahrungen zur Entwicklung von Anwendersoftware und Softwaresystemen ist nur mit gewissen Modifikationen auf Prozesse der Coursewareentwicklung übertragbar. Es muß also gelingen, Entwicklungsstrategien für pädagogische Teilprozesse anzubieten, die sich dadurch auszeichnen, daß eine bestimmte Situation, in der der Computer als unterstützendes Mittel eingesetzt wird, dadurch für Lehrende und Lernende wirkungsvoller abläuft.

Bereitgestellte Werkzeuge und Techniken für alle diese Schritte der Programmentwicklung können diesen Prozeß unterstützen und lassen die inhaltliche und pädagogisch-didaktische Arbeit in den Vordergrund treten. Bei der Beachtung eines gewissen Allgemeinheitsgrades kann ein Modell der Coursewareentwicklung im Rahmen der einer entsprechenden Technologie ablaufen und erlaubt dem Autor sich auf fachliche und methodische Ziele zu konzentrieren und so seine Lehrabsicht umzusetzen. Sicher im Unterschied zu seinen Aktivitäten bei der Nutzung von Courseware. (vgl. BILD 1) Man muß aber auch betonen, daß es eine allgemeingültige Methode der Coursewareentwicklung nicht geben kann und wird, sondern immer eine Einordnung in die jeweilige spezifische Anwendung erfolgt.

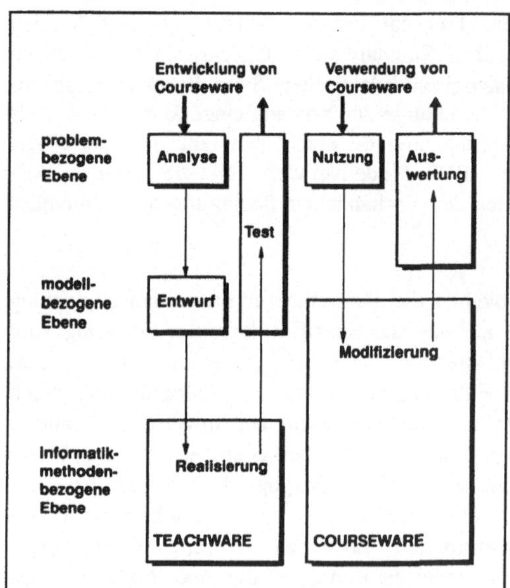

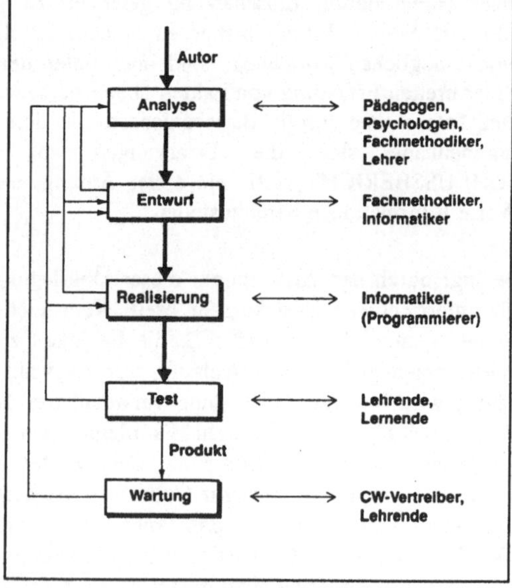

Bild 1: Entwicklung und Verwendung von Courseware

Bild 2: Lebenszyklus von Courseware

3. Technologie zur Nutzung des Dresdner AUtorenSytems DAUS

Das Dresdner AUtorenSystem versteht sich als ein Hilfsmittel zum individuellen Lernen, insbesondere in Kontroll-, Übungs- und Festigungsprozessen, ist aber auch im Rahmen der Erstvermittlung oder auch der Problemdiskussion in verschiedenen Unterrichtsformen einsetzbar. Es unterstützt durch spezielle Werkzeuge den Programmentwickler und durch vorgefertigte Auswerteroutinen den Lehrer als Nutzer (vgl. ROHLAND/UNGER,1991; DOKUMENTATION,1990).

Die Philosophie des Systems beruht auf einer Trennung des Steuerteils von den dafür notwendigen Daten und führt dadurch zu einer Erhöhung der Variabilität der Programme und einer vereinfachten Nutzung. Zur Notation des Steuerteils wird eine Autorensprache genutzt, die sich an umgangssprachliche Formulierungen anlehnt und dadurch einer einfachen Syntax genügt, allerdings auch erlernt werden muß. Die Daten, wie z.B. Hinweise, Fragen, Aufgaben, Grafiken, werden mit speziellen Eingabehilfen bereitgestellt. Durch dieses Herangehen ist es möglich gleiche Steuerteile für verschiedene Datenbestände, als auch verschiedene Steuerungen über den gleichen Daten zu nutzen. Erste Erfahrungen mit Nutzern dieses Autorensystems DAUS lassen deutlich werden, daß nach einer Eingewöhnungsphase die Arbeit mit den Daten kaum Schwierigkeiten bereitet. Größere Probleme entstanden bei der Erarbeitung geigneter Steuerungen, bei der Übertragung pädagogisch-didaktischer Überlegungen in das Konzept der Autorensprache.

Die Übertragung eines Modellansatzes zur Coursewaretechnologie beruhend auf den Überlegungen zum Lebenszyklus auf die Arbeit mit dem Autorensystem DAUS stellt sich insgesamt in folgender Weise dar (vgl. BILD 2):

ANALYSE

Das Programmkonzept muß ohne spezielle Hilfsmittel definiert werden. Nutzbare pädagogische Erfahrungen stützen sich vor allem auf Lernprozesse ohne Computer.

ENTWURF

Die Programmstruktur und die benötigten Daten müssen ohne Computernutzung spezifiziert werden. Die Vorbereitung der Daten kann mit Sicht auf den zum System gehörenden Editor vereinfacht erfolgen.

REALISIERUNG

Das Programm und die Daten lassen sich mit speziell entwickelten Werkzeugen leicht initialisieren.

TEST

Das Validieren durch den Autor wird vom System verschiedenartig unterstützt.

BETRIEB

Zum Installieren liegen keine verallgemeinerbaren Erfahrungen vor.

Eine Hilfe für Autoren kann durch ein Aufzeigen anzustrebender Zielstellungen und ihren Konsequenzen und damit durch eine Beschreibung im Sinne der didaktischen Wirkungen auf den Lernenden und des didaktischen Ortes des Einsatzes für den Lehrenden erreicht werden. Für das Autorensystem DAUS wurde das bei seiner Entwicklung bereits konzipiert und Einsatzfelder angestrebt, in denen sich der Computer als Mittel neben den traditionellen Unterrichtsmitteln behaupten kann. Ein Angebot an den Autor besteht in der Vorgabe folgender didaktischen Einsatzziele:

Kontrolle von Wissen und Können

im Sinne der Überprüfung von Kenntnissen und ihre Anwendbarkeit in Aufgabenlösungsprozessen

Es ist zu unterscheiden, ob gleichartige oder an verschiedene Aufgaben einer Aufgabenklasse bzw. eines -typs kontrolliert werden sollen. Dabei sind Varianten abzuheben, wie die Überprüfung auf richtige/falsche Lösungen, typische Antwortvarianten/Unsicherheiten, angemessenes Arbeitstempo, gleichartige Resultatseigenschaften. Es geht in allen Fällen um eine Konzentration auf einzelne Fragestellungen, die einen im Lernprozeß erreichten Stand dokumentieren, der keinesfalls diagnostisch abgesichert ist.

Übung in Aufgabenklassen und -typen

im Sinne der Verbesserung von Fähigkeiten und Fertigkeiten durch gezieltes Lösen bestimmter Aufgaben

Im Rahmen von Übungen kann zwischen Vorgehensweisen für Aufgaben einer Aufgabenklasse und für verschiedene übergreifende Aufgaben unterschieden werden. Da keine Einschränkung auf bestimmte Aufgabentypen vorgesehen ist, kann auch ein Üben mit steigenden Anforderungen bis zur Nutzung generierter (zur Laufzeit ausgewählter) Aufgaben günstig realisiert werden. Typische Schwerpunktsetzungen betreffen die Anzahlen richtiger/falscher Lösungen, typische Vorgehensweisen, typische/unerwartete Antworten und Hypothesen aus Resultatseigenschaften.

Festigung von Kenntnissen, Fähigkeiten und Fertigkeiten

im Sinne der Beseitigung von Schwächen in der Verfügberkeit und Anwendbarkeit von Wissen und Können

Im Zentrum steht hier das Herausbilden von Fähigkeiten und Fertigkeiten durch gezielte Konfrontation mit entsprechenden Anforderungen. Eine gewisse Eigenständigkeit der Festigungsphase scheint dann gerechtfertigt, wenn eine Flexibilität des Angeeigneten gefordert ist. Die vorgeschlagenen Abläufe orientieren sich deshalb an unterschiedlichen Aufgaben aus verschiedenen Gebieten und Anforderungsituationen, insbesondere bezüglich einer Einflußnahme in Abhängigkeit vom Lösungsweg oder auch der vertiefenden Arbeit in Gruppen gleichartiger Aufgaben.

Diagnose von Leistungsursachen

im Sinne der Suche nach spezifischen Leistungseigenschaften durch Nutzung von Resultaten beim Lösen von Aufgaben

Eine Diagnose soll damit auf Leistungseigenschaften des Lernenden zielen und diese aus Aussagen über vorliegende Resultate ermitteln. Eine echte Diagnosekomponente wird erst mit der Nutzung einer Wissensbasis zur Verfügung stehen können, wobei allerdings bereits jetzt Hinweise an den Lernenden zum Abbau von Leistungschwächen oder zum Ausbau von vorhandenen Stärken möglich sind.

Zur Hilfestellung für den Autor bereits in der Phase der Erarbeitung des Konzepts eines Programms sind diese Zielgruppen aufbereitet worden, ohne die Freiheiten, die das System DAUS gerade im Programmaufbau liefert, bereits in der Anfangsphase der Programmentwicklung zu zerstören. Die angebotenen Zielstellungen dienen der didaktischen Positionsbestimmung und lassen sich den Vorstellungen des Autors folgend beliebig zusammenfügen.

Auf der Basis dieser didaktischen Einsatzziele ist eine Entwurfshilfe entstanden, die in entsprechenden Modulen angebbar ist. Ganz dem Grundkonzept von DAUS folgend sind sie nach den Vorstellungen des Autors selbst wieder variierbar und können durch Steuerstrukturen der Autorensprache verknüpft werden. So ist es z.B denkbar, einer Kontrolle gleichartiger Aufgaben mit spezifischen Hinweisen zum Zeitverbrauch (**Modul:** KONTR1C) eine Übung folgen zu lassen, die eine Lernwegdifferenzierung ermöglicht und unerwartetes Lösungsverhalten erkennt (**Modul:** UEBNG1B), und mit einer Diagnose in Zyklen gleichartiger Aufgaben (**Modul:** DIAGN2B) fortzusetzen. (vgl. BILD 3). Ein Verzweigen unter Nutzung weiterer Module ist dabei angedeutet und verlangt nur die Beachtung der zur Verfügung

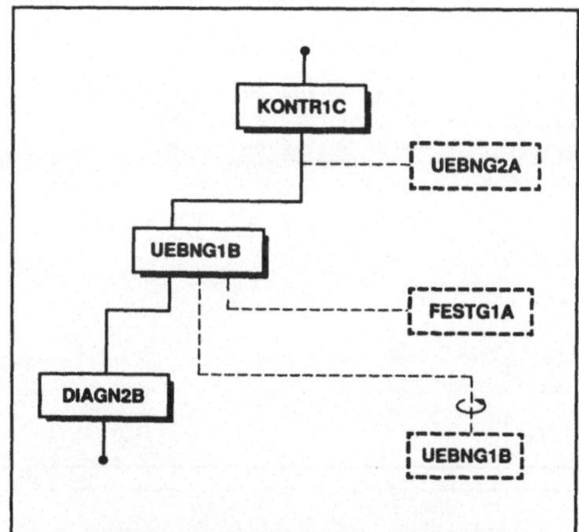

Bild 3: Gesamtstruktur von DAUS

stehenden Ausgänge. Es liegt auf der Hand, daß weitere solche Abläufe, die an den fachlichen Inhalt und an die didaktischen Absichten angepaßt sind, angegeben werden können. Die dazu nötigen Überlegungen kann und will das Autorensystem dem Programmentwickler oder einem entsprechendem Team nicht abnehmen. Bei einer Übernahme vorgefertigter Strukturen in das eigene Programm sind diese dann genauer zu analysieren und die Bezeichner (vgl. BILD 4.1 - 4.3) mittels Dateneditor inhaltlich zu füllen. Damit wird ein Beschreibungsmittel geschaffen, das von den zu realisierenden Lehr- und Lernprozessen ausgeht und sich weniger an den Algorithmenstrukturen der genutzten Basissprache orientiert. Eine Verfeinerung der Beschreibung der Module ist durch grafische Darstellungen sehr leicht möglich (vgl. BILD 5.1 - 5.3) und eröffnet den inhaltlichen Zugang zu einer grafischen Entwicklungsumgebung.

```
KONTR1C

WIEDERHOLE BEGINN
   VERMITTLE tempo;    /* Hinweis auf Zeitverbrauch */
   LOESE* aufg1.6 ENDE
BIS 6 ZYKLEN ODER ZEIT > 5 MINUTEN;
WENN ZEIT < 5 MINUTEN
   DANN VERMITTLE ritempo
   SONST VERMITTLE fatempo;


Aufgabenbezeichner:
   aufg1


Textbezeichner:
   tempo, ritempo, fatempo
```

Bild 4.1: DAUS-Modul
KONTRIC

```
UEBNG1B

LOESE* aufg1;                 /* AWK mit Hinweis */
WENN 1 VON aufg1 FALSCH
   DANN LOESE* aufg2          /* AWK mit Hinweis */
   SONST
      WENN ANTWORTVARIANTE VON aufg1 =0
           DANN   LOESE* aufg3;    /* AWK mit Hinweis */
LOESE* aufg4;                 /* AWK mit Hinweis */
WENN 1 VON aufg4 RICHTIG
   DANN VERMITTLE lob;
FALLS LERNWEG VOR aufg4 =
   1: VERMITTLE riweg;        /* aufg1-aufg4 */
   2: VERMITTLE ungenau;      /* aufg1-aufg2-aufg4 */
   3: VERMITTLE faweg         /* aufg1-aufg3-aufg4 */
ENDE;

Aufgabenbezeichner:
   aufg1, aufg2, aufg3,
   aufg4

Textbezeichner:
   lob, riweg, faweg,
   ungenau

Lernwegbezeichner:
   aufg4
```

Bild 4.2: DAUS-Modul
UEBNG1B

```
DIAGN2B

WIEDERHOLE 5 MAL LOESE* aufg1.5;
WENN SYMPTOM leisteig VON aufg1 BIS aufg1 = 4
   DANN VERMITTLE leihyp1;
WIEDERHOLE 4 MAL LOESE* aufg2.4;
WENN SYMPTOM leisteig VON aufg1 BIS aufg2 = 6
   DANN VERMITTLE leihyp2
   SONST LOESE* zaufg1,zaufg2;
WIEDERHOLE 5 MAL LOESE* aufg3.5;
WENN SYMPTOM leisteig VON aufg1 BIS aufg3 = 9
   DANN VERMITTLE hypothes;  /* sichere vermutung */

Aufgabenbezeichner:
   aufg1, aufg2, aufg3,
   zaufg1, zaufg2

Textbezeichner:
   leihyp1, leihyp2,
   hypothes

Symptombezeichner:
   leisteig
```

Bild 4.3: DAUS-Modul
DIAGN2B

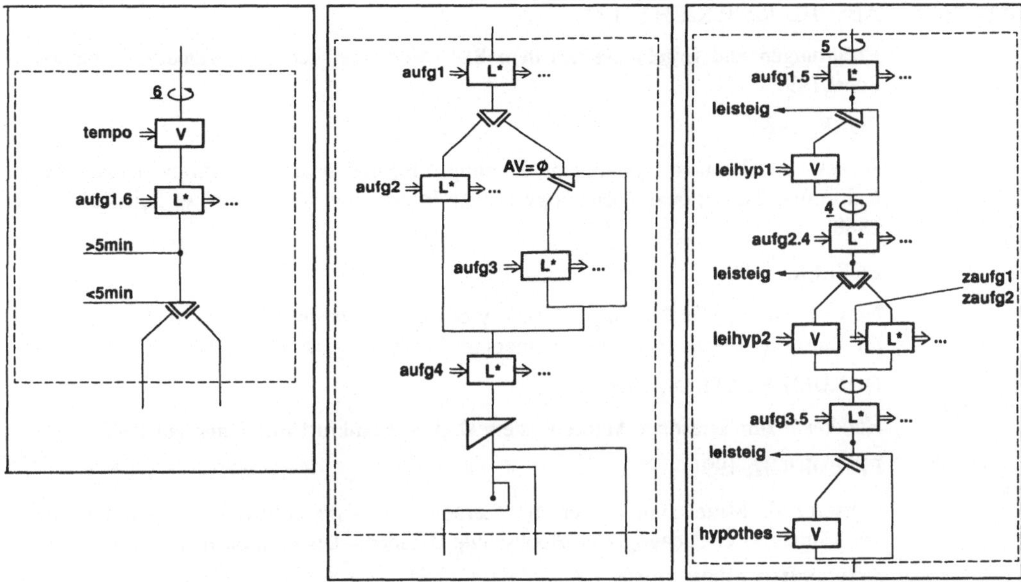

Bild 5.1:Verfeinerte Struktur   Bild 5.2:Verfeinerte Struktur   Bild 5.1:Verfeinerte Struktur
   von KONTR1C   von UEBNG1B   von DIAGN2B

Die Erfahrungen in der Arbeit mit dem Autorensystem DAUS nutzend, lassen sich Prinzipien und Methoden der Programmentwicklung für einen pädagogischen Anwendungsfall verallgemeinern. Dabei ist es in Prozessen, wie dem Lehren und Lernen, deren Beschreibung und Analyse bereits auf Schwierigkeiten stößt, besonders schwierig, praktikable Strategien zur Unterstützung auszuarbeiten. Als generelles Modell ist ein Cour*warelebenszyklus nutzbar. In der Charakteristik dieser Schrittfolge sind Modifizierungen aus der Softwaretechnologie beschrieben. Das betrifft zum einen die Art der Handlungsabläufe, die bezweckt bzw. modelliert werden sollen und von vornherein pädagogisch-didaktische Vorgehensweisen berücksichtigen. Zum anderen sind Differenzierungen in der Art des Wissenserwerbs, in gewissen Denkstrukturen und in Ebenen und Niveau der Rückkopplung ebenso zu Grunde zu legen wie die Art und Weise der Umsetzung in einem Autorensystem oder einer höheren Programmiersprache.

Da das Anwendungsfeld die Entwicklung höherer Programmiersprachen entscheidend geprägt hat, ist eine solche Prägung auch für Autorensprachen zu fordern. Bei weiterer Ausarbeitung dieses Modulkonzepts durch eine Grafikunterstützung kann die Ebene der Autorensprache schrittweise verlassen werden. Es ist ein Programmentwurf möglich, der durch die Positionierung von Grafikelementen, die eine didaktische Untersetzung haben, gekennzeichnet ist. Schließlich sind für eine Autorensprache Beschreibungsmittel nötig, die dem Prozeß angepaßt sind, den diese Sprache und mit ihr zu realisierende Programme unterstützen sollen. Mit den angebotenen Moduln wird allerdings die Entwurfsphase erst wenig unterstützt. Es ist nur praktikabel, wenn diese Moduln in einem Steuerfluß nutzbar sind und dazu entsprechende Arbeitsmittel vorliegen, wie z.B. ihre Positionierung in einer grafischen Oberfläche.

Die Verallgemeinerung zu einer Coursewaretechnologie läßt sich im Bereich der Methoden und Werkzeuge nicht fortsetzen, da dafür notwendige Analysen des pädagogischen Prozesses nicht vorliegen. Solange aber im Basisprozeß Unsicherheiten in seiner Beschreibung existieren, ist keine theoretische Ausarbeitung einer Technologie über diesen Prozeß möglich. Die Überlegungen und ersten praktischen Realierungen unter Nutzung eines Autorensystems bilden einen Ansatz zur Schaffung geeigneter Werkzeuge zur Erarbeitung von Courseware.

Literatur: ABSCHLUSSBERICHT, 1991

Erfahrungen und Ergebnisse aus dem BLK-Modellversuch "Softwaredokumentation".-Soest,1991

BORK, 1988

A new development system for learning modules using technology.-University of California, Educational Technology Center Information and Computer Science. Irvine: 1988

BOSLER, 1988

New Information Technology - A survey of the situation in the FRG. In: Proceedings of the European Conference on Computers in Education. -Lausanne: 1988

DOKUMENTATION, 1990

Handbuch zum Dresdner Autorensystem DAUS. Frankfurt/M.:-Umschau 1990

FRIEDRICH, 1991

Software als Mittel zum Lehren und Lernen. - Analyse, Entwicklung und Bewertung von Courseware. Pädagogische Hochschule Dresden. -Dissertation B. Dresden: 1991

GORNY/VIERECK, 1987

Eine Vorgehensweise zur Entwicklung interaktiver Programme. In: Software-Ergonomie. State of the Art 5. München: Oldenbourg 1987

ROHLAND/UNGER, 1991

Ansätze zur Integration wissensbasierter Komponenten in ein Autorensystem. -Pädagogische Hochschule Dresden. Dissertation A (Entwurf). Dresden: 1991

Autor: Dr. paed. habil. Steffen Friedrich
Pädagogische Hochschule Dresden,
Institut für Informatik und ihre Didaktik
Wigardstraße 17
O-8060 DRESDEN

Ansätze zur Integration wissensbasierter Komponenten in Autorensysteme

Michael Unger

Zusammenfassung: Am Beispiel des **D**resdner **AU**toren**S**ystems DAUS werden Möglichkeiten der Nutzung wissensbasierter Moduln in Autorensystemen untersucht. Dabei liegt der Schwerpunkt der Betrachtungen auf der Bereitstellung von Werkzeugen zu einer möglichst genauen Analyse der Schülerantworten. Exemplarisch wird gezeigt, wie mit Hilfe eines Prologprogramms die Kontrolle der Antwort eines Lernenden realisiert werden kann.

1. Einleitung

In Anlehnung an existierende wissensbasierte Lehrsysteme (GUIDON, SOPHIE, RBT, GET) wurde an der Pädagogischen Hochschule Dresden der Versuch unternommen, Methoden und Verfahren der ünstlichen Intelligenz im Rahmen eines Autorensystems zu nutzen. Als Grundlage wurde das gleichfalls dort entwickelte Autorensystem DAUS (Dresdner AUtorenSystem) verwendet.

> Wissensbasierte Lehrsysteme "... zeichnen sich gegenüber herkömmlichen computergestützten Lehrverfahren dadurch aus, daß sie in der Lage sind, im Dialog mit dem Lernenden ein Modell seines Wissens aufzubauen und daraus das zum jeweiligen Zeitpunkt angemessene Lehrangebot abzuleiten." ([Häußler et al. 87])

Eines der bestimmenden Momente für die Qualität des gesamten wissensbasierten Lehrprogramms ist das Zusammenwirken von Diagnosekomponente, Schülermodell und Lehrkomponente. Hier ist voll und ganz die Meinung von Lehner zu unterstützen, die in [Lehner 90] feststellt:

> "Enthält die Teaching Expertise (gleich Lehrkomponente, d.A.) nur wenige unterschiedliche Folgereaktionen auf Fehler, ist es unnötig, viele unterschiedliche Fehler zu diagnostizieren und damit eine immense Schülerdatei zu produzieren, wenn sie in der Teaching-Expertise nicht wieder berücksichtigt werden."

Das oben dargestellte Modell ist in Ansätzen bereits in zahlreichen Lehrsystemen verwirklicht worden. Charakteristisch für alle diese Systeme ist die Gestaltung von Lehrprogrammen über einem relativ schmalen Wissensspektrum.

Aus der oben beschriebenen Philosophie von Autorensystemen folgt ein völliger Gegensatz dieses Versuchs zur Grundidee der beschriebenen Lehrsysteme - das zu bearbeitende Wissen erstreckt sich über alle nur denkbaren Gebiete, von Naturwissenschaften und Mathematik über Kunst- und Geisteswissenschaften bis hin zu Sozial- und Kulturwissenschaften, also fast das gesamte menschliche Wissen.

Dieses gesamte Wissen wäre als Wissensbasis eines Autorensystems zu verwalten, wenn man versuchen würde, eine universelle, d.h. vom Inhalt eines beliebigen Lehrprogramms völlig unabhängige Wissensbank für das Autorensystem zu konstruieren. Abgesehen von den Problemen bei der Erstellung wird es auch trotz zu erwartender Entwicklungen bei Speicherkapazitäten und Rechengeschwindigkeiten nicht möglich sein, eine derartige Datenmenge sinnvoll zu strukturieren und zu verwalten.

Ein solcher Ansatz scheidet also von vornherein aus. Es ist nicht möglich, ein Autorensystem insgesamt als Expertensystem zu gestalten, diese beiden Begriffe schließen einander sogar aus. Als Lösung bietet sich an, das Autorensystem nicht an sich als Expertensystem zu betrachten, sondern einzelne Komponenten, d.h. insbesondere die Produkte eines Autorensystems, also die Lehrprogramme, wissensbasiert zu gestalten.

Prinzipiell sind zwei Varianten denkbar, solche Komponenten in das Gesamtsystem zu integrieren:

- Das Autorensystem an sich kann wissensbasiert gestaltet werden.

- Die Produkte des Lehrsystems können wissensbasiert sein.

Hier soll das Produkt eines solchen Systems, das Lehrprogramm an sich wissensbasiert gestaltet werden. Dazu bieten sich folgende Denkansätze an:

(1) Schaffung eines Schülermodells

(2) Steuerung des Lernverlaufs auf der Grundlage didaktischer oder psychologischer Regeln

(3) Kontrolle der Schülerlösung auf der Basis einer Wissensbank

(4) Ermöglichen von Anfragen bezüglich der Bedienung des Lehrprogramms auf der Grundlage einer Wissensbasis

(5) Dasselbe bezüglich des Stoffes, der mit Hilfe des Lehrprogramms vermittelt werden soll.

Im folgenden sollen die Ansatzpunkte (3) und (5) näher ausgeführt werden.

2. Wissensbasierte Ableitungsprüfung von Schülerantworten

Die Entwicklung eines 'wissensbasierten' Antwortanalyseverfahrens für Lehrprogramme hat das Ziel, das Niveau der Informationsgewinnung über den Lernenden wesentlich zu erhöhen. Wie bei anderen Verfahren soll die Richtigkeit der Schülerlösung überprüft werden. Dabei soll unter Richtigkeit nicht nur eine zweiwertige Ja-Nein Entscheidung verstanden werden, sondern eine möglichst genaue Beurteilung der Antwort. Unter anderem gehört dazu auch, eine statt der erwarteten Antwort an das Lehrprogramm gestellte Frage als solche zu identifizieren.

Als Ergebnis der Kontrolle werden Lerndaten erwartet, die so strukturiert sind, daß sie sich zur weiteren Steuerung des Lernverlaufs, aber auch zur späteren Auswertung verwenden lassen. Diese Struktur ist natürlich vom jeweiligen Lehrsystem abhängig und wird als Schülermodell bezeichnet. Das wissensbasierte Antwortkontrollverfahren muß, um sich in ein vorhandenes System integrieren zu lassen, entsprechende Daten generieren, die über eine geeignete Schnittstelle an den Steuerteil des Lehrprogramms übergeben werden müssen.

Bei der wissensbasierten Ableitungsprüfung wird unter Benutzung einer Wissensbasis, die richtige und typisch falsche Regeln zur Erzeugung von entsprechenden Antwortmöglichkeiten enthält, versucht, aus gegebenen Werten eine Lösung abzuleiten, die der des Schülers unter Beachtung gewisser Optionen gleicht.

Zum Finden derjenigen Regeln, mit denen sich das Schülerresultat aus der Aufgabe erzeugen läßt, wird der standardmäßige Suchmechanismus von PROLOG benutzt.

Die Klausel loese lautet:

```
loese(Anfrage, Gegebene_Zeichenkette, Schuelerloesung, Res) :-
    ist_antwort(Anfrage),
    ableitbar(Gegebene_Zeichenkette, Schuelerloesung, [],
    Rliste), ! ,
    finde_antwortvariante(Rliste, Res).
```

Dabei versucht die Klausel `ableitbar` unter Nutzung aller vorgegebenen 'richtigen' und 'falschen' Regeln, die Schülerlösung aus den gegebenen Größen zu erzeugen. Deren Formulierung entspricht der Vorgabe von Antwortvarianten und stellt den Schwerpunkt der Arbeit des Programmautors dar, wobei nicht das Umsetzen in Prolog-Klauseln schwierig ist, sondern das exakte Finden und Beschreiben der Regeln. Sie werden unmittelbar als Prologfakten und -regeln formuliert und stehen der Klausel `erzeugbar` zur Verfügung, die alle möglichen Resultate generiert. Diese Ergebnisse werden unter Beachtung von in `gleich` festgelegten Optionen (Rechtschreib- oder numerische Toleranz, zulässige Synonyme) mit der Schülerlösung verglichen.

```
ableitbar(Gegebene_Zeichenkette, Resultat, Rlalt, Rlneu) :-
     erzeugbar(Gegebene_Zeichenkette, Resultat, Rlalt, Rliste1),
     gleich(Resultat, Schuelerloesung, Rliste1, Rlneu).
```

Bei erfolgreicher Lösung der Klausel `ableitbar` (wenn also die Schülerlösung nachvollzogen werden konnte), werden alle benutzten Regeln in eine Liste (*Rliste*) eingetragen, aus der die an DAUS zurückzugebenden Daten generiert werden müssen.

Konnte die Schülerlösung nicht nachvollzogen werden, 'failt' `ableitbar` und damit die erste Klausel des Prädikates `loese`. In diesem Fall wird untersucht, ob die Schülerlösung eine Anfrage darstellt.

Durch Auswertung der generierten Daten kann der Autor die Relevanz der von ihm aufgestellten Wissensbasis prüfen und gegebenenfalls neue Regeln aufstellen und damit das Programm schrittweise verfeinern.

Es ist also möglich, Vorgabelösungen für Zeichenketten während der Laufzeit des Programms zu erzeugen, und zwar alle, die aus der gegebenen Zeichenkette durch Anwendung der Regeln ableitbar sind. Tatsächlich werden nur solange Lösungen generiert, bis die vom Schüler eingegebene gefunden wurde.

Aus einem Prologprogramm, daß die Wissensbasis und die Inferenzmechanismen für ein Beispiel-Lehrprogramm zur Addition von Brüchen enthält, sollen exemplarisch einige Klauseln erläutert werden.

Ein mögliches Resultat wird erzeugt, indem die Klausel `bruchaddition` gerufen wird. Dabei wird die alte Regelliste *Rlalt* (die eine leere Liste ist) übergeben, bei Abarbeitung dieser Klausel wird diese Liste um die zur Erzeugung von *Resultat* benötigten Regeln erweitert und an *Rlneu* gebunden.

```
erzeugbar(Gegebene_Zeichenkette, Resultat, Rlalt, Rlneu) :-
     bruchaddition(Gegebene_Zeichenkette,Resultat, Rlalt, Rlneu).
```

Die Struktur von *Gegebene_Zeichenkette* ist durch die konkrete Aufgabe festgelegt, im Beispiel handelt es sich um eine Liste, die vier als Zeichenkette gegebene ganze Zahlen enthält.

Ohne auf die Realisierung aller Klauseln einzugehen, soll eine Möglichkeit für eine richtige und eine typisch falsche Regel am Beispiel des Kürzens angegeben werden. Die korrekte Regel bildet den größten gemeinsamen Teiler von Zähler und Nenner und teilt beide Zahlen durch diesen Betrag. Durch das Anhängen der Zeichenkette "kuerzen" an die Regelliste wird das Abarbeiten dieser Klausel dokumentiert.

```
kuerzen(Z1, N1, Z2, N2, Rlalt, Rlneu) :-
     ggt(Z1, N1, Ggt, Rlalt, Rl1),
     Z2 = Z1 div Ggt,
     N2 = N1 div Ggt,
     erweiterregel(Rl1, "kuerzen", Rlneu).
```

Eine typisch fehlerhafte Anwendung dieser Regel ist das Vergessen des Kürzens. Um auch solche fehlerhaften Ergebnisse des Schülers nachzuvollziehen, muß auch im Prolrogprogramm eine entsprechende Klausel unter dem gleichen Namen enthalten sein. Wird sie abgearbeitet, so wird der Regelname "nicht_kuerzen" an die Liste angehängt.

```
kuerzen(Z1, N1, Z2, N2, Rlalt, Rlneu) :-
    Z2 = Z1,
    N2 = N1,
    erweiterregel(Rlalt, "nicht_kuerzen", Rlneu).
```

Mit der vorgestellten Methode kann jedoch bei geeigneter Wahl der Regeln nahezu jede Schülerlösung verifiziert werden, wobei es möglich ist, festzustellen, welche 'falschen' Regeln benutzt wurden. Damit lassen sich sehr präzise Aussagen zum Fehlverhalten des Schülers machen.

3. Wissensbasierte Hilfestellung

Als Ansatzpunkt für die Schaffung eines Hilfesystems für Lehrprogramme auf Autorensystembasis bieten sich an:

(1)   Die Analyse der Schülerantwort

(2)   Die Schaffung einer expliziten Anfragekomponente

Die Variante (1) geht von der Annahme aus, daß jede Eingabe des Schülers auch eine Anfrage an das Lehrprogramm sein kann. Darauf basierend ist es möglich, jede Eingabe dahingehend zu überprüfen. Dies führt letztlich auf die gleiche Struktur der Analyse der Schülereingabe wie bei Variante (2). Im Unterschied zu (1) wird es hier jedoch noch wichtiger, die Frage als solche zu identifizieren, da der Schüler erst recht eine Antwort erwartet, wenn ihm die Möglichkeit des Fragestellens explizit angeboten wurde.

Der Aufruf der Anfragekomponente soll erfolgen, wenn:

-   die Antwort des Schülers mit keiner der vom Autor vorhergesehenen Vorgabelösungen übereingestimmt hat oder

-   der Schüler mit Hilfe einer Funktionstaste - während der Bearbeitung einer Frage - angemeldet hat, daß er anstelle der Antwort jetzt eine Anfrage an das Lehrprogramm richten möchte.

-   bei einer Frage mit wissensbasierter Antwortkontrolle die Schülerlösung nicht nachvollzogen werden konnte.

Nach dem Aufruf der Anfragekomponente erfolgt die weitere Bearbeitung durch ein Prologprogramm. Dort werden die Wissensrepräsentation, die Komponente zur Zerlegung der Schülerantwort und zur Erzeugung der Repräsentationskonstruktion sowie die eigentliche Inferenzkomponente realisiert.

Im Unterschied zu anderen Systemen wird die Antwort nicht generiert, es erfolgt also keine Antwortsynthese, sondern die Vorgabe der Beantwortung einer Anfrage erfolgt bereits mit der Konstruktion der Wissensbasis. Dort wird zu jedem Fakt ein Bezeichner angegeben, unter dem der für die Beantwortung der Anfrage relevante Text in einer zusätzlichen Datei gespeichert werden muß.

Es können mit einer solchen einfachen Anfragekomponente nicht annähernd alle denkbaren Fragestellungen behandelt werden. Deshalb war von Anfang an eine irgendwie geartete Einschränkung des Fragespektrums notwendig, wie dies auch in anderen Systemen der Fall ist (vgl. GET [Stubenrauch 88], SOPHIE [Cyranek 86]). Deshalb wurden als Gliederungsmerkmal für die Wissensbasis mögliche Frageziele gewählt, d.h. Kriterien, nach denen gefragt werden könnte. Im wesentlichen können damit Fragen folgenden Typs beantwortet werden:

- Was ist ein ...? (Definition)

- Wie hängen ... und ... zusammen? (Zusammenhang)

- Wie erfolgt ... im ...? (Prozeß)

Diese Vorgehen erscheint im Zusammenhang mit der Forderung nach der möglichst einfachen Strukturierung des Wissens und dem Versuch, ein sehr einfaches (und damit sehr schnelles) Verfahren zur Analyse der Schülereingabe zu verwenden, gerechtfertigt.

Die Wissenbasis setzt sich demnach aus folgenden Komponenten zusammen:

(Beispiel für die Darstellung einzelner Komponenten und des Gesamtprozesses soll das Stoffgebiet 'Gebrochene Zahlen' sein.)

- Synonymtabelle:

  Alle vom Autor vorgegebenen Begriffe und deren Synonyme werden in Form von Prologklauseln an diese Tabelle angefügt. Dabei hat eine solche Klausel die allgemeine Struktur:

  ```
  synonym_von ( begriff, synonym);
  ```

  Für das angegebene Beispiel wären folgende Synonyme für den Begriff 'Bruch' denkbar

  ```
  synonym_von ("Bruch","Bruch").
  synonym_von ("Bruch","Brüch").
  synonym_von ("Bruch","gebroch").
  synonym_von ("Bruch","gemein").
  ```

Die Tabellen bezüglich der Frageziele enthalten Begriffe und den Bezeichner, unter dem der entsprechende Hilfetext in der Antwortkomponente abgelegt worden ist. Die einzelnen Klauseln haben folgende Struktur:

- Definitionstabelle allgemein:

  ```
  ist_definiert ( begriff, bezeichner);
  ```

  Beispiel:

  ```
  ist_definiert("Bruch","bru1").
  ist_definiert("Nenner","bru2").
  ```

- Zusammenhangsstabelle allgemein:

  ```
  ist_zusammenhang ( begriff1, begriff2, bezeichner);
  ```

  Beispiel:

  ```
  ist_zusammenhang("Addition", "Subtraktion", "addsu").
  ist_zusammenhang("Multiplikation", "Division", "muldiv").
  ```

- Prozeßtabelle allgemein:

  ```
  ist_prozess ( prozess, gebiet, bezeichner);
  ```

  Beispiel:

  ```
  ist_prozess("Kürzen", "Bruch", "gekü").
  ist_prozess("Erweitern", "Bruch", "geerw").
  ```

Die Analyse der Anfrage erfolgt mit Hilfe von Prologklauseln, die auf die im gleichen Prologprogramm vorhandene Wissensbasis zugreifen.

In jedem Falle ist die Schülereingabe eine Zeichenfolge (im System DAUS im Umfang einer Bildschirmzeile). Sie wird als Attribut 'Schuelerloesung' an die entsprechende Klausel übergeben. Im Attribut 'Anfrage' steht, ob der Schüler per Funktionstaste tatsächlich eine Anfrage gestellt hat, oder ob das System aufgrund der Feststellung einer unerwarteten Antwort untersucht, ob es sich um eine Anfrage handeln könnte. Für das Prädikat loese, das schon bei der wissensbasierten Antwortkontrolle verwendet wurde, existiert eine zweite Klausel. Diese hat dann folgendes Aussehen:

```
loese(Anfrage, _ , Schuelerloesung, Res) :-
     parse(Schuelerloesung, Frageziel, Begriff1, Begriff2, Text),
     erzeuge(Text, Begriff1, Begriff2, Res).
```

Bei Abarbeitung dieser Regel wird versucht, in Abhängigkeit von der Zeichenkette *Schuelerloesung* eine Variable *Text* zu belegen. Bei *Text* handelt es sich um den Bezeichner, der an das DAUS-Programm gemeinsam mit den beiden Begriffen, die bei der Anfrageanalyse ermittelt wurden, zurückgegeben wird. Der Analyseprozeß erfolgt, indem die Schülerlösung einer Folge von Aufrufen der Klausel parse unterzogen wird.

Diese Klausel realisiert sowohl den Prozeß des Parsings als auch die Suche nach einem entsprechenden Eintrag in der Wissensbasis. Das eigentliche Parsing dient der Bestimmung des Frageziels (Definition, Zusammenhang, Prozeß) in Kombination mit entsprechenden Fragegegenständen. Die Bestimmung des Frageziels (Klausel enthaltensw) erfolgt, indem ein oder mehrere Begriffe oder deren Synonyme in der Schülerlösung gesucht werden, die eine Identifikation des Frageziels zulassen. Die Bestimmung des Frageziels wird hier also einfach auf das Auffinden bestimmter Schlüsselworte in der Schülerlösung reduziert, die Stellung der Worte im Satz und deren grammatikalische Bedeutung, also praktisch der gesamte Kontext der gesuchten Worte, werden vernachlässigt.

Ein erster Ansatz für das Parsing zur Auffindung eines Frageziels könnte dabei wie folgt aussehen:

```
parse(Anfrage, Schuelerloesung, Begriff1, Begriff2, Text) :-
(*) enthaltensw("definier", Schuelerloesung),
     parsedef(Anfrage,Schuelerloesung, Begriff1, Begriff2,Text).

parse(Anfrage, Schuelerloesung, Begriff1, Begriff2, Text) :-
(*) enthaltensw("Was", Schuelerloesung),
(*) enthaltensw("ist", Schuelerloesung),
     parsedef(Anfrage,Schuelerloesung, Begriff1, Begriff2, Text).
```

Weitere Klauseln unterscheiden sich nur an den mit (*) bezeichneten Stellen von den oben angeführten Regeln, deshalb sollen nur diese Teile angegeben werden:

```
-    enthaltensw("Was", Schuelerloesung),
     enthaltensw("heißt",Schuelerloesung),
-    enthaltensw("Was", Schuelerloesung),
     enthaltensw("bedeutet",Schuelerloesung),
```

Fragen des Schülers, die zum Zutreffen der einzelnen Klauseln führen würden, wären in der oben genannten Reihenfolge beispielsweise:

- "Wie ist ein gemeiner Bruch definiert?"

- "Was ist ein Bruch?"

- "Es ist von gemeinen Brüchen die rede, was heißt das?"

- "Ich weiß nicht, was gemeiner Bruch bedeutet."

'Matcht' keine der Regeln zum Finden einer Frage nach einer Definition, so werden weitere Regeln parse aufgerufen, mit denen versucht wird, Fragen nach Zusammenhängen oder Prozessen zu ermitteln.

```
parse(Anfrage, Schuelerloesung, Begriff1, Begriff2, Text) :-
    enthaltensw("zusammen", Schuelerloesung),
    parsezus(Anfrage,Schuelerloesung, Begriff1, Begriff2, Text).
parse(Anfrage, Schuelerloesung, Begriff1, Begriff2, Text) :-
    enthaltensw("Wie", Schuelerloesung),
    enthaltensw("erfolgt", Schuelerloesung),
    parsepro(Anfrage,Schuelerloesung, Begriff1, Begriff2, Text).
```

Es wird also nacheinander versucht, eines der drei Frageziele zu identifizieren. Im zweiten Teil der Klausel parse erfolgt die Fortsetzung des Parsings mit der Suche nach den Fragegegenständen mit Hilfe der Klauseln parsedef, parsezus und parsepro. Alle drei arbeiten nach dem gleichen Grundschema wie parsedef, jedoch bezüglich des jeweiligen Frageziels.

```
parsedef(_, Schuelerloesung, Begriff1, "", Text) :-
    enthalten(Begriff1, Schuelerloesung),
    synonym_von(Sbegriff1, KurzBegriff1),
    stringgleich(Kurzbegriff1, Begriff1),
    ist_definiert(Sbegriff1, Text).
```

Es wird ein Begriff aus der Schülerlösung gewonnen (*Begriff1* in enthalten). Dieser Begriff wird mit den Kurzbegriffen der Synonymtabelle verglichen. Wird Gleichheit festgestellt (stringgleich - Zeichengleichheit unter Vernachlässigung von Groß- und Kleinschreibung) so wird die aktuelle Bindung der Variablen *Sbegriff* als Fragegegenstand angenommen. *Sbegriff* ist dann Synonym des in der Schülerlösung enthaltenen Wortes *Begriff1*. Kann keine Gleichheit mit einem Eintrag der Synonymtabelle festgestellt werden, so setzt das Backtracking ein und es wird versucht, für das nächste Wort der Schülerlösung einen entsprechenden Eintrag zu finden. Dieser Prozeß wird solange fortgesetzt, bis eine Lösung gefunden wurde, oder bis alle Worte der Schülerlösung mit allen Einträgen der Synonymtabelle verglichen sind.

Mit Hilfe dieser Repräsentationskonstruktionen wird im Anschluß an das Parsing in der dem Frageziel entsprechenden Tabelle gesucht. Dort soll ermittelt werden, ob ein den aktuellen Bindungen der Variablen entsprechender Eintrag existiert. Dies realisiert für die Suche nach Definitionen die Klausel ist_definiert, wobei direkt in der Definitionstabelle ein Fakt gesucht wird, der mit der aktuellen Variablenbindung identisch ist.

Wenn keine Eintrag in der Definitionstabelle gefunden wird (aber das Frageziel *Definition* bereits erkannt war) kann die zweite Klausel parsedef abgearbeitet werden.

```
parsedef(Anfrage, Schuelerloesung, Begriff1, "", Text) :-
    ist_anfrage(Anfrage),
    enthalten(Begriff1, Schuelerloesung),
    synonym_von(_, Kurzbegriff1),
    stringgleich(Kurzbegriff1, Begriff1),
    sonst_text("Definition", Text).
```

Die Suche erfolgt nach dem gleichen Prinzip wie zuvor, es wird aber nur gesucht, ob ein Eintrag in der Synonymtabelle für ein Wort der Schülerlösung existiert. Für diesen Fall wird über sonst_text der Bezeichner eines Datensatzes der Antwortkomponente festgelegt. In diesem Standarddatensatz steht dann, daß verstanden wurde, daß nach der Definition des Begriffs *Begriff1* gefragt wurde, aber dazu keine Antwort gegeben werden kann.

Literatur:

[Häußler et al. 87]

    P. Häußler, V. Tremp, W. Ziebarth: Künstliche Intelligenz und Bildung in der Bundesrepublik: eine Bestandsaufnahme. Institut für die Pädagogik der Naturwissenschaften an der Universität Kiel, 1987.

[Lehner 90]

    K. Lehner: Wissensbasierte Lehrsysteme. Oldenbourg-Verlag München, 1990.

[Stubenrauch 88]

    R. Stubenrauch: Interaktives rechnergestütztes Übungsprogramm für den Einsatz im Lehrgebiet "Grundlagen der Elektrotechnik" an der Technischen Hochschule Ilmenau. Dissertation, Fakultät für Technische Wissenschaften der Technischen Hochschule Ilmenau, 1988.

[Cyranek 86]

    G. Cyranek: Entwicklungsrichtungen tutorieller Lehrsysteme unter Berücksichtigung neuer Ergebnisse der Künstlichen Intelligenz-Forschung. Expertise für das hessische Institut für Bildungsplanung und Schulentwicklung. Wiesbaden, 1986.

[Unger, Rohland 91]

    M. Unger, H. Rohland: Ansätze zur Integration wissensbasierter Komponenten in Autorensysteme. Pädagogische Hochschule Dresden. Dissertation A (Entwurf). Dresden, 1991.

Autor: Michael Unger
             Pädagogische Hochschule Dresden
             Institut für Informatik und ihre Didaktik
             Wigardstraße 17
             O 8060 DRESDEN

Zur Qualitätssicherung von interaktiven Lernprogrammen

Rolf Winkelmann

Zusammenfassung

Die Qualitätsicherung beim Erstellen interaktiver Lernprogramme erstreckt sich über den gesamten Entwicklungsprozeß. Sie umfaßt die Aufgaben Qualitätsplanung, -prüfung und -lenkung. Ohne eine Planung bzw. Vorgabe der erforderlichen Qualität, ist eine laufende bzw. abschließende Überprüfung nicht möglich. Maßnahmen zur Qulitätssicherung beschränken sich nicht nur auf die Produktqualität, sondern schliessen die Qualität der Vorgehensweise beim Entwickeln mit ein. Qualitätssicherung ist jedoch ohne eine Planung bzw. Vorgabe der erforderlichen Qualität nicht möglich. Diese erfolgt über sogenannte Qualitätsmerkmale, die um aussagekräftig zu sein in mehrere Stufen unterteilt werden müssen. Um die Qualität des Entwicklungsprozesses sicher zu stellen, untergliedert man diesen in einzelne Phasen, die durch Zwischenergebnisse, sogenannte Meilensteine mit definiertem Inhalt gekennzeichnet sind. Die Meilensteine müssen nach ihrer Fertigstellung einer Qualitätsprüfung unterzogen werden und falls diese positiv verlaufen ist, vor der Weiterentwicklung explizit freigegeben werden.

1. Qualitätsproblematik beim Entwickeln interaktiver Lernprogramme

Die Akzeptanz und der angestrebte Lernerfolg interaktiver Lernprogramme hängen sehr von deren Qualität ab. Da es sich bei interaktiven Lernprogrammen um Software mit Lerninhalten handelt, treten hier vergleichbare Qualitätsfragen wie bei der Softwareentwicklung auf. Die Qualität interaktiver Lernprogramme ist keine isolierte Eigenschaft, sondern muß sich an den Erfordernissen des gaplanten Einsatzes bzw. der angestrebten Lernziele orientieren. Dies gilt damit in gleichem Maße auch für die Qualitätssicherung. Um qualitativ hochwertige Lernsoftware zu erhalten, ist es daher zweckmäßig, die gleichen Prinzipien der Qualitätssicherung wie bei der Softwareentwicklung anzuwenden. Qualitätssicherung beim Entwickeln interaktiver Lernprogramme ist damit mehr als eine Endkontrolle fertiger Produkte. Sie muß vielmehr als eine den Entwicklungsprozess begleitende Aufgabe gesehen werden, die auf einer systematischen und geplanten Vorgehensweise (Prozeßqualität) im Rahmen des Entwicklungsprozesses basiert. Diese verfolgt das Ziel, die geforderte Qualität (Produktqualität) unter Berücksichtigung eines vorgegebenen Zeitrahmens und vorgegebener bzw. verfügbarer Mittel zu erreichen.

2. Aufgaben der Qualitätssicherung

Die Qualitätssicherung beim Entwickeln von Lernprogrammen läßt sich analog zu der bei der Softwareentwicklung in folgende Aufgaben unterteilen:

- Qualitätsplanung

- Qualitätsprüfung

- Qualitätslenkung.

Die Qualitätsplanung befaßt sich mit dem Festlegen der erforderlichen Produktqualität und der zu ihrer Realisierung notwendigen Prozeßqualität. Zum Festlegen der Produktqualität müssen die Qualitätsmerkmale und ihre Ausprägung definiert werden. Die Planung der erforderlichen Prozeßqualität beschränkt sich in der Regel auf eine eventuelle Anpassung der Standardvorgehensweise im Rahmen des Entwicklungsprozesses.

Die Qualitätsprüfung hat die Aufgabe während und zum Abschluß des Entwicklungsprozesses Abweichungen zwischen der erforderlichen und erreichten Qualität festzustellen. Dies gilt nicht nur für die Produktqualität, sondern auch für Termine, Kosten und Abweichungen des geplanten zum erreichten Entwicklungsstand.

Aufgabe der Qualitätslenkung ist es schließlich geeignete Maßnahmen beim Auftreten von Abweichungen durchzuführen.

3. Qualitätsmerkmale

Voraussetzung um überhaupt qualitätssichernde Maßnahmen durchführen zu können ist eine Beschreibung der gewünschten Qualität. Hierzu bedient man sich in der Softwareentwicklung sogenannter Qualitätsmerkmale [1], die auch auf interaktive Lernprogramme übertragen werden können. Die Qualität von Lernprogrammen setzt sich dabei aus einer Vielzahl verschiedener interdependenter Merkmale zusammen, die das gesamte Eignungsspektrum eines Lernprogramms abdecken. Damit die Qualitätsmerkmale als Vorgaben für die Entwicklung und zur Qualitätsprüfung verwendet werden können, müssen sie, wie bei der Software, operational sein, d.h.

- meßbar oder zumindest bewertbar sein und

- alle Ausprägungen, durch die die Qualität eines Lernprogramms bestimmt wird, beschreiben.

Die Qualität von Lernprogrammen läßt sich durch die gleichen grundlegenden Qualitätsmerkmale beschreiben, wie sie in der Softwareentwicklung gebräuchlich sind. Bezogen auf die für den Einsatz wesentlichen Beurteilungsschwerpunkte wie Lernerfolg, Akzeptanz, Pflege und Einsatzmöglichkeiten auf unterschiedlicher Hard- und Software ergibt sich nachstehendes Bild (Tab. 1).

Beurteilungs- schwerpunkt	Qualitätsmerkmal
Lernerfolg	Funktionserfüllung
Akzeptanz	Benutzungsfreundlichkeit
	Zuverlässigkeit
	Zeitverhalten
Pflege	Wartungsfreundlichkeit
Übertragungs- möglichkeiten	Übertragbarkeit
	Verbrauchsverhalten

Tab. 1: Beurteilungsschwerpunkte und Qualitätsmerkmale

Diese grundlegenden Qualitätsmerkmale sind jedoch in dieser Form nicht operational. Hierzu ist eine weitere Unterteilung in sogenannte Teilmerkmale notwendig. Dies soll beispielsweise an dem Qualitätsmerkmal Funktionserfüllung demonstriert werden.

Das Qualitätsmerkmal Funktionserfüllung dient zum Überprüfen inwieweit ein Lernprogramm die Lernziele mit dem gewünschten Lernerfolg vermittelt. Es zielt damit auf den Lernstoff und dessen didaktische Aufbereitung und Darbietung. Um hierfür grobe Aussagen machen zu können, ist eine erste Unterteilung notwendig in die zwei Teilqualitätsmerkmale.

- Abdeckung des Lernstoffs nach Umfang und Tiefe

- zielgruppenorientierte Gestaltung und Darbietung.

Um Aussagen zur Abdeckung des Lernstoffs machen zu können, ist eine weitere Untergliederung nicht mehr unbedingt notwendig. Man kann sich auf dieser Ebene bereits auf die inhaltlichen Bestandteile eines Lernprogramms beziehen.

Die zielgruppenorientierte Gestaltung und Darbietung ist ein Teilqualitätsmerkmal zum Festlegen bzw, Beurteilen der didaktischen Qualität eines Lernprogramms. Da hierfür eine Reihe unterschiedlicher Faktoren eine Rolle spielen, ist eine weitere Detaillierung in sogenannte Unterqualitätsmerkmale notwendig. Zweckmäßige Unterqualitätsmerkmale hierfür sind die

- optische und akustische Gestaltung

- Gestaltung der Lerninhalte

- Interaktionen.

Die auf dieser Ebene machbaren Vorgaben sind immer noch sehr pauschal, so daß eine weitere Unterteilung in Elementarqualitätsmerkmale empfehlenswert ist.

Die Beschreibung der optischen und akustischen Gestaltung ist z.B. möglich über die Elementarqualitätsmerkmale

- Bildschirmlayout bzw. Text- und Bildschirmgestaltung

- didaktischer Einsatz von Grafik und Bild

- Einsatz von Farbe zum Verdeutlichen von Inhalten und zur Motivation.

- Verwendung von Animationseffekten

- akustische Effekte bzw. Ausgabe.

Das Unterqualitätsmerkmal Gestaltung der Lerninhalte setzt sich zusammen aus den Elementarmerkmalen

- didaktische- und methodische Aufbereitung

- formale Richtigkeit der Inhalte

- Medieneinsatz.

Die Fähigkeit eines Lernprogramms sich an das individuelle Wissensniveau bzw. den erreichten Lernerfolg des Lernenden anzupassen hängt in entscheidendem Maße von der Struktur und der Interaktionsfähigkeit des Lernprogramms ab. Innerhalb eines Lernprogramms führen Interaktionen zu einer aktiven Auseinandersetzung des Lernenden mit den Lerninhalten. Beschreiben läßt sich die Interaktivität durch die Elementarqualitätsmerkmale

- Programmstruktur

- Steuerungsmöglichkeiten des Programmablaufs durch den Lerner bzw. durch das Programm

- Lernerfolgskontrollen

- Analyseformen und Rückmeldungen.

Für die Qualitätsplanung müssen die übrigen Qualitätsmerkmale, soweit sie für den geplanten Einsatz erforderlich sind, um operabel zu sein, ähnlich untergliedert werden, wie es an dem Qualitätsmerkmal Funktionserfüllung gezeigt wurde.

Nach der Auswahl und Detaillierung der Qualitätsmerkmale müssen bewertbare Vorgaben, wie z.B. "Einsatz von Farbe beschränkt auf drei Farben, Blau, Gelb, Grün, ausschließlich zum Kennzeichnen bestehender Beziehungen" für die Qualitätsmerkmale gemacht werden.

4. Qualitätssicherung des Prozesses

Voraussetzung um qualitativ hochwertige Lernprogramme zu entwickeln ist das Beherrschen des Entwicklungsprozesses. In der Softwareentwicklung haben sich hierfür sogenannte Prozeßmodelle [2] bewährt, die sich an wichtigen Zwischenergebnissen orientieren, die arbeitsteilig erstellt werden können. Diese Vorgehensweise läßt sich auch auf das Entwickeln von Lernprogrammen übertragen.

Für das Entwickeln von Lernprogrammen empfiehlt es sich den Entwicklungsprozeß in folgende Phasen bzw. Zwischenergebnisse zu unterteilen.

Phasen	Zwischenergebnisse
Projektvorbereitung	Anforderungskatalog
Planungsphase	Grobkonzept mit Programmstruktur
Realisierungsphase	Drehbuch Getestetes Lernprogramm Piloterprobung

Tab. 2: Phasen und Zwischenergebnisse

Die in der Tabelle 2 aufgeführten Zwischenergebnisse stellen sogenannte Meilensteine im Rahmen des Entwicklungsprozesses dar. Das bedeutet, daß sie einer Qualitätsüberprüfung unterzogen und danach von dem Auftraggeber freigegeben werden müssen, bevor man mit der Weiterentwicklung fortfährt.

Um die erforderliche Qualität der Meilensteine sicherzustellen, müssen bestimmte Tätigkeiten durchgeführt werden. Vor dem Erstellen des Anforderungskataloges muß die Zielgruppe festgelegt und deren Know-how Defizit ermittelt werden. Auf der Basis dieser Informationen können die Lernziele und die Lerninhalte definiert werden. Damit kann eine erste Entscheidung getroffen werden, ob der Schwerpunkt des zu entwickelnden Lernprogramms z.B. auf der reinen Wissensvermittlung, dem Üben (Drill and Practise), der Simulation von Abläufen oder Verhaltensweisen oder dem Unterstützen der Anwender beim Lösen von Problemen im Rahmen ihrer täglichen Aufgaben liegt. Diese Vorarbeiten sind notwendig, um die erforderliche Qualität daraus abzuleiten.

Der in der Projektvorbereitungsphase als Meilensteinergebnis zu erstellende Anforderungskatalog stellt die Basis für die Qualitätsprüfung und die Abnahme des fertigen Lernprogramms dar, denn er liefert die Vorgaben zum Überprüfen, ob die Anforderungen und Qualitätsmerkmale in der festgelegten Ausprägung realisiert worden sind.

Abgeschlossen wird die Projektvorbereitungsphase mit der Durchsprache und Verabschiedung des Anforderungskataloges mit den Know-how Trägern bzw. Auftraggebern. Dies ist ein wichtiger Schritt im Rahmen einer Qualitätssicherung, da auf der Basis der Anforderungen die Detailplanung beginnt.

Die Projektvorbereitungsphase ist unter dem Gesichtspunkt der Qualitätssicherung damit der wichtigste Entwicklungsschritt, da alles was hier an Qualitätsanforderungen nicht festgelegt wurde in den folgenden Schritten in der Regel nicht berücksichtigt wird und nachträglich nur unter großem Zusatzaufwand nachgebessert werden kann.

In der Planungsphase müssen die Programmstruktur und die Detailausarbeitung z.B. in Form eines Drehbuches einer Qualitätsprüfung unterzogen werden. Bei der Programmstruktur ist z.B. darauf zu achten, ob die Struktur die gewünschten alternativen Lernwege enthält oder die notwendigen Zugriffsmöglichkeiten zu Informationen erlaubt, die die Anwender zur Unterstützung beim Lösen von schwierigen Aufgaben aufrufen wollen. Ein Überprüfen der Struktur ist deswegen wichtig, weil nachträgliche Erweiterungen z.B. um Lexikonfunktionen mit Hypertext, Einbauen von Zusammenfassungen oder Lernerfolgskontrollen mit Hilfen zum Lösen der Aufgaben, die dabei auf Teile von Lernmodulen zugreifen, einen überdurchschnittlichen Mehraufwand erfordern.

Mit dem Erstellen des Grobkonzepts ist die Planung abgeschlossen und man kann mit dem eigentlichen Realisieren beginnen. Den größten Raum, bis zu 25% des Gesamtaufwandes [3] nimmt dabei das Erstellen eines Drehbuchs ein, zu dem ein detailliertes Erarbeiten und Aufbereiten der fachlichen Inhalte für die Lernmodule, Lernerfolgskontrollen usw. notwendig ist. Das Drehbuch kann nach seiner Fertigstellung vor der dv-technischen Umsetzung nochmals einer Qualitätsprüfung unterzogen werden. Inhaltliche und besonders strukturelle Fehler können dabei noch leichter beseitigt werden als in dem fertigen Lernprogramm. Diese Vorgehensweise muß immer dann eingehalten werden, wenn für die Realisierung eine Autorensoftware verwendet wird, die starre und unflexible Programmstrukturen erzeugt und eine Arbeitsteilung zwischen dem Erarbeiten und Aufbereiten der fachlichen Inhalte und dv-technischer Realisierung gewählt wurde.

Ohne Qualitätsverluste zu erleiden ist es bei einer erfahrenen Erstellermannschaft, die sich das notwendige Fachwissen angeeignet hat und wenn ein abgegrenzter und strukturierter Lernstoff vorliegt, wie dies z.B. bei der Schulung der Bedienung und der betriebswirtschaftlichen Grundlagen von DV-Verfahren häufig gegeben ist, möglich, auf das Erstellen eines Drehbuches zu verzichten. Dazu müssen jedoch der Anforderungskatalog und die Programmstruktur detailliert ausgearbeitet vorliegen und die fachlichen Inhalte strukturiert und abgegrenzt sein.

Schwerpunkt der Qualitätssicherung in der Realisierungsphase ist der Abschlußtest des fertigen Lernprogramms. Dabei werden die zu überprüfenden Bestandteile des Lernprogramms durch die im Anforderungskatalog festgelegten Qualitätsmerkmale bestimmt.

Zum Sicherstellen der Funktionserfüllung muß ein inhaltlicher Test der fachlichen Inhalte und der didaktischen Aufbereitung vorgenommen werden. Durch einen Ablauftest können die Erfüllung der Qualitätsmerkmale Benutzungsfreundlichkeit. Zuverlässigkeit und Zeitverhalten überprüft werden.

Der Ablauftest erfordert erheblich mehr Aufwand als der Test der Inhalte, da z.B. zum Überprüfen der Anforderungen Abbruch des Lernprogramms und automatisches Wiederaufsetzen an der Abbruchstelle, Aufruf einer Notizfunktion oder des Lexikons von jeder Stelle des Lernprogramms aus, diese Funktionen für jede Bildschirmseite überprüft werden müßten, was analog zum Testen von Software, bei umfangreichen Lernprogrammen mit mehreren Tausenden von Bildschirmseiten einen erheblichen Zeitaufwand bedeuten würde. Daher ist es zweckmäßig sich für den Ablauftest einen Testplan zuerstellen, der die wichtigsten Testfälle enthält und sich beim Durchführen des Ablauftests auf Stichproben zu beschränken, will man den Testaufwand und die Kosten in Grenzen halten.

Zum Testen des Qualitätsmerkmals Übertragbarkeit muß das fertige Lernprogramm auf den vorgegebenen Computertypen ausprobiert werden, was auf jedenfall zweckmäßig ist, will man nach dem Ausliefern keine unangenehmen Überraschungen erleben.

Als letzte Qualitätssicherungsmaßnahme vor der endgültigen Freigabe zum Einsatz eines Lernprogramms kann man eine Piloterprobung mit einem begrenzten Teilnehmerkreis durchführen. Dieser muß jedoch um repräsentative Aussagen, speziell zur zu erwartenden Akzeptanz, liefern zu können, der späteren

Zielgruppe entsprechen. Merkmale auf die man hier achten muß, sind z.B. Vorkenntnisse, Alter, Aufgaben, Erfahrung mit dem Lernen mit Lernprogrammen usw..

Literaturverzeichnis

[1] Asam, R., Drenkhard, N., Maier, H.: Qualitätsprüfung von Softwareprodukten, Siemens 1986

[2] End, W., Drenkhard, H., Winkelmann, R.: Softwareentwicklung Leitfaden für Planung, Realisierung und Einführung von DV-Verfahren, 7. Auflage, Siemens 1990

[3] Steppi, H. CBT - Computer Based Training Planung, Design und Entwicklung interaktiver Lernprogramme, Stuttgart 1989

Dr. Rolf Winkelmann
Siemens AG
RI OI F1
Richard Strauss Str. 76
8000 München 80

Design- und Didaktikhilfen als vorimplementierte Modelle für den Lernsoftware-Entwurf

Friedrich Augenstein, Thomas Jechle, Jürgen Schöning, Alexander Winter

Zusammenfassung

Heute verfügbare Autorensysteme geben einem Autor mächtige Werkzeuge mit einer Vielzahl von Gestaltungsmöglichkeiten an die Hand. Hilfen für gutes Kursdesign und didaktisch sinnvollen Aufbau von Lernsoftware fehlen jedoch. Wir beschreiben eine Erweiterung des Autorensystems Course of Action^{TM}[1] um vordefinierte Kurssequenzen, die sowohl Design- als auch Didaktikwissen beinhalten und dadurch den Autor beim Lernsoftware-Entwurf unterstützen.

1 Problemstellung

Computer Based Training (CBT) hat sich in den letzten Jahren insbesondere im Bereich der betrieblichen Aus- und Weiterbildung etabliert [Bre] [Alt]. Die Berücksichtigung anerkannter Qualitätskriterien für Lernsoftwaredesign ([CS],[OW],[Ric]) und didaktischer Prinzipien wird dort durch interdisziplinäre Teams aus Fachautoren, Computerspezialisten, Didaktikern und Designern gewährleistet. Autoren, die auf sich allein gestellt sind, stehen oft dem Problem gegenüber, daß das erforderliche Fachwissen zwar vorhanden ist, aber Unsicherheiten bezüglich des Lernsoftwaredesigns oder der didaktischen Realisierung bestehen. Selbst wenn alle drei Voraussetzungen erfüllt sind, dürften ergonomische und didaktische Entwicklungshilfen die Arbeit wesentlich erleichtern.

Die mangelnde Qualität mit Hypertextsystemen erstellter Information wird häufig beklagt ("Coloritis", "Fontitis", "Linkitis") [vD]. Diese Beobachtung wird für traditionelle Lernsoftware durch umfangreiche Erfahrungen am Institut für Informatik im abgeschlossenen COSTOC-Projekt bestätigt [OW][MMO]. Im Rahmen dieses Projekts wurden Teile des Informatikwissens als Bibliothek von ca. 350 Unterrichtslektionen aufbereitet. Die Autoren haben einen integrierten, teilweise direkt manipulierenden Editor für Text, Graphik, Animation, Struktur und Dialog (Antwortanalyse) verwendet. Die Qualitätskontrolle der Unterrichtslektionen geschah durch schriftliche Richtlinien [KM] sowie Fehlersuche und Korrektur durch Benutzer und Herausgeber — ein oft wenig erfolgreiches und mühsames Verfahren. Auch hier konnte nicht vermieden werden, daß Autoren undiszipliniert mit den Möglichkeiten des verwendeten Autorensystems umgingen: Viele Kurse beachten elementare Regeln zur mediengerechten Aufbereitung von Unterrichtsinhalten nicht, sie sind zu bunt, mit zu vielen Schrifttypen überladen, bieten zu wenig wesentliche Information u.v.a. Diese Situation verschlimmert sich bei Verwendung moderner Autorensysteme wie beispielsweise Course of Action noch, da hier einer Vielzahl an neuen Gestaltungsmerkmalen eine noch größere Zahl an Mißbrauchsmöglichkeiten gegenübersteht. Unsere Erfahrung beim Einsatz von Lernsoftware in der studentischen Ausbildung bestätigt, daß nur dann die Lernsoftware angenommen und mit Erfolg eingesetzt wird, wenn sie diese elementaren Regeln zur mediengerechten Aufbereitung von Unterrichtsinhalten berücksichtigt.

Am Seminar für Erziehungswissenschaft bildet die Vermittlung und praktische Erprobung theoretischer Kenntnisse zum Lehren und Lernen einen Schwerpunkt (vgl. [EJKS]). Zielpersonen sind Pädagogen, die

---

[1]Course of Action ist ein Warenzeichen der Authorware Inc., Minneapolis, U.S.A.

im sekundären und tertiären Bildungsbereich tätig sind bzw. sein werden. Ein zweiter Schwerpunkt betrifft Medien im Unterricht. Hier richtet sich das Interesse u.a. auf die Analyse von Einsatzmöglichkeiten für Computer in Schule und Erwachsenenbildung, sowie die Analyse von Lernsoftware unter didaktischen Gesichtspunkten.

Unser gemeinsames Ziel ist, Design- und Didaktikhilfen in Autorensysteme zu integrieren. Im hier vorgestellten Projekt wird das Autorensystem Course of Action, welches den gegenwärtigen Entwicklungsstand für Autorensysteme repräsentiert, um Designhilfen durch vordefinierte Layoutelemente zur Konsistenzsicherung und um Didaktikhilfen durch vordefinierte Kurssequenzen für das expositorische Lehren erweitert. Diese Erweiterungen sind als Beispiel gedacht. Sie sollen Designspezialisten bzw. Didaktikern als Anregung dienen, andere didaktische Konzeptionen und weitere Designhilfen auf ähnliche Weise zu implementieren.

2 Didaktik: Lehrstrategie "expositorisches Lehren"

Expositorisches Lehren wurde von Ausubel erstmals 1963 [Aus] als allgemeine, inhaltsunabhängige Lehrstrategie ausführlich beschrieben. Sie wurde hier als Beispiel gewählt, weil sie sowohl theoretisch als auch in der Praxis weitgehend akzeptiert ist. Hinzu kommt, daß bei diesem Lehrverfahren die Vermittlungsaktivität auf den Lehrer konzentriert ist und damit eine Übertragung des Verfahrens auf computerunterstützte Unterweisung eher möglich ist als bei anderen, stärker auf Kooperation ausgerichteten Lehrverfahren.

Durch das Lehrverfahren "expositorisches Lehren" (vgl. [EJKS], Schriba 6) sollen Lernprozesse durch die Bereitstellung von geeigneten Lernbedingungen gefördert werden. Ausgehend vom Lernziel, über das Klarheit bestehen sollte, sind die "internen Bedingungen" der Lerner zu berücksichtigen und unterstützende "externe Bedingungen" bereitzustellen (vgl. [Gag]). Hierdurch soll ein "sinnvolles Lernen" ermöglicht werden, bei dem das neu zu Lernende mit dem schon früher Gelernten in eine Verbindung gebracht wird, so daß eine "nicht-willkürliche" und "inhaltliche" Verknüpfung entsteht. Die organisatorischen Maßnahmen, die für die Umsetzung der Lehrstrategie "expositorisches Lehren" bereitgestellt werden müssen, sind:

vorstrukturierende Lernhilfen (advance organizer): Durch vorstrukturierende Lernhilfen, die einen Vorblick auf die Thematik und das Lernziel geben, sollen Verbindungen zu relevanten, schon vorhandenen Kenntnissen hergestellt werden.

Verständnis sichern: Es ist zu überprüfen, ob die Lerner die notwendigen Voraussetzungen für die Vermittlung des neu zu Lernenden haben. Falls dies nicht der Fall ist, ist durch eine vorangehende Erklärung der noch nicht bekannten Begriffe eine adäquate Ausgangsbasis zu schaffen.

progressives Differenzieren: Die Planung der einzelnen Sequenzen soll nach einem hierarchischen Aufbau erfolgen, d.h. es ist mit den mehr allgemeinen Inhalten zu beginnen und dann fortschreitend differenzierter und spezifischer zu werden.

integrierendes Verbinden: Sachverhalte sollen fachübergreifend behandelt werden, oder es sollen zumindest Querverbindungen zu Kenntnissen aus anderen Fächern hergestellt werden.

Übung (practice): Durch Übung (sowohl unmittelbar nach der Vermittlung von Lerninhalten als auch in mehr zusammenfassender Weise) soll das neu Gelernte beim Lerner gefestigt werden. Dabei ist Rückmeldung ein notwendiges Element zur Selbsteinschätzung für den Lerner.

Zusammenfassung (consolidation): Bei größeren Lernabschnitten ist das bis dahin Gelernte zusammenzufassen und zu sichern (z.B. durch practice), damit der Lerner für das dann zu Lernende gut vorbereitet ist.

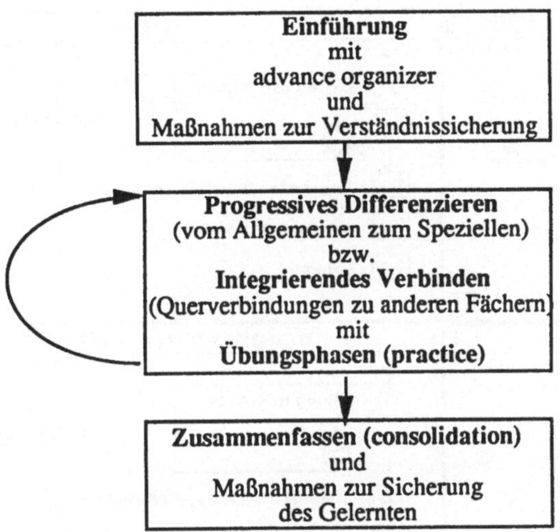

Abbildung 1: Die Methode des expositorischen Lehrens

Der Aufbau der Methode "expositorisches Lehren" durch diese Maßnahmen wird in Abbildung 1 verdeutlicht.

3 Design: Konsistenz im Layout

Ein wesentliches Qualitätskriterium für traditionelle Dokumente wie Bücher, wissenschaftliche Artikel, Briefe etc. ist Konsistenz im Layout. Dies gilt ebenso für elektronische Dokumente. Auch in elektronischen Dokumenten wie z.B. Lernsoftware sollen Überschriften immer an derselben Stelle und im selben Font erscheinen, es soll eine Kopfzeile existieren, die Angaben zum Kurs und zum aktuellen Stand im Kurs enthält, bestimmte Bedienelemente des Kurses wie Verlassen des Kurses, Sprung zu einer Hilfestellung usw. sollen gleich bleiben, Elemente aus Grafik und erklärendem Text sollen immer gleich aufgebaut sein. Dies führt keineswegs zu einer Eintönigkeit im Kursverlauf, sondern gibt dem Lernenden nützliche Orientierungshilfen. Die Bedienung des Kurses und das Zurechtfinden im Kurs werden vereinfacht, der Lernende kann seine Aufmerksamkeit auf den Inhalt des Kurses konzentrieren. Die gestalterischen Möglichkeiten des Autors werden sinnvoll reglementiert. Ähnlich wie ein Dokumentendesigner sein typografisches Wissen in Dokumentenverarbeitungsprogramme wie z.B. LaTeX[Lam] einbringen kann, sollen so auch in ein Autorensystem Kenntnisse über gutes Kursdesign eingebracht werden.

Im von uns gewählten Weg der konsequenten Trennung der logischen (inhaltlichen) Struktur der Unterrichtssoftware von der formalen Struktur werden Designhilfen inhaltsunabhängig von einem Designexperten definiert. Der Autor wählt aus vorgefertigten Rahmen gemäß seinen Intentionen aus und setzt seinen Inhalt ein, der dann mit einem Design versehen ist, welches anerkannten Qualitätskriterien genügt. So bestimmt der Autor beispielsweise nur den Inhalt bestimmter Variablen wie Name des Kurses, Name des Autors, innerhalb eines Kapitels einen Kapitelnamen usw. Eine Aufgabe eines Layout-Designers wäre nun, das Erscheinungsbild dieser Elemente in einer Kopfzeile festzulegen, die über das gesamte elektronische Dokument hinweg präsent ist.

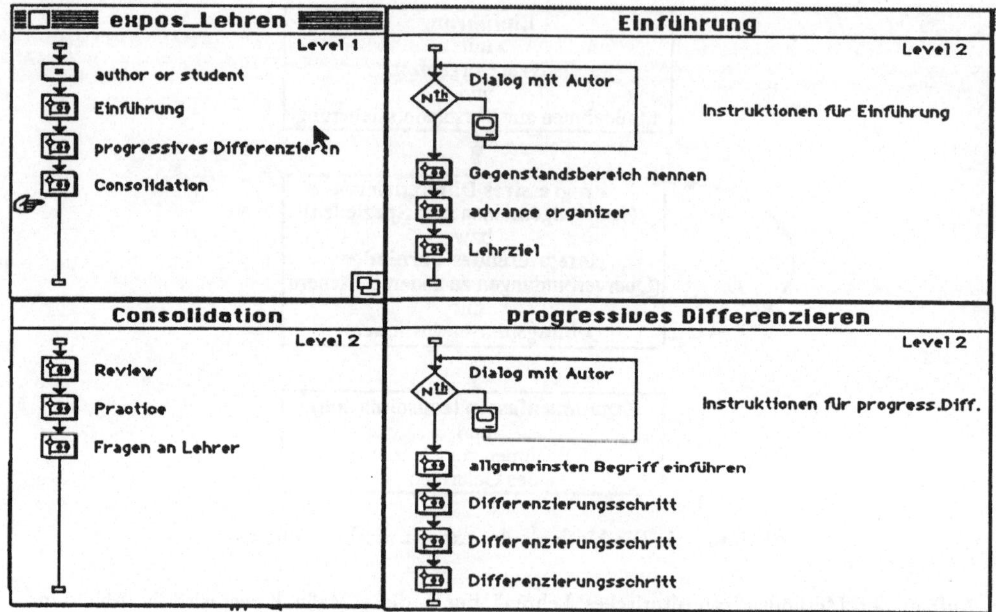

Abbildung 2: Ein Kursgerüst für das expositorische Lehren

4 Eine Erweiterung von Course of Action

Course of Action ist eines der modernsten, zur Zeit erhältlichen Autorensysteme. Viele grundlegende Eigenschaften, die wir von einem Autorensystem verlangen, besitzt Course of Action. Ein Struktureditor, ein Grafik- und Texteditor und die Möglichkeit der einfachen Erstellung von Animationen sind gegeben.

Für die Gestaltung struktureller Teile bietet Course of Action die Möglichkeit, zum einen ganze Kursgerüste als Files vorzugeben, welche dann weiter bearbeitet werden können, zum anderen, bestimmte Kurssequenzen als "Modell" abzuspeichern und später in anderen Kursen oder an anderer Stelle in einem Kurs wiederzuverwenden. Leere Strukturen können so vorgegeben werden, der Inhalt muß vom Autor noch eingefüllt werden. Die Trennung von Inhalt und Struktur ist gewährleistet. Um didaktische Vorgaben zu implementieren, verwenden wir solche strukturellen Modellierungsmöglichkeiten. Wir geben ein komplettes Kursgerüst für das expositorische Lehren als "Course of Action"-Datei vor, wie es Abbildung 2 im Überblick zeigt. Die hierarchischen Gliederungsmöglichkeiten von Course of Action werden ausgenutzt, um dem Autor strukturelle didaktische Vorgaben zur Verfügung zu stellen. Die im Fenster "expos_Lehren", welches auf der höchsten Hierarchiestufe steht ("Level 1"), angegebenen Unterpunkte "Einführung", "progressives Differenzieren" und "Consolidation" werden durch Doppelmausclick auf die sie repräsentierenden Icons geöffnet und stellen neue Untergraphen dar ("Level 2"), die wiederum aus Untergraphen bestehen. Der Autor füllt nun unter Zuhilfenahme der verschiedenen Editoren diese inhaltsunabhängigen Gerüste mit seinen konkreten Inhalten aus.

Bestimmte Kurssequenzen sind in Form von "Modellen" im System gespeichert. Sie können vom Autor einfach in den Kurs eingefügt werden. Diese Speicherungsform ist besonders für immer wiederkehrende Elemente sinnvoll, deren Erscheinungsort und -häufigkeit im Kurs nicht vorhergesagt werden kann. Eine Liste dieser Modelle bekommt der Autor, wie in Abbildung 3 dargestellt, als Pulldownmenü angezeigt. Das über dieses Menü ausgewählte Modell wird an der mit der Hand gekennzeichneten Stelle in den Kursablauf eingefügt. So kann ein Autor beispielsweise die Kurssequenzvorgabe für einen "Differenzierungsschritt" an den Stellen und mit der Häufigkeit verwenden, wie er es konkret benötigt. Weiterhin

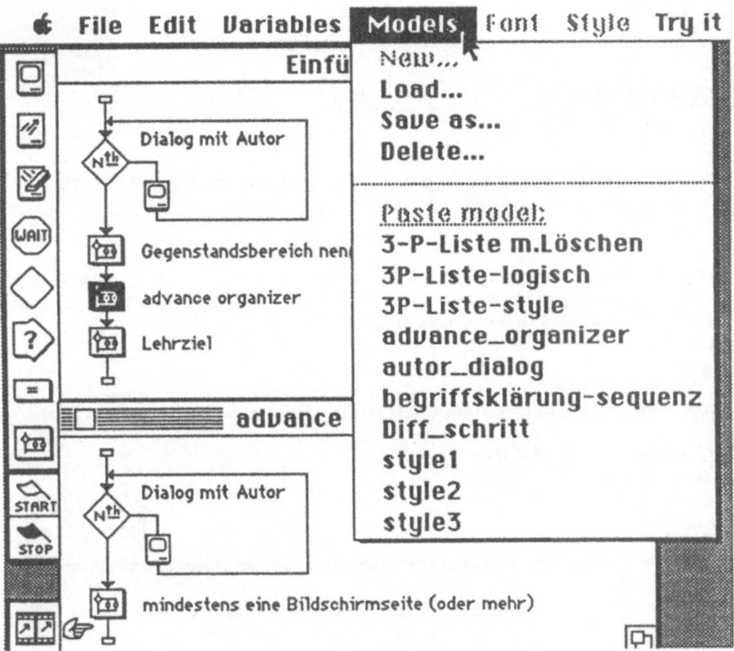

Abbildung 3: Kurssequenzen als Modelle

haben wir das Kursgerüst und die einzelnen Sequenzen mit Dialogteilen versehen, die lediglich der Autor angezeigt bekommt. Der Schüler sieht diese Teile beim Durcharbeiten des Kurses nicht. Hierzu muß der Autor bei Erstellung der Schülerversion lediglich eine Variable zu Beginn des Kurses mit der in Course of Action integrierten Programmiersprache umsetzen. In diesen Teilen werden dem Autor Hinweise gegeben, wie er die folgende Kurssequenz zu bearbeiten hat. Abbildung 4 zeigt einen solchen Dialog strukturell und wie er sich dem Autor darstellt. Layoutvorgaben realisieren wir durch das Variablenkonzept von Course of Action. So können Grafikelemente abhängig von bestimmten numerischen Variablen positioniert werden. Die Kurssequenz in Abbildung 5 gibt die Positionierung einer Grafik oder eines Textes durch x- und y-Koordinaten an. Der Autor kann nun eine beliebige Grafik erstellen (Abbildung 6, oben), diese wird aber immer an vorgegebener Position während des Kursablaufs gezeichnet (Abbildung 6, unten). Zur Festlegung textueller Elemente benennt der Designer bestimmte textuelle Variablen. Die Positionierung der Variablen nimmt er in einem style-Knoten zu Beginn des Kurses vor. Die konkreten Inhalte der Variablen werden in den Ablaufteilen des Kurses vom Autor eingesetzt (Abbildung 7). Dadurch muß bei einer Änderung des Layouts lediglich der entsprechende Eintrag im style-Knoten geändert werden. So kann beispielsweise eine Kopfzeile in einem style-Knoten definiert werden. Die Variablen stehen in geschweiften Klammern in einem Frame dieses Style-Knotens und werden zur Laufzeit mit konkreten Werten belegt. Abbildung 8 zeigt den Frame einer Kopfzeile im style-Knoten. Die Variablen stehen in geschweiften Klammern. Abbildung 9 zeigt die Kopfzeile mit konkreten Werten während des Kursablaufs. Wird das Style-File geändert, ergibt sich mit denselben Inhalten ein anderes Aussehen (Abbildung 10). Die Trennung von Layout und Inhalt ist gewährleistet.

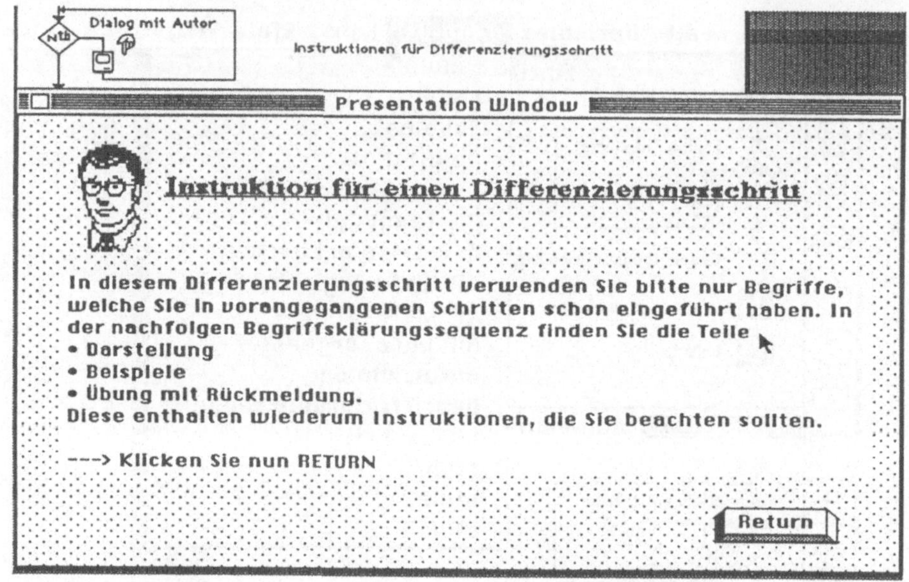

Abbildung 4: Ein Dialog mit dem Autor

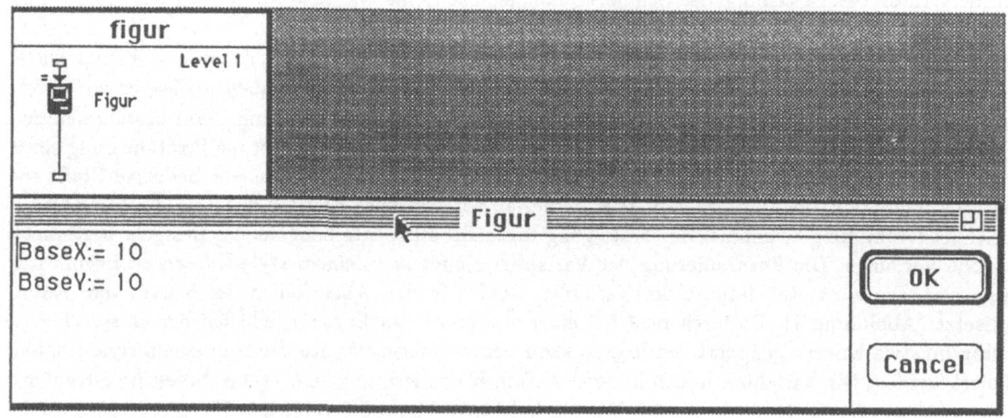

Abbildung 5: Der Kurstyp "Figur"

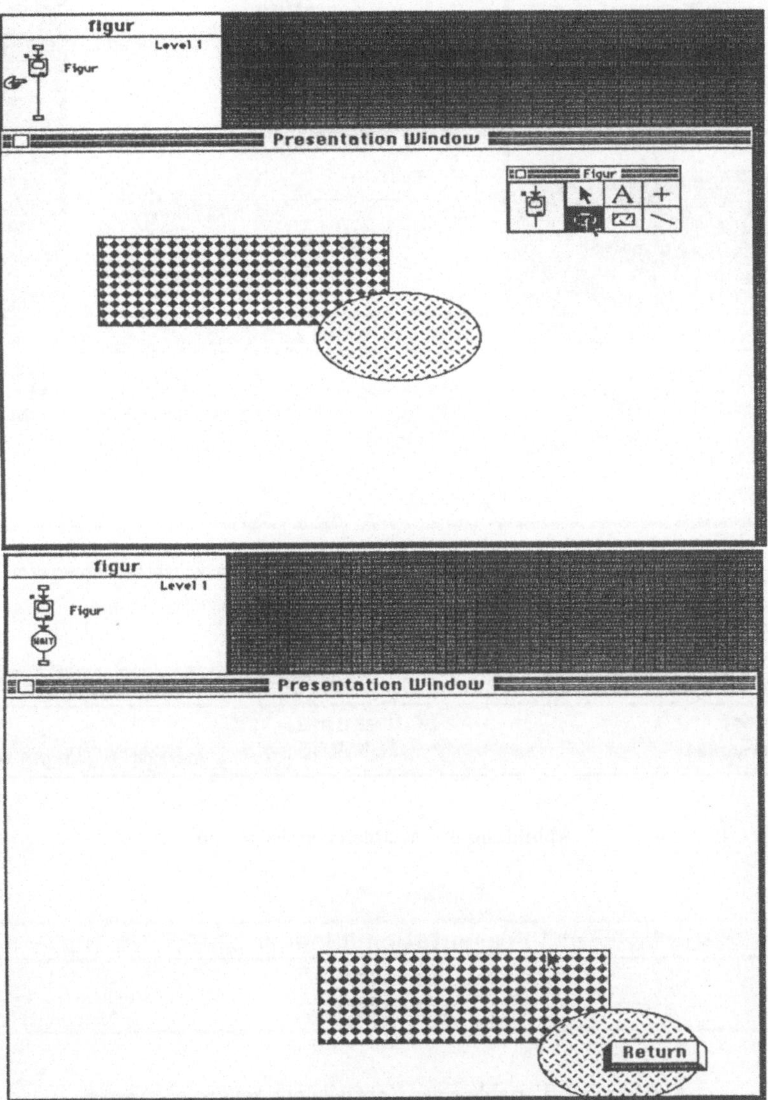

Abbildung 6: Die Grafik wird nach vorgegebenen Werten positioniert

expos_Lehren
Level 1
style
Autor oder Student
Kursvariable setzen
style
Level 2
Kopfzeile
Instruktionszeile
Fußzeile
Inhalt
Hilfe
zurück
Kursvariable setzen
autorname:="Hans Nikolaus"
kursname:= "Topologie"
OK
Cancel

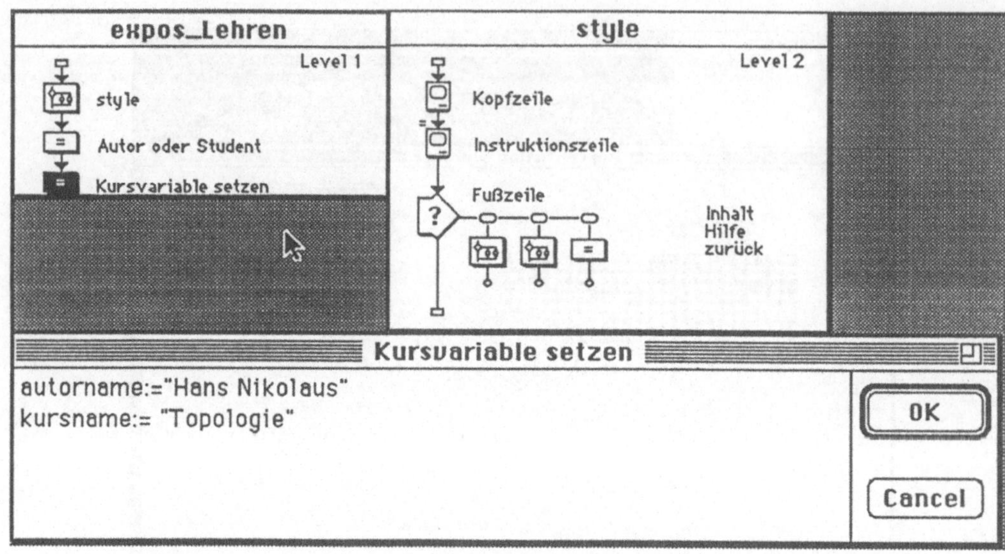

Abbildung 7: Ein Style-Knoten zu Beginn des Kurses und das Einsetzen konkreter Inhalte

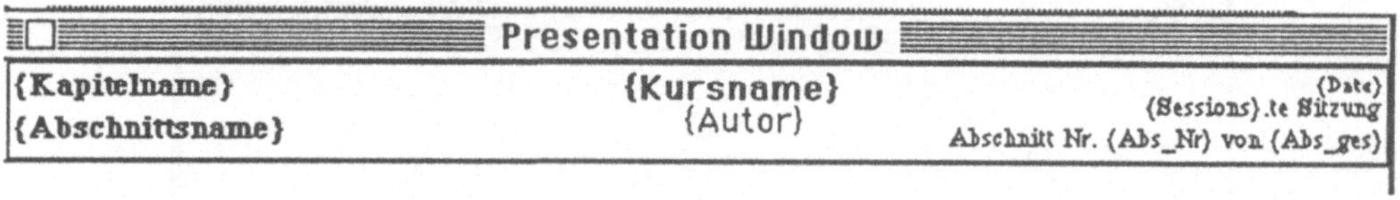

Presentation Window
{Kapitelname}
{Abschnittsname}
{Kursname}
{Autor}
{Date}
{Sessions}.te Sitzung
Abschnitt Nr. {Abs_Nr} von {Abs_ges}

Abbildung 8: Variable einer Kopfzeile

Presentation Window
Kapitel 3
Training
Topologie
Hans Nikolaus
6.8.1990
11.te Sitzung
Abschnitt Nr. 2 von 2

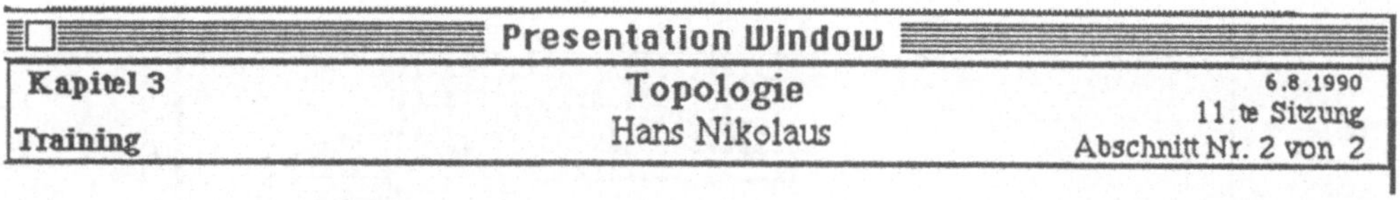

Abbildung 9: Variable einer Kopfzeile mit konkreten Werten

Kapitel 3
Training
Topologie
erstellt von
Hans Nikolaus
6.8.1990
11.te Sitzung
Abschnitt Nr. 2 von 2

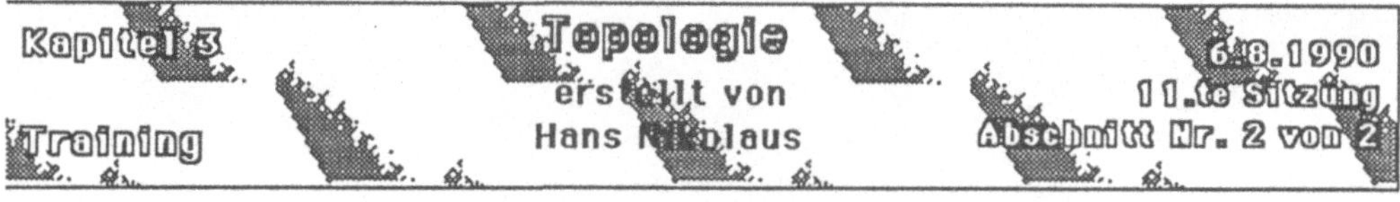

Abbildung 10: Dieselben Inhalte mit anderem Layout

5 Zusammenfassung und Ausblick

Wir haben gezeigt, daß man in kommerziell verfügbare moderne Autorensysteme didaktische Hilfen und Designvorgaben integrieren kann. Als Beispiel für didaktische Hilfen haben wir Strukturen für das expositorische Lehren implementiert, durch Designvorgaben sorgen wir für konsistentes Layout.

Course of Action und die von uns implementierten Erweiterungen werden derzeit verwendet, um einen Kurs zum Thema "Topologie" zu erstellen. Durch Verwendung der Vorgaben läßt sich Entwicklungsaufwand insbesondere beim strukturellen Entwurf einsparen. Ein konsistentes Bildschirmlayout wird durch die Layoutvorgaben gewährleistet.

Course of Action ist ein kommerzielles, in sich abgeschlossenes Produkt. Die zugrundeliegende Programmkonzeption oder gar der Quellcode sind nicht zugänglich. Zwei grundsätzliche Überlegungen zur Integration intelligenter Hilfen, wie sie in [AOS] dargestellt werden, sind in weiten Bereichen unmöglich:

Typsteuerung: Mit ihr kann der Autor vorgegebene Typen, wie wir sie in Course of Action als "Models" implementiert haben, ausfüllen. Ein typgesteuertes Autorensystem kann aber auch für jeden Typ viel weitreichendere Editierhinweise und -funktionen bereitstellen als wir sie implementiert haben. Im Gegensatz zu Course of Action, wo die "Models" nach Einfügen in den Kurs nicht mehr identifizierbar sind, kann hier auch später noch auf spezielle Typen zugegriffen werden. So ist etwa ein einfacher Zugriff auf alle Bestandteile einer Kursdatenbank vom Typ "advance organizer" denkbar.

Regelsteuerung: Viele Parameter für gutes Lernsoftwaredesign lassen sich nicht als Vorgaben implementieren, sondern müssen beim Editiervorgang oder beim Einsatz der Lernsoftware gemessen werden. Beispiele hierfür sind beim Editiervorgang die Messung der Verwendung von Farben, Fonts und Hervorhebungen, beim Einsatz die Messung der falschen und richtigen Antworteingaben bei einer bestimmten Frage. Die Messung der Parameter beim Editiervorgang ist mit Course of Action nicht möglich. Bei der Regelsteuerung wäre auch die Einbeziehung wissensbasierter Komponenten denkbar.

Da auch andere verfügbare Autorensysteme diesen Beschränkungen unterliegen, fließen diese Überlegungen zur Zeit in die Entwicklung eines Autorensystems am Institut für Informatik ein. Erfahrungen mit typgesteuertem Editieren aus der traditionellen Dokumentenverarbeitung [Bru] werden eingebracht und um Beschreibungsformen für elektronische Dokumente erweitert. Die Implementierung erfolgt auf Apple Macintosh II mit Object Pascal.

Die so gefundenen Beschreibungsformen und die daraus entwickelten Werkzeuge müssen von Fachleuten aus Didaktik, Kognitionspsychologie und Design "mit Leben gefüllt" werden. Damit soll auch ausgelotet werden, ob und wie es möglich ist, über die gegenwärtig noch vorherrschende Praxis des "drill and practice", wie sie eben auch Course of Action unterstützt, hinauszugehen.

So ist auch weiterhin die fachübergreifende Zusammenarbeit von Erziehungswissenschaftlern und Informatikern erforderlich.

Literatur

[Alt]   A. Alteneder. Computer-Didaktik: wie es Euch gefällt. *Siemens-Magazin COM*, p.39, 2/1990.

[AOS]   F. Augenstein, Th. Ottmann, and J. Schöning. Ein typ- und regelgesteuertes Autorensystem. In H. Maurer, Hrsg., *Hypertext/Hypermedia 91*, Springer-Verlag, Informatik Fachbericht Nr. 276, Graz, Austria, 1991.

[Aus] D.P. Ausubel. *The psychology of meaningful verbal learning*. Grune & Stratton, New York, 1963.

[Bre] H. Brendel. *CBT - der PC in Ausbildung und Schule*. IWT-Verlag, Vaterstetten, 1990.

[Bru] A. Brüggemann-Klein. *Einführung in die Dokumentenverarbeitung. Leitfäden der angew. Informatik*, Teubner, 1989.

[CS] R. Chabay and B. A. Sherwood. A practical guide for the creation of educational software. In J. Larkin and R. Chabay, editors, *Computer Assisted Instruction and Intelligent Tutoring Systems: Shared Issues and Complementary Approaches*, Erlbaum, 1988. in Vorbereitung, auch CDEC Technical Report No. 88-35, Carnegie Mellon University, 1988.

[EJKS] G. Eigler, Judith, Künzel, and Schönwälder. *Grundkurs Lehren und Lernen*. Beltz, 1973.

[Gag] R.M. Gagné. *The conditions of learning*. Holt, Rinehart & Winston, New York, 1973.

[KM] D. Kaiser and H. Maurer. *How to write a COSTOC course*. Report 229, IIG Graz, 1987.

[Lam] L. Lamport. LaTeX, *A Document Preparation System, User's Guide and Reference Manual*. Addison-Wesley Publishing Company, 1985.

[MMO] F. Makedon, H. Maurer, and Th. Ottmann. Computer learning: a step beyond the book. In B. Krause and A. Schreiner, editors, *HECTOR VOL I: New Ways in Education and Research*, Springer Verlag, Berlin, 1988.

[OW] Th. Ottmann and P. Widmayer. Erstellung und Nutzung von Präsentationsgraphiklektionen für die Informatik. In *CIP Status-Seminar 1987*, Schriftenreihe Studien zu Bildung und Wissenschaft, 1987.

[Ric] J. Richard. *CBT-Guidelines Quick Reference*. Technical Report, Texas Instruments Inc., 1987.

[vD] A. van Dam. Hypertext 87. *Comm. ACM*, 31(7):17–41, 1988.

Adressen der Autoren:

Friedrich E. Augenstein, Jürgen Schöning
Institut für Informatik der Universität Freiburg, Rheinstr. 10-12, 7800 Freiburg,
Tel. 0761/203-3898, Fax. 0761/203-3889, email: augenste@fidji.informatik.uni-freiburg.de

Thomas Jechle, Alexander Winter
Seminar für Erziehungswissenschaft der Universität Freiburg, Rempartstr. 11, 7800 Freiburg,
Tel. 0761/203-4184

Autorenunterstützung für den gesamten Courseware-Entwicklungsprozeß

Dirk Meyerhoff
Uwe Dumslaff

Zusammenfassung

Über ein gängiges Phasenmodell des Courseware-Entwicklungsprozesses werden an einem einfachen Beispiel Mängel in der Unterstützung durch konventionelle Autorensysteme und der daraus resultierenden Vorgehensweise offengelegt. Die daraus gezogenen Folgerungen fordern die Unterstützung des Autors durch Software bereits für die Analysephase der Courseware-Entwicklung durch explizite Repräsentation von Inhaltsstrukturen, die in implementierbare didaktische Strukturen transformiert werden können.

Abstract

Based on a simple model of the phases of courseware development the tasks of an author are introduced. Using an example the problems resulting from the use of traditional authoring systems are discussed, especially regarding the authoring tasks currently not supported by these systems. The identified problems lead to a new approach to courseware development and accordingly to a new kind of authoring system. The idea is to provide software support already during the analysis phase of courseware development, using explicit representations for the structure of subject matter.

1 Einleitung

Allgemeines Ziel von Unterricht ist die erfolgreiche und effiziente Vermittlung von Inhalten an Lerner. Die Aufgabe der Unterrichtsgestaltung ist, die Strukturen der zu vermittelnden Inhalte zu erkennen und in didaktische Strukturen zu transformieren. Letztere finden ihre Anwendung mit dem oben genannten Ziel im eigentlichen Unterricht. Inhaltsstrukturen sind Repräsentationen der Topics (einzelne Themen) eines Lehrbereichs und ihrer inhärenten Beziehungen. Didaktische Strukturen korrespondieren mit einer Inhaltsstruktur und enthalten alle für einen Lehrablauf zusätzlich benötigten Informationen, wie Präsentationen, Aufgaben, Tests, Angaben über den Lerner und auch zeitliche Abfolgen (vgl. (Niegermann, Treiber, 1982)). Der Prozeß der Bildung aller möglichen zeitlichen Abfolgen von Elementen einer Inhaltsstruktur wird mit Topic-Sequenzialisierung bezeichnet.

Von den vielfältigen Unterrichtsarten wird hier der Computerunterstützte Unterricht (CUU), genauer der damit verbundene Unterrichtsgestaltungsprozeß (die sog. Courseware-Entwicklung) durch Autoren (-teams), betrachtet. Dazu wird in Abschnitt zwei ein allgemeines Phasenmodell zur Courseware-Entwicklung skizziert (vgl. (Alessi, Trollip, 1985)). In diesem Phasenmodell werden die Tätigkeiten eines Autors in eine Analysephase, eine Synthesephase und eine Evaluierungsphase differenziert. Dieses Phasenmodell wird in Abschnitt drei beispielhaft auf das Thema "Automobil" angewandt mit dem Ziel, die Tätigkeiten in den einzelnen Phasen bezüglich der Resultate und deren Weiterverwendung für andere Phasen zu charakterisieren. Insbesondere wird die Unterstützung durch konventionelle Autorensysteme in den einzelnen Phasen kritisch beleuchtet. Die Ergebnisse aus dieser beispielhaften

Anwendung konventioneller Courseware-Entwicklung resultieren in Abschnitt vier in einem Vorschlag für ein Autorensystem, das dem Autor für jede Phase geeignete Unterstützung bietet. Die Ergebnisse werden in der Abschlußbetrachtung zusammenfassend bewertet.

2 Phasen der Courseware-Entwicklung

Bei der Gestaltung von Unterricht sind mindestens Informationen über die Lehrinhalte, die Lerner, didaktische Fähigkeiten und geeignete mediendidaktische Mittel einzubeziehen. Diese Sicht läßt sich direkt auf den Entwurf von Courseware übertragen, so daß sich Autoren im allgemeinen mit den folgenden phasengegliederten Hauptaufgaben auseinandersetzen müssen. An die

- Analyse sowohl des Lehrbereichs als auch der Lerner und der Lehrziele schließt sich die

- Synthese der Analyseergebnisse zu einer didaktischen Struktur an, deren Ergebnisse dem dritten Arbeitsgang, der

- Evaluierung und dem Redesign ausgesetzt werden.

Die folgende Tabelle stellt diesen Sachverhalt dar:

Phasen der Courseware-Entwicklung	
Analyse:	Identifizieren der Topics des Lehrbereichs
	Kategorisieren dieser Topics
	Identifizieren der Beziehungen der Topics
	Kategorisieren der Lerner
	Identifizieren u. Definieren der Lehrziele
Synthese:	Topic-Sequenzialisierung
	Definition der Präsentationen & Dialoge
	Definition der Validierung des Lernerfolges
	Implementierung der Spezifikation
Evaluierung	Test der Courseware
und Redesign:	Reorganisation evtl. mit Reimplementierung

Tabelle 1: Phasen der Courseware-Entwicklung

Der erste Block von Analyse-Arbeitsschritten ist relativ unabhängig von den konkreten Lehrzielen, da dort inhärente Eigenschaften des Lehrbereichs herausgearbeitet werden. Das Resultat dieses Schrittes, das der Strukturierung des Wissens im Lehrbereich dient, wird im folgenden Inhaltsstruktur genannt. Diese Inhaltsstruktur ist bei der späteren Definition der konkreten Lehrabläufe ebenso wichtig wie die Ergebnisse der Lernerkategorisierung und der Lehrzieldefinition. Im Gegensatz zu den Lehrzielen, die je nach Lerner und anderen Vorgaben häufigen Änderungen unterliegen, ist die Inhaltsstruktur invariant. Daher braucht sie für einen gegebenen Lehrbereich nur einmal entwickelt zu werden. Daß sie aber entwickelt werden muß, findet in existierenden Autorensystemen bisher nur geringen Niederschlag (siehe hierzu auch (Roblyer, 1988)). Auch die leistungsfähigsten Systeme bieten bisher primär Unterstützung bei der Synthese, d.h. bei der Sequenzialisierung und Definition der konkreten Präsentationen für den

Lerner und Dialoge mit dem Lerner. Der Umstand, daß diese Systeme für die Synthese teilweise auch einen Top-Down-Entwurf (schrittweie Verfeinerung) unterstützen, sollte über den prinzipiellen Unterschied der Implementierung einer didaktischen Struktur und der vorausgehenden Analyse nicht hinweg täuschen.

Im folgenden werden wir die zentrale Rolle der Inhaltstruktur (das Resultat des ersten Analyseblocks in der obigen Tabelle) näher erläutern und anhand eines Beispiels illustrieren. Dieses Beispiel wird auch zeigen, wie solch eine Inhaltsstruktur den Autor bei der Synthese aber auch insbesondere bei dem eventuellen Redesign seiner Courseware unterstützt.

3 Ein Beispiel konventioneller Courseware-Entwicklung

Die Phasen konventioneller Courseware-Entwicklung werden in diesem Abschnitt exemplarisch durchgespielt, mit dem Ziel, Probleme aufzuzeigen. Als praktisches Beispiel wurde das Thema *Automobil* gewählt, da es jedem geläufig ist und gleichzeitig unterschiedliche Aspekte und Sichtweisen auf dieses Thema möglich sind. Daraus ergibt sich eine Vielzahl von möglichen didaktischen Strukturen.

Aufgabe der zu gestaltenden Courseware sei es, einem zukünftigen Autofahrer die einzelnen Bestandteile eines Automobils einzeln und in ihrem Zusammenwirken so zu vermitteln, daß er in der Lage ist, nicht-triviale Verständnisfragen zu beantworten. Die Unterstützung eines Autors durch ein konventionelles Autorensystem beginnt erst dann, wenn ein wesentlicher Teil der gedanklichen Durchdringung der Thematik schon (vorläufig) abgeschlossen ist und der Autor sich mit der geeigneten Topic-Sequenzialisierung seiner thematisch beschriebenen Lehrabschnitte auseinandersetzt. Diese Unterstützung kann, je nach Autorensystem, einen Top-down-Entwurf nahelegen. In unserem Beispiel könnte der Autor sich entschließen, seine erste Unterrichtseinheit dem *Automobil* allgemein zu widmen und daraufhin entweder mit der *Karosserie* oder mit dem *Fahrwerk* fortfahren.

Gute Autorensysteme unterstützen die Formulierung einer Topic-Sequenz auf dieser Ebene, indem sie die Definition von beliebig betitelten Unterrichtseinheiten in möglichen Reihenfolgen erlauben. Durch Erweiterung und Verfeinerung dieser Topic-Sequenz kommt der Autor in mehreren Schritten schließlich zu einer Menge von möglichen konkreten Lehrabläufen, die sich aus der kombinatorischen Verknüpfung der möglichen Anordnungen ergibt. Da diese Anordnungen oft Alternativen zulassen, wird diese Struktur auch als Verzweigungslogik bezeichnet. Alternativen resultieren z.B. aus thematischen Angeboten, die den Lernern zur Auswahl gestellt werden, oder aus differenzierten Reaktionen in Abhängigkeit vom individuellen Antwortverhalten eines Lerners auf Fragen, Tests oder Aufgaben. Verzweigungslogiken werden meistens als Kontrollflußdiagramme (siehe (Alessi, Trollip, 1985)) oder als erweiterte endliche Automaten (siehe (Ibrahim, 1989)) auf der Topic-Ebene modelliert.

Ein einfaches Beipiel für eine solche Topic-Sequenz ist in Abb.1a skizziert. Die von einem Topic (Knoten) ausgehenden Kanten bezeichnen die möglichen Nachfolgetopics und legen somit alle möglichen zeitlichen Reihenfolgen in den Lehrabläufen fest. Die Begründungen für die Entscheidungen, die zu genau diesen Topic-Sequenzen geführt haben, sind nicht explizit gemacht, und stehen daher nicht mehr zur Verfügung. Allein die Namensgebung gibt Anhaltspunkte dafür, welche Informationen sich hinter den einzelnen Knoten verbergen beziehungsweise was für eine Strategie der gewählten Sequenzialisierung zugrunde gelegen haben könnte. Daher bietet diese Art der Gestaltung einer Topic-Sequenz im nachhinein keine Möglichkeiten der Kategorisierung der mit den Unterrichtseinheiten assoziierten Inhalte und ihrer Abhängigkeiten (außer den zeitlichen).

Was hat dies für Konsequenzen? Da die sich aus der Sequenzialisierung ergebenden Anforderungen an die einzelnen Elemente nicht offengelegt wurden, kann die Kohärenz der möglichen Lehrabläufe nur mit Versuchslernern oder durch einen Autor, der alle Dialoge auf die Kohärenz mit allen anderen vergleicht, geprüft werden. Offensichtlich werden die Mängel der oben beschriebenen Vorgehensweise, wenn sich z.B. die Lehrziele verlagern und daraufhin die didaktische Struktur überarbeitet werden muß. Die Auswirkungen lokaler Änderungen sind nur bei Kenntnis jedes Topics und all seiner assoziierten Präsentationen und Dialoge vorauszusehen. Somit wird eine grundlegende Neukonzeption des Lehrablaufs eventuell sehr aufwendig.

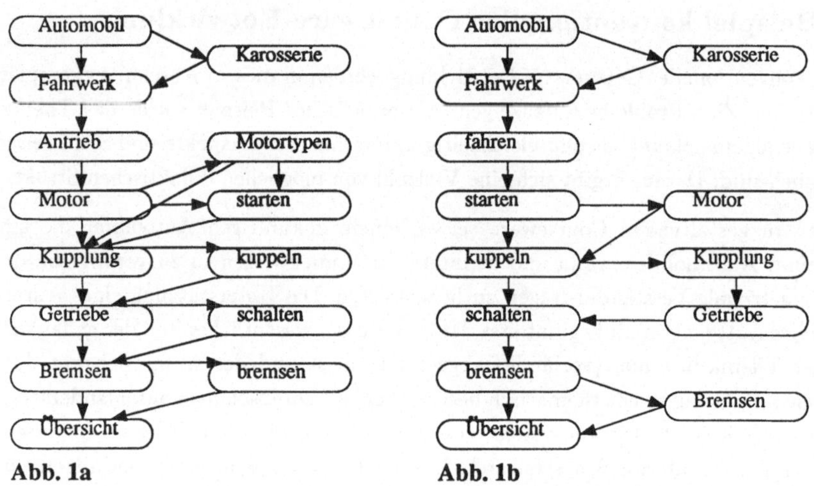

Abb. 1a **Abb. 1b**

Abb.1: Beispiele für Topic-Sequenzen zur Darstellung möglicher zeitlicher Reihenfolgen

Soll darüber hinaus z.B. ein Redesign dieses Systems für andere Adressaten durchgeführt und dabei ein oder mehrere Lehrziele verfeinert werden, so muß der Autor :

- erneut die Lehrinhalte kategorisieren und ihre Abhängigkeiten identifizieren (oder einer guten Courseware-Dokumentation entnehmen),

- die betroffenen Unterrichtseinheiten der didaktischen Struktur identifizieren, und

- die Lehrziele dieser Unterrichtseinheiten rekonstruieren (indirekt über die Dialoge und Präsentationen oder direkt mittels einer guten Courseware-Dokumentation) und mit den neuen Lehrzielen abgleichen um dann die entsprechenden Änderungen vorzunehmen.

Lokalisiert man die entsprechenden Aufgaben in Tabelle 1, so fragt man sich, wie man die hierbei offensichtlich entstehende Doppelarbeit vermeiden kann.

4 Folgerungen für die Courseware-Entwicklung

Ursache der geschilderten Probleme ist offensichtlich, daß die Ergebnisse der Analysephase nicht explizit gemacht werden, sondern nur implizit im Gesamtresultat, der implementierten Courseware, enthalten sind (vgl. auch (Merrill, 1985)). Die der Courseware zugrunde liegenden Resultate der Analysephase sollten explizit gemacht werden, damit die Kohärenz der Implementierung aber auch ihre Übereinstimmung mit den Anforderungen überprüft werden könnten. Außerdem sollten sie bei einer Verlagerung der Addressaten, der Inhalte oder auch der didaktischen Strategie ohne eine umständliche Rekonstruktion wieder zur Verfügung stehen. In den folgenden Abschnitten werden für die Phasen nach Tabelle 1 die gewünschte Software-Unterstützung und die sich daraus ergebenden Effekte beschrieben.

4.1 Unterstützung für die Analyse

In der Analysephase wird die Inhaltsstruktur bestimmt, indem die Topics des Lehrbereichs identifiziert, kategorisiert und ihre Beziehungen untereinander offengelegt werden. Weiterhin müssen für die Courseware die relevanten Eigenschaften der Lerner wie z.B. Vorwissen erkannt und die geforderten Lehrziele bestimmt werden. Die Ergebnisse dieser beiden letzten Schritte werden als Netzwerk abgelegt, das mit der Inhaltsstruktur korrespondiert und eine Vorstufe der didaktischen Struktur darstellt.

4.1.1 Entwicklung der Inhaltsstruktur

Eine Vorgehensweise zur Entwicklung einer Inhaltsstruktur wird in (Dumslaff, Meyerhoff, 1990) skizziert. In einem ersten Schritt werden die Inhalte kategorisiert, beispielsweise in Konzepte, Prozeduren und Prinzipien (ähnlich wie in (Reigeluth et al, 1980)). Die Elemente der so entstandenen (Kategorien-) Mengen werden hierarchisch angeordnet, beispielsweise über *Teil-von*, *Untertyp-von*, *gefolgt-von*, *benötigt* oder *wirkt-auf* Beziehungen. Im letzten Schritt werden die Beziehungen der Elemente unterschiedlicher Kategorien offengelegt, wie zum Beispiel Beziehungen zwischen Konzepten und Prozeduren.

Bei Konzepten (zum Vermitteln der Diskriminierungs- und Generalisierungsfähigkeit) werden über die Attribute (Charakteristika) einzelner Konzepte die unterschiedlichen Beziehungen modelliert. Bei Prozeduren (zum Vermitteln von wohlbeschreibbaren Verfahren/Methoden) stehen die möglichen Operationen und ihre Wirkungen auf Konzeptinstanzen im Mittelpunkt. Darüber hinaus spielen die Bedingungen eine wesentliche Rolle, die zur Anwendung einer Operation erfüllt sein müssen. Bei Prinzipien (Erkennen und Vorhersagen von komplexen Phänomenen) geht es um die Modellierung der kausalen Zusammenhänge, die durch Wirkungen einzelner Prozesse auf Konzeptinstanzen entstehen.

Das Beispiel *Automobil* läßt sich in Konzepte, Prinzipien und Prozeduren kategorisieren. Beipiele für Konzepte sind Motor und Fahrwerk, Beipiele für Prinzipien sind Verbrennung oder Kraftverlauf. Prozeduren, die als wesentliches Merkmal den Lerner als Akteur enthalten, sind z.B. Schalten (des Getriebes) oder Starten (des Motors). Wenn die Kategorisierung der Inhalte in die für den speziellen Lehrbereich relevanten Kategorien gegeben ist, so kann man hier bestimmte charakteristische Arten von Beziehungen zwischen Kategorien entdecken. So ist typischerweise eine Baugruppe (d.h. ein Konzept) eines Automobils an charakteristischen Prozeduren beteiligt (für die sie speziell entworfen wurde). Das Schalten (Prozedur) bewirkt Veränderungen im Getriebe (Konzept). In diesem Lehrbereich würde man also Elemente der Kategorie Konzepte mit den entsprechenden Prozeduren in Relation sehen und entsprechend repräsentieren wollen.

Ein Beispiel für eine hierarchische *Teil-von*-Beziehung innerhalb einer Kategorie ist die Aufgliederung von Baugruppen in Unterbaugruppen. Das Fahrwerk kann in die Baugruppen Antrieb, Lenkung etc.

aufgeteilt werden. Außerdem können noch Typ-Bildungen vorgenommen werden, wie z.B. die Unterteilung von Automobilen in Sportwagen und Limousinen. Das Resultat einer solchen Aufgliederung ist ausschnittsweise in Abb.2 wiedergegeben.

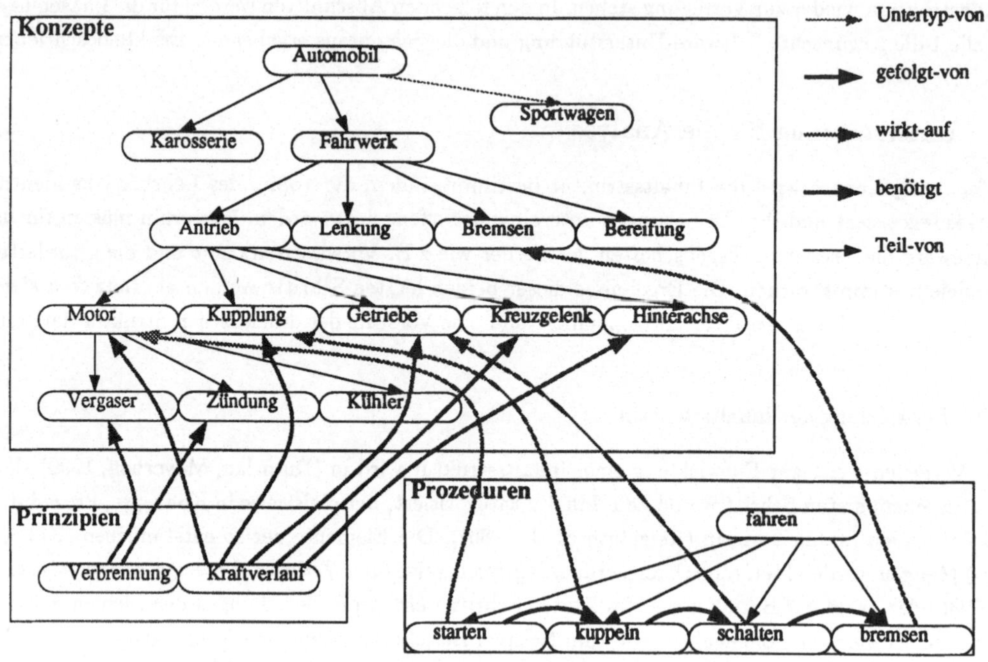

Abb.2: Ausschnitt einer Inhaltsstruktur für *Automobil*

4.1.2 Beschreibung der Lerner und Lehrziele

Die Lerneranalyse ist bezüglich der Inhaltsstruktur durchzuführen, indem die dem Lerner bekannten Topics entsprechend kategorisiert werden. Zur Lehrzieldefinition ist zu entscheiden, welche inhaltlichen Kategorien und welche konkreten Topics aus diesen Kategorien auf welchem Niveau zu vermitteln sind.

Software-Unterstützung für die Analysephase bietet ein graphischer Netzwerk-Editor, der Mittel zur Beschreibung von Topics als Knoten und den Beziehungen zwischen Topics als Kanten anbietet (siehe Flacke, Meyerhoff, Müllerburg 1991). Einen aus dieser Beschreibung abgeleitetes Netzwerk zur Beschreibung des eigentlichen Lehrablaufs kann der Autor dann mit den entsprechenden Lerner- und Lehrzielbeschreibungen annotieren. Dieses Netzwerk wird in der folgenden Synthesephase zur didaktischen Struktur erweitert.

4.2 Unterstützung für die Synthese

In der Synthesephase wird die geeignete Topic-Sequenzialisierung sowie die Erstellung der Präsentationen, Dialoge und der Tests zur Lernerfolgsvalidierung durchgeführt. Resultat ist die vollständige didaktische Struktur, d.h. in unserem Beispiel ein ablauffähiger Kurs im Lehrbereich *Automobil*.

4.2.1 Sequenzialisierung der Topics

Die Ergebnisse der Analysephase, d.h. die Inhaltsstruktur und ein bereits mit Lerner- und Lehrziel-beschreibungen annotiertes Netzwerk, werden verwendet, um mit Hilfe einer didaktischen Strategie geeignete Topic-Sequenzen für die angestrebten Lehrabläufe zu bestimmen.

Im Beispiel *Automobil* könnte man von Lernern ausgehen, die mit dem Ablauf der Prozeduren beim Autofahren durch einige Fahrstunden vertraut sind (die entsprechenden Markierungen werden im Netzwerk vorgenommen), die dahinter liegenden Konzepte jedoch noch nicht verstanden haben. Als Lehrziel wird angestrebt, daß der Lerner nicht-triviale Verständnisfragen zu den Konzepten, die beim Fahren relevant sind, beantworten kann. Eine einfache didaktische Strategie kann dann die Präsentation der relevanten Konzepte entsprechend der zeitlich orientierten *gefolgt-von*-Reihenfolge der ihnen zugeordneten Prozeduren beim Fahren sein.

Orientiert man daher die Reihenfolge der vorzustellenden Konzepte an der Ordnung über den Prozeduren nach Abb.2 (starten, kuppeln, schalten, bremsen), so kann man zu einer Topic-Sequenz nach Abb.1a kommen, die die entsprechenden Konzepte in der Reihenfolge Motor-Kupplung-Getriebe-Bremsen (bei Bedarf auch mit den bekannten assoziierten Prozeduren) vorstellt.

Ein alternatives Szenario könnte sein, daß Fahrschüler auf ihre erste Fahrt theoretisch vorbereitet werden und in die entsprechenden Schritte eingeführt werden. Ein Resultat auf diese Sicht könnte z.B. die Topic-Sequenz nach Abb.1b sein. Hier stehen die Prozeduren im Mittelpunkt und die zugehörigen Konzepte könnten bedarfsweise erläutert werden.

Entsprechend einer gegebenen Strategie (z.B. Elaboration Theorie (Reigeluth et al, 1980)) kann also für eine gegebene Inhaltsstruktur und Lerner- und Lehrzielbeschreibungen eine geeignete Topic-Sequenz für einen Kurs entwickelt werden. Die didaktischen Entscheidungen bleiben somit transparent und bei notwendigen Änderungen nachvollziehbar. Die Inhaltstruktur bindet nur insofern an eine bestimmte Lerntheorie, als daß die gewählten Kategorien und Lernzielbeschreibungen oder -typen mit der Theorie verträglich sein müssen. Die Sequenzialisierung kann automatisiert oder teilautomatisiert erfolgen, sofern die gewünschte Lerntheorie in operationalsierter Form vorliegt. Vorschläge für den Teilautomatisierung (als ablauffähige Pläne) werden in (Spensley, Elsom-Cook, 1989) vorgestellt. Die Möglichkeiten einer Automatisierung werden in (Dumslaff, Meyerhoff, 1990) skizziert.

4.2.2 Erstellung der Präsentationen/Dialoge

Zur Vervollständigung der Topic-Sequenz zu einer didaktischen Struktur müssen noch die erforderlichen Präsentationen, Dialoge und Tests definiert werden. Die Kategorien der Inhaltsstruktur bieten konkrete Anhaltspunkte, welche Informationen sich hinter Topics verbergen sollten. So erwartet man z.B. für Konzepte die entsprechenden Definitionen, Erklärungen, positive und negative Beispiele, Diskriminierungs- und Generalisierungsaufgaben. Diese kategorientypischen Informationen stehen dem Autor zur Gestaltung der Präsentationen und Dialoge sowie zur Definition der Aufgaben/Tests zur Lernerfolgsvalidierung zur Verfügung. Dabei kann ein Autor die Eigenschaft der Inhaltsstruktur verwenden, daß auf einzelne Topics unterschiedliche Sichten möglich sind. Je nach Funktion (z.B. Exkurs, Hilfe), die ein Topic in einer Topic-Sequenz übernimmt, können seine entsprechenden Informationen, genauer die damit assoziierten Präsentationen, Dialoge und Tests, verwendet oder ausgeblendet werden.

Die gesamte didaktische Struktur wird durch einen Interpreter ablauffähig. Allein der abschließende Schritt der Implementierung einzelner spezifizierter Präsentationen, Dialoge und Tests kann mittels konventioneller Autorensoftware durchgeführt werden.

4.3 Unterstützung von Evaluierung und Redesign

Evaluierung der Courseware bedeutet hier die qualitative Überprüfung der Erreichbarkeit der Lehrziele und der Angemessenheit der analysierten Lernerprofile. Werden in diesen Bereichen durch Probeeinsätze Mängel entdeckt, so kann die erweiterte Inhaltsstruktur Anhaltspunkte für Ursachen liefern, zum Beispiel falsche oder unvollständige Annahmen bezüglich des Lerners.

Wird wegen der lokalisierten Mängel oder Änderungen der Anforderungen an die Courseware ein Redesign erforderlich, dann geschieht dies über die Adaptierung der didaktischen Struktur an die geänderten Bedürfnisse. Durch diesen Weg wird die Kohärenz der Lehrabläufe gesichert.

5 Abschlußbetrachtung

Die vorgeschlagene Unterstützung von Autoren von Courseware zielt auf eine Verbesserung der Transparenz der entwickelten Courseware mit ihren zugrundeliegenden Entscheidungen ab, die sowohl ein Verbesserung der Courseware selbst als auch eine Verbesserung ihrer Wartbarkeit mit sich bringt.

Für die Analysephase wird ein Netzwerkeditor verwendet, mit dem zum einen die Topics des Lehrbereichs kategorisiert, zum anderen die inhaltlichen Beziehungen dieser Topics untereinander beschrieben werden können. Erstes Resultat der Analysephase ist die Inhaltsstruktur (Netzwerk) für den Lehrbereich. Für die Entwicklung von Courseware ist weiterhin eine Analyse der Lerner und der Lehrziele notwendig. Da diese Informationen spezifisch für einen bestimmten Lehrablauf sind, werden die Ergebnisse in einem separaten Netzwerk gespeichert, sodaß für eine Inhaltsstruktur verschiedene Lehrabläufe (beispielsweise für Lernergruppen mit unterschiedlichem Vorwissen) entwickelt werden können.

Auf der Basis der Inhaltsstruktur wird die Netzwerkstruktur mit den Lerner und Lernzielbschreibungen in der Synthesephase zur didaktschen Struktur erweitert. Diese Erweiterung wird wieder mittels eines Netzwerkeditors durchgeführt. Dabei wird zuerst eine bezüglich der Lerner und Lernziele geeignete Topic-Sequenzialisierung entwickelt, die in Form eines Kontrollflußdiagramms (Netzwerk mit gerichteten Kanten) abgelegt wird. Für die Entwicklung der Präsentationen und Dialoge für jeden Topic, das heißt für jeden Knoten des Kontrollflußdiagramms, können die auch in konventionellen Autorensystemen zur Verfügung stehenden Mittel verwendet werden. Da jedoch eine Kategorisierung der Topics vorgenommen wurde, und für jeden Topic auch exakt beschrieben ist auf welchem Niveau er zu vermitteln ist, hat der Autor hier sehr klare Anhaltspunkte dafür, welche Art von Präsentationen und Dialogen und auch der Lernerfolgsvalidierung für einen Topic besonders geeignet ist.

Für die Evaluierung der Courseware bieten die vorgestellten Mittel ebenfalls gute Unterstützung, da bei Nicht-Erreichen von Lehrzielen die betroffenen Präsentationen leicht identifiziert und gegebenenfalls die Topic-Sequenz oder die Präsentationen selbst verbessert werden können

Die vorgeschlagene Unterstützung eines Autors zieht somit eine Verlagerung eines Großteils der Tätigkeiten des Autors vom Papier an den Computer nach sich. Geht man davon aus, daß der Autor sowieso mit einer ausgeklügelten Lerntheorie (evtl. seine individuelle) an den Entwurf von Courseware herangeht, so erspart er sich bei dem geschilderten Ansatz Doppelarbeit. Er muß die notwendigen Kategorisierungen der Lehrinhalte, Lerner und Lehrziele nicht mehr mit dem Bleistift vornehmen, um sie dann in eine didaktische Struktur auf dem Computer zu übertragen. Statt dessen kann er sich schon in der Analysephase des Computers mit all seinen Vorteilen bedienen, und sich bei der Transformation seiner Inhaltsstruktur in eine didaktische Struktur vom Computer unterstützen lassen.

Anmerkungen

Diese Arbeit wurde teilweise gefördert unter ESPRIT-II-Projekt 2384 METKIT. Die Autoren bedanken sich hiermit bei Prof. J. Ebert (Universität Koblenz) und M. Müllerburg (GMD) für die Diskussionen und hilfreichen Anregungen.

Literatur

Alessi S.M.; Trollip S.R. *Computer–based Instruction: Methods and Development.* Prentice Hall, Englewood Cliffs, NJ, 1985.

Dumslaff U.; Meyerhoff D. *Eine inhaltsorientierte Architektur für tutorielle CUU-Systeme.* In Reuter A. (Hrsg.), *GI–20. Jahrestagung II, Informatik auf dem Weg zum Anwender, Stuttgart Okt. 90*, Bd. 258 of *Informatik–Fachberichte*, Seite 404–408, Berlin, 1990; Springer.

Flacke S.; Meyerhoff D.; Müllerburg M. *Computer Aided Instruction of Measurement in Software Quality Assurance.* ESPRIT II Project 2384 METKIT, Report on Task 5.2, 1991, GMD, St. Augustin, Germany.

Ibrahim B. *Software Engineering Techniques for Computer-Aided Learning.* Education & Computing, 5(4): 215–222, 1989.

Merrill M.D. *Where is the Authoring in Authoring Systems.* Journal of Computer–Based Instruction, 12(4):90–96, 1985.

Niegermann H.M.; Treiber B. *Lehrstoffstrukturen, Kognitive Strukturen, Didaktische Strukturen.* In Treiber B.; Weinert F.E. (Hrsg.), *Lehr–Lern–Forschung*, Seite 37–65; Urban und Schwarzenberg, München, 1982.

Reigeluth C.M.; Merrill M.D.; Wilson B.G.; Spiller R.T. *The Elaboration Theorie of Instruction: A Model for Sequencing and Synthesizing Instruction.* Instructional Science, 9:195–219, 1980.

Roblyer M.D. *Fundamental Problems and Principles of Designing Effective Courseware.* In Jonassen D.H. (Hrsg.), *Instructional Design for Microcomputer Courseware*, Kapitel 1, Seite 7–32; Lawrence Earlbaum Ass., Hillsdale, NJ, 1988.

Spensley F.; Elsom-Cook M. *Generating Domain Representations for ITS.* In Bierman D.; Breuker J.; Sandberg J. (Hrsg.), *Artificial Intelligence and Education*, Seite 276–280, Amsterdam, Mai 1989; International Conference on AI and Education, IOS.

Verfasser

Dirk Meyerhoff,
Gesellschaft für Mathematik und Datenverarbeitung mbh (GMD),
Schloß Birlinghoven, 5205 Sankt Augustin 1.

Uwe Dumslaff,
Universität Koblenz, Institut für Informatik,
Rheinau 3-4, 5400 Koblenz.

Hierarchisches Modellieren komplexer Systeme

Jürgen Klüser, Werner Walser, Joachim Wedekind

Zusammenfassung

Es wird das Modellbildungssystem MODUS vorgestellt, welches - neben der grafischen Repräsentation von Modellen dynamischer Systeme nach der System-Dynamics-Methode - ein leistungsfähiges Teilmodellkonzept beinhaltet. Dieses Konzept erlaubt die Umsetzung sehr unterschiedlicher Vorgehensweisen im Unterricht. Die Funktionalität des Modellbildungssystems wird dargestellt. An zwei Beispielen (PID-Regelung bzw. Bevölkerungsentwicklung) werden mögliche Unterrichtsgänge skizziert, die dem Top-Down- bzw. Bottom-Up-Konzept folgen.

1. Einleitung

Für die Einführung von Computersimulationen und Modellbildungssystemen im Fachunterricht werden als Lehrziele neben fachlichen Inhalten und Methoden auch vernetztes Denken oder der Umgang mit komplexen Systemen genannt. Die Themennennung geht dabei in Richtung forschungsnaher Modelle, die oft auch fachübergreifende Aspekte einbeziehen.

Eine besondere Schwierigkeit dabei ist (auf schulischem Niveau), daß die mathematische Repräsentation (n Differentialgleichungen 1. Ordnung, Nichtlinearitäten) den Schülerinnen und Schülern kaum zugänglich ist, geschweige denn die entsprechenden numerischen Lösungs- bzw. Näherungsverfahren. Einen grundlegend anderen Zugang bietet die grafische Repräsentation von Systemelementen und die Darstellung von Modellen in Strukturdiagrammen. Eine solche Darstellung legt es nahe, Komplexitätsreduktion dadurch zu erreichen, daß mehrere Systemelemente in Teilmodellen zusammengefaßt werden, die ihrerseits miteinander verknüpfbar sind. Dieser - im Modellbildungssystem MODUS realisierte - Ansatz bietet mehrere didaktisch interessante Perspektiven.

2. Didaktische Implikationen des Teilmodellkonzepts

Das Teilmodellkonzept von MODUS erlaubt die Zusammenfassung von Modellstrukturen zu einem Teilmodell, das dann durch ein einziges Symbol repräsentiert werden kann. Modelle können jederzeit als Teilmodelle abgespeichert und dann in anderen Modellen als Teilmodelle weiterverwendet werden. Teilmodelle werden in gleicher Art und Weise bearbeitet wie andere Modelle (s.u.). Bei identischer Interaktionsstruktur erfährt das Modellbildungssystem dadurch eine erhebliche Erweiterung der Funktionalität, die sich mehrfach als hilfreich erweist.

Übersichtlichkeit: Die grafische Repräsentation führt bei "großen" Modellen zur Unübersichtlichkeit. Eine Vielzahl von Symbolen läßt sich bei begrenzter Bildschirmgröße und ausreichender Lesbarkeit der Beschriftungen in der Regel nicht mehr gleichzeitig darstellen. Zahlreiche, oft überlappende Verbindungen erschweren das Zurechtfinden. Die Zusammenfassung von Systemelementen zu Teilmodellen schafft hier Abhilfe. Vor allem gilt dies, weil Teilmodelle in geschachtelter Form verwendet werden können.

Modulare Entwicklung: Interagierende Teilmodelle erlauben, daß nach der Definition von Schnittstellen zwischen den Teilmodellen diese getrennt entwickelt und getestet werden können. Insbesondere können Teilmodelle geändert und erweitert werden ohne Änderungen am Hauptmodell, solange die Schnittstelle beibehalten wird. Es können so z.B. in Gruppenarbeit Teilmodelle entwickelt und getestet werden, die sukzessive in ein Gesamtmodell zusammengeführt werden.

Black-Box/Glass-Box: Modellteile, die aufgrund möglicherweise fehlender Vorkenntnisse der Schülerinnen und Schüler das Verständnis des Gesamtmodells verstellen, können in Teilmodellen "versteckt" werden. Es reicht, das Zeitverhalten des Teilmodells einzuführen und seine Integration in das Gesamtmodell zu begründen. Diese Verwendung als Black-Box entspricht durchaus gängiger Modellierungspraxis. Allerdings braucht das kein Dauerzustand zu sein, denn jedes Teilmodell kann "geöffnet" werden. Seine Struktur ist den Schülerinnen und Schülern damit zugänglich (Glass-Box). Jedoch kann sie nicht geändert werden.

Vergleichende Untersuchung: Da (auch komplexe) Modelle als Teilmodell behandelt werden können, ist es auch möglich, dasselbe Modell mehrfach gleichzeitig zu simulieren. Damit können unterschiedliche Szenarien simultan durchgerechnet und somit auch deren Ergebnisse simultan dargestellt werden. Dies kommt insbesondere dann zum Tragen, wenn nicht die Modellvalidierung, sondern Modellexperimente durchgeführt werden sollen. Letzteres wird bei schulischen Anwendungen im Vordergrund stehen.

Fachspezifische Repräsentationen: In verschiedenen Fachgebieten werden durchaus unterschiedliche Repräsentationen verwendet. Der "Inhalt" derartiger Symbole entspricht in vielen Fällen dem Teilmodellkonzept, in dem verschiedene Systemelemente (z.B. Zustände, Raten und Konstanten) zusammengefaßt werden. Die Möglichkeit, die Teilmodellsymbole (ggf. auch andere Symbole) zu edieren, d.h. also die fachspezifische Repräsentation dem Modellbildungssystem zugrunde zu legen, erlaubt ein unmittelbares Anknüpfen an das Vorwissen der Schülerinnen und Schüler. Die Anbindung an die üblichen Beschreibungsformen der Systemdynamik gestattet dennoch und gerade eine Verallgemeinerung im Sinne fachübergreifender Prinzipien.

Für die Erschließung komplexer Inhalte sind nun zwei Wege denkbar, die die strukturelle Repräsentation dynamischer Systeme nutzen, wie sie in einigen Fachgebieten bereits üblich ist:

- Top-Down: Ausgehend von einer "Grobstruktur" des Modells folgt die sukzessive Auflösung bis auf die "Mikroebene".

- Bottum-Up: Ausgehend von "Detailbeschreibungen" einzelner Modellkomponenten folgt der Aufbau von allgemeinen "Modellstrukturen" und deren Vernetzung.

Die Begriffe "Top-Down" und "Bottum-Up" werden hier bewußt verwendet, weil Parallelen zu entsprechenden Konzepten des Informatikunterrichts offensichtlich sind.

Eine wesentliche Voraussetzung zur Realisierung dieser Unterrichtskonzepte sind Modellbildungssysteme, die solche Strukturierungsmöglichkeiten unterstützen. Bei dem von uns entwickelten Programm MODUS ist dies in Form des Teilmodellkonzepts (s. unten) der Fall.

Die Vorteile der dort zur Verfügung stehenden Strukturierungshilfen sollen an zwei Beispielen demonstriert werden, die für die genannten zwei Vorgehensweisen stehen.

3. Das Modellbildungssystem MODUS

MODUS ist ein grafisch interaktives Modellbildungssystem, bei dem die Implementation von Modellen dynamischer Systeme durch den Aufbau von Strukturdiagrammen am Bildschirm vorgenommen wird. Programmintern werden aus diesem Diagramm die entsprechenden Gleichungen abgeleitet. Die von uns benutzte Notation für die Systemelemente geht zurück auf Hering (1988). Sie basiert auf der von Forrester (1968) eingeführten und inzwischen etablierten System-Dynamics-Methode zur Beschreibung vernetzter Systeme. Zur Darstellung, d.h. zur vollständigen Beschreibung eines Modells stehen die in Abb. 1 dargestellten Symbole zur Verfügung.

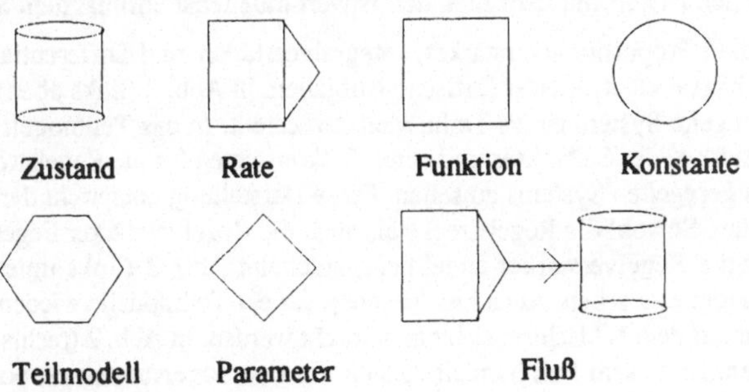

Abb. 1: Symbole für Systemelemente in MODUS

Zustand: Repräsentiert eine zu integrierende Größe.
Rate: Repräsentiert die Änderung eines Zustands.
Funktion: Repräsentiert evtl. notwendige Zwischenrechnungen.

Konstante: Repräsentiert konstante Werte (die auch berechnet sein können).
Teilmodell: Repräsentiert Teilmodelle, die in andere Modelle eingebunden werden können.
Parameter: Repräsentiert Anschlußstellen von Teilmodellen mit ihrer Umgebung.
Fluß: Repräsentiert den Transport der Information des linken Symbols in das rechte Symbol.

Die Teilmodelle entsprechen in ihrer grundsätzlichen Struktur Prozeduren in Pascal. Es können sowohl Werte- als auch Referenzparameter benutzt werden. Vom Hauptmodell können Informationen in das Teilmodell fliessen, genauso wie Informationen vom Teilmodell in das Hauptmodell fließen können. Die Schnittstellen eines Teilmodells zur Umgebung werden durch das Parametersymbol dargestellt. Wird eine Flußlinie von einem Parametersymbol zu einem anderen Symbol gezogen, handelt es sich bei dem Parametersymbol um einen Eingang. Entsprechend handelt es sich im Falle eines Flusses von einem beliebigen Symbol zu einem Parametersymbol bei diesem um einen Ausgang.

Wird ein Teilmodell in ein Hauptmodell eingebaut, so findet der Anschluß des Teilmodells an das Hauptmodell menügeführt statt. Wird eine Flußlinie vom Hauptmodell in das Teilmodell gezogen, erscheinen in einer Dialogbox lediglich die Eingänge des Teilmodells, und die Verknüpfung kann aufgebaut werden. Entsprechend erscheinen bei einer Flußlinie, die vom Teilmodell zu Hauptmodell gezogen wird, in einer entsprechenden Dialogbox lediglich die Ausgänge des Teilmodells.

In einem Teilmodell befinden sich lokale "Variablen". In beliebigen Teilmodellen und dem Hauptmodell können die gleichen Bezeichnernamen benutzt werden. Trotzdem handelt es sich bei den entsprechenden Variablen um lokale Variablen. Bei Bedarf können diese lokalen Variablen allerdings global gemacht werden. Zu diesem Zweck muß lediglich in einem Teilmodell, daß in ein Hauptmodell eingebaut wurde, der Name des entsprechenden Bezeichners geändert werden. Sobald eine solche Namensänderung vorgenommen wurde, steht dieser Bezeichner für Ausgaben zur Verfügung.

Ein wesentlicher Aspekt der Teilmodelle besteht in ihrer dynamischen Verwaltung. Die Teilmodelle eines Hauptmodells werden erst in dem Moment mit dem Hauptmodell zusammengebunden, in dem das Hauptmodell geladen wird. Wenn also zwischenzeitlich Änderungen an einem Teilmodell vergenommen wurden, wirken sich diese Änderungen in allen Hauptmodellen aus, in denen das entsprechende Teilmodell eingebunden ist. Beim Erstellen eines Teilmodells kann das Teilmodell separat getestet werden. Zu diesem Zweck können den Eingangsparametern konstante Werte zugewiesen werden.

4. Top-Down: Regelkreis

Als Beispiel wird eine sogenannte PID-Regelung modelliert. Solche Regelungen werden immer dann benötigt, wenn Größen entgegen äußeren Einwirkungen auf einem konstanten Sollwert gehalten werden sollen oder wenn der Istwert einem geänderten Sollwert angepaßt werden soll. Zu diesem Zweck wird der Istwert laufend gemessen und mit einem Sollwert verglichen. Die Abweichung des Istwertes vom Sollwert wird Regelverstärkern zugeführt. Diese verstärken die Regeldifferenz. Die verstärkte Regeldifferenz wird der Regelstrecke zugeführt und beeinflußt dort den Istwert mit dem Ziel, den Istwert möglichst optimal dem Sollwert anzunähern.

Als Regelverstärker können Proportionalverstärker, Integralverstärker und Differentialverstärker eingesetzt werden. Diese drei Verstärkerarten erfüllen spezifische Aufgaben. In Abb. 2 (links oben) ist die komplette Regelung zu sehen. Das geregelte System ist als Teilmodell dargestellt. In das Teilmodell führen Parameter zur Einstellung der Regelverstärker, des Sollwertes und einer Zeitkonstanten für die Regelstrecke. In Abb. 2 (rechts oben) ist die Struktur des geregelten Systems zu sehen. Diese Darstellung entspricht der Darstellung in einem sogenannten Signalflußplan. Sowohl die Regelstrecke als auch die Regelverstärker liegen als Teilmodelle vor. Wird das Teilmodell für die Regelverstärker angeklickt, erscheint Abb. 2 (links unten). Dort sind die drei Regelverstärker als Teilmodelle zu sehen. Auch hier könnte jedes der Teilmodelle wiederum angeklickt werden und dessen innere Struktur auf dem Bildschirm sichtbar gemacht werden. In Abb. 2 (rechts unten) ist die Struktur der Regelstrecke zu sehen. In diesem Fall handelt es sich um eine sogenannten proportionale Regelstrecke zweiter Ordnung. Damit wird die Tatsache zum Ausdruck gebracht, daß es sich bei der Regelstrecke um zwei "hintereinander geschaltete Differentialgleichungen erster Ordnung" handelt.

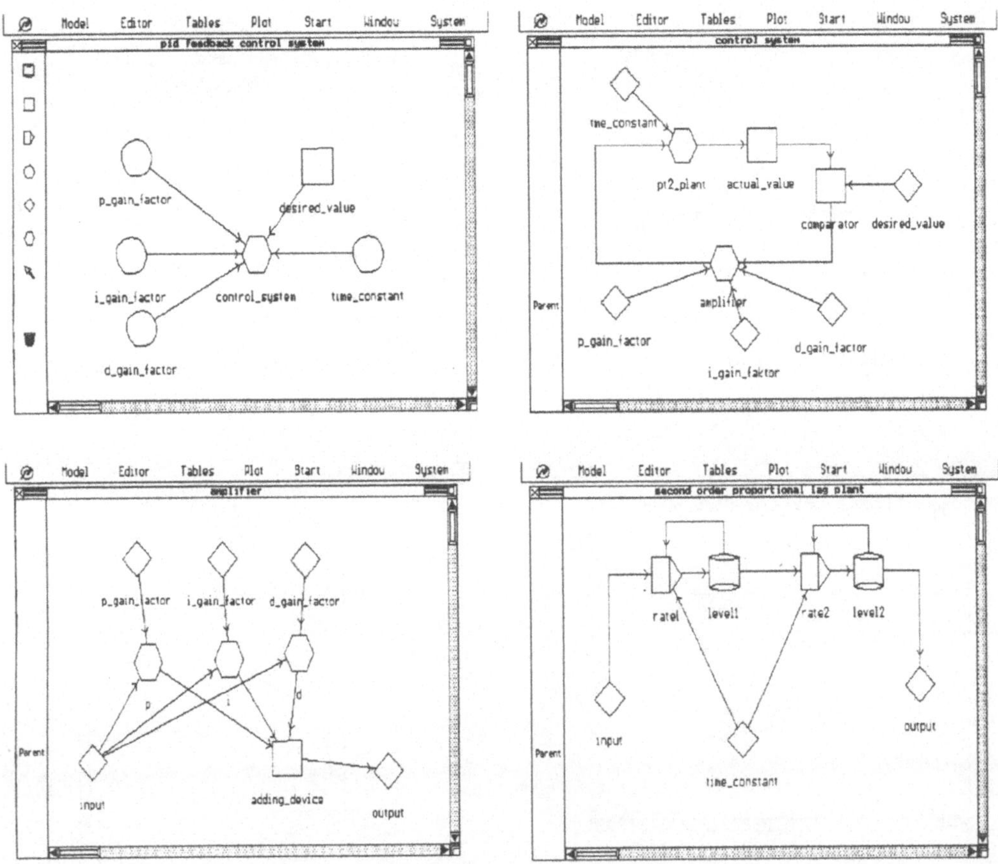

Abb. 2: links oben: Modell des Gesamtsystems
rechts oben: Teilmodell PID-Regelung
links unten: Teilmodell PID-Regelverstärker im Teilmodell PID-Regelung
rechts unten: Teilmodell PT2-Strecke im Teilmodell PID-Regelung

In Abb. 3 (links oben) ist das Verhalten des geregelten Systems für den Fall zu sehen, daß nur der Proportional-
und der Integralregler aktiv sind. Zu diesem Zweck wurde der D_Beiwert auf den Wert 0 gesetzt. Der Sollwert
macht nach einer Zeiteinheit einen Sprung um eine Einheit. Das Bild zeigt, daß dieser Sollwertsprung dazu führt,
daß der Istwert schwingt. Nach einer entsprechend langen Zeit wird sich der Istwert in diesem Fall dem Sollwert
angeglichen haben. In Abb. 3 (rechts oben) ist zusätzlich der Differentialregler aktiv. An diesem Bild ist der
stabilisierende Einfluß des Differentialreglers auf eine Regelung deutlich zu sehen. Die beiden Bilder stellen lediglich zwei Beispiele für Experimente dar, die mit dem Modell des Regelkreises gemacht werden können.

Grundsätzlich können alle Experimente, die mit Hardware-Experimentiereinrichtungen möglich sind, durchgeführt werden. So kann in einem ersten Experiment das Verhalten der Regelstrecke allein studiert werden. Ein
entsprechendes Modell ist in Abb. 3 (links unten) zu sehen. In die Regelstrecke führt ein Eingangssignal und eine
Zeitkonstante. In Abb. 3 (rechts unten) ist das Verhalten der Regelstrecke bei einem sprunghaften Eingangssignal
zu sehen. Neben dem zeitlichen Verhalten des Eingangssignals ist in dem Bild das Ausgangssignal für zwei unterschiedliche Zeitkonstanten zu sehen. Das Bild zeigt: Je kleiner die Zeitkonstante ist, umso schneller erreicht
der Ausgang der Regelstrecke das Eingangssignal.

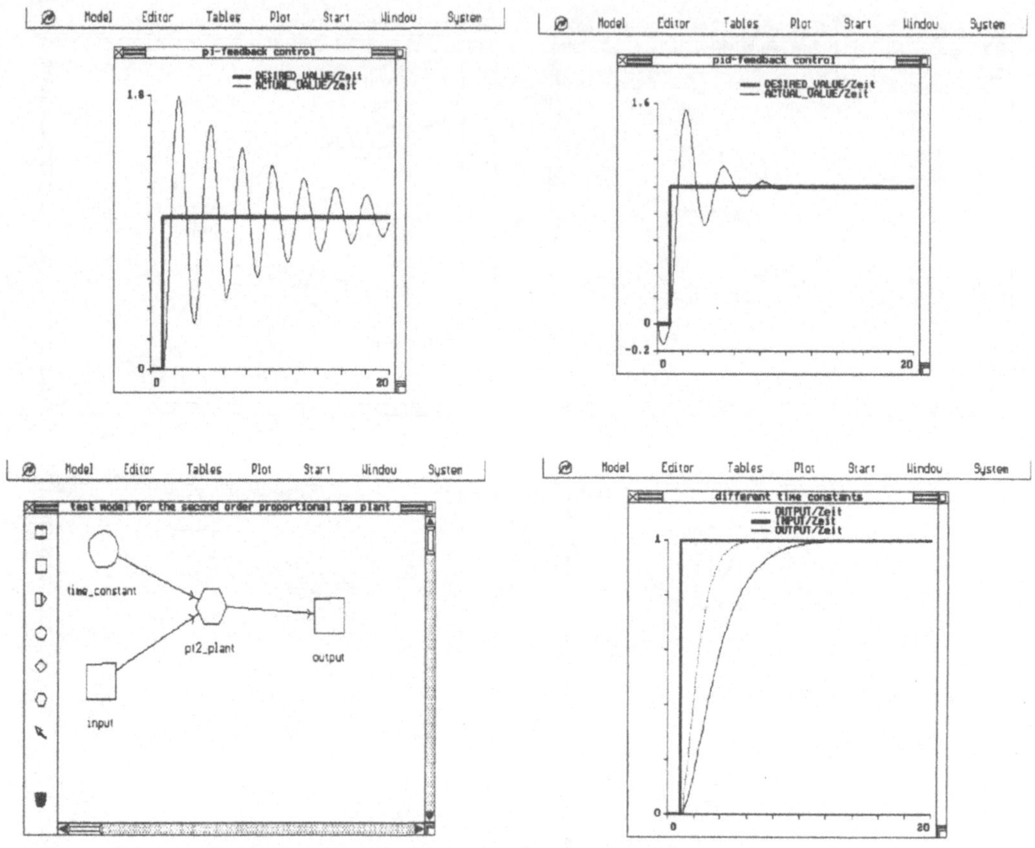

Abb. 3: links oben: Übersteuertes Regelverhalten bei reiner PID-Regelung
rechts oben: Wirkung des D-Verstärkers bei Parameterkonstellation wie im Bild links
links unten: Modell zum Test des Zeitverhaltens der PT2-Strecke
rechts unten: Zeitverhalten der PT2-Strecke bei unterschiedlichen Zeitkonstanten

5. Bottum-Up: Bevölkerungsentwicklung

Am Beispiel eines Modells zur Bevölkerungsentwicklung soll nun der Aufbau eines komplexen Modells aus einfachen Grundstrukturen demonstriert werden. Grundidee ist dabei die Einteilung einer Bevölkerung in bestimmte Altersklassen. Eine solche Einteilung ist einerseits wichtig für zukünftige Anforderungen an Infrastrukturen und Dienstleistungen (Nahrungsversorgung, Wohnungen, Arbeitsplätze, medizinische Versorgung, Schulen usw.), andererseits aber auch für eine realistische Abschätzung der rein zahlenmäßigen Entwicklung einer Bevölkerung. Grob können z.B. drei Altersklassen unterschieden werden nach ihrem Beitrag zur Reproduktion: Kinder bzw. Alte, die noch nicht oder nicht mehr zur Zahl der Neugeborenen beitragen, sowie die Eltern im reproduktionsfähigen Alter. Jede dieser Altersklassen kann nun weiter unterteilt werden (im Extremfall bis zu einer Jahrgangsklasse), allerdings sinnvoll nur dann, wenn auch die entsprechenden Daten bekannt sind (Sterblichkeit, Fertilität u.a.).

Im Unterrichtsgang kann von der Beschreibung einer einzelnen Altersklasse ausgegangen werden. Dies entspräche auch der Betrachtung einer homogenen Bevölkerung. Der "Zustand" einer solchen Alterklasse oder Bevölkerung wird durch die Anzahl der Individuen beschrieben. Die Änderung dieser Größe wird von der Sterblichkeit bzw. der Fertilität beeinflußt. Diese einfache Grundstruktur ist in MODUS übersichtlich darstellbar und mit den entsprechenden Kennwerten zu simulieren. Abb. 4 zeigt diese Struktur und die Bevölkerungsentwicklung mit den Kernwerten von Indien (nach Bossel, 1985).

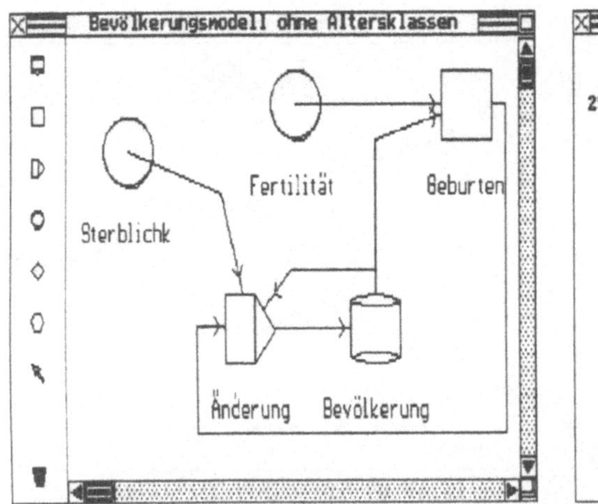

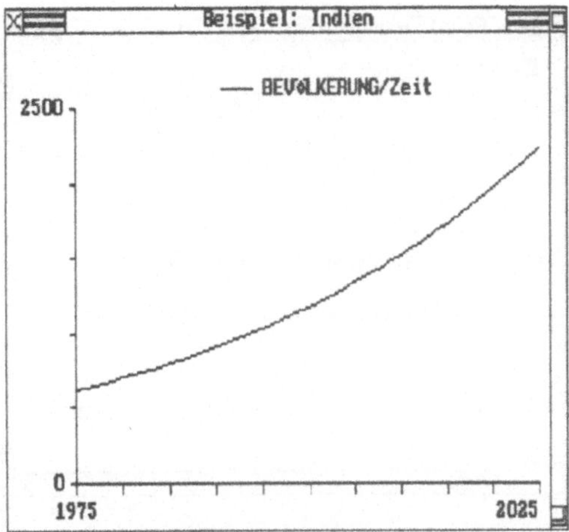

Abb. 4: links: Bevölkerungsmodell ohne Altersklassen; rechts: Simulation für das Beispiel Indien

Der entscheidende Verallgemeinerungsschritt besteht darin, diese Grundstruktur nicht zur Beschreibung der Gesamtpopulation heranzuziehen, sondern zur Beschreibung einer Altersklasse. Dabei ist der Auflösungsgrad, d.h. das Betrachten von Kohorten mit nur einem Jahrgang oder mehreren Jahrgängen nebensächlich, da deren innere Struktur identisch bleibt. Gegenüber dem allgemeinen Wachstumsmodell sind lediglich die Verbindungen zu der vorhergehenden bzw. nachfolgenden Altersklasse einzufügen. Mit den entsprechenden Symbolen von MODUS erhalten wir die allgemeine Darstellung einer Altersklasse wie in Abb. 5 (links oben). Die Eltern unterscheiden sich von den Kindern bzw. Alten lediglich dadurch, daß sie zur Zahl der Neugeborenen beitragen. Unter Verwendung des Teilmodell-Symbols können dann die Altersklassen verbunden werden (vgl. Abb. 5, rechts oben).

Die grafische Repräsentation verdeutlicht insbesondere den Wechsel von Individuen der einen Altersklasse in die nächste. Eine nachträgliche Erhöhung des Auflösungsgrades der Altersklassen ist durch die Verwendung der Teilmodelle ebenso möglich wie die Zusammenfassung in Teilpopulationen (Neugeborene, Kinder, Eltern, Alte; vgl. Abb. 5, links unten). In Abb. 5 (rechts unten) ist die Bevölkerungsentwicklung der alten Bundesländer der BRD für diese Teilpopulationen dargestellt.

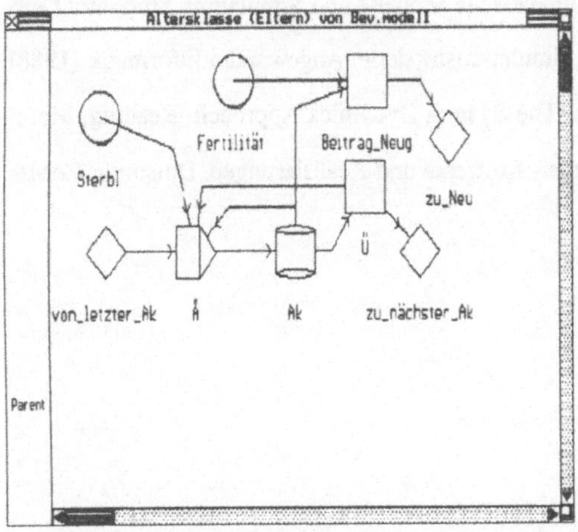

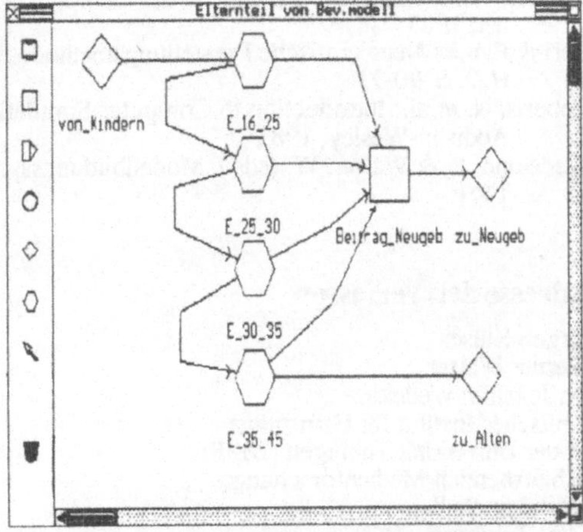

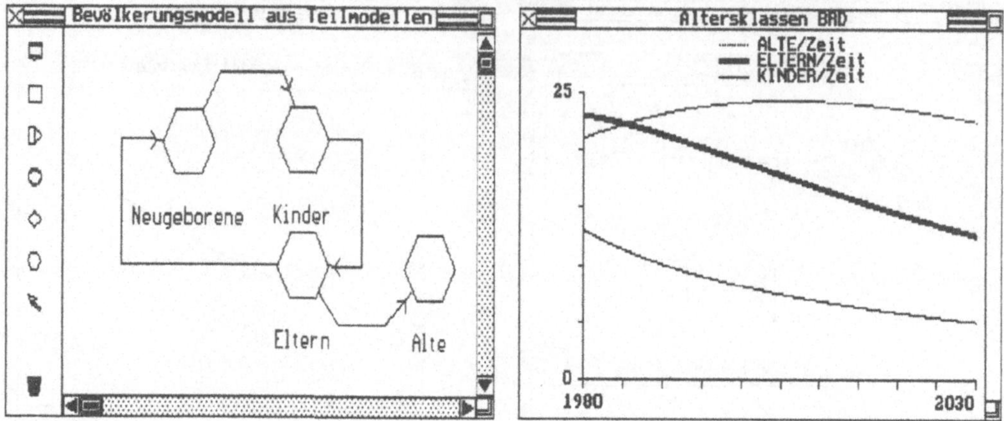

Abb. 5: Simulation verschiedener Altersklassen bezogen auf die BR Deutschland (vor 1990)

6. Bewertung

Die in den vorhergehenden Abschnitten geschilderten Vorgehensweisen schließen sich nicht gegenseitig aus. Je nach Komplexität und Grad der Vernetzung kann es auch sinnvoll sein, "von beiden Enden her" zu arbeiten, d.h. die Grobstruktur aufzubauen, anschließend Grundelemente darzustellen und diese in Zwischenstufen als Teilmodelle einzufügen. Die gewählte Vorgehensweise wird immer von den angestrebten Lehrzielen und dem behandelten Inhaltsbereich abhängen. Die Verfügbarkeit des Teilmodellkonzepts innerhalb des Modellbildungssystems ermöglicht in jedem Fall eine flexiblere Unterrichtsgestaltung als sie bei den rein gleichungsorientierten Modellbildungssystemen bisher der Fall war.

7. Literatur

Bossel, H.: Umweltdynamik. 30 Programme für kybernetische Umwelterfahrungen auf jedem BASIC-Rechner. München: te-wi, 1985
Bossel, H.: Systemdynamik. Grundwissen, Methoden und BASIC-Programme zur Simulation dynamischer Systeme. Braunschweig/Wiesbaden: Vieweg, 1987
Forrester, J.W.: Principles of Systems. Cambridge: Wright-Allen, 1968
Metzler, W.: Dynamische Systeme in der Ökologie. Mathematische Modelle und Simulation. Stuttgart: Teubner, 1987
Hering,E. u.a.: Neue grafische Darstellungsmethode für Simulationsmodelle. Angewandte Informatik (1988), H. 2, S. 90-93
Roberts, N. et al.: Introduction to Computer Simulation: The System Dynamics Approach. Reading, Mass.: Addison-Wesley, 1983
Wedekind, J., & Walser, W. (eds.): Modellbildungssysteme - Konzepte und Realisierungen. Duisburg: CoMet, 1991

Adresse der Verfasser

Jürgen Klüser
Werner Walser
Dr. Joachim Wedekind
Deutsches Institut für Fernstudien
an der Universität Tübingen (DIFF)
Arbeitsbereich Medienforschung
Wöhrdstraße 8
7400 Tübingen

Erprobung eines Systems zur Modellbildung und Simulation im Unterricht

Eckhard Klieme und Ulla Maichle

1. Systemdenken: Überlegungen zum Konzept und zu Möglichkeiten seiner Förderung

Ein dynamisches System ist ein Gefüge von zeitabhängigen und miteinandervernetzten Variablen, dessen Zustand sich in gesetzmäßiger Weise verändert. Das Verstehen von und der adäquate Umgang mit dynamischen Systemen erfordern eine Form des Denkens, die hier als "Systemdenken" bezeichnet werden soll. Wie die Erfahrung zeigt, fällt uns das "Denken in Systemen" nicht leicht; wir Menschen neigen ganz generell zu einem monokausalen Denken, einem Denken, welches Ereignisse auf eine Kette von Ursachen und Wirkungen zu reduzieren trachtet und Neben- oder Rückkopplungseffekte eines Ereignisses weitgehend unberücksichtigt läßt (vgl. Dörner, 1989, Riedl, 1982, Vester, 1984). Demgegenüber bedeutet Systemdenken "Denken in Zusammenhängen. Nur dies verhindert, daß ein Teil für das Ganze genommen, von der Veränderung eines Aspektes linear auf die Veränderung des Ganzen geschlossen wird" (Willke, 1991, S. 150).

In der Kognitionspsychologie ist die Erforschung von Denk- und Problemlöseprozessen beim Umgang mit simulierten dynamischen Systemen inzwischen zu einem beliebten Forschungsparadigma geworden (vgl. Dörner et al., 1983; Eyferth et al., 1986; Funke, im Druck). Bei diesen Untersuchungen konfrontiert man die Teilnehmer mit einem kontextgebundenen Simulationsprogramm (z.B. Dörners "Tanaland", das Modell eines Entwicklungsgebietes in der Sahel-Zone, oder "Lohhausen" als Experimentierfeld für den "Bürgermeister" einer simulierten Kleinstadt) und beobachtet Verlauf und Ergebnis ihrer Eingriffe in dieses System. Die Struktur des Systems (die einbezogenen Variablen und ihre Verknüpfung) wird den Versuchspersonen nicht dargelegt, sie ist vielmehr aus dem Systemverhalten zu erschließen.

Die Ergebnisse dieser psychologischen Experimente belegen eindrucksvoll die oben genannten Schwächen des (nicht "systemischen") Alltagsdenkens. Erfolgreichere Versuchspersonen zeichnen sich durch eine raschere und präzisere Verarbeitung der eingeholten Informationen über das System aus, durch die Qualität ihrer Hypothesenbildung, durch eine intensivere Reflexion und bessere Strukturierung der eigenen Vorgehensweise - sowie durch eine höhere Selbstsicherheit; hinsichtlich ihrer Intelligenz unterscheiden sie sich nicht von weniger erfolgreichen Versuchspersonen. "Systemdenken" kann daher nicht als eine spezifische, isolierbare Fähigkeit verstanden werden, sondern viel eher als ein ganzes Bündel, eine Mischung von Persönlichkeits- und intellektuellen Merkmalen (vgl. Dörner, 1989, S. 308f.). Umstritten ist, inwieweit systemisches Denken von einem Gegenstandsbereich auf einen anderen übertragbar ist. Trainingsstudien, in denen der Umgang mit komplexen dynamischen Systemen kurzfristig verbessert werden sollte, zeigten keine zufriedenstellenden Resultate.

Im Schulunterricht sind kontextgebundene Simulationsprogramme verschiedentlich eingesetzt worden - teils, um konkretes Wissen über den simulierten ökologischen oder ökonomischen Realitätsausschnitt zu vermitteln (so etwa bei Leutner, 1988), teils, um auf einer sehr allgemeinen Ebene den Denkstil der Schüler zu beeinflussen (Breuer & Kummer, 1990).

Besser als durch den Umgang mit solchen kontextgebundenen Simulationsprogrammen könnte Systemdenken möglicherweise gefördert werden, wenn dem Schüler ein Werkzeug zur Verfügung gestellt wird, mit dem er selbst beliebige Systeme nachbilden und simulieren kann (vgl. etwa Craemer, 1985). Solche kontextunabhängigen Werkzeuge werden als "Modellbildungssysteme" bezeichnet (Wedekind, 1982). Durch die Möglichkeit, Realitätsausschnitte selbständig modellieren zu können, rückt bei dieser Software der Modellcharakter simulierter Systeme ins Zentrum der Aufmerksamkeit. Die Schüler werden nicht mit einem fixierten "Weltausschnitt" konfrontiert; sie müssen strukturelle Zusammenhänge explizit aufbauen und in die Sprache des Modells übersetzen, das wiederum an der Realität zu prüfen ist. Inwieweit die Erwartung, hierdurch werde das Systemdenken gefördert, realistisch ist, blieb bislang weitgehend unerforscht. Die vorliegende Pilotstudie versteht sich als ein Schritt in diese Richtung. Sie wurde vom Landesinstitut für Schule und Weiterbildung Nordrhein-Westfalen in Auftrag gegeben und sollte den Einsatz eines neuentwickelten Modellbildungssystems (MODUS) im Unterricht der Sekundarstufe I wissenschaftlich begleiten.

2. Beschreibung des Unterrichtskonzepts

2.1 Das Modellbildungssystem MODUS

MODUS ist ein interaktives graphisch orientiertes Modellbildungssystem, das am Deutschen Institut für Fernstudien in Tübingen unter der Leitung von J. Wedekind und W. Walser entwickelt wurde und vom Comet-Verlag in Duisburg vertrieben wird. Das Programm stellt dem Schüler einen Satz graphischer Symbole zur Verfügung, mit deren Hilfe er seine Vorstellungen über die Struktur eines Systems oder eines Wirkungszusammenhangs anschaulich auf dem Bildschirm darstellen kann. Die graphischen Symbole sind als Objekte direkt manipulierbar: Sie können durch eine mausgesteuerte Cursor-Hand ergriffen und an beliebiger Stelle auf dem Bildschirm so plaziert werden, daß ein Modell in Netzstruktur entsteht. Der Schüler kann nun dieses Modell über mehrere Zeittakte hinweg durchspielen und die Ergebnisse, die in Form von Tabellen oder Zeitdiagrammen präsentiert werden, interpretieren und bewerten. Intern wird das Modell in ein Differentialgleichungssystem übersetzt, für dessen Berechnung verschiedene Verfahren zur Verfügung stehen. Je nach Voreinstellung kann der Benutzer sein Modell auch explizit numerisch definieren.

2.2 Teilnehmer und Unterrichtsthemen

MODUS wurde - in einer Version, die noch nicht voll ausgetestet war und nicht den vollen Funktionsumfang des Endprodukts hatte - an rund 200 Schülern der neunten und zehnten Jahrgangsklassen in den Unterrichtsfächern Chemie, Biologie, Sozialkunde und Mathematik erprobt. Arbeitsgruppen am Landesinstitut für Schule und Weiterbildung erstellten für jedes Fach ein sogenanntes Themenheft mit einer abgeschlossenen Unterrichtseinheit, in der Modellbildung und Simulation mit dem jeweils spezifischen Inhalt verknüpft wurden. Das Themenheft für das Fach Chemie behandelte den Kohlenstoffkreislauf im System Erde, der Biologieunterricht bezog sich auf das Thema "Nahrungsketten", im Sozialkundeunterricht wurde ein Marktwirtschaftsmodell behandelt, und in Mathematik schließlich - entsprechend dem inhaltsneutralen, formalen Charakter dieses Faches - das Thema "Wachstum". Der Unterricht wurde von besonders motivierten Lehrern durchgeführt, die sich auf freiwilliger Basis in die Unterrichtsmaterialien und das Programm MODUS eingearbeitet hatten; der Unterricht erfolgte im normalen Klassenverband der zehn beteiligten Klassen - z.T. als Frontal-, z.T. als Gruppenunterricht - und umfaßte im Schnitt 13 Unterrichtsstunden. Zwei der zehn beteiligten Klassen konnten aus überwiegend schulinternen Gründen den Unterricht nicht abschließen, so daß letztlich 165 Schüler in die Untersuchung einbezogen wurden.

2.3. Lehrziele

Durch den Einsatz von MODUS im Unterricht wollten die Fachdidaktiker eine Reihe von Lehrzielen erreichen, die auf höchst unterschiedlichen Ebenen anzusiedeln sind. Die Schüler sollten

- das Bedienungswissen für den Umgang mit MODUS erwerben (ein Programm aufrufen, ein Fenster positionieren, im Editor zeichnen, Simulationsläufe starten können usw.), - mit den spezifischen Konzepten der Modellbildung umgehen lernen (d.h., Größen verschiedenen Typs identifizieren, die Bedeutung von Modellbildungssymbolen kennen, Diagramme verschiedenen Typs unterscheiden lernen usw.),

- fachbezogenes Wissen über ein konkretes System erwerben (z.B. über den Kohlenstoffkreislauf, über Nahrungsketten, über einen Wirtschaftskreislauf usw.), - selbständig Modelle über reale Zusammenhänge erstellen, die Modelldarstellung durch Simulation auf Übereinstimmung mit den realen Gegebenheiten prüfen und gegebenenfalls revidieren können,

- die Bedeutung und die Grenzen der Modellbildung erkennen und die Anwendungen des neuen Werkzeugs sachkundig und kritisch beurteilen können,

- lernen, vernetzt, d.h. in Systemen zu denken (einzelne Systemkomponenten erkennen und ihre Wirkungszusammenhänge erfassen können, unterschiedliche Systemstrukturen voneinander unterscheiden und die Effekte von Eingriffen in ein definiertes System abschätzen können),

- motiviert werden, auch in ihrem alltäglichen Handeln vernetzten Zusammenhängen - z.B. ökologischer oder ökonomischer Art - Rechnung zu tragen, sowie

- in die Lage versetzt werden, selbständig und entdeckend zu lernen und dabei miteinander zu kooperieren.

3. Untersuchungsmethode

3.1 Anlage der Pilotstudie

Die wissenschaftliche Begleitung des Unterrichtsversuchs, über die hier berichtet wird, sollte Methoden zur Prüfung der genannten Lehrziele erproben und - soweit dies im Rahmen einer Pilotstudie möglich ist - die Effekte des Unterrichts beurteilen.

Tabelle 1 stellt das Design unserer Pilotstudie im Überblick dar.

Variablen, die vor Unterrichtsbeginn erfaßt wurden	Grundfähigkeit im Umgang mit - mathematischen Größen/Relationen - Diagrammen Fähigkeit zum Systemdenken Vertrautheit mit Systembegriffen Vertrautheit mit relevanten mathem. Begriffen computerbezogene Interessen und Einstellungen
Variablen, die während des Unterrichts erfaßt wurden	Ablauf der einzelnen Unterrichtsstunden - Inhalt - Unterrichtsform - Lerngelegenheit am Computer - Reaktion der Schüler
Variablen, die im Anschluß an den Unterricht erfaßt wurden	Fähigkeit zum Systemdenken Fähigkeit zur Modellbildung und -interpretation Vertrautheit mit Systembegriffen Vertrautheit mit relevanten math. Begriffen Bedienungswissen /Bedienungserfahrung (MODUS) computerbezogene Interessen und Einstellungen Einstellung zu MODUS und um Unterricht

Tab. 1: Design der Pilotstudie

3.2 Diagnoseinstrumente

Da zu den hier interessierenden Fähigkeiten und Fertigkeiten noch keine standardisierten Tests oder Fragebogen existieren, mußten alle bei dieser Untersuchung verwendeten diagnostischen Instrumente neu entwickelt werden. Aufgrund der Stichprobengröße, die Einzelbefragungen von vorneherein ausschloß, mußten in allen Fähigkeitsbereichen Aufgabentypen konzipiert werden, die in schriftlicher Form zu bearbeiten waren und im Klassenverband eingesetzt werden konnten. Im einzelnen wurden folgende Aufgabengruppen entwickelt:

1. Aufgaben zur Erfassung der Grundfähigkeit im Umgang mit mathematischen Größen/Diagrammen

    a)   Bearbeitung quantitativer Probleme Mehrere aufeinander aufbauende Sachrechenaufgaben erfordern das korrekte Operieren mit Größen und Einheiten, die Anwendung von Prozent- und Anteilsrechung sowie das Verständnis für exponentielles Wachstum.

    b) Interpretation von Diagrammen Zu einem Kurvendiagramm werden Behauptungen präsentiert, deren Gültigkeit anhand des Diagramms beurteilt werden muß.

2. Aufgaben zum Systemdenken

    c)   Erkennen und Darstellen von Systemstrukturen Die Struktur verbal beschriebener Systeme soll von den Schülern erkannt und bildlich/graphisch dargestellt werden, wobei die Instruktion bewußt offen formuliert ist.

    d)   Vorhersage von qualitativem Systemverhalten Die Effekte von definierten Eingriffen in verbal beschriebene Systeme aus verschiedenen Inhaltsbereichen sollen vorhergesagt werden.

    e)   Systeme klassifizieren und in Ursache-Wirkungs-Diagrammen darstellen. Kurze Texte, in denen verbal Wirkungszusammenhänge aus verschiedenen Inhaltsbereichen dargestellt werden, müssen gemäß ihrer Struktur in Gruppen zusammengefaßt werden; die Struktur der einzelnen Systeme soll graphisch dargestellt werden, wobei explizit die Darstellung in Form eines Ursache-Wirkungs-Diagramms verlangt wird.

3. Aufgaben zur Modellbildung und -interpretation

    f)   Interpretation eines MODUS-Modells
Ein einfaches Modell zum Thema "Bevölkerungsentwicklung" wird in der graphischen Symbolik von MODUS vorgegeben. Die Schüler haben Behauptungen zur Semantik des Modells zu beurteilen, die Ergebnisse von Simulationsläufen zu prognostizieren und mögliche Modifikationen des Systems zu bewerten.

    g)   Modellerstellung
Für ein verbal beschriebenes "Kontostand"-Modell sollen die relevanten Systemvariablen definiert und ihre Zusammenhänge in der Symbolik von MODUS dargestellt werden.

4. Aufgaben zu Bedienungswissen und Bedienungserfahrung

    h)   Der Bekanntheitsgrad von und die Erfahrungen mit einzelnen Bedienungsschritten beim Umgang mit dem Modellbildungssystem MODUS werden in Form eines Fragebogens erfaßt.

    i)   Interpretation von MODUS-Ausgaben
Zeitplots, welche die Ergebnisse eines Simulationslaufs präsentieren, müssen interpretiert werden.

5. Vertrautheit mit Systembegriffen und mathematischen Konzepten

    Dem Schüler werden systemtheoretische Begriffe und mathematische Konzepte präsentiert und er soll anhand einer Rating-Skala einschätzen, inwieweit er sich in der Lage sieht, einem Mitschüler den betreffenden Begriff zu erklären.

Computerbezogene Erfahrungen, Interessen und Einstellungen der Schüler wurden anhand eines Fragebogens erfaßt; das Gleiche gilt für die Bewertung von und die Einstellung zum Modellbildungssystem MODUS. Der Ablauf der einzelnen Unterrichtsstunden schließlich wurde anhand von standardisierten Unterrichtsprotokollen erfaßt, welche die Lehrer jeweils im Anschluß an eine Unterrichtsstunde auszufüllen hatten. Alle beteiligten Lehrer bearbeiteten darüber hinaus vor Beginn und nach Beendigung der Unterrichtseinheit je einen Fragebogen, der ihre Einstellung zum Unterrichtskonzept, zu den Themenheften und zum Modellbildungssystem erfassen sollte. Sie wurden außerdem um eine Gesamtbewertung des Unterrichtsversuchs im Hinblick auf die Erreichung der formulierten Lehrziele gebeten.

4. Ergebnisse

4.1 Zum Unterrichtsverlauf und dessen Bewertung durch Lehrer und Schüler

Bei der Durchführung des Unterrichts ergaben sich zum Teil erhebliche schulorganisatorische Probleme, so daß zwei der ursprünglich zehn Klassen die Unterrichtseinheit nicht bis zum Ende durchführen konnten. In den verbliebenen acht Klassen variierten Inhalt und Ablauf des Unterrichts z.T. erheblich: Für die Gruppenarbeit am Rechner reservierten die Lehrer zwischen 14 und 78 Prozent der gesamten Unterrichtszeit, und die Vermittlung fachlicher (also mathematischer, biologischer usw., nicht mit der Simulation selbst verbundener) Inhalte nahm zwischen 28 und 72 Prozent der Unterrichtszeit in Anspruch. Die Zahl der verfügbaren Rechner variierte zwischen eins und zehn. Um die Auswirkungen dieser Unterrichtsbedingungen abschätzen zu können, errechneten wir für jede Klasse, wie lange dort im Durchschnitt jedem einzelnen Schüler ein Rechner zur Verfügung stand. Diese fiktive Arbeitszeit am Rechner variiert zwischen 5 und 220 Minuten und sie erklärt einen Großteil des Unterrichtserfolgs: Sowohl die im Nachtest erhobene Fähigkeit zum Modelldenken als auch die Zufriedenheit der Schüler mit dem Unterricht korrelieren hochsignifikant mit der verfügbaren Arbeitszeit am Rechner.

Die Einstellung der Lehrer zu diesem Unterrichtsprojekt läßt sich als "kritisch wohlwollend" bezeichnen, wobei es vom Unterrichtsfach abzuhängen scheint, ob eher die Kritik oder eher das Wohlwollen überwiegt. Der Umfang der Unterrichtseinheiten war zu Beginn von den Lehrern häufig unterschätzt worden, während sich die Bedienung von MODUS als problemloser erwies als zunächst angenommen. Dem abschließenden Urteil der Lehrer zufolge ist es im Unterricht am ehesten gelungen, fachbezogene Inhalte zu vermitteln und die selbständige Bedienung von MODUS einzuüben, während globalere Lernziele wie Denken in Systemen und in Modellen sowie selbständiges und entdeckendes Lernen - jene Lehrziele, die vor Beginn des Unterrichts von den Lehrern als besonders wichtig eingeschätzt worden waren - nicht realisiert werden konnten. Trotz dieses enttäuschenden Kontrastes und trotz vielerlei Verbesserungswünschen am Modellbildungssystem wie auch an den Unterrichtsmaterialien bekundeten alle beteiligten Lehrer ihre Bereitschaft, das Thema "Systemdynamik" mit MODUS- Unterstützung ein zweites Mal im Unterricht zu behandeln.

Die Beurteilung des Unterrichts durch die Schüler fällt insgesamt eher zurückhaltend aus: Nur für gut ein Drittel der Schüler war der Unterricht mit MODUS interessanter als andere Themen und immerhin ein Drittel berichtete von grundlegenden Verständnisschwierigkeiten. Das Interesse der Schüler an Computern ganz allgemein änderte sich durch die Beschäftigung mit MODUS nicht. Die Zufriedenheit der Schüler variierte allerdings - nicht zuletzt wegen der unterschiedlichen Unterrichtsbedingungen - zwischen den Klassen erheblich. In einer Klasse äußerten alle Schüler übereinstimmend, die Arbeit mit MODUS habe ihnen Spaß gemacht, während in einer anderen Klasse nur jeder fünfte diese Aussage bejahte. Bedauerlicherweise, wenn auch erwartungsgemäß, zeigten sich jene Schüler am Schluß zufriedener, die schon bei unserer Vorbefragung besonders starkes Interesse und größere Vorerfahrungen im Umgang mit Computern hatten. Leider war auch festzustellen, daß Mädchen an dem Programm und dem Unterrichtsgeschehen wesentlich weniger Gefallen fanden als Jungen; die geschlechtsspezifischen Interessensunterschiede hatten sich bei der Nachbefragung im Vergleich zur Vorbefragung sogar noch verstärkt. Eine Lösung dieses Problems deutet sich in dem (statistisch allerdings nur schwach bedeutsamen) Befund an, daß Mädchen in reinen Mädchengruppen mit der Arbeit zufriedener waren und dort auch höhere Leistungen im Bereich "Systemdenken" erzielten als in gemischtgeschlechtlichen Gruppen.

4.2. Zum Modelldenken und zum Umgang mit dem Modellbildungssystem

Wie gut können nun die Schüler nach Abschluß der Unterrichtseinheit tatsächlich mit MODUS umgehen? Mehr als die Hälfte der Schüler traut sich zu, die gleichsam handwerklichen Schritte (Mausbedienung, Fensterverwaltung, Laden und Speichern von Modellen) ohne Hilfe durch andere realisieren zu können. Die inhaltlich relevanten Arbeitsschritte hingegen (Zusammenbauen eines neuen Modells, Festlegung der auszugebenden Kurve und Start einer Simulation) glauben nur etwa 40 Prozent der Schüler alleine durchführen zu können. Ein besonders neuralgischer Punkt scheint der Umgang mit "Dialogboxen" zu sein.

Die Antworten der Schüler auf unsere Fragen im Nachtest fördern denn auch grundsätzliche Kenntnislükken zutage: Mindestens die Hälfte der Schüler war nicht in der Lage, ein Zeitdiagramm, wie es von MO-DUS produziert wird, korrekt zu interpretieren; sie scheiterten am Verständnis der Achsenbeschriftung und an der Zuordnung zwischen Größen und Achsen. Noch schwieriger war es für die Schüler, selbst ein Modell in der Symbolik von MODUS zu entwerfen. Nur die Hälfte der Schüler legte im Nachtest eine solche Zeichnung für ein verbal beschriebenes Kontostand-System (mit Größen wie Kontostand, Zinsen, Gehalt, Miete usw.) vor; 70 Prozent der vorgelegten Systemdarstellungen verstießen gegen die syntaktischen Regeln von MODUS. Nur ein einziger Schüler vermochte eine vollständige, inhaltlich korrekte Darstellung des Modells zu liefern, die - bei geeigneter Festlegung der numerischen Parameter, welche in der Aufgabenstellung nicht gefragt war - ein in MODUS lauffähiges Modell ergäbe.

Einiges deutet daraufhin daß, diese Mängel nicht alleine dadurch behoben werden können, daß man die Syntax der Modelldarstellungen und die Bedienung des Programms intensiver einübt. Die Schwierigkeiten der Schüler scheinen häufig grundsätzlicher Art zu sein; sie sind in grundsätzlichen Fehlvorstellungen über dynamische Systeme begründet: Einer der Kernpunkte dieser Fehlvorstellungen ist ein materielles Konzept von "Wirkung", bei dem Wirkungszusammenhänge an Material-, Energie- oder Geldfluß geknüpft sind und nicht abstrakt-mathematische Relationen zwischen Variablen kennzeichnen, wie dies dem Modelldenken mit MODUS angemessen wäre. Anhand der Zeichnungen der Schüler läßt sich nachweisen, daß mindestens ein Drittel von ihnen dieser Fehlvorstellung folgte: Sie zeichneten beispielsweise einen Wirkungspfeil von der Variablen "Konto" zur Variablen "Ausgaben"; dieser Pfeil symbolisiert also für sie den Fluß der Geldmengen, nicht die Abhängigkeit einer Variablen von einer anderen. Ein zweites wesentliches Element des Systemkonzepts ist das Verständnis der "Zustandsgrößen" und "Änderungsgrößen" als zeitabhängig variierender Größen. Immerhin jede fünfte Systemdarstellung der Schüler enthielt jedoch eine Größe, die als "neuer Kontostand", "Restbestand" oder ähnliches bezeichnet war; eine solche Definition von Variablen durch zeitliche Kategorien wie "vorher" und "nachher" widerspricht jedoch dem Konzept der zeitabhängigen Variablen in einem dynamischen System.

4.3 Zur Förderung des Systemdenkens

Angesichts solcher grundsätzlicher Verständnisschwierigkeiten in bezug auf MODUS und in bezug auf das Konzept des dynamischen Systems ist nicht zu erwarten, daß die Fähigkeit der Schüler zum systemischen Denken im umfassenderen Sinne (hier operationalisiert durch die Fähigkeit, Systemstrukturen zu erkennen, darzustellen und zu klassifizieren sowie qualitatives Systemverhalten vorherzusagen) wesentlich gefördert worden wäre. Dennoch weisen einige Befunde daraufhin, daß die Schüler ihre Fähigkeit zum Systemdenken (jedenfalls in dem eingeschränkten Sinne unserer Operationalisierungsversuche) verbessern konnten.

Sowohl vor als auch nach dem Unterricht präsentierten wir den Schülern Texte, in denen Kausalnetze oder Kausalstrukturen mit Rückkopplung beschrieben wurden, eingebettet in Kontexte wie "Vom Leben eines Nomadenstammes" oder "Vom Wohnungsmarkt einer Kleinstadt". Die Schüler wurden zunächst gebeten, die präsentierten Zusammenhänge graphisch darzustellen, wobei die Art der Darstellung bewußt freigestellt wurde, um Aufschluß darüber zu gewinnen, inwieweit die Schüler spontan Ursache-Wirkungs-Diagramme zur Beschreibung von Systemen verwenden. Im Anschluß an den Text waren jeweils verschiedene Eingriffe in das System beschrieben, und der Schüler sollte die Art der Auswirkung jedes dieser Eingriffe auf eine definierte Systemgröße qualitativ (im Sinne von "steigt/sinkt/bleibt unverändert" oder "läßt sich nicht abschätzen") vorhersagen. Bei der freien Darstellung der Wirkungszusammenhänge dominierten im Vortest realitätsgetreue Szenenbilder oder "Nacherzählungen" der Geschichte als Abfolgen konkreter Zustandsbeschreibungen - Formen also, mit denen sich z.B. Rückkopplungen gar nicht repräsentieren lassen. Zwei Drittel der Schüler verwendeten eine solche, an der Textoberfläche orientierte Darstellungsweise. Im Nachtest sank der Anteil solcher konkreten Darstellungen auf etwa 40 Prozent ab, während der Anteil korrekter Diagrammdarstellungen, in denen Variablen- bzw. Größenbezeichnungen netzförmig miteinander verknüpft werden, von 2 auf 10 Prozent anstieg. Daneben gab es eine nennenswerte Zahl von Schülern (etwa 25 Prozent), die im Nachtest versuchten, ihr im Unterricht erworbenes Wissen über Modellbildung einzusetzen, indem sie die in unseren Texten beschriebenen Systeme anhand von MODUS-Symbolen darstellten. Hierbei zeigte sich jedoch, daß diese Schüler nicht gelernt hatten, mit den Komponenten der Modellbildungs-Sprache selbständig zu arbeiten. Überwiegend versuchten sie, Strukturmuster, die sie im Unterricht kennengelernt haben (z.B. im Biologieunterricht ein Räuber-Beute-Modell), durch bloßes Ändern der Beschriftung an den neuen Kontext der Aufgabenstellung anzupassen. Zusammengefaßt belegen die Schülerzeichnungen, daß nach dem Unterricht eine abstrakte, strukturbezogene Darstellung von Wirkungszusammenhängen häufiger gelingt als zu Beginn, daß aber der Versuch, dabei auf Modellstrukturen zurückzugreifen, die man bei der Arbeit mit MODUS kennengelernt hatte, nicht erfolgreich war.

Ein analoges Resultat ergibt sich aus unseren Untersuchungen zur Fähigkeit, qualitative Auswirkungen von Systemeingriffen vorherzusagen. Nach Abschluß der Unterrichtseinheit konnten die Schüler signifikant mehr Aufgaben dieser Art korrekt lösen als zuvor; ihre Leistung hing jedoch nicht davon ab, wie intensiv sie mit MODUS gearbeitet und welche Kompetenz zum Umgang mit dem Modellbildungssystem sie erworben hatten. Die individuelle Leistung im Bereich des "Systemdenkens" ist vielmehr wesentlich durch kognitive Grundfähigkeiten und die bereits vor Beginn des Unterrichts vorhandene Fähigkeit zu systemischem Denken determiniert.

4.4 Konsequenzen

Versucht man, unsere Ergebnisse zu interpretieren und Konsequenzen daraus zu ziehen, so muß bedacht werden, daß sie einer Pilotstudie entstammen, die nicht den Anspruch erheben kann, die Wirksamkeit des Einsatzes von MODUS zuverlässig zu beurteilen. Bei entsprechend vorsichtiger Auslegung lassen sich jedoch wesentliche Anregungen für die Gestaltung eines Unterrichts gewinnen, welcher das Ziel verfolgt, durch Arbeit mit einem Modellbildungssystem systemisches Denken und das Denken in Modellen zu fördern. Die unseres Erachtens wichtigste Forderung lautet: Bei der Arbeit mit einem Modellbildungssystem muß sehr viel umfassender und gezielter, als es bei diesem Pilotversuch möglich war, an einer Vermittlung des Grundkonzepts von dynamischen Systemen und dem damit verbundenen Verständnis von Variablen und Wirkungsrelationen gearbeitet werden. Hierzu ist eine didaktische Konzeption notwendig, die gegenwärtig nur in ersten Ansätzen vorliegt (vgl. Ossimitz, 1990).

Literatur

Breuer, K. & Kummer, R. (1990). Cognitive effects from process learning with computer-based simulation. Computers in Human Behavior, 6, 69-81.

Craemer, D. (1985). Mathematisches Modellieren dynamischer Vorgänge. Stuttgart: Teubner, 1985.

Dörner, D. (1989). Die Logik des Mißlingens. Reinbek: Rowohlt.

Dörner, D., Kreuzig, H.-W., Reiter, F. & Stäudel, T. (1983). Lohhausen. Vom Umgang mit Unbestimmtheit und Komplexität. Bern: Huber.

Eyferth, K, Schömann, M. & Widwoski, D. (1986). Der Umgang von Psycholo- gen mit Komplexität. Sprache & Kognition, 5, 11-26.

Funke, J. (im Druck). Solving complex problems: Human identification and control of complex systems. In R. J. Sternberg & P. Frensch (Eds.): Complex problem solving: Principles and mechanisms. Hillsdale, N.J.: Erlbaum.

Leutner, D. (1988). Computersimulierte dynamische Systeme: Wissenserwerb unter verschiedenen Lehrmethoden und Sozialformen des Unterrichts. Zeitschrift für Entwicklungspsychologie und Pädagogische Psychologie, 20, 338-355.

Ossimitz, G. (1990). Materialien zur Systemdynamik. Schriftenreihe Didaktik der Mathematik, Band 19. Stuttgart: Teubner.

Riedl, R. (1982). Evolution und Erkenntnis. Antworten auf Fragen aus un- serer Zeit. München: Pieper.

Vester, F. (1984). Neuland des Denkens. Vom technokratischen zum kyberne- tischen Zeitalter. München: Deutscher Taschenbuch-Verlag.

Wedekind, J. (1982). Computer aided model building and CAL. Computers & Education, 6, 145-151.

Willke, H. (1991). Systemtheorie. (UTB 1161) Stuttgart: Gustav Fischer Verlag.

Adresse der Verfasser:
Institut für Test- und Begabungsforschung
Koblenzer Str. 77
D - 5300 Bonn 2

Modellbildung und Simulation im Unterricht

Hans-Ulrich Dönhoff

Zusammenfassung

Es werden Unterrichtseinheiten vorgestellt, bei denen das Modellbildungswerkzeug MODUS zum Einsatz kommt. MODUS erlaubt es, ein dynamisches System vollständig auf einer grafischen Oberfläche zu modellieren und es anschließend in seinem zeitlichen Verlauf zu simulieren. Die behandelten Beispiele sind stammen aus den Fächern Mathematik (Wachstum), Wirtschaft (Wirtschaftskapitän), Biologie (Lebensgemeinschaft Wald); und Chemie (Kohlenstoff-Flüsse). Über erste Unterrichtserprobungen wird berichtet.

1. Einleitung

Spätestens seit den Veröffentlichungen des "Club of Rome" ist der Weltöffentlichkeit das Problem des Verhaltens komplexer Systeme ins Bewußtsein gelangt. Obwohl die entstandenen Systeme wie die Verkehrssysteme, die vielfältigen Großtechnologien, die globalen Kommunikationssysteme und die Weltwirtschaftssysteme von den Menschen geschaffen sind, ist an immer mehr Beispielen immer häufiger zu erkennen, daß sie nicht mehr durchschaubar sind, ja daß sogar kleinste Fehler oft zu unübersehbaren explosiven Folgeschäden führen können.

Diese dynamischen Systeme bestehen aus Zustandsgrößen, Änderungsgrößen, Funktionen und Konstanten, die sich gegen seitig beeinflussen, die vernetzt sind.

Solche vernetzten Systeme sind prinzipiell schwer zu verstehen. Nach VOLLMER [1] liegen sie außerhalb des von ihm so definierten "Meso-Kosmos", außerhalb des für den Menschen sofort Begreifbaren.

Das wohl bekannteste Experiment zu diesem Thema, das in der Literatur zu finden ist, hat DÖRNER [2] durchgeführt. Es befaßte sich mit der Simulation der Verhältnisse in einem Entwicklungsland, genannte Tanaland. Zwölf Studenten hatten die Möglichkeit, durch Beeinflussung des Systems von außen wie z.B. durch Verstärkung der Rinderzucht, durch Kultivierung der Bodenflächen, durch Gesundheitsförderungsprogramme usw. das möglichst Beste für das Land herauszuholen. Das erstaunliche Ergebnis: Alle Experimentatoren scheiterten, obwohl sie sich alle Mühe gegeben und in bester Absicht gehandelt hatten! Eine ausführliche Darstellung der Problematik gibt DÖRNER in seinem 1989 erschienen Buch mit dem bezeichnenden Titel: "Die Logik des Mißlingens" [3].

Die hiermit kurz geschilderten Schwierigkeiten stehen im Gegensatz zu den immer deutlicher werdenden Notwendigkeiten, gerade solche vernetzten Systeme zu durchschauen und zu versuchen, sie auch zu beherrschen. Gerade hier liegt die Chance und auch die Aufgabe der Schule, solche Denkstrukturen und Betrachtungsmöglichkeiten begreifbar zu machen. Mit der Einführung von Modellbildungs-Werkzeugen im Unterricht ist dazu ein Schritt gemacht.

2. Die Ziele

Dynamische Systeme lassen sich, wenn sie modelliert worden sind, mit Hilfe eines Computers veranschaulichen, die Dynamik kann erfahrbar gemacht werden. Eine solche Simulation bedeutet in diesem Fall ein selbständiges Experimentieren mit den Modellen.

"Vernetzt denken lernen" ist vieleicht das übergeordnete Ziel, das angesteuert werden kann. Im einzelnen und in der konkreten Situation wird versucht, daß die Schülerinnen und Schüler die folgenden Eigenschaften komplexer Systeme erfahren:

- Der Anfangszustand eines komplexen dynamischen Systems ist von großer Bedeutung für sein späteres Verhalten.
- Unter dem Einfluß von Rückkopplungen werden die Anfangsbedingungen laufend verändert.
- Die Randbedingungen kanalisieren die Entwicklung des Wirkzusammenhangs, können sich aber auch selbst in der Entwicklung ändern.
- Nichtlineare Systeme gehorchen zwar einfachen Gesetzen, sind aber dennoch nicht vorhersagbar, da der Einfluß der anfänglichen Unbestimmtheiten hier noch viel größer ist.
- Systeme können - abhängig von den erwähnten Bedingungen - periodisch schwingen, sich aufschaukeln, kippen, explosiv oder logistisch wachsen.

3.   Die Unterrichtseinheiten im Überblick

In der Beratungsstelle für Neue Technologien am Landesinstitut für Schule und Weiterbildung in Soest ist unter wissenschaftlicher Begleitung ein Schulversuch durchgeführt worden, bei dem vier verschiedene, komplexe Themen für die Schule bearbeitet worden sind. Dies sind die Unterrichtseinheiten

- "Wirtschaftskapitän" (Gesellschaftslehre, Wirtschaftslehre)
- "Kohlenstoff-Flüsse" (Chemie)
- "Wachstum" (Mathematik)
- "Lebensgemeinschaft Wald" - Beziehungen zwischen Lebewesen (Biologie)

Mit Hilfe eines Modellbildungswerkzeugs werden diese Themen für den Unterricht aufbereitet, die im allgemeinen sonst nicht zugänglich sind. Dabei kommt die Software MODUS zum Einsatz, die die BfNT in Zusammenarbeit mit dem Deutschen Institut für Fernstudien und dem Comet-Verlag entwickelt hat.

Grundlage ist die Modellierung dynamischer Systeme mit Hilfe graphischer Symbole auf dem Bildschirm. Hier wird unterschieden zwischen Zustandsgrößen, Änderungsgrößen, Funktionen und Konstanten, die mit Wirkungspfeilen verbunden werden. Nach Eingabe der Anfangswerte und der Änderungsgrößen kann die Simulation ablaufen, die mathematischen Formeln (Differentialgleichungen), die in der Regel für die Beschreibung dynamischer Systeme notwendig sind, können im Hintergrund bleiben.

Im "Wirtschaftskapitän" werden mit Angebot und Nachfrage die Grundbegriffe des Marktgeschehens eingeführt, darauf aufbauend wird ein Modell der Preisbildung erarbeitet. Die Dynamik der Preisbildung kann mit Hilfe des Computers experimentell erschlossen werden. Mit der Erarbeitung wichtiger Begriffe der volkswirtschaftlichen Gesamtrechnung wird das Modell des einfachen Wirtschaftskreislauf entwickelt und zu Experimentierzwecken auf den Rechner übertragen. In der Auseinandersetzung mit der Weltwirtschaftskrise wird schließlich der Gleichgewichtsbegriff thematisiert, die Betrachtung des Weltwirtschaftsgeschehens aus einer interessengeleiteten Perspektive wird verdeutlicht. Mit der Problematisierung des computerunterstützten Börsenhandels wird schließlich die Methode der Computersimulation reflektiert.

Das Themenheft "Kohlenstoff-Flüsse" versucht das Problem der drohenden Klimakatastrophe Schülerinnen und Schülern näher zu bringen. Ausgehend vom Treibhauseffekt wird zuerst die lineare Zunahme des Kohlenstoffdioxids in der Atmosphäre infolge der Verbrennung fossiler Brennstoffe im Modell dargestellt. Der Vergleich mit realen Meßwerten führt dann zu einem Modell mit exponentiellem Wachstum. Anschließend werden möglichst alle Vorgänge in das Modell eingebaut, die den Kohlenstoffdioxidgehalt der Atmosphäre beeinflussen; die Grenzen des Modells werden erfahrbar gemacht. Auch wenn der Aufbau dieses Modells vielleicht nicht im Unterricht erarbeitet werden kann, ist doch die Simulation durch die Schülerinnen und Schüler erfolgreich durchgeführt worden.

Unterrichtseinheit "Wachstum" will vom Mathematikunterricht her die grundsätzlichen Gedankengänge zur Problematik des Wachstums aufzeigen, wie sie schon in den Buchtiteln "Grenzen des Wachstums"(Meadows) oder "Wachstum bis zur Katastrophe" (Richter) zum Ausdruck kommt. Zugleich soll bei der Benutzung des Modellbildungswerkzeuges eine Sicht von angewandter Mathematik zum Tragen kommen, die weniger auf dem Entschlüsseln von Textaufgaben und dem Einsetzen von Werten in Lösungsformeln beruht, sondern die den Modellbildungsprozeß diskutiert und reflektiert, qualitativ argumentiert und numerisch simuliert und dabei auch Anpassung an konkrete Daten berücksichtigt.

Nach einem Einstieg mit aktuellen Wachstumsprognosen wird am einfachen linearen Wachstum in die Modellbildung eingeführt. Das zentrale Thema ist dann das exponentielle Wachstum; ergänzt wird die Einheit durch drei Bausteine, die gleichwertig nebeneinander stehen:

- logistisches Wachstum
- allgemeines populationsabhängiges Wachstum und
- Wachstum mit Zeitverzögerung.

Den Abschluß bildet der Baustein "Grenzen des Wachstums", der auf mögliche und wünschenswerte Reaktionen und mögliche Gleichgewichte eingeht.

Die Unterrichtseinheit "Lebensgemeinschaft Wald" wird im nächsten Abschnitt ausführlicher dargestellt.

4. Ein Beispiel: "Lebensgemeinschaft Wald"

Die "Lebensgemeinschaft Wald", wie sie sich z.B. zwischen Ameisen, Spechten und Habichten darstellt, ist Mittelpunkt dieser Unterrichtseinheit, die dem Fach Biologie zuzuordnen ist. Ausgehend vom Problem des Artenschutzes bei Greifvögeln wird das Eingreifen des Menschen in das Ökosystem thematisiert. Von dem komplexen Wirkungsgefüge, wie es sich im Wald darstellt, wird zuerst nur ein Lebewesen herausgegriffen, der Specht. Am Beispiel der Vermehrung der Spechte wird die Problematik des Wachstums erläutert, das System wird mit dem Modellbildungswerkzeug modelliert. Dazu wird als Zustandsgröße der "Spechtzust" eingeführt und mit dem Anfangswert 4 versehen. Die Änderungsgröße "Spechtänd" bewirkt pro Zeitschritt eine lineare Erhöhung der Zustandsgröße, wenn ein Pfeil von "Spechtänd" nach "Spechtzust" gezogen wird. Die Berücksichtigung der Tatsache, daß die Änderungsgröße von dem jeweiligen Spechtbestand abhängt ("positive Rückkopplung"), geschieht durch den Wirkungspfeil von "Spechtzust" nach "Spechtänd". Wird zusätzlich noch die Konstante "Spechtgeb" als Geburtenrate der Spechte eingeführt, ergibt sich das Modell, wie es in Abb. 1 dargestellt ist. Zugleich sind hier auch das Zeitdiagramm und die Wertetabelle wiedergegeben.

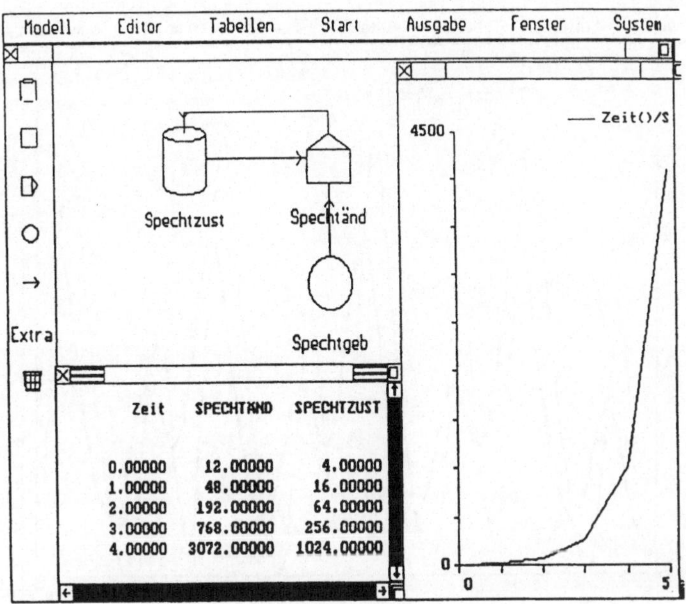

Abb. 1: Das Wachstum der Spechte

Zu dem ersten Glied einer Nahrungskette wird das Modell erweitert, wenn der Habicht als natürlicher Feind der Spechte Berücksichtigung findet. Die Erweiterung ist in Abb. 2 dargestellt.

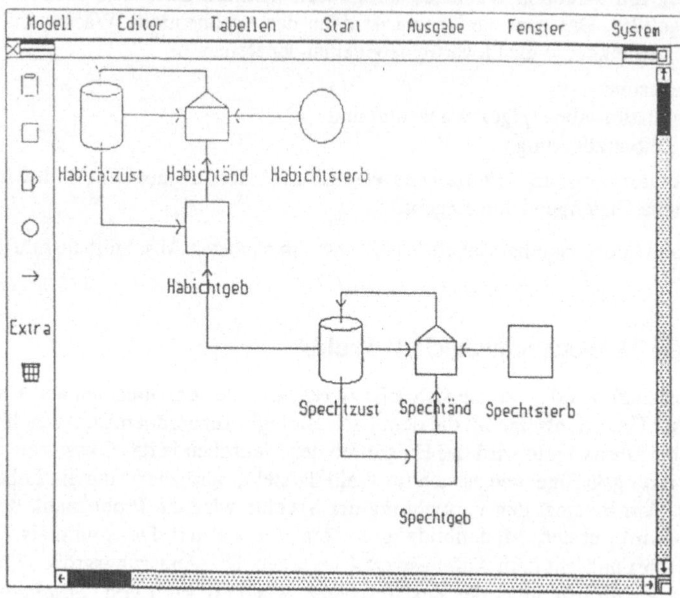

Abb. 2: Das "Räuber-Beute-System" Habicht-Specht

Hier kommt zum Ausdruck, daß das "System Habicht" grundsätzlich die gleiche Struktur hat wie das "System Specht". Die Verknüpfung geschieht durch das Setzen des Wirkungspfeils von "Spechtzust"

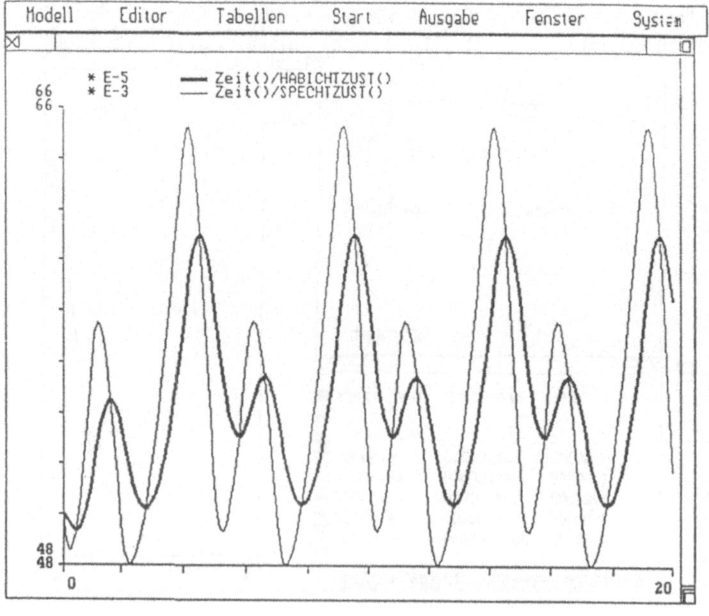

Abb. 3: Das Ergebnis eines Simulationslaufs

nach "Habichtgeb", oder anders ausgedrückt: Die Geburtenrate des Räubers Habicht hängt ab von der Anzahl der vorhandenen Beutetiere. Abb. 3 zeigt den typischen periodisch schwankenden Verlauf der Populationen.

Über die Verlängerung einer solchen Kette, über die Erstellung weiterer Nahrungsketten und die Verknüpfung solcher Ketten gelangt man schließlich zu einem Nahrungsnetz. In der Abbildung 4 ist ein solches Netz unter der Berücksichtigung von Habichten, Meisen, Spechten und Ameisen dargestellt. Im weiteren Verlauf wird dieses Netz ausgebaut, der Einfluß von Mardern und Eichelhähern wird berücksichtigt. Zusätzlich ist die Einbindung von Fichten als Nahrungsquelle vorgesehen.

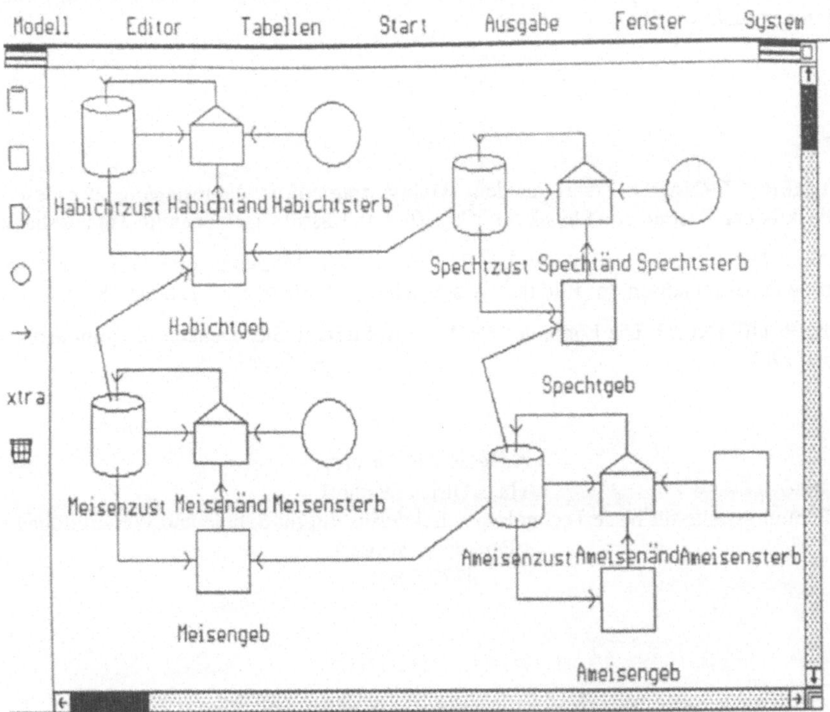

Abb. 4: Ein erstes Nahrungsnetz

Wenn im unterrichtlichen Verlauf die Eingriffe des Menschen in das Ökosystem Wald noch nicht thematisiert worden sind, so bietet es sich an dieser Stelle an. Dabei ist man nicht nur auf verbale Erklärungen angewiesen, sondern man kann zusätzlich die Eingriffe des Menschen durch Änderung der Parameter eingeben und ihre Auswirkungen beobachten. So wäre der Einfluß des Fichtenbestandes auf das Netz ein erster Einstieg, um die Bedeutung des Waldsterbens einsehbar zu machen.

5. Ausblick

Die beschriebenen Unterrichtseinheiten wurden in einer Vorfassung bereits im Unterricht erprobt, während die Software erstellt wurde. So konnten erste Erfahrungen wechselseitig eingearbeitet werden. Zur Zeit ist eine umfangreichere Erprobung angelaufen.

Erste Analysen lassen den Schluß zu, daß die Möglichkeit der grafischen Modellbildung mit anschließender Simulation grundsätzlich die Fähigkeiten zum Systemdenken fördern kann. Allerdings sollen an dieser Stelle auch einige Probleme kurz dargestellt werden. So muß eine didaktische Konzeption der Modellbildung noch erarbeitet werden. Die den Schülerinnen und Schülern abverlangte grafische Darstellung zur Visualisierung von Systemstrukturen waren zwar sehr aussagekräftig, lassen jedoch die Lernschwierigkeiten in diesem Bereich deutlich werden. Die Bedeutung der Symbolik bzw. ihr Verständnis bei den Lernenden ist zu untersuchen. Dabei ist vielleicht die Option der Software hilfreich, die "Icons" gestaltbar zu machen.

Selbsttätigkeit bei der Modellierung sollte immer gewährleistet sein, auch wenn dies manchmal zu Fehlern führt. Die Korrektur dieser Fehler kann konstruktiv für den Lernprozess sein.

Komplexe Modelle fördern zwar die Möglichkeit, durch Parametervariation das Modell zu "fahren" und sich dabei in den vernetzten Strukturen zu orientieren, können aber im Unterricht nicht immer erarbeitet werden. Dies steht im Widerspruch zu der Forderung nach Selbsttätigkeit, hier muß im Einzelfall nach Kompromissen gesucht werden.

Literatur

[1]   VOLLMER, GERHARD: Zitiert aus dem Hauptvortrag auf der Jahrestagung der Gesellschaft für die Didaktik der Chemie und Physik (GDCP) 1989 in Kassel, erschienen im Tagungsband

[2]   DÖRNER, DIETRICH: Psychologisches Experiment. Wie Menschen eine Welt verbessern wollten ... und sie dabei zerstörten. In: Bild der Wissenschaft, 12 (1975) Heft 2, Seite 48-53

[3]   DÖRNER, DIETRICH: Die Logik des Mißlingens, Strategisches Denken in komplexen Systemen, Reinbek 1989

Adresse des Autors:
Hans-Ulrich Dönhoff
Beratungsstelle für Neue Technologien Landesinstitut für Schule und Weiterbildung
Paradieser Weg 64
4770 Soest

Projektmethode sowie der Einsatz von PC und Standardsoftware in der gestaltungsorientierten politischen Bildungsarbeit

am Beispiel des Seminars
Keine Angst vor Computern? - Praxiseinführung für Neugierige
am DGB-Bildungszentrum Hattingen

Gerd Hurrle, Henning Lübbecke und Axel Maßen

In dem Maße wie die gesellschaftliche Prägekraft von Technik wächst, wird Technikgestaltung zu einer Dimension sozialer und politischer Gestaltung. Dies heißt umgekehrt, daß für das Verstehen und Beeinflussen bestimmter politischer und sozialer Prozesse ein gewisses technisches Schlüsselwissen unabdingbar wird. Vor allem in Phasen technologischer Umbrüche darf sich auch politische Bildung nicht zieren, dieses zu vermitteln.

Neue Inhalte und Methoden

Die Wahl der Vermittlungsmethoden, muß selbstverständlich die Motive und Lerngewohnheiten der Lernenden berücksichtigen. Menschen, für die technisches Wissen in erster Linie eine praktische Dimension ist, müssen sich dieses Wissen in einem praktisch orientierten Lernprozeß aneignen können. Bezogen auf Computertechnik heißt dies u.a. Arbeit am Rechner. Ein so organsierter Lernprozeß kann ihnen konkret erfahrbar machen, daß Rechner- bzw. rechnergesteuerte Systeme in ihrer sozialen Dimension gestaltbar sind und daß die selbstbestimmte Anwendung der Computertechnik ein klares Bewußtsein von dem zu lösenden Problem sowie die Fähigkeit, konkrete Probleme in abstrakte aufzulösen und algorithmisch zu strukturieren, voraussetzt. Dabei kann ihnen auch anschaulich einsichtig werden, daß die Bedeutung theoretischer Fähigkeiten im Vergleich zu praktischen Fertigkeiten wächst. Diese Entwicklung untergräbt insbesondere die Qualifikation und kulturelle Identität von ArbeiterInnen. Ihnen Lernmöglichkeiten vorzuenthalten, die ihre Motive und Lerngewohnheiten berücksichtigen, heißt vielfach sie davon auszuschließen, diese Erfahrungen machen und ihre politischen, sozialen sowie persönlichen Konsequenzen bewußt reflektieren zu können. Läßt sich politische Bildungsarbeit aber auf die hier beschriebenen Motive und Lerngewohnheiten ein, dann scheinen auf den ersten Blick die Grenzen zwischen beruflicher und politischer Bildung zu verwischen. Aber neue, von der Bildungsarbeit aufzugreifende Probleme und Inhalte erfordern eben häufig neue Formen und Methoden.

PC-Schnupperkurs und die Schwellenangst vor der politischen Bildung

Das Seminar *(Keine) Angst vor Computern? Praxiseinführung für Neugierige* setzt konzeptionell darauf, eine Dynamik zu initiieren, durch die auch nicht politisch motivierte TeilnehmerInnen entgegen ihrer ursprünglichen Absicht dazu motiviert werden, sich auf explizit politische Lernprozesse einzulassen. Es war von vornherein in ein differenziertes Programm der politischen Bildung eingebettet. Aus unserer Sicht ist dies zusätzliche Legitimation, im Rahmen politischer Bildung einen Kurs anzubieten, der das Risiko birgt, von Fall zu Fall seine politischen Intentionen nicht völlig einlösen zu können. Im Kontext des gesamten Curriculums hat dieser Kurs gerade wegen seiner Attraktivität nicht zuletzt auch die Funktion, neue, von gewerkschaftlicher Bildungsarbeit bislang nicht erreichte Gruppen anzusprechen, ihnen die Schwellenangst vor politischer Bildung zu nehmen, und sie für die Teilnahme an den anderen Veranstaltungen zu gewinnen.

Zwischenbilanz

Nach inzwischen mehr als 10 durchgeführten Kursen kann festgehalten werden: Die Nachfrage übersteigt bei weitem das Angebot. Der Anteil der TeilnehmerInnen, die zum ersten Mal an einer gewerkschaftlichen Bildungsveranstaltung teilnehmen, ist überdurchschnittlich hoch, das Spektrum der Erwartungen immens breit: Da kommt der Vater, der einerseits Anschluß an seinen Sohn, einen C64-Freak, nicht verlieren will, der aber andererseits auch unsicher ist, ob es seinem Sprößling nicht schadet, wenn dieser täglich stundenlang vor dem Bildschirm sitzt. Eine junge Lageristin, die weiß, daß sie in zwei Monaten im neuen Hochregallager an einem Terminal arbeiten wird, nimmt teil, um herauszufinden, ob sie dazu auch in der Lage sein wird, wie die Arbeitsschutzbestimmungen aussehen, und ob sie einen Anspruch auf Qualifizierung hat. Ein Ehepaar, das die Kasse eines SPD-Ortsvereins führt, verspricht sich Kenntnisse zu erwerben, wie die Mitgliederverwaltung über den PC organisiert werden kann. Das Betriebsratsmitglied einer Hütte will wissen, "wie das Ding funktioniert, das unsere Arbeitsplätze kaputt macht". Ein anderer Teilnehmer - ebenfalls ein Betriebsratskollege aus der Metallindustrie - bemerkt dazu sofort, daß diese Sicht zu einfach sei. Er wolle ebenfalls konkrete Kenntnisse über diese Technik erwerben, suche aber auch den politischen Erfahrungsaustausch.

Dem Seminar stehen acht PC zur Verfügung. Die Geräte haben keine Festplatte aber zwei Laufwerke. Für diese Art Kurs ist das ideal. Von den Systemen, mit denen gearbeitet wird, sind so zumindest noch ihre Träger, die Disketten, sichtbar. Der Ladevorgang wird per Hand vollzogen. Die Reihenfolge, in der dies geschieht, steht für die Hierarchie der Systeme. Sie macht diese sinnlich wahrnehmbar und somit leichter verständlich.

Schnell hat sich herausgestellt, daß es unmöglich ist, an den Geräten sitzend zu diskutieren. Die Seminarkonzeption ist aber davon abhängig, daß spontane Besprechungen und Diskussionen möglich sind. Einen Raumwechsel vorzunehmen, bedeutet einen zu tiefen und abrupten Bruch der Arbeitssituation an den Geräten. Dies raubt den Besprechungen und Diskussionen bei einer Reihe von TeilnehmerInnen die Akzeptanz. Deshalb ist für dieses Seminar ein großer Raum notwendig, in dem die Geräteplätze und die Bestuhlung für die Diskussionsrunden separat unterzubringen sind.

Optimal ist, wenn in diesem Kurs an jedem Gerät zwei TeilnehmerInnen arbeiten. So wird die individualisierende Sogwirkung der Mensch-Maschinen-Kommunikation, die vor allem anfangs die Lernenden stark unter Streß setzt, wenigstens teilweise durch die Kommunikation in der Zweiergruppe konterkariert. Schwierigkeiten können so gemeinsam besprochen und ausgeräumt werden, anstatt sich ins System zu verbeißen oder zu resignieren. Dreiergruppen allerdings lassen den Einzelnen zu wenig Zeit am Gerät.

Geschlechtergegensatz und technisches Lernen

Frauen empfehlen wir eigene Arbeitsgruppen zu bilden. Dies wird begründet und zur Diskussion gestellt. In Frau-Mann-Gruppen mußten wir immer wieder erleben, wie sich die traditionelle Arbeitsteilung durchsetzt: er, der Chef, sagt wie es geht, und sie tippt. Während die meisten Männer von Anfang an draufloshacken, ohne groß nachzudenken und sich zu sorgen, ob das richtig ist, was sie machen, gehen Frauen in der Regel sehr bedacht und bewußt vor. In Mann-Frau-Gruppen wird aber genau dies zu ihrem Nachteil. Während sie noch überlegt, sucht er bereits nach den Tasten und beginnt stacksend zu tippen. Ob sie das einschüchtert, oder ob es ihr imponiert, oder ob sie seine verzweifelte Tastensuche nicht mehr ertragen kann, wir wissen es nicht. Sie gibt jedenfalls in der Regel auf, hilft ihm und ordnet sich damit faktisch unter. Er hat wieder einmal gewonnen. Dieses Problem zu thematisieren, ist immer schwierig. Beide Seiten fühlen sich zum Thema des Seminars gemacht und blocken. Arbeiten zwei Frauen in einer Gruppe zusammen, sind sie anfänglich häufig langsamer als die Männer. Am zweiten Tag aber hat sich dieses Verhältnis meistens umgekehrt. Bedachtes und bewußtes Vorgehen ist offensichtlich dieser Technik besser angemessen und lerneffizienter. Das Chauvigerede von "oh je, Frau und Technik" verstummt. Auch dies ist ein durchaus gewollter Lernprozeß.

Lernen und technische Logik

Die inhaltliche Struktur des Seminars orientierte sich zunächst hauptsächlich an der technischen Logik des Stoffes und weniger an den Bedingungen des Lernprozesses. So mußten sich die TeilnehmerInnen mit der Funktion und den Möglichkeiten des Betriebssystems zunächst theoretisch beschäftigen und sich anschließend die Grundfunktionen praktisch aneignen. Danach erst wurden sie in die Anwenderprogramme eingeführt. Dieses Vorgehen war wenig problemlösungsorientiert. Der Zusammenhang der einzelnen Lernziele ging leicht verloren. Dies schadete dem Lernprozeß, denn insbesondere Erwachsene lernen stark vom Ziel her. Obendrein wurden die Übungen größtenteils frontal angeleitet, was dem individuellen Lerntempo wenig Raum ließ.

Unsere Absicht, zur Auseinandersetzung mit den sozialen Implikationen dieser Technik zu motivieren, konnte sich so schwerlich realisieren. Die Lernenden waren in die Lösung von Einzelproblemen verstrickt. Dies erschwerte den Transfer in Alltagssituationen und verstellte eher den konkreten Vergleich, wie sich Arbeit durch die Computerisierung ändert, als daß es ihn nahelegte. Trotz allem erfreute sich das Seminar bester Kritiken. Es vermittelte viele Grundkenntnisse, entmystifizierte die "Wundermaschine" Computer, zeigte daß der Umgang mit ihr erlernt werden kann, machte zumindest ansatzweise deutlich, daß im Prinzip der Mensch dem Computer die Zwecke setzt und daß diese Technik nach sozialen Kriterien gestaltbar ist.

Problemlösungsorientiertes exemplarisches Lernen

Das war schon eine ganze Menge. Aber wir wollten mehr. Unsere Idee war, ein Projekt oder besser eine Problemstellung zu finden, die die TeilnehmerInnen die ganze Woche hindurch selbständig bearbeiten. Lernziele wie z.B. "das Betriebssystem kennenlernen", mit denen Laien zunächst nichts verbinden können, sollten durch für alle klare, verständliche, überschaubare und praxisorientierte Problemlösungen ersetzt werden. Da es uns darum ging, im Umgang mit dem PC Erfahrungen herzustellen, die unter gesellschafts- und gewerkschaftspolitischen Fragestellungen reflektierbar sind, mußte es ein Problem von exemplarischen Charakter sein, das den Lernenden nicht völlig fremd war. Gleichzeitig war es notwendig, dieses didaktisch so aufzubereiten, daß bei seiner Bearbeitung der Wunsch, das PC-Handling zu erlernen, erfüllt wird. Es ist zwar nicht Zweck dieses Seminars, bestimmte Systeme zu pauken, trotzdem aber müssen derartige TeilnehmerInnenerwartung sorgfältig befriedigt werden, denn zum einen gilt es, die Motivation der TeilnehmerInnen zu erhalten und zum anderen kann, wer diese Technik und den Umgang mit ihr kennt, ihre soziale Dimension leichter begreifen. Konkret: wer ein System einigermaßen beherrscht und wer die Notwendigkeit einsieht, mit dieser Technik strukturiert umzugehen, der ist der Erkenntnis zumindest sehr nahe, daß Systeme Rechen-, Steuer-, formalisierbare Denk- u.ä. Prozesse abbilden, welche dann ihrerseits den Zweck und die Art ihrer Anwendung, die dazu notwendige Qualifikation und Arbeitsorganisation mehr oder weniger determinieren.

Kurz und gut bei dem gewählten zu lösenden Problem, geht es darum, die Mitgliederdatei eines fiktiven Vereins zu erstellen und zu pflegen (zusätzliche Datensätze und -felder anlegen, Datenfelder ändern, Datensätze löschen, Durchschnitts- bzw. Gesamtbeitragsaufkommen berechnen usw.), ein Programm zur Berechnung von zu erstattenden Fahrtkosten für mit dem Privatwagen durchgeführte Vereinsfahrten zu schreiben und schriftlich alle Mitglieder zur Hauptversammlung einzuladen. Dazu werden ein Datenbank- und ein Textverarbeitungssystem benutzt. Die Möglichkeiten der angewandten Systeme werden also exemplarisch und zweckgerichtet erschlossen und dabei zahlreiche Grundfunktionen des PC-Handling erlernt. Vor allem aber werden an dieser Aufgabenstellung viele für die Datenverarbeitung charakteristische Nutzungsmöglichkeiten deutlich, die den rationalisierenden Effekt und die qualitativen Veränderungen von Arbeit sichtbar machen und über die enge Anwendung im Seminar hinaus auf ähnliche Probleme in betrieblichen oder anderen gesellschaftlichen Zusammenhängen verweisen. Diesen Transfereffekt versuchen wir durch Aufzeigen von zusätzlichen Beispielen zu verstärken.

Zur Verdeutlichung: Die mit Hilfe eines Datenbanksystems angelegte Mitgliederdatei wird zur Erstellung der Anschrift für die Einladung zur Mitgliederversammlung genutzt, Text- und Datenbanksystem also miteinander kombiniert. Deutlich werden kann daran einerseits die Konvertierbarkeit bestimmter Systeme und der Rationalisierungseffekt integrierter Nutzung einer einmalig geschaffenen Datenbasis, andererseits aber auch - zumindest in Andeutungen - die Grenzen der Konvertierbarkeit und die durch Integration wachsende Komplexität. Letztere konterkarieren den Rationalisierungseffekt.

Ängste aufklären

Diese an einem kleinen Beispiel hergestellte Erfahrung soll das Verstehen etlicher betrieblicher Probleme so z.B. des Prinzips dv-gestützter Rationalisierung, der Integration auf Datenbasis, erleichtern. Jetzt problematisieren wir die mathematisch-technischen Grundlagen der Integration, die Digitalisierung und die Binarisierung. Dies dient auch der Verdeutlichung der enormen Automationspotentiale der Mikroelektronik. Mittels Skizzen von Konzeptionen computerintegrierter Fertigung (CIM) läßt sich aber gleichzeitig die wachsende Komplexität und die mit ihr zunehmende Unbeherrschbarkeit und abnehmende Flexibilität visualisieren. Die zusätzlich gelieferte Information, daß statistisch gesehen je 1000 Programmzeilen einen Fehler enthalten und daß die Korrektur eines Fehlers ca. 1,5 neue verursacht (vgl. Lipow 1982), verstärkt, daß neben den Automationspotentialen auch die Grenzen der Automation erkannt werden. Es geht hierbei nicht um Beschönigung, sondern darum Ängste aufzuklären und zu helfen, ein realistisches Bild zu entwickeln. Dies ist wichtig, denn die Horrorvision von der Zwangsläufigkeit des menschlosen Betriebs macht gestaltungsunfähig. Zu sehen, daß Automation auf der Basis von Mikroelektronik kein technischer Selbstläufer ist, ist dagegen eine Voraussetzung für die Einsicht, daß Gestaltungspolitik nicht überhaupt Sisyphusarbeit ist.

Warum Gestaltungspolitik ?

Sie allein reicht aber sicher nicht, um die Beteiligung an der Gestaltung von Arbeit und Technik als politisch bedeutsam zu erkennen. Gestaltungspolitik heißt, in Domänen einzudringen, die bisher dem Management überlassen wurden. Sie bedeutet also einen Bruch mit der traditionellen Betriebspolitik der Gewerkschaften. Diesen vollziehen zu können, setzt die Erkenntnis voraus, daß mit dieser Technik soziale Realität gestiftet wird. Dafür lassen sich durch praktisches Klären dessen, was Programmieren ist und was damit alles beeinflußt werden kann, zumindest Grundvoraussetzungen schaffen. Diese gilt es in der Diskussion zu vertiefen. Wir wollen einsichtig machen, daß Programmieren zukünftige Realität denkend vorwegnimmt, in der Struktur eines Systems zunächst abstrakt festhält, und sie damit aber als konkrete soziotechnische Struktur zukünftiger Realität festschreibt. Den Lernenden soll einsichtig werden, daß diejenigen, die Zukunft beeinflussen wollen, in der gegenwärtigen Situation, die zukünftigen Ergebnisse DV-gestützter Reorgansation der Betriebe vor allem bezüglich des "Wie" und "Was" der Arbeit im Vorhinein bestimmen müssen. Sie sollen sehen, daß u.a. davon, wie die Arbeitsinhalte und die Arbeitsorgansation der Zukunft gestaltet werden, abhängt, ob die verbleibende Arbeit auf der Grundlage von Arbeitszeitverkürzung unter allen verteilt werden kann. Klar ist, daß diese Diskussionen häufig nur sehr grob geführt werden können. Aber in diesem Seminar sollen vor allem, die neue Qualität mikroelektronisch basierter Automation und die Notwendigkeit einer gewerkschaftlichen Alternativen zur Automationspolitik des Kapitals herausgearbeitet werden. Die Klärung der Bedingungen einer solchen Politik muß notgedrungen skizzenhaft bleiben. Sie ist Thema anderer Seminare im Rahmen des Angebots des Bildungszentrums.

Leittextmethode

Da wir zum selbständigen Umgang mit dem PC befähigen wollen, versuchen wir, die Dimension der Selbständigkeit in der Methode des Seminars als Lerninhalt anzulegen. Dazu wurde ein Leittext erstellt. Mit seiner Hilfe erarbeiten sich die TeilnehmerInnen die Grundfunktionen der jeweiligen Systeme selbständig. Dies reicht, um die Probleme des Projekts zu lösen. Diese Methode wird nach einer Gewöhnungsphase sehr positiv aufgenommen.

In diesem Leittext ist die Gesamtaufgabe in Einzelaufgaben strukturiert, die zu erfüllen die Lernenden durch entsprechende Übungen vorbereitet werden. Die frontale Unterrichtung wird so fast vollständig überwunden. Das Team hat nur noch beratende Funktion wird einmal von den gemeinsamen Besprechungen und Diskussionen abgesehen. Für diese werden Zeiten vereinbart. Ansonsten sollen die Zweiergruppen gemäß den jeweiligen Lerngewohnheiten und -tempi ihre eigene Zeiteinteilung finden, ihren Lernprozeß also selbst steuern.

Schon nach einer kurzen theoretischen Einweisung können die TeilnehmerInnen das tun, weswegen sie dieses Seminar besuchen, nämlich am Rechner arbeiten, anstatt über ihn zu reden. Nachdem sie das Gerät selbständig installiert haben, erfolgt bereits der Start nach den Anweisungen des Leittextes. Viele erleben hier schon die erste Überraschung, wenn sie feststellen, daß die Maschine an sich tumb ist, und von dem/der BenutzerIn durch Laden des Betriebs- und des Anwendersystems auf den jeweiligen Benutzungszweck vorbereitet werden muß. Der Leittext problematisiert solche Dinge theoretisch. Diese direkte zeitliche Verzahnung von praktischem und theoretischem Lernen, soll vermeiden helfen, daß die Orientierung auf das Erlernen der praktischen Handhabung des Rechners theoretisches Lernen konterkariert. Dies ist, wie die Praxis zeigt, häufig dann der Fall, wenn versucht wird, Problemlösungen durch theoretische Unterrichtung vorwegzunehmen, noch ehe sich ein Problembewußtsein herausgebildet hat. Deshalb ist es unser Prinzip, das Herstellen praktischer Erfahrungen und theoretische Reflexion zu integrieren und darüberhinaus die theoretischen Kenntisse vor dem Hintergrund praktischer Erfahrungen in Diskussionen im Nachhinein noch einmal zu vertiefen.

Kontrollpotentiale

Zum Schluß des Seminars unternehmen wir noch einen Abstecher ins computerunterstützte Zeichnen. Dabei wird ein Drehteil gezeichnet, von dem ein Anschauungsmodell vorliegt. Das Programm protokolliert im Hintergrund die Aktionen der TeilnehmerInnen, ohne daß diese etwas davon wissen. Nach Fertigstellung der Zeichnung erhalten sie das Protokoll. So wird zusammen mit einer Demonstration, wie auch gelöschte Daten in den meisten Fällen reaktivierbar sind, die Grundlage für eine abschliessende Diskussion zum Thema Kontrollpotentiale der Mikroelektronik geschaffen. Dies hat nicht zuletzt auch die Funktion, die zum Ende des Seminars manchmal sogar unter den ehemaligen SkeptikerInnen ausgebrochene PC-Euphorie zu relativieren und die Notwendigkeit der Partizipation der Betroffenen an der Gestaltung dieser Technik zu unterstreichen.

Quelle:

Lipow, M.: Number of Faults per Line of Code. IEEE Transactions on Software Engineering, vol. SE-8 (July 1982), S. 437ff

Verfasser:
Gerd Hurrle, DGB-Bildungszentrum Hattingen
Dipl.-Inform. Henning Lübbecke, Gimbsheim
Dipl.-Ing. Axel Maßen, Hamburg

Kontaktadresse:
DGB-Bildungszentrum Hattingen
Gerd Hurrle
Am Homberg 46-50
4320 Hattingen

Das Planspiel TAU

Simulation von zukunftsorientierten politischen Entscheidungen in der Weiterbildung

Stephan Karczewski

1. Einleitung

Das Planspiel-Seminar TAU (Technik, Arbeit, Umwelt) wurde Ende der 80er Jahre für die Weiterbildung von Beamten des höheren Verwaltungsdienstes entwickelt. Seither wird das Seminar als drei- bis fünftägige Fortbildungsveranstaltung bei der Bundesakademie für öffentliche Verwaltung in Bonn, der Führungsakademie des Landes Baden-Württemberg in Karlsruhe und der Landeszentrale für politische Bildung von Rheinland-Pfalz in Mainz durchgeführt.

Der Computer wird bei TAU als Hilfsmittel zur Abbildung der sich entwickelnden Realität eingesetzt. Das formal erfaßte Modell wird durch die Entscheidungen der Teilnehmer in seinem Verhalten beeinflußt. Die Ergebnisse der Modellsimulation werden in Form von Daten-Werten und Graphiken den Teilnehmern zurückgeliefert.

Zunächst wird die Planspiel-Methode mit ihren Software-Komponenten beschrieben (2.). Anschließend wird das Planspiel TAU vorgestellt (3.) und die methodischen Besonderheiten aufgezeigt (4.). Den Abschluß bildet das Fazit mit einem Ausblick (5.).

2.   Computerunterstützte Planspiele in der Aus- und Weiterbildung

Es gibt viele dem Planspiel verwandte Methoden, deren Vorstellung jedoch den Rahmen dieser Arbeit sprengen würde. Für eine Diskussion der Begriffe Computersimulation, Rollenspiel, Simulator, Stegreifspiel, Fallstudie, Spiel der Spieltheorie und mathematisch-analytische Verfahren in Verbindung mit dem Planspiel-Begriff sei auf [1, 3, 4, 6, 7, 8, 10] verwiesen.

Bei Planspielen wird ein Realitätsausschnitt abgebildet, den man in zwei Systeme untergliedern kann. Im *Regelsystem* wird ein Teil der Spielwelt durch festgelegte Algorithmen - meist maschinell - modelliert. Der andere Teil wird durch in bestimmten Grenzen frei entscheidende menschliche Mitspieler modelliert, deren Handlungsmöglichkeiten durch das *Gestaltungssystem* beschrieben sind. Im Planspiel werden verschiedene - auch für sich eigenständige Methoden - kombiniert. In jeder Spielphase finden *Rollenspiele* im Gestaltungssystem statt, die Grundlage der Entscheidungen der Teilnehmer sind. Das Regelsystem ist vergleichbar mit einer *Computersimulation*, bei der jedoch die Parameter von Periode zu Periode durch Spielerentscheidungen variieren können.

2.1 Die Software-Komponenten von Planspielen

Am Planspiel (und dessen Entwicklungsprozeß) sind verschiedene Personengruppen beteiligt. Der *Planspielkonstrukteur* entwirft das Modell und spezifiziert die Zugriffsrechte der Spieler (Teams). Die *Spieler (Teams)* können sich über Modelldaten informieren und durch ihre Entscheidungen das Modellverhalten beeinflussen. Der *Spielleiter* kann als Spieler mit Sonderrechten betrachtet werden, die darin bestehen, daß er die Simulation anstößt und optional die Zugriffsrechte der Teilnehmer während des Spiels ändert. Abbildung 1 zeigt die Software-Komponenten von Planspielen im Zusammenhang (vgl. [8], S. 36).

2.1.1 Das Regelsystem

Das Regelsystem stellt für die Teams die Spielumwelt dar. In ihm wird formal die *statische Struktur* eines Modells beschrieben. Durch die Spezifikation von Objekten und Attributen wird der zu behandelnde Problembereich ein- und gegenüber äußeren Faktoren abgegrenzt. Darüberhinaus wird das *dynamische Verhalten* des Modells durch Regeln beschrieben. In Form von Funktions-

Applikationen, die in der Regel mathematische Gleichungen darstellen, wird das Verhalten über alle Spielperioden festgelegt.

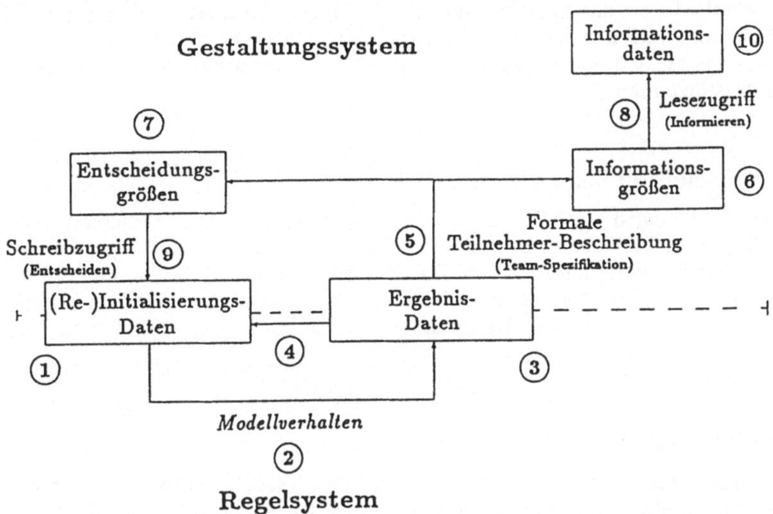

Abbildung 1: *Software-Komponenten von Planspielen*

2.1.2 Das Gestaltungssystem

Das Gestaltungssystem stellt für die Beteiligten den Aktionsbereich dar. Hier legt der Planspielkonstrukteur *Informations-* und *Entscheidungsgrößen* für die Teams fest. Sie sind natürlich auf das Modell bezogen und beeinflussen das Modellverhalten. Die Teilnehmer treffen im Gestaltungssystem ihre *Entscheidungen*, nachdem sie sich vorher *Informationen* eingeholt haben. Der aus didaktischen Gründen interessante Verhandlungs- und Konfliktbewältigungsbereich im Gestaltungssystem (das Rollenspiel) betrifft nicht die Software-Komponenten, wird aber von ihm beeinflußt und umgekehrt.

2.1.3 Die periodische Zeitablaufstruktur

Die Zeitablaufstruktur ist bei Planspielen periodengegliedert. In Abbildung 1 ist eine Periode des Planspiels abgeschlossen, wenn die Positionen von 1 über 2, 3, 5, 7 und 9 wieder zurück zu 1 durchschritten worden sind.

2.2 Planspiele und computerunterstützter Unterricht: Gemeinsamkeiten und Unterschiede

Der *computerunterstützte Unterricht* (CUU, vgl. z.B. [5]) ist eine moderne Methode, die dem Nutzer im ausschließlichen Computerdialog einen Lerngegenstand vermittelt und dabei flexibel auf das Benutzerverhalten reagieren soll. Ähnlich wie das Planspiel wird CUU als Lernumgebung in der Ausbildung eingesetzt. Der intelligente computerunterstützte Unterricht (ICUU) besteht aus einem Experten-Modell, das Problemlösungen und Inferenzen auf der Basis vorhandenen Wissens ermöglicht, einem Lerner-Modell, das die Analyse und die Modellierung des Lernverhaltens des Lerners bezüglich des zu vermittelnden Expertenwissens unterstützt und aus einem Tutor-Modell, das dem Lerner zur rechten Zeit die richtige Information in der richtigen Form zukommen läßt (vgl. [9, S. 127]).

Der grundlegende Unterschied zwischen Planspielen und (I)CUU besteht in der Einbeziehung von Computerumgebungen in die konkreten Lernabläufe. Wird das Simulationsmodell beim Planspiel nur als Hilfsmittel zur Berechnung von Daten periodenmäßig herangezogen und findet dort der eigentliche Spielablauf und das Lernen ohne den Computer statt, so werden beim (I)CUU ständig subjektive Merkmale und das individuelle Verständnis des Lernstoffes bei der Gestaltung des Unterrichtsprozesses am Computer berücksichtigt. Der Lerner arbeitet in der Regel ausschließlich mit dem ihn unterstützenden System.

3. Die Spielkonstellation beim Planspiel TAU

Das Planspiel TAU wird in Weiterbildungsveranstaltungen bei verschiedenen öffentlichen Institutionen eingesetzt. Teilnehmer bei den Planspielseminaren sind Führungskräfte der öffentlichen Verwaltung und von Industrieunternehmen. Das Spielleitungsteam besteht aus 3-4 Personen. In der Regel nehmen 20 Spieler teil, von denen - bis auf das Studium der ausgeteilten Handbücher - keine Vorkenntnisse verlangt werden. Die Kenntnis von Abläufen in der Politik und Verwaltung sind vorteilhaft.

3.1 Ziele und inhaltlicher Rahmen

Mit Hilfe des computerunterstützten Planspiels TAU sollen politisch-administrative Zukunftsprobleme simuliert und alternative Handlungschancen erprobt und überprüft werden. Die Spieler sollen *zukunftsorientierte (sozial-)politische Programme* entwickeln mit Bezug zu großen *gesellschaftlichen Problemfeldern* unter Berücksichtigung vielfältiger *Folgenaspekte* im Rahmen einer *pluralistischen Industriegesellschaft*.

Zentrale Lernziele sind, erhöhtes Verständnis für die Komplexität politischer Entscheidungsfindungsprozesse zu gewinnen und zu "erfahren", potentielle Folgen politischer Entscheidungen zu beachten und zu bewerten und Einflüsse von oft gegensätzlichen Interessen zu erkennen und zu verarbeiten.

Im Planspiel TAU werden vorrangig drei zukunftsorientierte und gesellschaftspolitisch relevante Problemfelder abgebildet: Technologie, Arbeit und Umwelt, wobei jeweils auch ökonomische, energiepolitische, soziale und gesundheitspolitische Aspekte berücksichtigt werden.

3.2 Teams im Planspiel TAU

Die Spieler werden in Teams zu je 4-5 Teilnehmern eingeteilt, die jeweils ein Ministerium auf Bundesebene darstellen. Die Spieler sind also primär Repräsentanten des politisch-administrativen Systems. Der Auftrag der Teams besteht darin, politische Programme zu entwickeln und Maßnahmen zu ergreifen, um in den miteinander verflochtenen Problemfeldern (im gegebenen Ressourcen-Rahmen) Fehlentwicklungen zu vermeiden, bereits unerträgliche Zustände zu mildern und insgesamt eine positiv zu wertende Zukunft zu gestalten. Dabei sind die vielfältigen gesellschaftlichen Interessen zu berücksichtigen. Die Entwicklung und Durchführung politisch-administrativer Programme geschieht auf Bundesebene. Eine Sonderstellung besitzt das Medien-Team, das aus 2-3 Teilnehmern besteht. Es repräsentiert die mehr oder weniger "kritische Öffentlichkeit". Dabei beobachten und kommentieren die Spieler dieses Teams die Entwicklung des im Spiel abgebildeten Systems. Die Kommentare des Medien-Teams werden von der Spielleitung inhaltsanalytisch ausgewertet und im Modell verarbeitet. Wichtige andere gesellschaftliche Akteure werden entweder über das Simulationsmodell abgebildet (z.B. Interessengruppen) oder aus Gründen der Vereinfachung weggelassen. Abbildung 2 zeigt die Organisationsstruktur im Planspiel TAU.

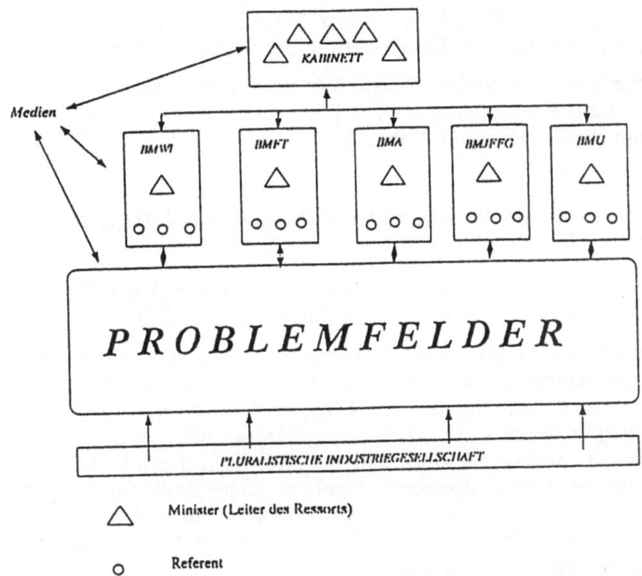

Abbildung 2: *Organisation der Spielgruppen beim Planspiel TAU*

Abgebildet im Spiel sind fünf Ministerien, deren Ressortchefs (Minister) das *Kabinett* bilden. Kabinettssitzungen werden vom Stellvertreter des Kanzlers geleitet, der aus der Mitte des Kabinetts bestimmt wird. Die *interne Rollenverteilung* wird vor dem Spiel folgendermaßen vorgeschlagen:

- Die *Minister* leiten ihr Ressort und sind Mitglied des Kabinetts.
- Die *Fachreferenten* sind Experten für Problemfelder, Programmentwicklung und -durchsetzung. Sie stellen Fachkontakte mit anderen Fachreferenten bei ressortübergreifenden Fragestellungen her.
- Der *Grundsatzreferent* unterstützt Minister und Fachreferenten bei der Programmentwicklung und koordiniert innerhalb des Teams. Er nimmt in der Regel auch den Kontakt zur Presse auf.
- Der *Haushaltsreferent* verwaltet die teamspezifischen Mittel und führt im Spiel gegebenenfalls die Budgetverhandlungen mit den Referenten der anderen Teams.

3.3 Die Entscheidungsgrößen der Teilnehmer: Politische Programme und Maßnahmen

Jedes Ressort entwickelt zu Beginn einer Spielperiode ein Arbeitsprogramm mit den Grobzielen, die in das Kabinett eingebracht werden. Das Kabinett verabschiedet das *politische Programm* mit den Grobzielen aller Ressorts.

Unter der Berücksichtigung des Arbeitsprogramms und nach einer Zustands- und Problemanalyse entwickelt jedes Ressort nach eigenen und in der Kabinettsrunde koordinierten Ziele seine konkreten politischen Programme und *Maßnahmen*. Die verfügbaren Haushaltsmittel müssen von Anfang an abgeschätzt werden, da mit den Maßnahmen Gelder auch langfristig verplant werden können. Beispielsweise bindet die Maßnahme "Ausstieg aus der Kernenergie" so viele Mittel, daß mehrere Teams in den beiden darauffolgenden Spielperioden kaum Mittel für das Treffen weiterer Maßnahmen zur Verfügung haben.

Parallel zu den konkreten Maßnahmen können die Ressorts auch Öffentlichkeitskampagnen durchführen und sich den Medien mit Presseerklärungen und Interviews anbieten.

Jedem Ressort stehen ca. 100 vorformulierte Maßnahmen zur Verfügung (vgl. Maßnahmenkatalog im Spielerhandbuch zu TAU [2]). Die Entscheidungen über die Maßnahmen werden grundsätzlich von den zuständigen Ressorts getroffen. Es gibt verschiedene Typen von Maßnahmen (geringe/hohe Kosten; Kurz-/Langfristwirkung). Die Durchführung der Maßnahmen kann

- entweder allein durch das zuständige Ministerium entschieden werden,
- erfordert eine Mehrheitsentscheidung oder
- eine Übereinstimmung (Konsens) im Kabinett.

3.4 Wirkungs-, System- und Pluralismusindikatoren als Informationsgrößen für die Teilnehmer

Die Auswirkungen der Entscheidungen (Maßnahmen-Programme) der Ressorts bzw. des Kabinetts werden durch drei Gruppen von *Indikatoren* abgebildet (vgl. auch [2]):

- Die *Wirkungsindikatoren* beschreiben ökonomische, soziale, technologische und ökologische Zustände und Entwicklungen. Sie repräsentieren die *unmittelbaren* Wirkungen der Maßnahmen-Programme. Sie messen den "impact" der Programme. Beispiele für Wirkungsindikatoren sind "Anteil des geschädigten Waldes in Prozent der Gesamtwaldfläche" oder "Anzahl der Arbeitslosen".
- Die *Systemindikatoren* messen die *entfernteren*, später auftretenden Wirkungen, die sich aus den Veränderungen der Wirkungsindikatoren ergeben. Diese Indikatoren repräsentieren generelle gesellschaftliche und politische Einschätzungen, ökologische und weltmarktbezogene Ereignisse und Entwicklungen, also den "outcome". Beispiele für Systemindikatoren sind "Internationale Wettbewerbsfähigkeit" oder "Vertrauen in die Politik".
- Die *Pluralismusindikatoren* drücken den Grad der Berücksichtigung gesellschaftlich relevanter Gruppen (z.B. Gewerkschaften) aus. Sie geben zugleich Hinweise auf die gesellschaftspolitischen Konfliktfelder.

3.5 Der Spielablauf

Abbildung 3 zeigt den Spielablauf des Planspiels TAU, soweit er die unmittelbaren softwaretechnischen Bereiche betrifft.

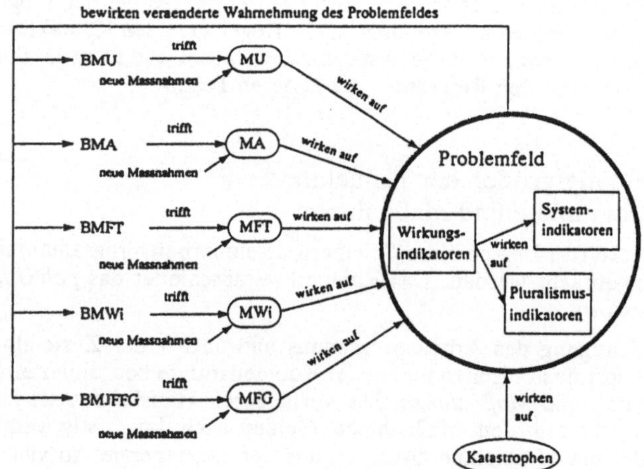

Abbildung 3: *Spielablauf beim Planspiel TAU*

Innerhalb einer Spielperiode werden folgende Arbeitsschritte durchlaufen:

- Analyse der momentanen Situation durch Studieren der Wirkungs-, System- und Pluralismusindikatoren
- Entwicklung eines Arbeitsprogramms
- Klärung der finanziellen Möglichkeiten
- Abstimmungen mit anderen Ressorts und im Kabinett
- Begleitende Öffentlichkeitsarbeit
- Treffen der Maßnahmen
- Errechnung der Perioden-Ergebnisse durch das Computer-Modell
- Ausgabe der Indikatorenwerte für die nächste Spielperiode.

4. Die methodischen Besonderheiten beim Planspiel TAU

In diesem Abschnitt werden methodische Besonderheiten beim Planspiel TAU vorgestellt, die über den Rahmen üblicher Planspiele hinausgehen und aufgrund des komplexen Themenbereichs notwendig sind.

4.1 Die Darstellung der Indikatoren

Üblicherweise werden bei Planspielen durch Computersimulation Ergebnisse für die aktuelle Spielperiode berechnet. Für die Wirkungsindikatoren wird beim Planspiel TAU jeweils ein *Szenario in die Zukunft* berechnet. Zu Beginn des Spiels existiert für jeden Wirkungsindikator ein Startszenario.

In jedem Simulationsschritt wird das aktuelle Szenario aufgrund der getroffenen Maßnahmen beeinflußt. Die Teilnehmer erhalten dann jeweils neben dem aktuellen, auch das Szenario der Vorperiode und das Startszenario, so daß sie erkennen können, welchen Einfluß sie im bisherigen Spielverlauf auf die Indikatoren nehmen konnten. Abbildung 4 zeigt die graphische Darstellung des Indikators WALD (Anteil des geschädigten Waldes in Prozent der Gesamtwaldfläche) nach der 4. Periode. Die X-Achse stellt - wie auch in den folgenden Abbildungen - die Zeitachse dar.

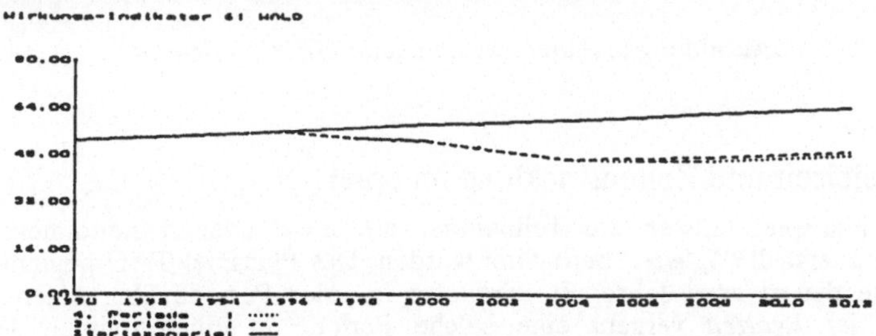

Abbildung 4: *Wirkungsindikator WALD (4. Periode)*

Die *Systemindikatoren* werden in Form von Balkendiagrammen geliefert. Die Skala reicht jeweils von 0 bis 100. So bedeutet bei dem Indikator I-WETT (internationale Wettbewerbsfähigkeit) die Ausprägung 100, daß die Kontrolle des Weltmarktes vorherrscht und die Ausprägung 0, daß eine völlige Verdrängung aus dem Weltmarkt vorliegt. Die extremen Werte werden in der Praxis allerdings nie erreicht. Abbildung 5 zeigt den System-Indikator I-WETT nach der 4. Spielperiode.

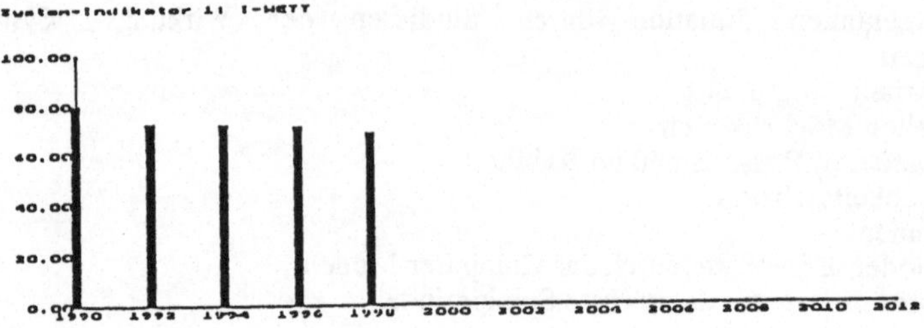

Abbildung 5: *Systemindikator I-WETT (4. Periode)*

Die *Pluralismusindikatoren* bilden den Zustimmungsgrad der jeweiligen Interessengruppe ab. Die Skala zeigt die Ergebnisse zwischen -50 und +50 an. -50 besagt dann, daß - wegen völlig ungenügender Interessenberücksichtigung - keine Zustimmung der jeweiligen Gruppe vorliegt. +50 zeigt die volle Zustimmung an. Abbildung 6 zeigt den Indikator GEW (Gewerkschaften) nach der 4. Periode.

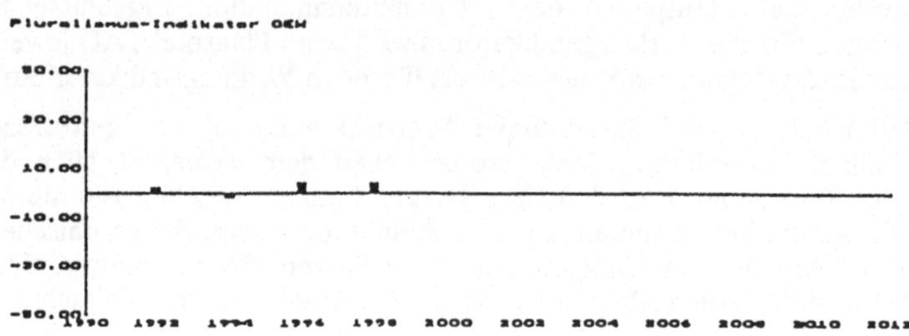

Abbildung 6: *Pluralismusindikator GEW (4. Periode)*

4.2 Realzeit, Spielzeit und Zeitentwicklung im Spiel

Wie bei jedem Planspiel müssen die Teilnehmer die verschiedenen Zeitdimensionen im Spiel erfassen. So muß zuerst die *Spielzeit* betrachtet werden. Das Planspiel TAU beginnt im Jahre 1991. Jede Spielperiode dauert zwei Jahre. Es wird also in jeder Periode über einen Doppelhaushalt entschieden. In der *Realzeit* vergeht eine solche Periode in einem halben Tag. Die größte Schwierigkeit besteht in der *Zeitentwicklung im Spiel*. Es bereitet den Teilnehmern zunächst keine Schwierigkeit, die Startszenarien der Wirkungs-Indikatoren als Prognosen über einen längeren Zeitraum anzuerkennen. Jedoch ist es beispielsweise schwierig, sich vorzustellen, daß nach drei Spielperioden das Jahr 1996 vorbei ist und alle Maßnahmen von diesem Jahr in die weitere Zukunft Auswirkungen zeigen. Die Schwierigkeit besteht in der Vorstellung, aus einer bereits geänderten Umwelt heraus weitere Maßnahmen zu treffen.

4.3 Neue Maßnahmen

Das Computersystem von TAU ist so angelegt, daß die Teilnehmer selbst während des Spiels "neue" Maßnahmen ergreifen können. Es kommt immer wieder vor, daß die Teilnehmer trotz des umfangreichen Maßnahmenkataloges weitere Maßnahmen vermissen bzw. anders als bisher reagieren wollen. Letzteres ist sogar erwünscht. Unter der in der Kürze der Zeit möglichen Berücksichtigung aller Auswirkungen von neuen Maßnahmen kann die Spielleitung während des Spieles neue Maßnahmen mit ihren Auswirkungen in den Katalog der zu treffenden Maßnahmen aufnehmen und somit den Entscheidungsrahmen der Teams erweitern.

4.4 Folgenabschätzungen: Computerunterstützte Erforschung von politischen Programmen

Die Teilnehmer erhalten während der Spielphasen die Möglichkeit, einzelne Maßnahmen vorab auf ihre Wirksamkeit hin zu testen. Solche *Folgenabschätzungen* werden vom Modell in gleicher Weise verarbeitet wie die Maßnahmen-Programme am Ende einer Spielphase. Die Teilnehmer müssen jedoch berücksichtigen, daß die Auswirkungen auf Grund dieser Maßnahmen ceteris paribus gelten, da ja nicht klar ist, welche Maßnahmen die anderen Gruppen in der noch nicht beendeten Spielphase ergreifen. Die Spielleitung kann nach einer solchen Folgenabschätzung das Modell und die Daten auf den Stand vor der Folgenabschätzung bringen.

4.5 Katastrophen als externe Faktoren

Während des Spiels können unerwartete Ereignisse eintreten, die - wie die Maßnahmen der Teilnehmer - Einfluß auf verschiedene Indikatoren ausüben können. Im Modell ist ein Zufallszahlengenerator integriert, der aus einer Reihe von vom Konstrukteur "definierten Katastrophen" mit einer bestimmten Wahrscheinlichkeit eine auswählt. Die Teilnehmer müssen auf solche Ereignisse (z.B. Golfkrise) mit entsprechenden Maßnahmen reagieren. Die Katastrophen können sowohl kurzfristig negative Auswirkungen als auch längerfristige Auswirkungen auf Wirkungs- und Systemindikatoren entfalten.

5. Zusammenfassung und Ausblick

Das Planspiel TAU hat sich in verschiedenen Seminaren als interessante Methode einer realitätsnahen Weiterbildung erwiesen. Die Teilnehmer lernen die mitunter schwierigen Prozesse der (politischen) Entscheidungsfindung kennen, bei denen sowohl Kooperation zur Erreichung gemeinsamer übergeordneter Ziele als auch das Festlegen und Durchsetzen ressorteigener Ziele wichtig sind.

Das Software-System von TAU (auf einem PC in TURBO-PASCAL entwickelt) eignet sich, auch andere Themenbereiche abzubilden, da der Datensatz der Maßnahmen variabel ist.

Die Weiterentwickung des Planspiels TAU erweist sich nicht immer als einfach.

- So sind von Spiel zu Spiel regelmäßig Änderungen im Bereich der Maßnahmen nötig. Ein zukunftsorientiertes Planspiel, das zudem als Spielfeld einen realistischen Hintergrund hat, bringt es mit sich, daß einige Maßnahmen auf Grund der realen Entwicklungen überflüssig werden. So ist beispielsweise die Maßnahme "Einführung eines Dienstleistungsabends" mittlerweile in der Politik Realität geworden.
- Die gesamten Modelldaten und -verknüpfungen beziehen sich auf die Bundesrepublik Deutschland vor dem 3. Oktober 1990. Die Anpassung der Szenarien erfordert eine Menge Arbeit vor dem Hintergrund, daß in der politischen und wissenschaftlichen Realität Prognosen nur sehr schwierig vorzunehmen sind.

Literatur

[1] H. Baumann: Konstruktion und Einsatz makroökonomischer Simulationsmodelle im Rahmen der computergestützten Wirtschaftsforschung und wirtschaftswissenschaftlichen Ausbildung; Frankfurt, 1988.

[2] C. Böhret/S. Karczewski/P. Wordelmann: TAU - Technik, Arbeit, Umwelt (Handbuch zum gleichnamigen Planspiel); Speyer, Koblenz, Berlin 1987.

[3] C. Böhret/P. Wordelmann: Das Planspiel als Methode der Fortbildung - Zur allgemeinen und speziellen Verwendung der Simulationsmethode in der öffenlichen Verwaltung; Köln, Bonn, 1975.

[4] P. Eckardt/A. Stiegeler: Das Planspiel in der politischen Bildung - Didaktische und methodische Hinweise für den Unterricht; Frankfurt, Berlin, München, 1973.

[5] D. Euler: Computerunterstützter Unterricht; Braunschweig, Wiesbaden, 1987.

[6] H.-J. Herrmann: Simulationsspiele als Methode eines bankbetrieblichen Entscheidungstrainings.; Düsseldorf, 1987.

[7] F.-J. Kaiser: Entscheidungstraining - Die Methoden der Entscheidungsfindung - Fallstudie, Simulation, Planspiel; Bad Heilbrunn/Obb., 1973.

[8] S. Karczewski: Die Entwicklung einer modularen Gesamtarchitektur für die Softwarekomponenten von Planspielen; Wiesbaden, 1991.

[9] Lexikon der Informatik und Datenverarbeitung; München, Wien, 1986^2.

[10] K.G. Troitzsch: Modellbildung und Simulation in den Sozialwissenschaften; Opladen, 1990.

Adresse des Autors: Dr. Stephan Karczewski
                     Fritz-Kalle-Str. 13
                     6200 Wiesbaden

Kreatives Computerprojekt für Mädchen
- Konzeption und Erfahrungen mit einem
ganzheitlich-integrierten Bildungskonzept -

Kerstin Wehrmann, Annette Schwarz, Renate Schulz-Zander,
Rolf Oberliesen

Zusammenfassung

Im Beitrag wird ein Kreatives Computerprojekt für Mädchen vorgestellt, dem ein ganzheitlich-integriertes Bildungskonzept zugrunde gelegt wurde. Theoretische Elemente der Integrativen Bewegungserziehung, der Gestaltpädagogik und des Theaters der Unterdrückten wurden genutzt, um rationales und sinnliches Erkennen zu integrieren sowie eine Unterstützung bei der Wahrnehmung tradierter Rollenbilder und der Veränderung des Selbstkonzepts zu geben, um darüber den Mädchen neue Handlungsperspektiven zu eröffnen. Die Komponenten "Arbeiten am Computer mit einem Grafikprogramm", Körper- und Theaterarbeit wurden integriert. Dieses im außerschulischen Rahmen durchgeführte Projekt zeigt Möglichkeiten für eine innovative Praxis einer Informations- und Kommunikationstechnologischen Bildung in der Schule auf.

Informations- und Kommunikationstechnologien und die spezifische Situation von Frauen und Mädchen

Computer in der außerschulischen Bildungsarbeit sind kein neues Thema mehr. Seit längerem gibt es in den unterschiedlichsten Freizeiteinrichtungen Computerangebote. Dort können Jugendliche programmieren, Bildschirmspiele erproben, Zeitungen gestalten, mit Grafikprogrammen selbstgedrehte Videofilme untermalen oder sogar eigene computeranimierte Trickfilme erstellen.

Der Computer wird häufig als Mittel zum Selbstzweck eingesetzt: Zum Teil als Lockmittel, um für Jugendliche die Freizeitstätte wieder attraktiv zu machen, zum Teil als Werkzeug zur Unterstützung von inhaltlichen Projekten. Der Trend verstärkt sich, die Computerarbeit ziel- und projektorientiert durchzuführen (vgl. Theunert 1991).

Im privaten Bereich sieht es mit dem persönlichen Computerbesitz von Mädchen und Jungen recht unterschiedlich aus: Nur 13% der Mädchen besitzen einen eigenen Computer, aber 43% der Jungen (vgl. Fauser/Schreiber 1989). Jungen beschäftigen sich durchweg häufiger in der Freizeit am Computer als Mädchen. Bei der Computernutzung wird folgende Tendenz deutlich: Mädchen widmen sich eher den Computerspielen und den Anwendungsprogrammen, Jungen beschäftigen sich eher mit dem Programmieren.

Wer sind nun die Jugendlichen, die sich in Freizeiteinrichtungen mit Computern beschäftigen? In Jugendeinrichtungen sind Mädchen deutlich unterrepräsentiert. Seit längerem werden Bemühungen unternommen, den Strukturmerkmalen der Jugendarbeit, die sich eher als Jungenarbeit entpuppte, und in der die Mädchen in der "Publikumsrolle für die narzißtischen Selbstdarstellungsbedürfnisse der Jungen eine wichtige Funktion einnehmen" (Wagner-Winterhager 1986), entgegenzuwirken.

Bezüglich der Computernutzungsangebote im außerschulischen Bildungsbereich läßt sich eine geringere Beteiligung der Mädchen nachweisen (vgl. Schiersmann 1987): Mädchen überlassen die Computerangebote überwiegend den Jungen.

An den Zielen der Jugendarbeit kann die geringe Beteiligung von Mädchen nicht festgemacht werden, da ganzheitliches Lernen, die personale Begegnung in der Gruppe, die Entwicklung emotionaler Beziehungen, das Erproben von Handlungsmustern und unmittelbares Erleben (vgl. Schoor-Theißen 1988) im Vordergrund stehen, und es sich gezeigt hat, daß mit den Computerangeboten im Jugendfreizeitbereich ebenfalls allgemeine sozialpädagogische Ziele verfolgt werden (hierzu Knodt 1991).

Welche sind die Ursachen, daß Mädchen sich den Computerangeboten "verweigern"? Wie aus verschiedenen Untersuchungen zu entnehmen ist, liegt dies nicht am fehlenden Interesse der Mädchen, sondern scheint vielmehr seine zentrale Begründung in den spezifischen Zugangsmöglichkeiten und Zugangsweisen in Bezug auf die neuen Informations- und Kommunikationstechnologien zu haben. U.a. wurden folgende Unterschiede festgestellt:

- Mädchen haben in der Regel weniger Vorerfahrungen.

- Das Interesse von Mädchen ist eher berufsorientiert.

- Ihr Zugang zeigt eher eine pragmatische Haltung, d.h. weniger eine experimentell-spielerische.

- Selbst- und Fremdeinschätzungen schreiben Jungen eine höhere Kompetenz zu, Vorurteile gegenüber Mädchen sind die Regel.

- Mädchen sind bezüglich der sozialen Auswirkungen der neuen Informations- und Kommunikationstechnologien skeptischer.

- Mädchen benennen klar ihre Wissenslücken im Umgang mit Computern, während Jungen ihre angebliche Kompetenz demonstrieren. (vgl. hierzu Faulstich-Wieland/ Dick 1989 und Schiersmann 1987).

Interessanterweise haben z.B. Muller und Perlmutter (1985) in einer Untersuchung von Vorschulkindern keine geschlechtsspezifischen Differenzen bezüglich der Art der Beschäftigung mit dem Computer festgestellt.

Die Ursachen für die dann einsetzenden Unterschiede liegen u.a. in den traditionellen Rollenerwartungen an Mädchen und Jungen (vgl. Hagemann-White 1984), sowie in der unterschiedlichen Entwicklung des Selbstvertrauens von Mädchen und Jungen (Horstkemper 1987). Dies muß jedoch stets im Kontext mit der in unserer Gesellschaft bestehenden Arbeitsteilung und im Zusammenhang mit der geschechtsspezifischen Sozialisation gesehen werden.

Diese verschiedenen Faktoren führen zu einer Benachteiligung von Mädchen, zumal eine Sensibilisierung vieler PädagogInnen noch fehlt und sich die gängigen Angebote in Freizeiteinrichtungen (inklusive der Computerangebote) in erster Linie an den Interessen von Jungen orientieren (vgl. hierzu Sutorius 1989). Auch auf Grund der Erfahrungen von Diskriminierungen durch Männer und Jungen werden Mädchen leicht in eine passive Zuschauerrolle gedrängt.

Eine parteiliche Mädchenarbeit, die sich derlei Mechanismen bewußt ist, bietet nun die Möglichkeit, einen Frei-Raum für Mädchen zu schaffen, wo Mädchen ohne männliche Maßstäbe ihre eigenen Entfaltungsmöglichkeiten entdecken und ausprobieren können. Parteiliche Mädchenarbeit setzt somit an den Fähigkeiten der Mädchen an, nimmt deren Wünsche und Interessen ernst.

Aus diesen Überlegungen heraus versteht es sich von selbst, daß es sich bei Computerangeboten für Mädchen nicht um eine bloße Anpassung an den Umgang mit Computern handeln kann, sondern es darauf ankommen muß, Mädchen eine reale Chance zu eröffnen, ihre eigene Sichtweise zu entwickeln, eigene Interessen herauszubilden und diese in Handlungen umzusetzen.

Theoretische Bezüge und Ansätze zum ganzheitlich-integrierten Bildungskonzept

Die umfassende Verwendung neuer Informations- und Kommunikationstechnologien hat in allen Industrieländern unter anderem zu ganz erheblichen gesellschaftlichen Stukturwandlungen geführt. Alle Mitglieder der Gesellschaft sind hiervon betroffen - Mädchen und Frauen jedoch in besonderer Weise (u.a. Faulstich-Wieland/ Dick 1989). Insofern die Lösung der damit einhergehenden gesellschaftlichen Fragestellungen ganz entscheidende Wirkungen auf das zukünftige Profil der Gesellschaft haben wird, handelt es sich um ein Schlüsselproblem.

Wenn eine neuorientierte Allgemeinbildung, die das ursprünglich emanzipatorische Potential von Bildung im klassischen Bildungsideal aufnimmt und weiterdenkt und Bildung mit ihren zentralen Momenten Selbstbestimmungsfähigkeit, Mitbestimmungsfähigkeit und Solidaritätsfähigkeit sieht, muß sie allen Heranwachsenden die Chance eröffnen, hierzu ein historisches Bewußtsein zu entfalten sowie Fähigkeiten zu entwickeln und die Bereitschaft zu wecken, an der Bewältigung dieser Probleme mitzuwirken.

Eine solche Allgemeinbildung als eine Bildung für alle, muß sich damit auch an gesellschaftlichen Schlüsselproblemen der Verwendung neuer Informations- und Kommunikationstechnologien orientieren und hier besonders die Bedingungen, Wirkungen von geschlechtsspezifischer Sozialisation und Arbeitsteilung einbeziehen. Neuorientierte Allgemeinbildung zielt auf das "Insgesamt menschlicher Fähigkeiten und Fertigkeiten", um die Heranwachsenden "zum Begreifen und zur Gestaltung ihrer historischen Gegenwart und ihrer jeweiligen Zukunft in Selbstbestimmung freizusetzen" (Klafki 1985, 18). So beschreiben Klemm/Rolff/Tillmann (1985) Bildung von den zentralen Merkmalen bestimmt wie "Sinnlichkeit", "Gestaltbarkeit", "Durchschaubarkeit" und "Solidarität".

Das Projekt "Kreative Computerferien für Mädchen" steht in diesem Begründungskontext. Es meint daher nicht "Computerbildung" als eine "Erziehung zum Umgang mit dem Computer", wie es das Konzept eines "Computerführerscheins" (Haefner 1986) vorsieht, das ausschließlich auf Bedienungswissen abhebt und im "Wahn der Computerkompetenz" (Roszak 1986) lediglich einer lückenlosen Anpassung der Heranwachsenden an das futuristische Bild einer Informationsgesellschaft dienen kann. Es geht hier vielmehr um den Anspruch einer umfassenden informations- und kommunikationstechnologischen Bildung im obigen Sinne.

Ziel ist nicht nur, der Benachteiligung von Mädchen entgegenzuwirken, sondern auch Emanzipationsprozesse anzuregen, tradierte Rollenbilder wahrzunehmen und neue Handlungsperspektiven zu eröffnen sowie eine Unterstützung bei der Veränderung des Selbstkonzeptes zu geben. Für die Entwicklung der Konzeption waren folgende theoretische Ansätze und Bezüge von grundlegender Bedeutung: Die Integrative Bewegungserziehung (IBE) (Petzold 1981); die Gestaltpädagogik (vgl. hierzu Burow u.a. 1987; Prengel 1983), das Theater der Unterdrückten (Boal 1980) sowie die parteiliche, feministische Mädchenarbeit.

Die Integrative Bewegungserziehung (IBE) und die Gestaltpädagogik stehen in der Tradition der Humanistischen Psychologie, sind jedoch vornehmlich auf die Förderung von Potentialen und auf das Erschließen von Wissen gerichtet. Konfliktorientierte oder therapeutische Momente stehen bei der Anwendung beider Ansätze nicht im Zentrum. Sie zielen auf die Förderung der sozialen, der personalen sowie der fachlichen Kompetenzen des Einzelnen ab. Im Mittelpunkt der Arbeit steht das Ziel einer ganzheitlichen Betrachtung der erlebenden Person. Ganzheitlichkeit meint die Ganzheit des Menschen im anthropologischen Sinne "mit Körper, Geist und Seele". Es ist der Versuch, die Ebenen "Denken", "Fühlen" und "Handeln" integrativ zu berücksichtigen. Dabei wird davon ausgegangen, daß Inhalte den Lernenden erst vor dem Hintergrund ihrer persönlichen Bezüge sinnvoll vermittelt werden können. Zu den zu unterstützenden intellektuellen und emotionalen Kapazitäten der Lehrenden und Lernenden gehören Fähigkeiten wie Entscheidungen zu treffen, das eigene Vorgehen reflektieren zu können, sich in andere einfühlen zu können sowie Stimmungslagen, Sachverhalte etc. zu verdeutlichen. Beide Ansätze sind sowohl personen- als auch prozeßorientiert. Um den Kontakt zu inneren Bildern und Erfahrungen sowie zu Wünschen, Vorstellungen und auch zu Ängsten zu fördern, wird in der Gestaltpädagogik beispielsweise die Methode der Phantasiereise verwendet. Diese bewirkt ein affektives Aufladen des Lerngegenstandes. Im Anschluß werden die Bilder visuell umgesetzt und bieten eine gute Grundlage für die weitere Vermittlung des Unterrichtsthemas. Neben den Phantasiereisen werden im gestaltpädagogischen Unterricht kreative Medien eingesetzt, die vor allem den Selbstausdruck fördern (z.B. Rollenspiele, körperliche Ausdrucksformen). Ferner greift die Gestaltpädagogik auf das Repertoire anderer Konzepte wie der Freinet-Pädagogik, der Themenzentrierten Interaktion (Cohn 1975) und der Waldorf-Pädagogik zurück.

Die IBE leitet ihre Arbeit schwerpunktmäßig über Körpererfahrungen und Bewegungsprozesse ein. Sie integriert dabei u.a. Elemente aus der Bioenergetik, der Atem- und Bewegungstherapie, der "konzentrativen Selbstentspannung" (autogenes Training), des therapeutischen Theaters, dem Bereich des Tanzes, der Pantomime und der Meditation. Es wird davon ausgegangen, daß ein Zuwachs an körperlicher Leistungsfähigkeit zu einer Erhöhung des Selbstwertgefühls und des Selbstbehauptungsvermögens führt, was dann mit einer Steigerung des allgemeinen physischen und psychischen Wohlbefindens verbunden ist.

Die Formen des Theaters der Unterdrückten wurden von Boal in den 70er und 80er Jahren entwickelt. Sie schließen alle den Widerstand gegen Unterdrückung ein, sowohl gegen die, die man sich selber zufügt, als auch gegen die Unterdrückung durch andere Menschen und Institutionen. Sie umfassen die Ebenen der intellektuellen, der körperlichen und der emotionalen Unterdrückung. In einer Ausgangsszene, die eine Unterdrückungssituation zeigt, können die SchauspielerInnen von ZuschauerInnen ersetzt werden. Unter realen Bedingungen werden verschiedene Lösungsvorschläge durchgespielt. So wird herausgefunden, welche Handlungsalternativen in wirklichen Situationen tatsächlich zu positiven, die Unterdrückungssituation beendenden Veränderungen führen können.

Zusammenfassend lassen sich folgende Grundannahmen ausmachen, die dem Modellprojekt Kreative Computerferien für Mädchen zugrunde lagen:

1. Es wird von der Ganzheit des Menschen im anthropologischen Sinne ausgegangen.

2. Es wird auf die Integration von sinnlichen und rationalen Erkenntnissen hingewirkt.

3. Es wird eine Unterstützung bei der Veränderung des Selbstkonzepts angestrebt. Unter Selbstkonzept wird das Gesamt von Einstellungen, Urteilen und Werthaltungen einer Person bezüglich ihres Verhaltens, ihrer Fähigkeiten und Eigenschaften verstanden.

4. Es werden Räume zur Erprobung von Handlungsmöglichkeiten sowie zur Erweiterung des Rollenrepertoires eröffnet.

Kreatives Computerprojekt - neue Erfahrungsräume

Im Projekt wurden die Komponenten "Arbeiten mit dem Computer", Körper- und Theaterarbeit integriert. Dieser Ansatz wurde erstmals in einem Pilotprojekt 1988 am IPN entwickelt und erprobt (Schulz-Zander 1989).

Ziele des Computerkurses waren

- die Vermittlung von fachlicher, sozialer und personaler Kompetenz,

- Einsicht in die Notwendigkeit der Übernahme gesellschaftlicher Verantwortung zu geben im Hinblick auf den Einsatz und die Verwendung Neuer Informations- und Kommunikationstechnologien,

- die Nutzung von Informationstechnologie in kreativen Bereichen,

- die Anregung von Kreativität und Phantasie,

- eine Unterstützung bei der Veränderung des Selbstkonzepts zu geben,

- die Erweiterung des Kommunikations- und Interaktionsvermögens,

- die Förderung aktiven und kooperativen Lernens,

- die Nutzung vielfältiger Erfahrungsräume zu ermöglichen.

Struktur des Kurses

Das hier thematisierte Kreative Computerprojekt umfaßte insgesamt 6 Tage. An den Vormittagen wurde nach einem morgendlichen Aufwachtraining ca. 3 Stunden am Computer gearbeitet; nachmittags schloß sich entweder eine weitere Stunde Arbeit am Computer oder Arbeit an geschlechtsspezifischen Rollenbildern an. Nach der Teepause fand 2 ½ Stunden Körper- und Theaterarbeit statt. Die Abendstunden waren in der Regel frei und wurden gern für die Arbeit am Computer genutzt. Teilgenommen haben 16 Mädchen im Alter von 13-15 Jahren aus Gymnasien und Realschulen. Sie arbeiteten mit dem Atari 1040ST (mit Schwarz-Weiß-Monitoren) und dem Grafikprogramm STAD 1.3+ (ST Aided Design). Dieses Grafikprogramm bietet einen Zeichenprogrammteil und die Möglichkeit für zweidimensionale Animationen mit maximal 15 Bildern sowie Konstruktionen im dreidimensionalen Raum (3D).

Welche Erfahrungsräume wurden den Mädchen geboten?

Erfahrungsraum: Sinnliches und rationales Erkennen beim Umgang mit dem Medium Computer

Professionelle Computergrafik zeigt sehr deutlich, daß eine Aussage über den Wirklichkeitsgehalt oft nicht mehr zu machen ist. In Perfektion können geschaffene Welten die Abbildung von Wirklichkeit suggerieren. Dies erhält im medienpolitischen Bereich eine besondere Brisanz und fordert von den Beteiligten ein hohes Maß an Verantwortungsbewußtsein. Bildung hat auch hier zur "Entschlüsselung mediatisierter Wirklichkeit" (Rolff 1991) beizutragen.

Im Kurs haben wir der Gestaltung von Grafiken und der Veränderung von Bildmaterial sinnliche Erfahrungen zugrunde gelegt. Hierzu haben die Mädchen von sich selbst Videoaufnahmen mit einem Digitizer in den Computer eingelesen. Zum Teil haben sie kleine Szenen für Bildergeschichten zuvor entwickelt. Die digitalisierten Bilder wurden anschließend mit STAD weiterbearbeitet und verfremdet.

Erst als die Mädchen über Fertigkeiten im Umgang mit STAD verfügten, wurden ihnen anhand zweier Videofilme die Möglichkeiten und Grenzen professioneller Computergrafik demonstriert. In dem Bildmaterial wurden militärische Anwendungen, die Veränderungen beruflicher Tätigkeiten und die Möglichkeiten der Fälschung von Bildmaterial gezeigt.

Erfahrungsraum: Spielerisches und experimentierendes Arbeiten am Computer

Ein Grafikprogramm ist darauf ausgerichtet, auch spielerisch, experimentierend bei der Erstellung von Grafik vorgehen zu können. Diese Arbeitsweise wurde durch Aufgabenstellungen wie "Gestalte einen phantasievollen Computer der Zukunft, an dem du auch gern arbeiten würdest" oder "Wähle ein digitalisiertes Bild eines Mädchens aus eurer Gruppe und verfremde es so, daß die Person nicht mehr erkennbar ist. Stelle einen Bezug zum Kurs her" unterstützt. Einige Mädchen probierten selbständig den 3D-Teil aus.

Erfahrungsraum: An die eigene Geschichte anknüpfen

Es wurden gestaltpädagogische Methoden eingesetzt: Angeknüpft wurde an innere Bilder und Gefühle. Mit dem Mittel des Malens und Zeichnens kann Unterbewußtes erschlossen und können Gefühle und Eindrücke mitgeteilt werden.

Zum Einstieg war den Mädchen die Aufgabe gestellt, ein Bild zum Thema "Ich und Computer" zu malen, dieses mit einer Überschrift und - sofern gewünscht - mit Denk- und Sprechblasen zu versehen.

Ergänzend sollten sie zwei bis drei Sätze zu den Themen "Ich und Computer", "Mädchen und Computer" und "Jungen und Computer" schreiben. Ein verbaler Austausch über Erfahrungen war dem nicht vorausgegangen.

Es kamen in den Zeichnungen vielfältige Aspekte zum Ausdruck:

- Fremdheit ("rätselhafte Kiste, viel zu kompliziert", "Computer das unbekannte Wesen"),

- Unsicherheit ("Was mach' ich nur? Muß ich immer Schuld haben?"),

- Spielerisches, problemlösendes Interesse ("Tüftelei", "Übung macht den Meister")

- Werkzeug ("Freund und Helfer"),

- Wunsch der Integration mit anderen Interessen ("Der Computer in der Umwelt und ich").

In den verbalen Äußerungen über "Ich und Computer" wurde häufiger das Interesse am Spaß, Spielen und Unterhaltung als der berufliche Nutzen oder die Arbeitserleichterung genannt.

Erfahrungen mit Rollenbildern - Handlungsmöglichkeiten für zukünftige Situationen erproben

Zunächst wurde das Thema "Mädchen, Jungen und Computer" direkt bearbeitet. Zeichnungen der Mädchen bildeten den Ausgangspunkt. Diese stellten vielfach ein gemeinsames Arbeiten mit den Jungen am Computer dar, was weniger einer realistischen Erfahrung als vielmehr einer Wunschvorstellung der Mädchen entsprach, wie sie später im Gespräch mitteilten.

In Kleingruppen wurden anschließend Szenen zum Thema "Mädchen, Jungen und Computer" entwickelt. Dabei gab es folgende Bedingungen zu erfüllen: Ein Ausgang der Darstellung sollte für die Mädchen unbefriedigend sein, während eine zweite Szene mit einem für sie wünschenswerten Ende gestaltet werden sollte. Die Mädchen tauschten sich über ihre Gefühle mit und in den verschiedenen Rollen sowie über "Lösungsmöglichkeiten" aus. Sie äußerten, daß sie die erste Szene realistischer fanden als die zweite. Sie selber fühlten sich in der zweiten Szene wohler, da sie selbstbestimmter handeln konnten. Einige Mädchen bevorzugten die Rolle der Jungen, weil diese ihnen mehr Handlungsmöglichkeiten eröffnete. Angesprochen wurde, daß die Handlungsmöglichkeiten prinzipiell von beiden Geschlechtern wahrgenommen werden könnten.

Anschließend erstellten die Mädchen am Computer Grafiken zum Thema "Mädchen und Computer". Ein unterschiedliches Interesse am Computer wurde ausgedrückt ("bringt echt Spaß" bis hin zu "ist doch stinklangweilig"). Auch ein gemeinsames Arbeiten mit Jungen wurde ins Bild gesetzt, teilweise fand ein Rollentausch statt - Mädchen helfen den Jungen; Mädchen computern, Jungen stricken.

Darüber hinaus wurde an Rollenbildern in vermittelter Form gearbeitet. Hierzu wurden Formen des Theaters der Unterdrückten angewandt. Diese Theaterform beinhaltet Methoden, Unterdrückung sichtbar zu machen und nach Möglichkeiten zur Veränderung zu suchen. Es bietet keine vorgefertigten Lösungen, sondern bedeutet Auseinandersetzung mit einer konkreten Situation: Es ist Probe, Analyse, Suche. Beispiele sind das Manipulationsspiel und das Statuenbauen.

Das Statuenbauen ist eine leichte Form des Statuentheaters. Es werden Paare gebildet. Ein Mädchen übernimmt den Part der Bildhauerin, die andere den der Statue. Die Bildhauerin formt die einzelnen Körperteile der Partnerin, indem sie an imaginären Fäden zieht. Berührungen, verbale Anweisungen oder das Vormachen der Haltungen sind nicht erlaubt. Dies schult die Wahrnehmung von Bewegungsabläufen und von Haltungen, die wir zwar täglich praktizieren bzw. einnehmen, aber nicht bewußt registrieren. Schon kleine Veränderungen der Körperhaltung können den Gesamteindruck der Person beeinflussen.

Das Wahrnehmen von Unterschieden, sich klein, groß, stark, sicher und unsicher zu fühlen, war eine wichtige Grundlage, um mit dem Statuenbauen/Statuentheater am Selbstkonzept der Mädchen zu arbeiten. Als Beispiele wurden die Statuen Kraftprotz, Freiheitsstatue, eine Person, die nicht so genau weiß und eine Person, die alles weiß, gebaut. Die Mädchen wechselten zwischendurch die Rollen, um sich in die unterschiedlichen Eigenschaften hineinzuversetzen und diese als Teil ihres eigenen Rollenrepertoires zu erkennen. Abschließend wurden in Vierergruppen kleine Szenen mit den genannten Charakteren entwickelt. Mit diesen Experimenten erhielten die Mädchen die Möglichkeit, sich als unsicher (eine Person, die nicht so recht weiß), stark (Kraftprotz), kompetent (Person, die alles weiß) und unabhängig (Freiheitsstatue) zu erleben. Diese Übung war Grundlage für weitere Arbeiten am Selbstkonzept im Laufe der Woche.

Erfahrungsraum: Reise in die Kompetenz

Im Rahmen der Theaterarbeit wurde die Aufgabe "Ich bin die Größte am Computer" in Szene gesetzt. In keiner der entwickelten Szenen traten Mädchen selbstbewußt mit ihrem Wissen auf.

Mit einer Phantasiereise wurde den Mädchen ein weiterer Erfahrungsraum geboten, nämlich wie sie eine eigene hohe technische Kompetenz in ihrer Phantasie erleben würden. Die Geschichte endete mit der Vorstellung: "Du bist ein Mädchen, das sehr gut mit dem Computer umgehen kann. Auch Jungen fragen Dich um Rat ..."

Im Anschluß wurden die inneren Bilder visuell umgesetzt und im Gespräch erläutert. Die meisten Mädchen erlebten ihre zunehmende Kompetenz positiv. Nur eine brachte explizit zum Ausdruck, daß sie davon genervt ist, im Mittelpunkt zu stehen.

Erfahrungsraum: Kooperatives Lernen

Um die Erfahrung zu ermöglichen, daß die Art und Weise der Zusammenarbeit abhängig von den Beteiligten Personen ist, wandten wir das Prinzip an, die Partnerschaft nach jeder Aufgabenstellung wechseln zu lassen. Auf die Arbeit und auf das Gruppenklima insgesamt hatte dieses Verfahren einen positiven Einfluß. Eine Cliquenbildung gab es nicht. In der abschließenden Befragung wurde die wechselnde Zusammenarbeit von mehreren Mädchen positiv erwähnt.

Perspektiven für eine innovative Praxis der Informations- und Kommunikationstechnologischen Bildung

Das hier vorgestellte Projekt und die damit erschlossenen Erfahrungen bieten große Chancen für eine innovative Praxis einer Informations- und Kommunikationstechnologischen Bildung in Schule und Unterricht. Schulen sind mit Rechnern ausgestattet. Eine große Anzahl von LehrerInnen wird inzwischen fortgebildet, um die Informationstechnische Grundbildung unterrichten zu können. Viele KollegInnen haben Erfahrungen mit alternativen Formen des Lehrens und Lernens wie beispielsweise mit Freinet-Pädagogik, Offenem Unterricht, projektorientiertem Vorgehen oder mit Gestaltpädagogik. Das bedeutet, eine Vielfalt der Kompetenzen, die für die Umsetzung des vorgestellten Projekts notwendig sind, ist bereits in den Schulen vorhanden. In verschiedenen Städten öffnen sich zudem einige Schulen im Sinne der Community Education (Niggemeyer/Zimmer 1986), so daß dort auch Kooperationsprojekte mit Stadtteilgruppen und -initiativen denkbar sind.

Die geringe Beteiligung von Mädchen in naturwissenschaftlichen Fächern, aber auch im Bereich der Neuen Technologien, ist nicht mit dem fehlenden Interesse von Mädchen zu erklären, sondern ist wesentlich durch die didaktische Vermittlung, die Themen- und Materialauswahl sowie durch die Interaktionsstrukturen im Unterricht bedingt. Da die Koedukation nicht zur Gleichberechtigung von Mädchen und zur Aufhebung von entwertenden Geschlechtsrollenstereotypen geführt hat, gilt es, neue Formen der Unterrichtsorganisation und Durchführung zu entwickeln und zu erproben. Eine situative Trennung der Geschlechter oder auch die Durchführung geschlechtshomogener Kurse sollte ermöglicht werden. Auf dieser Grundlage kristallisierten sich in Diskussionen mit LehrerInnen folgende drei Möglichkeiten zur Umsetzung des Projekts in der Schule heraus:

1. Die Integration einiger Elemente der Komponenten in die Informationstechnische Grundbildung (ITG), etwa die Augen- und Entspannungsübungen.

2. Die Abwandlung des Konzepts, so daß es in einem Mädchenkurs innerhalb eines Halbjahres im Rahmen einer Arbeitsgemeinschaft oder der ITG angeboten werden kann.

3. Die Realisierung im Rahmen einer Projektwoche.

Alle Kursformen sollten möglichst von zwei PädagogInnen angeleitet werden. Die Integration der Körper- und Theaterarbeit erfordert, daß LehrerInnen hierzu in einer Fortbildung eine Einführung erhalten. Um die Augen- und Entspannungsübungen in den Unterricht zu integrieren, ist es notwendig, daß die LehrerInnen die Übungen zuvor ausprobiert haben und deren körperliche Auswirkungen kennen. Möglicherweise wird sonst etwas Falsches angeleitet, was z.B. zu Zerrungen oder stärkeren Verspannungen führen kann. Eine Abwandlung des Konzepts der Kreativen Computerferien im Sinne der zweiten Variante ist möglich, indem pro Woche jeweils ein bis zwei Elemente der Kompomenten umgesetzt werden. Die Produkte könnten am Ende des Kurses entweder in einem Bildband oder in einer Ausstellung präsentiert werden. Die Theaterszenen könnten zur Aufführung kommen. Diskriminierende Äußerungen bezüglich eines Mädchenkurses wären in der Theaterarbeit aufzugreifen. An den Erfahrungen der Mädchen anknüpfend kann in das Thema der Geschlechterdifferenz eingeführt und der Raum geboten werden, Handlungs- und Erwiderungsformen zu erproben. Dies gilt auch für die Realisierung des Konzepts im Rahmen einer Projektwoche. Sofern das Projekt als gemischtgeschlechtlicher Kurs angeboten wird, ist zu bedenken, daß Mädchen gerade in der Pubertät Hemmungen haben, vor Klassenkameraden Theater zu spielen oder Körperübungen zu machen.

Die meisten Teilnehmerinnen der Kreativen Computerferien äußerten sich negativ über den Unterricht am Computer in der Schule: Sie hätten sich unter Zeitdruck gefühlt und kaum etwas behalten. Sicher kann ein ganzheitlicher Ansatz nicht die negativen Aspekte lösen, die in der Institution Schule strukturell verankert sind. Er kann aber unter Umständen Mädchen positive Erfahrungen auf einem Gebiet ermöglichen, von dem sie sich sonst nur bedingt angesprochen fühlen, das aber entscheidende gesellschaftliche Auswirkungen besonders auch für Frauen hat. Außerdem trägt ein solcher Ansatz dazu bei, die extrafunktionalen Ziele wie die Erweiterung des Interaktions- und Kommunikationsvermögens, die Stärkung des Selbstbewußtseins sowie das Hinterfragen tradierter Rollenbilder zu vermitteln und Handlungsperspektiven zu eröffnen.

Dies würde ebenso für Jungen gelten. Es ist zur Erreichung des Ziels "Aufhebung der Geschlechterhierarchie" wichtig, daß auch sie ihr Rollenverhalten und ihr Selbstkonzept reflektieren und damit beginnen, es zu verändern. Es gäbe allerdings Akzentverschiebungen bei der Gewichtung der Schwerpunkte. Bei der Durchführung des Projekts mit Jungen stünde die Förderung des Durchsetzungsvermögens eigener Ideen vermutlich weniger im Vordergrund, vielmehr ginge es um die Förderung kooperativen Verhaltens und Arbeitens. Das Selbstbewußtsein der Jungen würde dahingehend gestärkt, Verletzbarkeit, Gefühle und Empathie in ihr Selbstkonzept zu integrieren und sich zu erlauben, diese Seiten in sich wahrzunehmen und auszuleben.

Die oben skizzierten Umsetzungsmöglichkeiten sind in dieser Form auch auf die außerschulische Bildungsarbeit übertragbar. Institutionen und Einrichtungen, die nicht oder nur über eine geringe Anzahl von Rechnern verfügen, sollten sich an Computerhersteller wenden, da es die Möglichkeit gibt, sich Geräte für ein Projekt kostenlos auszuleihen. Die Referate für Medienarbeit in Behörden können mitunter hilfreiche Tips geben.

Interessierte PädagogInnen können sich die Videodokumentation "Kreative Computerferien für Mädchen" in der Landesbildstelle Hamburg, Kieler Str. 171, 2000 Hamburg 54 ausleihen.

Literatur

ALTERMANN-KÖSTER, Marita; HOLTAPPELS, Heinz Günter; KANDERS, Michael; PFEIFFER, Hermann; DE WITT, Claudia: Bildung über Computer? Informationstechnische Grundbildung in der Schule. Institut für Schulentwicklungsforschung der Universität Dortmund. Weinheim/München 1990.

BOAL, Augusto: Theater der Unterdrückten. Frankfurt/M. 1980, 2. Auflage.

BUROW, Olaf-Axel; QUITTMANN, Helmut; RUBEAU, Martin: Gestaltpädagogik in der Praxis. Unterrichtsbeispiele und spielerische Übungen für den Schulalltag. Salzburg 1987.

COHN, Ruth C.: Von der Psychoanalyse zur themenzentrierten Interaktion. Stuttgart 1975.

FAULSTICH-WIELAND, Hannelore: Abschied von der Koedukation? Materialien zur Sozialarbeit und Sozialpolitik, Bd. 18. Fachhochschule Frankfurt/M. 1987.

FAULSTICH-WIELAND, Hannelore; DICK, Anneliese: Mädchenbildung und Neue Technologien. Abschlußbericht der wissenschaftlichen Begleitung zum hessischen Vorhaben. Hessisches Institut für Bildungsplanung und Schulentwicklung (HIBS), Sonderreihe Heft 29, Wiesbaden 1989.

FAUSER, Richard; SCHREIBER, Norbert: Jugendliche, Computer und Bildung. Hrsg. vom BUNDESMINISTER FÜR BILDUNG UND WISSENSCHAFT. Bad Honnef 1989.

HAEFNER, Klaus: Neue Technologien und ihre Auswirkungen auf das Bildungs- und Beschäftigungssystem. In: BUNDESZENTRALE FÜR POLITISCHE BILDUNG (Hrsg.): Computer und Schule. Bonn 1986.

HAGEMANN-WHITE, Carol: Sozialisation: Weiblich - männlich? Leverkusen 1984.

HORSTKEMPER, Marianne: Schule, Geschlecht und Selbstvertrauen. Weinheim/München 1987.

HURRELMANN, Klaus u.a. (Hrsg.): Koedukation - Jungenschule auch für Mädchen? Leverkusen 1986.

KLAFKI, Wolfgang: Neue Studien zur Bildungstheorie und Didaktik. Weinheim/Basel 1985.

KLEMM, Klaus; ROLFF, Hans-Günter; TILLMANN, Hans-Jürgen: Bildung für das Jahr 2000. Hamburg 1985.

KNODT, Dorothea: Die außerschulische Computerszene - Ein Überblick. In: THEUNERT, Helga, 1991.

MULLER, Alexandra; PERLMUTTER, Marion: Preschool Children's Problem-Solving. Interactions at Computers and Jigsaw Puzzles. In: Journal of applied developmental psychology (1985) 6, S. 173-186.

NIGGEMEYER, Elisabeth; ZIMMER, Jürgen: Macht die Schulen auf, laßt das Leben rein. Weinheim/Basel 1986.

PETZOLD, Hilarion (Hrsg.): Psychotherapie und Körperdynamik. Paderborn 1981, 4. Auflage.

PRENGEL, Annedore (Hrsg.): Gestaltpädagogik. Weinheim/Basel 1983.

ROSZAK; Theodore: Der Verlust des Denkens. Über die Mythen des Computer-Zeitalters. München 1987.

SCHIERSMANN, Christiane: Computerkutur und weiblicher Lebenszusammenhang. Hrsg. vom BUNDESMINISTERIUM FÜR BILDUNG UND WISSENSCHAFT. Bad Honnef 1987.

SCHOOR-THEISSEN, Irene: Computer und außerschulische Jugendarbeit. In: ARMBRUSTER, Brigitte; KÜBLER, Hans-Dieter (Hrsg.): Computer und Lernen. Leverkusen 1988.

SCHULZ-ZANDER, Renate: ITB für Mädchen und junge Frauen. Konzepte und Strategien. In: LOG IN 9 (1989) Heft 5, S. 29-37.

SCHWARZ, Annette: Kreative Computerferien für Mädchen. Entwicklung und Evaluation eines Modells für die außerschulische Bildungsarbeit - ein Beitrag zu einer ganzheitlichen, integrierten informationstechnologischen Bildung. Unveröffentl. Diplomarbeit, Hamburg 1991.

SUTORIUS, Britta: Raus aus den Nischen! In: Medien Concret (1989) 2, S. 14-21.

THEUNERT, Helga (Hrsg.): Faszination Computer. München 1991.

WAGNER-WINTERHAGER, Luise: Die friedfertigen Mädchen - Zur Rolle der Mädchen in der gegenwärtigen Jugendkultur. In: Deutsche Jugend (1986) 2, S. 527-532.

Prof. Dr. Rolf Oberliesen
Universität Hamburg
Fachbereich Erziehungswissenschaft
Von-Melle-Park 8
2000 Hamburg 13

Annette Schwarz
Schumannstr. 31
2000 Hamburg 76

Dr. Renate Schulz-Zander
Institut für die Pädagogik
der Naturwissenschaften
Olshausenstr. 62
2300 Kiel 1

Kerstin Wehrmann
Kronsforder Allee 125
2400 Lübeck

Wissenserwerb mit kooperativen Systemen

Claus Möbus

Zusammenfassung

Kooperative Systeme gewähren benutzerspezifische Hilfen in Stocksituationen. Das sind Situationen in denen ein Problemlöser mit seinem Domänenwissen in der Problemlösung nicht mehr weiter kommt. Diese Hilfen ermöglichen die Wissenserweiterung des Benutzers, so daß er die Stocksituation auf der Basis der Hilfen und schwacher domänenunspezifischer Heuristiken überwinden kann. Wir stellen eine kognitive Wissenserwerbstheorie (ISP-DL) vor, die es erlaubt, eine Taxonomie der Stocksituationen und damit eine Taxonomie der Hilfen zu entwickeln. Es wird an Hand von vier konkreten kooperativen Systemen skizzenhaft untersucht, ob derartige Bezüge herstellbar sind.

1. Wissenserwerb mit kooperativen Systemen

Es ist eine unbestrittene und von vielen Wissenschaftlern im Bereich CAI, CBT und ITS gar nicht gerne zugegebene Tatsache, daß Wissenserwerb auch in Systemen stattfindet, die nicht als Lernumgebungen oder Tutorsysteme konzipiert wurden. Wissenserwerb ist sogar in relativ benutzerunfreundlichen Systemen beobachtbar. Diese an und für sich erfreuliche Tatsache erschwert leider die Rechtfertigung wissenschaftlicher Forschung gegenüber manchen Diskussionspartnern. So kann man oft das Argument hören: "Lernen findet immer statt - auch unter ungünstigen Bedingungen -, warum es also erforschen."

Wir können uns aus mehreren Gründen einer derartigen Argumentation nicht anschließen. Es ist natürlich ein legitimes Forschungsziel, die Bedingungen des menschlichen Wissenserwerbs in Computersystemen und ihre Erleichterung bzw. ihre Optimierung zu untersuchen. Es ist auch von Interesse, wann welche Information bei einem Schüler oder Studenten zu neuem Wissen wird und wann nicht. In die gleiche Richtung zielt die Frage, wann welche Information *hilfreich*, *lästig* oder gar *schädlich* für den Wissenserwerbsprozess des Lerners bzw. Problemlösers ist.

Was verstehen wir unter einem *kooperativen* System? Wir wollen ein Computersystem als kooperativ bezeichnen, das dem Problemlöser in *Stocksituationen*, in denen sein Wissen für den weiteren Lösungsweg nicht ausreicht, *situations- und problemlöserbezogene Hilfen* anbieten kann. Damit ist dann auch klar, daß diese Definition nicht nur auf Lernumgebungen und Tutorsysteme zutrifft. Weiter wollen wir uns mit der Frage beschäftigen, ob mit den Hilfen Wissen *implizit* transportiert werden kann. Damit heben wir uns z.B. von normalen Tutorsystemen ab, die das Wissen *explizit* vermitteln wollen. Bei Systemen mit expliziter Wissenskommunikation (d.h. mit Instruktionen) werden Stocksituationen nur als störend angesehen. Dagegen ist aus der Sicht impliziter Wissensvermittlung die Stocksituation unerläßlich für den Wissenserwerb, der vermittels Hilfen und nicht über Instruktionen stattfindet.

2. Hilfen in wissenbasierten Systemen

Die Generierung von Hilfen in wissensbasierten Systemen ist erst seit dem Aufkommen der großen CAI-Systeme (z.B. PLATO, TICCIT) Gegenstand wissenschaftlicher Betrachtungen. Inzwischen ist die *benutzerspezifische* Hilfegenerierung zu einem Lackmustest der "Intelligenz" oder Benutzerfreundlich-

An dieser Stelle möchte ich mich bei cand.inf.Jörg Ritter und Dr.Olaf Schröder dafür bedanken, daß ihre Informationen bei Erstellung dieses Papiers immer Hilfen und nie "lästige Ratschläge" waren. Sie haben meine Impasses gut diagnostiziert!

keit eines Systems (z.B. einer Lernumgebung) avanciert (KASS & FININ, 1989; MÖBUS & THOLE, 1989; MÖBUS, 1990, 1991; MÖBUS, SCHRÖDER & THOLE, 1991).

Aber auch außerhalb der Forschergemeinde, die sich mit intelligenten Lernumwelten befaßt, wird der Nutzen einer systematischen wissenschaftlichen Erforschung der Hilfegenerierung anerkannt (BAUER, 1988; BOY, 1991; HOUGHTON, 1984; KEARSLEY, 1988). Immerhin hat sich die Kooperativität eines Systems als ein so diffiziles Problem erwiesen, daß mehrere KI-orientierte Forschungsprojekte Teilaspekte wie z.B. Planerkennung und Intentionsdiagnostik untersuchen (BREUKER et al., 1989; CARBERRY, 1991; HARTLEY et al., 1988a,b; RETZ-SCHMIDT (in press); WAHLSTER, BIUNDO & HECKING, 1989; WINKELS, BREUKER & SANDBERG, 1988; WINKELS & SANDBERG, 1987; WOODROFFE, 1988). Die Etablierung dieses interdisziplinären Forschungsfelds wird auch durch die Gründung der Zeitschrift "User Modeling and User-Adapted Interaction" dokumentiert.

Auffällig bei diesen vielfältigen Aktivitäten ist, daß in den allermeisten Fällen *Designentscheidungen* bei der Gestaltung eines kooperativen Systems nicht aus einer Theorie der humanen Wissensveränderung bzw. des Wissenserwerbs hergeleitet werden. Oftmals werden nur mehr oder minder plausibel erscheinende "Daumenregeln" aus einer naiven Psychologie angeführt (so z.B.: "Any sequence or screen that requires the user to remember or attend to more than five items simultaneously is likely to need a help"; KEARSLEY, 1988, S.50).

Zwar sind auch teilweise kognitive Theorien wie z.B. ANDERSON's ACT* (ANDERSON et al., 1990) herangezogen worden, Designentscheidungen zu kommentieren; oft waren die Begründungen nicht konsistent mit Theorie und Empirie. So mag es zwar angehen, daß die folgenden Designentscheidungen im ANDERSON'schen LISP-Tutor aus der ACT*-Theorie herleitbar sind:

"Therefore, in order to continue the model tracing, we are forced to stop the student when we detect such an error and ask him to reconsider it. Frequently, such errors are slips, and students will spontaneously correct themselves. However, if they do not, we force them to take a step which is along a correct solution path.

If one believed that such correction was harmful to the learning, one would be in a situation where the learning theory and methodology were in opposition. However, fortunately our learning theory implies that immediate feedback is important. Even in the 80 percent of the cases where we can interpret the error in the model, we point the error out to the student and encourage the student to return to a correct path" (ANDERSON, 1987).

Jeder erfahrene Pädagoge oder pädagogischer Psychologe weiß jedoch, daß die Empirie derartige Schlußfolgerungen nicht stützt. So können sich häufige Unterbrechungen hemmend auf die Lernmotivation und auf die Problemlöseaktivität auswirken, insbesondere wenn nicht nur Fehler, sondern auch "umständliche" Vorgehensweisen angemahnt werden, wie dies im LISP-Tutor häufig zu beobachten ist.

3. Kognitive Theorien des Stocksituationslernens, des erfolgsgesteuerten Lernens und der Motivation-Volition

Nach VanLEHN's (1988) und unseren Erfahrungen sind *direktive* instruktionsbezogene Unterbrechungen des Problemlöseprozesses, wie sie ANDERSON für seinen LISP-Tutor propagiert, für den Problemlöser vorschnell und für den Wissenserwerb abträglich. Statt dessen formulierte VanLEHN (1988, 1990, 1991) die Theorie des Impasse-Driven Learning (IDL). Wissenserwerb findet bevorzugt *nach* Stocksituationen (Impasses) statt. In derartigen Situationen kann der Lernende den Problemlöseprozeß nicht fortsetzen, weil ihm domänenspezifisches Wissen fehlt (Eine genauere Definition eines Impasse gibt van LEHN, 1991b, S. 19). Als Reaktion auf die Stocksituation wendet der Lernende schwache (domänenunabhängige) *Heuristiken* an, wie: Fragen zu stellen, sich Hilfe zu holen, nach Analogien zu suchen, oder durch Konfliktanalyse (DUNCKER, 1963) in einen Problemlöseprozeß einzutreten. Ist die Anwendung der schwachen Heuristik erfolgreich in dem Sinne, daß die Stocksituation überwunden werden kann, wird neues Wissen erworben: nämlich die Information, die zu der Überwindung der Stocksituation beigetragen bzw. deren vorheriges Fehlen zu der Stocksituation geführt hat. Dieses Wissen steht dann in späteren Situationen zur Verfügung und hilft so, ähnlich begründete

Stocksituationen zu vermeiden. Kann die Stocksituation hingegen mit der aufgesuchten Information nicht überwunden werden, so kann, ähnlich wie schon im General Problem Solver (ERNST & NE-WELL, 1969) oder in SOAR (LAIRD, ROSENBLOOM & NEWELL, 1987), ein neues Problem (sekundäre Stocksituation nach BROWN & van LEHN, 1980) entstehen.

Eine wichtige Folgerung aus der IDL-Theorie ist, daß der Lernende neue Information nur dann aufsucht bzw. für sie empfänglich ist, wenn er sich in einer Stocksituation befindet. Stocksituationen sind also der Motor des Wissenserwerbs, da sie Problemlösen, Anforderung von Hilfen etc. anregen (van LEHN, 1988). Ohne Stocksituation hingegen werden neue Informationen als lästig empfunden ("unerbetene Ratschläge"). Das aktive Aufsuchen von Information durch den Lernenden gibt also Hinweise auf Wissenslücken und damit auf seine Wissensstrukturen sowie auf die ablaufenden Wissenserwerbsprozesse. Es ist damit ein wichtiges empirisches Datum (vgl. auch SELF, 1990).

Im Unterschied zu früheren Ansätzen zur Modellierung von Wissenserwerbsprozessen versucht die IDL-Theorie also, *Bedingungen* des Erwerbs neuen Wissens zu spezifizieren.

Wir haben dann im Verlauf der weiteren Forschungsarbeiten dem IDL-Modell die Wissensoptimierung nach Erfolgssituationen (Success-Driven Learning = SDL; SCHRÖDER, 1990a,b) und die HECK-HAUSEN/GOLLWITZERsche 4-Phasen Motivations- bzw. Handlungstheorie ("Rubikonmodell") hinzugefügt.

Unter SDL wollen wir die *Wissensoptimierung nach Erfolg* verstehen. Sie läuft ohne Stocksituationen ab. Beispiele für Wissensoptimierungsprozesse im Sinne des SDL sind Chunking (ELIO, 1986; IBA, 1989; ROSENBLOOM & NEWELL, 1986; 1987; WOLFF, 1987), Komposition (ANDERSON, 1983a; b; 1986; 1989; LEWIS, 1987; NEVES & ANDERSON, 1981), Prozeduralisierung (ANDERSON, 1983a; 1986; 1989) und die Bildung rekursiver Makrooperatoren (CHENG & CARBONELL, 1986). Da SDL *ohne* Stocksituationen abläuft, ist auch kein Wissenserwerb nötig: Hilfen werden als *lästig* erlebt. Diese Modellvorhersage stimmt auch mit unserer Alltagserfahrung überein.

Für Phasen, in denen weder IDL noch SDL stattfindet, haben HECKHAUSEN (1987, 1989) und HECKHAUSEN & GOLLWITZER (1986, 1987) ein Motivations-Volitions-Modell ("Rubikonmodell") vorgeschlagen, das vier Phasen handlungspsychologischer Folgen unterscheidet:

1. die prädezisionale Motivationsphase mit Fazit-Tendenz

2. die präaktionale Volitionsphase mit Fiat-Tendenz

3. die aktionale Volitionsphase

4. die postaktionale Motivationsphase

Die *prädezisionale Motivationsphase* ist gekennzeichnet durch die Erzeugung von Wünschen und das Abwägen möglicher Handlungsalternativen unter den Kriterien Machbarkeit und Wünschbarkeit. Um überlange bzw. endlose Abwägephasen zu verhindern, wird ein metavolitionaler Kontrollprozeß ("Fazit-Tendenz") angenommen. Die Fazit-Tendenz soll umso stärker werden, je länger die Person das Für und Wider von Alternativen bedacht hat.

Ist die *Fazit-Tendenz* so groß, daß eine Schwelle überschritten wird, wird eine Entscheidung getroffen ("der Rubikon wird überschritten"), aus der Menge der Wünsche eine Zielintention auszuwählen, die zur Menge schon vorhandener Intentionen hinzukommt und mit diesen in der nächsten präaktionalen Volitionsphase um den Zugang zur *Handlungsphase* konkurriert.

Diese Phase ist durch Planungsaktivitäten gekennzeichnet, weil Intentionen oft nicht sofort realisiert bzw. implementiert werden können. Unter Umständen müssen leichter realisierbare Subziele gebildet werden. Ferner treten Fragen nach dem Zeitpunkt, dem Ort, dem Modus und der Länge der intendierten Handlung auf.

Ob eine gebildete Intention zur Handlungsinitiierung führt, hängt von ihrer *"Fiat-Tendenz"* ab. Diese hängt ab von der Volitionsstärke im Vergleich zu anderen in Konkurrenz stehenden Intentionen und von der Eignung der Situation auch im Vergleich zu anderen zu erwartenden zukünftigen

Situationen. Die Fiat-Tendenz ist so gestaltet, daß die Realisation einer Intention auch bei schwach ausgeprägter Zieltendenz möglich ist. Die Phase wird durch die Handlungsinitiierung abgeschlossen.

Damit beginnt die *Aktionsphase*, die durch den Wunsch der Zielerreichung gekennzeichnet ist. Dabei kann die Volitionsstärke entsprechend der Art und Größe von Hindernissen ansteigen. Nach der Theorie kann die mentale Zielrepräsentation auf verschiedenen Abstraktionsebenen verteilt sein und je nach aufgetretenen Schwierigkeiten bei der Handlungsausführung verschieden gewichtet werden.

Auf die aktionale Phase mit der Intentionsrealisierung schließt sich die Intentionsdesaktivierung und die *Handlungsbewertung* an. Sie liefert zusätzliche Information für zukünftige Planungen und weitere Durchläufe des 4-Phasenzyklus. Die Bewertung kann sich dabei zu einem neuen Problem ausweiten, wenn erst Bewertungskriterien gefunden werden müssen.

Die nichtformale verbale bzw. diagrammartige Formulierung des "Rubikonmodells" brachte es mit sich, daß unerwünschte Interpretationen auftauchten. Diese auszuräumen, formulierte GOLLWITZER (1990) einige Präzisionsversuche hinsichtlich der temporalen Abfolge der Phasen und der Hierarchie von Zielen.

So muß nicht jeder Handlungsinitiation die Abwägephase und die Formung einer Zielintention vorausgehen. Gründe hierfür sind die Aufnahme unterbrochener Handlungen oder die Verfolgung übergeordneter Ziele (z.B. "Lebensziele"). Auch kann die Planungsphase übersprungen werden. Sie ist nur wahrscheinlich, wenn die leichte Ausführung von Handlungen gefährdet ist. Auch die Überlappung von Phasen wird nicht ausgeschlossen: "Similarly, during the execution of goal-related actions, individuals may deliberate wishes, ready themselves for implementing other goals, or evaluate some terminated goal pursuit as long as executing the critical actions is largely automized" (GOLLWITZER, 1990,S.61). Um den Eindruck zu vermeiden, das "Rubikonmodell" kenne nur eine unstrukturierte Menge von Zielen oder Intentionen, erfolgt ein weiterer Präzisionsversuch hinsichtlich der möglichen Hierarchisierung von Zielen: "People frequently form goal intentions in the service of other (superordinate) goal intentions" (GOLLWITZER, 1990,S.61).

Insgesamt kommt GOLLWITZER (1990,S.62) zu der Wertung: "At the core of the Rubicon model of action phases is the assumption that the realm of goal-oriented behavior comprises various phenomena (deliberating, planning, acting, evaluation) that are ruled by different principles."

GOLLWITZER (1990) löst sich von der HECKHAUSEN'schen Motivations-Volitions-Dichotomie der Aktionsphasen und betont die Eigenständigkeit der vier Phasen: *Abwägen* (deliberating), *Planen* (planning), *Handeln* (acting) und *Bewerten* (evaluating) durch Zuordnung aktionsspezifischer Einstellungen (mind sets). So sind folgende Einstellungen charakteristisch für eine Aktionssequenz, die zur Bewertung des Erreichten führt:

1.   Einstellungen in der *Abwägephase* (Deliberative Mind-Sets):

    1.1   kognitive Feineinstellung (cognitive tuning) auf Informationen, die die Machbarkeit und Wünschbarkeit von Zielen betreffen

    1.2   Orientierung zur korrekten, unverfälschten und unparteiischen Verarbeitung solcher Information

    1.3   Erhöhte Bereitschaft, allgemein Informationen aufzunehmen (open-mindedness)

2.   Einstellungen in der *Planungsphase* (Implemental Mind-Sets):

    2.1   kognitive Feineinstellung auf Informationen, die den Zeitpunkt, die Länge, die Umstände und die Art der Handlung betreffen

    2.2   Bereitschaft zur Informationsabwehr; Konzentration nur auf Information, die der Zielrealisation dient

    2.3   Tendenz zur parteiischen und optimistischen Informationsauswertung hinsichtlich der Machbarkeit und Wünschbarkeit des ausgewählten Ziels

3. Einstellungen in der *Aktionsphase* (Actional Mind-Sets):

    3.1   kognitive Feineinstellung auf interne und externe Hinweise, die bei der Zielerfüllung hilfreich sein könnten

    3.2   Tendenz zur Abwehr (closed mindedness) von Informationen, die eine Neubewertung des angestrebten Ziels, des Plans oder eine Selbstbewertung in Gang setzen könnten

4. Einstellungen in der *Bewertungsphase* (Evaluative Mind-Sets)

    4.1   kognitive Feineinstellung gegenüber Informationen, die die Qualität des Erreichten und die Wünschbarkeit der Konsequenzen betreffen

    4.2   Orientierung zur korrekten, unverfälschten und unparteiischen Verarbeitung dieser Information

    4.3   Orientierung zum Vergleich zwischen Erreichtem und seiner Konsequenz mit dem Intendierten und seiner Konsequenz

Wir haben versucht die einzelnen Theorien zu einer einheitlichen *Wissenserwerbstheorie* zusammenzufassen. Diese Theorie erlaubt es, Stocksituationen zu klassifizieren und vorherzusagen. Entsprechend der Klassifikation lassen sich dann Hilfemöglichkeiten als Maßnahmen zuordnen. Da der Problemlöser sich ständig in seinem Wissenstand ändert, ist es grundsätzlich wichtig, den Wissenserwerbsprozess am Einzelfall zu modellieren und zu diagnostizieren.

4. Das IDL-SDL Problemlösemodell des Wissenserwerbs

Wir wählen als Acronym ISP-DL für Impasse-und Success-Problemsolving-Driven-Learning. Die für den Wissenserwerb relevanten Aspekte des ISP-DL sind in informeller Darstellung in der Form eines höheren hierarchischen *Petrinetzes* in den Figuren 1 - 4 dargestellt. Petrinetze dienen der Modellierung *verteilter* informationsverabeitender Prozesse. Die Semantik einfacher Netze ist u.a. in REISIG (1982) und die der höheren hierarchischen Netze in HUBER et al. (1990) präziser dargestellt. Wir wollen es bei einer natürlichsprachlichen Beschreibung bewenden lassen.

Das Wissenserwerbsmodell gliedert sich in vier Subaspekte (Seiten): *Problemlösen, Zielverarbeitung, operationale* und *nichtoperationale Zielverarbeitung.* Innerhalb einer Seite befindet sich ein Subnetz, das diesen speziellen Subprozess modelliert. Wir unterscheiden *Stellen* (Ellipsen) und *Transitionen* (Rechtecke). Die Transitionen modellieren Ereignisse bzw. Verarbeitungsschritte und die Stellen Zustände bzw. Datenbehälter.

Die *Stellen* können Marken tragen, die für mentale Objekte (z.B. Ziele, Gedächtnisspuren, Heuristiken) oder reale Objekte (z.B. eine Problemlösung oder ein Verhaltensprotokoll) stehen. Stellen können zusätzliche Bezeichner (tags) tragen: So bedeutet ein "B" in einem Quadrat, daß diese Seite über diese Border-Stelle betreten (IN) oder verlassen (OUT/EXIT) wird. Stellen mit dem Bezeichner "FG" gehören einer *globalen* Fusionsmenge an. Diese Stellen stehen in allen Seiten mit gleichem Inhalt zur Verfügung; d.h. sie modellieren Resourcen, Speicher etc., die *allen* Seiten zur Verfügung stehen.

Die Informationsverarbeitung wird durch das Schalten von Transitionen modelliert. Eine *Transition* kann schalten, wenn sie von allen Stellen im Vorbereich (d.h. Stellen, die durch einen Pfeil mit Spitze in Richtung Transition verbunden sind) ein *Token* (Ziel, Regel etc.) abzieht und allen Stellen im Nachbereich (d.h. Stellen, die durch einen Pfeil ausgehend von der Transition mit der Transition verbunden sind) ein Token zuliefert. Bei einem Doppelpfeil befindet sich die Stelle sowohl im Vor- als auch im Nachbereich der Transition.

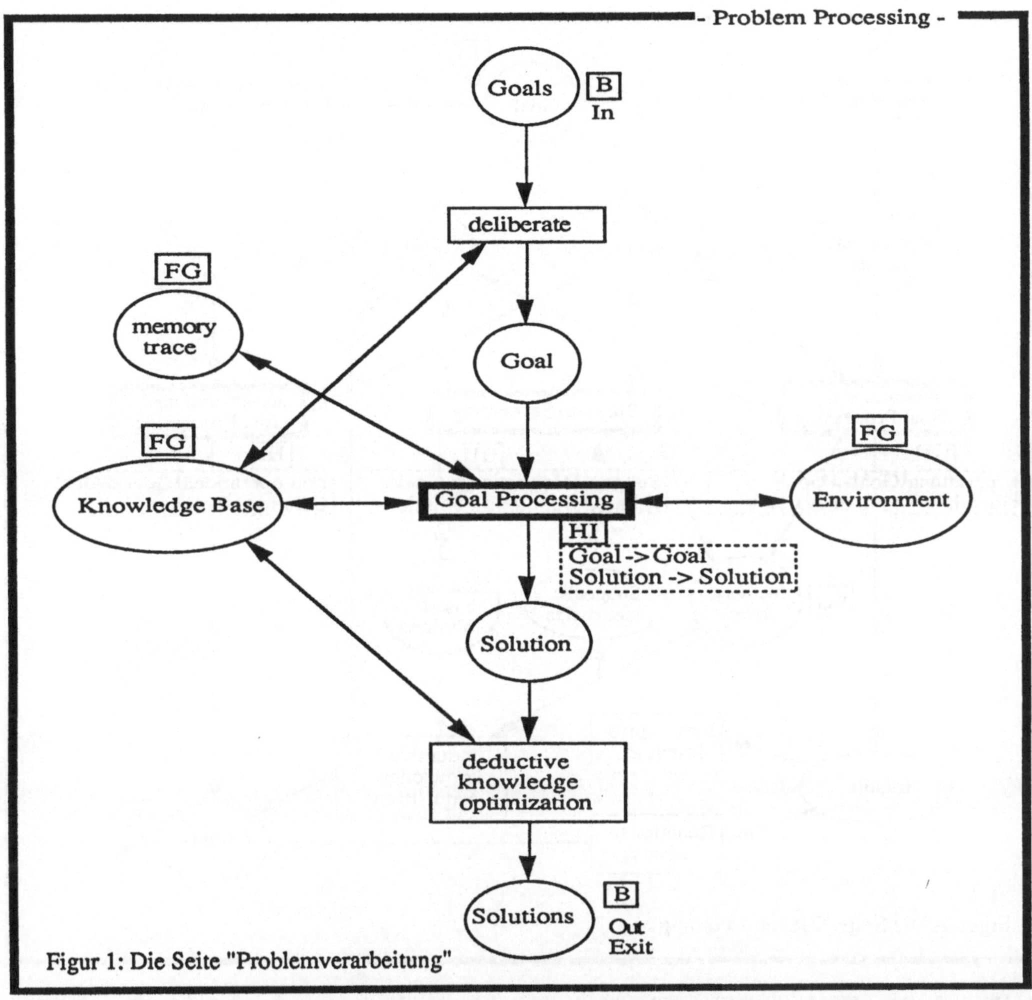

Figur 1: Die Seite "Problemverarbeitung"

Beginnen wir die Prozessbetrachtung mit der Hauptseite *"Problemverarbeitung"* (Figur 1). Zunächst wägt der Problemlöser (PL) zwischen den verschiedenen alternativen Zielen unter Einbeziehung seines Wissens ("Knowledge Base") ab. Diese "Deliberate"-Phase führt zur Auswahl eines bestimmten Ziels ("Goal"). Danach wird das Ziel bearbeitet ("Goal Processing"). Dieser Prozeß ist in der gleichnamigen Seite (Figur 2) verfeinert.

Die Transition "Zielverarbeitung" in der Seite "Problemverarbeitung" trägt den tag "HI" (hierarchical invocation transition). Damit wird der Fortgang des kognitiven Prozesses in einer neu erzeugten Instanz der Subseite "Zielverarbeitung" angezeigt. Zusätzlich wird durch die beiden Zuordnungen "Goal-> Goal" und "Solution->Solution" gefordert, daß der Inhalt der Stelle "Goal" in der Seite "Problem Processing" in der Stelle "Goal" der Subseite "Goal Processing" auftaucht. Entsprechend tauchen die Inhalte der Stelle "Solution" in der Subseite "Goal Processing" wieder in der Stelle "Solution" der Seite "Problem Processing" auf.

Kommt es zu einer Lösung, wird das eingesetzte Wissen *deduktiv* so optimiert (SDL), daß vergleichbare Probleme schneller gelöst werden können. Die Seite wird verlassen, wenn die Stellen "Goals", "Goal" und "Solutions" leer sind.

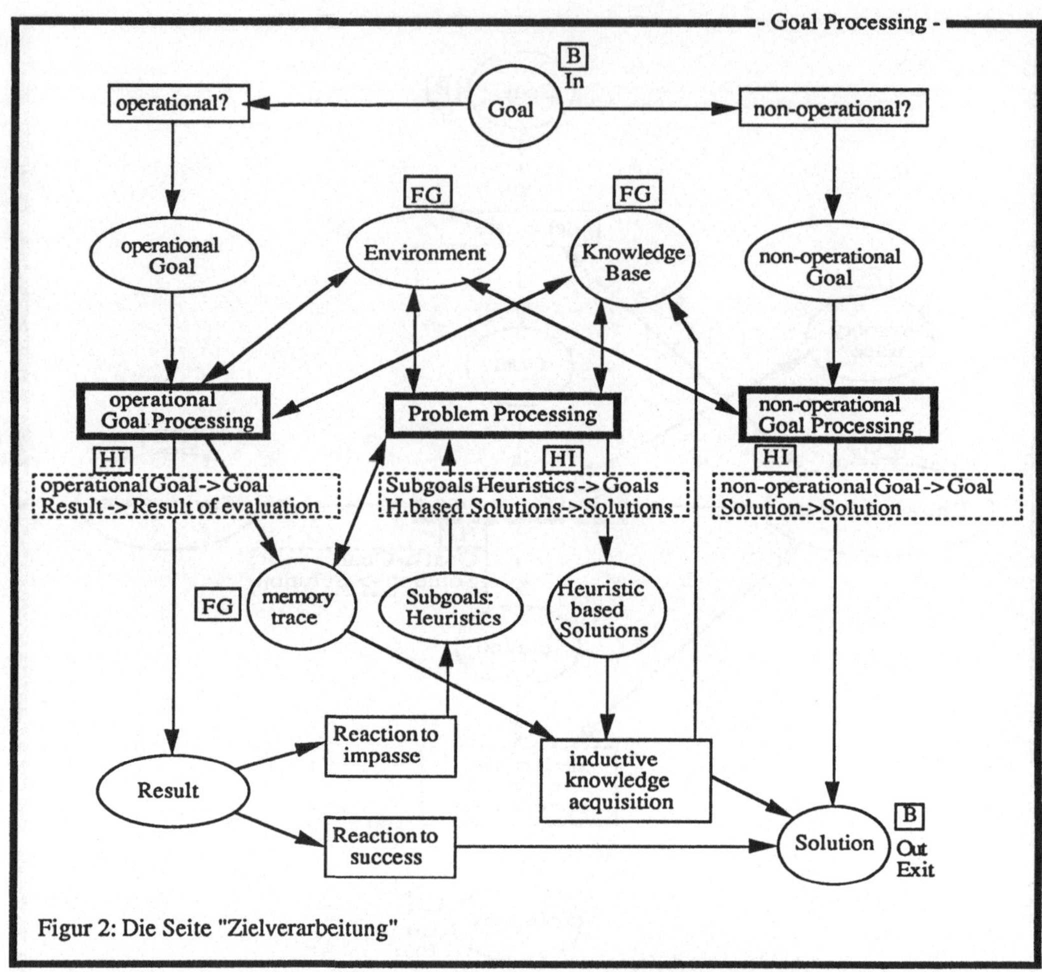

Figur 2: Die Seite "Zielverarbeitung"

Im Prozeß *"Goal Processing"* (Figur 2) prüft der PL, ob er Problemlöseoperatoren für das Ziel einsetzen kann (operational?) oder nicht (non-operational?). Wenn es als nichtoperational eingeschätzt wird, kann der Prozess nach der Beschreibung der Seite *"non-operational Goal Processing"* fortgeführt werden (Figur 3). Das Problem kann zerlegt und die Teillösungen können zu einer Gesamtlösung integriert werden.

Schätzt der PL das Problem dagegen als operational ein, wird der Prozess auf der Seite *"operational Goal Processing"* fortgeführt (Figur 4). Aus dem Ziel wird ein Lösungsplan synthetisiert. Darunter wollen wir eine partielle Sequenz oder Hierarchie von Problemlöseoperatoren oder Heuristiken verstehen, die vom PL in einer Art Probehandeln als lösungsrelevant angesehen wird. Der PL bevorzugt für die Lösung PL-Operatoren gegenüber Heuristiken. Bei der Anwendung von Heuristiken wird eine Gedächtnisspur angelegt. In jedem der zwei Alternativen wird aber ein Lösungsprotokoll erzeugt, das einer Bewertung unterzogen wird. Das Ergebnis der Bewertung erzeugt eine Stock- oder Erfolgssituation. Die Bewertung der Situation taucht in der Seite "Goal Processing" wieder in der Stelle "Result" auf.

Die Reaktion auf eine Erfolgssituation bewirkt die Beendigung von "Goal Processing". Interessant für den *induktiven* Wissenserwerb ist jedoch die modellhafte Reaktion auf eine Stocksituation.

In einer derartigen Situation werden ein oder mehrere Subziele erzeugt, schwache domänenunabhängige Heuristiken (z.B.: Ausprobieren, systematische Suche, um Rat fragen, in Lexika nachschlagen etc.) zur Problemlösung einzusetzen. Der entsprechende Problemlöseprozess liefert u.a. Gedächtnisspuren während des Einsatzes der Heuristiken und heuristikbasierte Lösungen. Anschließend wird der PL

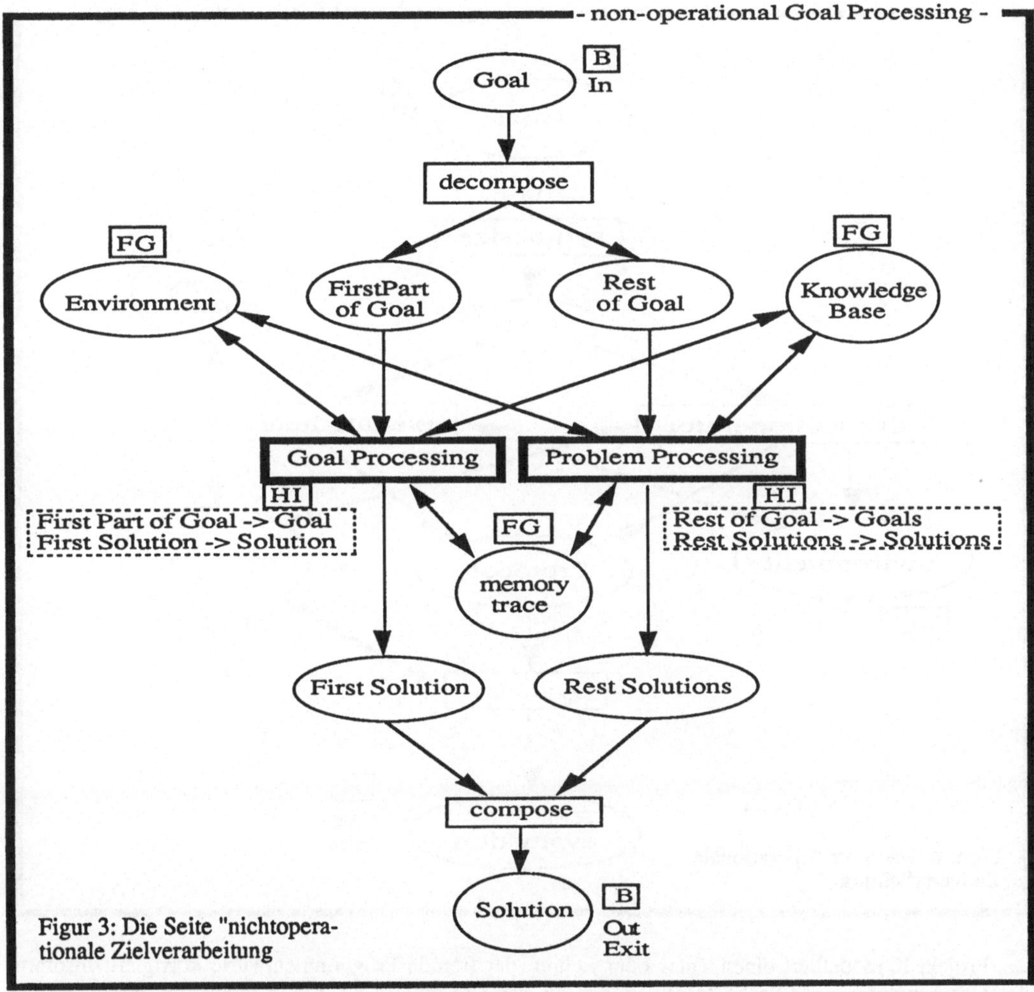

Figur 3: Die Seite "nichtoperationale Zielverarbeitung

aus dem Wissen um eine Lösung und der Gedächtnisspur der Heuristiken induktiv einen neuen PL-Operator generieren und in die Wissensbasis aufnehmen (IDL).

Es ist prinzipiell möglich, Stellen und Transitionen weiter zu verfeinern. Das scheint sinnvoll zu sein, weil bei jeder Transition Fehler und Stocksituationen auftreten können. Letzteres kann z.B. beim Abwägen passieren, wenn alternative Ziele als gleich schwer realisierbar erscheinen. Eine andere Möglichkeit für Stocksituationen bietet die Synthetisierung eines Plans. Es können z.B. die PL-Operatoren nicht zusammenpassen, so daß nur Planfragmente entstehen.

Für den gegenwärtigen Zweck genügt aber dieses einfachere Modell. Für uns bleibt zusammenfassend festzustellen: *Neues Wissen wird nur nach Stocksituationen und nach dem Einsatz von Heuristiken unter der Verwendung von Gedächtnisspuren erworben. Informationen sind nur dann Hilfen, wenn sie in derartigen Situationen wissensstandsangepaßt angeboten oder vom PL abgerufen werden.*

5. Bezüge zu den Workshopbeiträgen

Die Projekte von MÜLLER & WEBER (MW), KREMS (K), REIMANN & SCHULT (RS) sowie PITSCHKE, SCHRÖDER & MÖBUS (PSM) (in diesem Band) lassen sich aufteilen in zwei schon recht fortgeschrittene Implementationen (MW, K) und zwei neubegonnene Projekte (RS, PSM).

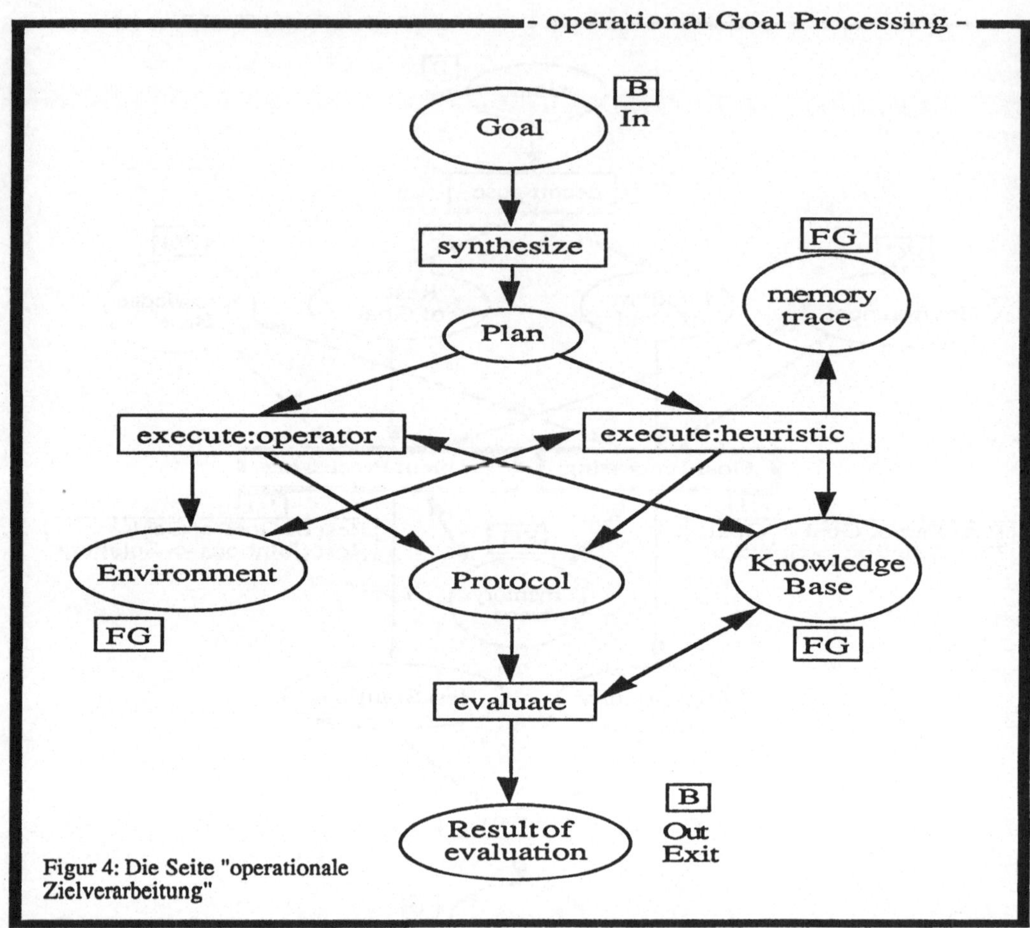

Figur 4: Die Seite "operationale Zielverarbeitung"

Das Projekt K modelliert einen Tutor oder Lehrer, der fremde Programmentwürfe korrigiert. Insofern bietet es benutzerunspezifische Informationen zu Planungsfehlern an. Offen bleibt, ob der PL selber schon eine Stocksituation realisiert hat oder ob das System ungefragt diagnostiziert. Bei MW kann ein PL in einer derartigen Situation gestufte Hilfen abrufen. Die Autoren haben die 4-stufige Hilfsinformation (Lokalisation, Fehlermodus, fehlervermeidende Pläne u. korrekte Lösung) im Hinblick auf die "Bewertungsphase" konzipiert. Der Verweis auf Fehlkonzepte, die durch Parsen fehlerhafter Entwürfe mit "Malrules" gefunden werden, weist dagegen eher auf die "Planungsphase". RS will mit AXE die "Deliberate"-Phase durch die Inferenz von Plänen und Zielen unterstützen. Das Retrieval relevanter Beispiele und Lösungen ist dagegen eine Maßnahme, die mehrere Phasen ("Deliberate","Suche nach schwachen Heuristiken nach Impasse") betrifft. Auch PSM will durch die Unterstützung des Hypothesentestens und der Zielinferenz das "Deliberate" stützen, während das "Planen" durch Modelchecking und Vorgabe von Designregeln profitieren soll. Aus räumlichen Gründen kann der Bezug hier leider nur skizzenhaft bleiben.

Literatur

ANDERSON, J.R., Production Systems, Learning, and Tutoring, 437-458, in: KLAHR,D., LANGLEY, P. & NECHES, R. (ed), Production System Models of Learning and Development, Cambridge, Mass.: MIT Press, 1987

ANDERSON, J.R., The Architecture of Cognition. Cambridge: Harvard University Press, 1983 a

ANDERSON, J.R., Acquisition of Proof Skills in Geometry, in: MICHALSKI, R.S., CARBONELL, J.G., MITCHELL, T.M., Machine Learning, Polo Alto: Tioga Press, 1983b, 191-219

ANDERSON, J.R., Knowledge Compilation: The General Learning Mechanism, in: MICHALSKI, R.S., CARBONELL, J.G., MITCHELL, T.M., Machine Learning, Vol. 2. Los Altos: Morgan Kaufman, 1986, 289-310

ANDERSON, J.R., A Theory of the Origins of Human Knowledge, Artificial Intelligence, 1989, 40, 313-351

ANDERSON, J.R., BOYLE, F., CORBETT, A.T. & LEWIS, M.W., Cognitive Modeling and Intelligent Tutoring, Artificial Intelligence, 1990, 42, 7-49

BAUER, J., Konzepte und Prototypen interaktiver Hilfesysteme, Inst. f. Informatik, Uni Stuttgart, 1988

BOY, G., Intelligent Assistant Systems, New York: Academic Press, 1991

BREUKER, J., DUURSMA, C., WINKELS, R. & SMITH, M., Knowledge Representation in EUROHELP: Modelling operation and understanding of computer applications for Help Systems, Progress Report of the ESPRIT Project EUROHELP, 1989

BROWN, J.S. & VanLEHN, K., Repair Theory: A Generative Theory of Bugs in Procedural Skills, Cognitive Science, 1980, 4, 379-426

CARBERRY, S., Plan Recognition in Natural Language Dialogue, MIT Press, 1991

CHENG, P.W.; CARBONELL, J.G.: The FERMI System: Inducing Iterative Macro-operators from Experience. AAAI-' 86 Proceedings, Los Altos: Morgan Kaufman, 1986, 490-495

DUNCKER, K., Zur Psychologie des produktiven Denkens, Berlin: Springer, 1963 (2. Aufl.)

ELIO, R., Representation of Similar Well-Learned Cognitive Procedures, Cognitive Science, 1986, 10, 41-73

ERNST, G.W. & NEWELL, A., GPS: A Case Study in Generality and Problem Solving, New York: Academic Press, 1969

HARTLEY, J.R. & PILKINGTON, R., Software Tools for Supporting Learning in Intelligent On-Line Help Systems, 39-65, in: P.ERCOLI & R.LEWIS (eds), Artificial Intelligence Tools in Education, Amsterdam: North Holland, 1988

HARTLEY, J.R. & SMITH, M.J., Question Answering and Explanation Giving in Online Help Systems, 338-360, in: J.SELF (ed), Artficial Intelligence and Human Learning: Intelligent Computer-Aided Instruction, London, 1988

HOUGHTON, R.C., Online Help Systems: A Conspectus, Commun. of the ACM, 1984, 27, 126-133

HUBER, P., JENSEN, K. & SHAPIRO, R.M., Hierarchies in Coloured Petri Nets, in: G. ROZENBERG (ed), Advances in Petri Nets, Lecture Notes of Computer Science, Heidelberg: Springer, 1990

IBA, G.A.: A Heuristic Approach to the Discovery of Macrooperators, Machine Learning, 1989, 3, 285-317

KASS, R. & FININ, T., The Role of User Models in Cooperative Interactive Systems, International Journal of Intelligent Systems, 1989, 4, 81-112

KEARSLEY, G., Online Help Systems, Norwood, N.J.: Ablex Publ.Corp., 1988

LAIRD, J.E., ROSENBLOOM, P.S & NEWELL, A., SOAR: An Architecture for General Intelligence, Artificial Intelligence, 1987, 33, 1-64

LEWIS, C., Composition of Productions. In: KLAHR, D., LANGLEY, P., NECHES, R. (eds), Production System Models of Learning and Development. Cambridge: MIT Press,1987, 329-358

MÖBUS, C., Toward the Design of Adaptive Instructions and Helps for Knowledge Communication with the Problem Solving Monitor ABSYNT, in: MARIK, V., STEPANKOVA, O. & ZDRAHAL, Z. (eds): Artificial Intelligence in Higher Education, Lecture Notes in Computer Science No.451 (subseries LNAI), Berlin: Springer 1990, 138-145

MÖBUS, C., The Relevance of Computational Models of Knowledge Acquisition for the Design of Helps in the Problem Solving Monitor ABSYNT, in: LEWIS, R. & SETSUKO, O. (eds), Advanced Research on Computers in Education (ARCE '90), Proceedings, Amsterdam: North-Holland, 1991, 137-144

MÖBUS, C., SCHRÖDER, O. & THOLE, H.J., Runtime Modelling the Novice-Expert Shift in Programming Skills on A Rule-Schema-Case Continuum, ABSYNT-Report 12/91, paper accepted for presentation in the workshop on "Intelligent Agent Modelling" at the 12th International Joint Conference on Artificial Intelligence (IJCAI '91), Darling Harbour, Sydney, Australia

MÖBUS, C. & THOLE, H.J., Tutors, Instructions and Helps, in: CHRISTALLER, Th. (ed): Künstliche Intelligenz KIFS 1987, Informatik-Fachberichte 202, Heidelberg, Springer 1989, 336-385

NEVES, D.M., ANDERSON, J.R., Knowledge Compilation: Mechanisms for the Automatization of Cognitive Skills. In: ANDERSON, J.R. (ed), Cognitive Skills and their Acquisition, Hillsdale: Erlbaum, 1981, 57-84

REISIG, W., Petrinetze - eine Einführung, Heidelberg: Springer, 1982

RETZ-SCHMIDT, G., Recognizing Intentions, Plan Interactions, and Plan Failures, User Modeling and User-Adapte Interaction, (in press)

ROSENBLOOM, P.; NEWELL, A., The Chunking of Goal Hierarchies: A Generalized Model of Practice, in: MICHALSKI, R.S., CARBONELL, J.G., MITCHELL, T.M., Machine Learning, Vol. 2. Los Altos: Morgan Kaufman, 1986, 247-288

ROSENBLOOM, P.; NEWELL, A., Learning by Chunking: A Production System Model of Practice, in: KLAHR, D.; LANGLEY, P.; NECHES, R. (eds): Production System Models of Learning and Development. Cambridge: MIT Press, 1987, 221-286

SCHRÖDER, O., A Model of the Acquisition of Rule Knowledge with Visual Help: The Operational Knowledge for a Functional, Visual Programming Language, in: NORRIE, D.H., SIX, H.W. (eds), Computer-Assisted Learning, ICCAL-'90, Lecture Notes in Computer Science, Vol.438, Heidelberg: Springer 1990, 142-157

SCHRÖDER, O., Erwerb von Regelwissen mit visuellen Hilfen: Das Semantikwissen für eine graphische funktionale Programmiersprache, Dissertation, FB 5 "Philosophie, Psychologie, Sportwissenschaft", Universität Oldenburg, Verlag P. Lang (im Druck)

VanLEHN, K., Toward a Theory of Impasse-Driven Learning, 20 - 41, in: H.MANDL & A.LESGOLD (ed), Learning Issues for Intelligent Tutoring Systems, New York: Springer, 1988

VanLEHN, K., Mind Bugs: The Origins of Procedural Misconceptions, Cambridge: MIT Press, 1990

VanLEHN, K., Two pseudo-students: Applications of machine learning to formative evaluation, in: R. LEWIS, S. OTSUKI (eds), Advanced Research on Computers in Education, Elsevier, IFIP, 1991a, 17-25

VanLEHN, K., Rule Acquisition Events in the Discovery of Problem-Solving Strategies, Cognitive Science, 1991b, 15, 1-47

WAHLSTER, W., BIUNDO, S. & HECKING, M., PHI: Plan-based Help Systems, Project Description, Deutsches Zentrum für künstliche Intelligenz, Saarbrücken, Oktober, 1989

WINKELS, R., BREUKER, J. & SANDBERG, J., Didactic Discourse in Intelligent Helps Systems, Proceedings of Intelligent Tutoring Systems, ITS-88, Montreal, 279-285

WINKELS, R., & SANDBERG, J., The EUROHELP Coach: A Progress Report, ESPRIT Project P280 "EUROHELP", 1987

WOLFF, J.G., Cognitive Development as Optimisation, in: BOLC, L. (ed), Computational Models of Learning, Berlin: Springer, 1987, 161-205

WOODROFFE, M.R., Plan Recognition and Intelligent Tutoring Systems, in: SELF, J.(ed), Artificial Intelligence and Human Learning: Intelligent Computer-Aided Instruction, London, 1988, 212-225

Anschrift des Autors:

Prof. Dr. Claus Möbus

Universität Oldenburg, Fachbereich Informatik, Abteilung Lehr- / Lernsysteme

Postfach 2503 - D-2900 Oldenburg

E-mail: Claus.Moebus@arbi.informatik.uni-oldenburg.de

Entwurf eines Hilfesystems für Petrinetzmodellierer

Knut Pitschke, Olaf Schröder, Claus Möbus

Zusammenfassung

Es wird die Konzeption eines Hilfesystems vorgestellt, das Personen bei der Modellierung mit Petrinetzen auf verschiedenen Entwurfsebenen mit wissensstandsbezogenen Hilfen unterstützen soll. Das Hilfesystem soll Benutzern mit unterschiedlichem Erfahrungshintergrund zu jedem Zeitpunkt optimale, dem aktuellen Wissensstand des jeweiligen Benutzers angepaßte Hilfen zur Verfügung stellen. Unerfahrenen Benutzern soll es möglich sein, sich durch die Interaktion mit dem System in die Modellierung mit Petrinetzen einzuarbeiten und das hierfür erforderliche Wissen schrittweise zu erwerben und zu optimieren.

Der Wissenserwerbsprozeß soll in *zwei Phasen* erfolgen. Zum einen soll es den Benutzern möglich sein, durch *"freies", ungeleitetes Problemlösen* eigenständige Lösungsentwürfe zu vorgegebenen Aufgaben zu entwickeln und sich dabei von dem System individualisierte Lösungshilfen geben zu lassen. Dabei werden die Lösungsentwürfe des Benutzers mit Transformationsregeln untersucht. Nicht erkennbare Entwürfe werden mit einer Verifikationskomponente überprüft, und es werden ggf. neue Transformationsregeln abgeleitet. Zum anderen soll die Möglichkeit zu *regelgeleitetem, durch adaptive Transformationshilfen unterstütztem Problemlösen* bestehen. Die Transformationshilfen sind visuelle Repräsentationen der Transformationsregeln.

Die Generierung wissensstandsbezogener Lösungs- und Transformationshilfen setzt wissensstandsbezogene Transformationsregeln und somit detaillierte Annahmen über das aktuelle Wissen des Benutzers *(Benutzermodell)* voraus. Grundlage für diese Annahmen ist die über den Benutzer rechnerseitig erfaßbare Information und ihre Interpretation mit Hilfe differenzierter Hypothesen zum Wissenserwerbsprozeß. Solche Hypothesen werden auf Basis der IDL-SDL-Theorie ("impasse-driven learning - success-driven learning") sowie empirischer Einzeluntersuchungen gewonnen, bzw. in Vorarbeiten gewonnene Hypothesen werden weiterentwickelt. Vorarbeiten zur Analyse von Lösungsentwürfen, zur Generierung von Hilfen und zur Modellierung hilfegeleiteter Wissenserwerbsprozesse wurden in unserem DFG-Projekt ABSYNT für die Domäne des funktionalen Programmierens durchgeführt.

Konzeption des Hilfesystems

Das geplante Hilfesystem soll für den Benutzer wissensstandsangepaßte Informationen als Hilfen bereitstellen, ohne daß der Benutzer in seiner Freiheit, explorativ vorzugehen oder originelle Lösungsideen zu verwirklichen, zu stark eingeschränkt wird. Die Entwicklung wissensstandsangepaßter Hilfen setzt detaillierte Hypothesen über den jeweils aktuellen Wissensstand des Benutzers voraus. Diese müssen aus den Systemein-/ausgaben, also dem Mensch-Maschine-Dialog, abgeleitet werden. Theoretische Grundlage für die Entwicklung solcher Hypothesen ist die IDL-SDL-Theorie. Danach wird der Wissenserwerbsprozeß als Wechselspiel zweier Teilprozesse aufgefaßt: *impasse-driven learning (IDL)* [van Lehn, 1988; 1990] und *success-driven learning (SDL)* [Rosenbloom & Newell, 1987; Wolff, 1987]. Demnach ist der Lernende bevorzugt in Impasse- oder Stocksituationen zur Informationsaufnahme oder zu aktiver Informationssuche bereit. Als Ergebnis wird neues Wissen erworben und die Stocksituation überwunden (IDL). Wird dagegen bereits erworbenes Wissen erfolgreich genutzt, so wird es [im Sinne von Anderson, 1986; Lewis, 1987] optimiert (SDL). Mit Hilfe der IDL-SDL-Theorie können Informationen über die Tätigkeiten des Benutzers wie die Abfolge von Lösungsschritten oder das Aufsuchen von Hilfen als Grundlage für die Bildung von Hypothesen über erworbenes sowie optimiertes Wissen dienen.

Im Gegenstandsbereich "Modellierung mit Petrinetzen" besteht das vom Benutzer zu erwerbende *Planungswissen* aus *Transformationswissen* (Wissen zur Überführung einer deklarativen Aufgabenstellung in Konstrukte der Zielsprache, hier Netzteile) und *Kontrollwissen* (Heuristiken zur Auswahl bei verschiedenen Transformationsmöglichkeiten). Der hilfegeleitete Erwerb von Transformations- und Kontrollwissen soll gesteuert durch das Hilfesystem in zwei Phasen verlaufen. In der *ersten Phase* entwickelt der Benutzer ungeleitet "freie" Netzentwürfe zu vorgegebenen, einfachen Aufgaben. Der Benutzer kann die Entwürfe oder Ausschnitte davon vom System untersuchen lassen, indem er Prüfhypothesen über die Korrektheit dieser Ausschnitte formuliert. Der Benutzer erhält dann ggf. wissensstandsbezogene Lösungshilfen. In dieser Phase wird der Lernende mit den Netzkonstrukten vertraut gemacht und erwirbt implizit Transformationswissen. Das System entwickelt hierbei bereits Hypothesen über dieses vom Benutzer erworbene und verwendete Wissen. In der *zweiten Phase* erhält der Problemlöser Hilfen zur schrittweisen Transformation der gestellten Aufgabe in ein Netz. Durch dieses regelgeleitete Problemlösen können die Hypothesen über das Transformationswissen des Benutzers überprüft werden. Der Lernende erwirbt in dieser Phase explizit Transformationswissen und implizit Kontrollwissen.

Das Hilfesystem soll für die Unterstützung den beiden Problemlösephase aus folgenden Komponenten bestehen:
- einem *Expertenmodell*, das aus Transformationsregeln besteht und einen möglichst großen Lösungsraum aufspannt.
- einem *Benutzermodell* zur Repräsentation des jeweils aktuellen Wissensstands des Benutzers. Seine Bestandteile können sein: eine Teilmenge des Expertenmodells, fehlerhafte Transformationsregeln (Malrules), optimierte Regeln (Komposita) und Kontrollwissen. Das Benutzermodell wird anhand der Transformationsschritte des Benutzers kontinuierlich aktualisiert. Es dient der effizienten Diagnose von Lösungsentwürfen und der Generierung wissensstandsadäquater Hilfen.
- einer *Verifikationskomponente*, mit der Netzentwürfe im Hinblick auf die vorliegende Aufgabenstellung überprüft werden können.
- einem *Editor*, in dem Aufgaben präsentiert, Netze sowie Zwischenrepräsentationen konstruiert werden, und in dem Prüfhypothesen formuliert werden können.
- einer *Rückmeldungs-* und *Hilfekomponente* zur Präsentation der Systemantworten (wissensstandsangepaßte Lösungshilfen) nach Prüfhypothesen.
- einer Bibliothek wissensstandsangepaßter *Transformationshilfen.*

Diese Komponenten arbeiten wie folgt zusammen: In der ersten Phase entwickelt der Benutzer mit dem Netzeditor Lösungsentwürfe für die vorgelegten Aufgaben. Der Lernende kann die Entwürfe oder Teile davon vom System untersuchen lassen. Dazu übergibt er den gewünschten Entwurfsausschnitt dem System als Prüfhypothese. Dieser Entwurfsausschnitt wird dann mit den Transformationsregeln des Benutzermodells untersucht (vgl. [Möbus, Schröder, Thole, 1991] für die Domäne funktionalen Programmierens). Wenn nötig, werden zusätzlich Regeln des Expertenmodells zur Analyse herangezogen. Kann der Entwurfsausschnitt mit diesen Regeln erkannt werden, so gibt es zwei Möglichkeiten: Enthält die zum Parsen benutzte Regelmenge eine Malrule, so ist der Entwurf als inkorrekt erkannt. Anderenfalls ist er korrekt.

Nun kann der Benutzer Lösungshilfen in Form von Vervollständigungsvorschlägen und ggf. Korrekturvorschlägen von dem System anfordern. Diese Hilfen sind insoweit wissensstandsbezogen, als sie auf dem Benutzermodell beruhen, d.h. das Benutzermodell wählt aus verschiedenen Möglichkeiten der Vervollständigung eines Entwurfs eine geeignete aus. Außerdem wird das Benutzermodell aktualisiert: Die für die Analyse des Entwurfs benutzten Expertenmodell-Regeln werden in das Benutzermodell aufgenommen, und die benutzten Regeln des Benutzermodells werden durch Komposition optimiert. Diese Komposita befähigen das System einerseits, zukünftige, ähnliche Benutzerlösungen schneller zu erkennen, andererseits repräsentieren sie den Lernfortschritt des Benutzers.

Kann der Entwurfsausschnitt dagegen nicht erkannt werden, so kann er mit der Verifikationskomponente (z.B. dem Model checking Algorithmus, [Josko 1990; Damm, Döhmen, Gerstner, Josko, 1990]) weiter überprüft werden, wenn der Benutzer für seinen Entwurfsausschnitt ein Teilziel im Sinne der Aufgabenstellung angibt. Ausgangspunkte für die Verifikationskomponente ist eine geeignete, z.B. temporallogische Aufgabenspezifikation (s.u.) .

Wird der Entwurfsausschnitt von der Verifikationskomponente als korrekt erkannt, so wird er als neues Kompositum dem Benutzermodell und dem Expertenmodell hinzugefügt. Im negativen Fall wird der Entwurfsausschnitt als neue Malrule [Sleeman, 1984] in das Benutzermodell aufgenommen. Die Malrules sollen neben der Unterstützung der Fehlererklärung das System befähigen, ähnliche Fehler künftig schneller zu erkennen.

In der zweiten Wissenserwerbsphase transformiert der Problemlöser unter Anleitung der Transformationshilfen die vom System geeignet präsentierten Aufgaben schrittweise in Netze. Die Transformationshilfen sind visuelle Repräsentationen der Transformationsregeln (inklusive Komposita) des Benutzermodells. Die konkreten, vom Schüler getroffenen Auswahlentscheidungen von Transformationshilfen gehen in das Benutzermodell ein. Die Transformationsentscheidungen geben Hinweise auf das Kontrollwissen. So lassen sich Präferenzen des Benutzers herausarbeiten (z.B. Präferenz der allgemeinsten, der speziellsten oder grundsätzlich der ersten angebotenen Regel).

Auf zwei Aspekte des beschriebenen Prozesses soll nun näher eingegangen werden:

- Die Entwicklung deklarativer Aufgabenbeschreibungen als Aufgabenstellungen für Benutzer sowie als Ausgangspunkt für die Ableitung von Lösungsentwürfen durch Transformationsregeln

- Die Entwicklung von Transformationsregeln (Expertenmodell) zur Diagnose von Lösungsentwürfen.

Entwicklung von Aufgabenbeschreibungen. Der erste Schritt in Richtung auf die Lösung eines beliebigen Problems besteht in seiner Formulierung. Wurde in ABSYNT die Aufgabenstellung noch in Form algebraischer Formeln präsentiert, so gestaltet sich die Formulierung der "typischen Petrinetzaufgabe" erheblich komplizierter. Dafür gibt es mehrere Gründe:

• In der bekannten Petrinetzliteratur [z.B. Baumgarten 1990; Peterson 1981; Reisig 1986] werden Netzbeispiele nicht als Lösungen vorgegebener Aufgaben präsentiert. Die Aufgabenstellung per se wird meist mit einem Satz wie z.B.: "Modellierung der Abläufe in einer typischen Bibliothek" beschrieben. Das Aussehen einer typischen Bibliothek bleibt in diesem Fall der Phantasie des Modellierers überlassen, während bei der praktischen Anwendung von Petrinetzen der Modellierer die internen Zusammenhänge durch Beobachtung und / oder Befragung am realen System erst erkennen muß.

• Für die verwendeten Beispielaufgaben muß das entsprechende reale System möglichst präzise, umfassend und detailliert, aber auch allgemeinverständlich beschrieben werden. Der Allgemeinverständlichkeit kann dabei nur durch eine umgangssprachliche Formulierung Rechnung getragen werden. Diese ist allerdings nicht präzise genug. Deswegen werden die zu modellierenden Abläufe und Zusammenhänge auch durch temporallogische Formeln beschrieben ([Kröger 1987] und [Josko 1990]). Diese Formeln werden von der Verifikationskomponente benötigt.

Folgendes Beispiel soll die verschiedenen Beschreibungsformalismen vorstellen: Es soll ein typischer Restaurantbetrieb modelliert werden.

"Normalerweise schläft der Wirt. Wird er, z.B. durch einen Gast, geweckt, ist er bereit, Aufträge entgegenzunehmen. Danach gibt er die Bestellung in die Küche und legt sich wieder aufs Ohr. In der Küche werden die Speisen zubereitet. Ist das Essen fertig, wird der Wirt geweckt. Er ist nun bereit, die Speisen zu servieren. Nach getaner Arbeit hält er sein wohlverdientes Nickerchen."

Es bedeuten:
Ws : Wirt schläft
WbA : Wirt ist bereit zur Auftragsannahme
WbS : Wirt ist bereit zum Servieren
K : Küche hat Auftrag erhalten
Z : Die Speisen werden zubereitet
E : Das Essen ist fertig

Die Aufgabenbeschreibung sieht dann folgendermaßen aus:

$$\neg(Ws \wedge WbA)$$
$$\neg(Ws \wedge WbS)$$
$$\neg(WbA \wedge WbS)$$
$$Ws \vee WbA \vee WbS$$

$$WbA \rightarrow \Diamond (Ws \wedge K)$$
$$K \rightarrow \Diamond Z$$
$$Z \rightarrow \Diamond E$$
$$E \wedge Ws \rightarrow \Diamond WbS$$
$$WbS \rightarrow \Diamond Ws$$
$$Ws \rightarrow \Diamond WbA$$

(Es bedeuten: $\neg$ Negation; $\wedge$ Konjunktion; v Disjunktion; $\rightarrow$ Implikation; $\leftrightarrow$ Äquivalenz; $\Diamond$ X: "Es gibt einen zukünftigen Zeitpunkt, zu dem X gilt")

Entwicklung von Transformationsregeln. Ausgangspunkt hierzu ist die in unserem Projekt ABSYNT entwickelte Diagnosekomponente, die für vorgegebene Aufgabenstellungen funktionale Programmentwürfe erkennt und generiert [Möbus, Thole, 1990; Möbus, 1991]. Sie basiert auf einer Ziel-Mittel-Relation (ZMR), die einen UND-ODER-Baum definiert. Sie läßt sich, wie [Hölldobler, Schneeberger, 1990] gezeigt haben, auch zur Lösung allgemeiner Planungsprobleme verwenden. Durch die ZMR wird das Aufgabenziel in Subziele (UND-Knoten) zerlegt, die Subziele werden weiter ausdifferenziert bis auf die Ebene der funktionalen Sprachkonstrukte. Zu jeder Zieldifferenzierung bzw. -realisierung gibt es viele verschiedene Alternativen (ODER-Knoten). Für 22 ABSYNT-Programmieraufgaben können selbst bei einer auf sechs beschränkten Programmbaumhöhe mehrere Millionen Lösungen erkannt oder generiert werden. Mit Hilfe der ZMR können Lösungen generiert *(Synthese)*, Entwürfe erkannt *(Analyse)* und Teilentwürfe vervollständigt *(Hypothesentest)* werden. Diese drei Leistungen sollen auch im Hilfesystem für Petrinetzmodellierer realisiert werden. Wir haben dazu alternativ zwei Möglichkeiten untersucht:

(a) Die Entwicklung einer ZMR für verschiedene Petrinetz-Beispiele, z.B. aus [Reisig, 1986; Baumgarten, 1990].

(b) Die Prüfung der Eignung logischer Grammatiken und hier speziell der Definiten Klauselgrammatik (DCG) von [Pereira, Warren, 1980] zur Analyse von Petrinetzen. Es konnte gezeigt werden, daß das Hypothesenprüfen als Constraint Satisfaction Problem (CSP) unter Verwendung des DCG-Ansatzes formulierbar ist. Damit können mit der DCG Netze erkannt, generiert und Teilnetze vervollständigt werden. Ein ähnlicher Ansatz wurde unabhängig davon jüngst in [Tanaka, 1991] publiziert.

Wie sich ferner zeigte, lassen sich beide Ansätze (a) und (b) ineinander überführen. Für das geplante Hilfesystem wollen wir diese Ansätze jedoch verallgemeinern und die bisherigen Ziele der ZMR bzw. die Nichtterminale der DCG durch temporallogische Beschreibungen im oben dargestellten Sinne ersetzen. Damit können aufgabenübergreifende Transformationsregeln entwickelt werden, mit denen die als temporallogische Formeln präsentierten Aufgaben - ggf. über Zwischenrepräsentationen - in Lösungsentwürfe transformiert werden können [Olderog, 1989; Partsch, 1990].

Ausblick

Es sollen vier weitere Aspekte des geplanten Hilfesystems angesprochen werden:
* Die Möglichkeit zur Bearbeitung "offener" Planungsprobleme

- Die Modellierung von Wissenserwerbsprozessen
- Evaluationsstudien
- Die Erweiterung um eine Optimierungskomponente

Offene Planungsprobleme. Neben "freiem" und regelgeleitetem Problemlösen ist auch die Bearbeitung *"offener"*, selbst gestellter bzw. nicht oder nur unvollständig spezifizierter Planungsprobleme vorgesehen. Bei der Modellierung natürlicher Systeme (Organisationen, Produktionsabläufe, Bürokommunikation etc.) dürften fast immer *"offene" Planungsprobleme* vorliegen. Diese können z.B. in Form einer fiktiven oder empirischen Zeitreihe von Beobachtungsdaten, sowie ggf. Kriterien für das zu entwerfende Netz zur Reproduktion dieser Zeitreihe vorliegen. Von Seiten des Benutzers ist hier primär heuristisches Kontrollwissen zur Steuerung der Transformationsschritte gefordert.

Modellierung von Wissenserwerbsprozessen. Das Benutzermodell ist als integrierter Bestandteil des Hilfesystems konzipiert. Es dient der online-Diagnose von Wissenstrukturen und der Generierung von Hilfen, wobei Restriktionen wie Antwortzeiten des Systems beachtet werden müssen. Das Benutzermodell soll daher durch ein Wissenserwerbsmodell ergänzt werden, das nicht nur die Wissensstrukturen des Benutzers zu verschiedenen Zeitpunkten repräsentiert, sondern darüber hinaus die möglichen *Gründe* für die *Veränderung* dieser Wissensstrukturen. Das Wissenserwerbsmodell sollte eine Obermenge der Vorhersagen des Benutzermodells vorhersagen. Wird z.B. das Benutzermodell durch Expertenmodell-Regeln erweitert, so sollte das Wissenserwerbsmodell nicht nur dieselben Wissensstrukturen wie das Benutzermodell, sondern zusätzlich für diese Problemlöse-Episoden entsprechende Impasses im Sinne des IDL vorhersagen. Das Wissenserwerbsmodell soll u.a. vorhersagen, in welchen Problemlösesituationen der Lernende auf welche Hilfen zugreift. Im Zusammenhang mit IDL sind auch emotionale Komponenten zu berücksichtigen, wie die Entstehung von Ärger, Streß oder Befriedigung und ihre Rückwirkung auf den Planungsprozeß [z.B. Spies, Hesse, 1986]. Vorläufer solcher Wissenserwerbsmodelle wurden bereits im Projekt ABSYNT entwickelt [Schröder, Kohnert 1989/90].

Evaluation des Hilfesystems: Wir wollen das Hilfesystem unter zwei Gesichtspunkten empirisch evaluieren:
1. Sind *Petrinetze* geeignete Planungswerkzeuge für Modellierer offener Planungsprobleme? Wieweit werden sie von den Benutzern akzeptiert? Für welche Einsatzbereiche? Fällt es Novizen leicht, sich einzuarbeiten? Gibt es diesbezüglich Unterschiede beim freien vs. regelgeleiteten Problemlösen? Diese Fragen sollen entweder durch den Einsatz des Hilfesystems im Feld oder durch einen experimentellen Vergleich mit anderen Planungswerkzeugen (z.B. SADT, SIMSCRIPT/SIMFACTORY, ...) untersucht werden.

2. Welche Bedeutung haben *adaptive, wissensstandsbezogene* vs. *nichtadaptive* Hilfen in Bezug auf Lernfortschritt und Akzeptanz durch den Benutzer? Auch hier wollen wir detaillierte Vorhersagen machen: Werden z.B. die Hilfen, die mit dem aktuellen Wissensstand übereinstimmen, häufiger benutzt als andere? Werden die Hilfen benutzt, die mit der aktuellen Kontrollstrategie übereinstimmen? Bewirken nichtadaptive Hilfen einen Strategienwechsel, wie z.B. vermehrte Analogienutzung?

Optimierungskomponente: Bei der Optimierungskomponente wird daran gedacht, den Benutzer zu *zielgerichteterem, effizienterem Problemlösen* anzuleiten. Dabei wird nach einer korrekten, regelgeleitet ausgeführten Problemlösung der Weg des Benutzers über die gewählten Zwischenzustände zum Ziel untersucht. Gibt es eine Regel, die mehrere Zwischenzustände überspringt, wird dem Schüler diese Regel zusammen mit der von ihm gewählten, bedeutungsgleichen Sequenz vorgestellt. Er kann dann entscheiden, ob diese "Abkürzung" für ihn erstrebenswerte Vorteile bringt und er sein Problemlöseverhalten in diesem Punkt in Zukunft verändern wird.

Literatur:

Anderson, J.R., Knowledge Compilation: The General Learning Mechanism. In: Michalski, R.S., Carbonell, J.G., Mitchell, T.M., Machine Learning, Vol. II, Los Altos: Morgan Kaufman, 1986, 289-310

Baumgarten, B., Petri-Netze - Grundlagen und Anwendungen. BI Wissenschaftsverlag, 1990

Damm, W., Döhmen, G., Gerstner, V., Josko, B., Modular Verification of Petri Nets. The Temporal Logic Approach. In de Bakker, J.W., de Roever, W.P., Rozenberg (eds), Proceedings REX-Workshop on Stepwise Refinement of Distributed Systems: Models, Formalisms, Correctness. Springer: Lecture Notes in Computer Science 430, 1990

Hölldobler, S., Schneeberger, J., A New Deductive Approach to Planning. New Generation Computing, 8, 1990, 225-244

Josko, B., Verifying the Correctness of AADL Modules using Model Checking. In: de Bakker, J.W., de Roever, W.P., Rozenberg (eds), Proceedings REX-Workshop on Stepwise Refinement of Distributed Systems: Models, Formalisms, Correctness. Springer: Lecture Notes in Computer Science 430, 1990, 387-400

Kröger, F., Temporal Logic of Programs, Berlin: Springer, 1987

Lewis, C., Composition of Productions. In: Klahr, D., Langley, P., Neches, R. (eds), Production System Models of Learning and Development. Cambridge: MIT Press, 1987, 329-358

Möbus. C., The Relevance of Computational Models of Knowledge Acquisition for the Design of Helps in the Problem Solving Monitor ABSYNT. In: Lewis, R, Otsuki, S. (eds), Advanced Research on Computers in Education. Elsevier North Holland, 1991, 137-144

Möbus, C., Schröder, O., Thole, H.-J., Runtime Modelling the Novice-Expert Shift in Programming Skills on a Rule-Schema-Case-Continuum, paper to be presented at the Workshop W.4 "Modelling for Intelligent Interaction", 12th International Joint Conference on Artificial Intelligence, IJCAI-91, Darling Harbour, Sydney, Australia, August 24-25, 1991

Möbus, C., Thole, H.-J., Interactive Support for Planning Visual Programs in the Problem Solving Monitor ABSYNT: Giving Feedback to User Hypotheses on the Language Level. In: Norrie, D.H., Six, H.W., Computer Assisted Learning. Proceedings of the 3rd Int. Conf. on Computer Assisted Learning ICCAL, 1990, 36-49

Olderog, E.-R., Nets, Terms, and Formulas: Three Views of Concurrent Processes and Their Relationship. Universität Oldenburg, FB Informatik, 1989

Partsch, H.A., Specification and Transformation of Programs: A Formal Approach to Software Development. Berlin, Springer 1990

Pereira, F.C.N., Warren, D.H.D., Definite Clause Grammars for Language Analysis - A Survey of the Formalism and a Comparison with Transition Networks. Artificial Intelligence, 13, 1980, 231-278

Peterson, J.L., Petri Net Theory and the Modeling of Systems, Englewood Cliffs: Prentice Hall, 1981

Reisig, W., Petrinetze - eine Einführung. Berlin: Springer, 1986

Rosenbloom, P., Newell, A., Learning by Chunking. In: Klahr, D., Langley, P., Neches, R. (eds), Production System Models of Learning and Development. Cambridge: MIT Press, 1987, 221-286

Schröder, O., Kohnert, K., Toward a Model of Instruction-Based Knowledge Acquisition: The Operational Knowledge for A Functional, Visual Programming Language. Journal of Artificial Intelligence in Education, 1, 1989/90, 105-128

Sleeman, D., An Attempt to Understand Students' Understanding of Basic Algebra. Cognitive Science, 8, 1984, 387-412

Spies, K., Hesse, F.W., Interaktion von Emotion und Kognition. Psychologische Rundschau, 37, 1986, 75-90

Tanaka, T., Definite-Clause Set Grammars: A Formalism for Problem Solving, Journal of Logic Programming, 1991,10,1-17

van Lehn, K., Toward a theory of Impasse-Driven Learning. In: Mandl, H., Lesgold, A. (eds), Learning Issues for Intelligent Tutoring Systems. New York, Springer, 1988, 19-41

van Lehn, K., Mind Bugs: The Origins of Procedural Misconceptions. MIT Press, 1990

Wolff, J.G., Cognitive Development as Optimization. In: Bolc, L. (ed), Computational Models of Learning. Berlin, Springer, 1987, 161-205

Adresse der Autoren: Universität Oldenburg, Fachbereich Informatik, Abt. Lehr-Lernsysteme, Postfach 2503, D-2900 Oldenburg. E-mail: Claus.Moebus@arbi.informatik.uni-oldenburg.de

Individualisierung der Lernunterstützung im ELM-LISP-Tutor

Burkhard Müller & Gerhard Weber

Zusammenfassung

Es wird der ELM-LISP-Tutor, ein "Intelligentes Tutorielles System" zum Erlernen der Programmiersprache LISP vorgestellt. Nach einer Beschreibung der allgemeinen Hilfen bei der Bearbeitung von Programmieraufgaben durch das tutorielle System wird gezeigt, wie eine Individualisierung der Lernunterstützung in diesem System realisiert ist. Grundlage der Individualisierung ist ein episodisches Lerner-Modell (ELM), in dem das von einer kognitiven Diagnosekomponente analysierte Wissen über den Schüler repräsentiert wird. Episodisches Wissen wird zur individuellen Anpassung der kognitiven Diagnose an den Schüler genutzt und schafft die Voraussetzung für eine tutorielle Komponente, individuelle Hilfestellungen geben zu können. Eine empirische Evaluation der aktuellen Version des ELM-LISP-Tutors zeigt sowohl eine bessere Akzeptanz des Systems durch die Lernenden als auch eine deutlich verbesserte Unterstützung besonders der schwächeren Schüler.

Einleitung

Wesentliches Ziel der Entwicklung Intelligenter Tutorieller Systeme ist die Individualisierung der Lernunterstützung (vgl. Mandl & Hron, 1986). Ein grundlegendes Problem dabei ist der Mangel an Modellen, die neben allgemeinen Aussagen über vorteilhafte Bedingungen der Interaktion und des Wissenserwerbs bereichs- und individuumspezifische Aussagen zulassen. So muß z.B. spezifiziert werden, wie die Belastung des Arbeitsgedächtnisses minimiert werden kann, wie Erklärungen auf der Basis bereits verstandener Begriffe und Konzepte zu vermitteln sind oder wie problemrelevante Beispiele für den einzelnen Schüler und für den jeweiligen Inhaltsbereich vorgegeben werden können. In einer natürlichen Lernsituation sind diese Spezifikationen meist der Intuition des Tutors überlassen, für einen maschinellen Tutor müssen sie jedoch konkret operationalisiert werden (vgl. Lesgold, 1988). Als wesentliche Vorausetzung individualisierter Lehrmaßnahmen gilt es, den aktuellen Kenntnisstand eines Schülers zu erfassen. Nur auf der Basis einer validen Wissensmodellierung kann eine individuumgerechte tutorielle Intervention erfolgen, die mehr als eine fehlerspezifische Programmverzweigung darstellt. Da die Systementwicklung nicht auf der Grundlage detaillierter, empirsch geprüfter Modelle stattfinden kann, ergibt sich als ein weiterer Aspekt der Entwicklung maschineller Tutoren die Evaluation des Systems und seiner Komponenten.

Im Rahmen der Entwicklung eines Intelligenten Tutoriellen Systems für die Programmiersprache LISP (Weber, in press) wird untersucht, wie der Wissenserwerb beim Erlernen einer Programmiersprache von einem kooperativen Hilfesystem unterstützt werden kann. In diesem Beitrag wird zunächst die Lernunterstützung durch die bereits implementierte und in LISP-Kursen eingesetze Programmierumgebung STRUEDI (Weber, 1990) beschrieben. Anschließend werden Stand und Perspektiven der Individualisierung der Lernunterstützung sowie deren Evaluation dargestellt.

Das Programmier- und Hilfesystem im ELM-LISP-Tutor

Der ELM-LISP-Tutor ist eine Programmierumgebung für LISP-Anfänger. Er unterstützt das Bearbeiten von Aufgaben aus einem einführenden LISP-Kurs. Der Inhalt des Kurses reicht in den ersten sechs Lektionen vom Erlernen elementarer LISP-Funktionen über das Definieren von Funktionen bis hin zu Konzepten der Rekursion. In weiteren vier Lektionen wird eine größere Aufgabe realisiert, in der unter Anwendung verschiedener Suchalgorithmen Autobahnverbindungen zwischen Städten zu finden sind.

Das System verfügt über eine Reihe verschiedener Hilfsmöglichkeiten, die den Wissenserwerbsprozeß des Schülers unterstützen sollen. An einem typisierten Ablauf soll das Arbeiten und Lernen mit der Programmierumgebung dargestellt werden:

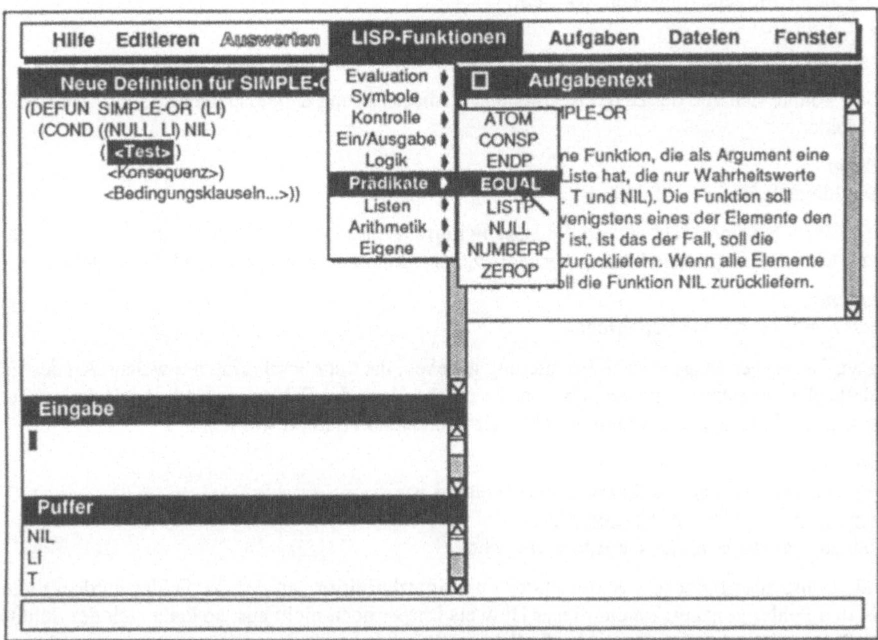

Abbildung 1: Bildschirmaufbau für Beispielaufgabe

Über ein Aufgabenmenü wird eine Problemstellung (Aufgabe aus dem LISP-Kurs) abgerufen. Problemtext und Beispielaufrufe werden in einem Aufgaben-Fenster präsentiert. In einem Editor-Fenster ist mit Hilfe eines syntaxorientierten Struktur-Editors (STRUEDI, Köhne & Weber, 1987) der zugehörige Kode zu entwickeln. Dazu wird eine Schablone zur Funktionsdefinition bereitgestellt, die Platzhalter für den Namen, für die Parameterliste sowie für den Anweisungsteil enthält. Platzhalter sind immer entsprechend ihrer Bedeutung oder - bei Funktionsaufrufen - entsprechend des Parametertyps bezeichnet. Welcher Platzhalter aktuell ersetzt werden kann, wird grafisch angezeigt. Mit Hilfe der Maus sind auch beliebig andere Platzhalter auszuwählen. Abbildung 1 zeigt den Bildschirmaufbau des Systems für die Aufgabe "SIMPLE-OR" während der Aufgabenbearbeitung.

Eingaben zu einem Platzhalter können entweder über die Tastatur, ein Pufferfenster oder ein Funktionenmenü erfolgen. Der Abruf funktionaler Konstrukte aus dem Funktionenmenü führt dazu, daß der aktuelle Platzhalter durch eine Schablone ersetzt wird. Bei Eingaben über die Tastatur wird geprüft, ob diese syntaktisch richtig sind. Diese Maßnahmen sollen bewirken, daß einfache syntaktische Fehler von vornherein vermieden werden und daß durch die Vorgabe von Struktur-Schablonen anhand positiver Beispiele gelernt wird.

Ein Schüler kann jederzeit den vollständigen oder auch unvollständigen Programmkode von einer Diagnosekomponente (Weber, 1989) prüfen lassen. Das System gibt daraufhin eine Meldung über die bisher erreichte Qualität der Lösung zurück. Bei einer fehlerhaften oder unvollständigen Lösung können abgestuft weitere Hilfestellungen abgerufen werden. Im Falle eines Fehlers wird zunächst lediglich angezeigt, in welchem Teil der Programms der Fehler entdeckt wurde. So wird dem Schüler eine Hilfestellung gegeben, den Fehler näher einzugrenzen. Auf Anforderung erscheinen danach Erläuterungen über die Art des Fehlers und über den Plan, der an der fehlerhaften Stelle im Kontext des aktuellen Programmkodes zu einer korrekten

Lösung des Programmierproblems führen würde. Als letzte Möglichkeit kann ein Lösungsvorschlag angefordert werden und die richtige Lösung wird präsentiert.

Beispiel: Es soll eine Funktion definiert werden, die das dritte Element aus einer Liste liefert. Ein Schüler gibt zur Lösung dieser Aufgabe folgenden Kode ein:

```
(DEFUN DRITTES (LISTE)
   (REST (REST (FIRST LISTE))))
```

Der Schüler könnte sich von der Diagnosekomponente diese Lösung diagnostizieren lassen. Der Schüler erhält folgende Meldung:

1. *Meldung*:
   Die Funktionsdefinition ist falsch.

Zunächst erfolgt also eine Meldung, ob die Lösung korrekt oder falsch ist. Der Schüler kann sich dann, falls ein Fehler oder eine suboptimale Lösung vorliegt, weitere Erläuterungen zu dieser Meldung geben lassen.

2. *Erläuterung*:
   Du hast Funktionsaufrufe vertauscht.

Zunächst wird eine eher unspezifische Erläuterung gegeben, die kurz beschreibt, um welche Art des Fehlers es sich handelt, ohne genauere Angaben darüber zu machen, wo der Fehler im Kode entdeckt wurde. Reicht dieser Hinweis noch nicht aus, so kann der Hinweis noch näher erläutert werden.

3. *Erläuterung*:
   Du hast beim Bestimmen des dritten Elements einer Liste
   ```
   (REST (REST (FIRST LISTE)))
   ```
   die Reihenfolge der Funktionsaufrufe vertauscht.

Diese Erläuterung spezifiziert die Stelle in der Funktionsdefinition, an der der Fehler entdeckt wurde und beschreibt den Fehler genauer. Reicht dieser Hinweis immer noch nicht aus, so kann sich der Schüler einen Vorschlag für eine korrekte Lösung an der Stelle des Fehlers geben lassen. Dieser Lösungsvorschlag wird im Kontext der sonstigen, möglicherweise nicht optimalen Problemlösung generiert. Dabei könnten aus episodischem Wissen über den Schüler Bevorzugungen des Schülers für bestimmte Lösungsschemata berücksichtigt werden und somit individualisierte Lösungen angeboten werden. In diesem Falle liegt es nahe, dem Schüler diejenige Lösung anzubieten, in der die Funktionsaufrufe in der richtigen Aufrufhierarchie erfolgen.

4. *Lösungsvorschlag*:
   Du hättest statt
   ```
   (REST (REST (FIRST LISTE)))
   ```
   besser
   ```
   (FIRST (REST (REST LISTE)))
   ```
   kodieren sollen.

Durch diese abgestuften Hilfestellungen soll der Schüler die Möglichkeit erhalten, selbst zu entscheiden, wie weit die Unterstützung gehen soll.

Um nach der Auswertung und dem Testen festgestellte Fehler selbst entdecken zu können, steht dem Schüler neben der normalen Evaluation sowie dem Tracen von Funktionsaufrufen ein Stepper zur Verfügung, der die Auswertung eines Testaufrufs schrittweise durchführt und den aktuell bearbeiteten Teil des Programmkodes im Editor-Fenster anzeigt. Bei Laufzeitfehlern werden Fehlermeldungen im Listener-Fenster angezeigt. Der Schüler kann sich diese Fehlermeldungen in einem Erklärungs-Fenster erläutern lassen, wobei im Editor-Fenster derjenige Ausdruck im aktuellen Programmkode angezeigt wird, bei dessen Auswertung der Fehler auftrat.

Als eine weitere Hilfe zur Problemlösung dann sich der Schüler in jeder Phase der Kodierung Beispiele von Funktionsdefinitionen in einem eigenen Beispiel-Fenster zeigen lassen, die entweder aus dem Instruktionstext stammen oder von ihm vorher definiert wurden.

Verläßt ein Schüler den Kontext einer Problemstellung, wird der Kode dynamisch getestet und, falls dieser fehlerhaft ist, eine entsprechende Rückmeldung gegeben. Das System kann dann einen Funktionsaufruf vorgeben, der zum Fehler oder zu einem falschen Ergebnis führt.

Individualisierung der Lernunterstützung

Ein wesentliches Ziel bei der Entwicklung des ELM-LISP-Tutors ist es, die Lernunterstützung möglichst weitgehend den individuellen Erfordernissen und Besonderheiten eines Schülers anzupassen. Verläuft die Unterrichtung in einem festgefügten Curriculum, dann kann es hinreichend sein, lediglich fehlerspezifische Hilfestellungen einzusetzen. Im LISP-Tutor (Anderson & Reiser, 1985; Anderson, Conrad & Corbett, 1989) z.B. ist das zu erlernende Programmierwissen in eine Menge von Produktionen zerlegt worden, die gleichzeitig das zu erwerbende Wissen als auch beobachtbares Lösungsverhalten beschreiben. Die Lerninhalte und die Sequenz ihrer Vermittlung sind festgelegt. In Übereinstimmung mit der ACT*-Theorie (Anderson, 1983; 1987) gibt das System sofortige Rückmeldung, wenn bei Aufgabenbearbeitungen der optimale Lösungsweg verlassen wird. Auf diese Weise können individuelle Besonderheiten eines Schülers unberücksichtigt bleiben. Sein Wissen ergibt sich im Sinne eines Überlagerungsmodells (Carr & Goldstein, 1977) durch den Stand des Schülers im Curriculum. Allerdings bleibt das vermittelte Wissen auf die Entwicklung von Programmkode beschränkt. Uns jedoch erscheint es wichtig, daß Programmieranfänger in Auseinandersetzung mit ihren Fehlern lernen, Programmkode nicht nur zu entwickeln, sondern auch angemessen zu testen und zu korrigieren. Das System muß also Fehler zulassen, soll aber bei Bedarf in der Lage sein, einem Schüler angemessene Hilfestellung zu geben. Darüber hinaus ist die Bearbeitungsreihenfolge der Aufgaben im ELM-LISP-Tutor nicht strikt festgelegt, damit Schüler selbstbestimmt lernen können. Das führt dazu, daß bei Anforderung einer Hilfestellung nicht durch die Position des Fehlers im Curriculum der Kenntnisstand des betreffenden Schülers festgelegt werden könnte. Eine allein fehlerspezifische tutorielle Intervention wäre in den meisten Fällen nicht angemessen. Aufgrund dieser Systemmerkmale ist die möglichst valide Modellierung des individuellen Schülerwissens eine notwendige Voraussetzung für eine gezielte person- und fehlerspezifische Intervention der tutoriellen Komponente. Im folgenden wird dargestellt, wie fortgeschritten diese Bemühungen im ELM-LISP-Tutor sind. Dabei wird zwischen dem inhalts- oder bereichsspezifischem Wissen und dem Wissen über die Programmierumgebung unterschieden.

Inhaltsspezifisches Wissen

Im ELM-LISP-Tutor wird der Prozeß des Wissenserwerbs des Schülers in einem Episodischen Lerner-Modell (ELM) simuliert (Weber, in press). Im ELM-Modell ist das bereichsspezifische Wissen in Form hierarchisch organisierter Konzepte und Regeln abgebildet. Die Konzepte verweisen auf Pläne zur Realisierung von Programmierzielen. Diese Pläne werden von Regeln ausgeführt, wobei die Regeln Lösungen unterschiedlicher Qualität (gut und suboptimal) und auch fehlerhafte Lösungen umfassen. Zu jeder Aufgabe im Curriculum existiert mindestens eine Planbeschreibung, d.h. eine der optimalen Lösung entsprechende Verknüpfung von Konzepten. Einzelne Kodierungen werden dadurch analysiert, daß ausgehend von dieser Planbeschreibung diejenigen Konzepte und Regeln identifiziert werden, die das Zustandekommen der vom Schüler produzierten Lösung erklären können (Weber, 1989). Für das oben genannte Kodebeispiel zur Aufgabe "DRITTES" ergibt sich als Erklärung: Für das Konzept "Definiere-Prozedur" wurde eine korrekte Regel benutzt, d.h. im Kode steht an erster Stelle der Operator für Funktionsdefinitionen "DEFUN", an zweiter Stelle der Funktionsname, an dritter Stelle die Parameterliste. Als nächstes Element der Planbeschreibung für diese Aufgabe steht der Plan, ein "Drittes-Element" des Parameters der Funktionsdefinition zu bestimmen. Die Transformation dieses Plans

```
(Drittes-Element ?Liste)

-->

(Erstes-Element (L-Verkuerzen (L-Verkuerzen ?Liste)))
```

ist für den Kode (REST (REST (FIRST LISTE))) nicht mit korrekten Regeln erfüllbar. Stattdessen kann die Anwendung der Regel "Vertauschte-Funktionsaufrufe-3" auf diese Transformation den Kode erklären.

Die so identifizierten Regeln und Konzepte werden als Instanzen der jeweiligen Konzept- und Regel-Frames in die Wissensbasis integriert und konstituieren das individuelle, episodische Schülermodell. Einzelne Kodierungen werden als Ereignisse angesehen, die bezüglich einer Aufgabe als Episode zusammengefaßt und gespeichert werden. Dies sichert die maximale Information über den einzelnen Schüler (Weber, in press). Darüber hinaus legen Untersuchungen zum Problemlösen (Kolodner, 1983; Adelson, 1984) nahe, daß die Berücksichtigung episodischer Information auch psychologisch plausibel ist. Es wird davon ausgegangen, daß einzelne Aufgabenlösungen dadurch zustandekommen, daß Lösungen zu anderen Aufgaben oder Beispiellösungen übertragen werden.

Über episodische Informationen auf der gleichen Hierarchieebene wird generalisiert. Dies folgt der Vorstellung, daß Lernen zum größten Teil darin besteht, in aktuellen Situationen Analogien zu vergangenen Episoden zu finden und darüber zu generalisieren (Schank, 1982; Lebowitz, 1983). Solche Generalisierungen entsprechen Konzepten auf höherer Ebene und generalisierten Regeln, die vom Schüler bevorzugt werden. Sie stellen damit so etwas wie einen persönlichen Programmierstil dar.

Die episodische Information wird genutzt, um weitere Analysen von Aufgabenlösungen in Bezug auf den jeweiligen Schüler zu optimieren. Eine konzept- und schülerbezogene Indizierung von Regeln führt zu einer beschleunigten Diagnose, wenn in einer Situation, die mit früheren Episoden vergleichbar ist, eine Regel auszuwählen ist, die als erste zu probieren ist. Das episodische Schülermodell kann auch hinsichtlich zugrundeliegender Wissensdefizite oder Fehlkonzepte interpretiert werden. Im obigen Beispiel indiziert die diagnostizierte Regel "Vertauschte-Funktionsaufrufe-3", daß der Schüler noch Fehlkonzeptionen über die Reihenfolge der Auswertung mehrfach geschachtelter Funktionsaufrufe hat. Somit könnten Schülern individuelle Lernunterstützungen angeboten werden, die helfen, diese Wissensdefizite und Fehlkonzeptionen zu beheben. Die episodische Information kann unmittelbar genutzt werden, um individuelle Hilfe im Sinne von "remindings" (Schank, 1982) anzubieten. Eine spezielle tutorielle Komponente, die dieses individualisierte Wissen für pädagogisch-didaktische Entscheidungen nutzt, ist allerdings bisher nicht implementiert.

Umgebungsspezifisches Wissen

Über das reine Programmierwissen hinaus ist auch das Wissen über die Benutzung der Programmierumgebung in Form zielabhängiger Aktionen bzw. konzeptbezogener Regeln beschreibbar. Wie beim Programmierwissen sind gute, suboptimale und fehlerhafte Regeln formulierbar. Dazu zwei Beispiele:

1. Testen-einer-Funktion: Es besteht die Möglichkeit, eine erstellte Funktionsdefinition nicht durch entsprechende Aufrufe zu testen, sondern einfach den Aufgabenkontext zu wechseln oder zu verlassen, was zu einem automatischen Abschlußtest durch das System führt. Dies entspricht nicht dem Ziel des Curriculums und ist daher als suboptimale Vorgehensweise zu klassifizieren.

2. Abruf-der-Funktionsdefinition: Nachdem z.B. beim Testen einer Funktion ein Fehler bemerkt worden ist und korrigiert werden soll, ist es nötig, die Funktionsdefinition wieder ins Editorfenster zu holen. Die Auswahl der Definition aus einem Übersichtsfenster der vom Schüler programmierten Funktionen stellt dabei die gute Regel dar. Ein in den ersten Stunden beobachtetes suboptimales Vorgehen besteht darin, den Aufgabenkontext zu verlassen und als neue Aufgabe die alte wieder auszuwählen, sodaß bei der Eingabe des Namens der bereits erstellten Funktion tatsächlich die Funktionsdefinition wieder im Editorfenster erscheint.

Solches Verhalten ist auf mangelndes Wissen über das System zurückzuführen, da es anfangs eher zufällig gewählt, dann jedoch beibehalten wird. Auch wenn das beabsichtigte Ziel auf diese umständliche Weise erreicht wird, kommt es in den meisten Fällen zu einem erheblich erhöhten Zeitaufwand. Neben der damit verbundenen Reduktion der Lernerfahrung können sich dadurch auch demotivierende Effekte ergeben, sodaß es insbesondere in den ersten Übungsstunden bedeutsam erscheint, individuelle Wissensdefizite über das System zu erfassen und zu korrigieren. Dies gilt vor allem für Systeme wie den STRUEDI, da die Vielzahl von Möglichkeiten, die zur Bearbeitung von Programmieraufgaben zur Verfügung stehen, zu einer hohen Komplexität des Systems führen.

Um das Systemwissen ebenfalls in Form von Konzepten und Regeln abbilden und erfassen zu können, werden die Aufzeichnungen der einzelnen Schüleraktionen z.Zt. dahingehend untersucht, welche umgebungsspezifischen Handlungsfolgen existieren und inwieweit diese durch Regeln beschreibbar sind.

Empirische Evaluation

Psychologische Theorien und Modelle zum Wissenserwerb sind nicht hinreichend detailliert und empirisch geprüft, um daraus verläßliche Richtlinien für die Konstruktion komplexer Hilfesysteme herleiten zu können. Es gibt Modelle wie z.B. ACT* (Anderson, 1983; 1987), auf deren Basis der Wissenserwerbsprozeß beim Programmierenlernen unter sehr restriktiven Bedingungen modelliert werden kann (Anderson et al., 1989). Diese Vorstellungen sind jedoch nur begrenzt nutzbar, wenn sich die Vorannahmen zu Ziel und Inhalt der Vermittlung von Programmierwissen unterscheiden. Anderson et al. (1984) zeigen auch eine Reihe kognitiver Prinzipien auf, die bei der Entwicklung eines maschinellen Tutors berücksichtigt werden sollten. Diese Prinzipien sind jedoch sehr allgemein gehalten und geben für die Entwicklung der einzelnen Komponenten, die zu einem komplexen ITS beitragen, lediglich grobe Rahmenbedingungen an. Die Evaluation eines komplexen tutoriellen Systems ist daher unabdingbar. Benutzt man die Entwicklung solcher Systeme zur Modellbildung in der Psychologie, müssen über eine globale Effizienz hinaus auch die postulierten Wirkungszusammenhänge im einzelnen geprüft werden. Für den ELM-LISP-Tutor bedeutet das, neben einer globalen Effizienz zu zeigen, daß diese auf den Einsatz der kognitiven Diagnose zurückzuführen ist und auf einer validen Rekonstruktion individuellen Wissens basiert. Im folgenden werden dazu vorliegende Befunde und weitere Perspektiven dargestellt.

Normalerweise sind in Programmierkursen Leistungsunterschiede zwischen Schülern zu beobachten, die häufig auf unterschiedlichem Vorwissen beruhen und den Lernerfolg besonders der schwächeren Schüler beeinträchtigen. Ein Ziel bei der Entwicklung eines tutoriellen Systems sollte es sein, durch eine effiziente individualisierte Hilfestellung und Wissensvermittlung solche Unterschiede zu verringern.

In unseren Untersuchungen wird die Leistung von Schülern durch einen zusätzlichen Test erfaßt, der nach der dritten und nach der sechsten Lektion bearbeitet wird. Dabei sind Fragen zu Syntax und Semantik verschiedener elementarer Funktionen, Aufgaben zur Evaluation verschachtelter Funktionsaufrufe sowie Aufgaben zur prägnanten Benennung vorgegebener Funktionsdefinitionen zu bearbeiten.

Tabelle 1: Mittlere Testleistungen bezüglich Systemvariante und Leistungsgruppe.

Systemvariante	Leistungsgruppe	N	Leistung	
			1. Test	2. Test
ohne Diagnose	"gute"	11	.86	.87
	"schlechte"	4	.72	.67
mit Diagnose	"gute"	10	.85	.85
	"schlechte"	7	.64	.76

Anmerkung: Die Leistungswerte entsprechen dem Anteil an dem erreichbaren Maximalwert (z.B. .86 bedeutet 86 % der Maximalleistung).

Um den Nutzen der kognitiven Diagnose als Hilfestellung für Schüler zu prüfen, wurde die Leistungsentwicklung zwischen "guten" und "schlechten" Schülern in Abhängigkeit davon verglichen, ob ihnen die kognitive Diagnose zur Verfügung stand oder nicht. Tabelle 1 zeigt die mittleren Testwerte für diesen Vergleich. "Gute" und "schlechte" Schüler unterscheiden sich darin, ob im ersten Test mindestens 75 % der Maximalleistung erreicht wurden.

Unter der Bedingung, daß keine kognitive Diagnose zur Verfügung stand, zeigt sich keinerlei Leistungsdifferenz zwischen erstem und zweiten Test innerhalb der beiden Leistungsgruppen. Im Unterschied dazu führte die Möglichkeit der Nutzung der kognitiven Diagnose zu einer deutlichen Leistungsverbesserung im zweiten Test bei den "schlechten" Schülern. Dieser Effekt ist als einziger signifikant ($T_{(6)}= -3.94$, $p<.01$) und bestätigt den globalen Nutzen der Diagnosekomponente für "schlechtere" Schüler. Es bleibt noch auf der Grundlage der protokollierten Schüleraktionen zu untersuchen, worauf dieser Effekt im einzelnen zurückzuführen ist. Aus ersten Beobachtungen ergibt sich, daß Schüler die anforderbare Diagnose nutzen und aus der Mehrstufigkeit der Rückmeldung profitieren. Es wird nicht einfach die Lösung abgefragt, sondern es werden auch die ersten Hinweise genutzt. Diese Hilfsmöglichkeit könnte den beobachteten Leistungsangleich erklären: Auf diese Weise wird es auch "schlechteren" Schülern ermöglicht, in relativ kurzer Zeit zu einer adäquaten Lösung zu gelangen. Dadurch können beide Gruppen den gleichen Stoffumfang bewältigen, so daß Erfahrungsunterschiede reduziert werden, die sonst aufgrund des unterschiedlich hohen Zeitaufwands entstehen.

Ein weiterer Aspekt der Evaluation betrifft die Frage, ob das Lernen mit dem tutoriellen System von Schülern als vorteilhaft angesehen wird. Eine direkte Befragung der Zufriedenheit ist dabei oftmals wenig aussagekräftig, da Anfängern Vergleichsmöglichkeiten fehlen. In unserem Falle ist es aber möglich, die Akzeptanz des Systems indirekt zu messen. Die LISP-Kurse werden für Psychologie-Studenten angeboten und gehören nicht zum offiziellen Curriculum des Studiums. Sie werden meist von Erstsemestern besucht, die häufig keinerlei Erfahrung im Umgang mit Rechnern haben und die zunächst lediglich aus Neugier an der Veranstaltung teilnehmen. Von den Teilnehmern muß eine hohe Motivation und sehr viel Zeit aufgebracht werden, um einen Programmierkurs durchzustehen. Daher ist in unserem Falle aussagekräftig, wieviele Teilnehmer zu welchem Zeitpunkt abbrechen. Unsere Untersuchungen zeigen, daß die Abbrecherquote im Zeitraum zwischen dem ersten und zweiten Test mit dem Einsatz des ELM-Modells deutlich geringer ist als bei einer vergleichbaren Programmierumgebung ohne kognitive Diagnose (23 % vs. 63 %). Das heißt, daß die Programmierumgebung von den Schülern akzeptiert und als hilfreich erlebt wird.

Die Validität der Simulation des individuellen Wissenserwerbs im ELM-Modell wird indirekt dadurch bestätigt, daß die Berücksichtigung episodischen Wissens über den Schüler zu einer in vielen Fällen deutlich schnelleren kognitiven Diagnose führt. Dies gilt vor allen Dingen dann, wenn der Schüler für ihn sehr typische Lösungsmuster wiederholt anwendet. Eine direktere Prüfung wird zur Zeit durchgeführt, indem das bis zu einem Zeitpunkt über Episoden akkumulierte Wissensmodell genutzt wird, um die Lösung für eine aktuelle Aufgabe zu prognostizieren. Diese Lösungsprognose wird sowohl mit der tatsächlichen Lösung als auch mit der Ideallösung verglichen (Bögelsack & Weber, im Druck). Eine weitere Überprüfung soll darin bestehen, das maschinell diagnostizierte Wissen mit qualitativen Analysen der protokollierten Schüleraktionen zu vergleichen.

Schlußfolgerung

Nach Darstellung der allgemeinen Hilfen zur Aufgabenbearbeitung im ELM-LISP-Tutor wurde beschrieben, wie eine Individualisierung der Lernunterstützung realisiert wird. Auf der Basis von Konzepten und Regeln unterschiedlicher Qualität werden von Schülern produzierte Lösungen diagnostiziert. Die Zusammenfassung dieser Diagnosen über verschiedene Episoden in Form von Generalisierungen führt zu Abbildungen individuellen Wissens, das im Sinne von Wissensdefiziten oder auf höheren Ebenen der Generalisierung als Programmierstil interpretiert werden kann. Die Berücksichtigung umgebungsspezifischen Wissens steht im Unterschied zu der des inhaltsspezifischen noch am Anfang. Die Evaluation des Gesamtsystems bestätigte sowohl die Nützlichkeit als auch die Akzeptanz der kognitiven Diagnose. Aus der Sicht psychologischer Modellbildung ist es allerdings noch nötig, die Nutzung der Komponenten des Systems und die Vorhersagekraft der kognitiven Modellierung detailliert zu analysieren.

Literatur

Adelson, B. (1984). When novices surpass experts: The difficulty of a task may increase with expertise. *Journal of Experimental Psychology: Learning, Memory and Cognition*, **10**, 483-495.

Anderson, J.R. (1983). *The architecture of cognition*. Cambridge, MA: Harvard University Press.

Anderson, J.R. (1987). Skill acquisition: Compilation of weak-method problem solutions. *Psychological Review*, **94**, 192-210.

Anderson, J.R., Boyle, C.F., Farrell, R., & Reiser, B.J. (1984). Cognitive principles in the design of computer tutors. In *Proceedings of the Sixth Annual Conference of the Cognitive Science Society* (pp. 29). Hillsdale, NJ: Cognitive Science Society, Lawrence Erlbaum Associates.

Anderson, J.R., Conrad, F.G., & Corbett, A.T. (1989). Skill acquisition and the LISP tutor. *Cognitive Science*, 13, 467-505.

Anderson, J.R., & Reiser, B.J. (1985). The LISP tutor. *Byte*, 10(4), 159-175.

Bögelsack, A. & Weber, G. (im Druck). Erzeugung und Validierung eines Schülermodells in einem Intelligenten Lernsystem für LISP. In *Vierter Workshop der Fachgruppe "Intelligente Lernsysteme" der Gesellschaft für Informatik vom 6.-7. Juni 1991 in Rauischholzhausen.*

Carr, B. & Goldstein, I. (1977). *Overlays: a theory of modelling for computer aided instruction.(AI Memo 406)*. Cambridge, MA: Massachusetts Institute of Technology, AI Laboratory.

Köhne, A., & Weber, G. (1987). STRUEDI: a LISP-structure editor for novice programmers. In H. J. Bullinger, & B. Schackel (Eds.), *Human-Computer Interaction INTERACT '87* (pp. 125-129). Amsterdam: North-Holland.

Kolodner, J.L. (1983). Towards an understanding of the role of experience in the evolution from novice to expert. *International Journal of Man-Machine Studies*, 19, 497-518.

Lebowitz, M. (1983). Generalization from natural language text. *Cognitive Science*, 7, 1-40.

Lesgold, A. (1988). Intelligenter computerunterstützter Unterricht. In H. Mandl & H. Spada (Hrg.), *Wissenspsychologie* (S. 554-569). München: Psychologie-Verlags-Union.

Mandl, H. & Hron, A. (1986). Wissenserwerb mit Intelligenten Tutoriellen Systemen. *Unterrichtswissenschaft*, 14, 358-371.

Schank, R.C. (1982). *Dynamic memory*. Cambridge: Cambridge University Press.

Weber, G. (1989). Automatische kognitive Diagnose in einem Programmier-Tutor. In D. Metzing (Ed.), *Künstliche Intelligenz GWAI-89* (pp. 331-336). Berlin: Springer.

Weber, G. (1990). *STRUEDI - Eine Programmierumgebung für LISP-Anfänger*. (Unveröffentlichtes Manuskript). Fachbereich I - Psychologie, Universität Trier.

Weber, G. (in press). An episodic student model for an intelligent LISP-tutor. In P. A. M. Kommers, D. H. Jonassen, & T. Mayes (Eds.), *Mindtools: cognitive technologies for modeling knowledge*. Berlin: Springer.

Der Erwerb von Problemlösewissen durch Lernen aus Beispielen: Kognitive Anforderungen und Implikationen für die Entwicklung von Intelligenten Hilfssystemen

Peter Reimann und Sieghard Beller

Abstract: We discuss the role examples play in problem solving, what the obstacles are in using them effectively, and how students can be supplied with computer support to overcome these obstacles. Two situations are distinguished where support could be helpful. For one, computers can be used as somewhat intelligent retrieval tools which help a student to find the "right" examples or former problem solutions in the context of a current task. The right ones are those that are structurally, not only superficially, similar. The second function of intelligent help pertains to the situation where the student does not solve a problem but studies an example in order to prepare her/himself for later problem solving. In this situation, the computer should support the student in mentally encoding the example so that it can be retrieved later on in the correct context and can be adapted flexibly. For both situations, we describe existing systems and report on our own work in progress.

1. Problemlösen durch Heranziehen analoger Beispiele

Maschinelle Problemlöser gehen oft so vor, daß sie allgemeine Regeln oder Lösungsschemata auf eine konkrete Problemstellung anwenden. Menschen arbeiten häufig anders, nämlich mit Hilfe spezifischer früherer Erfahrungen anstatt mit abstrakten Regeln. Sie führen also eine Art Problemlösen mittels Analogien durch. Wir betrachten hier Analogien innerhalb eines Gegenstandsbereichs, z.B. der Mechanik, nicht zwischen Bereichen, z.B. zwischen Chemie und Astronomie. Ein solcher Bezug auf frühere Problemlösungen bzw. Beispiele spielt zumindest in den frühen Phasen des Wissenserwerbs und in komplexeren Bereichen eine große Rolle. Novizen neigen dazu, sich beim Problemlösen auf ausgearbeitete Beispiele zu stützen, auch wenn das Wissen, das zur Lösung des Problems notwendig ist, expliziert und ihnen bekannt ist [18]. Beispielsweise fanden Pirolli und Anderson [15] in dem Protokoll einer Person, die eine Aufgabe zum rekursiven Programmieren bearbeitete, den klaren Beweis, daß sie dieses Problem nicht ohne den engen Bezug zu einem Beispiel gelöst haben konnte. Chi, Bassok, Lewis, Reimann und Glaser [5] beobachteten, daß Studenten selten eine allgemeine Problemlösungsprozedur verwendeten, wie sie in einem Physikbuch beschrieben war, selbst nach einer intensiven Lernphase. Statt dessen zogen sie häufig ausgearbeitete Beispiele heran. Ross [18, 19] berichtet über ähnliche Beobachtungen beim Lösen mathematischer Probleme. LeFevre und Dixon [14] fanden heraus, daß Studenten beim Lesen eines technischen Textes schriftliche Instruktionen ignorierten und ausschließlich Beispielinformation heranzogen.

Die erste Möglichkeit einer Unterstützung für den Schüler besteht darin, daß das tutorielle Programm für ein aktuelles Problem, das der Schüler zu lösen hat, ähnliche Probleme und deren Lösung sucht und dem Schüler als Ausgangspunkt für Problemlösen durch Analogiebildung anbietet. Schult [22] hat ausgehend von diesem Grundgedanken das System CABAT entwickelt, das eine solche Strategie verfolgt und als Komponente für unterschiedliche tutorielle Systeme benutzt werden kann. Eine prototypische Anwendung dafür ist die Unterstützung von

Benutzern einer Mikrowelt. In dieser Mikrowelt besteht die Aufgabe für den Schüler darin, (computer-)simulierte physikalische Versuchsanordnungen aufzubauen und das Ergebnis jedes einzelnen Versuches vorherzusagen. CABAT sucht zu jedem vom Schüler neu gebildeten Versuchsaufbau den ähnlichsten Versuchsaufbau aus der Menge der Versuche, die der Schüler schon gemacht hat, und zeigt ihm diesen früheren Versuch komplett mit Aufbau, Schülervorhersage und Feedback (korrekter Lösung). "Ähnlichkeit" wird dabei auf der Grundlage der dem Bereich zugrundeliegenden physikalischer Formeln anhand oberflächlicher und struktureller Kriterien berechnet, ein Vorgehen, das neben dem Nachteil der rein syntaktischen Ähnlichkeitsdefinition den Vorteil der Domänunabhängigkeit in sich birgt: Prinzipiell kann CABAT auf alle Bereiche angewendet werden, die durch Formeln beschrieben werden können.

Eine psychologisch Grundlage für CABAT ist das Modell von Ross [19] zur Rolle von Erinnerungen beim Problemlösen, das mit anderen Beschreibungen analogiebasierten Problemlösens in Einklang steht [11, 23]. Ross unterscheidet vier Phasen: (1) Die Erinnerung an einen früheren Fall, (2) das Rekonstruieren des Falles, (3) die Abbildung und den Transfer des früheren Falles auf das aktuelle Problem, (4) mögliche Generalisierungen als Nebeneffekte des analogen Transfers. Während der ersten Phase erinnert sich ein Problemlöser an ein oder mehrere frühere Beispiele. Sowohl oberflächliche als auch strukturelle Ähnlichkeiten werden dazu verwendet, festzulegen, wann ein aktuelles Problem einem früheren Beispiel ähnlich ist. Eine häufige Beobachtung ist, daß Novizen sich mehr auf Oberflächenähnlichkeiten verlassen als dies fortgeschrittene Problemlöser tun [6]. Daher kann man spekulieren, daß Problemlöser entweder nicht die Strukturmerkmale von Beispielen gespeichert haben oder daß diese Merkmale beim Gedächtniszugriff (Erinnern) nicht genügend beachtet werden. Es reicht aber nicht aus, Ähnlichkeiten zu einem Beispiel zu bemerken - das Beispiel muß auch als Ganzes wieder präsent werden. Je mehr dies eine Rekonstruktion des Beispiels beinhaltet, desto eher können weitere Schwierigkeiten während der Problemrekonstruktion auftreten, die dazu beitragen, daß eine Beispiellösung nicht optimal verwendet wird. Im dritten Schritt (Übertragen), müssen die Lösungsschritte des gefundenen Beispiels im Kontext des neuen Problems angewendet werden, eventuell entsprechend modifiziert, um den Unterschieden zwischen dem früheren Beispiel und dem aktuellen Problem gerecht zu werden. Ross [18, 20] beobachtete z.B., daß seine Vesuchspersonen umfassend Details aus der Beispiellösung für das aktuelle Problem heranzogen, darunter auch Details, die für die aktuelle Problemlösung gar nicht relevant waren. Oberflächliche Ähnlichkeiten spielen also nicht nur eine Rolle beim Erinnern, sondern auch beim Übertragen einer Lösung.

Diese vier Phasen können durch computerisierte tutorielle Hilfen auf verschiedene Art und Weise unterstützt werden. Zum Beispiel läßt sich der Erinnerungs- und Rekonstruktionsschritt dadurch unterstützen, daß das Programm sie übernimmt. CABAT ist dafür ein Beispiel. Alternativ könnte man sich vorstellen, daß das tutorielle Programm den Schüler zunächst nur darauf hinweist, daß er ein oder mehrere ähnliche Probleme früher schon gelöst hat und es zunächst dem Schüler überläßt, sein Gedächtnis (und gegebenenfalls seine Aufzeichnungen) nach ähnlichen Fällen zu durchforsten. Eine Fülle möglicher tutorieller Unterstützungen bietet sich für Schritt (3), die Abbildung und den Transfer an. Zum Beispiel könnte der Computer es übernehmen, Unterschiede zwischen dem früheren Fall und dem jetzigen Problem herauszuarbeiten und dem Schüler zu zeigen (Abbildungsschritt), es aber dem Schüler zu überlassen, diese Unterschiede zu überwinden (Transferschritt) oder den früheren Fall aufgrund der Unterschiede als Analogiequelle abzulehnen. Sowohl in Blochs und Farrells [1] DECIDER-Programm als auch in CABAT ist dieses Vorgehen verwirklicht. Schießlich könnte das tutorielle System mehr oder weniger direkt den Generalisierungsschritt unterstützen und zwar auf der Basis von sochen Unterschieden zwischen früherer und jetziger Problemstellung und -lösung, die für die

Problemlösung irrelevant sind. Zum Beispiel erzeugt der Algorithmus, der CABAT zugrunde liegt, die für eine solche Unterstützung notwendige Information. Diese wird aber in der momentanen Implementation noch nicht für direkte Hinweise zum Generalisieren verwendet.

Ein wichtiger Unterschied zwischen einem System wie DECIDER und dem Programm CABAT ist, daß CABAT auf eine Fallsammlung zurückgreift, die vom Schüler selbst erzeugt wird und während der tutoriellen Interaktion ständig wächst, während DECIDER auf Fälle zurückgreift, die nicht vom individuellen Lernenden selbst erzeugt wurden, sondern im System vordefiniert sind. Im folgenden wollen wir analysieren, wie ein tutorielles System einen Schüler durch die intelligente Darbietung von Fällen unterstützen kann, die er nicht selbst erzeugt hat, und wie das bereits in einer Lernphase realisiert werden kann, in der noch nicht konkrete Aufgabenstellungen bearbeitet werden, nämlich während des *Studiums* von Lösungsbeispielen. Wir werden weiter über erste Schritte zur Entwicklung eines Hilfssystems für diese Form von Lernen berichten.

2. Aufbau von leicht übertragbarem Wissen durch Lernen aus Lösungsbeispielen

CABAT und DECIDER unterstützen also den Schüler während des Problemlösens. Im folgenden beschäftigen wir uns mit Aspekten der Unterstützung des Lernens, die im Prinzip auch von der konkreten Problemlösesituation abgekoppelt werden können. Eine prototypische Lernsituation ist das Studium von Beispielen: Beispiele können getrennt vom Problemlösen betrachtet werden. In der Regel zeigt man Schülern Beispiele bevor man ihnen Aufgaben gibt. Wir wollen fragen, wie man Schüler in dieser Phase des Lernens aus Beispielen unterstützen kann. Wir konzentrieren uns auf diesen Aspekt, weil bekannt ist, daß Schüler nicht optimal aus Beispielen lernen.

Das Hauptproblem beim Lernen aus Beispielen ist, daß Schüler nicht über einzelne Beispiellösungen generalisieren (was mit der Beobachtung einhergeht, daß sie oft nicht nicht über ihre eigenen Problemlöseerfahrungen generalisieren). Das führt dazu, daß sie nicht fähig sind, ausgearbeitete Beispiellösungen auf Probleme zu übertragen, die nur entfernt ähnlich sind [9, 16, 21]. Trotz der praktischen Bedeutung von Lernen aus Beispielen und den dabei auftretenden Problemen gibt es unseres Wissens nach wenig Überlegungen dazu, wie man diese Form von Lernen mit Computern unterstützen kann. Lehrsysteme helfen in der Regel nur beim Problemlösen, nicht aber während eventuell davon getrennter Lernphasen.

Um Empfehlungen für die Entwicklung von solchen Hilfssystemen zu geben, die dem Schüler beim Lernen aus Beispielen helfen, werden wir vergleichen, was ein Schüler im Idealfall aus einem Beispiel an Wissen herausziehen sollte, mit dem, was sie oder er normalerweise aus einem Beispiel lernt. Implikationen für die Konstruktion von intelligenten Hilfen ergeben sich aus Überlegungen darüber, wie man diese Diskrepanz überwinden kann. Um zu einer Beschreibung des optimalen Wissens zu gelangen, beziehen wir uns auf ein Modell von Problemlösen durch Analogiebildung, das von Carbonell [2] entwickelt wurde. Dabei interessiert uns, was ein Beispiel enthalten muß, um optimal zum Problemlösen durch Analogiebildung eingesetzt werden zu können.

2.1. Das Modell der Herleitungsanalogie

Die Grundidee der Herleitungsanalogie ist, das aktuelle Problem zunächst zu analysieren, d.h. die ersten Problemlöseziele zu formulieren, und dann nach einem Beispiel zu suchen, dessen erste Problemlöseschritte vergleichbar sind, d.h. dem zumindest zu Beginn dieselbe Lösungsstrategie zugrunde liegt. Bei der weiteren Bearbeitung des Problems sind bei jedem Schritt die relevanten Aspekte der früheren, beispielhaften Problemlösesituation zu rekonstruieren und zu prüfen, inwieweit sie für das aktuelle Problem tauglich sind. Sind sie es nicht, ist zu prüfen, welche anderen Lösungsmöglichkeiten im Beispiel zur Verfügung standen.

Die Methode der Herleitungsanalogie stellt offensichtlich hohe Anforderungen an die Repräsentation früherer Problemlösungen. Zum einen wird die Ähnlichkeit zu früheren Lösungen nicht anhand von Merkmalen der Problemstellung, sondern anhand von Merkmalen des Lösungswegs berechnet. Zum anderen wird für jeden einzelnen früheren Lösungsschritt überprüft, inwieweit er für die aktuelle Lösung übertragen werden kann. Die frühere Lösung wird also nicht als Ganzes übernommen, sondern Schritt für Schritt rekonstruiert. Carbonell geht zunächst davon aus, daß der frühere Fall auf der Basis eigenen Problemlösens gewonnen wurde, schließt aber nicht aus, daß man Fälle auch aus anderen Quellen, zum Beispiel von einem Lehrer, der einem eine Problemlösung Schritt für Schritt erklärt, gewinnen kann.

Wenn Menschen oder Computer Probleme lösen, kann oft beobachtet werden, daß während der Herleitung der Lösung mehr Informationen anfallen und genutzt werden, die in der schließlich gefundenen Lösung nicht mehr explizit enthalten sind. Es werden z.B. zu erreichende Ziele und Unterziele während des Problemlösevorgangs formuliert oder alternative Lösungsstrategien generiert, aus denen manche ausgewählt und andere aus bestimmten Gründen zurückgewiesen werden, weil z.B. Vorbedingungen für die Anwendung dieser Operatoren nicht erfüllt sind oder eine andere wichtige Größe noch fehlt. All diese Informationen gilt es mit einer Lösungsepisode zu speichern, um die Lösung später intelligent an neue Problemstellungen anpassen zu können.

Die Methode der Herleitungsanalogie erfordert also, daß der Problemlöser quasi wie von außen seine Problemlöseentscheidungen beobachtet und die Begründungen für jede Entscheidung über die Anwendung oder Nicht-Anwendung eines Operators aufzeichnet. Diese Begründungen reichern den "reinen" Lösungsweg des Problems um das Kontrollwissen an, das sowohl für die Indizierung der Beispiele als auch für die Rekonstruktion der Lösung in einer Problemlösesituation herangezogen wird. Wie können solche "Begründungen" aussehen? Carbonell und Veloso [3] formulieren Begründungen für drei Ebenen: (1) Auf der Ebene der Problemlöseoperatoren könnte eine Begründung z.B. "Problemklasse" sein. Sie verweist auf die Klasse von Problemen, auf die ein Operator anwendbar ist, z.B. sind Matrizenoperatoren auf mathematische Probleme anwendbar, aber nicht auf die Auswahl von Rezepten für eine cholesterinarme Diät. (2) Begründungen können sich auf die Zielauswahl beziehen. Ein Beispiel dafür wäre "notwendig-für", wenn die Auswahl eines Problemlöseziels deshalb vorgenommen wurde, weil das Voraussetzungen schafft, um andere Ziele erreichen zu können. (3) Begründungen können sich auf die Wahl zwischen alternativen Operatoren beziehen. Ein Beispiel hierfür wäre die Begründung "Mißerfolg". Sie gibt an, aus welchen Gründen die Anwendung eines Operators nicht zum gewünschten Ziel führte. Mit dieser sehr aufwendigen Indizierung der Beispiellösung können Beispiele für analoge Probleme sehr flexibel erinnert und übertragen werden.

Für die Organisation des Fallspeichers impliziert diese Strategie folgendes: Gespeichert werden müßten alle Problemlöseschritte, Ziele, Unterziele, alle Entscheidungen, die zwischen alternativen Schritten getroffen werden, zusammen mit den nicht gewählten Alternativen und den Gründen für die Auswahl. Desweiteren der Beginn von "Sackgassen" im Problemlöseprozeß, zusammen mit der Begründung, warum diese Lösungsversuche scheiterten. Natürlich wird damit auch der resultierende Lösungsweg beschrieben, allerdings angereichert um das Kontroll-wissen des Herleitungsprozesses.

2.2 Erwerb von Herleitungsanalogiewissen aus Beispielen

Wenn wir betrachten, welche Informationen der Prozeß der Herleitungsanalogie für jede Pro-blemlöseepisode verlangt und dies vergleichen mit der Information, die ein typisches Lehr-buchbeispiel beinhaltet, dann wird offensichtlich, daß Lösungsbeispiele viel weniger Information enthalten als für eine Herleitungsanalogie notwendig ist. Zur Illustration ein Bei-spiel aus einem (in den USA) weit verbreiteten Physiklehrbuch für die Kollegstufe an einer Universität [12].

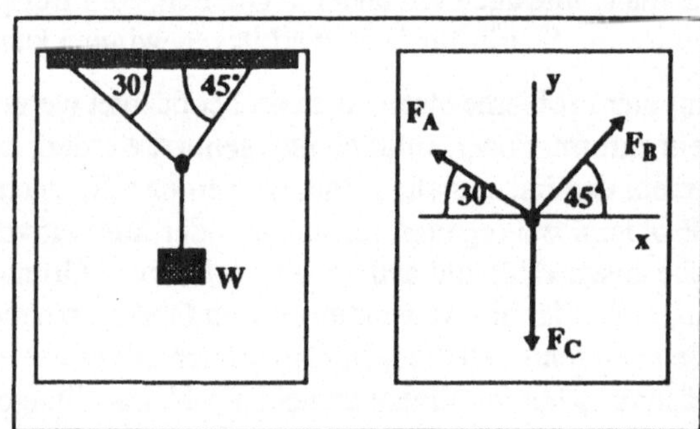

(1) Die linke Abbildung zeigt einen Block mit dem Gewicht W, das an masselosen Seilen hängt. (2) Betrachte den Knoten an der Verknüpfungsstelle der drei Seile als den relevanten Körper. (3) Der Körper ist in Ruhe unter der Wirkung der drei Kräfte, die in der rechten Abbildung ge-zeigt werden. (4) Nehme an, daß die Größe einer dieser Kräfte gegeben ist. (5) Wie können wir die Größe der anderen Kräfte finden? (6) F_A, F_B, und F_C sind *alle* Kräfte, die auf den Körper wirken (7) Da der Körper unbeschleunigt ist, gilt: $F_A + F_B + F_C = 0$. (8) Wählt man die x- und y-Achsen wie in der Abbildung rechts gezeigt, kann man diese Vektorgleichung als drei Ska-larlgleichungen schreiben: (9) $F_{Ax} + F_{Bx} = 0$ und (10) $F_{Ay} + F_{By} + F_{Cy} = 0$. (11) Die dritte Ska-larlgleichung für die z-Achse ist einfach: (12) $F_{Az} = F_{Bz} = F_{Cz} = 0$. (13) Das bedeutet, daß die Vektoren alle in der x-y-Ebene liegen, so daß sie keine z-Komponenten haben. (14) Aus der Ab-bildung ersieht man, daß gilt: $F_{Ax} = -F_A \cos 30^\circ = -0.866\, F_A$, $F_{Ay} = F_A \sin 30^\circ = 0.500\, F_A$ und $F_{Bx} = F_B \cos^\circ 45 = 0.707\, F_B$, $FBy = F_B \sin 45^\circ = 0.707\, F_B$.. (. . .)

Eine wichtige Beobachtung ist, daß Beispiele oft nicht die Informationen enthalten, die dazu notwendig wären, um eine Beispielrepräsentation zu gewinnen, die für einen analogen Transfer brauchbar ist. Im besonderen enthalten Beispiele oft nicht die Gründe, warum ein bestimmter Schritt in der Lösung ausgeführt wurde. In der Beispiellösung lautet die zweite Aussage: "Be-trachte den Knoten an der Verknüpfungsstelle der drei Seile als den relevanten Körper". Ob-wohl dies eine wichtige Entscheidung ist, die viele Aspekte der Lösung festlegt, wird kein Grund dafür angegeben, warum gerade der Knoten und nicht ein anderes Objekt der Problem-situation der relevante Körper sein soll. In Aussage sechs heißt es dann, daß die Kräfte, die im Kräftediagramm angegeben sind, "*alle* Kräfte, die auf den Körper wirken" sind. Es wird jedoch keine Prozedur näher spezifiziert, die beschreibt, wie dies der Schüler feststellen kann.

Eine solche Begründung für einem Problemlöseschritt würde idealerweise folgende Komponenten umfassen: (1) Das Ziel, dem dieser Schritt dient, (2) wie das Ziel abgeleitet (generiert) wurde, (3) Gründe für die Auswahl gerade *dieses* Operators. Da diese oder ähnliche Information normalerweise in einem Beispiel nicht angegeben sind, werden Schüler beträchtliche Schwierigkeiten haben, aus einem einzelnen Beispiel zu lernen. Vor allem, wenn man Schüler in einer frühen Phase des Wissenserwerbs betrachtet, die mehr oder weniger schnell einige Seiten eines schwierigen Textes gelesen haben und nicht unbedingt ein klares Verständnis der zugrunde liegenden Domänprinzipien aufweisen. Es ist schwer für sie, auf der Grundlage einer solch schwachen Wissensbasis sich selbst die oben genannte zusätzliche Information, die Begründung für jeden einzelnen Beispielschritt zu erarbeiten, die für das Verständnis eines Beispiels nötig sind.

Aufgrund dieser Probleme mit dem Wissenserwerb aus Beispielen scheint es uns sinnvoll, hier tutorielle Hilfen anzubieten. Man möchte aber versucht sein, zu argumentieren: Warum sollte man dazu den großen Aufwand treiben, der mit der Programmierung tutorieller Hilfssysteme verbunden ist? Warum nicht einfach die Lehrbuchbeispiele besser gestalten? Leider führt dieser Lösungsvorschlag nicht zum Ziel. Zum einen wird es einem nicht gelingen, Beispiele so zu formulieren, daß sie den individuellen Besonderheiten von Schülern Rechnung tragen. Der eine Schüler wird durch das Beispiel überfordert, da er viele Dinge nicht versteht, die andere Schülerin ist gelangweilt ob der Redundanz, die sie im Beispieltext findet. Die Anpassung an den individuellen Wissensstand und eventuell an die individuelle Lernstrategie, mit der Schüler an ein Beispiel herangehen, macht ein flexibleres Medium nötig als es ein Lehrbuchbeispiel, sei es noch so sorgfältig gestaltet, bieten kann. Und es ist bekannt, daß Schüler Informationen, die sie über- oder unterfordern, ignorieren oder durch sie verwirrt werden. Ein zweites Argument ist, daß man unter Umständen durch vorgefertigte Beispiele prinzipiell nicht das erreichen kann, was man erreichen will, nämlich ein vertieftes Verständnis für Lösungsprozeduren, sondern daß dies nur auf der Basis eigener aktiver Auseinandersetzung mit dem Textmaterial gewonnen werden kann. Diese Hypothese ist zumindest dann plausibel, wenn man ihr die Theorie des "learning by doing" oder der Herleitungsanalogie zugrunde legt.

2.3 Möglichkeiten für eine computerbasierte Unterstützung des Lernprozesses

Vorraussetzung für ein adaptives tutorielles System, das einen Schüler bei dem Studium eines Lösungsbeispieles unterstützen kann, ist unserer Meinung nach ein psychologisch plausibles Modell der dabei ablaufenden Verstehens- und Lernprozesse, das so explizit formuliert ist, daß es als Computerprogramm realisierbar ist. Im folgenden wollen wir die wesentlichen Komponenten eines solchen Modelles beschreiben. Die Idee dahinter ist, daß wir einen "Ko-Lerner" als Computerprogramm realisieren wollen, der die gleichen Lösungsbeispiele wie ein menschlicher Lerner akzeptiert, diese Beispiele verarbeitet und sowohl Teile des Verarbeitungsprozesses als auch dessen Resultat dem Schüler zur Verfügung stellt. Zum Beispiel könnte in diesem Szenario ein Schüler inspizieren, wie das Computermodell bestimmte Aspekte des Beispiels verarbeitet, bei denen er selbst auch Schwierigkeiten hatte. Hierdurch wird auch deutlich, warum wir psychologische Plausibilität für unseren Ko-Lerner fordern: Der Schüler wird nur von solchen Modellen profitieren, die er im Prinzip auch nachahmen kann. Ein aus z.B. Effizienzgründen optimaler aber die menschlichen kognitiven Fähigkeiten völlig überfordernder Lernalgorithmus ist für diesen Zweck nicht sinnvoll.

Ziel unsereres Modell-Lerners ist es, ausgehend von der Information, die ein Lehrbuchbeispiel beinhaltet, eine Repräsentation dieses Beispiels aufzubauen, die in einem gewissen Sinn optimal für weitere Problemlösung durch analoges Problemlösen angewandt werden kann. Wir wollen also die Prozesse modellieren, die ein Beispiel in einen "Fall" transformieren: Elaborationsprozesse. Wie wir am Beispiel der Herleitungsanalogie gesehen haben, enthält eine solche Fallbeschreibung typischerweise mehr Informationen als in einem Lösungsbeispiel enthalten ist. Insbesondere enthält eine episodische Lösungsrepräsentation, die auf der Basis eigenen Problemlösens gebildet wurde, Informationen über die Relationen zwischen Lösungsschritten (Operatoranwendungen) und Zielen, sowie Informationen darüber, wann bestimmte Lösungsversuche nicht zielführend waren. Ein Lösungsbeispiel sagt oft wenig über die Relation zwischen gezeigten Lösungsschritten und dahinter stehenden Zielen, und sagt so gut wie nie etwas über Lösungsschritte, die man nicht gehen soll oder über alternative Lösungswege. Lösungsbeispiele sind immer positive Beispiele, die in der Regel nur einen von möglicherweise mehreren Lösungswegen zeigen. Wissen über erfolglose bzw. uneffektive Lösungswege ist aber nötig, damit ein Problemlöser sein Kontrollwissen verbessert, also zusätzlich zum Wissen darüber, wann ein Operator anwendbar ist, auch Wissen darüber erwirbt, unter welchen Umständen der Operator angewandt werden soll. Damit sind auch die Hauptaufgaben für den Elaborationsprozeß skizziert. Er muß ein Lösungsbeispiel dahingehend elaborieren, was das Ziel hinter einem gezeigten Lösungsschritt ist, welche anderen Operatoren diesem Ziel dienen könnten, und warum diese anderen Operatoren nicht angewandt wurden.

Unsere momentanen Vorstellungen über die Form eines solches Elaborationsprozesses sind in dem Computermodell AXE - dem *Active eXample Elaborator* - zusammengefaßt. Eingabe für AXE ist die in einem Lösungsbeispiel enthaltene Information, wie sie durch die obige Abbildung illustriert ist. Dazu wird der natürlichsprachliche Text und die in den Beispielabbildungen enthaltene Information zunächst von Hand in ein der weiteren Verarbeitung näher stehendes Format übertragen, welches die eigentliche Eingabe darstellt. In der Eingaberepräsentation wird unterschieden zwischen Problemlösezuständen, Operatoranwendungen, und Zielen. AXE Aufgabe besteht im wesentlichen darin, die im Beispiel schon gegebene Information dahingehend zu ergänzen, daß für jeden Zustand klar ist, durch welchen Operator er erzeugt wurde, und für jede Operatoranwendung klar ist, welchem Ziel sie dient. Anderst formuliert versucht AXE, den *Plan* hinter der im Beispiel gezeigten Lösung zu erschließen. Das ist das Ziel seiner Elaborationsaktivitäten.

Das Programm geht dabei "erwartungsgesteuert" vor: Es "liest" ein Beispiel Aussage für Aussage und versucht, die jeweils nächste Aussage vorherzusagen. AXE simuliert also einen Lerner, der die jeweils nächsten Beispielsatz (das entspricht grob einer Aussage) abdeckt und vorhersagt, was als nächstes passieren wird. Dieser erwartungsgesteuerte Stil erlaubt es dem System, Probleme beim Beispielverständnis zu identifizieren: Verstehensprobleme liegen dann vor, wenn keine oder eine falsche Vorhersage gemacht wurde. Den Erwartungen von AXE liegen zwei Quellen zugrunde: Als episodisches Wissen abgespeicherte Erfahrungen mit früheren Beispielen - so welche gemacht wurden - und Mechanik-spezifisches Regelwissen. Allgemein versucht AXE immer, zunächst episodisches Wissen zu aktivieren, bevor es auf sein abstrakteres Regelwissen zurückfällt. Sein Regelwissen ist nämlich in einer "lehrbuchartigen" Form abgespeichert, als relativ isolierte, nur mit den nötigsten Bedingungen versehenen Wenn-Dann Regeln[1], und ist daher nur mit einigem Aufwand auf die Beispiellösung übertragbar. Im speziellen Fall der Vorhersage bedeutet dies, daß AXE zunächst in seinem episodischen Speicher nachsieht, ob eine ähnliche Situation schon einmal auftrat und was dort der nächste Lösungsschritt war. Nur wenn es keinen ähnlichen Fall findet, wird es versuchen, sein Regelwisen anzuwenden.

Im Falle einer ausbleibenden oder falschen Vorhersage versucht das System, eine Erklärung für

---

1. Die Implementation von AXE erfolgt in KEE und CommonLisp. Episodisches Wissen wird mit einem Frame-Formalismus, Regelwissen als vorwärts- und rückwärtsverkettende Regeln abgebildet.

den als problematisch erkannten Beispielteil zu finden. Zum Beispiel versucht es im Falle einer falsch vohergesagten Operatoranwendung herauszufinden, (a) welcher anderer Operator verwandt wurde, (b) welche Bedingungen das ermöglichten, und (c) welchem Ziel der andere Operator dient. Gleichzeitig merkt es sich den Problemlösekontext als einen, der das Nicht-Anwenden des ursprünglich erwarteten Operators nahelegt. All diese Informationen werden in den episodischen Speicher geschrieben und stehen damit für weitere Planerkennungsaufgaben zur Verfügung. Um aus Vohersagefehlern zu lernen, zieht AXE wiederum zunächt episodisches Wissen heran, d.h., es sucht in seinem Fallspeicher nach ähnlichen Fehlersituationen und wie sie behoben wurden.Nur als zweite Präferenz verwendet es sein Regelwissen zur Fehlererklärung,. Die Regeln werden dann rückwärtsverkettend - also von den Effekten her - angewandt.

Die Hauptbestandteile dieses Elaborationsprozeßmodells werden zur Zeit in einem ersten Anlauf implementiert. Wir hoffen, diese Implementierung bzw. ihre Nachfolger so gestalten zu können, daß sowohl das Produkt als auch der Prozeß des Elaborierens für Schüler, die ein gewisses Vorwissen über den Bereich aber nicht viel Problemlöseerfahrung haben, verständlich dargestellt werden kann. Eventuell können Schüler alleine durch Beobachtung dessen, was das Programm mit einem Beispiel tut, mehr über den Sinn des Beispiele lernen, aber auch lernen, wie man ein Beispiel intensiv analysiert.

3. Zusammenfassung

Ausgehend von der Beobachtung, daß Beispicle eine große Rolle beim Problemlösen und Lernen spielen, haben wir zwei Situtationen näher betrachtet, in denen man die Nutzung von Beispielen unterstützen kann: Im Kontext von Problemlösen und vom Beispielstudium. Für beide Fälle haben wir die wesentlichen Anforderungen an den Problemlöser bzw. Lerner herausgearbeitet und von diesen ausgehend skizziert, welche mit Computerprogrammen realisierbaren Hilfestellungen sinnvoll sind. Im Falle der Unterstützung von Analogie-geleiteten Problemlöseprozessen schien uns der Computer in erster Linie dazu von Nutzen, nach früheren ähnlichen Problemen zu suchen und diese dem Problemlöser zu präsentieren, eventuell schon mit einer Analyse der wesentlichen Ähnlichkeiten und Unterschiede zwischen dem früheren Fall und dem aktuellen Problem. Im Mittelpunkt stand aber der zweite Fall, Unterstützung des Beispielstudiums. Wir haben argumentiert, daß eine Hauptfunktion computerisierter Unterstützung für das Lernen von (Lösungs-) Beispielen sein sollte, den Lernenden zu zeigen, wie man über die im Beispiel gegebene Information hinaus zu problemlöserelevantem Kontrollwissen gelangt. Das setzt auf Seiten des tutoriellen Systems ein ausführbares, kommunizierbares und nachahmbares Modell von Beispielelaborationsprozessen vorraus. Wir skizzierten ein solches Modell, den Active eXample Elaborator, welches zur Zeit von uns implementiert wird [17].

AXE ist nicht nur ein Versuch, ein optimales Modell von Beispielelaborationen zu entwickeln, sondern berücksichtigt auch psychologische Einsichten und Randbedingungen. Neben einer allgemeine Ähnlichkeit zu psychologischen Modellen des Textverstehens (etwa [8]) und (fall-basierten) Problemlösens [13] berücksichtigt AXE vorallem auch Beobachtungen aus empirischen Analysen des Lernens von Lösungsbeispielen [4, 5, 7, 10, 19]. Zum Beispiel berichten Chi et al. (1989), daß sich erfolgreiche von weniger erfolgreichen Lernern vorallem darin unterscheiden, daß erstere (a) beim Lesen eines Beispiels überwachen, was sie verstehen und was sie nicht verstehen, und (b) wenn sie etwas nicht verstehen versuchen, ihr Verständnisproblem zu überwinden, indem sie sich Gedanken machen über die Ziele, Bedingungen und Folgen eines im Beispiel gezeigten Lösungsschrittes. Wir glauben, diese Merkmale erfolgreichen Vorgehens auch in AXE realisieren zu können.

Literatur

1. Bloch, G., & Farrell, R. (1989). *Promoting creativity through argumentation*. Proceedings ITS-88. Montreal.
2. Carbonell, J.G. (1986). Derivational analogy: a theory of reconstructive problem solving and expertise acquisition. In R.S. Michalski, J.G. Carbonell & T.M. Mitchell (Eds.), *Machine Learning: An Artificial Intelligence Approach (Vol. 2)*, (pp. 371-392). Los Altos, CA: Kaufmann.
3. Carbonell, J.G. & Veloso, M. (1988). Integrating derivational analogy into a general problem solving architecture. In J. Kolodner (Ed.), *Proceedings of a Workshop on Case-based Reasoning 1988*. DARPA.
4. Chi, M.T.H., & Bassok, M. (1989). Leárning from examples via self-explanations. In L. Resnick (Ed.), *Knowing, learning, and instruction. Essays in honor of Robert Glaser* (pp. 251- 282). Hillsdale, NJ: Erlbaum.
5. Chi, M.T.H., Bassok, M., Lewis, M., Reimann, P. & Glaser, R. (1989). Self-explanations: How students study and use examples in learning to solve problems. *Cognitive Science, 13*, 145-182.
6. Chi, M.T.H., Feltovich, P. & Glaser, R. (1984). Categorization and representation of physics problems by experts and novices. *Cognitive Science, 5,* 121-152.
7. Chi, M.T.H., & VanLehn, K. A. (1991). The content of self-explanations. *Journal of the Learning Sciences*. (In press).
8. Collins, A., Brown, J.S., & Larkin, K.M. (1980). Inference in text understanding. In R.C. Spriro, B.C. Bruce & W.F. Brewer (Eds.), *Theoretical issues in reading comprehension* (pp. 385-410). Hillsdale, NJ: Lawrence Erlbaum.
9. Eylon, B. & Helfman, J. (1982). *Analogical and deductive problem-solving in physics*. Paper presented at the AERA meeting, New York.
10. Ferguson-Hessler, M.G.M., & De Jong, T. (1990). Studying physics texts: Differences in study processes between good and poor performers. *Cognition and Instruction, 7,* 41-54.
11. Gentner, D. (1983). Structure-mapping, a theoretical framework for analogy. *Cognitive Science, 7,* 155-170.
12. Halliday, D. & Resnick, R. (1985). *Fundamentals of Physics*. New York: John Wiley & Sons.
13. Kolodner, J. L., & Simpson, R.L. (1989). The MEDIATOR: Analysis of an early case-based problem solver. *Cognitive Science, 13,* 507-549.
14. LeFevre, J. & Dixon, P. (1986). Do written instructions need examples? *Cognition and Instruction, 3,* 1-30.
15. Pirolli, P.L. & Anderson, J.R. (1985). The role of learning from examples in the acquisition of recursive programming skills. *Canadian Journal of Psychology, 39,* 240-272.
16. Reed, S.K., Dempster, A. & Ettinger, M. (1985). Usefulness of analogous solutions for solving algebra word problems. *Journal of Experimental Psychology: Learning, Memory and Cognition, 11,* 106-125.
17. Reimann, P. & Schult, T. (1991). *Modeling Example Elaboration Processes*. Proceedings of the Conference on the Learning Sciences, Evanston, Ill. (In press).
18. Ross, B.H. (1987). This is like that: The use of earlier problems and the separation of similarity effects. *Journal of Experimental Psychology: Learning, Memory and Cognition, 13,* 629-639.
19. Ross, B.H. (1989). Some psychological results on case-based reasoning. In *Proceedings of a Workshop on Case-Based Reasoning 1989*, pp. 144-147. San Mateo, CA: Kaufmann.

20. Ross, B.H. (1989). Distinguishing types of superficial similarities: Different effects on the access and use of earlier problems. *Journal of Experimental Psychology: Learning, Memory and Cognition, 15*, 456-468.
21. Sweller, J. & Cooper, G.A. (1985). The use of worked examples as a substitute for problem-solving in learning algebra. *Cognition and Instruction, 2*, 59-89.
22. Schult, T.J. (1990). *"Erinnerst Du Dich an diese analoge Situation?" CABAT - Eine Shell für tutorielle Erinnerungen.* Forschungsbericht Nr. 68 des Psychologischen Instituts der Universität Freiburg.
23. Thagard, P., Holyoak, K. & Nelson, G.D. (1990). Analog retrieval by constraint satisfaction. *Artificial Intelligence, 46*, 259-310.

Addresse der Autoren: Psychologisches Institut der Universität Freiburg, Allgemeine Psychologie, Niemensstr. 10, D-7800 Freiburg. E-mail: reimann@cogsys.psychologie.uni-freiburg.dbp.de.

Fehlersuche in einfachen LISP-Programmen: Emulation von Expertenstrategien in der Analyse von Schülerlösungen

J. Krems

Zusammenfassung

Eine wesentliche Komponente aller Tutorsysteme, insbesondere jener, die in der Vermittlung von Programmierkenntnissen eingesetzt werden, ist ein Debugger, der die Korrektheit der Schülerlösung überprüft. SHERLOCK (Mehmanesch & Krems, 1988) erweitert die herkömmlichen algorithmischen Methoden um Prozeduren, die Lehrer- oder Expertenverhalten in der Suche von in Anfängerprogrammen häufig zu beobachtenden semantischen oder algorithmischen Fehlern emulieren.

SHERLOCK ist ein wissensbasiertes System mit Blackboard-Architektur. Als Komponente eines Tutors für CommonLisp werden AI-Techniken (Blackboard, Truth maintenance) verwendet, um sowohl das domänenspezifische, deklarative Expertenwissen als auch die Debuggingheuristiken und -strategien zu implementieren. Diese betreffen in erster Linie die Auswahl fehlerverdächtiger Codesegmente (z.B. Rekursionsaufruf) und 'mentaler Aktivitäten' (z.B. Evaluation von Code, syntaktische Überprüfung). In einer mehrstufigen Diagnose kann SHERLOCK in der Analyse von Schülerlösungen verwendet werden, die fehlerhaft sind und in denen die Fehler nicht durch eine 'algorithmische' Komponente (z.B. TALUS) identifiziert werden können.

Abstract

One essential part of cooparative systems - especially for those systems which teach programming languages - is a debugger, which analyzes the learners' solutions in order to determine whether they are correct. SHERLOCK (Mehmanesh & Krems, 1988) erweitert the standard methods by procedures which emulate teacher or expert heuristics in identifying semantic and algorithmic bugs often ocurring in novice programs.

SHERLOCK (= System for Humanlike Elimination of Recursive LISP-bugs with Object-oriented and Clustered Knowledge) is a knowledge-based system with blackboard-architecture. As a component of a tutor for CommomLISP the system uses techniques from AI (black-board architecture, TMS) to implement debugging heuristics and strategies. These mainly guide the selection of error-suspicious code segments (e.g. the recursive case) and of bug-relevant subgoals (e.g. evaluation of code, syntactic check). In a multi-stage diagnosis SHERLOCK is used if it is known that the student program is erranous and that the bug cannot be identified by an algorithmic debugging component (TALUS).

1 Einleitung

Eine notwendige und wesentliche Komponente kooperativer Systeme, insbesondere jener, die in der Vermittlung von Programmierkenntnissen als Tutor eingesetzt werden, ist ein Diagnosemodul, das die Korrektheit der Benutzer- bzw. Schülerlösung überprüft. Falls nicht-korrekte Lösungen vorliegen, ist die Fehlerstelle zu lokalisieren und es ist eine Erklärung zu entwickeln, aus welchen Gründen eine korrekte Aufgabenbewältigung im gegebenen Lösungsvorschlag unmöglich ist. Für die Konstruktion erfolgreicher Tutorsysteme ist dabei folgendes zu berücksichtigen:

1. Eine effiziente und leistungsstarke Diagnosekomponente ist unumgänglich, da sie unmittelbar mit dem Lernfortschritt des Schülers zusammenhängt. In Tutorsystemen, die auf der *Impasse-Driven Learing*-Theorie (van Lehn, 1988) aufbauen, sind sie sogar ein entscheidender Ausgangspunkt der Wissensvermittlung (z.B. Möbus, Schröder, Thole & Frank, 1991). Nicht-erkannte Fehlern oder irrtümlicherweise als fehlerhaft betrachtete Lösungen können leicht zu Fehlkonzepten und Fehlannahmen des Schülers führen. Negative Auswirkungen sind auch auf motivationaler Seite zu erwarten.

2. Algorithmische 'Brute-force'- Methoden der Fehlerlokalisation besitzen aber Grenzen. Selbst unter eingeschränkten Bedingunen sind bereits bei wenigen Dutzend Programmieraufgaben mehrere Millionen potentiell richtiger Lösungen möglich, die durch eine Diagnosekomponente von den fehlerhaften zu unterscheiden sind (vgl. z.B. Möbus, 1990, S. 60). Die meisten der in Tutorsystemen eingesetzten Techniken sind folglich entweder auf die Identifikation syntaktischer Fehler beschränkt oder sie beruhen auf einer vordefinierten Referenzbibliothek 'typischer' korrekter oder unkorrekter Lösungen (e.g. PROUST, Johnson, 1986; Kessler & Anderson, 1986; TALUS, Murray, 1988; ELM-LISP-Tutor, Weber, Wender & Bögelsack, 1991).

3. Aber auch die Verwendung von Hintergrundwissen aus Bibliotheken führt aus naheliegenden Gründen stets zu unvollständigen Lösungen. Es kann immer nur eine vergleichsweise eingeschränkte Menge von Referenzlösungen bzw. von Fehlervarianten vordefiniert werden.

Berücksichtigt man, daß der menschliche Lehrer oder Programmierexperte besonders in der Identifikation semantischer und konzeptueller Fehler einen Leistungsvorteil gegenüber Novizen (Vessey, 1987) besitzt, dann liegt es nahe, sowohl die Heuristiken nachzubilden, die vom erfahrenen Problemlöser in der Fehlersuche eingesetzt werden als auch die Prinzipien, die Grundlage effizienten Suchverhaltens sind, zu modellieren und damit für die automatische Fehlersuche nutzbar zu machen. Dadurch kann eine Steuerung der Suche im Programmtext und in der Auswahl der Aktivitäten der Diagnosekomponente (z.B. Evaluation, Syntaxprüfung) vorgenommen werden.

2 Heuristiken in der Fehlersuche

Heuristiken sind Informationen zur Auswahl von Verfahrensschritten an Entscheidungspunkten. Die Verfahrensschritte, die in der Fehlersuche auftreten, betreffen entweder die Auswahl eines Codesegments, in dem nach dem unterstellten Fehler gesucht wird oder die Auswahl einer Aktion, die auf ein vorliegendes Codesegment anzuwenden ist. Heuristiken spezifizieren eine Ordnung dieses Alternativenraums: auf welches Codesegment welche Operation anzuwenden ist, um einen Fehler mit möglichst geringen Ressourcen identifizieren zu können. Ein nicht-gesteuertes, 'blindes' Verfahren ist das rein text- oder strukturorientiertes Vorgehen (von der ersten bis zur letzten Zeile bzw. S-expression in LISP) mit einer standardvoreingestellten Anwendung der verfügbaren Aktionen.

In empirischen Untersuchungen des 'Debuggens' wurde wiederholt festgestellt, daß erfahrene Programmierer 'ökonomisch' vorgehen. Sie verfolgen in der Fehlersuche Strategien, die einen vergleichsweise geringen kognitiven und zeitlichen Ressourcenaufwand erfordern, und sie konzentrieren sich auch im Programmverständnis auf Teile, die einfach analysiert werden können (Gould & Drongowski, 1974; Gould, 1975; Lang et al., 1981). So ist zu erklären, daß Experten im Gegensatz zu Laien syntaktische und semantische Fehler ziemlich schnell beseitigen. Nach wenigen Korrekturen dominieren die logischen Fehler, mit denen sich diese Gruppe dadurch am intensivsten auseinandersetzt (Youngs, 1974). Unter Laborbedingungen fanden Nanja & Cook (1987) in der Tendenz ähnliche Ergebnisse. Insgesamt werden die Suchstrategien als entscheidende Grundlage effizienten Debuggens betrachtet (vgl. für eine Übersicht Gilmore, 1990).

Zur Organisation der Suchstrategien ergab die 20jährige Forschung ein uneinheitliches Bild. Während Gould & Drongowski (1974) und Gould (1975) von einer hierarchischen Ordnung ausgehen und zunächst eine Orientierung der Probanden am fehlerhaften Programmcode annehmen, wird in neueren Untersuchungen (Katz & Anderson, 1988; Vessey, 1985, 1987, 1989) die Auffassung vertreten, daß erfahrene Problemlöser eher situationsbezogen vorgehen und auf die jeweils gegebene Datenlage flexibel reagieren. Trotzdem bleibt ein strukturiertes Vorgehen erhalten. Es ist eher für Laien typisch, den Bezugspunkt und auch die Strategie häufig zu wechseln. In eigenen Experimenten (Krems, 1991a, 1991b) wurde gezeigt, daß beides gilt. Werden unterschiedlich erfahrenen Probanden ohne Zusatzinformationen aufgefordert, Vermutungen zur 'wahrscheinlich' fehlerhaften Codestelle zu nennen, so ist bei Experten in dieser kontextfreien Situation im Unterschied zu Anfängern ein stärker hypothesengeleitetes Vorgehen zu beobachten. Sie inspizieren signifikant häufiger als wenig erfahrene Programmierer informationsreiche Stellen - beispielsweise Informationen zum Fehlertyp - und gehen konzeptorientiert - z.B. Rekusionsschritt versus 1.Zeile, 2.Zeile etc. - vor.

In einem weiteren Experiment konnte gezeigt werden, daß die Vermutungen zur Fehlerursache und -lokalisation u.a. von der Ist-Sollwertabweichung zwischen tatsächlichem und erwünschtem Ergebnis eines Programms abhängen. Programmierer bilden in der Fehlersuche zwar spezifische Hypothesen aufgrund dieser Informationen. Diese wirken sich aber nicht differenzierend auf das Suchverhalten aus. Die Anzahl inspizierter Codezeilen und die Betrachtungsdauer bis zur Fehlerlokalisation sind unabhängig davon, ob als Zusatzinformation die Ist-Soll-Abweichung vorliegt. Auch der Expertisegrad besitzt auf diese globalen Verhaltensmaße keinen signifikanten Einfluß. Analysiert man allerdings nur jene Textstellen, in denen in Anfängerlösungen häufig Fehler zu beobachten sind (z.B. Rekursionsschritt), so ergibt sich, daß erfahrene Probanden diesen Segmenten bei entsprechender Zusatzinformation längere Aufmerksamkeit widmen und diese Stellen auch eher als Anfänger inspizieren. Einschränkend ist allerdings anzufügen, daß in dieser Studie nur sehr kurze Programme untersucht wurden. Hier besitzen Experten kaum eine Chance, ihre verbesserten Strategien bzw. Heuristiken differenzierend einzusetzen. Ein deutlicherer Einfluß der Erfahrungsdimension auf das Suchverhalten sollte sich in erster Linie bei umfangreichen Programmtexten nachweisen lassen.

In einem Prozeßmodell der hypothesengeleiteten Fehlersuche wurde angenommen, daß effizientes Vorgehen auf einer *zielgeleiteten Fokussierung* beruht (vgl. Mehmanesh & Krems, 1988). In dieser Theorie wird davon ausgegangen, daß erfolgreiche Debugger besser in der Lage sind, ihre mentale Aufmerksamkeit unter einer bestimmten Zielperspektive auf relevante, informationsträchtige Codesegmente (z.B. die 'typischen' Fehlerstellen) zu konzentrieren. Sie besitzen außerdem die Fähigkeit, aus ihrem gesamten Bestand an Hintergrundwissen nur die in der jeweiligen Problemlösesituation relevante Teilmenge auszuwählen. Diese optimierte Informationsselektion basiert (a) auf der Fähigkeit, aufgrund des differenzierteren programmspezifischen Wissens die jeweilige Vorgabe in Abhängigkeit von Domänenkriterien in angemessenere Einheiten zergliedern zu können. Bei rekursiven Funktionen sind wichtige Einheiten beispielsweise Rekursionsbasis und Rekursionsschritt. Aufgrund ihres differenzierteren Bereichswissens ist Experten (b) auch eine größere Anzahl prototypischer Fehler, inclusive ihrer 'Symptome' (Ist-Sollwert Abweichung) und ihrer 'typischen'

Lokalisation in einem Programm, bekannt. Sie sind (c) eher in der Lage, in ihren Arbeitsspeicher neben dem fehlerverdächtigen Codesegment nur jene Wissenscluster aufzunehmen, die zur Bearbeitung von einzelnen Subzielen relevant sind.

3 SHERLOCK

SHERLOCK (System for Humanlike Elimination of Recursive Lispbugs with Objectoriented and Clustered Knowledge) ist ein wissensbasierter Debugger für einfache LISP-Programme (vgl. Mehmanesh, 1987; Krems, 1991a; Schießl, 1991). Auf der Basis einer Blackboard-Architektur werden Strategien und Heurisitken der Suche von Fehlern in LISP-Funktionen emuliert (Slatter, 1987; Krems, 1988). SHERLOCK wurde ursprünglich als Simulationssystem für die Modellierung von Wissensclustern als Prinzip der Wissensorganisation und der zielgeleiteten Fokussierung als Verfahren der Wissensanwendung bei Debuggingaufgaben verwendet. Inzwischen wurde SHERLOCK auch als Komponente eines Tutors für COMMONLISP im Verbund mit TALUS (Murray, 1988), einem rein performanzorientierten Modul, eingesetzt. In der vorliegenden Studie werden hauptsächlich die dabei vorgenommenen Ergänzungen erläutert, die überwiegend rein performanzorientiert sind.

3.1 Das Expertenmodell von SHERLOCK

Das Hintergrundwissen oder Expertenmodell von SHERLOCK umfaßt Kenntnisse aus der Domäne LISP, allgemeine Prinzipien zur Lokalisation syntaktischer und semantischer Fehler und spezifische Finderegeln zur Abgrenzung fehlerverdächtiger Codesegmente. Es besteht aus den folgenden, strikt voneinander getrennten Wissensbasen:

1. CLISP-Base: enthält Informationen aus der Domäne COMMONLISP.

2. BUG-LIB: enthält Fehlerprototypen und Hinweise zu typischen Fehlerursachen, inclusive ihrer Lokalisation in Programmen.

3. DebugProcedures: enthält Verfahren der Programmtextanalyse die Subzielen des Debuggingprozesses zugeordnet sind. Subziele sind beispielsweise: Ermittle, ob eine Lokalisationshypothese aus BUG-LIB ableitbar ist; Überprüfe, ob Anzahl und Typ der Argumente korrekt sind; Ermittle die Struktur eines S-Ausdrucks. Aktionen sind: globale syntaktische Analyse eines Codesegments; Evaluation eines Ausdrucks.

Jede Wissensbasis ist zusammengesetzt aus:

- Objektklassen, in denen in CLISP-Base beispielsweise Wissen zu den Lisp-Primitiva, und auch zu komplexeren Konzepten wie 'Rekursionsbasis', 'Konstruktor' usw. repräsentiert ist.

- Produktionsregeln, die in disjunkte Mengen eingeteilt sind. Diese sind entweder - als Instanzvariablen - den Objektklassen (z.B. Regeln, die zur Bearbeitung von CONS-Termen wichtig sind) oder Unterzielen des Analyseprozesses (z.B. Identifikation von Lisp-Expressions, Syntaxprüfung) zugeordnet.

3.1.1 Debuggingregeln

Das bereichsspezifische Wissen zur Fehleridentifikation in den einzelnen Konzepten ist in über 80 Produktionsregeln abgebildet. Sie sind den Kozepten aus CLISP-Base als Klassenvariablen zugeordnet. CLISP-Base besteht aus insgesamt 34 Objektklassen mit 6 Klassenvariablen (z.B.

Anzahl der Argumente, Typ der Argumente, typische Schreibfehler) und 6 Instanzenvariablen (z.B. Lokaler Kontext des Aufrufs, Aktuelle Argumente, Debugging-Regeln)

Dem Bündel FUNKTION sind beispielsweise die folgenden Regeln - hier in natürlichsprachlicher Übersetzung dargestellt - zugeordnet:

1. Wenn eines der Argumente beim Funktionsaufruf, der zu einem Fehler führte, nicht gequotet ist, dann melde einen Fehler an das Blackboard und brich ab.

2. Wenn beim Funktionsaufruf die Anzahl der Argumente größer als die Anzahl der Funktionsparameter ist, dann melde dies als mögliche Fehlerquelle an das Blackboard, beende den Interpreterdurchgang aber nicht.

3. Wenn beim Funktionsaufruf die Anzahl der Argumente kleiner als die Anzahl der Funktionsparameter ist, dann binde FEHLERAUSDRUCK an den Teil der Parameter, der keine Argumente erhält, melde einen Fehler an das Blackboard und brich ab.

Mit diesen Regeln werden einige Fehler, die beim Funktionsaufruf möglich sind, abgefangen. In einer groben syntaktischen Analyse wird u.a. von den folgenden Regeln überprüft, ob es sich überhaupt um eine Lisp-Funktion handelt.

1. Wenn eine Parameterliste und ein nicht-leerer Funktionskörper zu identifizieren sind, dann bilde eine Instanz der Klasse Funktion und trage in die Instanzvariablen die aktuellen Werte ein.

2. Falls das erste Element des Funktionskörpers nicht COND ist, dann brich die Analyse ab und melde an das Blackboard, daß es sich nicht um eine einfache rekursive Funktion handelt.

Nun einige Regeln für die Primitiva aus Lisp:

1. CAR

   (a) Wenn CAR mit mehr als einem Argument aufgerufen wird, dann brich ab und melde an das Blackboard, daß vermutlich ein Klammerfehler vorliegt.

   (b) Wenn CAR nicht mit einer Liste als Argument aufgerufen wird, dann brich ab und melde einen Fehler an das Blackboard.

2. COND

   (a) Wenn als Argument von COND nur eine Subliste vorhanden ist und wenn in dieser Subliste ein Prädikat gegeben ist, dann brich ab und melde an das Blackboard, daß vermutlich ein Klammerpaar zu viel vorliegt.

3. CONS

   (a) Falls CONS mit mehr als 2 Argumenten aufgerufen wird, beende die Inferenz.

   (b) Wenn das erste Argumente, mit dem CONS aufgerufen wird, ein Prädikat, logischer Operator oder Selbstaufruf ist, dann melde an das Blackboard diesen ungewöhnlichen Fall.

3.1.2 Kontextabhängige Finderegeln

Die kontextabhängigen Finderegeln sind Teil der Wissensbasis BUG-LIB. Es handelt sich dabei um jene Heuristiken, die allgemein der Lokalisation von Fehlern dienen und nicht einzelnen lispspezifschen Konzepten zuzuordnen sind. Beispiele sind:

1. Wenn das tatsächliche Ergebnis NIL ist und das gewünscht Ergebnis eine Liste ist, dann liegt vermutlich ein Fehler im Rekursionsschritt vor.

2. Wenn das tatsächliche Ergebnis eine Endlosschleife ist, dann liegt vermutlich ein Fehler in der Rekursionsbasis vor.

3. Wenn das tatsächliche Ergebnis 'dotted pairs' enthält und das gewünscht Ergebnis eine Liste ist, dann liegt vermutlich ein fehlerhafter Konstruktor vor.

Diese Regeln dienen i.w. der globalen Steuerung der Suche im Text. Bevor die eigentliche Phase der Fehlerlokalisation beginnt, werden Annahmen über die mögliche Fehlerusache abgeleitet mit dem Ziel, eine entsprechende, fehlerträchtige Textstelle vorzuschlagen. Diese wird dann als erstes untersucht.

3.2 Das Situationsmodell

Im Situationsmodell sind alle Informationen enthalten, die den Schüler, den zu inspizierenden Code und den Kontext charakterisiern. Diese Informationen sind in SHERLOCK auf die folgenden Komponenten aufgeteilt:

- Instanzenspeicher: er enthält die Instanzen der Klassen, die aufgrund der aktuellen Vorgabe gebildet werden. Darin sind lokale Informationen eingetragen, z.B. die tatsächlichen Argumente eines Lispprimitivs.

- Blackboard: es umfaßt alle Informationen, die während eines Analysedurchgangs global relevant sind (z. B. die Ergebnisse bearbeiteter Unterziele, Zeiger zu den bereits gebildeten Instanzen, Informationen zum globalen Kontext). Dies ist die einzige Stelle, an die während eines Interpreterzyklus Informationen außerhalb der Instanzen abgelegt werden können. Das Blackboard kann auch innerhalb jedes Interpreterdurchgangs befragt werden. Es hat Zugang zu allen Wissensbündeln und enthält auch die globale Steuerungsprozedur.

Daraus ist zu ersehen, daß SHERLOCK eigentlich nicht über eine explizite 'Schülerkomponente' verfügt, in der Informationen zum Wissensstand, Lernfortschritt oder zu möglichen Mißverständnissen abgebildet sind. SHERLOCK ist ausschließlich mit der Fehlerlokalisation in einem einzelnen Codesegment befaßt.

3.3 Ablaufsteuerung - Kontrollmechanismen

Die globale Kontrolle wird durch eine Prozedur des Blackboards organisiert. Es wird folgendes Prinzip eingehalten: Sobald in der Codeinspektion ein Konzept entdeckt wird, das bislang noch nicht bearbeitet wurde, von dem also noch keine Instanz im Instanzenspeicher bekannt ist, (1) wird eine entsprechende Datenstruktur aufgebaut, (2) es werden die lokalen Werte eingetragen und (3) es wird der Interpreter mit der Regelmenge aufgerufen, die für das nun zu bearbeitende Konzept in einer Instanzvariablen spezifiziert ist. Der Interpreter arbeitet mit einer vorwärtsverkettenden

Kontrollstrategie. Wird ein Codesegment erneut analysiert, dann wird die bereits vorhandene Instanz mit den darin bereits eingetragenen Ergebnissen verwendet. Der Interpreter wird jeweils ausschließlich mit einer eingeschränkten, sehr spezifischen Menge von Regeln aufgerufen. Aus dem Gesamtcode wird an den Interpreter auch nur jener Ausschnitt übergeben, der in einem einzelnen Interpreterdurchgang - vermutlich - bedeutsam ist. So ist stets nur eine vergleichsweise kleine Teilmenge des Hintergrundwissens in der Problemlösung aktiv. Mit diesem Konstruktionsprinzip ist auch gewährleistet, daß einzelne Codesegmente wiederholt, mit anderen Regelmengen analysiert werden können. Der Analyseablauf besteht also aus einer Folge von Interpreteraufrufen mit unterschiedlichen, disjunkten Regelmengen bei unterschiedlichem Codesegment oder mit gleicher Regelmenge bei wechselnden Codesegmenten.

Wurde beispielsweise die Funktion COND identifiziert, dann wird der Interpreter mit Regeln für das Finden 'typischer' COND-Fehler und nur mit einem Zeiger zu der in Frage stehenden, bereits gebildeten Instanz aufgerufen. Bei der Überprüfung der Argumente wird der Interpreter gegebenenfalls erneut in Anspruch genommen. Damit übernehmen die Wissensbündel fallweise die Kontrolle im Problemlöseprozeß. Das System fokussiert ausschließlich auf das dem Interpreter übergebene Codesegment.

Die Steuerung der einzelnen Interpreteraufrufe mit jeweils neuen Regelmengen und Daten erfolgt im jetzigen System über die Regeln. Beispielsweise lautet eine der Regeln zur Syntaxprüfung: Wenn die Anzahl der Argumente korrekt ist und das erste Argument ein weiteres LISP-Primitiv enthält, dann bilde eine Instanz dieses Primitivs und teile dem Blackboard mit, daß der Interpreter mit den DebugRegeln zu aktivieren ist, die der neuen Objektklasse zugeordnet sind. Genauer besehen arbeitet der Interpreter mit einer Variablen LAST-ACT, die das Ergebnis des Interpreteraufrufs enthält und an das Blackboard gemeldet wird. Sie wird durch einzelne Regeln manipuliert. Beispielsweise kann innerhalb der Analyse eines CONS-Ausdrucks von den DebugRegeln festgestellt werden, daß in der oberflächlichen syntaktischen Analyse keine Fehler zu entdecken sind und das erste Argument von CONS ein weiteres Lispprimitiv ist, beispielsweise LIST. Dann wird an LAST-ACT ein Lispausdruck gebunden, aus dem hervorgeht, daß eine entsprechende Instanz zu bilden und dann der Interpreter mit den LIST-Regeln aufzurufen ist. Dieses geschieht durch eine übergeordnete Prozedur auf dem Blackboard, deren einzige Aufgabe es ist, die Ergebnisse einzelner Interpreteraufrufe zu registrieren und die darin enthaltenen Anweisungen auszuführen.

Insgesamt liegt eine dynamische Kontrollstruktur vor, in der die Reihenfolge der Teilziele nicht von vorneherein in einem festen Algorithmus definiert ist, sondern erst aufgrund der in einem Text aufgefundenen Daten bestimmt wird. Auch die Reihenfolge, in der einzelne Codesegmente analysiert werden, ist nicht-hierachisch organisiert und hängt von den aktuellen Befunden der Textanalyse ab. Der dynamische Wechsel der Teilziele und der zu analsierenden Codesegmenten repliziert das in Punkt 2) geschilderte flexible Vorgehen erfahrener Probanden.

3.4   Der Fehlersuchprozeß

Eingabeinformationen von SHERLOCK sind: (a) die zu analysierende Lisp-Funktion, (2) das Aufrufargument, bei dem der Fehler auftrat, (3) das bei diesem Aufrufargument erwünschte und (4) das tatsächliche Ergebnis.

Der globale Ablauf kann durch folgendes Schema dargestellt werden. Zu Beginn der Analyse wird grundsätzlich überprüft, ob es sich bei dem zu untersuchenden Text überhaupt um eine Lisp-Funktion handelt, und wenn ja, ob sie zur Klasse der einfachen rekursiven Formen gehört. Während dieser globalen syntaktischen Analyse werden die ermittelten Ergebnisse auf einer abstrakten Ebene - Parameter, Funktionskörper - in der ebenfalls in diesem Schritt gebildete Instanz der Klasse FUNKTION abgelegt. Dazu gehört auch die Überprüfung des Funktionsaufrufs. Damit können in dieser vergleichsweise groben Analyse erste Fehlervarianten identifiziert werden. In der nächsten Phase werden die Eingabeinformationen (2), (3) und (4) ausgewertet. Es wird versucht, Regeln aus

BUG-Lib zu identifizieren, die in der Ableitung einer Findeheuristik eingesetzt werden können. Dies geschieht ebenfalls durch einen einfachen Interpreteraufruf. Die im Erfolgsfall ermittelte Hypothese wird an das Blackboard mitgeilt. Anschließend erfolgt eine Grobanalyse des Programmtextes (z.B. Überprüfung der Argumente), in der u.a. auch abstrakte Einheiten ermittelt werden (z.B. Rekursionsbasis, Rekursionsschritt). Erst dann wird überprüft, ob eine Lokalisationshypothese gegeben ist. Ist dies der Fall, wird die darin spezifizierte Aktion (z.B. Überprüfe den Konstruktor im Rekursionsschritt) ausgeführt und die weitere Verarbeitung dann in der üblichen Weise (vgl. Schießl, 1991 für Einzelheiten) fortgesetzt. Konnte keine Hypothese über die Fehlerstelle ermittelt werden, analysiert SHERLOCK das Programm sequentiell.

Die folgenden Fehlervarianten sind gegenwärtig erfolgreich lokalisierbar: einfache Rechtschreibfehler, Klammerungsfehler, Endlosschleifen, unerlaubter Datentyp bei Funktionsaufruf, unkorrekte Anzahl von Argumenten; Parametervertauschung, nicht greifende Rekursionsbasis (z.B. durch fehlende Listenverkürzung im Rekursionsschritt), fehlerhafte Struktur des Ergebnisses, fehlende Aktionen bei Prädikaten (Testergebnisse finden sich in Krems, 1991).

3.5 SHERLOCK und kooperative Systeme

Ein wichtiges Kriterium kooperativer Dialogsysteme ist die Minimierung von Fehlerzuständen. Je höher der Anteil eigentlich fehlerhafter Benutzereingaben ist, der vermieden, korrigiert oder wenigstens interpretiert werden kann, umso effizienter sind Problemlösungen möglich. Es ist im Hinblick auf die Entwicklung und den Einsatz kooperativer Systeme festzuhalten, daß SHERLOCK als Debugger allgemein und speziell als Komponente von Tutorsystemen eine 'Bearbeitung' von Benutzerfehlern erlaubt bevor sie in der Programmausführung wirksam werden. SHERLOCK.2 ermittelt - im Unterschied zum Lispinterpreter, vor Evaluierung des Codes, die Breakpunkte und verhindert damit Fehlerzustände. SHERLOCK könnte folglich als eine Erweiterung der einfachen Fehlerkorrekturmethoden (z.B. des DWIM, DoWhatIMean), spezialisiert auf Fehler in LISP-Programmen, eingesetzt werden. In einer interaktiven Umgebung ließe sich SHERLOCK als Modul zwischen einem Programmeditor und dem Interpreter bzw. Compiler installieren. Es könnten dann *vor* dem Auftreten von Laufzeitfehlern an den Programmautor Hinweise zu sicher entdeckten oder auch zu wahrscheinlichen Fehlerstellen gegeben werden.

4   Zusammenfassung - Perspektiven

SHERLOCK.2 gewinnt seine Leistungsfähigkeit aus zwei Quellen:

1. aus bereichsspezifischem Hintergrundwissen, das explizit in den Debuggingregeln, den kontextabhängigen Finderegeln und den Debugging-Prozeduren abegildet ist, und

2. aus der Fähigkeit, fehlerträchtige Codesegmente zielgeleitet inspizieren und mit einer höheren Anzahl prototypischer Fenlermuster vergleichen zu können. Diese Eigenschaft resultiert aus der Emulation des Prinzips der zielgeleiteten Fokussierung in einem System mit Blackboard-Architektur, die auf der Grundlage empirischer Befunde als Modell von Expertenverhalten postuliert wurde.

Die Weiterentwicklung von SHERLOCK kann bei weiteren Quellen der Hypothesenbildung und der Strategieauswahl in der Fehlersuche ansetzen. Dazu gehört das Ziel eines Programms und der dafür verwendete Handlungsplan. Werden Problemlöser ohne weitere Informationen mit einem Programmtext konfrontiert, dann bemühen sich Experten zunächst um ein Verständnis des Programms; Anfänger sind unmittelbar mit Fehlerfindeaktivitäten befaßt (Vessey, 1986). Nanja &

Cook (1987) unterscheiden hier zwei allgemeine Verfahren in der Fehlersuche: eine 'Verstehens'-Strategie und eine 'Isolierungs'-Strategie. Experten verwenden zunächst das erste Prinzip, aus dem heraus sie dann im zweiten Schritt Annahmen zur Abgrenzung der Fehler entwickeln (ähnlich auch Vessey, 1986 und Gugerty & Olson, 1986).

Daraus ist unmittelbar zu folgern, daß aus der Rekonstruktion des Handlungsplans, der in einem Programm abgebildet wird, spezifische Annahmen zum eigentlich intendierten Code entwickelt und diese dann mit dem tatsächlich gegebenen verglichen werden. Systematische Untersuchungen zur steuernden Wirkung nicht eines rekonstruierten, sondern eines vorgegebenen Handlungsplans auf die Ordnung der Verfahrensschritte in der Fehlersuche stehen bislang allerdings aus.

5 Literatur

Gilmore, D. J. (1990). Expert Programming Knowledge: A Strategic Approach. In Hoc, J.M., Green, T.R.G., Samurcay,R. & Gilmore, D.J., *Psychology of Programming* (pp. 223-234). London: Academic Press.

Gould, J. D. (1975). Some psychological evidence on how people debug computer programs. *International Journal of Man-Machine Studies*, 7(2), 151-182.

Gould, J. D. & Drongowski, P. (1974). An exploratory study of computer program debugging. *Human Factors*, 16(3), 258-277.

Gugerty, L. & Olson, G. M. (1986). Comprehension Differences in Debugging by Skilled and Novice Programmers. In E. Soloway & S. Iyengar (eds.), *Empirical Studies of Programmers* (pp.13-27). Norwood: Ablex.

Johnson, W. L. (1986): Intention-Based Diagnosis of Novice Programming Errors. London: Pitman.

Katz, I. R. & Anderson, J. R. (1988). Debugging: An analysis of bug-location strategies. *Human-Computer Interaction*, 3, 351-399.

Kessler, C. M. & Anderson, J. R. (1986): A Model of Novice Debugging in LISP. In: E. Soloway & S. Iyengar (eds.): Empirical Studies of Programmers. Norwood: Ablex. 198-212.

Krems, J. (1988): Kognitionspsychologie und Wissensverarbeitung. In: G. Heyer, J. Krems & G. Görz: Wissensarten und ihre Darstellung. Heidelberg: Springer. 124-129.

Krems, J. (1991a). *Zur Psychologie der Expertenschaft.* Habilitationsschrift. im Druck.

Krems, J. (1991b). Opportunistic Planning in Debugging. In Schmalhofer, F. & Wender, K.F. *Cognition and Computer Programming.* Norwood: Ablex. Im Druck.

Lang, T., Lang, K. & Auld, R. (1981). A longitudinal study of computer-user behaviour in a batch environment. *Int. J. Man-Machine Studies*, 14, 251-268.

Mehmanesh, H. (1987). Fehlersuche in einfachen rekursiven LISP-Funktionen. Diplomarbeit. Universität Regensburg.

Mehmanesh, H. & Krems, J. (1988). SHERLOCK.0 - Kognitive Modellierung von Debuggingstrategien. In W. Hoeppner (ed.), *German Workshop of AI-88* (pp. 215-225). Berlin: Springer.

Möbus, C. (1990). The Relevance of Computational Models of Knowledge Acquisition for the Design of Helps in the Prooblem Solving Monitor ABSYNT. Proceedings of the Int. Conf. on Adv. Res. on Computers in Education, 57-64.

Möbus, K., Schröder, O., Thole, H.-J. & Frank, K.D. (1990). Modeling Help-Based Knowledge Acquisition. In Schmalhofer, F. & Wender, K.F. *Cognition and Computer Programming.* Norwood: Ablex. Im Druck.

Murray, W.R. (1988). *Automatic Program Debugging for Intelligent Tutoring Systems.* San Mateo: M. Kaufmann.

Nanja, M. & Cook, C. R. (1987). An Analysis of the On-Line Debugging Process. In Olson, Gary, Sheppard, Sylvia & Soloway, Elliot, *Empirical Studies of Programmers: Second Workshop* (S. 172-184). Norwood: Ablex.

Schießl, M. (1991). Hypothesengeleitete Suche von Fehlern in Computerprogrammen. Diplomarbeit. Universität Regensburg.

Slatter, Ph. E. (1987): Building expert systems: cognitive emulation. Chichester: Ellis Horwood.

Vessey, I. (1985). Expertise in Debugging Computer Programs: A process analysis. *J. of Man-Machine Studies*, 23. 459-494.

vanLehn, K. (1988). Towards a Theory of Impasse-Driven Learning. In H. Mandl & A. Lesgold (eds). *Learning Issues for Intelligent Tutoring Systems* S. 19-41. Berlin: Springer.

Vessey,I. (1987): On Matching programmers' chunks with program structures: An empirical investigation. Int. J. of Man-Machine Studies, 27, 86-89.

Vessey,I. (1989). Toward a theory of computer program bugs: An empirical test. *Int. J. of Man-Machine Studies*, **30**, 23-46.
Weber, G., Wender,. K.F. & Bögelsack, A. (1990). Representation of Programming Episodes in the ELM Model. In Schmalhofer, F. & Wender, K.F. *Cognition and Computer Programming*. Norwood: Ablex. Im Druck.
Youngs, E. A. (1974). Human errors in programming. *Int. J. Man-Machine Studies*, **6**, 361-376.

PD. Dr. J. Krems, Universität Regensburg, Institut für Psychologie, D-8400 Regensburg
email: KREMS@vax1.rz.uni-regensburg.dbp.de

Workshop
"Personal Computer als Werkzeug und als Lehr-Lern-Medium in Sonderpädagogik und Rehabilitation"

Die Beiträge des Workshops liegen zur Tagung in vervielfältigter Form vor und können über die Kontaktadresse bezogen werden.

1. *Andreas Pulsack, Lingen* (Forschungsprojekt "Didaktik der Mikroelektronik und Zugangserleichterungen für Lernbeeinträchtigte"): Einführung in die Thematik des Workshops

Der Personal Computer als Lehr-Lern-Medium im Bereich Lesen und Schreiben

2. *Peter Laufer, Wiesbaden* (Comenius-Schule): Programmierte Didaktik - Ein Beitrag zur Softwareerstellung für innere Differenzierung und Förderunterricht nicht nur bei Lernbehinderten

3. *Matthias Barmwoldt, Timmendorfer Strand* (Bugenhagen-Berufsbildungswerk): Lese-Rechtschreib-Erwerb mit Hilfe des Personal Computers

Der Personal Computer als Lehr-Lern-Medium im Bereich Rechnen

4. *Udo Kullik, Köln* (Universität zu Köln): Die Entwicklung eines Programmes zur schriftlichen Multiplikation unter besonderer Berücksichtigung der Zielgruppe "Schüler mit Lernbeeinträchtigungen"

5. *Alfons Strathmann, Frankfurt* (Universität Frankfurt): Computerunterstützter Unterricht an der Schule für Lernbehinderte unter besonderer Berücksichtigung des Mathematikunterrichtes der Grund- und Mittelstufe

Der Personal Computer als Werkzeug und Lehr-Lern-Medium

6. *Andreas Pulsack, Lingen* (Forschungsprojekt "Didaktik der Mikroelektronik und Zugangserleichterungen für Lernbeeinträchtigte"): Berufsqualifizierende Informationstechnologische Grundbildung (BIG) - Eine Konzeption für Lernbeeinträchtigte im Übergang zwischen Schule und Berufsausbildung

Kontaktadresse:
Andreas Pulsack
Christopherus-Werk Lingen e.V.
Postfach 1380
4450 Lingen / Ems

Autoren-Index

Informatik-Fachberichte 292

Herausgeber: W. Brauer
im Auftrag der Gesellschaft für Informatik (GI)